Bock

Kölner Beiträge zur Didaktik der Mathematik

In dieser Reihe werden ausgewählte, hervorragende Forschungsarbeiten zum Lernen und Lehren von Mathematik publiziert. Thematisch wird sich eine breite Spanne von rekonstruktiver Grundlagenforschung bis zu konstruktiver Entwicklungsforschung ergeben. Gemeinsames Anliegen der Arbeiten ist ein tiefgreifendes Verständnis insbesondere mathematischer Lehr- und Lernprozesse, auch um diese weiterentwickeln zu können. Die Mitglieder des Institutes sind in diversen Bereichen der Erforschung und Vermittlung mathematischen Wissens tätig und sorgen entsprechend für einen weiten Gegenstandsbereich: von vorschulischen Erfahrungen bis zu Weiterbildungen nach dem Studium.
Diese Reihe ist die Fortführung der „Kölner Beiträge zur Didaktik der Mathematik und der Naturwissenschaften".

Weitere Bände in der Reihe http://www.springer.com/series/16272

Mona-Lisa Maisano

Beschreiben und Erklären beim Lernen von Mathematik

Rekonstruktion mündlicher Sprachhandlungen von mehrsprachigen Grundschulkindern

Mit einem Geleitwort von Prof. Dr. Michael Meyer

Springer Spektrum

Mona-Lisa Maisano
Köln, Deutschland

Dissertation der Universität zu Köln, 2018

ISSN 2661-8257 ISSN 2661-8265 (electronic)
Kölner Beiträge zur Didaktik der Mathematik
ISBN 978-3-658-25369-1 ISBN 978-3-658-25370-7 (eBook)
https://doi.org/10.1007/978-3-658-25370-7

Die Deutsche Nationalbibliothek verzeichnet diese Publikation in der Deutschen Nationalbibliografie; detaillierte bibliografische Daten sind im Internet über http://dnb.d-nb.de abrufbar.

Springer Spektrum

Springer Spektrum ist ein Imprint der eingetragenen Gesellschaft Springer Fachmedien Wiesbaden GmbH und ist ein Teil von Springer Nature
Die Anschrift der Gesellschaft ist: Abraham-Lincoln-Str. 46, 65189 Wiesbaden, Germany

Danksagung

Zuerst möchte ich meinem Betreuer, Prof. Dr. Michael Meyer, herzlich danken. Es ist nicht nur seine inhaltliche Betreuung, die ich sehr geschätzt habe, sondern insbesondere auch, dass er mich so betreut hat, wie es für mich gut war. Er hat mir die Freiheit gegeben, mit der ich mein eigenes Forschungsinteresse im Bereich Mehrsprachigkeit entwickeln konnte und mich bei allen meinen Schritten unterstützt.

Zudem bin ich sehr froh, dass Prof. Dr. Christof Schreiber meine Dissertation begutachtet hat und dafür möchte mich bei ihm bedanken. Sein Interesse an meiner Arbeit, seine wertschätzende Art sowie seine Ideen und konstruktiven Anmerkungen haben mich sehr erfreut und bereichert.

Des Weiteren möchte ich meinen Kolleginnen und Kollegen am Institut für Mathematikdidaktik danken, die mir im Rahmen von Arbeitsgruppen-Sitzungen und Mitarbeiterseminaren ergiebige Impulse in Hinblick meiner mathematikdidaktischen Betrachtungen und der Interpretativen Unterrichtsforschung gegeben haben. Aber auch meine Arbeit am Mercator-Institut für Sprachförderung und insbesondere der Austausch mit meinen Kolleginnen und Kollegen, denen mein Dank gilt, haben mich in den Bereichen der linguistischen Betrachtungen und der Mehrsprachigkeit in meiner Arbeit bereichert. Insbesondere möchte ich den Mitarbeiterinnen Fatma Polat, Şeyma Polat und Dilara Baydili für ihre großartige Leistung danken, die mich nicht nur bei der Durchführung der Studien unterstützt, sondern auch etliche Stunden mit der Übersetzung und gegenseitigen Überprüfung der Transkripte verbracht haben.

Mein Dank für ihre Unterstützung gilt zudem den Schulleitungen und den Lehrkräften der Grundschulen, an denen ich meine Vorstudie und Hauptstudie durchgeführt habe. Aber insbesondere möchte ich den Lernenden danken, die mitgemacht haben. Ohne sie wäre diese Dissertation nicht möglich gewesen und ich habe so viel Spaß daran gehabt ihre klugen Worte in meinen Analysen näher zu betrachten.

Außerdem möchte ich meinen Freundinnen und Freunden danken, die mich seit Jahren begleiten und mir immer wieder meine Momente der Auszeit beschert haben. Auch danke ich meiner Familie, dass sich durch ihre deutschen und italienischen Einflüsse mein persönliches Interesse entwickelt hat mich mit mehrsprachigen Lernenden in meiner Forschung zu befassen.

Ganz besonders möchte ich mich bei meinem Ehemann Sascha bedanken. Er hat mich insbesondere in turbulenteren Zeiten immer umsorgt mit Essen, Spaß und Ablenkung. Er hat mir Kraft gegeben und Mut zugesprochen, wenn ich es gebraucht habe. Zudem hat er die tollen Momente in den letzten Jahren besonders gemacht, indem er mir immer wieder gezeigt hat, wie stolz er auf mich ist. Ich bin sehr glücklich ihn in allen Phasen an meiner Seite gehabt zu haben.

Köln, im November 2018

Mona-Lisa Maisano

Geleitwort

Mathematische Objekte sind ideale, abstrakte Objekte. Es mag zwar gelingen, sie an und mit realen Gegenständen zu exemplifizieren. Eine generelle Definition eines mathematischen Objektes bedarf jedoch der Sprache, abgehoben vom vorliegenden Gegenstand. Beispielsweise kann man aus didaktischen Gründen die Zahl 5 an Fingern einer Hand, am Augenbild der entsprechenden Würfelseite, an einer Menge von Plättchen o. Ä. verdeutlichen. Die Zahl in ihrem vollen semantischen Umfang zu erklären, wird so jedoch nicht gelingen. Insofern die Sprache im Mathematikunterricht, in welchem die Konstruktion neuer mathematischer Objekte im Zentrum steht, von enormer Bedeutung ist, rücken natürlich auch die sprachlichen Kompetenzen der am Unterricht Beteiligten in den Fokus.

Betrachtet man die „Natur" der mathematischen Objekte, so wird also die Bedeutung der Sprache als Fach- oder Bildungssprache zur Verdeutlichung eines umfassenden Begriffsinhaltes verständlich. Dass die Sprachkompetenzen nicht bei allen Lernenden gut ausgebildet und zugleich von enormer Bedeutung für das (interaktive) Mathematiklernen sind, zeigen diverse aktuelle Studien (u.a. Prediger et al. 2015). Wenn nun zusätzlich in Anbetracht bisheriger und aktueller Migrationsbewegungen der vielfältige sprachliche Hintergrund der Lernenden in den Klassen bedacht wird, so wird die Bedeutung von Sprache weitergehend hervorgehoben: Ein immer größerer Anteil der Lernenden im (Mathematik-)Unterricht in Deutschland lernt die Mathematik nicht in ihrer Erst- oder Familiensprache, also der Sprache, die im familiären Umfeld gesprochen wird.

Zur wissenschaftlichen Untersuchung des Sprachgebrauches im Mathematikunterricht ist es ratsam linguistische und mathematikdidaktische Aspekte miteinander tiefgehend zu verbinden, um aus dieser Kombination neue Erkenntnisse für zukünftige Lernprozesse zu gewinnen. Die vorliegende Dissertation von Mona-Lisa Maisano nimmt sich dieser Herausforderung an und fokussiert aus dem breiten Bereich der Linguistik zwei Sprachhandlungen, die für das Treiben von Mathematik in der Gemeinschaft von besonderem Interesse sind: das Beschreiben und das Erklären. Die theoretischen Grundlagen werden mit einer Perspektive verglichen, die in der Mathematikdidaktik bereits seit einiger Zeit erfolgreich genutzt wird: die philosophische Logik.

Die Fokussierung auf das Beschreiben und Erklären ist wohlbegründet, auch wenn es weitere Sprachhandlungen gibt, worunter sich mit dem Begründen eine kaum weniger bedeutsame für das Mathematiklernen befindet: In einem auf Eigenaktivität und Kooperation fokussierenden Unterricht ist das Erklären insofern von zentraler Bedeutung, als dass diese Sprachhandlung der Veröffentlichung eigener Entdeckungen dient. Anlass für solche Entdeckungen können Phänomene sein, die es insbesondere innerhalb einer Gruppenarbeit zunächst zu beschreiben gilt, um eine gemeinsame Arbeitsbasis für die nachfolgende Aktivität zu entwickeln. Aus Sicht der philosophischen Logik gibt es verschiedene Zusammenhänge zwischen dem Beschreiben und dem Erklären (s. Meyer und Voigt 2009). Diese Zusammenhänge mit theoretischen Grundlagen aus der Linguistik zu kombinieren, ist ein wesentliches Ziel der Arbeit von Frau Maisano. Infolgedessen also Entdeckungsprozesse in der und durch die Sprachhandlung Beschreiben angelegt werden, ist es sinnvoll, die entsprechenden Handlungsprozesse auch in Kombination zu untersuchen.

Die theoretischen Betrachtungen werden von Frau Maisano zur Interpretation verschiedener Gruppenarbeitsprozesse von Lernenden der Klassen 1 und 3 genutzt. Hierdurch wird nicht nur die Verwendung und Entwicklung sprachlicher Merkmale verglichen, sondern auch der Einfluss von Mehrsprachigkeit auf die Ausgestaltung der Sprachhandlungsprozesse.

Zusammenfassend betrachtet werden in dieser Arbeit linguistische und mathematikdidaktische Theorien präsentiert und für die Analyse von Sprachhandlungen gewinnbringend angewendet. Frau Maisano bringt entsprechend nicht nur interessante Ergebnisse zur Nutzung von Sprache in mathematischen Lernprozessen hervor, sondern leistet auch einen wichtigen Beitrag zur Vernetzung von grundlegenden Theorien.

Köln, im November 2018

Prof. Dr. Michael Meyer

Meyer, M. und J. Voigt (2009): Entdecken, Prüfen und Begründen. Gestaltung von Aufgaben zur Erarbeitung mathematischer Sätze. In: mathematica didactica, 32, S. 31-66.

Prediger, S.; Wilhelm, N.; Büchter, A.; Benholz, C.; Gürsoy, E. (2015): Sprachkompetenz und Mathematikleistung – Empirische Untersuchung sprachlich bedingter Hürden in den Zentralen Prüfungen 10. In: Journal für Mathematik-Didaktik, 36(1), S. 77-104.

Inhaltsverzeichnis

Abbildungsverzeichnis

1. Einleitung

Die Mathematik ermöglicht inner- und außermathematische Phänomene durch die Angabe von Ursachen-Wirkungs-Zusammenhängen zu erklären. Als Beispiel kann das berühmte Gemälde „Mona Lisa" von Leonardo Da Vinci herangezogen werden. Dem Betrachter kann als Phänomen die harmonische Gestaltung der Proportionen des Gemäldes auffallen. Eine Erklärung dieses Phänomens ist auf mathematischer Ebene durch den „Goldenen Schnitt" möglich. Nach dem Goldenen Schnitt wird eine Strecke in zwei Teile exakt in einem Verhältnis geteilt, in dem sich der kleinere Teil genauso zum größeren Teil verhält, wie der größere Teil zur gesamten Strecke. Bezogen auf das Gemälde „Mona Lisa" zeigt sich seine Gestaltung anhand eines gleichschenkligen Dreiecks, dessen Schenkel im Verhältnis zur Basis nach dem Goldenen Schnitt stehen. Dieses Beispiel zeigt, dass einerseits die Beobachtung eines Phänomens, das als erklärungsbedürftig angesehen wird, ein erster Schritt ist, um überhaupt eine Erklärung zu initiieren. Andererseits wird die Notwendigkeit der Mathematik verdeutlicht, denn diese ermöglicht dieses Phänomen auf dessen Ursachen zurückzuführen und somit erklären zu können. Diese beiden Tätigkeiten sind wesentlich für die historische Entwicklung der Mathematik gewesen, denn es zeigen sich vergleichbare Situationen in der Geschichte der Mathematik. So ist beispielsweise in Hinblick auf die Wahrscheinlichkeitstheorie zu erkennen, dass deren Entstehung aufgrund von Beobachtungen außermathematischer Phänomene entstanden ist, für die mit Hilfe der Mathematik Ursachen gefunden werden konnten.

Die Beobachtung von Phänomenen als Ausgangspunkt und die Nutzung der Mathematik für die Anführung von Ursachen sind nicht nur Tätigkeiten in der höheren Mathematik, sondern auch Bestandteil des Mathematikunterrichts der Grundschule. Wenn Lernende diese versprachlichen sollen, werden sie gefordert zunächst Beschreibungen und daran anschließend Erklärungen zu vollziehen.

Nach dem Lehrplan der Grundschule für das Fach Mathematik des Landes Nordrhein-Westfalen sollen Lernende im Laufe ihrer Grundschulzeit in verschiedenen Kontexten beschreiben und erklären können. So finden sich

M.-L. Maisano, *Beschreiben und Erklären beim Lernen von Mathematik*, Kölner Beiträge zur Didaktik der Mathematik, https://doi.org/10.1007/978-3-658-25370-7_1

im Lehrplan des Landes Nordrhein-Westfalens unter der inhaltsbezogenen Kompetenz „Zahlen und Operationen“ Kompetenzerwartungen am Ende der Schuleingangsphase wie „[...] beschreiben Beziehungen zwischen Zahlen (z. B. ist Vorgänger/Nachfolger von, ist die Hälfte/das Doppelte von, ist um 3 größer) mit eigenen Worten“ (Ministerium für Schule, Jugend und Kinder des Landes Nordrhein-Westfalen[1], 2008, S. 61) oder „beschreiben (eigene) Rechenwege für andere nachvollziehbar mündlich oder schriftlich“ (MSJK des Landes NRW, 2008, S. 62). Aber auch in den inhaltsbezogenen Kompetenzen „Raum und Form“ sowie „Daten, Häufigkeiten und Wahrscheinlichkeiten“ finden sich Kompetenzerwartungen für Ende der Schuleingangsphase sowie Ende der Klasse 4 wieder, in denen explizit Beschreibungen von Lernenden gefordert sind (s. MSJK des Landes NRW, 2008, S. 63ff.). Das Erklären wird insbesondere konkret in der prozessbezogenen Kompetenz „Argumentieren“ aufgegriffen: „Die Schülerinnen und Schüler stellen begründet Vermutungen über mathematische Zusammenhänge unterschiedlicher Komplexität an und erklären Beziehungen und Gesetzmäßigkeiten (sprachlich, handelnd, zeichnerisch).“ (MSJK des Landes NRW, 2008, S. 57). Somit wird das Beschreiben in verschiedenen inhaltsbezogenen Kompetenzen aufgegriffen. Das Erklären unter der prozessbezogenen Kompetenz „Argumentieren“ ist hingegen keiner spezifischen inhaltsbezogenen Kompetenz zugeordnet, sondern tritt in verschiedenen inhaltsbezogenen Kompetenzen auf. Dabei sind inhalts- und prozessbezogene Kompetenzen „auf vielfältige Art miteinander verwoben“ (MSJK des Landes NRW, 2008, S. 56). Demnach sind – entsprechend des Lehrplans – Verbindungen zwischen Beschreibungen und Erklärungen denkbar. Dies wird in Materialien für den Unterricht und Lehrwerken des Mathematikunterrichts der Grundschule aufgegriffen, bei denen Lernende aufgefordert werden zunächst Phänomene zu beschreiben und daran anschließend zu erklären (s. u.a. Selter, 2009; Wittmann & Müller, 2012).

---

[1] Das „Ministerium für Schule, Jugend und Kinder des Landes Nordrhein-Westfalen” wird folgend mit „MSJK des Landes NRW” abgekürzt.

Aber warum kann es hilfreich sein, dass Beschreibungen vor Erklärungen stattfinden? Welchen Stellenwert nehmen Beschreibungen in den Erkenntnisprozessen der Lernenden ein und inwieweit sind diese beiden Sprachhandlungen miteinander „verwoben", das heißt inwiefern sind Zusammenhänge zwischen Beschreibungen und Erklärungen zu rekonstruieren? Dies sind bislang offene Fragestellungen in Bezug zu diesen beiden Sprachhandlungen, denen sich in der mathematikdidaktischen Forschung bislang nicht eingehend gewidmet wurde.

Da der Fokus bei diesen Fragestellungen auf mündlichen Beschreibungen und Erklärungen liegt, bietet die Funktionale Pragmatik eine Grundlage zur theoretischen Erfassung mündlicher Sprachhandlungen beziehungsweise Sprechhandlungen. Sie wird im *zweiten Kapitel* allgemein vorgestellt und daraufhin wird aus dieser Sicht näher auf die Sprechhandlungen Beschreiben und Erklären eingegangen sowie zur Abgrenzung nahestehende Sprechhandlungen skizziert. Die Funktionale Pragmatik ist ein von Ehlich und Rehbein in 1980er-Jahren entwickeltes sprachtheoretisches Konzept, in dem Sprache als eine Form von sprachlichem Handeln aufgefasst wird, das heißt Sprecher und Hörer[2] vollziehen mit Sprache Handlungen (s. Redder 2008, S. 10). Dabei ist konstitutiv, dass das sprachliche Handeln durch Zweckbezogenheit geleitet wird. Wenn durch die Analyse des Zweckes einer sprachlichen Handlung eine spezifische Sprechhandlung bestimmt wurde, werden eingehender die Realisierungen dieser Sprechhandlung analysiert, unter anderem hinsichtlich verschiedener sprachlicher Mittel, die eine gewisse Affinität zu entsprechenden Sprechhandlungen aufzeigen (s. Rehbein 1984, S. 70).

Eine aus der Theorie begründete Vermutung für mögliche Zusammenhänge zwischen Beschreibungen und Erklärungen ergeben sich anhand

[2] In der vorliegenden Arbeit wurden die in der Funktionalen Pragmatik verwendeten Begriffe „Sprecher" und „Hörer" übernommen. Es sind hierbei jedoch sowohl weibliche Sprecherinnen beziehungsweise Hörerinnen als auch männliche Sprecher beziehungsweise Hörer gemeint sowie Sprechende beziehungsweise Hörende, die sich keinem Geschlecht zuordnen.

von Überlegungen im Rahmen der Betrachtung mathematischer Entdeckungsprozesse mit Hilfe der Abduktionstheorie (s. Meyer & Voigt, 2008; Meyer & Voigt, 2009), die in der vorliegenden Arbeit empirisch untersucht werden. In diesem Rahmen stellen Meyer und Voigt (2008) fest, dass eine Erklärung keine „creatio ex nihilo[3]" (Meyer & Voigt, 2008, S. 132) sei und die Beobachtung von Phänomenen einen notwendigen Ausgangspunkt darstellt (s. Meyer & Voigt, 2008, S. 132). Diese Beobachtung würde sprachlich als Beschreibung realisiert werden. Zudem messen Meyer und Voigt (2009) „einleitenden Aufgaben" vor Erklärungen einen besonderen Stellenwert zu (s. Meyer & Voigt, 2009, S. 44). Dabei kann es sich um Aufgaben handeln kann, in denen Lernende zunächst Phänomene beschreiben sollen. Die Autoren greifen dabei auf die Abduktionstheorie zurück, die ein von Meyer (2007) entwickelter philosophisch-logischer Ansatz ist und in darauffolgenden Untersuchungen weiter ausdifferenziert sowie im beziehungsweise für Mathematikunterricht vielseitig angewendet wurde (u.a. Meyer & Voigt, 2008; Meyer & Voigt, 2009; Meyer, 2015). Auf diese Theorie wird im *dritten Kapitel* eingegangen sowie der Bezug zum Beschreiben und Erklären hergestellt.

Das mündliche Beschreiben und Erklären sowie mögliche Zusammenhänge zwischen diesen beiden Sprechhandlungen werden in der vorliegenden Arbeit in der Interaktion von mehrsprachigen Grundschulkindern untersucht, wenn sie an mathematischen Aufgaben gemeinsam arbeiten. Die Lernenden konnten in der Untersuchung im Sinne des „Translanguaging"-Ansatzes (Garcia & Wei, 2009) flexibel ihre mehrsprachigen Ressourcen nutzen und der Fokus wurde dabei auf mehrsprachige Lernende mit sprachlichen Kompetenzen in Türkisch und Deutsch gesetzt. Vor einer vorherigen Begriffsdefinition zur Mehrsprachigkeit wird dieser Translanguaging-Ansatz neben dem Ansatz „Code-Switching" im *vierten Kapitel* vorgestellt. Daran anschließend wird aufgezeigt, dass in der Mathematikdidaktik im internationalen Kontext Untersuchungen vorzufinden sind,

---

[3] Aus dem Lateinischen und kann sinngemäß mit „Schöpfung aus dem Nichts" übersetzt werden.

welche die Einbindung der Mehrsprachigkeit beim Lernen von Mathematik untersuchen (s. u.a. Adler, 1998; Clarkson, 2007; Planas & Setati, 2009). Die Relevanz dieses Themas in der internationalen mathematikdidaktischen Forschung macht besonders die 21. „International Comission on Mathematical Instruction (ICMI) Study Conference“ deutlich, die sich explizit mit dem Thema „Mathematics Education and Language Diversity” befasst hat (s. Setati, Nkambule & Goosen, 2011). Hierbei müssen jedoch die länderspezifischen Besonderheiten hinsichtlich der Mehrsprachigkeit berücksichtigt werden, sodass je nach kontextuellen Bedingungen die Untersuchungsergebnisse ausschließlich bedingt auf den deutschen Kontext übertragbar sind. Einige Untersuchungen in Deutschland haben sich daher mit der Einbindung der mehrsprachigen Ressourcen von Lernenden beim Mathematiklernen befasst, obgleich der aktuelle Mathematikunterricht von einer monolingualen Gestaltung geprägt ist. Die Untersuchung fand dabei mit Lernenden vor allem ab der Sekundarstufe I statt (u.a. Meyer & Prediger, 2011; Wessel et al., 2016), während sich die vorliegende Arbeit ausschließlich mit dem mündlichen Beschreiben und Erklären in der Grundschule befasst.

Aus den theoretischen Betrachtungen ergeben sich verschiedene offene Fragestellungen, die in der vorliegenden Arbeit näher untersucht und im *fünften Kapitel* zunächst vorgestellt werden. Die Einbringung der funktional pragmatischen Sichtweise auf das Beschreiben und Erklären im Mathematikunterricht ermöglicht eine alleinig mathematisch-inhaltliche mit einer linguistisch-sprachlichen Perspektive anzureichen. Dadurch kann deskriptiv die Realisierung dieser beiden Sprechhandlungen im Kontext von Mathematiklernen aus beiden Perspektiven dargestellt und miteinander verbunden werden. Zudem lassen die theoretischen Betrachtungen im Rahmen der Abduktionstheorie Zusammenhänge zwischen einer vorangegangenen Beschreibung und einer darauffolgenden Erklärung vermuten, die in der vorliegenden Arbeit empirisch untersucht werden. Außerdem offenbaren die bisherigen Arbeiten über einen ressourcenorientierten Blick hinsichtlich mehrsprachiger Lernenden im Mathematikunterricht die weniger fokussierte Betrachtung von Lernenden in der Grundschule im nationalen

Kontext (s. Clarkson, 2007; Barwell et al., 2016). Daher liegt ein weiteres Forschungsinteresse in der Untersuchung auf den Auswirkungen des flexiblen Einsatzes der türkischen und deutschen Sprache sowie auf den Erkenntnisprozessen der Lernenden beim Mathematiklernen.

Nach der Darstellung der Forschungsfragen der vorliegenden Arbeit wird in dem selben Kapitel aufgezeigt, anhand welcher Methodologie und Methoden das Forschungsinteresse empirisch untersucht wurde. Aufgrund des bisherigen monolingualen Mathematikunterrichts in Deutschland wurde kein alltäglicher Unterricht untersucht, sondern außerhalb des Unterrichts werden die Lernenden in Zweiergruppen betrachtet, wenn sie gemeinsam an mathematischen Aufgaben arbeiten. Die Hauptstudie wurde mit 18 Lernenden aus der ersten und dritten Klasse durchgeführt und in den einzelnen Sitzungen war eine Interviewerin anwesend. Sämtliche Lernende und die Interviewerin sprechen die Sprachen Türkisch und Deutsch und in der Studie wurde den Lernenden der Einsatz beider Sprachen freigestellt. Die videographierten Interviews waren leitfadengestützt (halbstandardisiert) und fanden mit acht Zweiergruppen statt. Zusätzlich wurden zwei Einzelinterviews durchgeführt. Es wurden vier Sitzungen mit jeweils zwei Arbeitsblättern zu Zahlenfolgen in Zahlenmauern und zu Kombinatorik durchgeführt, sodass ein Datenmaterial von 40 Sitzungen á 45 Minuten vorliegt. Eine Auswahl hiervon wurde transkribiert und übersetzt. Basierend auf der interpretativen Forschung wurde bei der Auswertung zunächst die einzelnen Bearbeitungen der Lernenden in Anlehnung an dem von Voigt (1984) entwickelten Ansatz der „primär gedanklichen Vergleiche“ (Jungwirth, 2003, S. 193) genutzt und daran anschließend der Ansatz der „primär empirischen Vergleiche“ (Jungwirth, 2003, S. 194) nach Brandt & Krummheuer (2000) angewandt. Zudem wurden die Grundlagen der Funktionalen Pragmatik zur Identifizierung der Sprechhandlungen und Analyse der sprachlichen Mittel herangezogen sowie die von Meyer (2007) entwickelte Abduktionstheorie für die Rekonstruktion abduktiver Schlüsse der Lernenden verwendet.

Die Analysen werden im *sechsten und siebten Kapitel* ausführlich dargestellt und dabei wurden die Bearbeitungen von acht Zweiergruppen eingehender analysiert. Der Fokus lag dabei zunächst im sechsten Kapitel auf Aufgaben im mathematischen Kontext von „Zahlenfolgen in Zahlenmauern", in denen die Lernenden zunächst Phänomene beschreiben und daran anschließend ein Phänomen erklären sollten. Aus den Interpretationen der einzelnen Gruppenarbeiten wurden anschließend mittels komparativer Analyse vergleichende Erkenntnisse in Hinblick auf das Forschungsinteresse gewonnen. Zudem wurde im siebten Kapitel die Bearbeitung von Lernenden im mathematischen Kontext von „Kombinatorik" betrachtet, in der die Anführung von Erklärungen für die Lernenden fordernd erschien, um daraus weitere Erkenntnisse hinsichtlich des Forschungsinteresses zu gewinnen.

Die Erkenntnisse aus den Analysen werden im *achten Kapitel* zunächst zusammengefasst dargestellt. Anschließend findet eine Vorstellung der sich aus dieser Arbeit ergebenden möglichen Beiträgen für die mathematikdidaktische Forschung und aus den Forschungsergebnissen potenziell resultierende Konsequenzen für den Mathematikunterricht statt. Gleichzeitig sind anhand der gewonnenen Erkenntnisse weiterführende Studien ableitbar, die in einem Ausblick angeführt werden.

2. Beschreiben und Erklären in der Funktionalen Pragmatik

Die vorliegende Arbeit betrachtet das mündliche Beschreiben und Erklären von Grundschulkindern. Um das Beschreiben und Erklären begrifflich mit dem Fokus auf Mündlichkeit zu fassen, eignet sich die Funktionalen Pragmatik als sprachtheoretische Grundlage für diese Arbeit. Daher wird im Folgenden dieses Konzept vorgestellt und daraufhin dargestellt, was nach diesem unter dem mündlichen Beschreiben und Erklären zu verstehen ist. Hierbei werden sowohl außerschulische Erkenntnisse vorgestellt als auch Betrachtungen im schulischen Kontext. Da in der vorliegenden Arbeit eine Fokussierung des Erklärens im Sinne von Ursache-Wirkungs-Zusammenhängen stattfindet, werden Erkenntnisse diesbezüglich aus anderen Disziplinen angeführt, die in einem Exkurs zusammengetragen werden. Da Begriffe wie Berichten oder Erläutern im alltäglichen Sprachgebrauch oftmals synonym zum Beschreiben oder Erklären verwendet werden, findet durch die Erläuterung von solche nahestehenden Begriffen eine Abgrenzung statt. In der Zusammenfassung wird die Auswahl der Funktionale Pragmatik als sprachtheoretische Grundlage begründet und die Verwendung dieses Ansatzes in der vorliegenden Arbeit dargestellt.

2.1. Funktionale Pragmatik

Die Funktionale Pragmatik ist ein sprachtheoretisches Konzept, das von den deutschen Wissenschaftlern Rehbein und Ehlich in den 1970er Jahren entwickelt wurde (s. Redder, 2008, S. 9). Nach der Funktionalen Pragmatik handeln Menschen mit Sprache, sodass diese als sprachliches Handeln aufgefasst werden kann (s. Redder 2008, S. 10). Während die Funktionale Pragmatik in ihren Ursprüngen stärker außerschulische Diskurse betrachtet, gibt es jüngere Literatur, die Diskurse in der Institution Schule mit Hilfe dieses sprachtheoretischen Konzepts untersucht (u.a. Guckelsberger, 2009; Redder, Guckelsberger & Graßer, 2013). Im Folgenden werden zunächst allgemeine Aspekte zu diesem Konzept und danach Betrachtungen in der Funktionalen Pragmatik mit dem Fokus auf Schule vorgestellt, in dem auf Handlungsmuster in der Schule eingegangen wird. Zudem wird

M.-L. Maisano, *Beschreiben und Erklären beim Lernen von Mathematik*, Kölner Beiträge zur Didaktik der Mathematik, https://doi.org/10.1007/978-3-658-25370-7_2

dargestellt, was die Funktionale Pragmatik unter Sprechhandlungen versteht und abschließend wird der Bezug zu der vorliegenden Arbeit hergestellt.

2.1.1. Allgemein

Ihre grundlegenden Ursprüng5e hat die Funktionale Pragmatik in der Sprachtheorie nach Bühler (1934) und der sowjetischen Tätigkeitstheorie nach Engeström (1987) und Leontjew (1981). Die Sprachtheorie nach Karl Bühler befasst sich mit der konkreten Verwendung von Sprache im Rahmen von Sprechsituationen. Bühler geht im Rahmen seiner „Feldtheorie" davon aus, dass Sprache aus einem „Symbolfeld" und einem „Zeigfeld" besteht. Das Symbolfeld umfasst den Inhalt einer Äußerung, während das Zeigfeld die Verankerung der Äußerung in einer konkreten Sprechsituation umfasst durch die Platzierung der Äußerung in Bezug auf die drei elementaren Dimensionen „hier", „ich" und „jetzt". Die elementare analytische Einheit in der Tätigkeitstheorie ist das „Tätigkeitssystem". In diesem System gelangt eine Gruppe von Aktanten zu ihrem Ziel durch ein gemeinsames und arbeitsteiliges Agieren unter Zuhilfenahme von Werkzeugen. Unter der Kategorie „Tätigkeiten" werden dabei wiederholt auftretende Arten von Handlungen verstanden, die den Zweck verfolgen das angestrebte Ziel zu erlangen (s. Gruber, 2012, S. 22ff.).

In der Funktionale Pragmatik wird davon ausgegangen, dass menschliches Handeln durch seine Zweckbezogenheit bestimmt ist. Demnach handeln Menschen mit einem bestimmten Zweck durch Sprache und Handlungen sind wiederrum als zweckbezogene Aktivitäten zu verstehen (s. Ehlich & Rehbein, 1979, S. 541). Sprache nimmt somit einen gewissen Werkzeugcharakter ein (vgl. Gruber, 2012, S. 24).

In der Gesellschaft haben sich sukzessiv Standardlösungen für die erfolgreiche Bewältigung wiederholt auftretender kommunikativer Standardprobleme entwickelt (s. Becker-Mrotzek, 2009, S. 33). Somit haben sich in der Gesellschaft bestimmte Formen zweckbezogener Aktivitäten herausgebildet, die spezifische Tätigkeiten und Tätigkeitsabfolgen aufzeigen und als Handlungsmuster bezeichnet werden (s. Ehlich & Rehbein, 1979,

S. 541). Ein Handlungsmuster umfasst mentale, aktionale und interaktionale Handlungen und berücksichtigt sowohl den Sprecher als auch den Hörer (s. Rehbein, 2001, S. 933). Diese vielfältigen Aspekte eines Handlungsmusters gilt es im Detail zu analysieren und nicht auf einer oberflächlichen Betrachtung zu verbleiben (s. Ehlich & Rehbein, 1979, S. 542).

2.1.2. Handlungsmuster in der Schule

Trotz der Herausarbeitung von Handlungsmustern ist nach der Funktionalen Pragmatik das sprachliche Handeln von Menschen nicht lediglich ein Ausführen solcher Muster (s. Ehlich & Rehbein, 1979, S. 560). Zudem werden Muster selten eins-zu-eins realisiert, denn eine Realisierung in der „Reinform" tritt in der Regel selten auf. Vielmehr zeigen sich häufig individuellen Realisierungen von diesen, bei denen beispielsweise einzelne Positionen wegfallen oder bestimmte Positionen wiederholt auftreten (s. Rehbein, 2001, S. 935).

Wenn sich ein Kind im Spracherwerb befindet, eignet es sich ein bestimmtes Musterwissen an. Dabei ist der Prozess, ein Handlungsmuster zu erwerben und dementsprechend zu handeln, komplex. So wird davon ausgegangen, dass Kinder auf eine spielerische Weise einzelne Positionen eines Musters realisieren und in der Interaktion sowie durch Erfahrungen immer weiter erlernen, wie eine Handlung entsprechend eines bestimmten Handlungsmusters verläuft (s. Ehlich, 2007, S. 16). Wenn ein Kind nun bereits bestimmte Muster erlernt hat, kann jedoch bei Eintritt in die Institution Schule ein Bruch entstehen, da sich bereits erlernte Handlungsmuster außerinstitutionell anders realisieren als in der Schule (s. Ehlich & Rehbein, 1979, S. 558f.). Es kann sogar so weit gehen, dass die Muster in der Schule nicht entsprechend des eigentlichen Zweckes genutzt werden. Auch gibt es in der Schule Muster, die für diese Institution spezifisch sind. Demnach muss das Kind in der Schule die modifizierten Formen bereits erworbener Handlungsmuster sowie neue Handlungsmuster erlernen (s. Ehlich, 2007, S. 21).

Ein Beispiel für ein spezifisches Muster, das von Ehlich und Rehbein (1986) im schulischen Kontext rekonstruiert wurde, stellt das Muster des

Aufgaben-Stellens/Aufgaben-Lösens dar. Hierbei stellt die Lehrkraft eine Aufgabe an ihre Lernenden, die von ihnen gelöst werden soll. Dabei realisiert sich die Position des Aufgaben-Stellens seitens der Lehrkraft häufig als sprachliches Handeln in Form einer Frage oder Aufforderung. Diese Aufgabe wird daraufhin mental von den Lernenden gelöst und die Lösung mittels Sprache in den Interaktionsraum gebracht (s. Ehlich & Rehbein, 1986, S. 8). Daneben gibt es aber auch Aufgaben, die keine direkte mündliche Verbalisierung fordern, wie beispielsweise die Berechnung einer Aufgabe. Wenn im Unterrichtsdiskurs jedoch die Lehrkraft die Lernenden auffordert, dass sie ihr Vorgehen bei der Berechnung verbalisieren sollen, dann realisiert sich die Interaktion in Form des vorherig genannten Musters (vgl. Ehlich & Rehbein, 1986, S. 8). Ehlich und Rehbein (1986) unterscheiden dabei zwischen dem mentalen und dem interaktionalen Bereich der Lehrkraft sowie der Lernenden. Daraus wird erkenntlich, dass das Muster als Sequenz realisiert wird, die im interaktionalen Bereich mit der Stellung der Aufgabe von Seiten der Lehrkraft beginnt, ein Lernender einen Lösungsversuch unternimmt und durch die positive Einschätzung seitens Lehrkraft hinsichtlich des vom Lernenden genannten Lösungsversuchs beendet wird. Die einzelnen Positionen des Musters können dabei mehrmals durchlaufen werden (s. Ehlich & Rehbein, 1986, S. 17).

Das Durchlaufen dieses Musters in der unterrichtlichen Interaktion wird durch unterschiedliche Sprechhandlungen realisiert. So können an der Position des Lösungsversuches je nach situativem Kontext unterschiedliche Sprechhandlungen von den Lernenden realisiert werden (vgl. Redder, Guckelsberger & Graßer, 2013, S. 34).

2.1.3. Sprechhandlungen

Die Funktionale Pragmatik unterscheidet verschiedene Formen sprachlichen Handelns. So ist die größte Form einer sprachlichen Handlung der Diskurs (s. Redder, 2008, S. 12). Unter Diskursen versteht man Situationen, in denen Interaktanten mündliche Sprache gebrauchen und dabei kopräsent in einem gemeinsamen Wahrnehmungsraum sind (s. Ehlich, 2007, S. 33). Diskurse setzen sich jedoch wiederum aus kleineren Formen sprachlichen Handelns zusammen, die als Sprechhandlungen bezeichnet werden. Dabei ist das zentrale Merkmal einer Sprechhandlung, dass eine eigenständige kommunikative Aufgabe erfüllt wird und mindestens ein Sprecherwechsel erfolgt. Sprechhandlungen setzen sich wiederrum aus Prozeduren zusammen, die die kleinste Form sprachlichen Handelns darstellt (s. Redder, 2008, S. 12) und – in kritischer Weiterentwicklung des Symbol- und Zeigfeldes nach Bühler (1934) – in der Funktionalen Pragmatik unterteilt wird in expressive, expeditive, deiktische, nennende und operative Prozeduren (s. Rehbein, 2001, S. 937f.).

Nach der Funktionalen Pragmatik gibt es die reale Situation, die der Sprecher subjektiv rekonstruiert und in seinen mentalen Wissensbereich aufnimmt. Diese subjektiv rekonstruierte reale Situation gibt er dann in Form einer Sprechhandlung wieder, sodass der Hörer dadurch die Möglichkeit erhält das weitergegebene Wissen vom Sprecher für sich zu rekonstruieren und in seinen mentalen Wissensbereich aufzunehmen (vgl. Rehbein, 1984, S. 69). Dabei werden auch die unterschiedlichen Funktionen von Sprecher und Hörer deutlich. Während der Sprecher der Übermittler von Wissen ist, perzipiert der Hörer dieses. Auch kann der Hörer die Interaktion durch eigene Tätigkeiten beeinflussen.

Die Funktionale Pragmatik unterscheidet zwischen Sequenzen und Verkettungen. Mit Verkettung ist gemeint, dass der Sprecher die Sprechhandlung alleine vollzieht durch die Aneinanderreihung sprachlicher Handlungen. Sequenz meint dagegen, dass sowohl der Sprecher als auch der Hörer involviert sind, sodass es sich um interaktionale Tätigkeiten zwischen Hörer und Sprecher handelt (s. Rehbein 1984, S. 71).

Wenn Menschen mit Sprache handeln, vollziehen sie dies unter Nutzung von sprachlichen Mitteln, die in der Funktionale Pragmatik als grundlegende Kategorie angesehen werden (s. Redder, 2008, S. 11f.). Hinsichtlich sprachlicher Mittel wurde festgestellt, dass es bei Sprechhandlungen sprachliche Mittel gibt, die eine gewisse Affinität zu der Sprechhandlung aufzeigen. Damit ist gemeint, dass bei den Analysen von bestimmten Sprechhandlungen ein wiederholtes Auftreten der gleichen sprachlichen

Mitteln bei der Realisierung einer bestimmten Sprechhandlung beobachtbar war. Dadurch können sie als Indikatoren für eine bestimmte Sprechhandlung angesehen werden (s. Rehbein 1984, S. 70).

2.1.4. Bezug zu der vorliegenden Arbeit

Die Funktionale Pragmatik ermöglicht einen sprachtheoretischen Blick auf die Mündlichkeit in der Schule. Durch ihre Auffassung, dass Menschen grundsätzlich entsprechend bestimmter Muster agieren, ermöglicht sie einen strukturierten Zugriff auf Mündlichkeit und berücksichtigt dabei gleichzeitig individuelle Realisierungen. Zudem betrachtet sie das interaktionale Geschehen und ermöglicht mit Hilfe ihrer Unterscheidung von unterschiedlichen Formen des sprachlichen Handelns eine detaillierte Analyse von mündlicher Interaktion. Für die Anwendung der Funktionalen Pragmatik in der schulischen Interaktion ist das Muster des Aufgabe-Stellens/Aufgabe-Lösens von Relevanz, da die vorliegende Arbeit Situationen betrachtet, in denen Lernende gemeinsam oder einzeln an einer von der Interviewerin gestellten mathematischen Aufgabe arbeiten und ihre Lösungen beziehungsweise Lösungsversuche mit der Interviewerin besprechen. Dabei liegt der Fokus auf den Sprechhandlungen Beschreiben und Erklären.

2.2. Sprechhandlung Beschreiben

Im Folgenden wird zunächst allgemein dargestellt, welche Erkenntnisse die Funktionale Pragmatik hinsichtlich der Sprechhandlung Beschreiben erlangt hat. Daran anschließend wird auf Untersuchungen eingegangen, die sich mit dieser Sprechhandlung im Kontext von Schule befasst haben. Daran anschließend wird der Übergang zu der Sprechhandlung Erklären erläutert.

2.2.1. Allgemein

In der Funktionalen Pragmatik wurde die Sprechhandlung Beschreiben in den 1980er-Jahren von Rehbein außerhalb der Institution Schule im Vergleich zu den Sprechhandlungen Berichten und Erzählen betrachtet. Er arbeitet dabei heraus, dass es sich beim Beschreiben um die Wiedergabe äußerer Aspekte eines Sachverhalts handelt. Dabei sei der gewohnte Fall, dass der Sachverhalt nicht im Wahrnehmungsfeld ist und dieser aus der Erinnerung heraus beschrieben wird. Einen speziellen Fall stellt es dar, wenn sich der Sachverhalt im Wahrnehmungsfeld des Sprechers befindet und er demnach simultan perzipiert und verbalisiert wird (s. Rehbein, 1984, S. 76). Bei der Beschreibung selektiert der Sprecher je nach vermuteten Interesse seitens des Hörers, was er aus dem Wahrnehmungsfeld wiedergibt. Bei der Beschreibung eines dynamischen Sachverhalts, bekommt dieser durch die Beschreibung den „Charakter eines Zustands" (Rehbein, 1984, S. 77). Der Sprecher fixiert somit zur Vergegenwärtigung den Sachverhalt, um zu ermöglichen, dass der Hörer eine Orientierung an dem Äußeren des Sachverhalts erhält. Die Realisierung der Beschreibung kann der Sprecher ausschließlich durch sprachliche Mittel oder anhand eines Modells umsetzen. Hier geht Rehbein davon aus, dass der zu beschreibende Sachverhalt selbst sich nicht im gemeinsamen Wahrnehmungsraum von Sprecher und Hörer befindet (s. Rehbein, 1984, S. 77). Dies führt zu einer alleinigen Beschreibung durch den Sprecher als Sprechhandlungsverkettung, da ausschließlich der Sprecher über Wissen bezüglich des Sachverhaltes verfügt. Dabei beginnt der Sprecher bei seiner Beschreibung meist mit der Angabe des Typs des zu Beschreibenden, um beim Hörer etwaiges Vorwissen zu aktivieren. Der Sprecher beginnt in seiner Beschreibung mit einem Aspekt des zu Beschreibenden, von dem er annimmt, dass der Hörer diesen am besten als Ankerpunkt in seinem Vorstellungsraum nutzen kann. Ausgehend von diesem Ankerpunkt vollzieht sich der Gang durch den Vorstellungsraum. Dabei beschreibt der Sprecher entweder spezifische Positionen der Oberfläche des Sachverhalts oder er benennt bestimmte Verhältnisse zwischen dem zu Beschreibenden und den einzelnen Positionen (s. Rehbein, 1984, S. 78f.). Nicht die Vollständigkeit stellt das Ende einer Beschreibung dar, sondern der Sprecher beendet die Beschreibung, wenn er glaubt, dass sich der Hörer den Sachverhalt ausreichend vorstellen kann (s. Rehbein, 1984, S. 80). Zudem stellen Präpositionalkonstruktionen, Wenn(-dann)-Konstruktionen, Aufzählungen und Verknüpfungen sowie Prädikate und Ebenen sprachliche Mittel dar, die eine gewisse Affinität zur

Sprechhandlung Beschreiben aufzeigen. Präpositionalkonstruktionen sind häufig notwendig, wenn aufgrund der Komplexität eines Sachverhalts mehrere Raumpositionen als Ankerpunkte für weitere Bewegungen im Vorstellungsraum festgehalten werden müssen. Mit Hilfe von Präpositionalkonstruktionen werden dann relativ zu den Ankerpunkten genauere Ortsbestimmungen getätigt (s. Rehbein, 1984, S. 81). Wenn-(dann-)Konstruktionen werden meist dafür genutzt, um eine Fokusbewegung zu einem neuen Ankerpunkt zu erzeugen (s. Rehbein, 1984, S. 81f.). In Bezug zu den sprachlichen Mitteln „Verknüpfung und Aufzählung" werden häufig „und dann"-Verknüpfungen genutzt für die Verbalisierung einer räumlichen Abfolge. Aber auch Enumerationen werden häufig in Beschreibungen verwendet, wenn eine pauschale Zuordnung einer Richtung für einzelne Elementen stattfindet und somit nicht die einzelnen Raumpositionen genannt werden (s. Rehbein, 1984, S. 83). Der Aspekt „Prädikate und Ebenen" meint die angemessene Verwendung von Lexemen seitens des Sprechers für die Beschreibung. Es bedarf demnach charakteristischer Benennungen und dem Sachverhalt angemessene Terminologien. Zudem ist je nach Situation und Zwecksetzung der Beschreibung zu entscheiden, wie detailliert diese erfolgen muss (s. Rehbein, 1984, S. 84).

2.2.2. Beschreiben in der Schule

Guckelsberger (2009) und gemeinsam mit Redder und Graßer (2013) betrachten das Beschreiben in der Grundschule. Sie arbeiten dabei mit den Erkenntnissen von Rehbein (1984), stellen jedoch die institutionell bedingten Unterschiede dar und nehmen die Erkenntnisse von Hoffmann (1997) hinzu. In der Schule ist eine andere Realisierung der Sprechhandlung Beschreiben zu beobachten als bei den Betrachtungen von Rehbein außerhalb von Schule. Redder, Guckelsberger und Graßer (2013) sprechen von der Beschreibung von „Objekten im weiten Sinne" (Redder, Guckelsberger & Graßer, 2013, S. 32) und fassen unter diesen Begriff sowohl Gegenstände als auch Situationen oder Sachverhalte. In Bezug auf Hoffmann (1997) wird nach Redder, Guckelsberger und Graßer (2013) beim Beschreiben repräsentatives Wissen übermittelt und stellt eine Sprechhandlung dar, die sowohl im außerinstitutionellen als auch im institutionellen Kontext von großer Relevanz ist (s. Redder, Guckelsberger & Graßer, 2013, S. 32). Hinsichtlich der Komplexität einer Beschreibung ergänzen sie Hoffmanns Kriterien. So versteht Hoffmann (1997) unter Komplexität die Vollständigkeit, Genauigkeit sowie Detailliertheit einer Beschreibung und arbeitet heraus, dass diese abhängig von dem übergeordneten Zweck der Beschreibung, von dem Hörer bzgl. seines Vorwissens und Interesses sowie von den Eigenschaften des zu Beschreibenden ist (s. Hoffmann, 1997, S. 131). Diesbezüglich ergänzen Redder, Guckelsberger und Graßer (2013), dass die Komplexität auch von den sprachlichen und fachlichen Kompetenzen des Sprechers abhängt (Redder, Guckelsberger & Graßer, 2013, S. 34).

Redder, Guckelsberger und Graßer (2013) haben Untersuchungen in den ersten beiden Schuljahren der Grundschule durchgeführt und dabei herausgearbeitet, dass Beschreibungen im Unterricht von großer Bedeutung sind, da sie nicht nur in unterschiedlichen Fächern häufig beobachtbar sind, sondern auch in unterschiedlichen Unterrichtssequenzen. So werden Beschreibungen in verschiedensten Kontexten genutzt, wie zum Beispiel bei Tieren, Gegenständen, Bildern, Situationen oder geometrischen Formen. Beschreibungen werden dabei hauptsächlich mündlich vollzogen und sind im Rahmen des Musters Aufgabe-Stellen/Aufgabe-Lösen an der Musterposition des Lösungsversuches eingebettet (Redder, Guckelsberger & Graßer, 2013, S. 33). Als einen Zweck von Beschreibung in der Grundschule sehen Redder, Guckelsberger und Graßer (2013), dass dadurch die Aneignung von Sachverhalten unterstützt und ggf. überprüft wird. Zudem stellt das Beschreiben als Diskursart einen Lerngegenstand dar (Redder, Guckelsberger & Graßer, 2013, S. 34). Anhand von unterschiedlichen Beispielen aus dem schulischen Kontext stellen Redder, Guckelsberger und Graßer (2013) unterschiedliche Realisierungsformen von Beschreibungen vor. So arbeiten sie heraus, dass im schulischen Diskurs das Beschreiben als Sprechhandlungssequenzen realisiert werden kann und eine Entwicklung vom sprachlich und strukturell gestützten zum eigenständigen Beschreiben beobachtbar ist. Auch sind Entwicklungen vom beobachtbaren Beschreibungen von Sachverhalten aus dem gemeinsamen Wahrnehmungsraum zu abstrakteren Beschreibungen feststellbar (Redder, Guckelsberger &

Graßer, 2013, S. 37ff.). Der Auslöser einer Beschreibung kann eine Aufgabenstellung oder eine Aufforderung seitens der Lehrkraft sein, jedoch kann auch ein echtes Verstehens- oder Wissensdefizit vorliegen und als Auslöser dienen. Zudem kann die sprachliche Realisierung davon abhängig sein, ob sich das zu Beschreibende im gemeinsamen Wahrnehmungsraum befindet. Ist dies der Fall, dann sind Neufokussierungen am Sachverhalt durch Lokaldeixis oder Zeigedeixis möglich. Wenn sich der zu beschreibende Sachverhalt jedoch nicht im gemeinsamen Wahrnehmungsraum befindet, ändert sich auch die sprachliche Realisierung der Sprechhandlung und geschieht ohne Verweise im gemeinsamen Wahrnehmungsraum. Eine Beschreibung kann „spracharm" vollzogen werden, demnach unter Verwendung von einfachen und wenigen sprachlichen Mitteln, oder unter Verwendung von komplexen Mitteln, was sich beispielsweise anhand der Verwendung von Konnektiva beobachten lässt (s. Redder, Guckelsberger & Graßer, 2013, S. 46f.). Zudem führen Redder, Guckelsberger und Graßer (2013) eine Differenzierung zwischen einer „einfachen Beschreibung" und einer „funktionalen Beschreibung" ein. Dabei umfassen einfache Beschreibungen die wahrnehmbaren Aspekte eines Sachverhalts, während bei einer funktionalen Beschreibung bereits Zusammenhänge zwischen den einzelnen Aspekten eines Sachverhalts angestrebt werden. Demnach kann eine funktionale Beschreibung eine Nähe zu einer Erklärung aufweisen (vgl. Redder, Guckelsberger & Graßer, 2013, S. 168f.).

2.2.3. Übergang zum Erklären

Rehbein (1984) veranschaulicht den Unterschied zwischen den beiden Sprechhandlungen anhand der Beschreibung eines Gegenstandes. Wenn eine Äußerung die einzelnen äußerlich wahrnehmbaren Elemente eines Sachverhalts beinhaltet, wird die Sprechhandlung Beschreiben realisiert. Hingegen würde sich bei einer Erklärung über den inneren Mechanismus dieser äußerlich wahrnehmbaren Elemente geäußert werden. Dabei entsteht durch die Anführung von kausalen Zusammenhängen ein Wissen über den funktionalen Gesamtzusammenhang der einzelnen Elemente (vgl. Rehbein, 1984, S. 88). Allgemeiner im Bezug zu der Beschreibung von Sachverhalten führen Redder, Guckelsberger und Graßer (2013) an, dass das Beschreiben die strukturelle Beschaffenheit eines Sachverhaltes umfasst, während beim Erklären die Funktionsweise des Sachverhalts verbalisiert wird (s. Redder, Guckelsberger & Graßer, 2013, S. 32). Stegmüller (1974) äußert sich in Bezug auf das Beschreiben über die Notwendigkeit von Erklärungen:

> „Eine noch so vollständige und genaue Beschreibung liefert keinen Ersatz für eine Erklärung. Wissen wir auch in allen Einzelheiten, was geschehen ist, so kann uns der Vorgang dennoch unverständlich bleiben.“ (Stegmüller, 1974, S. 77)

2.3. Sprechhandlung Erklären

Im folgenden Kapitel wird zunächst allgemein dargestellt, wie die Funktionale Pragmatik die Sprechhandlung Erklären auffasst. Da die vorliegende Arbeit Erklärungen von Ursache-Wirkungs-Zusammenhängen fokussiert, findet in einem Exkurs die nähere Betrachtung dieses Erklärungstyps statt. Dabei handelt es sich um einen Exkurs, da auf Autoren aus unterschiedlichen Disziplinen zurückgegriffen wird, die nicht in der Funktionalen Pragmatik einzuordnen sind. Daran anschließend werden Erkenntnisse aus der Funktionalen Pragmatik über die Sprechhandlung Erklären im Kontext von Schule vorgestellt.

2.3.1. Allgemein

In der Literatur sind unterschiedliche Auffassungen darüber vertreten, was unter einer Erklärung verstanden werden kann (s. Hohenstein, 2006, S. 90). Hohenstein (2006) hat jedoch bestimmte Aspekte herausgearbeitet, die in der Literatur weitgehend übereinstimmend als Charakteristika für das Erklären angenommen werden können. Demnach gibt es bei der Sprechhandlung Erklären einen Sprecher und einen Hörer, die unterschiedliche Ausgangssituationen aufweisen. Dem Hörer fehlt Wissen über einen bestimmten Sachverhalt und er sucht nach einer Erklärung. Diese gibt ihm der Sprecher, von dem der Hörer ausgeht, dass er bezüglich des Sachverhalts über mehr Wissen verfügt. Die Ausgangssituation stellt somit eine Wissensdifferenz zwischen Hörer und Sprecher dar, die durch die Sprechhandlung des Sprechers in Form von Wissensaufbau oder Wissensausbau beim Hörer ausgeglichen werden soll (s. Hohenstein, 2006, S. 90). Der Ausgang der Erklärung vom Sprecher muss dabei jedoch einen Anknüpfungspunkt darstellten, der sowohl im Wissensbereich vom Hörer als auch vom Sprecher repräsentiert ist (s. Hohenstein, 2006, S. 91). Die Sprechhandlung Erklären wird dabei in der Regel vom Hörer durch eine Bitte an den Sprecher initiiert und wird daraufhin vom Sprecher vollzogen (s. Hohenstein, 2006, S. 126; S. 137). Hinsichtlich der Differenzierung zwischen Analyse, Synthese und Synkrise nimmt Hohenstein (2006) in anderen Untersuchungen die Elemente der Analyse und Synthese als die meist genannten Tätigkeiten im Rahmen von Erklärungen wahr. Die Analyse beschreibt die Zerlegung des Sachverhalts in seine charakteristischen Elemente, während die Synthese die Zusammenführung zu einer Bestimmung umfasst. Die Synkrise wäre der Vergleich mit sich davon unterscheidenden Gegenständen des entweder gleichen oder übergeordneten Wissensbereichs. Demnach ist die zentrale Aufgabe des Sprechers das zu Erklärende derart zu zerlegen und zu systematisieren, dass dem Hörer die zugrundeliegenden funktionalen Zusammenhänge ersichtlich werden und somit eine Verankerung im Wissen des Hörers möglich wird (s. Hohenstein, 2006, S. 91; S. 87).

Hohenstein (2006) verdeutlicht anhand von Beispieltranskripten, dass kausale Konnektoren bei der sprachlichen Realisierung einer Sprechhandlung vorkommen können, wobei die Sprechhandlung dennoch keine Erklärung darstellen muss (s. Hohenstein, 2006, S. 75). Andererseits kann die Sprechhandlung Erklären sprachlich realisiert werden ohne die Verwendung von kausalen Konnektoren (s. Hohenstein, 2006, S. 112). Als sprachliche Mittel, die eine Affinität zur Sprechhandlung Erklären aufzeigen, sind „wenn-dann"- und „sodass"-Konstruktionen sowie Konstruktionen mit relationierenden Prozeduren (meist Präpositionen) und Nebensatzkonstruktionen zur Spezifizierung zu nennen (s. Hohenstein, 2006, S. 125).

Bei Erklärungen muss hinsichtlich des Erklärungstyps unterschieden werden. So liegen in der Funktionalen Pragmatik Untersuchungen zu Worterklärungen, Handlungserklärungen und Gegenstandserklärungen vor (s. Hohenstein, 2006, S. 118). Es wurden jedoch auch bereits Erklärungen von

Ursache-Wirkungs-Zusammenhänge betrachtet, die für die vorliegende Arbeit von Relevanz sind (s. Redder, Guckelsberger & Graßer, 2013, S. 57f.). Außerhalb der Funktionalen Pragmatik gibt es ähnliche Betrachtungen von unterschiedlichen Typen beziehungsweise Formen von Erklärungen, die im Weiteren zusammenfassend dargestellt werden mit dem Fokus auf Erklärungen, die Ursache-Wirkungs-Zusammenhänge umfassen.

2.3.2. Exkurs: Formen des Erklärens, Erklären-Warum in der Wissenschaft vs. im schulischen Kontext

Formen des Erklärens

In der Literatur finden sich unterschiedliche Differenzierungen von Erklärungen. Settekorn (1991) differenziert zwischen Erklärungsarten und -situationen. Die verschiedenen Erklärungsarten entstehen aufgrund unterschiedlicher Aspekte, die erklärt werden können. Es ist nach Settekorn möglich Sachverhalte, Sachverhaltskomplexe und Funktionszusammenhänge, Vorgänge und Ereignisse, Handlungen und Handlungszusammenhänge sowie die Sprache zum Erklärgegenstand zu machen (s. Settekorn, 1991, S. 238). Die Unterscheidung von Erklärsituationen findet anhand von zwei Prinzipien der Zweckorientiertheit und Materialorientiertheit statt. Das Prinzip der Zweckorientierung ist sowohl die Zielsetzung der jeweiligen Erklärung als auch die Position der Erklärungshandlung in Bezug zu den anderen Teilhandlungen der Erklärungssequenz. Dabei wird wiederrum eine Differenzierung zwischen globalen und lokalen Sequenzen vorgenommen. Globale Sequenzen treten auf, wenn die Erklärungssequenz dem übergeordneten Zweck der Diskurseinheit, in der sie eingebettet ist, dient. Hingegen sind lokale Sequenzen in eine übergeordnete Einheit eingebaut mit dem Zweck Wissen bereitzustellen, das für den Ablauf des Diskurses notwendig ist. Dafür muss die lokale Sequenz eine Unterbrechung der übergeordneten Einheit vornehmen (s. Settekorn, 1991, S. 255).

Klein (2009) differenziert zwischen drei unterschiedlichen Typen: „Erklären-Wie“, „Erklären-Was“ und „Erklären-Warum“.[4] Beim Erklären-Wie handelt es sich um Erklärungen bezüglich Prozesse und Handlungen (s. Klein, 2009, S. 26). Dabei kann es sich in manchen Fällen darauf beschränken, dass Erklärungen ausschließlich nachvollzogen werden. Wenn Adressaten anhand einer Erklärung die eigene Ausführung von etwas lernen sollen, ist dies erst möglich, wenn sie hierfür bereits vorhandene rudimentäre Handlungen oder Fertigkeiten besitzen (s. Klein, 2009, S. 29f.). Das Erklären-Was umfasst die Erklärung der Bedeutungen von beispielsweise Objekten, Begriffen oder Personen (s. Klein, 2009, S. 26). Eine solche Erklärung kann grundlegende Eigenschaften umfassen und dazu dienen, dass eine ausschließliche Bezeichnung durch die Erklärung mit Bedeutung angereichert wird (s. Klein, 2009, S. 30). Der für die vorliegende Arbeit relevante Typ ist das Erklären-Warum. Dieses umfasst die Anführung von kausalen Faktoren und beinhaltet somit Ursache-Wirkungs-Zusammenhänge (s. Klein, 2009, S. 26). Dieser Typ kann wiederrum unterschiedliche Arten umfassen, wie beispielsweise Erklärungen aus Gesetzmäßigkeiten/Regularitäten oder Erklärungen von Allgemeinem aus dem Einzelnen (s. Klein, 2009, S. 33).

Mit dem Fokus auf das Erklären-Warum beim Mathematiklernen differenzieren Kiel, Meyer und Müller-Hill (2015) zwischen vier Dimensionen des Erklärens-Warum. Die strukturelle Dimension (1) entspricht den nach Hempel (1977) notwendigen Bestandteilen einer wissenschaftlichen Erklärung, die im nächsten Abschnitt genauer erläutert werden (s. Kiel, Meyer & Müller-Hill, 2015, S. 3). Die Verstehensdimension (2) fokussiert den Adressaten einer Erklärung. Danach kann eine Erklärung dann als gelungen angesehen werden, wenn der Adressat diese auch verstanden hat. Hierfür sollte sich der Erklärende das Ziel seiner Erklärung vergegenwärtigen und sich überlegen, ob dieses Ziel für den Adressaten ersichtlich ist.

---

[4] Wagner & Wörn (2011) haben sich diesen drei Erklärtypen im Kontext vom Mathematikunterricht gewidmet.

Hinzukommend sollte berücksichtigt werden, dass verschiedene Adressaten auch divergierende Erwartungen an die Erklärung aufweisen können. Auch gilt es das bereits vorhandene Wissen des Adressaten zu beachten. Hinzukommen unterschiedliche Einstellungen zur Mathematik, die den Adressaten beeinflussen können, sodass zum Beispiel manchen Adressaten Erklärungen mit Kontextbezug widerstrebt. Auch können Adressaten verschiedene kognitive Präferenzen aufzeigen. Es können bezüglich der Abfolge von Handlungen oder den Arten von Wirkungen dynamische Visualisierungen bevorzugt werden (*funktionales Denken*), während hinsichtlich wesentlicher Elemente sowie ihrer Zusammenhänge statische Visualisierungen präferiert werden können (*prädikatives Denken*) (s. Kiel, Meyer & Müller-Hill, 2015, S. 3f.). Eine weitere Dimension stellt die inhaltliche Dimension (3) dar, welche die inhaltliche Adäquatheit einer Erklärung umfasst. Dabei sind die entscheidenden Gründe für die Erklärung heranzuziehen und eine Erklärung sollte hinreichend vollständig sein. Des Weiteren gehört zu der inhaltlichen Dimension auch die „Erklärkraft" (Kiel, Meyer & Müller-Hill, 2015, S. 5) der für die Erklärung verwendeten Inhalte. Dazu zählt, inwiefern der verwendete Zusammenhang dem Anspruch an Allgemeinheit entspricht, die Vielfalt an Möglichkeiten der Vernetzung und Systematisierung sowie an den Erklärgegenstand zu einem späteren Zeitpunkt wieder anknüpfen zu können (s. Kiel, Meyer & Müller-Hill, 2015, S. 5f.). Die letzte Dimension ist die sprachliche Dimension (4). Hier ist die Grundannahme, dass eine Erklärung für einen Adressaten unverständlich sein kann, wenn bei der sprachlichen Realisierung der Erklärung Probleme auftreten. So muss berücksichtigt werden, dass die genutzten Begriffe einerseits angemessen und andererseits genügend exakt sind. Dabei kann für eine präzise und eindeutige Formulierung einer Erklärung die Verwendung von Fachsprache notwendig sein. Jedoch muss bei der Verwendung von Fachsprache gleichzeitig nicht nur entsprechend des Inhalts entschieden werden, inwiefern sie notwendig ist, sondern auch die Angemessenheit der fachsprachlichen Ausdrücke in Hinblick auf den Adressaten (s. Kiel, Meyer & Müller-Hill, 2015, S. 6).

Erklären-Warum in der Wissenschaft vs. im schulischen Kontext

Auf Grundlage der Erkenntnisse von Popper (1976) bezüglich einer wissenschaftlichen Erklärung konkretisiert Hempel die Notwendigkeit der Kausalität in Erklärungen, die als Antworten auf Warum-Fragen beschrieben werden (s. Hempel, 1977, S. 2). Hierbei ist eine genauere Differenzierung zwischen Warum-Fragen notwendig, da sie einerseits auf Erklärungen oder aber andererseits auf Begründungen ausgerichtet sein können. Bei Fragen nach Erklärungen wird nach der Kausalität für Tatsachen gesucht. Dies steht im Gegensatz zu Begründungen, bei denen der Ausgangspunkt nicht Tatsachen, sondern Behauptungen sind. Somit sind Ausgangspunkt von Erklärungen Aussagen, bei denen ihre Evidenz vorausgesetzt wird, während bei Begründungen genau diese hinterfragt werden. Somit verlangen Fragen nach Begründungen die Stützung von Behauptungen durch die Angabe von Gründen (s. Hempel, 1977, S. 3).

Die genauere Betrachtung von wissenschaftlichen Erklärungen lässt verschiedene Aspekte erkennen, die nach Hempel und Oppenheim (1948) notwendige Bestandteile einer wissenschaftlichen Erklärung sind. Dabei wird davon ausgegangen, dass das zu erklärende Phänomen (Explanandum) durch das Explanans erklärt wird, das einzelne Sachverhalte (Antecedensbedingungen) und allgemeine Gesetze umfasst. Dabei umfasst das Explanandum in Form einer Beschreibung das, was erklärt werden soll. Zudem formulieren sie vier Bedingungen für eine adäquate Erklärung: Eine Bedingung ist, dass das Explanandum logisch aus dem Explanans ableitbar sein muss (1). Außerdem muss das Explanans mindestens ein allgemeines Gesetz umfassen (2), empirischen Gehalt zur empirischen Überprüfbarkeit aufweisen (3) und die Sätze, die das Explanans bilden, müssen wahr sein (4) (vgl. Hempel & Oppenheim, 1948, S. 136f.).

Solche wissenschaftlichen Erklärungen sind von alltäglichen Erklärungen zu unterscheiden. Wissenschaftliche Erklärungen zeichnen sich durch „präzise Begrifflichkeit, eine möglichst allgemeine und abstrakte Formulierung der Gesetzeshypothesen und eine fehlerfreie logische Ableitung" (Bayer, 1981, S. 36) aus. Dahingehend genügt es bei alltäglichen Erklärungen, dass die Kriterien der Plausibilität ungenau und veränderlich sind sowie abhängig von der zugrundeliegenden Situation. Des Weiteren steht weniger die logische Ableitbarkeit im Vordergrund als die Verbindung des Sachverhalts mit Alltagserfahrungen und -kenntnissen, die bereits anerkannt wurden (s. Bayer, 1981, S. 36).

Zudem unterscheiden sich wissenschaftliche Erklärungen von Erklärungen im schulischen Kontext. Bayer (1981) stellt in seinen Untersuchungen in einer Grundschule fest, dass zu einem das erfolgreiche Realisieren einer Erklärung abhängig von den existenten Kenntnissen sowie vom Standard von Erklärungen des Erklärers und des Adressaten ist. Zum anderen zeigen sich im Unterrichtsgeschehen interaktiv vollzogene Erklärungen. Dabei vollzieht sich in einer Lerngruppe ein Prozess der Prüfung, Verwerfung und Modifizierung von geäußerten Beobachtungen und Hypothesen von Einzelnen, bis eine für die Lerngruppe entsprechend ihres Erklärungsstandards angemessene Erklärung erreicht wird (s. Bayer, 1981, S. 39). Somit ist der an wissenschaftliche Erklärungen bestehende Anspruch an Gesetzmäßigkeit der Prämissen, Präzision und Vollständigkeit nicht der gleiche Anspruch, der für Erklärungen im schulischen Diskurs gilt. Vielmehr ist hier eine angemessene Erklärung diejenige, die von der Gruppe als akzeptabel angesehen wird.

2.3.3. Erklären in der Schule

Nach der Funktionalen Pragmatik ist im Rahmen von Lehr-Lern-Diskursen eine andere Realisierung der Sprechhandlung Erklären erkennbar. Im schulischen Kontext liegt die Wissensdifferenz auf Seiten der Lernenden vor, während die Lehrkraft Träger/in von Wissen ist. Somit existiert in der Regel zwar keine Wissensdifferenz auf Seiten der Lehrkraft, aber dennoch fordert sie Erklärungen von den Lernenden ein, sodass ein häufiges Auftreten von Erklärungen und Erklärungsversuchen von Lernenden beobachtbar ist. Dabei steht hinter der Aufforderung seitens der Lehrkraft etwas zu erklären nicht nur, dass die Lehrkraft Kenntnisse über den Wissensstand der Lernenden erhalten möchte. Vielmehr steht sowohl die Erweiterung von Fachwissen als auch die Förderung der sprachlichen Realisierung der Sprechhandlung Erklären im Vordergrund (vgl. Redder, Guckelsberger & Graßer, 2013, S. 56f., S. 61).

Neben Wort-, Funktions- und Handlungserklärungen beobachten Redder, Guckelsberger und Graßer (2013) auch Situationen in der Schule, bei denen es um die Erklärung von Ursache-Wirkungs-Zusammenhänge geht (s. Redder, Guckelsberger & Graßer, 2013, S. 57f.). In diesem Rahmen ist zu beobachten, dass die Lehrkraft Lernende eigenständig Zusammenhänge erarbeiten lässt, um ihr Wissen zu erweitern. Daraus resultierende Erkenntnisse können dann in Form der Sprechhandlung Erklären sprachlich realisiert werden. Auch können die Elemente der Analyse und Synthese in den Erklärungen beziehungsweise Erklärungsversuchen im schulischen Diskurs beobachtet werden. Dabei können die beiden Elemente auch von unterschiedlichen Aktanten oder nicht vollkommen eigenständig von den Lernenden realisiert werden (vgl. Redder, Guckelsberger & Graßer, 2013, S. 60f.).

2.4. Nahestehende Sprechhandlungen

Häufig werden Begriffe synonym verwendet, wie beispielsweise Beschreiben und Berichten oder Erklären und Erläutern. Die Funktionale Pragmatik ermöglicht es zwischen diesen Begrifflichkeiten zu differenzieren. Für ein Verständnis, inwiefern sich solche Sprechhandlungen voneinander unterscheiden, werden im Folgenden dem Beschreiben und Erklären nahestehende Sprechhandlungen zur Abgrenzung vorgestellt.

Berichten

Nach Rehbein (1984) ist der Zweck der Sprechhandlung Berichten, dass der Hörer über einen vergangenen Sachverhalt eine Einschätzung gewinnt, um eine Entscheidung über diesen treffen zu können. Dabei ist der Sprecher Vermittler des Sachverhalts und äußert sich – ausgehend von seinem Ergebnis – über entscheidungsrelevante Aspekte des Sachverhalts (s. Rehbein, 1984, S. 92). Unter anderem durch Folgerungen, Reglementierungen und Feststellungen systematisiert er die Teilaspekte des Sachverhalts und konstituiert dadurch im Nachhinein einen Zusammenhang zwischen den Teilaspekten (s. Rehbein, 1984, S. 100).

Instruieren

Die Sprechhandlung Instruieren verfolgt nach Fickermann (1994) den Zweck der Vermittlung von praktischen Fertigkeiten zur eigenständigen Ausführung einer Handlung durch den Hörer (vgl. Fickermann, 1994, S. 82). Dabei werden vom Sprecher Handlungsschritte für ein bestimmtes Handlungsziel verbalisiert (vgl. Fickermann, 1994, S. 86f). Nach Becker-Mrotzek (1994) können Instruktionen auch andere Sprechhandlungen umfassen, wie Aufforderungen, Beschreibungen und Erklärungen (s. Becker-Mrotzek, 1994, S. 32).

Erläutern

Der Zweck der Sprechhandlung Erläutern ist nach Bührig (1996) die Aufhebung einer Diskrepanz zwischen dem Vorwissen des Hörers und dem im Diskurs bereits geäußerten Wissen in Form eines Nachtrags. Es erfüllt demnach eine reparative Funktion, da der Sprecher nachträglich zusätzliches und ausschließlich für den aktuellen Kontext notwendiges Wissen äußert. Demnach dient das Erläutern nicht zur Herstellung eines Gesamtverständnisses, sondern es wird für den Kontext notwendiges Teilwissen eingebracht (s. Bührig, 1996, S. 179f.).

Begründen

Nach Ehlich und Rehbein (1986) verfolgt die Sprechhandlung Begründen den Zweck beim Hörer Wissen verfügbar beziehungsweise präsent zu machen, um zu einem Verständnis zu gelangen. Ziel ist die Aufhebung der Verstehensdifferenz zwischen Sprecher und Hörer und die dadurch ermöglichte Fortsetzung beziehungsweise Vermeidung des Abbruchs der Kommunikation (s. Ehlich & Rehbein, 1986, S. 94). Nach Redder (1990) bringt der Sprecher kein neues Wissen ein, sondern die Elemente des Wissens vom Hörer werden aktualisiert beziehungsweise umgeordnet (s. Redder, 1990, S. 120). Dabei wird die eigentliche Sprechhandlung unterbrochen und als reparative Sprechhandlung setzt das Begründen ein (vgl. Redder, 1990. S. 34).

2.5. Zusammenfassung

Die vorherigen Ausführungen zeigen, inwiefern sich die Funktionale Pragmatik als sprachtheoretische Grundlage für das mündliche Beschreiben und Erklären eignet. Dabei wird im Sinne der Funktionalen Pragmatik das Zusprechen einer Zweckbezogenheit von menschlichem Handeln deutlich und die Möglichkeit in diesen Handlungen bestimmte Muster zu rekonstruieren. Dies impliziert jedoch nicht, dass jedes menschliche Agieren gleichen Mustern folgt, sondern das individuelle Handeln kann von den Mustern in ihrer Reinform abweichen. Bestimmte Elemente solcher Handlungsmuster werden wiederrum durch Sprechhandlungen realisiert. Sprechhandlungen können aufgrund der Annahme der Zweckbezogenheit des menschlichen Handelns charakterisiert und voneinander unterschieden werden. So ist eine Differenz zwischen den beiden Sprechhandlungen durch den jeweiligen Zweck erkennbar, da das Beschreiben den Zweck der Etablierung einer äußeren oberflächlichen Vorstellung eines Sachverhalts verfolgt, während das Erklären das Verstehen der funktionalen Zusammenhänge erzielen möchte. Diese Unterscheidung ermöglicht somit die in der vorliegenden Arbeit fokussierten Sprechhandlungen begrifflich zu fassen und von nahestehenden Sprechhandlungen abzugrenzen. Die Funktionale Pragmatik arbeitet dabei durch Untersuchungen die Diskrepanz zwischen außer- und innerschulischen Beschreibungen und Erklärungen heraus, die insbesondere in der Zweckverschiebung deutlich wird.

3. Abduktionstheorie

Entsprechend der Funktionalen Pragmatik versprachlichen Lernende Beobachtungen und Zusammenhänge durch die Sprechhandlungen Beschreiben und Erklären. Aus mathematikdidaktischer Sicht stellt die Abduktionstheorie die Möglichkeit dar, den philosophisch-logischen Hintergrund von Beschreiben und Erklären zu analysieren sowie aus der Theorie Vermutungen über die Zusammenhänge zwischen Beschreiben und Erklären ableiten zu können.[5] Die Abduktionstheorie wurde von Meyer (2007) ausgehend von den Ausführungen des amerikanischen Philosophen Peirce (1839-1914) für die Mathematikdidaktik fruchtbar gemacht und in darauffolgenden Untersuchungen weiter ausdifferenziert (u.a. Meyer & Voigt, 2008; Meyer & Voigt, 2009; Meyer, 2015). Diese Erkenntnisse werden im Folgenden zusammengefasst dargestellt. Daran anschließend werden Zusammenhänge zwischen der Abduktionstheorie und dem Beschreiben und Erklären herausgestellt. Danach werden anhand von Untersuchungen aus der Mathematikdidaktik die breiten Anwendungsmöglichkeiten der Abduktionstheorie im Rahmen von Mathematikunterricht sowie die Bewährung der Abduktionstheorie als Analyseinstrument zur Rekonstruktion von Erkenntnisprozessen dargestellt. In der Zusammenfassung wird aufgezeigt, welchen Beitrag die vorliegende Arbeit in diesem Forschungsgebiet leistet.

---

[5] Aus mathematikdidaktischer Sicht gibt insbesondere zum aktuellen Zeitpunkt eine Vielzahl an Untersuchungen des Erklärens im Mathematikunterricht. Dabei werden unter anderem auf wissenschaftsphilosophische (Müller-Hill 2017), epistemologische (Erath, 2017) und/oder philosophisch-logische (Meyer, 2007) Hintergründe zurückgegriffen. Da in der vorliegenden Arbeit das Erklären von mathematischen Zusammenhängen nicht nur linguistisch, sondern auch philosophisch-logisch im Bezug zum Beschreiben betrachtet wird, findet letztgenannter Ansatz Verwendung.

M.-L. Maisano, *Beschreiben und Erklären beim Lernen von Mathematik*, Kölner Beiträge zur Didaktik der Mathematik, https://doi.org/10.1007/978-3-658-25370-7_3

3.1. Philosophisch-logische Schlussformen[6]

Deduktion

Fall:	$F(x_1)$
Gesetz:	$\forall i: F(x_i) \Rightarrow R(x_i)$
Resultat:	$R(x_1)$

Abbildung 1: Allgemeine Form der Deduktion (s. Meyer, 2007, S. 33)

Bei der Deduktion ist sowohl der Fall als auch das Gesetz bekannt. Durch den Fall wird mittels eines bekannten Gesetzes auf ein Resultat geschlossen. Dabei ist das Resultat in einer allgemeineren Form bereits Bestandteil des Gesetzes (s. Meyer, 2007, S. 33). Somit enthält die Deduktion keine neuen Informationen, die über diejenigen hinausgehen, die implizit bereits im zuvor gegebenen Gesetz enthalten sind.

In der Mathematik nimmt die Schlussform im Rahmen von Beweisen eine essentielle Rolle ein, da bei jeder Deduktion Gesetze genutzt werden, um Aussagen zu belegen und dadurch eine Beweisführung als Aneinanderreihung von deduktiven Schlüssen angesehen werden kann (s. Meyer, 2007, S. 33).

6 Im Folgenden werden die Wörter „Schlussformen", „Schluss", „Logik" und „Folgerung" verwendet, jedoch muss beachtet werden, dass in der formalen Logik unter den Begriffen teilweise andere Auffassungen vertreten werden. Dies zeigt sich vorwiegend bei der Abduktion, da es nicht der Auffassung in der formalen Logik entspricht, wenn Schlüsse neue Elemente beinhalten, die nicht notwendigerweise aus den Prämissen folgen.

Induktion

Fall:	$F(x_1)$
<u>Resultat:</u>	$R(x_1)$
Gesetz:	$\forall i: F(x_i) \Rightarrow R(x_i)$

Abbildung 2: Allgemeine Form der Induktion (s. Meyer, 2007, S. 35)

Bei der Induktion ist sowohl der Fall als auch das Resultat bereits bekannt und daraus wird auf ein Gesetz geschlossen. Als Voraussetzung für die Zusammenführung von Fall und Resultat muss bereits vor dem Schluss der Zusammenhang dieser Prämissen bekannt sein und hiermit auch das Gesetz. Entsprechend kann nicht ein neues Gesetz durch diesen Schluss erschlossen werden. Dass demnach bei der Induktion nicht neue Gesetze aus der Betrachtung von Einzelfällen entstehen können, verdeutlicht Meyer (2015) an zwei Beispielen:

> „Wir sehen drei weiße Schwäne und würden induktiv darauf schließen, dass alle Schwäne weiß seien. Wie aber kommen wir zu der Vermutung, dass die Eigenschaft eines Tieres „Schwan sein" etwas mit der Eigenschaft zu tun hat, dass das Tier von weißer Farbe ist? Auch könnte das Beispiel von Newton angeführt werden, der angeblich einen fallenden Apfel beobachtete und induktiv auf das Fallgesetz schloss. Wie aber hat Newton den Zusammenhang zwischen dem Fallen des Apfels und der Anziehungskraft der Erde hergestellt? Bei der Induktion [...] wird der Zusammenhang der Prämissen bereits zu Beginn unterstellt und nicht durch diesen Schluss erschlossen." (Meyer, 2015, S. 21f.)

Vielmehr wird bei der Induktion durch das Prüfen weiterer Fälle die Gültigkeit eines bekannten Gesetzes geprüft (s. Meyer, 2007, S. 35f.). Dies entspricht nicht der üblichen Auffassung über die Induktion mittels der Hypothesen entwickelt beziehungsweise einzelne Informationen im Sinne eines allgemeinen Gesetzes verallgemeinert werden. Dies sind nach der

Theorie von Peirce Elemente, die seiner eingeführten Schlussform der Abduktion angehören, wie im folgenden Kapitel näher erläutert wird (s. Meyer, 2007, S. 31f.).

Während demnach durch eine Deduktion Erkenntnisse belegt und durch eine Induktion geprüft werden, findet die Generierung neuer Erkenntnissen mittels Abduktion statt.

3.2. Abduktion

Fisch (1982) verdeutlicht mit seinen Ausführungen die Bedeutsamkeit der Erkenntnisse von Peirce hinsichtlich der Schlussform der Abduktion:

> „[Peirce] größte Einzelentdeckung bestand darin, daß dasjenige, was er zuerst *Hypothese* und später *Abduktion oder Retroduktion* nannte, eine besondere Art des Arguments darstellt, sich sowohl von der Deduktion als auch von der Induktion unterscheidet und in der Mathematik wie in den Naturwissenschaften unentbehrlich ist." (Fisch 1982, S. 21)

Peirce entwickelte jedoch erst im Laufe seiner Überlegungen diese Erkenntnisse. So sah Peirce zu Beginn die Induktion als eine Schlussform an, bei der von vorgegebenen einzelnen Fällen auf ein allgemeines Gesetz geschlossen wird und somit neue Gesetze entwickelt werden. Später stellte er jedoch fest, dass ihm eine Differenzierung zwischen Hypothese – wie er zunächst die Abduktion bezeichnete – und Induktion fehlte. Daraus resultierte, dass er die Induktion nicht mehr als Schlussform ansah, durch die neue Gesetze entwickelt werden, sondern dies der Abduktion als entscheidendes Charakteristikum zuzusprechen ist. Somit diente die Abduktion der Generierung neuer Hypothesen, während diese durch die Induktion geprüft werden können. „Eine Induktion kann entsprechend eine Hypothese bestätigen, wenn deren notwendige Konsequenzen eingetreten sind. [...] Eine Hypothese gilt es hingegen zu widerlegen, wenn deren notwendige Konsequenzen nicht auftreten." (Meyer, 2015, S. 13). Notwendige Folgen einer Hypothese können wiederrum ausschließlich deduktiv ermittelt werden (s. Meyer, 2015, S. 13).

Die kognitive Generierung einer Abduktion

Die Abduktion als Schlussform lässt sich auf Grundlage von Peirce sowie Hempel und Oppenheim schematisch darstellen. Peirce beschreibt die logische Form der Abduktion wie folgt: „The surprising fact, C, is observed; But if A were true, C would be a matter of course, Hence, there is a reason to suspect that A is true." (Peirce, CP 5.189). Hinzukommend mit den ersten beiden Bedingungen für eine wissenschaftliche Erklärung nach Hempel und Oppenheim (1948), die besagt, dass das Explanandum logisch aus dem Explanans ableitbar sein muss (s. Hempel & Oppenheim, 1948, S. 137), lässt sich die Abduktion schematisch wie folgt darstellen:

Phänomen (Resultat):	$R(x_1)$
Gesetz:	$\forall i: F(x_i) \Rightarrow R(x_i)$
Fall:	$F(x_1)$

Abbildung 3: Allgemeine Form der Abduktion (s. Meyer, 2015, S. 16)

Hinsichtlich dieser formalen Darstellung der Abduktion ist anzumerken, dass sie

> „die Variablen x und i [verwendet]. Damit wird die Universalität der Schlussform, wie sie in der Philosophie bedeutsam ist, eingeschränkt. Jedoch hat [...] [diese] Spezifizierung den Vorteil, dass die Anwendbarkeit im Bereich der Schulmathematik erleichtert wird. Fast alle Sätze der Schulmathematik lassen sich in die Form $\forall i: F(x_i) \Rightarrow R(x_i)$ transformieren, wenn mitbedacht wird, dass Äquivalenzaussagen als Kombinationen von Implikationen verstanden werden und die Variable i nicht nur für natürliche Zahlen stehen muss (sie kann auch für etwas nicht Abzählbares stehen)." (Meyer & Voigt, 2008, S. 130)

Der Beginn und der einzige Ausgangspunkt ist bei dieser ein überraschendes Phänomen. Von diesem wird auf ein allgemeines Gesetz und auf einen konkreten Fall geschlossen, der das Phänomen erklärt. Durch den Vollzug der Abduktion wird das Phänomen zum Resultat der Abduktion, da nach der ersten Bedingung von Hempel und Oppenheim (1948) das Explanandum (demnach das zu erklärende Phänomen) aus dem Explanans (demnach dem erklärenden Gesetz und Fall) logisch ableitbar sein muss. Dabei lässt sich das Verhältnis zwischen Gesetz und Fall als „Chiasmus“ (Eco, 1985, S. 295) beschreiben. Denn der Fall steckt bereits im allgemeinen Form in der Bedingung des Gesetzes. Andersherum kann der Fall nur mittels dieses Gesetzes erschlossen werden (s. Meyer, 2015. S. 14).

Bei der Abduktion ist das Gesetz hypothetisch und wird als eine Möglichkeit zur Klärung des Resultats angeführt. Damit geht ein erweitertes Verständnis des Begriffes „Gesetz” einher. Denn diese

> „müssen nicht wahre Sätze im mathematischen Sinn sein. Sie können nur plausibel sein oder gar falsch. Die einzigen Bedingungen, denen Gesetze bei der Abduktion genügen müssen, sind, dass sich das konkrete Resultat logisch aus ihnen ableiten lässt (als eine Konsequenz des assoziierten oder generierten Gesetzes) und der Fall ein konkretisiertes Antezedens des Gesetzes bildet.“ (Meyer, 2015, S. 16)

Aber auch wenn Abduktionen hypothetische Schlüsse sind, entstehen sie nicht aus dem Nichts. Nach Hoffmann (1999) verbinden Menschen Elemente ihres Hintergrundwissens miteinander, um auf diese Weise etwas Neues zu schaffen, beispielsweise diese Prädikate miteinander als ursächlich füreinander zu verbinden (s. Hoffmann, 1999, S. 288).

Die öffentliche Plausibilisierung einer Abduktion

Wenn ein Individuum eine Entdeckung plausibilisieren möchte, dann äußert es in der Regel das Gesetz in der öffentlichen Kommunikation, um den Fall zu plausibilisieren. Dabei stellen das Phänomen und das Gesetz die Grundlagen dar durch die auf den Fall geschlossen wird. Somit kann die öffentliche Plausibilisierung einer Abduktion schematisch wie folgt dargestellt werden:

Resultat:	$R(x_1)$
Gesetz:	$\forall i: F(x_i) \Rightarrow R(x_i)$
Fall:	$F(x_1)$

Abbildung 4: Allgemeine Form der Abduktion (s. Meyer, 2007, S. 40)

Bei der Plausibilisierung der Abduktion in der öffentlichen Kommunikation kann es sein, dass nicht ein überraschendes Phänomen Ausgangspunkt der Abduktion ist. Insbesondere dann, wenn extern durch die Lehrperson ein Phänomen in das Interaktionsgeschehen eingebracht wird, wofür Erklärungen eingefordert werden (s. Meyer, 2007, S. 236). Auch ist es möglich, dass „einleitende Aufgaben" Phänomene einbringen. Diese einleitenden Aufgaben vor Erklärungen nehmen einen besonderen Stellenwert ein, da von ihnen verschiedene Aspekte abhängen. Sie können begünstigen, dass der Lernende beschriebene Phänomene als Resultat von einem spezifischen hypothetischen Satz identifiziert. Zudem kann von diesen einleitenden Aufgaben der Gehalt an Plausibilität des hypothetischen Satzes abhängen sowie den möglicherweise darauffolgenden Schritt zur Begründung beeinflussen (s. Meyer & Voigt, 2009, S. 44). Unabhängig von der situativen Einbettung der Phänomene, stellen sie ein wichtiges Element bei Abduktionen dar. Denn sie sind der notwendige Ausgangspunkt von Abduktionen, da diese keine „creatio ex nihilo " (Meyer & Voigt, 2008, S. 132) sind.

Es muss nicht sein, dass bei der Plausibilisierung der Abduktion das Gesetz geäußert wird, auch könnte ausschließlich der Fall versprachlicht werden (s. Meyer, 2007, S. 236). Jedoch kann anhand der Äußerung des Falls und des beispielsweise bereits vorgegebenen Resultats das potenziell dahinterliegende allgemeine Gesetz rekonstruiert werden. Dies wird anhand eines Beispiels im Kontext von „Entdeckerpäckchen" verdeutlicht:

$$5 + 1 = 6$$
$$4 + 2 = 6$$
$$3 + 3 = 6$$
$$2 + 4 = 6$$
$$1 + 5 = 6$$

Abbildung 5: Entdeckerpäckchen

Im diesem mathematischen Kontext von Entdeckerpäckchen, deren Summanden sich gegensinnig verändern und dadurch die Summe immer gleich bleibt, könnte beispielsweise ausgehend von dem konkreten Phänomen, dass die Summe bei den fünf Aufgaben sechs ist, der Fall geäußert werden, dass sich die ersten Summanden 5,4,3,2,1 um 1 verringern, während sich die zweiten Summanden 1,2,3,4,5 um 1 vergrößern. Auch wenn hierbei kein allgemeines Gesetz formuliert werden würde, kann durch ein solches dennoch in Bezug auf das Phänomen, das zum Resultat der Abduktion wird, der Fall rekonstruiert werden. Eine Äußerung, wie beispielsweise „Da kommt immer 6 raus, weil der eine Summand um 1 verringert wird und der andere um 1 vergrößert wird", könnte als Abduktion wie folgt rekonstruiert werden:

Resultat:	Die Summe bei den fünf Aufgaben ist sechs.
<u>Gesetz:</u>	Wenn sich die ersten Summanden immer um 1 verringern und die zweiten Summanden immer um 1 vergrößern, dann bleibt die Summe immer gleich.
Fall:	Die ersten Summanden 5,4,3,2 und 1 verringern sich um 1 und die zweiten Summanden 1,2,3,4 und 5 vergrößern sich um 1.

Abduktionstypen

Eco (1985) differenziert auf Grundlage von Bonfantini und Proni (1985) zwischen verschiedenen Abduktionstypen.[7] Bei einer übercodierten Abduktion (1. Abduktionstyp) „ergibt sich [das Gesetz] automatisch oder halb-automatisch" (Eco, 1985, S. 299). Es muss erkannt werden, dass dieses Gesetz zur Klärung des Phänomens genutzt werden kann. Auch bei einer untercodierten Abduktion (2. Abduktionstyp) ist das Gesetz bekannt, jedoch muss es als eines von mehreren bekannten Gesetzen als das Sinnvollste ausgewählt werden. Hierbei wurde zuvor das Resultat noch nicht im Zusammenhang mit dem Gesetz gesehen (vgl. Eco, 1985, S. 299f.). Bei den kreativen Abduktionen (3. Abduktionstyp) wird ein neues Gesetz entwickelt. Ausgangspunkt ist ein unerwartetes Phänomen für bekannte Gesetze, die als Erklärung nicht dienen können. Dies hat zur Folge, dass ein neues Gesetz kreiert wird (vgl. Eco, 1985, S. 301).

Die Unterscheidung zwischen den einzelnen Abduktionstypen kann sich jedoch nach Meyer (2007) im Einzelnen als schwierig herausstellen, da sie immer „relativ zum Horizont des involvierten kognitiven Systems gesehen werden [müssen]" (Meyer, 2007, S. 49). Dies lässt sich an dem vorherigen Beispiel der Entdeckerpäckchen verdeutlichen. Wenn der geäußerte Fall von einem Grundschuldkind geäußert werden würde, das zum ersten Mal mit Entdeckerpäckchen konfrontiert wird, dann würden sich andere Anforderungen darstellen als beispielsweise für eine Mathematiklehrkraft oder einen Mathematiker. Daraus würden sich wiederrum unterschiedliche Vermutungen hinsichtlich des Abduktionstyps ergeben.

---

[7] Im Folgenden werden drei von vier beschriebenen Typen nach Eco aufgeführt. Der vierte Typ „Meta- Abduktionen" ist für die vorliegende Arbeit nicht von Relevanz.

3.3. Zusammenhang zum Beschreiben und Erklären

Da die Abduktionstheorie in der vorliegenden Arbeit für öffentliche Äußerungen von Lernenden genutzt wird, steht im Folgenden eine Plausibilisierung der Abduktion in der öffentlichen Kommunikation im Fokus. Entsprechend wird das Schema aus Abbildung 4 verwendet.

Werden im Hinblick auf die Plausibilisierung einer Abduktion in der öffentlichen Kommunikation auf sprachlicher Ebene die Aspekte Resultat, Gesetz und Fall als Elemente der Schlussform der Abduktion theoretisch betrachtet, zeigen sich unterschiedliche sprachliche Realisierungen dieser Elemente. Während ein Phänomen durch die Abduktion zum Resultat des assoziierten oder gemeinten Gesetzes und als Beschreibung sprachlich realisiert wird, schlägt sich die Sprechhandlung Erklären einerseits im Fall als konkret auf das Resultat bezogene Äußerung nieder und andererseits im Gesetz als sprachlich allgemeinere Darstellung des (kausalen) Zusammenhangs zwischen Fall und Resultat. Dabei unterscheiden sich die Erklärungen im Rahmen von Fall und Gesetz darin, dass das Gesetz in seiner „wenn-dann"-Konstruktion als Bedingung den Fall und als Konklusion das Resultat in einer allgemeineren Form beinhaltet. Es zeigt sich demnach, dass bei einer öffentlichen Plausibilisierung einer Abduktion eine Erklärung vollzogen wird. Somit sind Erklärungen von Lernenden dann rekonstruierbar, wenn ein Fall und/oder ein Gesetz einer Abduktion geäußert wird. Das Resultat ist zwar für die Rekonstruktion entscheidend, jedoch ohne die Äußerung eines Falls oder eines Gesetzes ist keine Abduktion rekonstruierbar und somit keine Erklärung vollzogen.

Die besondere Bedeutung von Beschreibungen wird in den im vorherigen Kapitel skizzierten Ausführungen von Meyer und Voigt (2008 & 2009) deutlich. In ihren Untersuchungen stellen Meyer und Voigt (2008) fest, dass der Ausgangspunkt einer Erklärung von Bedeutung ist, da eine Erklärung keine „creatio ex nihilo" (Meyer & Voigt, 2008, S. 132) sei. Diese stellen Phänomene dar, die entweder unmittelbar dargestellt sind oder von dem Lernenden selbst erarbeitet werden und sind für Meyer und Voigt (2008) ein notwendiger Ausgangspunkt für eine Erklärung (s. Meyer & Voigt, 2008, S. 132). Daraus lässt sich ableiten, dass wenn Lernende sich über diese Phänomene äußern, sie dann ihre Beobachtungen verbalisieren und dies sprachlich als die Sprechhandlung Beschreiben realisieren. Es zeigt sich somit aus theoretischer Perspektive, dass Beschreibungssituationen notwendige Ausgangspunkte für darauffolgende Erklärungen darstellen können.

Einen Zusammenhang zwischen dem Beschreiben und Erklären betrachten Meyer und Voigt (2009) implizit im Rahmen einer weiteren Untersuchung. Dabei verdeutlichen sie, dass einleitenden Aufgaben vor einer Entdeckung ein besonderer Stellenwert zukomme, da sie eine spätere Erklärung beeinflussen können (s. Meyer & Voigt, 2009, S. 44). Dabei zeigen ihre Beispiele, dass bei diesen Aufgaben auch explizite Aufforderungen denkbar sind, in denen die Lernenden die beobachteten Phänomene beschreiben sollen, beispielsweise mit der Aufgabenstellung „Was fällt dir auf?" (vgl. Meyer & Voigt, 2008, S. 130). Solche Aufforderungen sind typisch für Entdeckungsaufgaben (s. bspw. Selter, 2009). Aber auch wenn die Lernenden nicht explizit aufgefordert werden Phänomene zu beschreiben, sondern Phänomene beispielweise an eigenen Zeichnungen oder Rechnungen beobachten (s. Meyer & Voigt, 2009, S. 44), realisieren sie beim Austausch über diese selbst hergestellten Auffälligkeiten die Sprechhandlung Beschreiben. Somit kann aus den theoretischen Betrachtungen abgeleitet werden, dass das Beschreiben aus theoretischer Perspektive eine wesentliche Sprechhandlung vor einer Erklärung ist und Zusammenhänge zwischen dem Erklären und Beschreiben plausibel sind. Diese beiden Aspekte aus empirischer Sicht zu fokussieren, sind wesentliche Forschungsinteressen der vorliegenden Arbeit.

3.4. Anwendung im Mathematikunterricht

Während die vorherigen Erkenntnisse ermöglichen den philosophisch-logischen Hintergrund von Beschreiben und Erklären sowie Zusammenhänge zwischen dem Beschreiben und Erklären theoretisch zu fassen, zeigen die folgenden Untersuchungen aus der Mathematikdidaktik die breiten Anwendungsmöglichkeiten der Abduktionstheorie sowie deren Bewährung als Analyseinstrument zur Rekonstruktion von Erkenntnisprozessen.

Zudem wird anschließend erläutert, welchen Beitrag die vorliegende Arbeit in diesem Forschungsgebiet leistet. Dabei sind die folgenden Ausführungen ausschließlich komprimierte Zusammenfassungen, die sich zudem auf Untersuchungen und Ergebnisse fokussieren, die für das Beschreiben und Erklären relevant sind. Auf Grundlage des vorherigen Kapitels kann der Begriff der Beschreibungen notwendig werden, wenn beobachtete Phänomene öffentlich dargestellt werden. Der Begriff der Erklärungen im Sinne von Erklären-Warum kann im Folgenden synonym für Entdeckungen verwendet werden, da bei Entdeckungen qua Abduktion eine kausale Ursache für ein Phänomen gefunden wird und dies demnach einer Erklärung entspricht.

Das Erklären im Mathematikunterricht

Meyer (2007) nutzt die Abduktionstheorie, um einen alternativen Blick auf Erklärungen im Mathematikunterricht einzunehmen. Er begründet dabei zunächst, warum die Abduktion die adäquate Schlussform für die logische Deskription vom „Entdeckenden Lernen“ ist (s. Meyer, 2007, S. 54f.). Hierfür nutzt er die im Vorherigen genannten Abduktionstypen nach Eco (1985), um das Entdeckende Lernen zu beschreiben. Dabei arbeitet er für das Entdeckende Lernen vorrangig untercodierte oder kreative Abduktionen als die relevanten Abduktionstypen heraus, da bei diesen entweder das Gesetz zuvor nicht bekannt war oder ein bisher nicht offensichtlicher Zusammenhang zwischen einem Resultat und einem bekannten Gesetz hergestellt werden muss (s. Meyer, 2007, S. 231f.).

Zudem arbeitete Meyer (2007) anhand von Analysen von Szenen aus dem Mathematikunterricht mögliche Weiterentwicklungen der Abduktionstheorie heraus. So schlug er aufgrund seiner Erkenntnisse bei der Rekonstruktion von Abduktionen vor, dass der Abduktionstyp „untercodierte Abduktion“ erweitert werden könnte. So könnte nicht nur dann von einer untercodierten Abduktion gesprochen werden, wenn das Gesetz eine Ferne aufzeigt, sondern auch, wenn dies für den Fall gilt. Zudem rekonstruierte er Abduktionen, die in der Theorie zwar als untercodiert bezeichnet werden, jedoch inhaltlich gesehen eine tiefere mathematische Einsicht vermuten lassen als kreative Abduktionen. Somit führt Meyer (2007) die Trennung von „vordergründigen“ und „tiefergehenden“ Abduktionen ein, um damit differenziertere mathematisch-qualitative Unterschiede von Abduktionen zu erfassen. Beim Verbleiben der Erkenntnis an oberflächlich Wahrnehmbarem wird der Begriff von vordergründigen Abduktionen genutzt, während bei tiefergehenden Abduktionen tiefere mathematische Beziehungen berücksichtigt werden (s. Meyer, 2007, S. 232f.). Grundsätzlich ist jedoch festzuhalten, dass sich eine Differenzierung zwischen den unterschiedlichen Typen von Abduktionen in einer konkreten Rekonstruktion von Äußerungen als schwierig herausstellen kann. Denn die Typisierungen werden unter anderem durch die Sicht des Interpreten beeinflusst und zudem kann bei fehlenden Kenntnissen über das Vorwissen eines Individuums schwierig zu differenzieren sein, um welchen Abduktionstypen es sich handelt (vgl. Meyer, 2007, S. 232f.).

Das Erklären mit latenter Beweisidee im Mathematikunterricht

Meyer und Voigt (2008) fokussieren in ihrer Untersuchung Lernende, die Erklärungen und Begründungen bei der eigenständigen Bearbeitung von Merksätzen vollziehen. Sie betrachten hierbei als mathematische Sätze zu erfassende Merksätze und nicht Definitionen oder gängige Festlegungen von Lösungsverfahren (s. Meyer & Voigt, 2008, S. 124). Dabei sprechen sie dann von Erklärungen in Form einer Abduktion, wenn intendiert wird bestimmte beschriebene Phänomene zu erklären und bei diesem Bestreben der Merksatz zur Erklärung der Phänomene entdeckt wird. Sie erlangen somit einen hypothetischen Merksatz, der daraufhin in Form einer Induktion geprüft werden kann, während die Belegung des Merksatzes durch eine Begründung in Form einer Deduktion möglich ist (s. Meyer & Voigt, 2008, S. 128f.).

Meyer und Voigt (2008) differenzieren zwischen dem Erklären, das ohne eine Beweisidee stattfindet und dem Erklären mit Beweisidee. Dabei sprechen sie von einer „latenten Beweisidee“ bei einer Erklärung, wenn von einem Experten in der Erarbeitung der später zu erklärenden Phänomene durch Lernende eine Beweisidee für einen neuen Satz feststellbar ist. Dem Lernenden selbst ist demnach möglicherweise die Inhärenz einer Beweisidee in seiner Aufgabenbearbeitung nicht bewusst (s. Meyer & Voigt,

2008, S. 127). Dabei begünstigt das Erklären mit latenter Beweisidee, „dass sich das subjektive Wissen des Schülers so aufbaut, dass sich der vermutete nachträglich relativ leicht auf deduktive Weise aus bekannten Merksätzen ableiten und so sichern lässt“ (Meyer & Voigt, 2008, S. 127).

Erklären, Prüfen und Begründen im Mathematikunterricht

Meyer und Voigt (2009) stellen einen Zusammenhang zwischen den drei Schlussformen und den mathematischen Tätigkeiten des Prüfens, Begründens und Erklärens her. Für sie entspricht das Prüfen der Schlussform der Induktion, das Begründen der Schlussform Deduktion und das Erklären der Schlussform Abduktion (s. Meyer & Voigt, 2009, S. 33). Meyer und Voigt (2009) nutzen einerseits die drei Schlussformen zur Analyse von Aufgaben und andererseits fokussieren sie die Erarbeitung mathematischer Sätze und wie mit Hilfe der drei Schlussformen Aufgaben gestaltet werden können (s. Meyer & Voigt, 2009, S. 32). Dabei stehen die Aktivitäten der Lernenden für sie im Mittelpunkt des Interesses, wenn sie mathematische Sätze erarbeiten (s. Meyer & Voigt, 2009, S. 35).

Die Autoren entwickeln Möglichkeiten, wie ein Satz erarbeitet werden kann. Dabei ist eine Möglichkeit für die Lehrkraft den Lernenden ohne den Zusammenhang zu einer der Schlussformen einen Satz zu präsentieren. Eine andere Möglichkeit wäre die Erklärung eines Satzes in Form einer Abduktion (s. Meyer & Voigt, 2009, S. 41). Die Erklärungen können nach Meyer und Voigt (2009) an einem speziellen Phänomen, an einem typischen Phänomen, an mehreren Phänomenen oder an einer Klasse von Phänomenen vollzogen werden. Diese Varianten unterscheiden sich unter anderem darin, dass sich von einem speziellen Phänomen hin zu einer Klasse von Phänomenen die Plausibilität des hypothetischen Satzes erhöht (s. Meyer & Voigt, 2009, S. 44ff.). Eine weitere Möglichkeit von Erklärungen kann durch eine latente Beweisidee geschehen, die bereits in den vorherigen Erkenntnissen von Meyer und Voigt (2008) beschrieben wurden.

Nach Meyer und Voigt (2009) liegt nach den vorherig beschriebenen Varianten dann ein Satz vor, der jedoch hypothetisch ist. Dieser Satz kann durch eine folgende Prüfung in Form einer Induktion eine höhere Plausibilität erlangen und/oder in Form einer Deduktion begründet werden (s. Meyer & Voigt, 2009, S. 41). Der Grad an Plausibilität des geprüften Satzes kann – wie auch bei der Abduktion – abhängig von der Variante der Prüfung sein. Diese Varianten der Prüfung sind analog zu den vorherig beschriebenen Varianten bei der Abduktion. Hinzu kommt jedoch die Prüfung durch Vernetzung, die dem hypothetisch-deduktiven Ansatz entspricht. Nach Meyer (2007) wird dabei der Blick auf externe Konsequenzen gelegt „und geht somit über die durch die anfängliche Abduktion gezogene Grenzlinien hinaus" (Meyer, 2007, S. 70). Die Vernetzung kann dabei dadurch geschehen, dass die Gültigkeit von einem Gesetz aus einem bestimmten mathematischen Kontext angenommen wird und auf dieser Grundlage deduktiv geschlussfolgert wird, dass dieses Gesetz in einem anderen mathematischen Kontext verifiziert werden kann (vgl. Meyer & Voigt, 2009, S. 56).

Begriffsbildung durch Erklären und Begründen

Meyer (2015) arbeitet heraus, inwiefern das Erklären und Begründen zum inhaltlichen Verständnis von Begriffen führen kann. Grundlegend ist für ihn die eigenständige Erarbeitung der Inhalte eines Begriffs von Lernenden, während die Einführung der Bezeichnung eines Begriffs erst später erfolgen kann. Dennoch bleibt die (spätere) Einführung der konventionellen Bezeichnung des Begriffs durch ein Wort notwendig. Die eigenständige inhaltliche Erarbeitung von einem Begriff kann schrittweise durch die Erklärung des dazugehörigen Satzes in Form von einer Abduktion und einer Begründung von diesem vollzogen werden. Demnach werden nicht nur Elemente eines Begriffs erarbeitet, sondern es findet die Erklärung von allgemeinen Urteilen und Zusammenhängen statt, die den dazugehörigen Satz zu einem Begriff bilden (s. Meyer, 2015, S. 158f.). Urteile enthalten Informationen über die Art und den Kontext der Verwendung einer Bezeichnung und beinhalten wiederrum andere Begriffe (s. Meyer, 2015, S. 122). Somit findet die inhaltliche Erarbeitung eines Begriffs durch die Entdeckung von äquivalenten Urteilen und Begründung ihrer logischen Zusammenhänge statt (s. Meyer, 2015, S. 158). Dieser Ansatz stellt nach

Meyer (2015) die Möglichkeit dar ein tiefgründigeres inhaltliches Verständnis von einem Begriff aufzubauen als bei einer ausschließlichen Definition eines Begriffes (s. Meyer, 2015, S. 160).

Der Zusammenhang zwischen der Abduktionstheorie und dem Problemlösen

Söhling (2017) stellt einen Zusammenhang zwischen der Abduktionstheorie und der grundlegenden mathematischen Kompetenz des Problemlösens her und nutzt die Abduktionstheorie für die Rekonstruktion der Erkenntniswege von Lernenden beim Problemlösen. Nach Söhling (2017) zeigt sich eine Parallele zwischen dem Ausgangspunkt beim Problemlösen und der Abduktion. Eine Aufgabe wird dann für ein Individuum zur einer Problemlöseaufgabe, wenn ihm der Lösungsweg nicht bekannt ist und für die Überwindung dieses Problems neues Wissen entwickelt oder die Nutzung von vorhandenem Wissen in dieser Situation erkannt werden muss. Dies entspricht wiederrum der Schlussform der Abduktion. Auch beim Prozess des Problemlösens sind Parallelen zur Abduktionstheorie zu erkennen. Beim Problemlösen können für das Individuum überraschende Situationen entstehen, die im Sinne von überraschenden Phänomenen auch Ausgangspunkt einer Abduktion sein können, wenn versucht wird Erklärungen für diese zu finden. So kann die vorgegebene Tatsache, dass eine Aufgabe tatsächlich lösbar sein soll oder ein unerwartetes Zwischenergebnis für einen Lernenden bereits eine Überraschung darstellen. Zudem kann ein Lösungsweg versuchsweise auf Grundlage von vermuteten Zusammenhängen entwickelt und durchlaufen werden. Das Individuum stellt somit hierbei Hypothesen auf und diese mögliche Herangehensweise kann sich durch die Schlussform der Abduktion beschreiben lassen (s. Söhling, 2017, S. 120f.).

3.5. Zusammenfassung

Die Ausführungen verdeutlichen, dass durch die Schlussformen der Abduktion, Induktion und Deduktion nach Peirce eine philosophisch-logische Betrachtung auf die Erkenntnisgewinnung und -sicherung möglich ist. Insbesondere die Abduktion als Schlussform zur Erkenntnisgewinnung ist für die vorliegende Arbeit von Bedeutung. Diese theoretisch entwickelte philosophisch-logische Betrachtung wurde von Meyer (2007) für den Mathematikunterricht fruchtbar gemacht und in darauffolgenden Untersuchungen fanden Ausdifferenzierungen statt (u.a. Meyer & Voigt, 2008; Meyer & Voigt, 2009; Meyer, 2015). Dabei wurden durch Untersuchungen von Szenen aus dem Mathematikunterricht Erkenntnisse und Erweiterungen zur Abduktionstheorie für Forschungen im Rahmen des Mathematiklernens gewonnen. Darauf aufbauende Arbeiten fanden nicht nur Anwendungen bei grundlegenden mathematischen Tätigkeiten, wie dem Erklären, Prüfen und Begründen, sondern auch bei der Begriffsbildung und bei grundlegenden mathematischen Kompetenzen wie dem Problemlösen. Hierbei wird im Gesamten aufgezeigt, inwieweit die Abduktionstheorie für die Rekonstruktion und Konstruktion von Erkenntnisprozessen im Mathematikunterricht verwendet werden kann.

Die vorliegende Arbeit erweitert diese Betrachtungen durch den Blick auf grundlegende sprachliche Handlungen im Mathematikunterricht mit dem Fokus auf das Beschreiben und Erklären und nutzt die Abduktionstheorie zur Rekonstruktion von Erkenntnisprozessen der Lernenden. Dabei ist es nicht nur von Interesse die beiden Sprechhandlungen und dadurch die komplexen Erarbeitungsprozesse von Lernenden beim Beschreiben und Erklären zu betrachten, sondern auch die von Meyer und Voigt (2008 & 2009) aus theoretischer Perspektive herausgestellte wichtige Bedeutung von Beschreibungen als Ausgangspunkt für Erklärungen durch empirische Untersuchungen näher zu analysieren. Zudem werden die aus den theoretischen Betrachtungen von Meyer und Voigt (2008 & 2009) abgeleiteten Verbindungen zwischen diesen beiden Sprechhandlungen untersucht, sodass in den eigenen Analysen auch mögliche Zusammenhänge zwischen dem Beschreiben und dem Erklären von Zusammenhängen fokussiert werden.

4. Mehrsprachigkeit

In der vorliegenden Arbeit wurden die Untersuchungen mit mehrsprachigen Lernenden durchgeführt, sodass in diesem Kapitel hierfür relevante Aspekte fokussiert werden. Hinsichtlich des Begriffs „Mehrsprachigkeit" bestehen unterschiedliche Definitionen, daher werden zunächst die verschiedenen Auffassungen vorgestellt, wobei sich die vorliegende Arbeit einer eher funktionalen Auffassung von Mehrsprachigkeit entsprechend der Definition von Oksaar (1980) zuordnet. Da die Lernenden in der empirischen Untersuchung der vorliegenden Arbeit beim Beschreiben von Auffälligkeiten und beim Erklären von mathematischen Zusammenhängen ihre mehrsprachigen Ressourcen nutzen durften, sind hierfür Ansätze von Relevanz, die sich mit der Verwendung von mehreren Sprachen in der Sprachproduktion befassen. In der vorliegenden Arbeit wurden bewusst mehrsprachige Lernende ausgewählt, da näher untersucht wurde, inwiefern sich der flexible Einsatz von Sprachen auf die Erkenntnisprozesse der Lernenden auswirkt. Hierfür werden zur Einordnung in den aktuellen Forschungsdiskurs Ergebnisse aus der mathematikdidaktischen Forschung vorgestellt, die sich mit dem Potenzial des Nutzens von Mehrsprachigkeit für das Lernen von Mathematik befasst haben. In der Zusammenfassung findet die Einordnung in die Theorien zur Verwendung von Mehrsprachigkeit in der Sprachproduktion und in den aktuellen Forschungsdiskurs statt.

4.1. Definitionen

Die Forschung zeigt unterschiedliche Begriffsverständnisse dahingehend auf, wie individuelle Mehrsprachigkeit definiert werden kann.[8] Dabei werden im Folgenden auch Theorien aus dem Bereich der Forschung zur Zweisprachigkeit oder Bilingualismus herangezogen, da diese mit dem Begriff der Mehrsprachigkeit häufig synonym verwendet werden. Der Begriff der Mehrsprachigkeit kann sich auf zwei oder mehr Sprachen beziehen, jedoch

---

[8] Die Betrachtung der Mehrsprachigkeit eines Individuums würde in der Literatur dem Typ der individuellen Mehrsprachigkeit entsprechen. Diese wird in der Literatur von gesellschaftlicher und institutioneller Mehrsprachigkeit unterschieden (s. Riehl, 2009, S. 60).

M.-L. Maisano, *Beschreiben und Erklären beim Lernen von Mathematik*, Kölner Beiträge zur Didaktik der Mathematik, https://doi.org/10.1007/978-3-658-25370-7_4

ist nach Weinrich (1968) nicht von Relevanz, ob von Zwei- oder Mehrsprachigkeit gesprochen wird: „Unless otherwise specified, all remarks about bilingualism apply as well to multilingualism“ (Weinreich, 1968, S. 1). Gleichzeitig können Autoren unter Zweisprachigkeit auch mehr als zwei Sprachen verstehen, wie beispielsweise Haugen (1956), für den Zweisprachigkeit auch auf Individuen zutrifft, die über mehr als zwei Sprachen verfügen (s. Haugen, 1956, S. 9). So wird im Folgenden in Anlehnung an Weinreich und Haugen sowie zur Vereinheitlichung von Mehrsprachigkeit gesprochen, auch wenn Autoren teilweise Synonyme verwenden. Im Wesentlichen lassen sich die Auffassungen in eher idealistische, minimalistische und funktionale Definitionen einteilen. Hierfür werden im Folgenden einige Autoren ausgewählt, um die verschiedenen Auffassungen zu charakterisieren. Die vorliegende Arbeit greift auf eine eher funktionale Auffassung von Mehrsprachigkeit zurück.

Idealistische und minimalistische Auffassung von Mehrsprachigkeit

Vertreter von eher idealistischer Auffassungen sind beispielsweise Blocher und Bloomfield. Nach Blocher (1910) kann der Begriff der Mehrsprachigkeit erst dann genutzt werden, wenn ein Mensch zwei Sprachen in einem derart hohen Maße beherrscht, dass kein Unterschied zwischen den Kompetenzen in beiden Sprachen feststellbar ist (s. Blocher, 1910, S. 665). Entsprechend Bloomfield (1933) ist eine Person dann mehrsprachig, wenn sie in beiden Sprachen über Kompetenzen verfügt, die monolingualen Kompetenzen in beiden Sprachen ähneln (s. Bloomfield, 1933, S. 56). Demnach liegt bei beiden Autoren Mehrsprachigkeit erst dann vor, wenn in beiden Sprachen hohe und im Vergleich ausgeglichene Kompetenzen in allen vier Fertigkeiten (Sprechen, Schreiben, Leseverständnis, Hörverständnis) vorliegen. Hoffmann (1996) merkt diesbezüglich an: „True ambilingual speakers are very rare creatures. Who ever has identical linguistic input and output in both languages? And who would habitually use both languages for same purposes, in the same context?“ (Hoffmann, 1996, S. 21).

Eine minimalistische Auffassung von Mehrsprachigkeit steht konträr zu diesen. Nach Haugen (1953) ist eine Person dann als mehrsprachig anzusehen, wenn vollständige und sinnvolle Äußerungen in zwei Sprachen vollzogen werden können (s. Haugen, 1953, S 6f.). Entsprechend MacNamara (1969) ist eine Person bereits dann mehrsprachig, wenn sie in beiden Sprachen in einer der vier Fertigkeiten über geringe Kompetenzen verfügt (MacNamara, 1969, S. 82f.). Für Diebold (1961) genügt bereits Hörverständnis in zwei Sprachen dafür, um von einer mehrsprachigen Person zu sprechen (Diebold, 1961, S. 111). Somit reichen nach diesen eher minimalistischen Auffassungen bereits geringe Kompetenzen in beiden Sprachen aus, um ein Individuum als mehrsprachig anzusehen.

Funktionale Auffassung von Mehrsprachigkeit

Während die vorherigen Auffassungen konträr sind, gibt es andere Autoren, die sich eher zwischen diesen beiden Auffassungen bewegen. Die Notwendigkeit hierzu kann anhand von Harding und Riley (2003) verdeutlicht werden, die es für sinnvoll erachten den Grad von Mehrsprachigkeit zu fokussieren anstatt konkrete Grenzen zu suchen: „The problem is that of defining degrees of bilingualism. Bilingualism is not a black and white, all or nothing phenomenon; it is a more or less one" (Harding & Riley, 2003, S. 33).

Diesbezüglich sind Auffassungen hinsichtlich der Mehrsprachigkeit entstanden, in denen fokussiert wird, inwieweit ein Individuum funktional differenziert seine Sprachen nutzen kann. Hierzu formuliert Oksaar (1980):

> „Mehrsprachigkeit definiere ich funktional. Sie setzt voraus, dass der Mehrsprachige in den meisten Situationen ohne weiteres von der einen Sprache zur anderen umschalten kann, wenn es nötig ist. Das Verhältnis der Sprachen kann dabei durchaus verschieden sein – in der einen kann je nach der Struktur des kommunikativen Aktes, unter anderem Situationen und Themen, ein wenig eloquenter Kode, in der anderen ein mehr eloquenter verwendet werden" (Oksaar, 1980. S. 43).

Dabei kann nach Oksaar (1980) das Verhältnis der Sprachen unterschiedlich sein. Demnach müssen mehrsprachige Personen nicht über die gleichen Kompetenzen hinsichtlich der vier Grundfertigkeiten in den verschiedenen Sprachen verfügen.

Abgrenzung zu anderen Begriffen

Während Mehrsprachigkeit die Vielfalt an Sprachen betrachtet über die eine Person verfügen kann – unabhängig von Erwerbszeitraum und der Art des Erwerbs – gibt es Spracherwerbstheorien, welche die unterschiedlichen Sprachen einer Person anhand des Zeitpunkts und des Erwerbvollzugs differenzieren. Daraus ergibt sich die Unterscheidung zwischen den Begriffen „Erstsprache“, „Zweitsprache“ und „Fremdsprache“.

Der Begriff Erstsprache ist die Sprache, die eine Person von Geburt an erwirbt. Die Erstsprache wird in der Familie erworben und entspricht damit der Sprache, die von den Hauptbezugspersonen des Kindes in der Kommunikation mit dem Kind genutzt wird. Wenn die Hauptbezugspersonen mit dem Kind von Geburt an zwei verschiedene Sprachen sprechen und das Kind somit von Geburt an zwei Sprachen erwirbt, wird dies als bilingualer Erstspracherwerb bezeichnet. Tritt hingegen eine zweite Sprache zeitlich später hinzu, wird dies als Zweitsprache bezeichnet (s. Ahrenholz, 2008, S. 5f.). Zudem wird der Begriff der „Zweitsprache" für diejenige Sprache genutzt, die im jeweiligen Land als Landessprache gilt und somit auch die im institutionellen Bereich verwendete Sprache ist (s. Oksaar, 2003, S. 14). Außerdem ist zwischen Zweitsprache und Fremdsprache zu unterscheiden. Während der Zweitspracherwerb – wie auch beim Erstspracherwerb – meist ungesteuert stattfindet, das heißt die Sprache wird implizit in Kommunikationssituationen erworben, vollzieht sich das Lernen einer Fremdsprache überwiegend gesteuert durch ein bewusstes Lernen, beispielsweise im Rahmen von Sprachunterricht (s. Rösch, 2011, S. 13).

4.2. Ansätze zur Verwendung in der Sprachproduktion

Da die Lernenden in der vorliegenden Arbeit nicht nur als mehrsprachig wahrgenommen werden, sondern beim Bearbeiten von mathematischen Aufgaben flexibel ihre Sprachen nutzen durften, sind Theorien von Relevanz, die sich mit der Verwendung von mehreren Sprachen in der Sprachproduktion befassen. Hierfür werden im Folgenden zwei Konzepte fokussiert. Zu einem wird anhand des geläufigen Begriffs für den Wechsel zwischen zwei Sprachen Erkenntnisse in dem Bereich „Code-Switching“ vorgestellt. Daran anschließend wird ein im aktuellen Forschungsdiskurs eher neuerer Ansatz des „Translanguaging“ betrachtet.

4.2.1. Code-Switching

Riehl (2013) definiert Code-Switching wie folgt: „Unter Code-Switching versteht man den Wechsel zwischen zwei (oder) mehr Sprachen oder Varietäten innerhalb ein und derselben kommunikativen Interaktion. Der Wechsel kann sowohl einzelne Lexeme als auch einen ganzen Diskursabschnitt betreffen“ (Riehl, 2013, S. 385). Die Forschungen im Bereich von Code-Switching lassen sich in soziolinguistische, psycholinguistische und linguistische Untersuchungen unterteilen.

Soziolinguistische Betrachtungen fokussieren den Zusammenhang zwischen sozialen Faktoren und Sprachwechsel. Sie schreiben dem Code-Switching kommunikative Funktionen zu. Hier ist beispielsweise Gumperz (1982) zu erwähnen, der zwischen situativem und konversationellem Code-Switching unterscheidet (s. Gumperz, 1982, S. 45). Beim situativen Code-Switching geschieht der Sprachwechsel aufgrund von äußeren Faktoren. Hierfür können bestimmte Umgebungen zu einem Sprachwechsel führen, sodass beispielsweise zu Hause eine andere Sprache gesprochen wird als in der Schule. Jedoch können auch unterschiedliche Adressaten einen äußeren Faktor darstellen, sodass ein Sprachwechsel vollzogen wird, da beispielsweise in der Familie eine andere Sprache gesprochen wird als mit Freunden oder Fremden. Auch Themen oder Situationen können die Verwendung einer anderen Sprache beeinflussen, wenn beispielsweise in Bezug zu alltäglichen Themen eine andere Sprache als bei fachlichen Themen genutzt wird. Diese Faktoren interagieren miteinander, sodass beispielsweise mit Freunden zu Hause auf einer Sprache gesprochen wird, wenn sich über alltägliche Themen unterhalten wird, jedoch in eine andere Sprache beim Austausch über schulische Inhalte gewechselt wird (s. Gumperz, 1982, S. 60). Beim konversationellen Code-Switching sind diskursstrategische Gründe und die Erzielung kommunikativer Effekte für das

Wechseln verantwortlich. Beispielsweise kann Code-Switching beim Zitieren genutzt werden, da möglichst authentisch die Stimmlage und der Wortlaut des Zitats wiedergegeben werden möchte (s. Gumperz, 1982, S. 82). Auch kann es verwendet werden als Hinweis der Kontextualisierung, sodass der Wechsel der Sprache als Signal anzeigt, wenn beispielsweise das Thema der Interaktion geändert wird. Zudem kann der Wechsel zwischen den Sprachen vollzogen werden, wenn die persönliche Einstellung ausgedrückt werden möchte (s. Gumperz, 1982, S. 80). Zudem kann nach Gumperz (1982) Code-Switching als Ausdruck einer Gruppenidentität genutzt werden. Er unterscheidet dabei zwischen „we-code" und „they-code" (Gumperz, 1982, S. 66), die jeweils unterschiedliche Funktionen erfüllen. Ersteres drückt persönliche Meinungen oder Aufforderungen, aber auch eine gewisse Involviertheit aus, während Letzteres allgemeinere Tatsachen, Distanz und objektive Hinweise meint (s. Gumperz, 1982, S. 96f.).

Nach psycholinguistischen Ansätzen geschieht ein Wechsel zwischen den Sprachen nicht-intentional und ist auf interne Prozesse zurückführbar. Dabei erleichtern beispielsweise nach Clyne (2003) die folgenden Faktoren ein unbeabsichtigtes Code-Switching. Dazu können Eigennamen zählen oder die Übernahme von lexikalischen Einheiten einer anderen Sprache (s. Clyne, 2003, S. 163ff.). So wird in einer Sprache gesprochen, jedoch werden nicht-intentionale einzelne lexikalische Einheiten aus der anderen Sprache übernommen. Ein Beispiel hierfür wäre, dass ein Individuum in einer Sprache spricht, aber einen Ausdruck in einer anderen Sprache äußert. Dies wird von dem Individuum selbst bemerkt und es wird kenntlich, dass dies ein Versehen war (s. Riehl, 2009, S. 27). Unbeabsichtigte Wechsel der Sprache können auch dann entstehen, wenn in den beiden Sprachen gleichlautende Wörter vorhanden sind, die dann zu einem Wechsel der Sprachen führen (s. Clyne, 2003, S. 164f.).

Während soziolinguistische Untersuchungen betrachten für welche kommunikativen Funktionen Code-Switching verwendet wird und psycholinguistische Untersuchungen Faktoren charakterisieren, die zu einem unbeabsichtigten Code-Switching führen, fokussieren linguistische Untersuchungen grammatikalische Strukturen beim Code-Switching. Hierbei wird versucht etwas Regelhaftes in dem Wechsel zwischen den Sprachen zu identifizieren. Beispielsweise hat Muysken (2000) aus linguistischer Perspektive auf Basis anderer Theorien zum Code-Switching die Unterscheidung zwischen den drei Prozessen „Wechseln", „kongruente Lexikalisierung" und „Insertion" eingeführt. Demnach wird der Wechsel als ein Prozess von Code-Swichting angesehen, sodass Muysken (2000) den Begriff des „Switching" als unpassend empfindet, da es beim Gebrauch von zwei Sprachen mehr umfasst als ausschließlich einen Wechsel zwischen den Sprachen. Daher wird von Muysken (2000) der Begriff des „Code-Mixing" genutzt, womit die Berücksichtigung aller drei Prozesse stattfindet. Das Wechseln bezieht sich auf den Wechsel zwischen den sprachlichen Strukturen beider Sprachen. Hierbei wird demnach in der jeweiligen Sprache entsprechend ihrer grammatikalischen Regeln agiert. Bei der kongruenten Lexikalisierung wird aus den zwei Sprachen eine grammatikalische Struktur gebildet und das Vokabular von beiden Sprachen genutzt (s. Muysken, 2000, S. 3f.). Für die Erklärung des Prozesses der Insertion kann das Modell von Myers-Scotton (2002) herangezogen werden, die aus linguistischer Sicht ein „Matrix Language Frame Model" entwickelt hat. In diesem stellt eine Sprache die „Matrixsprache" dar nach der entsprechend ihrer grammatikalischen Regeln agiert wird. In diese Matrixsprache werden die Elemente der anderen Sprache eingebettet (s. Myers-Scotton, 2002, S. 15f.). Dabei kann auch eine andere Sprache ganze „Inseln" darstellen, die sich dadurch kennzeichnen, dass sie die grammatikalischen Regeln der anderen Sprachen aufweisen (s. Myers-Scotton, 2002, S. 57f.).

4.2.2. Translanguaging

Ein eher neuerer Ansatz, der sich mit der Sprachverwendung von mehreren Sprachen befasst, ist „Translanguaging". Dieser betrachtet einerseits die Sprachverwendung aus sprachlich theoretischer Perspektive und ist andererseits Grundlage für mehrsprachige pädagogische Konzepte.

Nach Canagarajah (2011) meint Translanguaging – anders als beim Code-Switching –nicht das Wechseln zwischen Sprachen oder das Vermischen von diesen. Vielmehr wird der Gebrauch von mehreren Sprachen als eine fließende Sprachverwendung angesehen, bei denen alle Sprachen ein integrales System bilden (Canagarajah, 2011, S. 401). Es wird demnach angenommen, dass ein mehrsprachiges Individuum über ein sprachliches Repertoire verfügt, in dem alle sprachlichen Kompetenzen aller seiner Sprachen vertreten sind. Dadurch wird die Verwendung von zwei oder mehr Sprachen beim Sprechen nicht als einen Wechsel zwischen Sprachen angesehen, da dies die Separierung von Sprachen voneinander impliziert und sich der einen oder der anderen Sprache bedient werden könnte. Vielmehr wird der Sprachgebrauch mehrerer Sprachen als ein Ausschöpfen der gesamten sprachlichen Ressourcen wahrgenommen (s. García & Wei, 2014, S. 2). So zeigt sich nach García (2012) bei Mehrsprachigen das Einsetzen lexikalischer und grammatikalischer Mittel von beiden Sprachen in Kommunikationssituationen und deren strategisches Nutzen, um Verständigung herzustellen (s. García, 2012, S. 2). Daher wird die Verwendung von mehreren Sprachen als ein Kontinuum angesehen:

> „For us, translanguaging includes but extends what others have called language use and language contact among bilinguals. Rather than focusing on the language itself and how one or the other might relate to the way in which a monolingual standard is used and has been described, the concept of translanguaging makes obvious that there are no clear-cut boundaries between the languages of bilinguals. What we have is a languaging continuum that is accessed“ (García, 2009, S. 47).

Vertreter dieses Ansatzes gehen so weit, dass sie das Verständnis von Sprache als lexikalische und strukturelle Regelwerke als eine politische und soziale Konstruktion ansehen (z. B. García & Wei, 2014; Makoni & Pennycook, 2006; Otheguy & García & Reid, 2015).

Ursprünglich wurde der Begriff Translanguaging von Williams (1996) für ein pädagogisches Konzept genutzt, in dem die Lernenden zwischen ihren Sprachen bei der Bearbeitung von schulischen Inhalten wechseln sollten. Lewis, Jones und Baker (2012) beschreiben auf Grundlage von Williams (1996) das pädagogische Konzept von Translanguaging wie folgt:

> „The process of translanguaging uses various cognitive processing skills in listening and reading, the assimilation and accommodation of

> information, choosing and selecting from the brain storage to communicate in speaking and writing. Thus, translanguaging requires a deeper understanding than just translating as it moves from finding parallel words to processing and relaying meaning and understanding." (Lewis, Jones & Baker, 2012, S. 644).

Nach García und Wei (2014) wird das Lernen von Sprache und Inhalten effizient gefördert, wenn Lernende – ohne die Einschränkung einsprachiger Ideologien – Zugang zu ihrem vollständigen sprachlichen Repertoire haben. Nach ihnen sind die Aspekte „Kreativität" und „Kritikfähigkeit" wichtige Elemente von dem pädagogischen Konzept Translanguaging. Unter Kreativität wird die Fähigkeit verstanden zwischen dem Befolgen und dem Missachten der Normen und Regeln des Verhaltens zu entscheiden und dies auch in Bezug auf den Sprechgebrauch. Kritikfähigkeit beziehen sie auf den differenzierten Umgang mit verfügbaren Evidenzen für eine reflektiere Sichtweise auf kulturelle, soziale, politische und sprachliche Phänomene sowie übermittelte Weisheiten zu hinterfragen und zu problematisieren. Durch diese kreative und kritische Haltung gegenüber vergangenen und aktuellen Umständen können Lernende ihre soziokulturellen Identitäten und Werte entwickeln und dadurch den monolingualen Sichtweisen entgegentreten (vgl. García & Wei, 2014, S. 66f.).

4.3. Mehrsprachigkeit als Ressource im Mathematikunterricht

In der vorliegenden Arbeit wurden die Studien mit mehrsprachigen Lernenden durchgeführt mit der Grundhaltung, dass ihre Mehrsprachigkeit eine Ressource darstellt und näher untersucht werden sollte, inwiefern sich der flexible Einsatz der Sprachen auf die Erkenntnisprozesse der Lernenden im Grundschulalter auswirkt. Zur Einordnung in den aktuellen Forschungsdiskurs werden im Folgenden zunächst einige Untersuchungen aus dem internationalen Kontext vorgestellt, die sich mit dem Nutzen des Einsatzes der mehrsprachigen Ressourcen der Lernenden im Mathematikunterricht beschäftigt haben. Hierbei ist anzumerken, dass nachfolgend eine Auswahl an Studien vorgestellt wird, jedoch auch andere Autoren positive Auswirkungen des flexiblen Einsatzes der Erstsprache(n) und der Unterrichtssprache auf das Lernen von mathematischen Inhalten identifizieren, wie unter anderem Moschkovich (2007) in Amerika, Halai (2009) in Pakistan, Farrugia (2009) in Malta, Norén und Andersson (2016) in Schweden oder Bose und Clarkson (2016) in Indien, (s. Moschkovich, 2007, S. 137f.; s. Halai, 2009, S. 60f.; s. Farrugia, 2009, S. 110; s. Norén & Andersson, 2016, S. 121f.; s. Bose & Moschkovich, 2016, S. 134f.). Daran anschließend findet die Vorstellung von Untersuchungen in Deutschland statt.

4.3.1. Internationale Untersuchungen

In Südafrika ist eine Besonderheit, dass sowohl die Lernenden als auch meist die Lehrkräfte mehrsprachig sind und die Unterrichtssprache nicht ihren Erstsprachen entspricht. Adler (1998) führte ihre Studie mit sechs Lehrkräften in der Sekundarstufe in Südafrika durch, die in ihrem Mathematikunterricht vor unterschiedlichen sprachlichen Ausgangsbedingungen hinsichtlich der eigenen und der Sprachen ihrer Lernenden standen. Dabei war die Ausgangsproblematik die geringen sprachlichen Kompetenzen in der Unterrichtssprache der Lernenden und dass die Unterrichtssprache dadurch ein Hindernis darstellte, um einerseits die mathematischen Inhalte als Lehrkraft zu vermitteln und andererseits diese als Lernende zu verstehen. Dadurch gingen die Lehrkräfte dazu über durch den flexiblen Einsatz der Unterrichtssprache und der Sprachen der Lernenden zwischen Lehrkraft und Lernenden sowie unter den Lernenden das Lernen von Mathematik zu ermöglichen und die Partizipation am Mathematikunterricht zu steigern (s. Adler, 1998, S. 25f.). Zudem zeigen Setati und Adler (2001) auch für die Grundschule in Südafrika auf, dass der flexible Einsatz mehrerer Sprachen im Klassenraum eine notwendige Ressource für das Lernen von Mathematik darstellt (s. Setati & Adler, 2001, S. 264f.). Die Notwendigkeit des flexiblen Einsatzes der Erstsprachen und der Unterrichtssprache aufgrund der geringen sprachlichen Kompetenzen der Lernenden sowie teilweise der Lehrkräfte in der Unterrichtssprache, um das das Lernen von Mathematik zu ermöglichen, zeigen sich auch in Untersuchungen in Malaysia (s. Barwell et al., 2016, S. 183f.).

Während in der Untersuchung in Südafrika meist auch von den Lehrkräften die Notwendigkeit gesehen wurde die Mehrsprachigkeit von sich selbst als auch der Lernenden einzubeziehen, vertraten die Lehrkräfte in der Untersuchung von Gorgorió und Planas (2001) eine andere Auffassung. Gorgorió und Planas (2001) untersuchten mehrsprachige Klassen in Katalonien, in denen manche Lernende geringe sprachliche Kompetenzen in der Unterrichtssprache aufwiesen und über andere Erstsprachen als Katalanisch verfügten. Die Mehrsprachigkeit und die durch die geringen sprachlichen Kompetenzen entstehenden Verständnisschwierigkeiten von den betroffenen Lernenden wurde von den Lehrkräften wahrgenommen. Jedoch nutzten sie einerseits nicht die mehrsprachigen Ressourcen und sahen andererseits als Lösung des Problems, dass sobald sich bei den Lernenden die sprachlichen Kompetenzen in der Unterrichtssprache verbessern, dann auch das Lernen von Mathematik bei diesen Lernenden besser gelingen würde (s. Gorgorió & Planas, 2001, S. 21). Es wurde daher der Versuch unternommen die Lernenden in Kleingruppen mit den gleichen Erstsprachen gemeinsam an mathematischen Problemlöseaufgaben arbeiten zu lassen und die Nutzung ihrer Erstsprachen zu erlauben. Es konnte dabei beobachtet werden, dass die meist eher zurückhaltenden Lernenden sich in diesen Kleingruppen durch das Nutzen ihrer Erstsprache vermehrt beteiligten (s. Gorgorió & Planas, 2001, S. 26f.) und einige sprachlichen Schwierigkeiten verringert oder vermieden wurden (s. Gorgorió & Planas, 2001, S. 29).

In einer späteren Untersuchung betrachteten Planas und Setati (2009) in Katalonien mehrsprachige Lernende mit dem Fokus auf Spanisch und Katalanisch. Diese Lernenden verfügten zwar nicht zwangsläufig über geringere sprachliche Kompetenzen in der Unterrichtssprache, jedoch war eine andere Sprache für sie dominanter als die Unterrichtssprache. Die Besonderheit in Katalonien ist, dass sowohl Spanisch als auch Katalanisch in Katalonien Amtssprachen sind, jedoch ist die Unterrichtssprache ausschließlich Katalanisch. In Katalonien gibt es Lernende, die zwar über diese beiden Amtssprachen verfügen, jedoch im Gesamten das Spanische ihre dominante Sprache darstellt, da sie beispielsweise in ihrem außerschulischen Umfeld meist auf Spanisch kommunizieren. Diese Lernenden fokussieren Planas und Setati (2009) in ihrer Untersuchung, in der sie Lernende mit den gleichen dominanten Sprachen in Kleingruppen mathematische Aufgaben bearbeiten ließen und sie dabei ihre Mehrsprachigkeit nutzen durften (s. Planas & Setati, 2009, S. 40f.). Dabei konnte der flexible Einsatz der Sprachen bei den Lernenden mit Spanisch als dominante Sprache in unterschiedlichen Situationen rekonstruiert werden. So zeigte sich zunächst die Nutzung von Katalanisch in den Kleingruppen, wenn sich die Lernenden mit der Aufgabenstellung, die auf Katalanisch war, vertraut machten. Wenn sie dann die Lösung der Aufgaben in den Kleingruppen erarbeiteten, wechselten sie im Erarbeitungsprozess in das Spanische. Sie konnten somit ihre Erstsprache verwenden, um über mathematische Problemstellungen zu kommunizieren und inhaltlich eine Lösung zu finden. In dem daran anschließenden Klassengespräch wechselten sie wieder in die Unterrichtssprache (s. Planas & Setati, 2009, S. 55). Es ist demnach ein produktiver Einsatz der Erstsprache von Lernenden für das erarbeiteten von mathematischen Inhalten zu erkennen. In einer fünfjährigen Untersuchung betrachtet Planas (2014) weiterhin diese Lernendengruppe in Katalonien und findet unter anderem heraus, dass durch den flexiblen Einsatz der Sprachen entstehende Situationen wie Wortneuschöpfungen oder Wort-für-Wort-Übersetzungen auch das inhaltliche Verständnis positiv beeinflussen kann (s. Planas, 2014, S. 61 und S. 63).

Clarkson und Galbraith (1992) und Clarkson (2007) fokussieren hingegen Lernende, die zwar mehrsprachig sind, aber sowohl in ihrer Erstsprache als auch in der Unterrichtssprache über hohe sprachliche Kompetenzen verfügen. Clarkson und Galbraith (1992) fanden in vorherigen Untersuchungen mit Lernenden aus Papua-Neuguinea heraus, dass mehrsprachige Lernende mit hohen sprachlichen Kompetenzen in ihren Erstsprachen und der Unterrichtssprache Sprachen bessere mathematische Leistungen erzielten als mehrsprachige Lernende mit geringen sprachlichen Kompetenzen in den Sprachen (s. Clarkson & Galbraith, 1992, S. 41). An diese Ergebnisse anknüpfend untersuchte Clarkson (2007) vier mehrsprachige Lernende in Australien mit hohen Kompetenzen in ihrer Erstsprache Vietnamesisch und der Unterrichtssprache Englisch, inwiefern ihre Erstsprache beim mathematischen Problemlösen hilfreich ist (s. Clarkson, 2007, S. 199). Dabei stellte sich ein besseres Gelingen von manchen mathematischen Lösungsprozessen in ihrer Erstsprache als in der Unterrichtssprache heraus (s. Clarkson, 2007, S. 209). Zudem nutzten einige der Lernenden ihre Erstsprache beim Problemlösen mit der Begründung, dass sie gerne ihre Erstsprache nutzen, sodass Clarkson (2007) von einer Stärkung ihres Selbstbewusstseins beim Lösen eines mathematischen Problems ausgeht (s. Clarkson, 2007, S. 211). Dennoch zeigte sich im Gesamten ein geringer Rückgriff der Lernenden auf ihre Erstsprache beim mathematischen Problemlösen. Dies könnte dadurch begründet werden, dass es für die Lernenden zu dem Zeitpunkt der Untersuchung nicht mehr für sie üblich war ihre Erstsprache im mathematischen Kontext zu verwenden, denn sie gaben eine vormals stärkere Nutzung ihrer Erstsprache in vorherigen Schuljahren an. Daher verweist Clarkson (2007) auf die Möglichkeit der Erzielung anderer Ergebnisse bei jüngeren Lernenden im Grundschulalter (s. Clarkson, 2007, S. 210f.).

Auch Barwell et al. (2016) gehen davon aus, dass die Mehrsprachigkeit als Ressource im Mathematikunterricht insbesondere in der Grundschule angesehen werden kann. Sie erklären dies über die Vergrößerung des Gehalts an mathematischer Fachsprache im Laufe der Schullaufbahn und dies damit einhergeht, dass ihre Erstsprachen mit den Jahren weniger eine Ressource im Kontext vom Mathematikunterricht darstellen kann. Dadurch kann insbesondere die Grundschule in den Mittelpunkt des Interesses rücken, da sich dort die mathematische Fachsprache erst anbahnt und somit die Ressource der Mehrsprachigkeit stärker fokussiert werden könnte (vgl. Barwell et al. 2016, S. 14f.).

4.3.2. Untersuchungen in Deutschland

Untersuchungen des Nutzens von Mehrsprachigkeit im Mathematikunterricht fanden in den letzten Jahren insbesondere in Kontexten der Projekte

„MuM-Erstsprache“[9] und „MuM-Multi“[10] statt. In diesen Projekten wurde untersucht, wie sich der Einsatz der mehrsprachigen Ressourcen auf das Lernen von Mathematik auswirkt. Der Fokus wurde dabei auf Lernende gelegt, deren Familiensprache[11] Türkisch war und es wurden Settings geschaffen, in denen sie die türkische Sprache im Kontext von Mathematik nutzen konnten. Dies waren somit keine Situationen aus dem alltäglichen Unterricht, da dieser in Regelschulen monolingual in der Unterrichtssprache Deutsch gestaltet wird. Stattdessen wurde in Untersuchungen in Kleingruppen oder in Interventionen mit ganzen Klassen betrachtet, inwiefern sich das Nutzen von mehrsprachigen Ressourcen der Lernenden auf das Lernen von Mathematik auswirkt, wenn sie im mathematischen Kontext ihre mehrsprachigen Ressourcen nutzen können. Hieraus könnten sich wiederrum Folgerungen für den alltäglichen monolingualen Mathematikunterricht ableiten lassen. Einen anderen Fokus legt hingegen Klose (2015 & 2017), die Untersuchungen an einer bilingualen Schule durchführt, um das Nutzen der Mehrsprachigkeit im Kontext vom bilingualen Mathematikunterricht zu analysieren.

Im Projekt MuM-Erstsprache wurden Interviewstudien durchgeführt, bei denen in Laborsituationen Lernende aus der Sekundarstufe I mit Türkisch als Familiensprache in Kleingruppen betrachtet wurden. Meyer und Prediger (2011) untersuchten in einer Vorstudie, inwieweit die Lernenden ihre Familiensprache beim Lösen von mathematischen Aufgaben nutzen. Ihnen wurden die mathematischen Arbeitsblätter auf Deutsch und Türkisch angeboten. Dabei bevorzugten die meisten Lernenden das Arbeitsblatt auf Deutsch. Meist wurde das Arbeitsblatt auf Türkisch dann verwendet, wenn

---

9 „MuM-Erstsprache“ steht für das Projekt „Nutzung der Erstsprache beim Mathematiklernen – Design-Experimente zu Wirkungen eines Förderansatzes“ unter Leitung von Prof. Prediger (TU Dortmund).

10 „MuM-Multi“ steht für das Projekt „Sprachenbildung im Mathematikunterricht unter Berücksichtigung der Mehrsprachigkeit“ unter Leitung von Prof. Prediger (TU Dortmund), Prof. Redder (Universität Hamburg) und Prof. Rehbein (Universität Hamburg).

11 Mit dem Begriff „Familiensprache” wird im Folgenden diejenige Sprache gemeint, die überwiegend im familiären Kontext genutzt wird.

Wortbedeutungen gesucht wurden. Während der Aufgabenbearbeitung mit einem deutschsprechenden Interviewenden nutzten die Lernenden kaum ihre Erstsprache, wenn dies nicht weiter forciert wurde, sondern ihnen dies ausschließlich als Möglichkeit angeboten wurde (s. Meyer & Prediger, 2011, S 227f.). In der Hauptstudie mit Lernenden der vierten und sechsten Klasse wurde das Setting dahingehend verändert, dass stärker ein Rahmen gestaltet wurde, in dem sich die Lernenden unmittelbar zu Beginn als Experten ihrer Familiensprache ansahen. Bei dem ersten Arbeitsblatt stand den Lernenden noch offen mit dem Arbeitsblatt auf Deutsch oder Türkisch zu arbeiten. Jedoch mussten sie beim zweiten Arbeitsblatt das auf Türkisch nutzen, wenn sie sich beim ersten Arbeitsblatt für das Deutsche entschieden hatten. Zudem wurden die Lernenden am Ende des Interviews aufgefordert einer ausschließlich türkischsprechenden Person ihre Lösung zu erklären (s. Meyer & Prediger, 2011, S. 228). Meyer und Prediger (2011) verdeutlichten an einer Fallanalyse – bei denen zwei Lernende aus der sechsten Klasse gemeinsam an einer mathematischen Aufgabe arbeiteten –, dass sie flexibel die deutsche und türkische Sprache nutzten. Dies zeigte sich, wenn sich die Lernenden auf Deutsch an die deutschsprechende interviewende Person wandten und danach unmittelbar ins Türkische wechselten, wenn sie untereinander sprachen. Jedoch fiel in der Interaktion untereinander auf, dass sie nicht ausschließlich auf Türkisch kommunizierten, sondern auch hier flexibel die Sprachen nutzten. Sie verwendeten dabei im Türkischen das Wort „wenigere“ für den qualitativen Vergleich von relativen Anteilen. Dabei wurde eine – wenn auch anfangs für sie noch unsichere – geteilt geltende Bedeutung hergestellt (Voigt, 1994, S. 92f.). Somit erarbeiteten sie sich in ihrer Familiensprache sprachlich und konzeptionell komplexe mathematische Zusammenhänge (s. Meyer & Prediger, 2011, S. 230f.). Darüber hinaus konnte in den Interviews bei manchen Lernenden die Erhöhung ihrer Beteiligung an der Interaktion in den Gruppen beobachtet werden, wenn sie Türkisch nutzen konnten. Zudem wurde der Austausch in der türkischen Sprache von manchen Lernenden genutzt, um eine Art „Schonraum“ herzustellen, in denen sie sich austauschen konnten, ohne dass die deutschsprachige interviewende Person die Inhalte verstehen konnte. Im Gebrauch der türkischen und deutschen Sprache konnte das Ausborgen der Lernenden von deutschen Worten in ihren sonst türkischen Äußerungen beobachtet werden, insbesondere weil ihnen Fachworte im Türkischen fehlten oder sie griffen im Türkischen auf den unspezifischen Ausdruck „Ding“ zurück, wenn ihnen die expliziten Worte fehlten (s. Meyer & Prediger, 2011, S. 231). Krägeloh und Meyer (2012) zeigten zudem an einem anderen Fallbeispiel, dass die Lernenden zunächst auf Deutsch die Aufgabe bearbeiteten, jedoch dann in das Türkische wechselten, um die Kommunikation aufrechtzuerhalten (s. Krägeloh & Meyer, 2012, S. 25f.) In einer quantitativen Betrachtung der Daten aus MuM-Erstsprache fand Meyer (2016) heraus, dass die reine Verwendung von Fachsprache keine Aussage darüber treffen lässt, ob die Lösung einer Aufgabe als gelungen angesehen werden kann. Vielmehr sind Situationen aus inhaltlicher Sicht als ergiebig anzusehen, wenn nicht auf eine elaborierte Verwendung der Erstsprache geachtet wird (s. Meyer, 2016, S. 151f.).

Im Rahmen von MuM-Multi führten Wessel et al. (2016) eine Studie mit 139 mehrsprachigen Lernenden in Deutschland mit dem Fokus auf Lernende der siebten Klasse durch, deren Familiensprache Türkisch und bei denen die Unterrichtssprache Deutsch ist. Dabei fand eine Interventionsstudie statt, in der sowohl quantitativ als auch qualitativ ausgewertet wurde, inwiefern ein bilinguales Setting im Mathematikunterricht für das konzeptuelle Verständnis im Bezug zum Thema „Brüche“ gewinnbringend ist. Hierfür wurde sowohl die türkische als auch die deutsche Sprache als Unterrichtssprache von der Lehrkraft und den Lernenden genutzt. Im Rahmen der qualitativen Ergebnisse ließ sich bei den Lernenden das Fehlen einiger Fachbegriffe im Türkischen beobachten. Jedoch nutzten sie hierfür beispielsweise in ihrer türkischen Interaktion die deutschen Fachbegriffe oder übernahmen Begriffe von der Lehrkraft oder den anderen Lernenden. So verhalfen diese Strategien dazu, dass das Fehlen von manchen Worten kein Hindernis mehr darstellte. Zudem wurde an einem Text von einer Lernenden verdeutlicht, inwiefern das Nutzen der beiden Sprachen für das konzeptionelle Verständnis zum Thema „Brüche“ ergiebig sein kann. Dabei verfasste eine Lernende einen Erklärtext mit deutschen und türkischen Sätzen, in der sie zu Beginn das Deutsche nutzte, um den Aufgabenkontext zu beschreiben und dann in der Erklärung in das Türkische wechselte. So zeigt sich in Bezug auf die Sprachhandlung Erklären und dem inhaltlichen Verständnis ein produktiver Einsatz der türkischen Sprache (Wessel et al., 2016, S. 6). Hinsichtlich der quantitativen Untersuchung führten sie die Intervention mit drei verschiedenen Gruppen durch. Es gab eine Kontrollgruppe mit regulärem Mathematikunterricht sowie zwei Interventionsgruppen, bei der in einer der beiden Gruppen Türkisch und Deutsch als Unterrichtssprachen genutzt wurde, während bei der anderen Intervention nur Deutsch als Unterrichtssprache verwendet wurde. Dabei wiesen die quantitativen Ergebnisse bei beiden Interventionsgruppen auf einen größeren Lernzuwachs hinsichtlich des Themas „Brüche" als bei der Kontrollgruppe hin, jedoch war kein signifikanter Unterschied zwischen der monolingualen und der mehrsprachigen Interventionsgruppe feststellbar. Weiterhin konnten die quantitativen Ergebnisse bei der mehrsprachigen Interventionsgruppe aufzeigen, dass die Lernenden mit höheren sprachlichen Kompetenzen im Türkischen im Vergleich zu den Lernenden mit niedrigeren sprachlichen Kompetenzen im Türkischen tendenziell mehr von der mehrsprachigen Intervention profitieren konnten (Wessel et al., 2016, S. 4f.). Dies untersuchten Schüler-Meyer et al. (2017) nähergehend, um herauszufinden, inwieweit die bildungs- und fachsprachlichen Kompetenzen in der Familiensprache notwendig sind, um als Lernender von mehrsprachigen Interventionen zu profitieren (s. Schüler-Meyer et al., 2017, S. 2). Dabei war in den qualitativen Analysen kein Zusammenhang zwischen den getesteten sprachlichen Kompetenzen im Türkischen und den Beteiligungen der Lernenden am Diskurs zu erkennen. Zwar können höhere bildungs- und fachsprachliche Kompetenzen in der Familiensprache hilfreich sein, aber dennoch nicht erforderlich, um von mehrsprachigen Interventionen zu profitieren (s. Schüler-Meyer et al., 2017, S. 17f.). Zudem stellten sie in ihren qualitativen Analysen einen produktiven Austausch der Lernenden in ihrer Familiensprache über die mathematischen Bedeutungen fest, wenn sie an Material arbeiteten und mit Gesten agierten. Außerdem konnte bei der Auseinandersetzung mit dem Thema „Brüche" beobachtet werden, dass zu dem Bruch „1/3" ins Deutsche übersetzt im Türkischen

„eins in drei“ gesagt wird. Dies kommt der inhaltlichen Bedeutung im Vergleich näher als die Verwendung der deutschen Bezeichnung „ein Drittel“. Diese Diskrepanz wies in der Untersuchung auf Potenziale hin für die Entwicklung eines tiefergehenden Verständnisses hinsichtlich Nenner und Zähler (s. Schüler-Meyer et al., 2017, S. 16). Im gleichen Untersuchungskontext von MuM-Multi betrachteten Kuzu, Prediger und Schüler-Meyer (2017) mit dem Ansatz „Translanguaging”, wie die Lernenden für die Entwicklung und Vertiefung von ihrem Verständnis für mathematische Konzepte ihre mehrsprachigen Ressourcen nutzten. Dabei wiesen die qualitativen Analysen auf eine Verwendung und zunehmenden Vernetzung beider Sprachen hin. So zeigte sich in einer Fallanalyse, dass ein Lernender zu Anfang auf Deutsch begann und daraufhin auf Türkisch das zuvor auf Deutsch Geäußerte spezifizierte und neue Aspekte anbrachte. Somit wurden beide Sprachen vernetzt, um sich über das mathematische Konzept zu äußern (s. Kuzu, Prediger & Schüler-Meyer, 2017, S. 591).

Während bei MuM-Erstsprache und MuM-Multi untersucht wurde, inwiefern das Nutzen der Erstsprache im Mathematikunterricht für das Lernen von Mathematik ergiebig sein kann, wenn sowohl die Familiensprache Türkisch als auch Deutsch genutzt werden könnten, betrachtet Klose (2015, 2017) mehrsprachige Lernende, die bilinguale Schulen besuchen, in denen sowohl Englisch als auch Deutsch Unterrichtssprache im Mathematikunterricht ist. Dadurch entsteht unter anderem der Unterschied, dass die Lernenden potenziell über andere sprachliche Kompetenzen in Hinblick auf die unterschiedlichen sprachlichen Register im Englischen verfügen als Lernende in den Untersuchungen von MuM-Erstsprache und MuM-Multi, die ihre Familiensprache Türkisch bisher nur im außerschulischen Kontext und nicht im Mathematikunterricht genutzt haben.

Klose (2015 & 2017) betrachtet in einer qualitativen Untersuchung Begriffsbildungsprozesse bei Lernenden, die eine bilinguale Grundschule besuchen. Im Rahmen der Untersuchung drehten Lernende Audio-Podcasts auf Deutsch und auf Englisch, in denen sie mündlich verschiedene mathematische Begriffe erklärten. Dabei konnte während den einzelnen Schritten bis hin zum Audio-Podcast als Endprodukt beobachtet werden, inwiefern sich das inhaltliche Begriffsverständnis und die sprachlichen Mittel zur Realisierung der Erklärung entwickelte (s. Klose, 2017, S. 2f.). Erste Ergebnisse lassen eine positive Entwicklung der mathematischen Fachsprache in beiden Sprachen im Erstellungsprozess des Audio-Podcast feststellen, die dabei immer spezifischer wird. Zudem ermöglichen die eingebetteten Erkläranlässe, dass die Lernenden ihre mathematischen Denkprozesse verbalisieren und sich darüber austauschen. Hinzukommend eröffnet die Reflexion der Inhalte ein tiefergehendes mathematisches Verständnis (s. Klose, 2015, S. 1426).

4.4. Zusammenfassung

In den vorherigen Ausführungen wurden zunächst die unterschiedlichen Auffassungen zum Begriff „Mehrsprachigkeit" in der Literatur aufgezeigt, wobei sich die vorliegende Arbeit der Definition nach Oksaar (2003) zuordnet, gemäß der ein Individuum dann als mehrsprachig aufgefasst wird, wenn es situativ seine Sprachen einsetzen kann. Dabei können die sprachlichen Kompetenzen eines mehrsprachigen Individuums in seinen jeweiligen Sprachen unterschiedlich ausgeprägt sein. In Abgrenzung zur Definition von Oksaar (2003) wird jedoch in dieser Arbeit – entsprechend des Translanguaging Ansatzes – nicht von einem Wechsel beziehungsweise Umschalten zwischen den Sprachen ausgegangen, sondern vielmehr wird angenommen, dass ein mehrsprachiges Individuum über ein sprachliches Repertoire verfügt, in dem sämtliche sprachliche Kompetenzen aller seiner Sprachen vertreten sind und dadurch kein Wechsel zwischen Sprachen stattfindet, sondern stattdessen eine flexible Nutzung der Sprachen. Dennoch geht auch Translanguaging davon aus, dass der flexible Einsatz der Sprachen strategisch geschieht, um Verständigung herzustellen. Dies zeigt Parallelen zu soziolinguistischen Untersuchungen zum Code-Switching auf, sodass in der vorliegenden Arbeit von einem flexiblen Nutzen der Sprachen von mehrsprachigen Lernenden in ihrer Sprachproduktion ausgegangen wird und dabei dieses flexible Nutzen eine kommunikative Funktion einnimmt. Es wird demnach im Folgenden nicht mehr der Begriff des Code-Switchings verwendet, sondern von einem flexiblen Einsatz beziehungsweise Nutzen von Sprachen gesprochen. Dies wird in der vorliegenden Arbeit im Rahmen von mündlichen Beschreibungen und Erklärungen von mehrsprachigen Lernenden betrachtet. Dabei verdeutlichen die betrachteten internationalen Untersuchungen im Kontext von Mathematikunterricht, dass je nach Untersuchungskontext unterschiedliche Ausgangsbedingungen hinsichtlich der sprachlichen Kompetenzen der mehrsprachigen Lernenden in der Unterrichtssprache herrschen können. Dadurch kann in manchen Kontexten der flexible Einsatz der Sprachen ein notwendiges Mittel darstellen, um überhaupt das Lernen von Mathematik zu ermöglichen. Gleichzeitig ergeben die Untersuchungen, dass nicht unbedingt die geringen sprachlichen Kompetenzen in der Unterrichtssprache der notwendige Ausgangspunkt sein müssen, um andere Sprachen als die Unterrichtssprache zuzulassen, sondern grundsätzlich mehrsprachigen Lernenden ermöglicht werden sollte, ihr gesamtes sprachliches Repertoire für das Lernen von Mathematik zu nutzen. Dabei lassen sich sowohl in internationalen Studien als auch in Untersuchungen in Deutschland positive Auswirkungen des flexiblen Einsatzes der Sprachen von den Lernenden auf das Lernen von Mathematik feststellen.

Die vorliegende Arbeit widmet sich der aus internationaler Sicht vermuteten fruchtbaren Betrachtung von mehrsprachigen Grundschulkindern (s. Clarkson, 2007; Barwell et al., 2016) mit dem Fokus auf das mündliche Beschreiben und Erklären. Auch Klose (2015 & 2017) betrachtet in ihrer Untersuchung in Deutschland Lernende aus der Grundschule und für sie sind unter anderem sprachliche Aspekte und Mündlichkeit von Relevanz. Dadurch sind Parallelen zu der vorliegenden Arbeit wahrnehmbar. Ein Unterschied besteht in der fokussierten Gruppe von Lernenden, da Klose mehrsprachige Lernende von bilingualen Schulen betrachtet. Hingegen nimmt die vorliegende Arbeit mehrsprachige Lernende in den Blick, die mononlingualen Unterricht besuchen, aber im familiären Kontext eine andere Sprache als die Unterrichtssprache erworben haben. Dabei liegt der Fokus auf Türkisch als eine andere Sprache als die Unterrichtssprache und wird auch in den Projekten MuM-Erstsprache und MuM-Multi betrachtet. Dabei fanden die Untersuchungen im Rahmen dieser Projekte im Bereich der Sekundarschule statt, während der Fokus der vorliegenden Arbeit auf dem Grundschulbereich liegt.

5. Methodologie und Methoden

Im Folgenden werden zunächst die Forschungsfragen expliziert und beschrieben. Daran anschließend werden die – zur Beantwortung dieser Fragen – gewählten Analysewerkzeuge thematisiert. Zu Beginn wird der in Mathematikdidaktik bestehende Forschungszweig der Interpretativen Unterrichtsforschung vorgestellt, da sich die vorliegende Arbeit dieser zuordnet. In Anbetracht des Forschungsinteresses wurden in der empirischen Untersuchung Zweiergruppen fokussiert, die gemeinsam an mathematischen Aufgaben in Anwesenheit einer türkischsprechenden Interviewerin arbeiteten. Da die Lernenden im Partnerinterview ihre Sprachen flexibel einsetzen durften, weicht das Setting vom Ideal des alltäglichen typischen Mathematikunterrichts ab und ist entsprechend als künstlich aufzufassen. Diese Änderung ist jedoch ein notwendiger Schritt gewesen, um Potenziale des flexiblen Nutzens der Sprachen für den alltäglichen Mathematikunterricht herauszuarbeiten. Diese gewählte Erhebung in Form von Interviews unter Verwendung eines Leitfadens wird aus methodologischer Sicht vorgestellt. Die letztendliche Anwendung findet sich in der Vorstellung des Ablaufs der Hauptstudie. Für die Gestaltung der Hauptstudie waren Erkenntnisse aus der Vorstudie von Relevanz, die daher zuvor kurz beschrieben werden. Zudem findet die Beschreibung der Auswahl der Szenen sowie die Form der Transkription unter besonderer Berücksichtigung der Handhabung mit der Übersetzung der Transkripte statt. Daran anschließend werden für die interpretative Auswertung der Szenen verwendeten Methoden der „primär gedanklichen Vergleiche“ und der „primär empirischen Vergleiche“ vorgestellt sowie ihre Verwendung in der vorliegenden Arbeit beschrieben. Im Anschluss wird hinsichtlich der Auswertung erläutert, inwiefern in den Analysen die Theorien der Funktionalen Pragmatik und der Abduktion Anwendung finden.

5.1. Forschungsinteresse

Wie in den theoretischen Betrachtungen der vorliegenden Arbeit herausgearbeitet wurde, sind die mündlichen Sprachhandlungen des Beschreibens und Erklärens relevant, wenn Lernende in der Interaktion Phänomene beobachten und hiervon ausgehend Zusammenhänge entdecken (sollen).

M.-L. Maisano, *Beschreiben und Erklären beim Lernen von Mathematik*, Kölner Beiträge zur Didaktik der Mathematik, https://doi.org/10.1007/978-3-658-25370-7_5

Die sprachlichen und inhaltlichen Anforderungen und Realisierungen von Beschreibungen und Erklärungen im Bereich der Arithmetik und der Kombinatorik sowie der Zusammenhang zwischen Beschreibungen und Erklärungen werden in der vorliegenden Arbeit betrachtet. Die Interviews fanden mit mehrsprachigen Lernenden statt, um die Rolle der Mehrsprachigkeit beim Mathematiklernen in Prozessen des Beschreibens und Erklärens analysieren zu können.

In Hinblick auf das mündliche Beschreiben und Erklären zeigt die Funktionale Pragmatik auf, inwieweit die beiden Sprechhandlungen voneinander zu differenzieren sind. Dabei ist für die vorliegende Arbeit im ersten Schritt von Relevanz, wie sich diese Sprechhandlungen im Kontext des Mathematikunterrichts sprachlich und inhaltlich realisieren. Daraus ergibt sich die erste Forschungsfrage:

1. *Welche mathematisch-inhaltlichen und linguistisch-sprachlichen Realisierungen von mündlichen (und gestischen) Beschreibungen und Erklärungen können festgestellt werden?*

Dabei wird beschrieben, was die Lernenden inhaltlich äußern und welcher sprachlichen Mittel sie sich dabei bedienen. Zudem werden Erklärungen als Abduktionen rekonstruiert. Daraus werden die Zwecke der Äußerungen erschlossen, sodass sie als bestimmte Sprechhandlungen identifiziert werden können. Diese Deskription findet zunächst unter Verwendung der Methode der „primär gedanklichen Vergleiche" bei einzelnen Zweiergruppen statt und diese werden daraufhin miteinander kompariert entsprechend der Methode der „primär empirischen Vergleiche".[12] Daraus ist abschließend möglich zu beschreiben, wie die beiden Sprechhandlungen Beschreiben und Erklären in den betrachteten mathematischen Kontexten realisiert werden.

[12] Die verwendeten Methoden werden im Kapitel 5.7 näher ausgeführt.

Während die detaillierten Analysen in der ersten Forschungsfrage dafür genutzt werden, um erst einmal deskriptiv die inhaltlichen und sprachlichen Realisierungen zu erfassen, findet dabei eine eher separierte Betrachtung der beiden Sprechhandlungen statt. Für die vorliegende Arbeit ist jedoch insbesondere von Relevanz die beiden Sprechhandlungen des Beschreibens und Erklärens hinsichtlich ihrer Zusammenhänge zu erfassen. Diesbezüglich wurde aus theoretischer Perspektive deutlich, dass sich aus philosophisch-logischer Sicht Zusammenhänge vermuten lassen, die jedoch in empirischen Untersuchungen noch nicht fokussiert wurden. Diese Betrachtung nimmt die vorliegende Arbeit ein und wird durch die zweite Forschungsfrage behandelt:

2. *Inwiefern ist ein Zusammenhang zwischen einer vorangegangenen Beschreibung und der darauffolgenden Erklärung feststellbar?*

Es werden hierfür die detaillierten Analysen der separierten Sprechhandlungen genutzt, um aus inhaltlicher und sprachlicher Perspektive zu betrachten, inwiefern Elemente einer vorangegangenen Beschreibung in der darauffolgenden Erklärung wiederzufinden sind. Dabei werden nicht nur Situationen näher analysiert, in denen solche Zusammenhänge beobachtbar waren, sondern auch strittige und herausfordernde Situationen. Dies ist mit Erkenntnissen aus vorherigen Studien zu begründen, die gezeigt haben, dass insbesondere solche Situationen das Potenzial bergen, neue (sprachliche) Aushandlungsprozesse zu evozieren (s. Voigt, 1984). Dadurch wird ermöglicht zu erfassen, welche Relevanz eine Beschreibung als vorausgehende Sprechhandlung für eine darauffolgende Erklärung einnimmt.

Während die vorherigen Betrachtungen erst einmal unberührt davon sind, inwieweit die Lernenden ihre mehrsprachigen Ressourcen genutzt haben, betrachtet die dritte Forschungsfrage in Hinblick der rekonstruierten Erkenntnisprozesse der Lernenden, welche Rolle dabei der flexible Einsatz der Sprachen eingenommen hat. Daraus ergibt sich die folgende Forschungsfrage:

3. *Wie wirkt sich der flexible Einsatz der türkischen und deutschen Sprache auf die Erkenntnisprozesse der Lernenden aus?*

Hierbei wird im Sinne der interaktionistischen Perspektive in Anlehnung an Erkenntnisse aus soziolinguistischer Perspektive auf Code-Switching betrachtet, inwiefern die Lernenden situativ ihre Sprachen verwenden. Dabei wird von einem flexiblen Einsatz der Sprachen im Sinne von Translanguaging ausgegangen. Hierbei soll erfasst werden, inwiefern im alltäglichen Mathematikunterricht eine ressourcenorientierte Grundhaltung mit dem Anerkennen und Zulassen des gesamten sprachlichen Repertoires von Lernenden beim mündlichen Beschreiben und Erklären im mathematischen Kontext gewinnbringend sein kann.

5.2. Interpretative Unterrichtsforschung

Die interpretative Unterrichtsforschung in der Mathematikdidaktik ist in den 1970er Jahren wesentlich durch Bauersfeld und seine Arbeitsgruppe geprägt worden. Ihre Grundannahme ist, dass Menschen durch ihr gemeinsames und interpretatives Agieren Dinge konstruieren (vgl. Jungwirth, 2003, S. 189f.). Dies geschieht durch subjektive Interpretationen der Dinge sowie die Berücksichtigung der Interpretationen von anderen Menschen. Dies ist auf den „Symbolischen Interaktionismus" von Blumer (1981) zurückzuführen:

> „Die erste Prämisse besagt, daß Menschen „Dingen" gegenüber auf der Grundlage der Bedeutungen handeln, die diese Dinge für sie besitzen. [...] Die zweite Prämisse besagt, daß die Bedeutung solcher Dinge aus der sozialen Interaktion, die man mit seinen Mitmenschen eingeht, abgeleitet ist oder aus ihr entsteht. Die dritte Prämisse besagt, daß diese Bedeutungen in einem interpretativen Prozess, den die Person in ihrer Auseinandersetzung mit den ihr begegnenden Dingen benutzt, gehandhabt und abgeändert werden." (Blumer 1981, S. 81)

Dabei ist hinsichtlich der zweiten Prämisse zu berücksichtigen, dass dies als ein wechselseitiger Prozess anzusehen ist, in der die Bedeutung ausgehandelt wird:

> „Der einzelne Interaktionsteilnehmer bedenkt in seinem Handeln auch, was das Hintergrundverständnis und die Erwartungen der Gesprächsteilnehmer sein können und welche Wirkung seine Handlung haben könne. Die anderen Gesprächspartner machen sich die Handlung des

> Akteurs auch dadurch sinnhaft, indem sie dem Akteur ein Hintergrundverständnis und Absichten unterstellen, die von ihren eigenen abweichen können. Die folgenden Handlungen der Gesprächspartner werden vom ersten Akteur wiederum interpretiert als Hinweis auf ein Einverständnis oder einen Dissens im Gesprächsthema. Er kann sich veranlaßt sehen, sein Denken zu verändern, und so fort." (Voigt 1984, S. 87f.)

Somit geht die mathematikdidaktische interpretative Unterrichtforschung davon aus, dass Menschen in einem Prozess der Interaktion untereinander und mit „Dingen" diesen Bedeutungen zuschreiben und somit Dingen Bedeutungen nicht inhärent sind, sondern diese menschliche Konstrukte ihrer Interpretationen sind.

Diese interaktionistische und interpretative Grundhaltung wird in diesem Forschungszweig entsprechend der Ethnomethodologie nach Garfinkel (1967) für alltäglichen Unterricht sowie für die Erforschung der konstruierten Wirklichkeit von Mathematikunterricht genutzt. Danach wird die Wirklichkeit von den handelnden Personen hergestellt. Der Fokus kann auf Lehr-Lernprozessen liegen, aber auch beispielswiese auf Vorstellungen über Mathematik oder dem Unterrichten von Mathematik, um ein Verständnis aus der „Binnenperspektive der Handelnden" (Maier & Voigt, 1991, S. 8) zu erhalten (s. Jungwirth, 2003, S. 190). Dabei wird nicht davon ausgegangen, dass ein Zugang zum Denken eines Handelnden möglich ist, sondern die Handlungen werden von einem Interpreten beobachtet und dieser versucht die von den Beteiligten möglichen Bedeutungszuschreibungen hinsichtlich der Handlungen zu rekonstruieren (s. Maier & Voigt, 1991, S. 8).

5.3. Leitfadengestützte Interviews in Laborsituationen

Grundlage der interpretativen Unterrichtsforschung stellen einzelne Fallstudien entsprechend der qualitativen Forschung dar (s. Maier & Voigt, 1991, S. 9). Dabei haben Untersuchungen von einzelnen Fällen das Ziel Regelmäßigkeiten herauszufinden, die sich verallgemeinern lassen (vgl. Lamnek & Krell, 2016, S. 297). Bei einzelnen Fallstudien können eine Vielfalt an Methoden und Techniken aus der empirischen Sozialforschung genutzt werden (s. Lamnek & Krell, 2016, 2016, S. 287f.). Da im alltäglichen Unterricht der flexible Einsatz mehrerer Sprachen nicht stattfindet, jedoch diesbezüglich Potenziale für den alltäglichen Mathematikunterricht abgeleitet werden sollen, wurde in der vorliegenden Arbeit als Erhebungsmethode Interviews in Laborsituationen ausgewählt, die im Folgenden aus methodologischer Sicht näher vorgestellt werden.

Ein Interview kann durch den Forscher selbst oder geschulte Interviewer stattfinden (s. Beck & Maier, 1993, S. 152). Es können einzelne Personen oder Gruppen interviewt werden (s. Lamnek & Krell, 2016, S. 324). Dabei muss hinsichtlich der Form des Interviews beachtet werden, welche Vorgaben der Interviewte erhält, beispielsweise durch den Auftrag bestimmte Aufgaben zu lösen und dies gegebenenfalls unter Verwendung von Arbeitsmaterial. Auch können spezielle Handlungen den Interviewten aufgetragen werden, wie beispielsweise etwas mündlich zu erklären. Gleichzeitig ermöglicht die Interaktivität in einem Interview die Anpassung des Agierens seitens des Interviewenden an die jeweilige Interviewsituation (s. Beck & Maier, 1993, S. 154f.). Zudem kann für ein Interview im Vorhinein eine Dauer festgelegt werden, jedoch können auch Interviews mit variabler Dauer stattfinden (s. Lamnek & Krell, 2016, S. 335). Diese verschiedenen Aspekte hinsichtlich der Form des Interviews können auch dahingehend beeinflusst werden, in welchem Grad ein Interview vorstrukturiert wird. Diese kann unter anderem entstehen, wenn ein Leitfaden eingesetzt wird (s. Kruse, 2015, S. 203f) und dadurch auch den Grad der Standardisierung des Interviews beeinflusst wird. Denn eine höhere Standardisierung wird beispielsweise durch die vorherige Festlegung der Art und Abfolge der Aufgaben, Fragen und/oder Interventionen erreicht und diese können Bestandteil des Leitfadens sein (vgl. Beck & Maier, 1993, S. 156).

Ein Leitfaden ermöglicht eine Balance zwischen Offenheit und strukturierten Eingreifen in die Situation. Dabei sind diese Eingriffe für das Forschungsinteresse dienlich. Die gewisse Strukturierung eines Interviews durch einen Leitfaden ermöglicht Vergleiche zwischen einzelnen Interviews (s. Helfferich, 2011, S. 179f.). Weiterhin steht in einem leitfadengestützten Interview eine natürliche Gesprächsatmosphäre im Mittelpunkt und situative Interventionen der interviewenden Person, um beispielsweise eine Konkretisierung der Äußerung des Interviewenden zu erlangen, verbleiben als ein wichtiges Instrument (s. Niebert & Gropengießer, 2014, S. 126). Durch einen Leitfaden können die Art und Reihenfolge von Fragen, Aufgaben und/oder Instruktionen vorgegeben werden sowie der Anlass und/oder die Form von Interventionen beispielsweise in Form von Hilfestellungen (s. Beck & Maier, 1993, S. 156).

Ein Interview kann für den Interviewten unterschiedliche Anforderungsniveaus darstellen, beispielsweise wenn nicht nur die Lösung einer Aufgabe dokumentiert werden soll, sondern auch der Lösungsweg beschrieben oder erklärt werden muss (s. Beck & Maier, 1993, S. 155). Das Interview kann auf einem Tonband oder einem Videoband fixiert und gegebenenfalls können Transkripte angefertigt werden (s. Lamnek & Krell, 2016, S. 335). Dabei muss beachtet werden, dass die Aufnahme die Situation beeinflusst und bereits dadurch von den Interviewten als künstlich aufgefasst werden kann und dies somit Einschränkungen für Untersuchungen bedeuten kann, die alltäglichen Unterricht untersuchen möchten (s. Beck & Maier, 1993, S. 155).

Während die Erhebung im natürlichen Umfeld (*Feldstudie)* und somit im schulischen Kontext in Klassensituationen den Fokus auf Interaktionsgeschehen einer gesamten Klasse sowie den Blick auf die Lehrkraft ermöglicht, eignen sich Interviews in Hinblick auf das Forschungsinteresse entwickelten Situationen (*Laborstudie*), um Lernprozesse von Lernenden zu fokussieren (s. Prediger & Link, 2012, S. 38). Dies sind im schulischen Kontext eher künstliche Situationen, da sie außerhalb der alltäglichen schulischen Lernsituation stattfinden. Sie können für die Beobachtung von Aufgabenbearbeitungen einzelner Lernenden oder Kleingruppen genutzt werden (s. von Aufschnaiter, 2014, S. 82). Dementsprechend beinhalten solche Laborsituationen entwickeltes Lernmaterial, das gleichzeitig den Vergleich zwischen einzelnen Bearbeitungen von Lernenden oder Gruppen ermöglicht (s. von Aufschnaiter, 2014, S. 86).

5.4. Erkenntnisse aus der Vorstudie für die Planung der Hauptstudie

In der Vorstudie fanden in einer Laborsituation leitfadengestützte Interviews mit 14 Lernenden der ersten und dritten Klasse mit sprachlichen Kompetenzen in Deutsch und Türkisch statt, die in den Interviews gemeinsam an mathematischen Aufgaben arbeiteten. Die Lernenden wurden in Zweiergruppen aufgeteilt und sie bearbeiteten insgesamt vier Arbeitsblätter in zwei Sitzungen (ca. 45 Minuten pro Sitzung). Die Sitzungen wurden videographiert und anschließend transkribiert und übersetzt. Die Vorstudie wurde unternommen, um konkrete Gestaltungshinweise für die Hauptstudie zu gewinnen. Es sollte insbesondere herausgefunden werden, wie das Setting gestaltet werden kann, sodass die Lernenden motiviert werden die türkische Sprache in der Bearbeitung der Aufgaben zu nutzen. Zudem wurde in der Vorstudie eine Vielfalt an Aufgaben ausprobiert, um daraus konkrete Hinweise für die passende Auswahl und sprachliche Gestaltung der Aufgaben für die Hauptstudie zu erhalten. Außerdem sollte untersucht werden, inwieweit die Zusammensetzung von Zweiergruppen in der Hauptstudie beeinflusst werden sollte.

Erkenntnisse hinsichtlich des Einsatzes der Mehrsprachigkeit

Erkenntnisse von Meyer und Prediger (2011) zeigten, dass ein bestimmter Rahmen gestaltet werden muss, damit die Lernenden ihr mehrsprachiges Repertoire als Ressource wahrnehmen und dieses für die Bearbeitung von Aufgaben nutzen (s. Meyer & Prediger, 2011, S. 227f.). Daher wurde in einer Vorstudie ausprobiert, wie der Einsatz einer türkischsprechenden Interviewerin den Gebrauch der Sprachen beeinflusst. Aufgrund soziolinguistischer Erkenntnisse im Rahmen von Untersuchungen zum Code-Switching (s. Kapitel 4.2.1) wurde angenommen, dass die Lernenden womöglich untereinander nicht unmittelbar die türkische Sprache verwenden, obwohl beide Lernende Türkisch sprechen können. Dies ist damit zu begründen, dass sie möglicherweise in der Umgebung „Schule" den Adressaten „Mitlernenden" nicht als äußere Faktoren wahrnehmen, um sowohl die deutsche und türkische Sprache flexibel einzusetzen, da sie es gewohnt sind in dieser Umgebung mit diesem Adressaten auf Deutsch zu kommunizieren. Wenn jedoch mit einer türkischsprachigen Interviewerin ein neuer Adressat hinzukommt, der bewusst die türkische Sprache in der Interaktion nutzt, kann dies den Einsatz der türkischen Sprache bei den Lernenden erhöhen und die Situation weniger als eine alltägliche Schulsituation wahrgenommen werden, in der es für sie üblich ist ausschließlich Deutsch zu sprechen beziehungsweise womöglich sogar verboten ist die türkische Sprache zu benutzen. Dabei verwendete die Interviewerin unmittelbar zum Einstieg die türkische Sprache und konnte in der darauffolgenden Interaktion mit den Lernenden situationsangemessen sowie flexibel die Sprachen Deutsch und Türkisch verwenden. Es war hinsichtlich des Einsatzes einer türkischsprachigen Interviewerin zu erkennen, dass dies gewinnbringend für einen erhöhten Einsatz der türkischen Sprache bei der Bearbeitung der mathematischen Aufgaben war. Auch wenn die Lernenden untereinander die Aufgaben bearbeiten sollten, bezogen insbesondere die Lernenden der ersten Klasse häufig die Interviewerin mit ein, sodass sie teilweise aktiver Teil der gemeinsamen Kommunikation war. Hierbei stellte sich als fruchtbar heraus, dass sie mit den Lernenden auf Türkisch interagieren konnte und die Lernenden somit in der türkischen Sprache verblieben beziehungsweise durch die türkischsprechende Interviewerin wieder die türkische Sprache einsetzten. Zudem konnte die Interviewerin als sprachliches Vorbild agieren und durch Paraphrasierung den Lernenden sprachliche Angebote zur Verfügung stellen, um sich inhaltlich auf Türkisch zu äußern. So war in vielen Gruppen ein hoher Einsatz der türkischen Sprache zu erkennen und dies kann im Zusammenhang mit der türkischsprachigen Interviewerin gesehen werden. Demnach wurde für die Hauptstudie entschieden erneut eine türkischsprechende Interviewerin einzusetzen, da sich dies als fruchtbar herausgestellt hat.

Erkenntnisse für die Auswahl und sprachliche Gestaltung der Aufgaben

In der Vorstudie wurden unterschiedliche Aufgaben ausprobiert, um daraus Erkenntnisse für die Aufgabenauswahl und sprachliche Gestaltung der Arbeitsblätter zu erlangen. Die Arbeitsblätter umfassten substantielle Aufgabenformate, arithmetische Muster, kombinatorische Fragestellungen im

Kontext von Sachrechnen sowie Textaufgaben. Dabei stellte sich heraus, dass für die Lernenden Aufgaben auf Türkisch einfacher zu bearbeiten waren, in denen sie mit ihren alltagssprachlichen Kompetenzen im Türkischen agieren konnten. Dies ist damit zu erklären, dass die Lernenden im Türkischen nicht über fachsprachliche Kompetenzen verfügen können, da die Fachsprache ein Lerngegenstand des Mathematikunterrichts ist (s. Meyer & Prediger, 2012, S. 2) und ihnen somit notwendige fachsprachliche Mittel womöglich zwar im Deutschen bekannt sind, jedoch nicht im Türkischen. Daher wurde für die Hauptstudie entschieden derartige Aufgaben auszuwählen, in denen wenige fachsprachlichen Mittel notwendig sind, sodass der Einsatz des Türkischen für sie fruchtbar sein kann. Dabei zeigten sich insbesondere die kombinatorischen Fragestellungen als ein sinnvoller Einsatz für die Gestaltung von Kontexten, in denen die Lernenden ihre alltagssprachlichen Kompetenzen im Türkischen nutzen können. Daher wurde die Kombinatorik für die Hauptstudie als ein fachlicher Kontext ausgewählt, in denen Beschreibungs- und Erkläranlässe eingebettet wurden. Zudem erwies sich insbesondere das Arbeitsblatt im Kontext von „substantiellen Aufgabenformaten“ (Wittmann, 1995) als ergiebig für Beschreibungen und Erklärungen, sodass diese und in diesem Zusammenhang die Arithmetik als ein weiterer fachlicher Kontext für die Hauptstudie ausgewählt wurde. Zudem wurde in Hinblick auf das Forschungsinteresse für die Hauptstudie entschieden, dass Beschreiben und Erklären stärker in den Fokus der Fragestellungen gelangen müssen, sodass diese Sprachhandlungen daher explizit in der Aufgabenstellung aufgenommen wurden. Zudem wurde in der sprachlichen Gestaltung der Aufgabenstellungen festgestellt, dass die Fragestellung „Warum ist das immer so?“ nach der Frage „Was fällt dir auf?“ potenziell zu offen gestellt ist. Daher wurde für die Hauptstudie entschieden spezifische Phänomene auszuwählen, die erklärt werden sollen, um Erkenntnisse über den Zusammenhang zwischen Beschreiben und Erklären zu erlangen.

Erkenntnisse für die Gruppenzusammensetzung der Lernenden

Die Zusammensetzung der Lernenden fand durch die Klassenleitung statt. Dabei sollten die Lernenden aus der gleichen Jahrgangsstufe stammen und gut in ihrer Erstsprache kommunizieren und lesen können. In der Vorstudie war zu erkennen, dass Lernende mit informell beobachteten unterschiedlichen sprachlichen Kompetenzen in einer Gruppe zusammengesetzt wurden. Dies ist damit zu begründen, dass die Lehrkraft meist nicht wissen kann, inwiefern die einzelnen Kinder über sprachliche Kompetenzen im Türkischen verfügen. Dies konnte potenziell für die Lernenden zu Schwierigkeiten führen sich im Türkischen gegenseitig zu verstehen aufgrund der Diskrepanzen in ihren sprachlichen Kompetenzen. Zudem gab es Lernende, bei der die Lehrkraft von sprachlichen Kompetenzen im Türkischen ausging, jedoch entstand anhand informeller Beobachtungen in der Studie die Vermutung, dass dies möglicherweise nicht so war. Dadurch entstanden teilweise Zweiergruppen, in denen der Einsatz der türkischen Sprache für einen Lernenden hinderlich gewesen wäre, sodass die Interviews ausschließlich auf Deutsch stattfanden. Daher wurde für die Hauptstudie entschieden ein vorheriges leitfadengestütztes „Kennenlerngespräch" zwischen der türkischsprechenden Interviewerin und den teilnehmenden Lernenden in Einzelgesprächen stattfinden zu lassen. In diesem konnte die Interviewerin einen Einblick in die sprachlichen Kompetenzen der Lernenden im Türkischen gewinnen und durch den Einsatz des eines Diagnoseinstruments die sprachlichen Kompetenzen in der Mündlichkeit im Türkischen diagnostizieren. Diese Erkenntnisse wurden dann für die Gruppenzusammensetzung genutzt, sodass Lernende mit ähnlichen Ergebnissen jeweils gemeinsam in eine Gruppe eingeteilt wurden.

5.5. Ablauf der Hauptstudie

Im Folgenden wird die Auswahl der Teilnehmenden beschrieben, die vor der Untersuchung stattfand. Nach der Auswahl der Teilnehmenden wurde ein leitfadengestütztes und videographiertes Kennenlerngespräch mit jedem Teilnehmenden durchgeführt, das nachfolgend näher beschrieben wird. Danach wird auf Grundlage des erstellten Leitfadens auf die Konzeption der vier inhaltlichen Sitzungen eingegangen, die mit den Lernenden stattfanden und videographiert wurden. Auch diese waren leitfadengestützt, sodass es sich hierbei um halbstandardisierte Interviews handelt.

Auswahl der Teilnehmenden

Die Hauptstudie fand mit deutsch- und türkischsprachigen Teilnehmenden statt, die Grundschulen in Kölner Stadtteilen mit hohem Migrationshintergrund besuchten. Die Auswahl der Teilnehmenden richtete sich danach, wer von ihnen das Einverständnis der Eltern erhielt an dem Projekt teilzunehmen. Für Lernende, die eine erste Klasse besuchten, erklärte sich zunächst die Schulleitung und die Klassenleitungen einer städtischen Grundschule bereit das Projekt zu unterstützen. So wurde in zwei Parallelklassen an alle türkischsprechenden Lernende eine Einverständniserklärung auf Türkisch verteilt, in der die Eltern die Teilnahme sowie die videographierten Aufnahmen ihres Kindes erlaubten. In beiden Parallelklassen erklärten sich insgesamt Eltern von neun Kindern bereit ihr Kind an dem Projekt teilnehmen zu lassen. Die Lernenden wurden dann für das Kennenlerngespräch und die vier inhaltlichen Sitzungen einmal wöchentlich zu einer von der Klassenleitung festgelegten Unterrichtstunde aus dem Schulunterricht herausgenommen. Die Gespräche mit den Lernenden fanden in einem separaten Raum im Schulgebäude statt. Das gleiche Vorgehen wiederholte sich bei einer anderen städtischen Grundschule für Lernende der dritten Klasse. Auch hier erhielten insgesamt neun Lernende die Erlaubnis der Eltern an dem Projekt teilzunehmen und die Lernenden wurden zu von der Lehrkraft festgelegten Zeiten aus dem Unterricht herausgenommen. Die Gespräche mit den Lernenden fanden ebenfalls in einem separaten Raum statt. Somit nahmen an der Untersuchung 18 Lernende teil. Da in jeder Klassenstufe eine ungerade Anzahl an Lernenden teilnahm, wurden insgesamt acht Zweiergruppen gebildet und es fanden zwei Einzelinterviews statt.

Kennenlerngespräch

Für die Zusammensetzung der Zweiergruppen wurde zu Beginn in einer Sitzung ein leitfadengestütztes Interview zwischen einer Interviewerin und den einzelnen Kindern durchgeführt, das videographiert wurde.[13] Dabei wurden in einem gemeinsamen Gespräch einige Informationen über die Kinder erfragt, wie beispielsweise die Sprachverwendung des Deutschen und Türkischen in ihrem familiären Umfeld. Dadurch konnte für die Gruppenzusammensetzung ein erster Eindruck gewonnen werden, inwiefern das Kind die türkische Sprache nutzen kann.

Für die Einteilung der Zweiergruppen sollten Lernenden mit ähnlichen sprachlichen Kompetenzen in der Mündlichkeit im Türkischen zusammenarbeiten und einer Klassenstufe angehören. Dabei konnten jedoch Zweiergruppe aus Lernenden bestehen, die nicht die gleiche Klasse besuchten. Um diese mündlichen Sprachkompetenzen des Kindes im Türkischen zu diagnostizieren, wurde das Diagnoseinstrument „HAVAS 5“ eingesetzt. Hierbei handelt es sich um ein profilanalytisches Verfahren, wodurch der Sprachstand in den Erst- und Zweitsprachen erfasst werden kann (s. Reich & Roth, 2007, S. 72). Bei diesem Diagnoseinstrument wird dem Kind eine Bildergeschichte vorgelegt und das Kind erzählt mündlich über das dargestellte Geschehen. Diese Erzählung wird mit einem Tonaufnahmegerät aufgezeichnet, anschließend transkribiert und mit einem Bogen ausgewertet (s. Reich & Roth, 2007, S. 84f.). Dieser Bogen liegt für verschiedene Sprachen vor und zeigt für jede Sprache Modifikationen auf. Für die vorliegende Studie wurde die türkische Version verwendet entsprechend der Erzählung der Lernenden auf Türkisch. Die Auswertung im Türkischen ist in die Kategorien Aufgabenbewältigung, Bewältigung der Gesprächssituation, verbaler Wortschatz, Suffixe des Verbs und die Verbindung von Aussagen unterteilt. Die Kategorie „Aufgabenbewältigung” soll einen Einblick in die Darstellungsfähigkeit im Mündlichen ermöglichen, das heißt inwiefern ein Kind seine Sprachkenntnisse einsetzen kann. Durch die Kategorie der „Bewältigung der Gesprächssituation” wird die kommunikative Kompetenz des Kindes erfasst, die alle Fähigkeiten in Bezug auf Kompe-

[13] Der Interviewleitfaden für das „Kennenlerngespräch“ befindet sich im Anhang (s. Anhang A).

tenzen als alleiniger Sprecher sowie als Aktant in einer Interaktion umfasst. Die Kategorie „verbaler Wortschatz" betrachtet, wie umfangreich und differenziert der Wortschatz eines Kindes in Hinblick auf die Wortart Verben ist. „Suffixe des Verbs" wurde als eine Kategorie gewählt, da in Bezug auf das Türkische herausgefunden wurde, dass das Erlernen der relevantesten Suffixe von einem Kind in seinem Spracherwerb in einer festgelegten Reihenfolge stattfindet. Daraus kann diesbezüglich der Sprachstand des Kindes abgeleitet werden. Die letzte Kategorie „Verbindung von Aussagen" berücksichtigt die zunehmende Komplexität bezüglich der Möglichkeiten Aussagen miteinander zu verknüpfen, um diesbezüglich den Sprachentwicklungsstand des Kindes zu erfassen (s. Reich & Roth, 2007, S. 85f.). Dadurch konnte ein differenziertes Profil des Sprachstandes eines jeweiligen Kindes erstellt werden. Diese wurde wiederrum genutzt, um Lernende mit ähnlichen sprachlichen Kompetenzen in der türkischen Sprache im Mündlichen zusammenarbeiten zu lassen.

Nach der Diagnose der sprachlichen Kompetenzen im Türkischen fand ein Memory-Spiel mit mathematischen Fachbegriffen oder Rechenaufgaben statt. Dies wurde eingesetzt, um eine Einschätzung zu erlangen, inwiefern ein Kind in Bezug auf die Aufgaben relevante fachsprachliche Bezeichnungen im Türkischen kennt. Diese Erkenntnisse wurden dahingehend genutzt, dass die Interviewerin in den darauffolgenden Interviews ein Bewusstsein dafür hatte, inwiefern sie sprachsensibel in den Interviewsituationen agieren und beispielsweise durch Paraphrasierung die Lernenden sprachlich unterstützen sollte. Im Gesamten wurde jedoch anhand der Erkenntnisse aus der Vorstudie davon ausgegangen, dass die Lernenden grundsätzlich über kein oder geringes fachsprachliches Repertoire im Türkischen verfügen. Vielmehr wurde von ausschließlich alltagssprachlichen Kompetenzen im Türkischen ausgegangen, da sie im schulischen Kontext fachsprachliche Kompetenzen in Bezug auf Mathematik bisher ausschließlich im Deutschen erlernt hatten.

Da die Lernenden bei der Bearbeitung der Aufgaben auch Antworten als Ergebnisse ihrer Besprechung in der Zweiergruppe notieren sollten, wurde überprüft, inwiefern sie über schriftsprachliche Kompetenzen im Türkischen verfügten. Diese Erkenntnisse wurden genutzt, damit die Interviewerin planen konnte, bei welchen Lernenden sie das Notieren der Antworten übernehmen sollte und welche Lernenden potenziell über genügend Kompetenzen im Schriftlichen aufwiesen, um erst einmal eigenständig versuchen zu können die Antwort zu notieren.

Nach dem Gespräch wurde von jedem teilnehmenden Lernenden die gewonnenen Informationen in einer Art „Lernendenportrait" zusammengetragen, in dem für jeden Lernenden ein Einblick in seinen familiären Sprachgebrauch der deutschen und türkischen Sprache, seine diagnostizierten sprachlichen Kompetenzen im Türkischen sowie die Beobachtungen zu schriftsprachlichen Kompetenzen im Türkischen vorhanden ist.

Konzeption der vier inhaltlichen Sitzungen

Nachdem die Lernenden aufgrund der Ergebnisse aus dem Kennenlerngespräch in Zweiergruppen eingeteilt wurden, fanden mit jeder Zweiergruppe vier leitfadengestützte Interviews statt, die videographiert wurden.[14] Jedes Interview dauerte circa 45 Minuten an und es wurden vier verschiedene Arbeitsblätter (zwei aus der Arithmetik und zwei aus der Kombinatorik) bearbeitet. Für die spätere komparative Analyse erhielten die Klassen aus der ersten und dritten Klasse jeweils die gleichen Aufgaben. Darüber hinaus wurden für die Lernenden der dritten Klasse noch zusätzliche Aufgaben bereitgestellt, falls sie mit der Bearbeitung bereits vorzeitig fertig wurden. Alle Arbeitsblätter waren hinsichtlich der fokussierten Sprechhandlungen Beschreiben und Erklären demnach ähnlich aufgebaut, dass die Lernenden zuerst Phänomene beschreiben und in einer darauffolgenden Aufgabe ein in der Aufgabenstellung explizit genanntes Phänomen erklären sollten.[15]

[14] Der Interviewleitfaden für die Hauptstudie befindet sich im Anhang (s. Anhang B).

[15] Die stoffdidaktische Betrachtung der – den fokussierten Zweiergruppen zugrundeliegenden Aufgaben – findet in den jeweiligen Kapiteln vor den Analysen der Aufgabenbearbeitungen seitens der Lernenden statt.

In der Untersuchung fand die *Berücksichtigung aller vier sprachlichen Fertigkeiten* statt. Die Lernenden wurden – entsprechend Meyer et al. (2016) – hinsichtlich der vier Fertigkeiten ermutigt das Türkische einzusetzen. Bezüglich des Leseverständnisses erhielten die Lernenden bei jedem Arbeitsblatt die Möglichkeit zwischen dem Aufgabenblatt auf Deutsch oder Türkisch auszuwählen. Zudem wurde der Einsatz der schriftsprachlichen Fertigkeiten im Türkischen ermutigt, indem die Interviewerin den meisten Lernenden anbot – je nach den Beobachtungen aus dem Kennenlerngespräch –ihre Lösung eigenständig auf Türkisch zu notieren oder alternativ die Antwort der Interviewerin zu diktieren und sie wurde von ihr aufgeschrieben. Hinzu kommt eine Ermutigung des Nutzens von ihrem Hörverständnis und ihrer mündlichen Sprachfertigkeiten im Türkischen, da die beiden Lernenden über Kompetenzen im Türkischen verfügten. Somit waren sie Gesprächspartner der gleichen Sprachen und es wurde das Nutzen des Türkischen wertgeschätzt (s. Meyer et al., 2016, S. 55). Verstärkt wurde die Ermutigung des Nutzens der türkischen Sprache durch den Einsatz einer türkischsprechenden Interviewerin, was sich in der Vorstudie als ergiebig erwiesen hat und durch soziolinguistischen Erkenntnisse im Kontext von Code-Switching begründet wurde (s. Kapitel 5.4).

Die *Interviewerin* sollte insbesondere in den ersten Sitzungen das Augenmerk darauf legen, dass die Lernenden sich erst einmal an die Situation gewöhnten auch Türkisch beim Bearbeiten mathematischer Aufgaben nutzen zu können und darin bestärkt wurden auf Türkisch zu kommunizieren. Die Lernenden sollten sich wertgeschätzt fühlen und ein positives Empfinden haben, wenn sie vor beziehungsweise mit der Interviewerin auf Türkisch sprachen. Dabei war es wichtig, dass die Interviewerin ihren Sprachgebrauch auf das Niveau der Kinder anpasst und langsam spricht. Sie sollte zwar als Sprachvorbild agieren, aber den Kindern auch das Gefühl geben selbst die Sprache nicht perfekt zu beherrschen. Dadurch könnte bei Lernenden, die sich womöglich aufgrund Unsicherheiten in der türkischen Sprache nicht trauen sie zu verwenden, Hemmungen abgebaut werden. Dies kann durch die Interviewerin unter anderem erreicht werden, wenn beispielsweise scheinbar nach den passenden Wörtern gesucht beziehungsweise gestottert wird, bewusst Fehler eingebaut oder an manchen Stellen gefragt wird: „Wie sagt man noch einmal ...?“. Zudem hätte es sein können, dass die Kinder erst einmal motiviert werden müssen, die türkische Sprache überhaupt in der Situation zu nutzen, sodass die Interviewerin zu Beginn verstärkt Türkisch einsetzen sollte. Beispielsweise konnte sie den Lernenden Rückfragen auf Türkisch stellen oder auf Türkisch das Gesagte der Lernenden reformulieren. Damit wird der Einsatz der Erstsprache angeregt, sodass die Lernenden das Angebot aufgreifen können, jedoch gleichzeitig nicht dazu gezwungen werden. In der Erarbeitungsphase der Lernenden wirkte es plausibel, dass sich die Interviewerin aus der inhaltlichen Bearbeitung der Lernenden zurückzog und den Lernenden den Raum gab für den Austausch untereinander über die Aufgaben. Zudem sollten Beschreibungs- und Erklärungssituationen genügend Zeit gegeben werden. Die Interviewerin sollte dabei die Lernenden grundsätzlich immer motivieren genau zu beschreiben, was sie beobachten. Danach sollte den Lernenden genügend Zeit eingeräumt werden für die Findung von Ursachen für ein angegebenes Phänomen. Ein weiterer Aspekt ist, inwiefern es einen möglichen Zusammenhang zwischen einer Beschreibung und einer Erklärung gibt. Daher sollten die Kinder immer die Möglichkeit erhalten, auf ihre Beschreibungen zurückzugreifen beziehungsweise konnte die Interviewerin an den passenden Stellen einen Bezug zu der vorherigen Beschreibung veranlassen (Beispielsweise: „Schaut noch einmal, was ihr eben beobachtet habt. Kann euch das nun für die Erklärung helfen?“ oder „Eben habt ihr doch beschrieben, dass ... . Überlegt einmal, wie euch diese kluge Beobachtung nun für eure Erklärung weiterhelfen kann.“).

Als *Einstieg* sollte mit den Lernenden über außerschulische Themen auf Türkisch gesprochen werden, damit sie daran gewöhnt wurden mit der Interviewerin und untereinander auf Türkisch sprechen zu können. Danach sollte in der ersten Sitzung erläutert werden, dass die Lernenden nicht getestet werden, sondern sie der Interviewerin dabei helfen herauszufinden, ob ihre selbst entwickelten Aufgaben auch gut für Lernende sind, die auch

Türkisch reden können. Zudem wurde den Lernenden erläutert, dass es insbesondere wichtig sei über die Aufgaben miteinander zu reden und sich gegenseitig zu fragen, wenn sie etwas nicht verstehen. Hinzukommend wurden die Lernenden gebeten die Aufgaben auf Türkisch zu bearbeiten oder dies zumindest auszuprobieren. Hierfür wurden auch die Arbeitsblätter auf Türkisch zur Verfügung gestellt.

In der *Bearbeitungsphase* wurde bei jeder Aufgabe das gleiche Vorgehen wiederholt. Dabei sollte in der ersten Klasse beachtet werden, dass die Lernenden potenziell noch nicht ausreichende Lesekompetenzen aufweisen. Dennoch sollten die Lernenden die Aufgabe erst einmal eigenständig durchlesen und daraufhin konnte die Interviewerin ihnen anbieten die Fragestellung vorzulesen. Auch musste berücksichtigt werden, dass für die Lernenden bei vorgelesenen Aufgabenstellungen möglicherweise fordernd sein kann, die relevanten Informationen umgehend aus dem Gesagten der Interviewerin zu entnehmen. Es sollte in Ruhe und gemeinsam bei jeder Aufgabe die Aufgabenstellung vorgelesen und Zeit für Fragen gegeben werden. Hilfe jeder Art (außer mathematische) zum Textverständnis waren seitens der Interviewerin erlaubt. Zu Beginn einer jeden Teilaufgabe sollte die Interviewerin die Lernenden alleine miteinander arbeiten lassen. Beispielsweise konnte sich die Interviewerin nach der Sicherstellung, dass die Kinder die Aufgabenstellung verstanden hatten, räumlich von den Lernenden distanzieren. In der Bearbeitung einer Aufgabe sollte die Interviewerin die Lernenden motivieren ihre Ideen zu versprachlichen, gemeinsam an der Aufgabe zu arbeiten und sich ihre Ideen gegenseitig zu erläutern. Dadurch sollte ein hoher Redeanteil zwischen den beiden Lernenden erreicht werden. Die Interviewerin sollte durch die Beobachtung des Geschehens erkennen, ob die Lernenden auch gegenseitig ihren Ideen folgen konnten. Ansonsten sollte die Interviewerin durch Fragen intervenieren, wie beispielsweise „(Name des Kindes), hast du verstanden, was (Name des anderen Kindes) gesagt hat?“. Falls das Kind die Frage bejaht, könnte zum Beispiel folgende Frage gestellt werden: „Könntest du es mir dann noch einmal kurz erklären? Ich habe es nämlich nicht verstanden.“. Es war zudem möglich die Lernenden durch kleine Denkanstöße zum Um- oder

Weiterdenken zu animieren und gleichzeitig das Gespräch untereinander erneut anzuregen, insbesondere wenn die Lernenden eine starke Rückversicherung bei der Interviewerin suchten. Dies konnte beispielsweise durch kurze Aussagen geschehen, wie: „Besprich das mit deinem Partner/deiner Partnerin!" oder „Versucht euch gegenseitig zu helfen!". Wenn die Lernenden signalisierten eigenständig die Aufgabe nicht lösen zu können, wurde ihnen schrittweise geholfen. Für einige Aufgaben wurden Hilfekarten[16] erstellt und es wurde mit der Interviewerin im Vorhinein besprochen, wann diese zum Einsatz kommen sollten.

Nachdem die Lernenden zu zweit an einer Aufgabe gearbeitet hatten und das Ende der Bearbeitung signalisierten, sollten sie ihre Erkenntnisse in einer gemeinsamen *Besprechung* mit der Interviewerin teilen. Die Interviewerin kannte durch eine vorherige Besprechung und einer kommentierten Version der Arbeitsblätter mögliche Lösungen und die jeweilige Intention einer Aufgabe. Dementsprechend konnte die Interviewerin die gemeinsame Besprechung moderieren. Es war von Relevanz, dass die Interviewerin bei den zu beschreibenden Aspekten immer detailliert fragte, was die Lernenden beobachteten. Die Lernenden sollten dadurch angeregt werden, möglichst genau zu beschreiben, was ihnen auffällt. Auch konnten sich hierfür gegebenenfalls genauere Nachfragen eignen („Was verändert sich denn genau?" / „Und wie verändert es sich?" / „Welchen Trick hat das Kind (Name des fiktiven Kindes) benutzt?" / „Wie ist das Kind (Name des fiktiven Kindes) genau vorgegangen?"). Zudem war bei den Aufgaben, in denen die Lernenden Ursachen anführen sollten, wichtig immer wieder nach dem „Warum?" zu fragen. So sollten die Lernenden angeregt werden, ihre Vermutungen oder Erkenntnisse zu erklären. Die gemeinsame Besprechung endete mit der Notierung einer Antwort für die Aufgabe und daraufhin wurde zu der nächsten Aufgabe des Arbeitsblattes übergegangen. Dabei wiederholte sich das zuvor beschriebene Vorgehen in der Bearbeitungsphase und der gemeinsamen Besprechung.

---

[16] Die Hilfekarten für die eingesetzten Arbeitsblätter befinden sich im Anhang C, E und F.

5.6. Auswahl, Transkription und Übersetzung der Szenen

Die Bearbeitung der vier Arbeitsblätter von acht Zweiergruppen und zwei Einzelinterviews wurden videographiert, sodass ein Datenmaterial von 40 Sitzungen mit jeweils circa 45 Minuten vorlag. Da die Lernenden häufig Türkisch in der Erhebung nutzen, musste vorab ein Einblick in das inhaltliche Geschehen gewonnen werden. Hierzu wurde anhand einer vorstrukturierten Tabelle die Bearbeitung der Lernenden aufgeführt. Dabei wurden in der Tabelle die Beschreibungen und Erklärungen einer jeden Gruppe bei einer jeden Aufgabe sowie inhaltliche, sprachliche und soziale Unstimmigkeiten, der Sprachgebrauch in der Interaktion untereinander und mit der Interviewerin sowie Besonderheiten hinsichtlich der Sprachverwendung festgehalten. Dadurch konnte zu jeder Sitzung ein Eindruck gewonnen werden, was geschehen war und daran ausgewählt werden, welche Szenen in Hinblick auf die Forschungsfragen von Relevanz waren. Dabei wurden bei der Bearbeitung der Arbeitsblätter die Aufgaben ausgewählt, in denen die Lernenden zunächst Phänomene beschreiben und danach ein bestimmtes Phänomen erklären sollten. Von diesen Szenen wurden daraufhin Transkripte sowie Übersetzungen angefertigt. Anhand dieser Transkripte wurden dahingehend Bearbeitungen der gleichen Aufgabe von bestimmten Zweiergruppen für die vorliegende Arbeit ausgewählt, durch die – entsprechend der Methode der „primär empirischen Vergleiche"[17] (Brandt & Krummheuer, 2000) – anhand einzelner Unterschiede zwischen vergleichbaren Szenen die Spezifika derselben herausgearbeitet werden konnten. Die Vergleichbarkeit wurde in der vorliegenden Studie durch die Nutzung eines Leitfadens in den Interviews sowie die Betrachtung von gleichen Aufgaben umgesetzt.

Um eine gewisse Zuverlässigkeit in der Transkription und Übersetzung zu erlangen, fand eine gegenseitige Überprüfung von zwei türkischsprechenden Personen statt. Dennoch muss beachtet werden, dass eine Transkription als solche stets eine Interpretation der Wirklichkeit darstellt, da durch

[17] Auf die Methode wird im folgenden Teilkapitel 5.7 näher eingegangen.

den Transkribierenden mit seinen individuellen Interpretationen ein neues Modell der Wirklichkeit entsteht (s. Maier, 1991, S. 146). Beispielsweise kann nicht alles transkribiert werden, insbesondere nicht jede Bewegung, die dennoch wichtig sein könnten.

Bei der Transkription bestand die Besonderheit, dass in den Transkripten sowohl das Transkript als auch die Übersetzung vorhanden war. Dabei wurde jede sprachliche Handlung eines Akteurs unter Berücksichtigung seiner Gestik einem Turn zugeordnet. In diesem Turn wurde die Handlung transkribiert und bei einer sprachlichen Handlung in einer anderen Sprache wurde unter der Transkription die Übersetzung im gleichen Turn festgehalten. Zudem wurden – in Anlehnung an Voigt (1984) und Meyer (2007) – folgende Transkriptionsregeln festgelegt (s. Voigt, 1984, S. 106ff.; Meyer, 2007, S. 118f.):

- Transkription in grau
- Übersetzung des Türkischen in schwarz
- Deutsche Äußerung
  - Interjektionen, wie beispielsweise „ah", „ehm" oder „hm" werden auch als deutsche Äußerung markiert. Damit ist jedoch nicht gemeint, dass es als deutsche Äußerung und damit nicht als türkische Äußerung angesehen wird, sondern es soll verdeutlichen, dass die Interjektion derart genutzt wird, wie es auch aus dem deutschen Sprachgebrauch bekannt ist.
- Gleichzeitige Äußerungen: # ... #
  - Im Transkript mit entsprechender Einrückung
  - In der Übersetzung ohne Einrückung an der entsprechenden Stelle der Äußerung
  - Bei aufeinanderfolgenden gleichzeitigen Äußerungen markieren die Indizes die Zusammengehörigkeit der gleichzeitigen Sprechakte.
- Direkt anschließende Äußerung an vorherige Äußerung:
  - Im Transkript mit entsprechender Einrückung

- In der Übersetzung ohne Einrückung
- Gestik, schriftliche Handlung und Tonfall/Sprechweise in Klammern und *kursiv*
- Undeutliche, aber vermutete Äußerung in Klammern mit Fragezeichen, bspw. (mal?)
- Paralinguistische Zeichen:

,	kurzes Absetzen der Stimme, maximal eine Sekunde
..	kurze Pause, maximal zwei Sekunden
...	mittlere Pause, maximal drei Sekunden
(4 Sec)	Sprechpause, Länge in Sekunden
genau.	Senken der Stimme am Ende eines Wortes oder einer Äußerung
oder'	Heben der Stimme, Angabe am Ende des entsprechenden Wortes
eh-	Stimme in der Schwebe am Ende eines Wortes oder einer Äußerung
immer (unterstrichen)	auffällige Betonung
oder (gepunktet unterstrichen)	gedehnte Aussprache

Abbildung 6: Transkriptionsregeln

5.7. Interpretative Analyse der Szenen

Nachdem eine Auswahl von kontrastreichen Szenen entsprechend der Methode der „primär empirischen Vergleiche“ (Jungwirth, 2003, S. 194) stattfand, wurden diese zunächst im Einzelnen in Anlehnung an der Methode der „primär gedanklichen Vergleiche” (Jungwirth, 2003, S. 193) ausgewertet. Dabei wurde jede Szene in Sequenzen unterteilt und bei jeder Sequenz die Methode angewandt. Ziel war es in Hinblick auf die Forschungsfragen die Interaktionsprozesse zwischen den Lernenden zu rekonstruieren, aber dabei auch die Interviewerin als Teilnehmerin des Interaktionsgeschehens zu berücksichtigen. Um daran anschließend Schlussfolgerungen für die Forschungsfragen zu gewinnen, wurde die Bearbeitung von Lernenden der gleichen Aufgaben in Hinblick auf die Forschungsfragen entsprechend der Methode der „primär empirischen Vergleiche" kompariert (s. Jungwirth, 2003, S. 193f.).

Die Beschreibung der von Jungwirth (2003) bezeichneten Methode der „primär gedanklichen Vergleiche" ist durch Voigt (1984) erfolgt (s. Jungwirth, 2003, S. 193). Nach dieser Methode wird eine Szene in mehreren Schritten interpretiert. Dieser Verlauf ist als idealtypisch anzusehen, jedoch können sich in der tatsächlichen Interpretation Variationen hiervon ergeben. Zu Beginn beschreibt der Interpret die ausgewählte Szene. Dadurch soll der Interpret sich seiner subjektiven Denkgewohnheiten bewusstwerden, sodass die Beeinflussung von diesen in der späteren Interpretation kontrollierbar wird. Danach wird der erste Turn „extensiv" interpretiert. Darunter versteht Voigt (1984) in Anlehnung an die objektive Hermeneutik nach Oevermann et al. (1979), dass nicht nur im Hinblick auf den subjektiven Sinnzusammenhang der Turn versucht wird zu rekonstruieren, sondern auch möglichst viele andere Deutungen für den Turn aufgestellt werden. Hierbei soll der Interpret versuchen unterschiedliche Blickwinkel einzunehmen und „in seiner Vorstellung das Geschehen als Gedankenexperiment zu entfremden" (Voigt, 1984, S. 112), um daraus alternative Deutungen aufzustellen (s. Voigt, 1984, S. 111f.). Aus diesen unterschiedlichen Deutungen lassen sich Vorhersagen für die Fortführung entwickeln, deren Eintreten es daraufhin im nächsten Schritt sowohl am nächsten Turn als auch an den folgenden Turns zur Bestätigung der Hypothese zu überprüfen gilt (*„turn-by-turn"-Analyse*). Dabei wird betrachtet, wie der Interaktant dieses Turns die vorangegangene Handlung deutet. Somit wird die Bedeutung der vorherigen Handlung erfasst, die sie durch den Interaktanten erhält und nicht die vermutlich gemeinte Bedeutung des Sprechers. Durch diesen Schritt können aufgestellte Deutungen widerlegt oder vorläufig bestätigt werden. Die Handlung dieses Interaktanten wird dann wiederrum im nächsten Schritt extensiv gedeutet und anhand der nachfolgenden Handlung überprüft. Diese beiden Schritte werden bis zum Ende fortgeführt und letztendlich können möglicherweise mehrere Interpretationen vorliegen von der jedoch eine als Deutungshypothese ausgewählt wird (s. Voigt, 1984, S. 113f.). Die Auswahl geschieht danach, welche „möglichst umfassend die gesamte Unterrichtsepisode verstehen lässt und einen Erkenntnisgewinn für die Fragestellung der Untersuchung verspricht“ (Voigt, 1984, S. 114). In der vorliegenden Arbeit werden die plausibelsten Deutungshypothesen dargestellt.

Auf Grundlage von Glaser & Strauss (1967) und Strauss & Corbin (1990) haben Brandt und Krummheuer (2000) die von Jungwirth (2003) als Methode der „primär empirischen Vergleiche” bezeichnete Analyse für die Mathematikdidaktik weiter ausgearbeitet (s. Jungwirth, 2003, S. 194). Vorab müssen kontrastreiche Szenen aus dem erhobenen Datenmaterial für eine komparative Analyse ausgewählt werden. Dabei können Kontraste beispielsweise vom Forscher hinsichtlich der Zusammensetzung der Gruppe oder der fachbezogenen Unterrichtsthematik festgelegt werden (s. Brandt & Krummheuer, 2000, S. 204f.). Solche festgelegten Dimensionen ermöglichen eine systematische Auswahl von Szenen anstatt einer intuitiven oder zufälligen Auswahl (s. Brandt & Krummheuer, 2000, S. 222f.). Die ausgewählten Szenen werden dann im Einzelnen ausgewertet, beispielsweise unter der Verwendung der Methode nach Voigt (1984) für interaktionistische Analysen sowie der Anwendung für den Forschungsgegenstand als relevant erachtete Theorien. Danach findet die Komparation der Szenen unter Berücksichtigung der in den einzelnen Analysen verwendeten Methoden und Theorien statt (vgl. Brandt & Krummheuer, 2000, S. 205 & S. 222). Die Komparation ermöglicht anhand des Vergleichs von einzelnen Fällen Allgemeines zu erfassen und theoretisch zu beschreiben (s. Brandt & Krummheuer, 2000, S. 223). Aus der Komparation der Szenen entstehen somit am Ende Theoriekonstrukte (s. Brandt & Krummheuer, 2000, S. 205). Dabei ist nach Brandt und Krummheuer (2003) ein solches Vorgehen für die Konstruktion einer Theorie notwendig, da der „Vergleich mit Interpretationen von anderen Unterrichtsausschnitten [benötigt wird], um überhaupt eine einzelne Szene oder Episode mit dem Anspruch einer gewissen theoretischen Sättigung zu verstehen“ (Brandt & Krummheuer, 2000, S. 223).

Wie von Brandt und Krummheuer (2000) angemerkt, können neben einer interaktionistischen Analyse auch die Analyse mit Hilfe für den Forschungsgegenstand als relevant erachtete Theorien genutzt werden. Die vorliegende Arbeit nimmt in den Analysen Bezug zu der Theorie der Funktionalen Pragmatik (s. Kapitel 2), der Abduktionstheorie (s. Kapitel 3) sowie den Ansätzen zu Translanguaging und Code-Switching (s. Kapitel 4.2).

Unter Rückbezug auf die Ausführungen in Kapitel 2 wird die Funktionale Pragmatik in den Analysen genutzt, um grundlegend bei Äußerungen rekonstruieren zu können, ob es sich um die für die vorliegende Arbeit relevanten Sprechhandlungen Beschreiben oder Erklären handelt oder um andere Sprechhandlungen. Hinzukommend werden dabei alle Interaktanten der Situation berücksichtigt, sodass festgehalten wird, ob eine Sprechhandlung alleine von einem Lernenden als Verkettung oder gemeinsam mit anderen Interaktanten realisiert wird. Dies erleichtert dadurch auch einzelne Beschreibungen oder Erklärungen in einer Szene voneinander abzugrenzen und eine Szene in einzelne Segmente zu unterteilen. Möglich ist eine solche Abgrenzung von Sprechhandlungen jedoch nur, wenn die Inhalte der einzelnen Äußerungen berücksichtigt werden. So wird gleichzeitig aus mathematisch-inhaltlicher Sicht jede Äußerung analysiert. Diese mathematisch-inhaltliche Sicht auf die Äußerung wird mit einer linguistischen Sicht hinsichtlich der verwendeten sprachlichen Mittel kombiniert. Dies soll einerseits ermöglichen die sprachliche Realisierung einer Beschreibung oder Erklärung im Mathematikunterricht näher zu betrachten. Andererseits können dadurch die festgehaltenen sprachlichen Mittel mit denen in der Funktionalen Pragmatik herausgearbeiteten sprachlichen Mittel als Indikatoren einer bestimmten Sprechhandlung (s. Kapitel 2.2 und 2.3) verglichen werden.[18] Dabei könnten wiederrum Besonderheiten für die im

[18] Hierbei wird jedoch beim Beschreiben der von Rehbein (1984) genannte Aspekt „Prädikate und Ebenen" in den Analysen nicht aufgegriffen (s. Kapitel 2.2). Damit ist die Verwendung von angemessenen Lexemen von einem Sprecher in der Beschreibung gemeint. Dies könnte als derart interpretiert werden, dass fachsprachliche Ausdrücke verwendet werden sollten. Da diese nicht zuvor gefördert wurde beziehungsweise keine Einführung

Kontext vom Mathematikunterricht sprachlich realisierten Sprechhandlungen beobachtbar sein. Die im Kapitel 3 dargestellte Abduktionstheorie ermöglicht hingegen eine philosophisch-logische Betrachtung auf die Erkenntnisprozesse hinsichtlich der Beobachtung von Phänomenen und deren Erklärungen, die über die sprachliche Oberfläche einer Äußerung hinausgehen.

Hinsichtlich des flexiblen Einsatzes der Mehrsprachigkeit wird in den Analysen untersucht, inwiefern sich der flexible Einsatz der türkischen und deutschen Sprachen auf die Erkenntnisprozesse der Lernenden auswirkt. Dabei werden auf Erkenntnisse im Rahmen von Translanguaging und Code-Switching zurückgegriffen, die in Kapitel 4.2 vorgestellt wurden. Demnach wird im Sinne von Translanguaging der Einsatz mehrerer Sprachen zugelassen und das Nutzen hierbei als flexibel im Sinne der Auffassung eines gesamtsprachlichen Repertoires. Zudem werden der flexible Einsatz hinsichtlich seiner situativen Nutzung im Sinne von soziolinguistischen Erkenntnissen aus dem Bereich von Code-Switching beschrieben.

---

von als „angemessen“ anzusehende sprachliche Mitteln stattgefunden hat, kann dies wiederrum von den Lernenden in der Studie nicht erwartet werden. Daher bleibt dieser Aspekt in den Analysen unberücksichtigt.

6. Analysen im mathematischen Kontext „Zahlenfolgen in Zahlenmauern“

Im folgenden Kapitel wird zunächst das Vorgehen in den Analysen vorge-stellt und daran anschließend findet zunächst die stoffdidaktische Betrach-tung der Aufgaben des Arbeitsblattes 1A[19] statt, deren Bearbeitung seitens der Lernenden in den Analysen betrachtet wurde. Daraufhin werden die Bearbeitungen von vier Zweiergruppen in Anlehnung an die Methode der „primär gedanklichen Vergleiche“ einzeln analysiert und in der darauffol-genden komparativen Analyse nach der Methode der „primär empirischen Vergleiche“ Erkenntnisse in Hinblick auf die Forschungsfragen herausge-arbeitet.

6.1. Vorgehen bei „Zahlenfolgen in Zahlenmauern“

Nachdem sich die Lernenden in der Aufgabe 1 vom Blatt 1A mit dem Auf-gabenformat vertraut gemacht haben, setzt die Analyse bei der darauffol-genden Aufgabe ein. Dabei wird zu Beginn „turn-by-turn“ die Aufgaben-bearbeitung analysiert, in der die Lernenden folgende Aufgabenstellung erhalten:

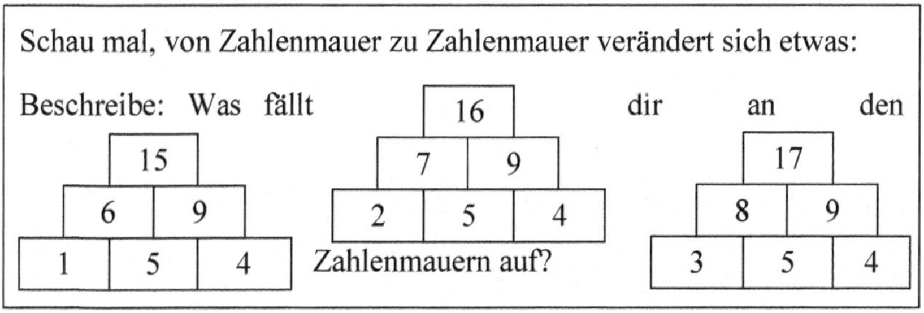

Abbildung 7: Aufgabenteil 1 der Aufgabe 2 vom Blatt 1A

Die vollzogenen Beschreibungen werden aus linguistisch-sprachlicher und mathematisch-inhaltlicher Perspektive analysiert und die Nutzung des Angebots des flexiblen Einsatzes der türkischen und deutschen Sprache wird betrachtet. Zudem ergeben sich anhand der Analysen der Beschreibungen mögliche Hypothesen für darauffolgende Erklärungen. Diese Hypothesen

[19] Das vollständige Arbeitsblatt befindet sich im Anhang (s. Anhang C).

M.-L. Maisano, *Beschreiben und Erklären beim Lernen von Mathematik*, Kölner Beiträge zur Didaktik der Mathematik, https://doi.org/10.1007/978-3-658-25370-7_6

werden einerseits hinsichtlich der Vollständigkeit der Beschreibung und andererseits in Bezug auf eine systematische Vorgehensweise der Lernenden bei der Betrachtung der veränderten und unveränderten Elemente aufgestellt.

Vor dem darauffolgenden Erkläranlass sollen die Lernenden folgende Aufgabe bearbeiten:

Wie müsste denn nun die nächste Zahlenmauer aussehen?

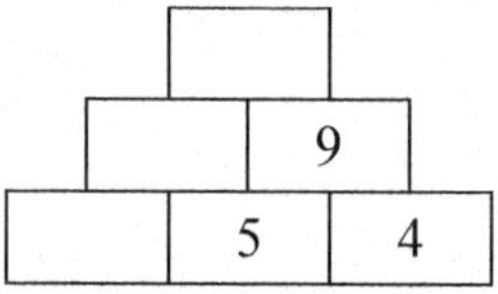

Abbildung 8: Aufgabenteil 2 der Aufgabe 2 vom Blatt 1A

Diese Bearbeitung wird kurz dargestellt und analysiert, um einen Einblick zu erhalten, inwiefern von den Lernenden die systematischen Veränderungen von den vorherigen Zahlenmauern erkannt wurden.

Daraufhin findet die „turn-by-turn“-Analyse der folgenden Aufgabe statt:

Erkläre: Warum wird der oberste Stein von Zahlenmauer zu Zahlenmauer immer um 1 größer?

Abbildung 9: Aufgabenteil 3 der Aufgabe 2 vom Blatt 1A

Dabei werden die Erklärungen der Lernenden aus linguistisch-sprachlicher und mathematisch-inhaltlicher Perspektive analysiert und auch hier wird der flexible Einsatz der Sprachen betrachtet. Zudem findet ein Rückbezug zu den Analysen der vorherigen Aufgabenbearbeitung statt. Daran anschließend werden die in der vorherigen Aufgabe aufgestellten Hypothesen anhand der Erkenntnisse aus den Analysen überprüft.

Dieses Vorgehen wird bei vier Zweiergruppen angewandt. Danach werden anhand der komparativen Analyse Erkenntnisse in Hinblick auf die Forschungsfragen gewonnen.

6.2. Stoffdidaktische Betrachtung der für die Analysen relevanten Aufgaben

Das Aufgabenformat „Zahlenmauer“ beruht auf der Regel, dass sich die Zahl in einem Stein aus der Summe der beiden Zahlen in den darunterliegenden Steinen ergibt (s. Krauthausen 1998, S. 121).

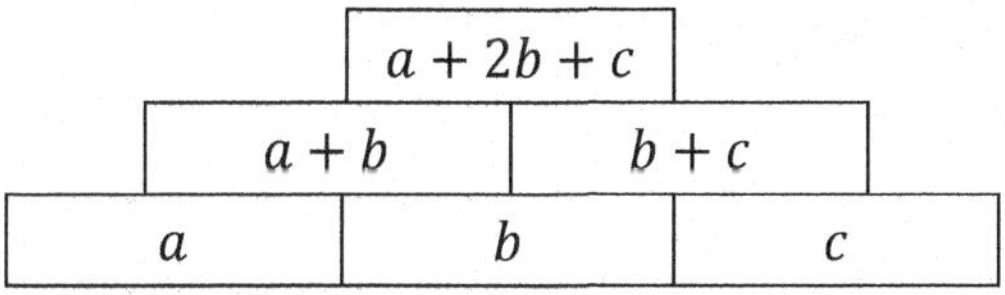

Abbildung 10: Allgemeine Darstellung einer dreireihigen Zahlenmauer

Wie in Abbildung 10 dargestellt, entsteht die Zahl im obersten Stein durch die Addition der Zahlen im linken und rechten Stein in der zweiten Reihe. Die Zahl im linken Stein der zweiten Reihe ist wiederrum die Summe der Zahlen im linken und mittleren Stein der ersten Reihe und die Zahl im rechten Stein der zweiten Reihe stellt die Summe der Zahlen im rechten und mittleren Stein der ersten Reihe dar.

Bei den betrachteten Aufgabenstellungen bearbeiteten die Lernenden zunächst die in Abbildung 7 dargestellte Aufgabe, in denen es um Veränderungen von Zahlenmauer zu Zahlenmauer geht. Dabei sind von Zahlenmauer zu Zahlenmauer die Vergrößerung um 1 der Zahlen im linken Stein der ersten Reihe, im linken Stein der zweiten Reihe und im obersten Stein zu erkennen. Zudem bleiben die anderen Zahlen in dem mittleren und rechten Stein in der ersten Reihe sowie der Zahlen im rechten Stein in der zweiten Reihe von Zahlenmauer zu Zahlenmauer unverändert. Dies sind Auffälligkeiten, die beschrieben werden können und sind allgemein wie folgt darstellbar:

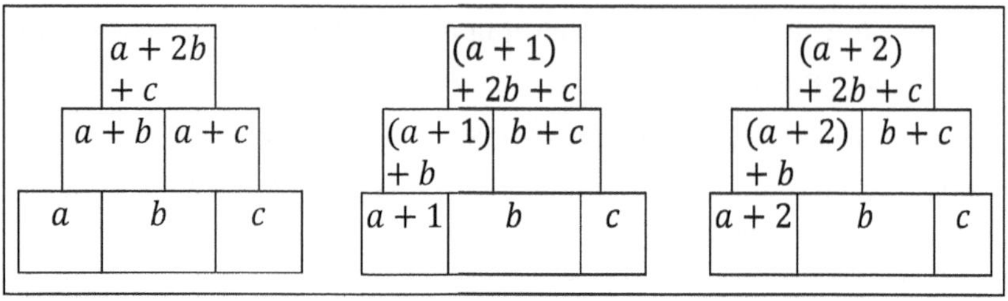

Abbildung 11: Allgemeine Darstellung der Veränderungen von Zahlenmauer zu Zahlenmauer

Aus funktionaler Sicht können hier die Veränderungen der Zahlen in der unteren Reihe von Zahlenmauer zu Zahlenmauer und im obersten Stein zunächst in einer Wertetabelle festgehalten werden. Dabei entspricht die Zahl im obersten Stein $y = a + 2b + c$:

	Zahl im Stein links in der ersten Reihe	**Zahl im Stein in der Mitte der ersten Reihe**	**Zahl im Stein rechts in der ersten Reihe**	**Zahl im obersten Stein**
Zahlenmauer 1	a	b	c	y
Zahlenmauer 2	$a + 1$	b	c	$y + 1$
Zahlenmauer 3	$a + 2$	b	c	$y + 2$

Abbildung 12: Veränderungen von Zahlenmauer zu Zahlenmauer

Werden diese Werte nun in eine Gleichung übertragen, so wird der funktionale Zusammenhang zwischen den Veränderungen der Zahlen in der ersten Reihe und der Veränderungen der Zahlen in der obersten Reihe deutlich, denn:

$f(a) = y$

$f(a + 1) = y + 1$

$f(a + 2) = y + 2$

Dabei zeigt sich, dass die Veränderungen der Zahlen im linken Stein der ersten Reihen dem Bildungsgesetz der Addition mit 1 erfolgt und diese beliebig fortsetzbar ist.

Danach sollen die Lernenden erklären, warum die Zahl im obersten Stein von Zahlenmauer zu Zahlenmauer immer um 1 größer wird (s. Abbildung 9). Eine umfassende Erklärung wäre hierfür, dass sich die Zahlen im linken Stein in der ersten Reihe von Zahlenmauer zu Zahlenmauer um 1 erhöhen und gleichzeitig die Zahlen im mittleren und rechten Stein der ersten Reihe unverändert bleiben. Dadurch vergrößert sich die Zahl im linken Stein in der zweiten Reihe von Zahlenmauer zu Zahlenmauer um 1 und die Zahl im rechten Stein in der zweiten Reihe bleibt unverändert. Hieraus ergibt sich wiederrum die Vergrößerung der Zahl im obersten Stein von Zahlenmauer zu Zahlenmauer. Mögliche Ursachen, die als tragfähig anzusehen sind:

- Wenn die Zahl im linken Stein der ersten Reihe um 1 größer wird (und die Zahlen im mittleren und rechten Stein der ersten Reihe unverändert bleiben), dann wird die Zahl im obersten Stein von Zahlenmauer zu Zahlenmauer immer um 1 größer.
- Wenn die Zahl im linken Stein der zweiten Reihe um 1 größer wird (und die Zahl im rechten Stein der zweiten Reihe unverändert bleibt), dann wird die Zahl im obersten Stein von Zahlenmauer zu Zahlenmauer immer um 1 größer.

6.3. Analyse einzelner Szenen

Entsprechend des im Kapitel 6.1. dargestellten Vorgehens findet im Folgenden die Analyse der Bearbeitung der Aufgabe 2 von Blatt 1A von vier Zweiergruppen statt.[20] Hierbei wird auf die Nutzung der Möglichkeit des flexiblen Einsatzes der Sprachen seitens der Lernenden eingegangen. Zudem werden anhand der Beschreibungen der Lernenden Hypothesen für

---

[20] Die den Analysen zugrundliegenden Transkripte befinden sich im Anhang (s. Anhang D).

darauffolgende mögliche Erklärungen aufgestellt. Daraus lassen sich Zusammenhänge zwischen Beschreibungen und Erklärungen erkennen.

6.3.1. Kemal und Melis, 1. Klasse

Die Analyse der Bearbeitung des Aufgabenteils 1 der Aufgabe 2

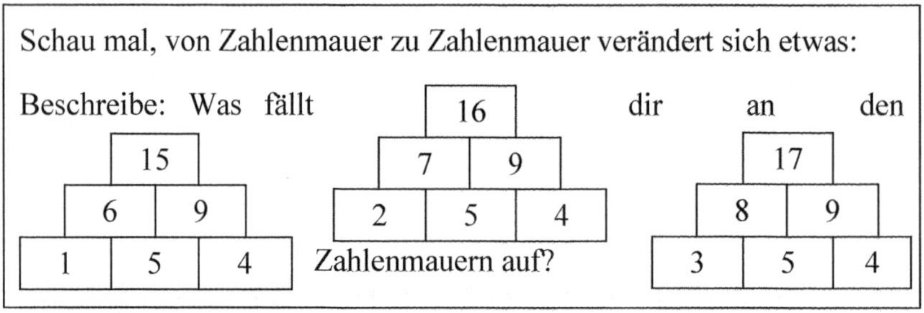

Abbildung 13: Aufgabenteil 1 der Aufgabe 2 vom Blatt 1A

Beschreibung der Situation

Die Erstklässler Melis und Kemal bearbeiten gemeinsam das Arbeitsblatt 1A zum Thema „Zahlenmauer“. Die Kinder haben das türkischsprachige Arbeitsblatt für Aufgabe 1 gewählt und haben entschieden, alle Blätter dieser Sitzung auf Türkisch zu bearbeiten. In der ersten Aufgabe haben sie erläutert, wie man in einer Zahlenmauer rechnet und selbst eine lückenhafte Zahlenmauer ausgefüllt. Für die zweite Aufgabe bekommen sie erneut das türkischsprachige Arbeitsblatt. Die Interviewerin, Selma, liest die Aufgabenstellung laut vor. In den Turns 1 bis 5 wiederholt die Interviewerin noch einmal die Aufgabenstellung und erläutert auf Kemals Nachfrage, wer die Zahlenmauer ausgefüllt habe, dass sie dies gemacht hat.

Die Analyse der Aufgabenbearbeitung

Kemal fokussiert in Turn 6 die Veränderungen der Zahlen in der dritten Reihe von Zahlenmauer zu Zahlenmauer, in dem er „15,16,17“ äußert und dabei auf die entsprechenden Steine zeigt. Daraufhin fokussiert Melis in Turn 9 die Veränderungen der linken Steine in der ersten Reihe von Zahlenmauer zu Zahlenmauer, in dem sie „1,2,3“ äußert und dabei auf die entsprechenden Steine gestisch verweist. Daran anschließend betrachtet Kemal in Turn 10 die Steine in der zweiten Reihe. Dabei verweist er zunächst ungenau auf die Steine in der zweiten Reihe in den drei Zahlenmauern und spricht davon, dass alle gleich seien. Damit könnte er womöglich die rechten Steine in der zweiten Reihe meinen. Seine gestischen Verweise und sprachlichen Äußerungen werden konkreter, als er „6,7“ nennt und dabei auf die entsprechenden Steine in der Zahlenmauer 1 und Zahlenmauer 2 zeigt. Melis fährt in Turn 11 mit den unveränderten Zahlen in der Mitte und rechts der ersten Reihe fort, in dem sie von den Fünfen und den Vieren spricht und dabei auf die entsprechenden Steine zeigt. Danach ergänzt Kemal in Turn 12 die weiteren unveränderten Zahlen in der zweiten Reihe, in dem er darauf hinweist, dass es überall die Zahl Neun gebe. Hier betrachtet er vermutlich die Veränderung von Zahlenmauer zu Zahlenmauer mit dem Fokus auf die Veränderung der linken Steine in der zweiten Reihe. Somit beschreiben die beiden Lernenden gemeinsam bis Turn 14 alle Auffälligkeiten von Zahlenmauer zu Zahlenmauer und Kemal möchte vermutlich die Erkenntnisse in Turn 14 abschließend zusammenfassen.

Im Gesamten lässt sich festhalten, dass die Lernenden bis zum Turn 14 gemeinsam die Sprechhandlung Beschreiben realisieren, da sie mit ihren Äußerungen Auffälligkeiten hinsichtlich sich verändernden und unveränderten Elementen von Zahlenmauer zu Zahlenmauer beschreiben. Die Beschreibung ist vollständig, da sie alle veränderten und unveränderten Elemente berücksichtigen. Aus linguistischer Perspektive sind Auffälligkeiten in der Verwendung von sprachlichen Mitteln wahrnehmbar. Die Lernenden beginnen ihre Äußerungen an einigen Stellen mit „und“, um möglicherweise mit dieser Konjunktion ihre Äußerung als Ergänzung zu der Vorherigen des anderen Lernenden zu markieren. Zudem nutzen beide Lernende deiktische Ausdrücke oder Aufforderungen, wie „schau“, um die Aufmerksamkeit des Hörers auf ihre gestischen Verweise an den Zahlenmauern zu lenken. Bezüglich der deiktischen Ausdrücke zeigt sich eine Auffälligkeit in Turn 10. In diesem Turn verwendet Kemal die Lokaldeixis „hier“, während er auf die entsprechenden Steine zeigt, um womöglich die Höreraufmerksamkeit auf die beobachteten Veränderungen zu richten.

Den gleichen Ausdruck verwendet Kemal im gleichen Turn aber auch, während er über etwas aus seiner Äußerung nicht genau zu Bestimmendes spricht und die gestischen Verweise in den Zahlenmauern nicht konkrete Steine umfasst. Demnach wird an dieser Stelle der gleiche Ausdruck auch als Fokussierung der Höreraufmerksamkeit genutzt, jedoch könnte dem Hörer in diesem Fall nicht unbedingt bewusst sein, worauf er sich fokussieren soll. Dies wird bei der vorherigen Verwendung dieser Lokaldeixis durch den gleichzeitig konkreten gestischen Verweis und der Nennung konkreter Zahlen ermöglicht.

Während in manchen Äußerungen explizit die Zahlen genannt werden, die von Zahlenmauer zu Zahlenmauer gleich bleiben oder sich verändern, nutzen die Lernenden an manchen Stellen auch Allquantoren, wie „immer“ (s. Turn 11), „überall“ (s. Turn 12) oder „alle“ (s. Turn 10), um diese Auffälligkeiten zu beschreiben. Bei der Nutzung dieser Allquantoren wird jedoch nicht immer deutlich, auf welche unveränderten und sich verändernden Elemente das Kind Bezug nimmt. Eine weitere sprachliche Auffälligkeit stellt die Äußerung von Melis in Turn 11 dar, in dem zum ersten Mal expliziter die räumliche Lage der Elemente, auf die sich in der Äußerung bezogen wird, durch „in der Mitte“ oder „am Ende“ benannt wird.

Ab Turn 15 wiederholen die Lernenden erneut die Auffälligkeiten, die sie bereits bis Turn 14 festgestellt haben. Zwei Aspekte kommen dabei möglicherweise neu hinzu. In Turn 27 fokussiert Kemal die Veränderungen der Zahlen in der dritten Reihe von Zahlenmauer zu Zahlenmauer, in dem er unter Verwendung des Existenzquantors „es gibt“ die Zahlen „15,16,17“ äußert und dabei auf die entsprechenden Steine zeigt. Dies entspricht der beobachteten Auffälligkeit von Melis zuvor in Turn 15 und seiner eigenen Beobachtung in Turn 6. Er verbindet diese jedoch mit den Veränderungen von Zahlenmauer zu Zahlenmauer der linken Steine in der zweiten Reihe. Darauf hatte er bereits in Turn 10 hingewiesen, jedoch betrachtete er dabei eher die gesamte zweite Reihe, wohingegen seine Fokussierung nun von der dritten Reihe zur zweiten Reihe geht. Ein weiterer neuer Aspekt ist die Betrachtung von zusammengesetzten Elementen. In Turn 29 betrachtet Kemal sowohl Veränderungen als auch Unverändertes. Er beginnt mit den rechten unveränderten Zahlen in der zweiten Reihe. Danach geht der Fokus von der zweiten Reihe rechts zu Veränderungen in der ersten Reihe links, in dem er die Zahlen „1,2,3“ nennt. Abschließend verhaftet er in der ersten Reihe und betrachtet die Zahlen 4 und 5 gemeinsam („5,4“). Demnach tritt hier zum ersten Mal die Betrachtung von Zahlen als zusammengesetzte Elemente auf.

Als die Lernenden ab Turn 39 ihren Antwortsatz diktieren, geschieht dies wieder elementweise und der Antwortsatz ist nicht mehr vollständig im Gegensatz zu ihren vorherigen mündlichen Beschreibungen aller sich verändernden und unveränderten Elemente von Zahlenmauer zu Zahlenmauer. Die sprachliche Realisierung unterscheidet sich dabei nicht von den vorherigen Turns außer ab Turn 39, als die Lernenden beginnen der Interviewerin den Antwortsatz zu diktieren. Während in den vorherigen Turns die Lernenden häufig mit deiktischen Ausdrücken operiert und gestisch auf Stellen in der Zahlenmauer verwiesen haben, fällt dies nun fast vollständig weg und sie nutzen teilweise sprachliche Mittel zur Lagebezeichnung der genannten Zahlen in den Zahlenmauern (s. bspw. Turn 44).

Zusammenfassung der Analyse

Da die Beschreibung in dem übergeordneten Muster des Aufgabe-Stellens/Aufgabe-Lösens eingebettet ist, werden die Äußerungen an der Musterposition des Lösungsversuches getätigt, um die Aufgabe „Beschreibe: Was fällt dir auf?“ zu lösen. Kemal und Melis beschreiben den Sachverhalt, indem sie auf der Ebene des äußerlich Wahrnehmbaren die unveränderten und veränderten Elemente von Zahlenmauer zu Zahlenmauer darstellen. Bis zum Turn 14 realisieren sie eine vollständige Beschreibung gemeinsam als Sprechhandlungssequenzen und wiederholen diese Aspekte zusammen in den darauffolgenden Turns (Turn 15 bis 29) erneut. Dabei sind die beiden Beschreibungen vollständig, jedoch weisen sie keine stringente Systematik auf, beispielsweise durch ein Vorgehen von unten nach oben. Als sie mit der Interviewerin den Antwortsatz besprechen, berücksichtigen sie nicht mehr vollständig alle unveränderten und veränderten Elemente. Dennoch realisieren sie auch hier wieder die Aufgabenbearbeitung als Sprechhandlungssequenzen.

Hinsichtlich der sprachlichen Mittel ist festzuhalten, dass sie das Adverb „auch“ an manchen Stellen (s. Turn 10 und 15) vermutlich verwenden, wenn sie noch einen weiteren neuen Aspekt anführen möchten. In Bezug zu den sprachlichen Mitteln, die als Indikatoren für die Sprechhandlung Beschreiben angesehen werden (s. Kapitel 2.2), zeigt sich, dass die Lernenden an einigen Stellen die „und (dann)“-Verknüpfung temporal nutzen, um die eigene Äußerung an die vorherige Äußerung des anderen Lernenden als Ergänzung zu markieren (s. bspw. Turn 10 und 12). Während sie an manchen Stellen ausschließlich auf Enumerationen zurückgreifen und mit gestischen Verweisen aufzeigen, auf welche Stellen in den Zahlenmauern sie sich beziehen (s. bspw. Turn 9), verwendet Melis an einer Stelle auch Präpositionalkonstruktionen für eine genauere Ortsbestimmung (s. Turn 11). Somit finden sich – außer „Wenn(-dann)“-Konstruktionen – einige Indikatoren wieder, jedoch werden darüber hinaus auch andere sprachliche Mittel verwendet. So kann abweichend von der Literatur festgestellt werden, dass die Lernenden bei Beschreibungen den Existenzquantor „es gibt“ (s. Turn 27) oder unterschiedliche Allquantoren nutzen (s. bspw. Turn 10 oder 12). Diese verwenden sie beispielsweise, wenn sie Auffälligkeiten zusammenfassend beschreiben möchten.

Nutzung der Möglichkeit des flexiblen Einsatzes der Sprachen in dieser Aufgabenbearbeitung

Die gesamte Besprechung der Aufgabe findet auf Türkisch statt. Dabei ist zu beobachten, dass die Lernenden gemeinsam die Sprechhandlung Beschreiben realisieren können. Auffällig ist das Hinausgehen über die ausschließliche Verwendung von Enumerationen und beispielsweise die Verwendung von Wörtern für Lagebezeichnungen oder auch Allquantoren und Existenzquantoren. Demnach nutzen die Lernenden in einer differenzierten Form ihr sprachliches Repertoire in der türkischen Sprache.

Die Aufstellung der Hypothesen

An dieser Stelle lassen sich anhand der Beschreibung der Lernenden zwei Hypothesen für die mögliche Erklärung in der darauffolgenden Aufgabenbearbeitung generieren. Hinsichtlich der veränderten und unveränderten

Elemente zeigt sich hier, dass die Lernenden vollständig sowohl die Veränderungen als auch Unverändertes berücksichtigen. Hier kann somit die folgende Hypothese aufgestellt werden:

1. *In der darauffolgenden Erklärung werden die Lernenden die in der Beschreibung vollständig berücksichtigten unveränderten und veränderten Elemente von Zahlenmauer zu Zahlenmauer nutzen.*

In Bezug auf das Vorgehen bei der Betrachtung der veränderten und unveränderten Elemente in den Zahlenmauern gehen die Lernenden eher unsystematisch vor. Dies könnte in der nachfolgenden Aufgabe dazu führen, dass ihnen der Blick auf die innere Systematik erschwert wird. Daher ergibt sich folgende Hypothese:

2. *Die in der Beschreibung unsystematisch angeführten veränderten und unveränderten Elemente von Zahlenmauer zu Zahlenmauer werden zu einer unstrukturierten Erklärung führen.*

Die Analyse der Bearbeitung des Aufgabenteils 2 der Aufgabe 2

Die Bearbeitung der nächsten Aufgaben, in der die Lernenden nach der vorherigen Systematik eine unvollständig ausgefüllte Zahlenmauer vervollständigen sollen, ermöglicht einen Einblick, inwiefern diese die systematischen Veränderungen von den vorherigen Zahlenmauern erkannt haben. Die Lernenden erhielten hierfür folgende Aufgabe:

Wie müsste denn nun die nächste Zahlenmauer aussehen?

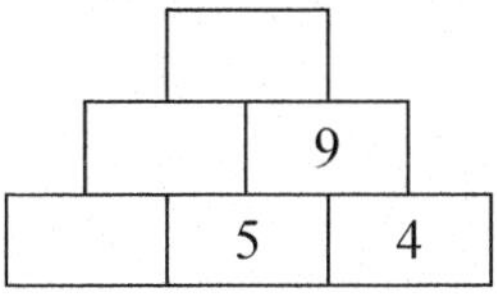

Abbildung 14: Aufgabenteil 2 der Aufgabe 2 vom Blatt 1A

Melis erkennt womöglich, was verändert werden muss, da sie in den Turns 62, 64 und 66 angibt, dass in dem freien Stein in der ersten Reihe die Zahl 4, in der zweiten Reihe die Zahl 7 und in der dritten Reihe die Zahl 18 hinkommen müsse. Dabei stimmt jedoch ihre genannte Zahl für den Stein links in der zweiten Reihe nicht mit der Systematik überein und würde auch – addiert mit der Zahl 9 in der gleichen Reihe – nicht 18 ergeben. Dies lässt wiederrum darauf schließen, dass sie die 18 nicht errechnet hat, sondern anhand die Zahlen der erkannten Systematik aus den vorherigen Veränderungen von Zahlenmauer zu Zahlenmauer erschlossen hat.

Die Frage von der Interviewerin in Turn 67 nach den Ursachen, warum das so sei, kann unterschiedlich verstanden werden. Eine Möglichkeit wäre, dass die Frage derart verstanden wird, dass Selma damit meint, warum oben eine 18 kommt, da Melis als letztes diese Zahl genannt hatte. Eine andere Möglichkeit wäre, dass ihre Frage darauf referenziert, warum die Zahlenmauer auf die Weise, wie sie von Melis genannt wurde, ausgefüllt wird und dadurch oben eine 18 stehen muss. Diese Verständnismöglichkeit der Frage würde demnach eher in Richtung der dahinterliegenden Systematik gehen, wohingegen die vorherige Möglichkeit den Fokus auf die Rechenregeln in einer Zahlenmauer evoziert.

Wenn die Lernenden die Frage von Selma wie die erstgenannte Möglichkeit aufgefasst haben, dann können ihre nun folgenden Versuche über die Offenlegung der Rechengesetze in der Zahlenmauer als die Nennung von Ursachen angesehen werden, welche die additiven Zusammenhänge in einer Zahlenmauer verdeutlichen. Somit versuchen sie möglicherweise über die Additionsregeln in der Zahlenmauer von unten nach oben zu erklären, wie man auf die Zahl im obersten Stein gelangt. Wenn die Lernenden die Frage auf die andere Weise verstanden haben, ergeben sich andere Interpretationsmöglichkeiten in Hinblick auf die Äußerungen der Lernenden. Kemal gelangt vermutlich erst einmal nicht auf die Zahl 18 durch die Erkennung der Weiterführung der Veränderungen, sondern er übernimmt Melis´ Vorschlag der Zahl 4 für den freien Stein links in der ersten Reihe und rechnet von da an die Zahlenmauer aus, sodass er am Ende auch auf Zahl 18 kommt (s. Turn 73 bis 79), jedoch lediglich, weil dies seine Rechnung ergeben hat und ohne Rückbezug auf die Systematik. Melis erklärt ihm diese Systematik nicht oder nutzt diese Erkenntnis, um Selmas Frage zu beantworten, warum oben eine 18 käme. Dies erläutert sie möglicherweise in Turn 90, als sie äußert man hätte in der Klasse gelernt, dass man 9 plus 9 rechnen müsse.

Die Analyse der Bearbeitung des Aufgabenteils 3 der Aufgabe 2

Erkläre: Warum wird der oberste Stein von Zahlenmauer zu Zahlenmauer immer um 1 größer?

Abbildung 15: Aufgabenteil 3 der Aufgabe 2 vom Blatt 1A

Beschreibung der Situation

Nachdem die Erstklässler Melis und Kemal die vorherigen Aufgaben bearbeitet haben, geht die Interviewerin zur nächsten Aufgabe über. Dabei legt sie den Lernenden die türkische Version des dritten Arbeitsblatts vor und liest in Turn 105 die Aufgabenstellung vor. Während die Lernenden daraufhin die Aufgabenstellung von Turn 106 bis 111 wiederholen und in den darauffolgenden Turns äußern, dass es sich immer etwas ändern würde, beginnt Melis in Turn 117 die erste Ursache anzuführen.

Die Analyse der Aufgabenbearbeitung

In Turn 117 verweist Melis auf die Steine links in der ersten Reihe („immer 1,2,3“) und merkt an, dass dort das Problem liege. Es kann vermutet werden, welchen Zusammenhang sie zwischen den Allquantor und den konkreten Zahlen (1,2,3) sieht. Eine mögliche dahinterliegende Erkenntnis von Melis wäre, dass wenn die Zahlen in dem linken Stein in der ersten Reihe von Zahlenmauer zu Zahlenmauer immer um 1 größer werden, dann die Zahl im obersten Stein von Zahlenmauer zu Zahlenmauer immer um 1 größer wird. Eine mögliche Abduktion wäre demnach:

Resultat:	Die Zahl im obersten Stein wird von Zahlenmauer zu Zahlenmauer immer um 1 größer („immer da“, s. Turn 116).
<u>Gesetz</u>:	Wenn die Zahlen in dem linken Stein in der ersten Reihe von Zahlenmauer zu Zahlenmauer immer um 1 größer werden, dann wird die Zahl im obersten Stein von Zahlenmauer zu Zahlenmauer immer um 1 größer.

Fall: „immer 1,2,3“ als Veränderung der Zahlen in den linken Steinen in der ersten Reihe von diesen Zahlenmauern zu Zahlenmauern (s. Turn 117).

Der von Melis hergestellte Zusammenhang entspricht ihrer erstgenannten Auffälligkeit in der Beschreibung, in der die Lernenden die Veränderungen von Zahlenmauer zu Zahlenmauer beschreiben sollten (s. Turn 9). Somit entspricht ihre Fokussierung in der Erklärung des Zusammenhangs vermutlich ihrer ersten Fokussierung in ihrer Beschreibung. Die Äußerung in Turn 116 ist ähnlich kurz gefasst wie ihre Äußerung in Turn 9, jedoch nutzt sie hier den Allquantor „immer“. Diesen haben die Lernenden auch in ihrer Beschreibung teilweise benutzt, jedoch nicht im Turn 9. Bei beiden Äußerungen arbeitet sie zudem mit gestischen Verweisen.

Kemal führt daraufhin in Turn 118 zwei Ursachen an. Er beginnt oben und verweist dann auf die Veränderungen von Zahlenmauer zu Zahlenmauer in dem linken Stein in der zweiten Reihe. Er spricht dabei davon, dass immer etwas zu viel sei. Danach fügt er die Veränderungen von Zahlenmauer zu Zahlenmauer im linken Stein der ersten Reihe hinzu. Seine Fokussierung ist demnach sukzessiv von oben nach unten und er berücksichtigt in seiner Äußerung die sich verändernden Elemente von Zahlenmauer zu Zahlenmauer. Dabei ist aufgrund der sprachlichen Analyse naheliegender, dass diese als zwei separierte Ursachen angesehen werden sollten. Denn die Verwendung der Konjunktion „und“ nimmt in seinen Äußerungen zwei unterschiedliche Funktionen ein, wie hier im übersetzten Transkriptausschnitt deutlich wird:

> „(diese?) so da obe- *(streicht mit dem Stift über die zwei mittleren Steine von* Zahlenmauer *1, von links nach rechts)* ehm- der Mittlere, *(macht mit dem Stift kleine kreisförmige Bewegungen in der Luft)* ist es. und dann ehm ist oben immer etwas zu viel *(streicht mit dem Stift entlang der obersten Steine der drei oberen* Zahlenmauer*)*. weil schau *(schlägt mit dem Stift auf den rechten mittleren Stein von* Zahlenmauer 1*)* hier Sechs *(schlägt erneut auf den rechten mittleren Stein von* Zahlenmauer *1)* Sieben *(halt Stift auf* Zahlenmauer *2)* Acht *(halt Stift auf* Zahlenmauer *3)*. und

> und guck hier Eins Zwei Drei *(hält Stift nacheinander über die drei Zahlenmauern)* gibt es ja so- *(macht mit dem Stift über den drei oberen* Zahlenmauer *kreisförmige Bewegungen)* deswegen ist es oben mehr.”

Im ersten Teil seiner Äußerung nutzt er die Verknüpfung „und dann“. Dies nutzt er, um eine Verbindung zwischen den Veränderungen links in der zweiten Reihe und der daraus resultierenden Veränderung der Zahlen in der dritten Reihe herzustellen. Kur danach nutzt er „und guck“. Hier führt er jedoch einen neuen Zusammenhang zwischen den Veränderungen in der dritten Reihe und nun der ersten Reihe an und möchte möglicherweise die Aufmerksamkeit des Hörers auf diesen neuen Aspekt mit „guck“ richten. Daraus würde sich ergeben, dass er zum einen die gleiche Ursache wie zuvor Melis nennt, jedoch auch als eine weitere und neue Ursache die Veränderungen der Zahlen links in der zweiten Reihe anführt. Womöglich greift Kemal als Bestätigung die genannte Ursache von Melis auf und/oder möchte diese genauerer erklären. Dabei sind seine Erkenntnisse in Hinblick auf die rekonstruierbare Abduktion möglicherweise komplex, was sich an dem möglichen implizit verwendeten Gesetz, zeigt:

Resultat:	1. Die Zahl im obersten Stein wird von Zahlenmauer zu Zahlenmauer immer um 1 größer.
	2. Die Zahl im mittleren Stein wird von Zahlenmauer zu Zahlenmauer immer um 1 größer.
Gesetz:	Wenn die Zahl im linken Stein der x-ten Reihe von Zahlenmauer zu Zahlenmauer um 1 größer wird, dann wird die Zahl im linken Stein der x-1-ten Reihe um 1 größer.
Fall:	1. „6,7,8“ in den linken Steinen der zweiten Reihe (s. Turn 118).
	2. „1,2,3“ in den linken Steinen der ersten Reihe (s. Turn 118).

Das sukzessive Vorgehen von oben nach unten hat in den Beschreibungen bei Kemal nicht stattgefunden. Er hatte zwar in den Beschreibungen seinen

Fokus auf die Zahlen in der zweiten Reihe (s. Turn 10 und 12) und an einer Stelle zudem die Zahlen im obersten Stein betrachtet sowie die Zahlen im linken Stein der zweiten Reihe (s. Turn 27). Es gibt jedoch keine solche Verknüpfung wie in dem hier betrachteten Turn 118 und dieser stellt damit eine neue Fokussierung dar. Dennoch lässt sich eine Ähnlichkeit in der Hinsicht erkennen, dass seine Berücksichtigung der verändernden Zahlen links in zweiten Reihe eine der ersten Auffälligkeiten war, die in der Beschreibung geäußert hatte (s. Turn 10). Sprachlich gesehen ist ein Unterschied, dass die konsekutive Konjunktion „deswegen“ verwendet wird. Es werden somit sowohl bei Melis als auch bei Kemal zunächst die sich verändernden Zahlen von Zahlenmauer zu Zahlenmauer genutzt, um die Veränderungen der Zahlen im obersten Stein von Zahlenmauer zu Zahlenmauer zu erklären. Dieser anfängliche Fokus auf die sich verändernden Zahlen, entspricht der Fokussierung in der Beschreibung.

In Turn 127 erklärt Kemal die Veränderungen der Zahlen im obersten Stein von Zahlenmauer zu Zahlenmauer durch die Zahlen in den Steinen in der ersten Reihe. Er nutzt dabei die zusammengesetzten Elemente (1,5,4; 2,5,4; 3,5,4). Dies unterscheidet sich somit von der Äußerung von Melis in Turn 117, weil sie sich auf die verändernden Elemente in der ersten Reihe von Zahlenmauer zu Zahlenmauer bezog, aber Kemal in diesem Turn auch die unveränderten Elemente berücksichtigt. Positiv interpretiert wäre es möglich, dass Kemal bei seiner Äußerung bewusst ist, dass für die Veränderung der Zahlen im obersten Stein um 1 die Notwendigkeit besteht, dass sich ausschließlich die Zahl im linken oder rechten Stein von Zahlenmauer zu Zahlenmauer um 1 verändern darf und dabei die anderen Zahlen in den ersten Reihen von Zahlenmauer zu Zahlenmauer unverändert sein müssen. Dadurch würden sich die Zahlen im obersten Stein von Zahlenmauer zu Zahlenmauer ausschließlich um 1 erhöhen. Somit könnte die Gesetzmäßigkeit hinter seiner Äußerung sein, dass wenn die Zahl im linken Stein in der ersten Reihe von Zahlenmauer zu Zahlenmauer immer um 1 größer wird und gleichzeitig die Zahlen in der Mitte und rechts der ersten Reihe von Zahlenmauer zu Zahlenmauer unverändert bleiben, dann die Zahl im obersten Stein immer um 1 größer wird.

Somit ist es möglich, dass sich folgende Abduktion hinter seiner Äußerung verbirgt:

Resultat:	Die Zahl im obersten Stein wird von Zahlenmauer zu Zahlenmauer immer um 1 größer.
Gesetz:	Wenn die Zahl im linken Stein in der ersten Reihe von Zahlenmauer zu Zahlenmauer immer um 1 größer wird und gleichzeitig die Zahlen in der Mitte und rechts der ersten Reihe von Zahlenmauer zu Zahlenmauer unverändert bleiben, dann wird die Zahl im obersten Stein immer um 1 größer.
Fall:	„Weil hier 1,5,4; 2,5,4; 3,5,4.“ als zusammengesetzte Elemente der veränderten und unveränderten Zahlen in der ersten Reihe von Zahlenmauer zu Zahlenmauer (s. Turn 127).

Zuvor hat Kemal im Turn 29 die unveränderten Zahlen in der ersten Reihe als zusammengesetzte Elemente betrachtet, jedoch nicht die gesamte erste Reihe als zusammengesetzte Elemente. Es könnte sein, dass Kemal in diesem Turn 127 aufgrund der Äußerung von Melis in Turn 117 auch die erste Reihe fokussiert. Dabei hatte sie in dieser Aufgabenbearbeitung als erste Ursache die Veränderungen im linken Stein der ersten Reihe von Zahlenmauer zu Zahlenmauer angegeben und dadurch womöglich die Fokussierung auf die unteren Reihen evoziert. Eine andere Möglichkeit ist, dass Kemal seine vorherige Äußerung in Turn 118, in der er die verändernden Elemente in der ersten Reihe von Zahlenmauer zu Zahlenmauer betrachtet hat, nun ergänzen oder erweitern möchte, indem er auch die unveränderten Elemente in jeder Reihe berücksichtigt. Dennoch ist die Fokussierung der gesamten ersten Reihe als zusammengesetztes Element zu betrachten bisher noch nicht geschehen und führt zu einer neuen Ursache. Sprachlich betrachtet ähnelt die Realisierung seinen bisherigen Äußerungen, da er die Zahlen aufzählt, auf die er sich bezieht und zudem mit gestischen Verweisen arbeitet, wenn auch teilweise unspezifischer.

Kemal verweist in Turn 133 mit „hier“ sowie seiner Gestik erst auf die zweite Reihe. Daraufhin verweist erst auf den linken und dann auf den rechten Stein der zweiten Reihe und äußert, dass diese immer mehr machen würden. Danach verweist er gestisch auf die obersten Zahlen in den obersten Steinen. Dies wirkt in diesem Teil der Äußerung erst einmal so, als ob er die Veränderungen der Zahlen in den obersten Steinen mit den beiden Zahlen in der zweiten Reihe erklären möchte. Die Verwendung des Wortes „machen“ könnte jedoch womöglich in dem Sinne gemeint sein, dass durch durch die zugrundeliegende Addition „mehr“ entsteht. Welche Veränderungen in der zweiten Reihe zur Erhöhung der Zahlen im obersten Stein führen, kann durch die anschließende Äußerung der Zahlen „8,7,6“ in Zusammenhang stehen. Jedoch ist sein mündlicher Verweis absteigend (8,7,6) und gestisch von rechts nach links, sodass nach dem mathematischen Verständnis es zu einer Verringerung der Zahlen in den obersten Steinen führen würde.

Es kann vermutet werden, dass für ihn ein Zusammenhang zwischen den Zahlen in der zweiten Reihe von Zahlenmauer zu Zahlenmauer und den Zahlen in der obersten Reihe gibt, auch wenn dieser von Kemal nicht spezifiziert wird. Die Fokussierung auf die zweite Reihe fand bei Kemal in seiner Beschreibung zunächst auch statt (s. Turn 10 und 12). Dies begann mit dem Fokus auf die linken Steine in der zweiten Reihe (Turn 10) und danach auf die rechten Steine (s. Turn 12). Zudem fand von ihm in Turn 27 auch eine Fokussierung von oben und der Mitte statt, während es in hier betrachteten Turn 133 von der Mitte nach oben ist. Somit lassen sich in Hinblick auf seine Beschreibungen Parallelen zu seiner Fokussierung in diesem Turn aufzeigen, wobei die Verknüpfung zwischen der zweiten und der obersten Reihe eine Neue ist.

Auch aufgrund der sprachlichen Analyse ist zu vermuten, dass Kemal in Turn 133 eine weitere Ursache angeben möchte, weil er in seiner Äußerung „auch diese Zahlen hier machen immer mehr“ verbalisiert. Die Verwendung von „auch“ verweist auf das Anführen eines neuen Aspektes und wird darauffolgend nicht mit dem vorherigen Aspekt zusammengebracht, sondern direkt mit den Veränderungen der Zahlen im obersten Stein verknüpft. Wenn die sprachliche Realisierung der ähnlichen Fokussierung in Turn 27 und diesem Turn betrachtet werden, lassen sich Unterschiede feststellen. Während Kemal in Turn 27 erst einmal die Zahlen im obersten Stein von Zahlenmauer zu Zahlenmauer aufzählt und dann die Hörerfokussierung mit „hier“ auf die Zahlen im linken Stein der zweiten Reihe von Zahlenmauer zu Zahlenmauer lenkt, stellt er nun eine Verknüpfung zwischen den beiden Reihen her. So nennt er die linken Zahlen in der zweiten Reihe als Ursache, dass „immer“ etwas „mehr“ werden würde. Zudem zeigt sich hier die Verwendung des Allquantors „immer“, der zuvor in Turn 27 nicht genutzt wurde.

Eine Veränderung lässt sich feststellen, als die Interviewerin in Turn 134 fragt, was sie nun aufschreiben soll. Während Melis in Turn 138 bei der von ihr bereits erst und einzig genannten Ursache bleibt (s. Turn 117), ist bei Kemal eine Veränderung hinsichtlich der vorherigen Äußerungen erkennbar. Er verknüpft in den Turns 147, 149 und 151 die von Melis genannten Veränderungen von Zahlenmauer zu Zahlenmauer links in der ersten Reihe mit den Zahlen in der zweiten Reihe. Dabei stellt er aber nicht nur eine Verbindung zwischen den sich verändernden Zahlen in der zweiten Reihe her, sondern berücksichtigt die beiden Zahlen in der zweiten Reihe als zusammengesetzte Elemente. Die Verknüpfung lässt sich anhand seiner Initiierung mit „und dann“ (s. Turn 147) vermuten, durch die Kemal möglicherweise seine Äußerung als unmittelbaren Anschluss an die vorherige Äußerung kenntlich machen möchte. Dies erinnert an die Beschreibungen der Lernenden, bei der sie oftmals an die vorherige Äußerung des Anderen Bezug genommen haben. Er gibt in Turn 149 mit „in der Mitte“ eine nähere Lagebeschreibung an, bevor er als zusammengesetzte Elemente die Zahlen von Zahlenmauer zu Zahlenmauer nennt (s. Turn 151). Hier findet durch Kemal eine Verknüpfung von der ersten Reihe und der zweiten Reihe statt. Dies ähnelt den Turns 9 und 10 bei ihren Beschreibungen. Dort begann Melis die Auffälligkeit der verändernden Zahlen links in der ersten Reihe zu äußern und Kemal gab daraufhin die verändernden Zahlen links in der zweiten Reihe an. In dem jetzigen Turn macht er es jedoch sprachlich verbindend, indem er seine Äußerung mit „und dann“ einleitet. Dadurch stellt er eine Verknüpfung zwischen der ersten und der zweiten Reihe her, auch wenn diese sowohl kausal als auch temporal gemeint sein kann. Temporal kann auch in dem Sinne zu verstehen sein, dass wenn er unten rechnet, dann die Zahlen in der Mitte entstehen. Ähnlich zu den Äußerungen im Rahmen ihrer Beschreibungen ist zudem die häufige Verwendung des Existenzquantors „es gibt“.

Die sprachliche Realisierung seiner Äußerung lässt vermuten, dass Kemal hier nicht eine weitere Ursache anführt, sondern vielmehr den Aufbau der Zahlenmauer beschreibt. Es ist hier ausschließlich hineinzuinterpretieren, dass er mit seinen Äußerungen die innere Systematik darstellen möchte. Er verfolgt womöglich eher den Zweck, die Veränderungen von Zahlenmauer zu Zahlenmauer zu beschreiben, sodass anhand seiner Äußerungen ein Vorstellungsbild bezüglich der Veränderungen von Zahlenmauer zu Zahlenmauer entsteht. Demnach wird anhand des Zweckes eher die Realisierung einer Beschreibung als die einer Erklärung vermutet, da in seinen Äußerungen keine Ursache angegeben wird, warum die Zahl im obersten Stein von Zahlenmauer zu Zahlenmauer immer um 1 größer wird. Auch ist anhand der sprachlichen Realisierung weniger davon auszugehen, dass er hier eine innere Systematik darlegen möchte, weil er sich nicht der gleichen sprachlichen Mittel bedient wie in seinen vorherigen Äußerungen, als er Ursachen angeführt hat. Vielmehr nutzt er beispielsweise den Existenzquantor „es gibt“ wie in seinen Beschreibungen.

Somit werden in der Situation, in welcher der Interviewerin eine Antwort diktiert werden soll, von den Lernenden unterschiedliche Sprechhandlungen realisiert und weniger Ursachen angegeben als zuvor seitens der Lernenden geäußert wurden. Melis wiederholt in dieser Situation mit ihrer Äußerung die bereits von ihr genannte Ursache und Kemal wiederrum realisiert die Sprechhandlung Beschreiben, indem er – anknüpfend an die Äußerung von Melis – die veränderten und unveränderten Elemente von Zahlenmauer zu Zahlenmauer angibt.

Zusammenfassung der Analyse

Die bis zu Turn 136 analysierten Äußerungen lassen sich als die Sprechhandlung Erklären identifizieren, da die Lernenden durch ihre Äußerungen Ursachen für die Veränderungen der Zahlen in den obersten Steinen von Zahlenmauer zu Zahlenmauer anführen und somit sich über die innere Systematik des Sachverhalts äußern. Es handelt sich demnach um den Typ der Erklärung von Ursache-Wirkungs-Zusammenhängen, die durch die Aufgabestellung initiiert wird und nicht durch das Anzeigen einer Wissensdifferenz seitens des Hörers. Die Äußerungen sind somit eingebettet im übergeordneten Musters des Aufgabe-Stellens/Aufgabe-Lösen und werden an der Musterposition des Lösungsversuches realisiert. Dabei ist festzustellen, dass die Lernenden diese Sprechhandlung nicht mehr im Sinne von Sprechhandlungssequenzen realisieren. Während sie bei der Beschreibung noch gemeinsam relevante Elemente in den Zahlenmauern erarbeitet haben, nennen sie nun sprachlich unabhängig voneinander Ursachen für die Veränderungen der Zahlen im obersten Stein. So äußert Melis eine Ursache und die darauffolgend genannten Ursachen von Kemal können als Realisierung in Form einer Sprechhandlungsverkettung angesehen werden.

Hinsichtlich der Veränderung an sprachlichen Mitteln ist zusammenzufassen, dass die Lernenden bei dieser Aufgabenbearbeitung teilweise andere sprachliche Mittel nutzen. Während die Verwendung des Allquantors „immer“ bereits an manchen Stellen in den Beschreibungen genutzt wurde, gibt es hier neue sprachliche Mittel, wie die kausale Konjunktion „weil“ oder die konsekutive Konjunktion „deswegen“. Im Gesamten arbeiten die Lernenden jedoch weiterhin häufig mit dem Aufzählen von Zahlen und der Unterstützung ihrer Äußerung durch gestische Verweise an den Zahlenmauern sowie die Nutzung von Lokaldeixis zur Lenkung der Aufmerksamkeit des Hörers. An einigen Stellen werden – wie auch bereits in den Beschreibungen – die Lagebeziehungen der Elemente sprachlich näher beschrieben anstatt ausschließlich auf diese gestisch zu verweisen. Der in der Literatur als Indikator genannte sprachliche Mittel (s. Kapitel 2.3) der „wenn-dann“-Konstruktionen ist zwar nicht wörtlich zu finden, jedoch realisiert Kemal in Turn 118 sprachlich seine Entdeckung, die inhaltlich im

Sinne einer „wenn-dann“-Konstruktion gedeutet werden kann. Auch der Indikator der „so dass“-Konstruktionen findet sich hier nicht so wieder, jedoch nutzt Kemal an verschiedenen Stellen „deswegen“ als eine andere konsekutive Konjunktion. Somit handelt es sich um Konjunktionen derselben Art.

Der Zusammenhang zwischen vorrangegangene(n) Beschreibung(en) und darauffolgende(n) Erklärung(en) anhand der aufgestellten Hypothesen

Anhand der Analyse der Beschreibungen im Rahmen der Bearbeitung vom Aufgabenteil 1 der Aufgabe 2 wurden zwei Hypothesen aufgestellt, auf die im Folgenden einzeln eingegangen wird:

1. *In der darauffolgenden Erklärung werden die Lernenden die in der Beschreibung vollständig berücksichtigten unveränderten und veränderten Elemente von Zahlenmauer zu Zahlenmauer nutzen.*

Die Analyse der Erklärungsversuche der Lernenden zeigt die Einbettung von sowohl veränderten als auch unveränderten Elemente in ihre Erklärungsversuche. Dabei wurden an vielen Stellen Parallelen zwischen den Erklärungsversuchen der Lernenden und ihren vorherigen Beschreibungen festgestellt. Gleichzeitig gibt es auch neue Fokussierungen in dieser Bearbeitung, beispielsweise hinsichtlich der Verknüpfung von Elementen zu zusammengesetzten Elementen. Bezüglich der Vollständigkeit der Erklärung gibt es Einschränkungen. So kann in Turn 133 vermutet werden, dass sich Kemal in seiner Äußerung auf die unveränderten Zahlen im rechten Stein von Zahlenmauer zu Zahlenmauer bezieht. Zudem bezieht er sich in dem gleichen Turn auf die sich verändernden Zahlen im linken Stein der zweiten Reihe von Zahlenmauer zu Zahlenmauer, wenn auch mathematisch – im Bezug zu der Aufgabenstellung – nicht adäquat. Dennoch versucht er in diesem Turn einen Zusammenhang zwischen den Zahlen in der zweiten Reihe und den Veränderungen der Zahlen in den obersten Steinen von Zahlenmauer zu Zahlenmauer herzustellen. Somit kann im Gesamten der Hypothese zugestimmt werden.

2. *Die in der Beschreibung unsystematisch angeführten veränderten und unveränderten Elemente von Zahlenmauer zu Zahlenmauer werden zu einer unstrukturierten Erklärung führen.*

Die in der Beschreibung eher unsystematisch stattgefundene Betrachtung der unveränderten und veränderten Elemente kann zu einem unsystematischen Verlauf bei der Erklärung führen. In der Analyse der Äußerungen der Lernenden bei dieser Aufgabe zeigte sich eine Anführung von teilweise unterschiedlicher Ursachen für den Zusammenhang, die jedoch nicht strukturiert stattfand.

Die beiden Hypothesen lassen sich somit bestätigen und es sind Zusammenhänge zwischen den dem Beschreiben und Erklären erkennbar. Demnach ist bei dieser Analyse zusammenfassend festzuhalten ist, dass eine vorangegangene Beschreibung die darauffolgende Erklärung der Lernenden beeinflusst hat. Diese wird einerseits dadurch deutlich, dass bei der Anführung von Ursachen ein ähnlicher Umfang bezüglich unveränderter und veränderter Elemente feststellbar ist und andererseits die fehlende Systematik in der Beschreibung zu einer unstrukturierten Anführung an Ursachen geführt haben könnte.

Die Nutzung der Möglichkeit des flexiblen Einsatzes der Sprachen

Melis und Kemal vollziehen – wie bereits ihre Beschreibungen – diese Aufgabenbearbeitung auf Türkisch. Aus inhaltlicher Sicht zeigt sich nicht nur die Kompetenz vielfältige Ursachen anzugeben, sondern dies auch in der türkischen Sprache äußern zu können. Dabei verwenden sie sprachliche Mittel, wie beispielsweise Allquantoren oder Konjunktionen. Es ist zu vermuten, dass die Lernenden im Türkischen auch für diese Aufgabenbearbeitung über ein entsprechendes sprachliches Repertoire verfügen und hier ihre mathematischen Erkenntnisse in der türkischen Sprache zum Ausdruck bringen können. Auch wenn nicht gesagt werden kann, ob es ihnen auf der deutschen Sprache im gleichen oder anderen Maße gelungen wäre (und dies auch nicht das Anliegen dieser Arbeit ist), kann festgehalten werden, dass sich Kemal und Melis entschieden haben ihre gesamte Aufgabenbearbeitung auf Türkisch zu vollziehen und sich dies aus inhaltlicher Sicht als produktiv herausgestellt hat.

6.3.2. Aleyna und Kenan, 1. Klasse

Die Analyse der Bearbeitung des Aufgabenteils 1 der Aufgabe 2

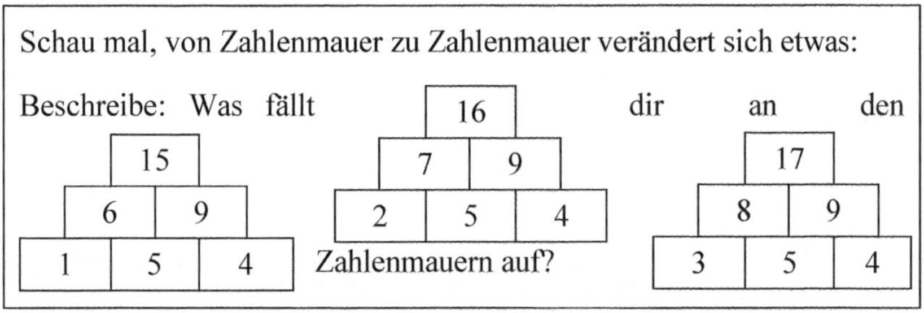

Abbildung 16: Aufgabenteil 1 der Aufgabe 2 vom Blatt 1A

Beschreibung der Situation

Die Erstklässler Aleyna und Kenan bearbeiten gemeinsam das Arbeitsblatt 1A zum Thema „Zahlenmauer“. Die Kinder haben das türkischsprachige Arbeitsblatt für Aufgabe 1 gewählt. In der ersten Aufgabe haben sie erläutert, wie man in einer Zahlenmauer rechnet und selbst eine lückenhafte Zahlenmauer ausgefüllt. Die Interviewerin, Selma, legt daraufhin das nächste Arbeitsblatt auf Türkisch auf den Tisch und liest in Turn 1 die Aufgabenstellung laut vor.

Die Analyse der Aufgabenbearbeitung

In Turn 2 fokussiert Aleyna elementweise die sich verändernden und unveränderten Zahlen in der ersten Reihe von Zahlenmauer zu Zahlenmauer. Als sie sich auf die verändernden Zahlen in den linken Steinen bezieht, verwendet sie zu Beginn die Lokaldeixis „hier“ und zählt dann die Zahlen auf, während sie auf die entsprechenden Stellen in den Zahlenmauern nacheinander zeigt. Danach fährt sie mit „dann“ fort und zählt die unveränderten Zahlen in dem mittleren Stein auf und danach in dem rechten Stein auf, während sie dabei auf die entsprechenden Stellen zeigt. Kenan betrachtet daraufhin in Turn 4 die sich verändernden Zahlen in der zweiten Reihe von Zahlenmauer zu Zahlenmauer, in dem er diese aufzählt. Aleyna äußert sich in Turn 5 erneut über die Zahlen in den ersten Reihen der Zahlenmauer, jedoch dieses Mal als zusammengesetzte Elemente (1,5,4; 2,5,4; 3,5,4) und nicht – wie zuvor in Turn 2 – elementweise. Dabei initiiert sie ihre Äußerung mit der Aufforderung „guck“, um möglicherweise die Höreraufmerksamkeit auf die entsprechenden Stellen zu lenken.

Von Turn 6 bis Turn 22 sprechen Kenan und Aleyna darüber, was sie bei der nächsten Zahlenmauer auf dem Arbeitsblatt machen müssen. Inhaltlich entsprechen ihre Ideen jedoch nicht der Intention der Aufgabe die Systematik weiterzuführen. Es könnte sein, dass die Lernenden die Aufgabenstellung zu dieser vierten Zahlenmauer nicht gelesen haben. Selma interveniert und bringt die Lernenden dazu wieder die derzeit zu bearbeitende Aufgabe zu fokussieren.

Aleyna wiederholt daraufhin in Turn 23 die bereits in Turn 2 genannten Auffälligkeiten elementweise initiiert mit der Lokaldeixis „hier“. Daraufhin legt sie in Turn 30 den Fokus auf die sich verändernden Zahlen in der zweiten Reihe und in Turn 34 auf die unveränderten Zahlen in der zweiten Reihe von Zahlenmauer zu Zahlenmauer, indem sie diese aufzählt. In Turn 36 zählt sie die sich verändernden Zahlen in der dritten Reihe von Zahlenmauer zu Zahlenmauer auf. Somit gibt Aleyna vollständig alle unveränderten und sich verändernden Elemente von Zahlenmauer zu Zahlenmauer an.

Als Antwort auf die Aufgabenstellung, die von der Interviewerin in Turn 37 wiederholt wird, diktiert Aleyna der Interviewerin in Turn 38 die sich verändernden Zahlen in der ersten Reihe von Zahlenmauer zu Zahlenmauer („1,2,3 geht es“ und bewegt dabei einen Finger über die drei Zahlenmauern von rechts nach links und dann von links nach rechts). Aleyna gibt demnach durch Nachfragen beziehungsweise Moderation der Interviewerin alle sich verändernden und unveränderten Elemente der Zahlenmauer systematisch von unten nach oben an. Dabei intendieren die Nachfragen der Interviewerin jedoch auch, dass es vermutlich noch weitere Auffälligkeiten gibt, die es zu erwähnen gilt (s. bspw. Turn 29 und 33). Aleyna wiederrum fokussiert immer wieder die erste Reihe (s. Turn 2, 4 und 23) und nennt am Ende lediglich die unveränderten Elemente von Zahlenmauer zu Zahlenmauer aus der ersten Reihe (s. Turn 39).

Zusammenfassung der Analyse

Im Gesamten zeigt sich, dass Aleyna in ihren Äußerungen die äußere Beschaffenheit der Zahlenmauern betrachtet und somit die Sprechhandlung des Beschreibens realisiert. Während die Beschreibung zu Beginn noch unvollständig ist und der Fokus auf der ersten Reihe liegt, vollzieht Aleyna an späterer Stelle unter Anleitung der Interviewerin eine vollständige Beschreibung der unveränderten und sich verändernden Elemente und dies systematisch von unten nach oben. Dies findet im übergeordneten Muster des Aufgaben-Stellens/Aufgabe-Lösens statt. Werden die Äußerungen an der Musterposition des Lösungsversuches betrachtet, wirken sie sprachlich wie eine Aufzählung und Benennung von Zahlen. In Bezug auf die gestellte Aufgabenstellung sind ihre Verbalisierungen jedoch dahingehend als Beschreibung aufzufassen, dass sie unveränderte und sich verändernde Elemente von Zahlenmauer zu Zahlenmauer beschreibt. Zudem ist ab Turn 22 die verstärkte Moderation und Vergabe des Rederechts von der Interviewerin zu beachten, sodass es sich um Sprechhandlungssequenzen handelt, die immer wieder den Zweck verfolgen die äußere Beschaffenheit zu verbalisieren und somit die Sprechhandlung Beschreiben realisiert wird. Dabei zeigt sich, dass die Interaktion ab Turn 22 stärker zwischen Aleyna und der Interviewerin erfolgt und Kenan eine eher zurückhaltende Rolle einnimmt. Kenan äußert sich in Bezug auf die Auffälligkeiten in Turn 4 einmalig. In diesen Turns fällt aus linguistischer Perspektive auf, dass die Verbalisierungen eher „spracharm“ sind. Die Lernenden zählen meist die Zahlen auf und verweisen auf diese gestisch (s. bspw. Turn 4 und 34). Aleyna nutzt in manchen Turns die Lokaldeixis „hier“ (s. bspw. Turn 2) oder „guck“ (s. Turn 5), um möglicherweise die Höreraufmerksamkeit auf die festgestellte Auffälligkeit zu lenken und verweist dabei begleitend gestisch auf sie. Zudem verwendet sie einmalig „dann“ und dies temporal im Sinne von „und dann“. Dies sowie ihre Enumerationen sind Indikatoren für die Sprechhandlung Beschreiben, wie sie in der Literatur zu finden sind

(s. Kapitel 2.2), während andere nicht zu finden sind, wie beispielsweise Präpositionalkonstruktionen.

Nutzung der Möglichkeit des flexiblen Einsatzes der Sprachen in dieser Aufgabenbearbeitung

Hinsichtlich der Nutzung der Sprachen Deutsch und Türkisch zeigt sich, dass Aleyna die erste Beobachtung in Turn 2 auf Türkisch äußert, Kenan daraufhin auf Deutsch eine Auffälligkeit benennt und Aleyna dann auch ins Deutsche wechselt. Kenan hingegen verbleibt im Deutschen in der Interaktion mit Aleyna. Als die Interviewerin wieder ab Turn 14 an der Interaktion teilnimmt, äußert Aleyna ihre Erkenntnisse auf Türkisch sowie auch Kenan in Turn 25. Dabei ist auffällig, dass Kenan dann in Turn 28 seine an Aleyna gerichtete Äußerung auf Deutsch realisiert. Es wirkt im Gesamten derart, als dass die Lernenden Äußerungen untereinander auf Deutsch realisieren, wobei Aleyna ihre erste Verbalisierung auf Türkisch tätigt, jedoch vermutlich aufgrund von Kenans nächsten Äußerung auf Deutsch auch ins Deutsche wechselt und dabei verbleibt. In der Interaktion zwischen Interviewerin und Lernenden wechseln die Lernenden jedoch ins Türkische. Hinsichtlich der geäußerten Auffälligkeiten zeigt sich demnach, dass diese größtenteils auf Türkisch verbalisiert wurden und somit die vollständige und systematische Beschreibung von Aleyna auf Türkisch realisiert wurde.

Die Aufstellung der Hypothesen

Hinsichtlich der veränderten und unveränderten Elemente entsteht aufgrund des wiederholten Erwähnens die Vermutung, dass für die Lernenden insbesondere die sich verändernden Elemente in der ersten Reihe relevant erscheinen. Somit kann für eine darauffolgende Erklärung folgende Hypothese aufgestellt werden:

1. *Die in der Beschreibung wiederholt fokussierten veränderten Elemente der ersten Reihen von Zahlenmauer zu Zahlenmauer, werden die Lernenden in der darauffolgenden Erklärung nutzen.*

In Bezug auf die Abfolge der Zahlpositionen ist die Generierung einer Hypothese für eine darauffolgende Erklärung schwierig. Wird die anfängliche Aufgabenbearbeitung betrachtet, könnte vermutet werden, dass Kenan in Turn 4 womöglich seine Fokussierung der zweiten Reihe als Anschluss an die vorherige Fokussierung von Aleyna der ersten Reihe anknüpft. Aleyna wiederrum verweist Kenan dann wieder auf die erste Reihe, sodass sie inhaltlich nicht an seine anknüpft, sondern weiterhin in der ersten Reihe verbleibt. Während demnach bei Kenan lediglich vermutet werden kann, ob dies als Anschlusshandlung zu verstehen ist und er anschließend nichts mehr auf die Aufgabe bezogen äußert, könnte für Aleyna an dieser Stelle der Fokus in der ersten Reihe verhaften. Später erwähnt Aleyna jedoch systematisch von unten nach oben veränderte und unveränderte Elemente. Hier muss jedoch bedacht werden, dass die Interviewerin durch Nachfragen (bspw. in Turn 29 „Was fällt euch noch auf?“) die Nennung weiterer Auffälligkeiten evoziert. Nichtsdestotrotz hätte Aleyna diese jedoch auch unsystematisch benennen können. Es lässt sich somit eine weitere Hypothese generieren:

2. *Die in der Beschreibung systematisch angeführten veränderten und unveränderten Elemente von Zahlenmauer zu Zahlenmauer werden zu einer strukturierten Erklärung führen.*

Die Analyse der Bearbeitung des Aufgabenteils 2 der Aufgabe 2

Die Bearbeitung der nächsten Aufgaben, in der sie nach der vorherigen Systematik eine unvollständig ausgefüllte Zahlenmauer vervollständigen sollen, ermöglicht einen Einblick, inwiefern sie die systematischen Veränderungen von den vorherigen Zahlenmauern erkannt haben. Die Lernenden erhielten hierfür folgende Aufgabe:

Wie müsste denn nun die nächste Zahlenmauer aussehen?

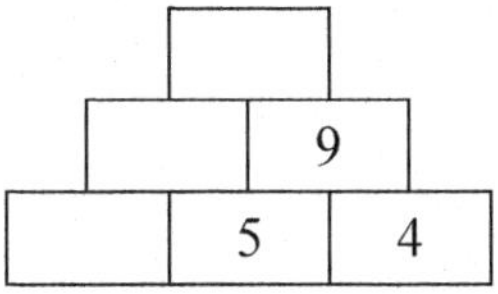

Abbildung 17: Aufgabenteil 2 der Aufgabe 2 vom Blatt 1A

Aleyna hat in Turn 55 die Idee, dass in den linken freien Stein in der ersten Reihe der unvollständigen Zahlenmauer eine 1 notiert werden könnte. Nachdem Kenan diese Idee in Turn 56 ablehnt und in Turn 58 die Zahl 4 angibt, widerspricht Aleyna erst einmal. Sie betrachtet daraufhin vermutlich die Zahlenmauern 1 bis 3, da sie dort undeutlich auf Stellen verweist. Kenan verbalisiert dann in Turn 60 die Zahl 3 und tippt dabei auf die Zahl 3 im linken Stein in der ersten Reihe von der dritten Zahlenmauer. Daraufhin initiiert Aleyna in Turn 61 mit der Interjektion „ah“ ihre Äußerung und wiederholt die Zahl 4. Es wirkt derart, als sei dies für Aleyna nun eine neue Erkenntnis. Kenan offenbart daraufhin, dass er dies bereits gesagt hat. Auf die Frage des Grundes von Selma nennt Kenan in Turn 65 – ohne gestische Verweise – die Zahl 3, während Aleyna ihre Verbalisierung mit der kausalen Konjunktion „weil“ in Turn 64 initiiert und daraufhin in Turn 66 fortfährt. Dabei möchte sie möglicherweise mit der Lokaldeixis „hier“ die Höreraufmerksamkeit auf die Zahlen 1,2,3 lenken und äußert dann die Zahlen sowie verweist gestisch auf diese.

Hinsichtlich der Äußerung von Kenan ist zu vermuten, dass in der unvollständigen Zahlenmauer der Nachfolger der Zahl 3 in dem linken unteren Stein in der ersten Reihe notiert werden muss. Aleyna hingegen schien zu Anfang unabhängig von den vorherigen drei Zahlenmauern ihre Idee mit der Zahl 1 entwickelt zu haben. Erst nach der bewussten Fokussierung der vorherigen Zahlenmauern schien sie zur Erkenntnis gelangt zu sein, dass in diesem freien Stein die Zahl 4 folgen müsste. Es ist dabei möglich, dass die Lernenden stärker erst einmal für sich selbst die Aufgabe bearbeiten anstatt dies gemeinsam zu realisieren.

Aleyna verbalisiert zudem in Turn 66, dass in dem linken Stein der zweiten Reihe die Zahl 9 notiert werden müsse. Zeitgleich nennt Kenan in Turn 67 anstatt der Zahl 9 die Zahl 8, was von Aleyna in Turn 68 bejaht und von Kenan eingetragen wird. Danach in den Turns 71 und 74 äußert Kenan die Zahl 18 für den leeren Stein in der dritten Reihe. Demnach ist zu vermuten, dass Kenan die Notwendigkeit der Fortsetzung einer bestimmten Systematik bewusst ist, um die unvollständige Zahlenmauer auszufüllen. Offen bleibt, inwieweit Aleyna zu diesem Zeitpunkt die Systematik bewusst ist. Auf Nachfrage von Selma an Kenan, weshalb es ihm derart schnell bewusst war, fühlt sich Aleyna möglicherweise auch angesprochen und verbalisiert in Turn 78 die Erklärung, dass es durch Rechnen dazu gekommen sei. Sie verweist demnach nicht auf die Fortführung der erkannten Systematik, sondern auf die inneren Rechenregeln in einer Zahlenmauer. Auch auf erneutes Nachfragen von Selma in Turn 79, ob er gerechnet habe, äußert Kenan in Turn 80, dass er das in der Schule immer mache. Demnach erklärt er es vermutlich anhand der additiven Struktur in einer Zahlenmauer und nicht durch die zuvor beobachtete Berücksichtigung der Zahlen in den vorherigen Zahlenmauern, um diese Zahlenmauer entsprechend der Systematik auszufüllen.

Im Nachfolgenden findet die Analyse der hierauf folgenden Aufgabenbearbeitung statt mit Rückbezug zu den Bearbeitungen der Lernenden in dieser Aufgabe und einer abschließenden Bezugnahme auf die aufgestellten Hypothesen.

Die Analyse der Bearbeitung des Aufgabenteils 3 der Aufgabe 2

Erkläre: Warum wird der oberste Stein von Zahlenmauer zu Zahlenmauer immer um 1 größer?

Abbildung 18: Aufgabenteil 3 der Aufgabe 2 vom Blatt 1A

Beschreibung der Situation

Nachdem die Erstklässler Aleyna und Kenan die vorherigen Aufgaben bearbeitet haben, geht die Interviewerin zur nächsten Aufgabe über. Dabei legt sie in Turn 85 vor die Lernenden das Arbeitsblatt 2 mit den Zahlenmauern und liest die Aufgabenstellung vor. Sie zeigt dabei von links nach rechts auf die entsprechenden obersten Steine von Zahlenmauer zu Zahlenmauer.

Die Analyse der Aufgabenbearbeitung

Nachdem Selma diese Frage an die Lernenden gerichtet hat, bezieht sich Aleyna in Turn 88 erst einmal auf Zahlen 1,2,3 von Zahlenmauer zu Zahlenmauer. Sie leitet ihre Äußerung mit der kausalen Konjunktion „weil“ ein und verwendet die Generalisierung „immer“. Es ist an dieser Stelle zu vermuten, dass Aleyna die Zahlen 1,2,3 als Ursachen für die Veränderung der Zahlen im obersten Stein ansieht. Somit könnte sich hinter dieser Erkenntnis die Gesetzmäßigkeit verbergen, dass wenn die Zahlen in den linken Steinen der ersten Reihe von Zahlenmauer zu Zahlenmauer immer um 1 größer werden, dann auch die Zahl im obersten Stein von Zahlenmauer zu Zahlenmauer immer um 1 größer wird. Demnach kann folgende Abduktion rekonstruiert werden:

Resultat:	Die Zahl im obersten Stein wird von Zahlenmauer zu Zahlenmauer immer um eins größer.
Gesetz:	Wenn die Zahlen in den linken Steinen der ersten Reihe von Zahlenmauer zu Zahlenmauer immer um 1 größer werden, dann wird die Zahl im obersten Stein von Zahlenmauer zu Zahlenmauer immer um 1 größer.
Fall:	„Weil immer [...] da unten bei 1,2,3“ als Veränderung der Zahlen in den linken Steinen in der ersten Reihe von diesen Zahlenmauern zu Zahlenmauern.

Im gleichen Turn äußert sie noch weitere Aspekte und verweist auf andere Stellen in den Zahlenmauern. Sie verbalisiert, dass es etwas unten gebe sowie „hier“ und „da“ und verweist dabei vermutlich auf die Steine in der zweiten und dritten Reihe. Sie sieht demnach etwas, das es nicht nur in der ersten Reihe gibt, sondern in allen Reihen. Es ist in diesem Turn jedoch noch unklar, worauf sie sich bezieht. Die Interviewerin hat vermutlich nicht genau verstanden, was Aleyna konkret herausgefunden hat und fragt kleinschrittiger bei Aleyna nach. Aleyna äußert in Turn 98 dann die Erkenntnis „immer mehr“ und verdeutlicht dies an den Zahlenmauern. Hierfür verweist sie gestisch in diesem Turn erst einmal ungenau auf die Zahlenmauern mit einer Bewegung von links nach rechts und danach von rechts nach links. In Turn 103 bezieht sie sich gestisch konkret auf die Veränderung von Zahlenmauer zu Zahlenmauer in den obersten Reihen, was jedoch für die Interviewerin nicht zufriedenstellend sein könnte, da sie Aleyna in Turn 104 darauf hinweist, dass dies genau die Aufgabenstellung sage. Auch wenn sie linguistisch gesehen ihre Äußerung mit einer kausalen Konjunktion (s. Turn 88) initiiert und Generalisierungen verwendet (s. Turn 88 und 98), kann nicht genau gesagt werden, welchen genauen Zusammenhang sie zwischen den Veränderungen in den einzelnen Reihen von Zahlenmauer zu Zahlenmauer wahrnimmt.

Nachdem die Interviewerin die Lernenden auffordert sich noch einmal gemeinsam mit der Aufgabenstellung zu befassen, äußert Aleyna an Kenan gewandt einen neuen Aspekt. Sie erklärt in Turn 117 die unterschiedlichen Zahlen in der obersten Reihe in den Zahlenmauern anhand der unterschiedlichen Zahlen in der zweiten Reihe, die miteinander addiert werden. Dies kann als Erläuterung der additiven Struktur der Zahlen in den Zahlenmauern angesehen werden. Eine alternative Deutung wäre, dass es als Begründungsversuch für das folgende angeführte Gesetz interpretiert werden könnte. Sie spezifiziert daraufhin ihre Äußerung, indem sie die Zahlen 9,9,9 und 6,7,8 aufzählt und dabei die Generalisierung „das sind immer“ verwendet. Aleyna erkennt womöglich die Gesetzmäßigkeit, dass die sich vergrößernden Zahlen in den linken Steinen der zweiten Reihe von Zahlenmauer zu Zahlenmauer in Kombination mit den gleichbleibenden Zahlen in den rechten Steinen der zweiten Reihe zu der Vergrößerung der Zahlen in der obersten Reihe um 1 führt. Hieraus ergibt sich demnach die folgende mögliche Abduktion:

Resultat: Die Zahl im obersten Stein wird von Zahlenmauer zu Zahlenmauer immer um 1 größer.

Gesetz: Wenn die Zahl im linken Stein in der zweiten Reihe von Zahlenmauer zu Zahlenmauer immer um 1 größer wird und gleichzeitig die Zahlen rechts der zweiten Reihe von Zahlenmauer zu Zahlenmauer unverändert bleiben, dann wird die Zahl im obersten Stein immer um 1 größer.

Fall: „Das sind immer [...] 9,9,9 6,7,8“ als Elemente der veränderten und unveränderten Zahlen in der zweiten Reihe von Zahlenmauer zu Zahlenmauer.

Als Kenan äußert, dass er dies verstanden habe, kommt die Interviewerin hinzu und lässt die Lernenden ihre Erkenntnisse erneut wiederholen (s. Turn 120 bis 122). Aleyna wiederholt daraufhin in Turn 123 jedoch nicht die unmittelbar vorherige Erkenntnis, sondern die bereits getätigte Betrachtung der Addition der beiden Zahlen in der zweiten Reihe, deren Summe im obersten Stein steht.

Die Interviewerin legt in Turn 133 die Hilfekarte 2[21] vor die Lernenden und lässt die fehlenden Zahlen ausfüllen. Als dies geschehen ist, möchte sie auf dieser Grundlage möglicherweise erneut versuchen, ob den Lernenden noch andere Ursachen auffallen. Da die Lernenden jedoch darauf nicht eingehen und auch keinen Antwortsatz diktieren möchten, zieht die Interviewerin nun eine andere Aufgabe hinzu, die der jetzigen Aufgabe ähnelt. Es könnte sein, dass die Interviewerin durch den Vergleich mit einer ähnlichen Aufgabe versucht für die Lernenden die Erkennung der Zusammenhänge bei der bisherigen Aufgabe zu erleichtern. Die folgende Interaktion fokussiert jedoch dann ausschließlich die neue Aufgabe.

[21] Die Hilfekarte befindet sich im Anhang (s. Anhang C).

Zusammenfassung der Analyse

Im Gesamten leitet die Interviewerin die Aufgabenbearbeitung und die Bearbeitung findet entsprechend des übergeordneten Musters des Aufgabe-Stellens/Aufgabe-Lösens statt. An den Musterpositionen des Lösungsversuches lassen sich die Äußerungen in Turn 88 und Turn 117 als Sprechhandlung Erklären sowie als Sprechhandlungsverkettungen identifizieren, da Aleyna in ihren beiden Verbalisierungen Ursachen für die Veränderungen der Zahlen in den obersten Steinen von Zahlenmauer zu Zahlenmauer anführt und sich demnach über die innere Systematik des Sachverhalts äußert. Es handelt sich somit um den Typ der Erklärung von Ursache-Wirkungs-Zusammenhängen, der durch die Aufgabestellung initiiert wird und nicht durch das Anzeigen einer Wissensdifferenz seitens des Hörers. Die Äußerungen von Aleyna in Turn 105, 117 und in 123 können als Erläuterung angesehen werden, wenn Aleyna dies reparativ äußert, um der Interviewerin darzulegen, dass die Zahl im obersten Stein durch die Addition der beiden Zahlen in der zweiten Reihe entsteht.

Hinsichtlich der Veränderung an sprachlichen Mitteln lässt sich zusammenfassen, dass die Lernenden bei dieser Aufgabenbearbeitung teilweise andere sprachliche Mittel nutzen als in ihren Beschreibungen. So verwendet Aleyna in Turn 88 die kausale Konjunktion „weil" und den Allquantor „immer". Im Gesamten arbeiten die Lernenden weiterhin häufig mit dem Aufzählen von Zahlen und der Unterstützung ihrer Äußerung durch gestische Verweise an den Zahlenmauern sowie die Nutzung von Lokaldeixis zur Lenkung der Aufmerksamkeit des Hörers. An einigen Stellen werden jedoch – im Gegensatz zu ihren Äußerungen im Rahmen der Beschreibungen – die Lagebeziehungen der Elemente durch „oben" oder „unten" (s. Turn 88) sprachlich näher beschrieben anstatt ausschließlich auf diese gestisch zu verweisen. Der in der Literatur als Indikator genannten sprachlichen Mittel (s. Kapitel 2.3) der „wenn-dann"-Konstruktionen wird von Aleyna in Turn 117 genutzt, jedoch temporal und nicht kausal. Der in der Literatur genannte Indikator der „so dass"-Konstruktionen findet sich nicht wieder.

Der Zusammenhang zwischen vorrangegangene(n) Beschreibung(en) und darauffolgende(n) Erklärung(en) anhand der aufgestellten Hypothesen

Anhand der Analyse der Beschreibungen im Rahmen der Bearbeitung von Aufgabenteil 1 der Aufgabe 2 wurden zwei Hypothesen aufgestellt, auf die im Folgenden einzeln eingegangen wird:

1. *Die in der Beschreibung wiederholt fokussierten veränderten Elemente der ersten Reihen von Zahlenmauer zu Zahlenmauer, werden die Lernenden in der darauffolgenden Erklärung nutzen.*

Die Analyse der Erklärungsversuche zeigt auf, dass Aleyna in Turn 88 in ihrer Erklärung die veränderten Elemente der ersten Reihen von Zahlenmauer zu Zahlenmauer nutzt und somit der Hypothese zugestimmt werden kann. Zudem führt Aleyna in Turn 117 eine weitere Ursache an, deren Elemente sie bereits während der Beschreibung berücksichtigt hat. Möglicherweise erkennt Aleyna in Turn 177, dass die sich vergrößernden Zahlen in den linken Steinen der zweiten Reihe von Zahlenmauer zu Zahlenmauer in Kombination mit den gleichbleibenden Zahlen in den rechten Steinen der zweiten Reihe dazu führen zur Vergrößerung der Zahlen in der obersten Reihe um 1 führen. Diese Fokussierung der zweiten Reihe fand von Aleyna – unter Moderation der Interviewerin – in ihren Beschreibungen in Turn 30 und 34 statt. Somit lassen sich die unter Anleitung der Interviewerin benannten Auffälligkeiten auch in der Erklärung wiederfinden. Dies widerlegt die vorherige Vermutung, dass Aleyna ausschließlich ihre in der Beschreibung mehrfach wiederholt genannte Auffälligkeit für eine darauffolgende Erklärung nutzt. Vielmehr zeigt sich hier, dass auch Aspekte, die in einer eher kleinschrittigen Interaktion zwischen Interviewerin und Lernenden geäußert wurden, in einer darauffolgenden Erklärung genutzt werden können.

2. *Die in der Beschreibung systematisch angeführten veränderten und unveränderten Elemente von Zahlenmauer zu Zahlenmauer werden zu einer strukturierten Erklärung führen.*

Es zeigt sich, dass Aleyna zu Beginn in Turn 88 die veränderten Elemente in der ersten Reihe nutzt, um die Veränderungen der Zahlen im obersten Stein zu erklären und später die veränderten und unveränderten Elemente in der zweiten Reihe, um eine weitere Ursache anzuführen. Sie geht demnach von oben nach unten vor, auch wenn sie keinen Zusammenhang zwischen der ersten und zweiten Reihe herstellt. Dabei werden erst einmal die Veränderungen in den ersten Reihen als Ursache für die Veränderungen in der obersten Reihe betrachtet sowie an späterer Stelle die Veränderungen und das Unveränderte in den zweiten Reihen für einen weiteren Zusammenhang. Somit sind die Ursachen isoliert voneinander anzusehen.

Die beiden Hypothesen lassen sich somit teilweise bestätigen. Hinsichtlich der ersten Hypothese ist aufgefallen, dass die nicht ausschließlich in der Beschreibung wiederholt erwähnten Auffälligkeiten in einer darauffolgenden Erklärung genutzt werden, sondern auch andere bereits genannte Auffälligkeiten, die unter Anleitung der Interviewerin getätigt wurden, Teil einer darauffolgenden Erklärung sein können. Gleichzeitig weisen die Erkenntnisse aus der zweiten Hypothese darauf hin, dass ein systematisches Vorgehen in einer Beschreibung auch in einer Erklärung erkennbar sein kann. Dies muss jedoch nicht dazu führen, dass komplexere Zusammenhänge erkannt werden, sondern Ursachen können – wie zuvor auch Auffälligkeiten – weiterhin isoliert voneinander angeführt werden. Demnach sind zwischen den beiden Aufgabenbearbeitungen Zusammenhänge erkennbar, sodass bei dieser Analyse zusammenfassend festzuhalten ist, dass die vorangegangene Beschreibung die darauffolgende Erklärung teilweise beeinflusst hat.

Die Nutzung der Möglichkeit des flexiblen Einsatzes der Sprachen

Hinsichtlich der Nutzung beider Sprachen zeigt sich ein ähnliches Bild wie bei den Beschreibungen den Lernenden. Aleyna, die sich die meiste Zeit bei dieser Aufgabenbearbeitung äußert, während sich Kenan zurückhält, nutzt die türkische Sprache, wenn sie ihre Äußerungen an die Interviewerin richtet. Vereinzelt mischt sie auch die Sprachen in einer Äußerung (s. bspw. Turn 123). Als sie jedoch explizit von der Interviewerin aufgefordert wird, dass sie sich untereinander austauschen sollen (s. Turn 114), wechselt sie ins Deutsche. Dabei äußert sie auf Deutsch eine Ursache in Turn 117 an Kenan gerichtet, während sie in Turn 88 an die Interviewerin gewandt eine Ursache auf Türkisch geäußert hat. Demnach ist zu vermuten, dass Aleyna flexibel ihre Entdeckungen auf Deutsch oder Türkisch verbalisieren kann. Dabei ist die Auswahl der Sprache nicht abhängig von der Schwierigkeit des Inhaltes, sondern vielmehr von dem Hörer, an den sie ihre Erkenntnisse richtet.

6.3.3. Suna und Seda, 3. Klasse

Die Analyse der Bearbeitung des Aufgabenteils 1 der Aufgabe 2

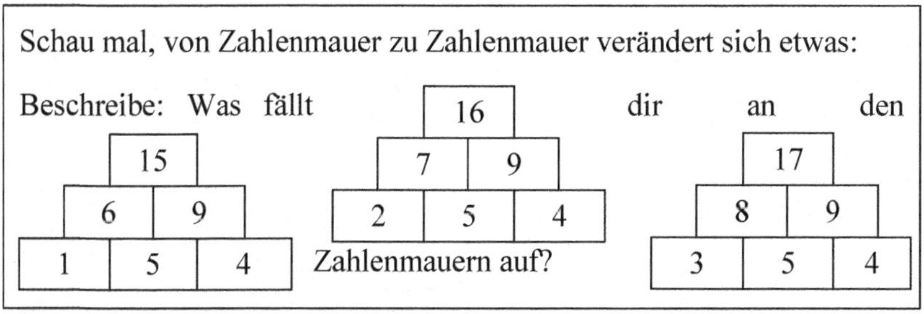

Abbildung 19: Aufgabenteil 1 der Aufgabe 2 vom Blatt 1A

Beschreibung der Situation

Die Drittklässler Suna und Seda bearbeiten gemeinsam das Arbeitsblatt 1A zum Thema „Zahlenmauer“. Die Kinder wählen das deutschsprachige Arbeitsblatt für Aufgabe 1 und schreiben die Antwort auf Deutsch auf. Für das Arbeitsblatt mit den Aufgabenteil 1 und 2 der Aufgabe 2 wählen sie Türkisch. Suna liest die Aufgabenstellung (Übersetzung: „Schau mal, von Zahlenmauer zu Zahlenmauer verändert sich etwas. Beschreibe: Was fällt dir an den Zahlenmauern auf?“) laut vor. Danach besprechen sie in den Turns 1 bis 8 gemeinsam mit der Interviewerin, Selma, die Aufgabenstellung auf Türkisch.

Analyse der Aufgabenbearbeitung

In Turn 9 fokussiert Suna die Zahlen in der obersten Reihe, indem sie „15,16,17" äußert. Die Äußerung beendet sie mit „zum Beispiel", um vermutlich zu verdeutlichen, dass dies eine mögliche Auffälligkeit ist, die genannt werden kann. Seda bestätigt daraufhin in Turn 10 das Gesagte von Suna, wiederholt es und ergänzt die Information, dass die „Zahl geht hintereinander". Eine Interpretation wäre, dass Suna hier die Zahlen 15, 16 und 17 als Zahlenfolge[22] wahrnimmt. In Turn 12 fokussiert sie die zweite Reihe, in der ihr auffällt, dass die Zahlen verschieden seien. Aus linguistischer Perspektive möchte sie in diesem Turn möglicherweise an ihre vorherige Äußerung anknüpfen, indem sie ihre Verbalisierung durch „oder hier" initiiert. In dem Turn zeigt sie zuerst auf den linken und dann auf den rechten Stein in der zweiten Reihe von der ersten Zahlenmauer und benennt dabei die Zahlen. Es bleibt dabei offen, was sie mit „verschieden" ausdrücken möchte. In Turn 14 führt sie dann eine weitere Auffälligkeit an und betrachtet vermutlich nun die erste Reihe. So spricht sie davon, dass „diese zwei" gleich seien und verweist gestisch auf die Zahlen in dem mittleren und rechten Stein in der ersten Reihe der ersten und dritten Zahlenmauer. Sie fokussiert demnach die unveränderten Elemente in der ersten Reihe. Unklar ist, was sie in der zweiten Zahlenmauer als anders wahrnimmt im Gegensatz zu den anderen beiden Zahlenmauern, da sie sagt „und das ist auch gleich, aber anders". Linguistisch führt sie durch die Verwendung der Konjunktion „und" vermutlich neue Auffälligkeiten an. In Turn 15 fokussiert Suna die dritte Zahlenmauer und bezieht sich auf die beiden Zahlen in der zweiten Reihe. Suna betrachtet möglicherweise an dieser Stelle nicht die Veränderungen von Zahlenmauer zu Zahlenmauer, sondern erwähnt zwei Zahlen aus einer Zahlenmauer. Dies realisiert sie, indem sie davon spricht, dass „hier [...] auch 8, 9 [sind]". Die Verwendung des Adverbs „auch" wirkt dabei, als ob sie an die vorherige Äußerung von Seda durch eine neue Auffälligkeit anschließen möchte. Zudem weist ihre

---

[22] Der Begriff der „Folge" wird hier und folgend nicht im mathematischen Sinne gebraucht.

Fokussierungen hier Parallelen zu der Äußerung von Seda in Turn 12 auf. In Turn 16 bestätigt Seda das Gesagte von Suna und führt in Turn 18 dann zwei neue Aspekte an. Sie betrachtet nun vermutlich die sich verändernden Elemente von Zahlenmauer zu Zahlenmauer, indem sie erst einmal sagt „es geht so 6, 7, 8“ und dann „hier geht es so 1, 2, 3“ und dabei jeweils auf die entsprechenden Steine in den Zahlenmauern zeigt. Durch die Verwendung des Verbes „gehen“ kann die Vermutung entstehen, dass Seda die Zahlen als Zahlenfolge beschreibt. Zudem beendet sie ihre Verbalisierung mit „es ist wirklich sehr verschieden“. Demnach hat sie möglicherweise zuvor in Turn 14 die unveränderten Elemente betrachtet, was sie mit „gleich“ beschreibt und nun in Turn 18 die veränderten Elemente durch das Adjektiv „verschieden“. So zeigt sich aus mathematisch-inhaltlicher Sicht, dass die Lernenden bis zum Turn 18 eine Beschreibung der veränderten und unveränderten Elemente von Zahlenmauer zu Zahlenmauer realisieren.

Bis zu Turn 18 realisieren Seda und Suna gemeinsam als Sprechhandlungssequenzen die Sprechhandlung Beschreiben, da sie sich hinsichtlich der äußerlich wahrnehmbaren Beschaffenheit der Zahlenmauern äußern. Ihre Fokussierung beginnt dabei in der obersten Reihe und Seda sucht möglicherweise ähnliche Auffälligkeiten, indem sie davon spricht, dass manche Aspekte gleich und andere verschieden seien. Dabei geht sie eher unsystematisch vor. Suna hingegen beschreibt in Turn 9 womöglich noch von Zahlenmauer zu Zahlenmauer Auffälligkeiten, jedoch in ihrer nächsten Aussage in Turn 15 verbleibt sie in einer Zahlenmauer. Im Gesamten wirken die Äußerungen – insbesondere von Seda – bis Turn 18 derart, dass die Lernenden noch eher unstrukturiert Vergleiche der Zahlen anstreben und dabei bereits unveränderten und veränderte Elemente zu betrachten. Linguistisch gesehen findet an manchen Stellen (bspw. Turn 9) ein Aufzählen der Zahlen mit gestischen Verweisen statt, aber an anderen Stellen verwenden sie vergleichende Adjektive wie „gleich“ (s. Turn 14), „anders“ (s. Turn 14) oder „verschieden“ (s. Turn 18). Zudem möchte Seda in Turn 18 möglicherweise durch das Verb „gehen“ eine wahrgenommene Zahlenfolge beschreiben.

Nachdem die Interviewerin Selma in Turn 19 fragt, was die Lernenden bemerkt haben, gibt Seda in Turn 20 alle veränderten und unveränderten Elemente von Zahlenmauer zu Zahlenmauer an und begleitet ihre Äußerung gestisch, indem sie auf die entsprechenden Zahlen in den Zahlenmauern zeigt. Dabei beginnt sie in der ersten Reihe mit den linken Zahlen, die sich von Zahlenmauer zu Zahlenmauer verändern und fährt daraufhin mit den unveränderten Elementen in der gleichen Reihe fort. Sie spricht in dem Zusammenhang davon, dass „diese drei gleich“ seien und nennt danach die unveränderten Elemente zusammengesetzt. Damit macht sie explizit, dass sie die Zahlen 4 und 5 als ein gemeinsames Element wahrnimmt und somit diese zusammengesetzten Elementen 4, 5 dreimal vorkommen und gleich sind. Nachdem Seda die veränderten und unveränderten Elemente in der ersten Reihe betrachtet hat, verlagert sich ihr Fokus auf die zweite Reihe. Sie initiiert dies mit der Konjunktion „dann“ und zählt die veränderten Elemente in der zweiten von Zahlenmauer und Zahlenmauer auf. Daran anschließend sagt sie „es geht so 9, 9, 9“, womit sie die unveränderten Elemente der zweiten Reihe betrachtet. Aus linguistischer Sicht wird bis zu dieser Stelle vermutet, dass sie durch die Verwendung des Verbes „gehen“ in dem Zusammenhang mit der Aufzählung von Zahlen eine Zahlenfolge beschreibt beziehungsweise wahrnimmt. Dies würde hier jedoch inhaltlich nicht adäquat sein, da drei gleiche Zahlen keine Zahlenfolge darstellen. Es könnte demnach als Gegenargument für den zuvor genannten Aspekt angesehen werden, dass Seda die Zahlen vermutlich als Zahlenfolge wahrnimmt. Danach äußert Seda „15, 16, 17“ und verlagert demnach ihren Fokus auf die oberste Reihe. Demnach nennt Seda in diesem Turn vollständig und systematisch von unten nach oben die unveränderten und veränderten Elemente von Zahlenmauer zu Zahlenmauer. Zudem erkennt sie, welche Elemente auch zusammengesetzt beschrieben werden können. Dies könnte auf eine Art Klassenbildung hindeuten.

Somit realisiert Seda in Turn 20 die Sprechhandlung Beschreiben als Sprechhandlungsverkettung. In ihrer Beschreibung ist die Mitverfolgung an den Zahlenmauern notwendig, da sie die genaue Positionierung beziehungsweise räumliche Beziehungen der Zahlen nicht verbalisiert. Jedoch verknüpft sie ihre Äußerung hinsichtlich der ersten Reihe mit der darauffolgenden Beschreibung der Elemente der zweiten Reihe, indem sie dies mit der Konjunktion „dann“ einleitet. Auch zeigt der Vergleich zwischen den Elementen („aber diese drei gleich sind“), dass Seda Unterschiede zwischen den Elementen der Zahlenmauern bewusst sein könnte und sie diese versucht näher zu beschreiben.

Als die Interviewerin in Turn 29 die Lernenden fragt, was sie aufschreiben soll, äußert Suna, dass es in der Reihe gehe und Seda wiederholt dies in Turn 33. Als die Interviewerin in Turn 35 erfragt, was die Lernenden damit meinen, zählt Suna in Turn 37 die sich verändernden Elemente von Zahlenmauer zu Zahlenmauer auf, was mit dem Verständnis des Begriffes übereinstimmen kann, dass sie hier mit „Reihe“ die Vergrößerung der Zahlen von Zahlenmauer zu Zahlenmauer meint. Jedoch nennt sie auch „9, 9, 9“ und diese sind Elemente, die sich nicht verändern, sodass dadurch fraglich wird, welches Verständnis Suna von einer „Reihe“ aufweist. In Turn 38 spricht Seda gleichzeitig mit Suna – die in der Zeit „1, 2, 3“ sagt – und verbalisiert „an den gleichen Stellen“. Womöglich möchte sie damit ausdrücken, dass an den gleichen Stellen systematisch entweder Veränderungen oder Gleichbleibendes geschieht, jedoch bleibt dies aufgrund der fehlenden Konkretisierung offen. Suna bezieht sich in Turn 40 vermutlich mit ihrem Verweis auf die Zahlen „4, 5“ in den Zahlenmauern nicht direkt auf die vorherige Äußerung von Seda, sondern führt eher ihre vorherige Verbalisierung in Turn 37 weiter, um möglicherweise dadurch nun alle veränderten und unveränderten Elemente angeführt zu haben. Sie beendet ihre Äußerung mit „und so weiter“, was vermuten lässt, dass sie mit „Reihe“ die systematische Notation der Elemente in den jeweiligen Steinen von Zahlenmauer zu Zahlenmauer meint. Dabei kann die Systematik sein, dass es immer die gleichen Elemente bleiben oder sich diese immer um 1 vergrößern von Zahlenmauer zu Zahlenmauer.

Obwohl Seda und Suna bis hierhin inhaltlich die gleichen Elemente wie zuvor anführen, verändert sich die Qualität ihrer Beschreibung, da sie versuchen verallgemeinernd die Auffälligkeiten von Zahlenmauer zu Zahlenmauer zu verbalisieren. Dies zeigt sich durch die Verwendung des Substantivs „Reihe“, als ob sie damit versuchen würden die Auffälligkeiten unter einem Begriff zusammenfassen zu wollen. Zudem realisieren sie hier die Sprechhandlung des Beschreibens gemeinsam als Sprechhandlungssequenz, indem sie teilweise die Idee der anderen Person aufgreifen, jedoch unterbrechen sie sich an manchen Stellen auch gegenseitig oder sprechen gleichzeitig. Wenn sich die Lernende über „Reihen“ äußern, nutzen sie keine gestischen Verweise im Gegensatz bei der Nennung von konkreter Zahlen in Turn 38 und 40, bei dem sie mit Verweisen an der Zahlenmauer arbeiten. Es wirkt derart, dass ihre eher allgemeineren Äußerungen keiner Verweise an der Zahlenmauer bedürfen, jedoch auf Anweisung der Verdeutlichung ihrer Erkenntnisse wieder ein Rückbezug auf die konkreten Zahlenmauern stattfindet.

Ab Turn 42 ist die Interviewerin stärker an der Interaktion beteiligt und gibt die Information hinein, dass es immer eins mehr werde. Dies entspricht nicht umfassend den vorherigen Erkenntnissen der Lernenden, da sie zuvor auch die unveränderten Elemente berücksichtigt haben. Die Lernenden wiederholen von da an diese Information von der Interviewerin und notieren dabei, dass es immer eine Zahl größer werde (s. Turn 54). Die Interviewerin in Turn 41 und auch Seda in Turn 48 hatten zuvor bereits gesagt, dass es immer um 1 größer werde. Der Antwortsatz weicht etwas davon ab, da nun die Zahl, um die die Zahlen vergrößert werden, unbekannt ist. Auf Nachfragen der Interviewerin in Turn 56 fügen sie hinzu, dass manche gleich bleiben (s. Turn 62) beziehungsweise sich nicht ändern (s. Turn 70).

An dieser Stelle ist die Beschreibung der Lernenden geleitet durch die Vorgabe der Interviewerin und ihrer eher suggestiven Nachfragen, was dazu geführt haben kann, dass die Lernenden anschließend sowohl zusammenfassend etwas über die unveränderten als auch veränderten Elemente äußern und notieren. Zudem übernehmen sie bei der sprachlichen Umsetzung den von der Interviewerin geäußerten Allquantor „immer“. Außerdem führen sie in Turn 62 durch die Verwendung des Adverbs „manche“ und der darauffolgenden Information hinzu, dass es Einschränkungen gibt und somit der vorherige Satz nicht für alle Zahlen in den Zahlenmauern gilt.

Zusammenfassung der Analyse

Im Gesamten sind die Sprechhandlungen in dem übergeordneten Muster des Aufgabe-Stellens/Aufgabe-Lösens eingebettet und die Äußerungen finden sich an der Musterposition des Lösungsversuches wieder. Dabei realisieren Seda und Suna zu Beginn gemeinsam als Sprechhandlungssequenzen eine umfassende Beschreibung der veränderten und unveränderten Elemente von Zahlenmauer zu Zahlenmauer. Während dies zunächst noch unsystematisch stattfindet, vollzieht Seda darauffolgend eine Beschreibung als Sprechhandlungsverkettung, die nicht nur vollständig die unveränderten und veränderten Elemente umfasst, sondern diese zudem systematisch von unten nach oben angibt. In der anschließenden gemeinsamen Beschreibung als Sprechhandlungssequenzen versuchen sie eine Verallgemeinerung für die Auffälligkeiten von Zahlenmauer zu Zahlenmauer zu verbalisieren, wodurch sich die Qualität ihrer Beschreibung verändert. Dies kann dazu beigetragen haben, dass teilweise andere sprachliche Mittel genutzt werden als bei den vorherigen Beschreibungen.

Hinsichtlich der sprachlichen Mittel ist festzustellen, dass die Lernenden teilweise – wie in der Literatur (s. Kapitel 2.2) als möglicher Indikator genannt – mit Enumerationen arbeiten (s. bspw. Turn 21) sowie durch die Verwendung der Aufforderung „guck“ oder der Lokaldeixis „hier“ möglicherweise die Höreraufmerksamkeit lenken wollen (s. bspw. Turn 10). Zudem zeigt sich, dass im Sinne einer „und dann“-Verknüpfung die Konjunktionen „und“ oder „dann“ genutzt werden (s. Turn 14 und 20). Andere Indikatoren, wie beispielsweise Präpositionalkonstruktionen, finden sich nicht. Abweichend von der Literatur ist festzuhalten, dass Seda die Formulierung der Interviewerin übernimmt hinsichtlich der Verwendung von Allquantoren (s. bspw. Turn 54). Außerdem nutzen sie Adjektive für ihre Vergleiche der Elemente in den Zahlenmauern (s. bspw. Turn 14).

Nutzung der Möglichkeit des flexiblen Einsatzes der Sprachen in dieser Aufgabenbearbeitung

Im Hinblick auf die Nutzung beider Sprachen zeigt sich, dass die Lernenden sowohl untereinander als auch mit der Interviewerin auf Türkisch kommunizieren. Selbst als die Interviewerin an einer Stelle eine Frage auf Deutsch stellt (s. Turn 35), reagieren die Lernenden auf Türkisch. Somit zeigt sich, dass die Lernenden die umfassende und sprachlich teilweise vielseitige Beschreibung auf Türkisch realisiert haben.

Die Aufstellung der Hypothesen

Anhand der umfassenden und systematischen Beschreibung der Lernenden lassen sich zwei Hypothesen für die mögliche Erklärung in der darauffolgenden Aufgabenbearbeitung generieren. Hinsichtlich der veränderten und unveränderten Elemente zeigt sich hier, dass die Lernenden vollständig sowohl die Veränderungen als auch Unverändertes berücksichtigen. Hier kann somit die folgende Hypothese aufgestellt werden:

1. *In der darauffolgenden Erklärung werden die Lernenden die in der Beschreibung vollständig berücksichtigten unveränderten und veränderten Elemente von Zahlenmauer zu Zahlenmauer nutzen.*

In Bezug auf die Abfolge von Positionen der Zahlen in den Zahlenmauern geht insbesondere Seda in Turn 20 systematisch vor, als sie von Zahlenmauer zu Zahlenmauer alle veränderten und unveränderten Elemente von unten nach oben beschreibt. Dies könnte ihnen in der nachfolgenden Aufgabe den Blick auf Zusammenhänge erleichtern. Zudem beginnen sie bereits in der Beschreibung Vergleiche zwischen den Elementen anzustreben, was ihnen für eine darauffolgende Erklärung nützlich sein könnte. Daher lässt sich folgende Hypothese aufstellen:

2. *Die in der Beschreibung systematisch von unten nach oben angeführten veränderten und unveränderten Elemente von Zahlenmauer zu Zahlenmauer werden zu einer strukturierten Erklärung führen.*

Die Analyse der Bearbeitung des Aufgabenteils 2 der Aufgabe 2

Die Bearbeitung der nächsten Aufgaben, in der sie nach der vorherigen Systematik eine unvollständig ausgefüllte Zahlenmauer vervollständigen sollen, ermöglicht einen Einblick, inwiefern sie die systematischen Veränderungen von den vorherigen Zahlenmauern erkannt haben. Die Lernenden erhielten hierfür folgende Aufgabe:

Wie müsste denn nun die nächste Zahlenmauer aussehen?

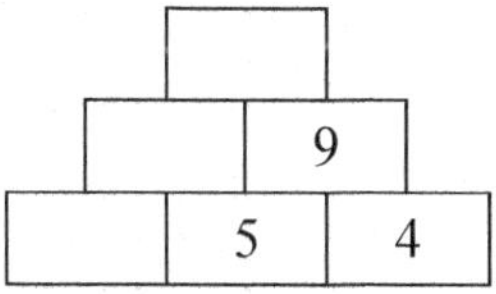

Abbildung 20: Aufgabenteil 2 der Aufgabe 2 vom Blatt 1A

Selma liest die Aufgabe vor und paraphrasiert sie auch in Turn 75. Die Lernenden füllen es jedoch unabhängig von den vorherigen Zahlenmauern aus und stellen dann fest, dass es die gleiche Zahlenmauer wie zuvor die zweite Zahlenmauer ist. Selma erklärt daraufhin die Aufgabenstellung genauer in Turn 89 und danach füllen die Lernenden die Zahlen entsprechend der Systematik der vorherigen Zahlenmauern aus. Auf Nachfragen von Selma, wie sie derart schnell darauf gekommen seien, bezieht sich Suna in Turn 96 auf die vorherigen Zahlenmauern und zählt die Zahlen 15, 16, 17, 18 auf. Es ist ihnen somit möglicherweise bewusst, dass sie die Zahlenfolge der vorherigen Zahlenmauern in der vierten Zahlenmauer fortsetzen sollen.

Die Analyse der Bearbeitung des Aufgabenteils 3 der Aufgabe 2

Erkläre: Warum wird der oberste Stein von Zahlenmauer zu Zahlenmauer immer um 1 größer?

Abbildung 21: Aufgabenteil 3 der Aufgabe 2 vom Blatt 1A

Beschreibung der Situation

Nachdem die Drittklässler Suna und Seda die vorherigen Aufgaben bearbeitet haben, geht die Interviewerin zur nächsten Aufgabe über. Dabei legt sie den Lernenden die türkische Version des dritten Arbeitsblatts vor, liest in Turn 108 die Aufgabenstellung auf Türkisch vor und paraphrasiert sie in Turn 110.

Die Analyse der Aufgabenbearbeitung

In Turn 111 gibt Seda als Ursache an, dass es mit der Reihe gehe. Es könnte dabei implizit das Gesetz hinter ihrer Aussage sein, dass wenn Zahlen in einer Reihe(nfolge) mit 1 addiert werden, sich dann das nächste Folgeglied bestimmen lässt. Es ist somit folgende Abduktion rekonstruierbar:

Resultat:	Zielsteine der ersten Zahlenmauern sind 15, 16, 17. Der Zielstein der nächsten Zahlenmauer in dieser Folge ist gesucht.
<u>Gesetz</u>:	Wenn Zahlen in einer Reihe(nfolge) mit 1 addiert werden, dann lässt sich das nächste Folgeglied bestimmen.
Fall:	Der Zielstein der nächsten Zahlenmauer in dieser Folge könnte 17+1=18 sein.

Die Interviewerin nimmt dies vermutlich als Beschreibung der Veränderung der Zahlen in der obersten Reihe wahr und bestätigt daraufhin in Turn 112 die Aussage von Seda und fragt, warum dies so sei. Die Lernenden bieten daraufhin keine inhaltlichen Ursachen mehr an, auch als die Interviewerin den Bezug zu ihren vorherigen Beschreibungen herstellt, führt dies nicht zu für die Aufgabe relevante Äußerungen seitens der Lernenden. Die Interviewerin nimmt daraufhin in Turn 138 die Hilfekarte 2[23] hinzu, wodurch Seda in Turn 142 erkennt, dass die Zahlenmauern in der obersten Reihe immer um 1 größer werden. Die Interviewerin lenkt in Turn 148 den

[23] Die Hilfekarte befindet sich im Anhang (s. Anhang C).

Fokus auf die untere Reihe. Suna erkennt zwar in Turn 149, dass von Zahlenmauer zu Zahlenmauer immer mit der Zahl 1 addiert werden muss und die Lernenden füllen die Hilfekarte dementsprechend aus, aber im Folgenden wird dies nicht in Zusammenhang mit den Veränderungen der Zahlen in der obersten Reihe gebracht. Daraufhin wiederholt die Interviewerin in Turn 163 erneut die Aufgabenstellung, jedoch reagieren die Lernenden nicht darauf. Vermutlich versucht die Interviewerin deswegen in Turn 166 einen neuen Aspekt anzubringen, indem sie äußert, dass die obersten Steine aus den unteren Steinen entstehen. Seda stimmt dem in Turn 167 zu und Suna erläutert in Turn 168 den additiven Aufbau der Zahlenmauer, indem sie äußert, dass die Steine von unten nach oben größer werden. Dabei verbalisiert Seda in Turn 176, dass die größte Zahl „diese“ sei und verweist dabei auf die Zahl im obersten Stein der dritten Zahlenmauer. Es bleibt offen, ob sie dies zusammenhängend mit der Additionsfolge sieht oder es für sie die größte Zahl in den drei Zahlenmauern ist. Als die Interviewerin in Turn 183 erfragt, warum sie die größte Zahl sei, verweist Seda in Turn 184 auf die Zahl im obersten Stein der vierten Zahlenmauer und erläutert, dass diese „eigentlich“ die größte Zahl sei. Dies ist ein Indiz dafür, dass sie zuvor eher die größte Zahl in den Zahlenmauern meinte unabhängig von der additiven Struktur in einer Zahlenmauer. Die Interviewerin schließt daran in Turn 187 an und erfragt, warum die oberste Zahl am größten ist mit einem gestischen Verweis auf die Hilfekarte. Seda beantwortet dies in Turn 188 mit „weil es so geht 15, 16, 17“ und Suna nennt in Turn 189 die Zahl 18. Seda bezieht sich somit – wie bereits zu Beginn der Bearbeitung der Teilaufgabe in Turn 111 – möglicherweise auf die Zahlenfolge und Suna wiederspricht diesem vermutlich nicht, sondern versucht stattdessen eher die Zahlenfolge zu ergänzen. Die weiteren Ausführungen der Lernenden beziehen sich daraufhin und nicht mehr auf die Aufgabe. Somit fährt die Interviewerin in Turn 197 mit der nächsten Aufgabe fort.

Die komprimierte Zusammenfassung der Aufgabenbearbeitung stellt dar, dass die Lernenden in Turn 111 als Ursache auf ihren Begriff der „Reihe“ zurückgreifen, den sie auch bereits in ihren Beschreibungen genutzt hatten (s. Turns 31 bis 34), um die Veränderungen der Zahlen im obersten Stein zu erklären. Im Gesamten verhaften sie an der obersten Reihe der Zahlenmauern. Zusätzlich versucht die Interviewerin möglicherweise durch den Einsatz der Hilfekarte, dass den Lernenden die Zusammenhänge deutlich werden, jedoch führt dies vielmehr zur Bestätigung, dass die oberen Zahlen von Zahlenmauer zu Zahlenmauer größer werden. Es führt jedoch nicht dazu, dass sie einen Zusammenhang zwischen den Veränderungen der unteren Steine und der obersten Steine entdecken, auch wenn sie zu diesem Zeitpunkt auf die untere Reihe fokussiert werden. Es zeigt sich zudem, dass ihnen die additive Struktur in einer Zahlenmauer bewusst ist, jedoch sie dies vermutlich nicht für den Zusammenhang der Veränderungen von Zahlenmauer zu Zahlenmauer nutzen können. Unabhängig von der inhaltlichen Tragfähigkeit ihrer Äußerungen verwenden die Lernenden bei ihrem Versuch Ursachen anzuführen häufig die kausale Konjunktion „weil“ (s. bspw. Turn 117 und Turn 188). Sprachliche Parallelen zu ihren Beschreibungen ergeben sich beispielsweise durch die erneute Verwendung von Allquantoren (s. Turn 144).

Der Zusammenhang zwischen vorrangegangene(n) Beschreibung(en) und darauffolgende(n) Erklärung(en) anhand der aufgestellten Hypothesen

Wenn die vorgenannten Erkenntnisse mit der vorherigen Beschreibung in Zusammenhang gebracht werden, zeigt sich, dass die Beschreibung der Lernenden systematisch und vollständig war. In dieser Aufgabenbearbeitung kann festgestellt werden, dass eine Ursache mit Hilfe des Wortes „Reihe“ angegeben wurde und sie dieses Wort bereits in ihrer Beschreibung genutzt hatten. Diesbezüglich ergibt sich demnach ein Zusammenhang zwischen der vorherigen Beschreibung und der darauffolgenden Erklärung. Jedoch gehen die Lernenden nicht auf die Veränderungen in den untersten oder mittleren Reihen der Zahlenmauern ein, sodass auf die aufgestellten Hypothesen hier kein Bezug genommen werden kann.

Die Nutzung der Möglichkeit des flexiblen Einsatzes der Sprachen

Auch in dieser Aufgabenbearbeitung sprechen die Lernenden untereinander und mit der Interviewerin auf Türkisch. Sie verfügen möglicherweise im Türkischen über die sprachlichen Mittel für die Verbalisierung einer Erklärung, auch wenn der Inhalt ihrer Äußerungen nicht immer tragfähige Ursachen umfasst (s. bspw. Turn 117). Die Verwendung der türkischen Sprache wirkt zu keinem Zeitpunkt als hinderlich in der Kommunikation, sondern sie haben möglicherweise aus inhaltlicher Sicht noch nicht durchdringen können, inwiefern ein Zusammenhang zwischen den unteren und/oder mittleren Reihen und der obersten Reihen in den Zahlenmauern vorhanden ist.

6.3.4. Malik und Yakub, 3. Klasse

Die Analyse der Bearbeitung des Aufgabenteils 1 der Aufgabe 2

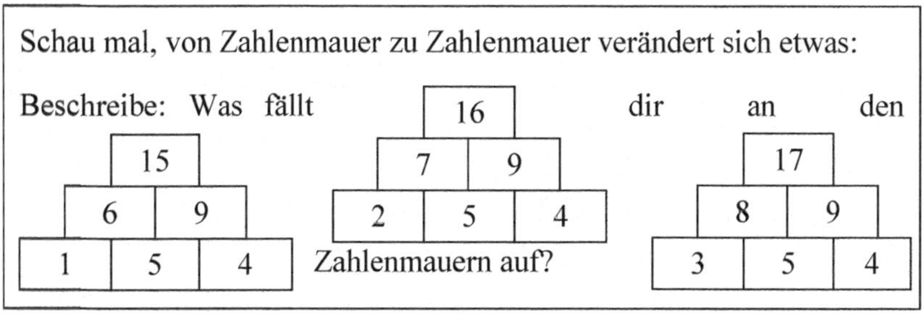

Abbildung 22: Aufgabenteil 1 der Aufgabe 2 vom Blatt 1A

Beschreibung der Situation

Die Drittklässler Malik und Yakub bearbeiten gemeinsam das Arbeitsblatt 1A zum Thema „Zahlenmauer“. Die Kinder haben das türkischsprachige Arbeitsblatt für die Aufgabe 1 gewählt. In der ersten Aufgabe haben sie erläutert, wie man in einer Zahlenmauer rechnet und selbst eine lückenhafte Zahlenmauer ausgefüllt. In den Turns 1 bis 5 besprechen die Kinder, auf welcher Sprache sie das Arbeitsblatt bearbeiten wollen und entscheiden sich für das deutschsprachige Arbeitsblatt. Yakub und Malik beugen sich über das Arbeitsblatt und Yakub liest in Turn 10 leise die Aufgabestellung vor. Während die Lernenden vermutlich „Fehler“ in den ausgefüllten Zahlenmauern suchen (s. Turn 14 und 24), wiederholt die Interviewerin bis Turn 33 mehrmals die Aufgabenstellung und erläutert dann, dass die Zahlenmauern bereits ausgerechnet sind und die Lernenden die Zahlenmauern vergleichen sollen. Die Interviewerin entfernt sich daraufhin vom Tisch und Yakub äußert in Turn 34, dass ihm etwas aufgefallen sei. Die Interviewerin fordert daraufhin in Turn 35 Yakub auf Malik zu erklären, was ihm aufgefallen sei.

Die Analyse der Aufgabenbearbeitung

Yakub betrachtet in Turn 36 unterschiedliche Stellen in den Zahlenmauern. Aufgrund der aufgezählten Zahlen ist es möglich, dass er die erste und zweite Zahlenmauer betrachtet. Seine gestischen Verweise sind durch sein Anheben des Arbeitsblattes nicht erkenntlich. Er fokussiert vermutlich zuerst die erste Reihe der ersten und zweiten Zahlenmauer. Dabei verbalisiert er womöglich die Zahlen im linken Stein in der ersten und zweiten Zahlenmauer („eine 1 und eine 2"), dann die Zahlen im mittleren Stein in der ersten und zweiten Zahlenmauer („5, 5") und danach nennt er die Zahlen „5, 4". Direkt danach nennt er die Zahl „3", die sich im linken Stein der dritten Zahlenmauer befindet, und nennt daraufhin erneut „5,4". Es könnte sein, dass er hier von der dritten Zahlenmauer alle Zahlen der ersten Reihe aufzählt. Demnach betrachtet er möglicherweise erst einmal die Zahlen in der ersten Reihe von der ersten Zahlenmauer zur zweiten Zahlenmauer und anschließend die dritte Zahlenmauer separiert davon. Danach fokussiert Yakub die zweite Reihe. Im Unterschied zu der vorherigen Fokussierung betrachtet er nun von Anfang an alle drei Zahlenmauern. So nennt er als zusammengesetzte Elemente die Zahlen im linken und rechten Stein der zweiten Reihe von Zahlenmauer zu Zahlenmauer. In Turn 38 zählt er dann die Zahlen in der obersten Reihe von Zahlenmauer zu Zahlenmauer auf. Somit hat Yakub bis zu Turn 38 alle sich verändernden und unveränderten Zahlen von Zahlenmauer zu Zahlenmauer von unten nach oben genannt.

Aus linguistischer Sicht ist festzuhalten, dass Yakub in diesen Turns als Sprachhandlungsverkettung die Sprechhandlung Beschreiben realisiert, bei der er vollständig die äußere Beschaffenheit der Zahlenmauern beschreibt. Dies geschieht im übergeordneten Muster des Aufgaben-Stellens/Aufgabe-Lösens und die Sprechhandlungen finden an der Musterposition „Lösungsversuch" statt. Sprachlich fällt auf, dass Yakub die Zahlen meist aneinandergereiht aufzählt. Er verwendet dabei an zwei Stellen „guck“ (s. Turn 36) und als er die dritte Zahlenmauer hinzunimmt, verwendet er die Lokaldeixis „hier“ (s. Turn 36). Beides verwendet er vermutlich, um die Höreraufmerksamkeit auf bestimmte Stellen in den Zahlenmauern zu lenken und möglicherweise immer dann, wenn er neue Aspekte hinzufügt.

In Turn 41 kommt die Interviewerin hinzu und fragt nach der Entdeckung der beiden Lernenden. Diese wiederholen daraufhin gemeinsam die veränderten und unveränderten Elemente von Zahlenmauer zu Zahlenmauer. Dabei sprechen sie an einigen Stellen gleichzeitig die gleichen Zahlen aus (bspw. Turn 46 und 47). An einer anderen Stelle markiert Yakub sprachlich, dass er mit seiner Äußerung an die Vorherige von Malik anknüpft durch die Initiierung mit „und dann“ (s. Turn 49). Sie gehen dabei wieder systematisch von unten nach oben vor und dieses Mal werden von der ersten Reihe an alle drei Zahlenmauern berücksichtigt. Anders als zuvor betrachtet Yakub hier nun auch die erste Reihe immer als zusammengesetzte Elemente (bspw. „1,5,4“). Die Lernenden realisieren demnach nun gemeinsam eine umfassende Beschreibung der veränderten und unveränderten Elemente von Zahlenmauer zu Zahlenmauer.

Es zeigt sich somit, dass auch hier die Sprechhandlung Beschreiben realisiert wird, nun jedoch gemeinsam als Sprechhandlungssequenzen. Dabei verweisen sie teilweise gestisch auf die genannten Zahlen und zählen die Zahlen meist ausschließlich abwechselnd auf. Diese Beschreibung und auch die Vorherige von Yakub wirken somit eher „spracharm“.

In Turn 56 äußert Yakub, dass fast alles gleich sei. Auf Nachfrage der Interviewerin in Turn 58, ob alles gleich sei, verneint Yakub dies in Turn 59 und verbalisiert in Turn 61 „weil eins von denen immer mehr [ist]“. Dies verdeutlicht er in Turn 63 erst einmal anhand der Zahlen in der obersten Reihe, indem er äußert, dass die 15 wenig sei und es immer mehr werde, während er nacheinander auf die Zahlen im obersten Stein der drei Zahlenmauern zeigt. Im gleichen Turn zählt er dann die beiden Zahlen in der zweiten Reihe von Zahlenmauer zu Zahlenmauer zusammen auf und verbalisiert dann, dass die 7 und die 8 mehr werden würden. Während Malik in Turn 64 etwas Unverständliches murmelt und die Interviewerin in Turn 65 „aha“ äußert, fährt Yakub in Turn 66 fort und verknüpft vermutlich seine Äußerung mit seiner Vorherigen, da er mit der Konjunktion „und“ beginnt und daraufhin „1 und da ist eine 2“ verbalisiert. Es ist möglich, dass er dies auch als ein Beispiel verwendet, um zu verdeutlichen, inwiefern etwas mehr wird in den Zahlenmauern. Daraufhin äußert er, dass „die beiden“ gleich seien und zeigt dabei nacheinander von Zahlenmauer zu Zahlenmauer auf die Zahlen in dem mittleren und rechten Stein der ersten Reihe. Am Ende zeigt er auf die Zahl im linken Stein der ersten Reihe der dritten Zahlenmauer und verbalisiert, dass die 3 die „mehrste von denen“ sei. Möglicherweise könnte sich das Demonstrativpronomen auf die Zahlen an der Stelle im linken Stein der ersten Reihe beziehen. Yakub verdeutlicht demnach anhand von gewissen Stellen an den Zahlenmauern, die möglicherweise als Beispiele dienen, dass in den Zahlenmauern Elemente vorzufinden sind, die sich verändern oder gleichbleiben. Die Veränderungen spezifiziert er, indem er äußert, dass sie immer mehr werden.

Yakub realisiert hier eine Beschreibung in Form einer Sprechhandlungsverkettung, wobei sich diese im Gegensatz zu den vorherigen Beschreibungen inhaltlich unterscheidet, da er nun in einer allgemeineren Form Veränderungen und Gleichbleibendes beschreibt. Zudem gibt er mit dem Aspekt, dass gewisse Zahlen von Zahlenmauer zu Zahlenmauer immer mehr werden, etwas nicht direkt an der Oberfläche des Sachverhalts Erkennbares an. Es handelt sich somit nach Redder, Guckelsberger und Graßer (2013) um eine funktionale Beschreibung, weil diese Äußerung einen Einblick in nicht direkt erkennbare Zusammenhänge ermöglicht. Auch unterscheidet sie sich sprachlich von den vorherigen Beschreibungen, da Yakub hier kausale Konjunktionen (s. Turn 61) sowie Allquantoren (s. Turn 63) nutzt und Adjektive für seine Vergleiche, wie beispielsweise „mehr“, „wenig“ oder „gleich“ (s. bspw. Turn 59 und 63).

Als die Interviewerin mit den Lernenden bespricht, was sie aufschreiben soll, verdeutlicht Yakub in Turn 82 auf Nachfrage von der Interviewerin, ob alle Zahlen immer mehr werden, dass dies für alle gelte außer der Zahlen 9, 5 und 4. Malik führt in Turn 85 dann noch „außer 1,2,3“ an. Während

Yakub hier seine Erkenntnisse hinsichtlich der gleichbleibenden Elemente in den Zahlenmauern verdeutlicht, führt Malik eine Ausnahme an, die nicht deutlich macht, was er damit aussagen möchte. Falls er sich auf die Frage von Selma bezieht, wäre seine Äußerung inhaltlich nicht adäquat. Demnach bleibt es offen, inwieweit Malik die vorherige funktionale Beschreibung von Yakub nachvollziehen konnte.

Zusammenfassung der Analyse

Im Gesamten sind die Sprechhandlungen in dem übergeordneten Muster des Aufgabe-Stellens/Aufgabe-Lösens eingebettet. Dabei realisiert zu Beginn Yakub alleine als Sprechhandlungsverkettung eine umfassende Beschreibung der veränderten und unveränderten Elemente von Zahlenmauer zu Zahlenmauer und daraufhin erneut eine Beschreibung der gleichen Qualität gemeinsam mit Malik als Sprechhandlungssequenzen. Die danach folgende Beschreibung von Yakub als Sprechhandlungsverkettung stellt eine funktionale Beschreibung dar, da er hier in einer allgemeineren Form Veränderungen und Gleichbleibendes beschreibt. Dies führt auch dazu, dass teilweise andere sprachliche Mittel genutzt werden als bei den vorherigen Beschreibungen.

Hinsichtlich der sprachlichen Mittel ist festzustellen, dass die Lernenden teilweise – wie in der Literatur (s. Kapitel 2.2) als möglicher Indikator genannt – mit Enumerationen arbeiten (s. bspw. Turn 50) sowie durch die Verwendung der Aufforderung „guck“ vermutlich die Höreraufmerksamkeit lenken wollen (s. bspw. Turn 36). Zudem zeigt sich, dass die „und (dann)“-Verknüpfung an einer Stelle genutzt wird (s. Turn 49) zur Verbalisierung einer räumlichen Abfolge, jedoch in Bezug auf die gleichen Stellen in unterschiedlichen Zahlenmauern und nicht innerhalb einer Zahlenmauer. Andere Indikatoren, wie beispielsweise Präpositionalkonstruktionen, finden sich nicht. Abweichend von der Literatur ist die Verwendung von Allquantoren (s. Turn 63) und kausalen Konjunktoren (s. Turn 61). So nutzt Yakub diese, wenn er verdeutlichen möchte, dass die verändernden Elemente von Zahlenmauer zu Zahlenmauer immer mehr werden. Hinzukommend nutzt er Adjektive für seine Vergleiche der Elemente in den Zahlenmauern (s. bspw. Turn 63).

Nutzung der Möglichkeit des flexiblen Einsatzes der Sprachen in dieser Aufgabenbearbeitung

Hinsichtlich der Nutzung der Sprachen zeigt sich, dass die gesamte Besprechung der Aufgabe seitens der Lernenden auf Deutsch stattfindet, während die Interviewerin meist die türkische Sprache und an manchen Stellen die deutsche Sprache verwendet. Darauf reagieren die Lernenden jedoch auf Deutsch. Somit ist es möglich, dass die Lernenden zwar rezeptiv verstehen, wenn die Interviewerin etwas auf Türkisch sagt, jedoch antworten sie auf Deutsch. Somit finden auch die gesamten Beschreibungen auf Deutsch statt.

Die Aufstellung der Hypothesen

An dieser Stelle lassen sich anhand der Beschreibung der Lernenden zwei Hypothesen für die mögliche(n) Erklärung(en) in der darauffolgenden Aufgabenbearbeitung generieren. Hinsichtlich der veränderten und unveränderten Elemente zeigt sich, dass die Lernenden vollständig sowohl die Veränderungen als auch Unverändertes berücksichtigen. Hier kann somit die folgende Hypothese aufgestellt werden:

1. *In der darauffolgenden Erklärung werden die Lernenden die in der Beschreibung vollständig berücksichtigten unveränderten und veränderten Elemente von Zahlenmauer zu Zahlenmauer nutzen.*

In Bezug auf die Abfolge an Positionen der Zahlen in den Zahlenmauern gehen die Lernenden systematisch von unten nach oben vor. Dies könnte in der nachfolgenden Aufgabe dazu führen, dass ihnen der Blick auf die innere Systematik erleichtert wird. Daher lässt sich die folgende Hypothese formulieren:

2. *Die in der Beschreibung systematisch angeführten veränderten und unveränderten Elemente von Zahlenmauer zu Zahlenmauer von unten nach oben werden zu einer strukturierten Erklärung führen.*

Die Analyse der Bearbeitung des Aufgabenteils 2 der Aufgabe 2

Die Bearbeitung der nächsten Aufgaben, in der sie nach der vorherigen Systematik eine unvollständig ausgefüllte Zahlenmauer vervollständigen sollen, ermöglicht einen Einblick, inwiefern sie die systematischen Veränderungen von den vorherigen Zahlenmauern erkannt haben. Die Lernenden erhielten hierfür die folgende Aufgabe:

Wie müsste denn nun die nächste Zahlenmauer aussehen?

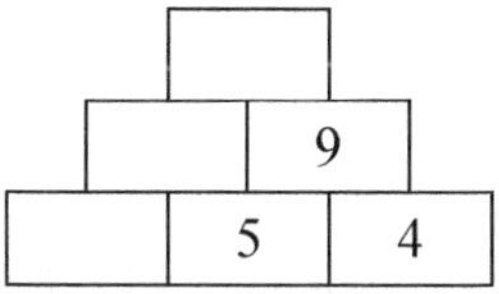

Abbildung 23: Aufgabenteil 2 der Aufgabe 2 vom Blatt 1A

Nachdem die Interviewerin die Aufgabe mit den Lernenden besprochen hat, möchte Malik möglicherweise die dritte Zahlenmauer mit dieser vergleichen, da er in Turn 126 feststellt, dass die „5 plus 4“ gleich seien und dabei auf Stellen in der dritten Zahlenmauer gestisch verweist sowie auf die entsprechenden Steine in dieser Zahlenmauer. Yakub zeigt daraufhin in Turn 127 auf den linken unteren Stein von der dritten Zahlenmauer und äußert, dass in dieser Zahlenmauer vielleicht die Zahl 4 hinkommt. Daraufhin gibt er an, dass in den linken Stein der zweiten Reihe die Zahl 9 hinkomme und diese dann mit der Zahl 9 addiert werden müsse. Danach zeigt er auf den obersten Stein der Zahlenmauer. Als die Interviewerin mehrmals nachfragt, warum dort die Zahl 4 hinkomme, verweist Yakub in Turn 133 gestisch und verbal auf die Zahlen in den ersten drei Zahlenmauern im linken Stein der ersten Reihe und äußert er habe gedacht, dass in dieser Zahlenmauer die Zahl 4 hinkomme. Es zeigt sich, dass sowohl Malik als auch Yakub die additive Struktur in einer Zahlenmauer möglicherweise bewusst ist. Yakub nutzt diese Kenntnis vermutlich, um die Zahlen in den freien Stellen in der zweiten und dritten Zeile herauszufinden, während Malik dies an den Zahlen im mittleren und rechten Stein der ersten

Reihe anführt. Die Zahl für die Stelle in der ersten Reihe hat Yakub jedoch vermutlich durch die Weiterführung der Systematik herausgefunden.

Die Analyse der Bearbeitung des Aufgabenteils 3 der Aufgabe 2

Erkläre: Warum wird der oberste Stein von Zahlenmauer zu Zahlenmauer immer um 1 größer?

Abbildung 24: Aufgabenteil 3 der Aufgabe 2 vom Blatt 1A

Beschreibung der Situation

Nachdem die Drittklässler Malik und Yakub die vorherigen Aufgaben bearbeitet haben, geht die Interviewerin zur nächsten Aufgabe über. Dabei legt sie den Lernenden die deutsche Version des dritten Arbeitsblatts vor und liest in Turn 166 die Aufgabenstellung vor. Die Lernenden besprechen dann in den Turns 168 bis 173, welcher der oberste Stein ist und Yakub fragt in Turn 174, ob auch die obersten Steine von den anderen Zahlenmauern gemeint sind. Nachdem Selma dies in Turn 175 bestätigt, zeigt Yakub in Turn 176 auf die obersten Steine von den vier Zahlenmauern und sagt „der, der, der, der“. Malik setzt seinen Finger auf den obersten Stein der dritten Zahlenmauer, während Selma die Aussage von Yakub in Turn 178 bestätigt und dann die Aufgabenstellung wiederholt. In Turn 179 beschreibt Yakub den additiven Zusammenhang zwischen der ersten und zweiten Reihe. Dann fokussiert er die erste Reihe und die oberste Reihe und spricht davon, dass eins weg beziehungsweise weniger müsse, aber auch eins mehr und versucht dies mit gestischen Verweisen an den Zahlenmauern zu verdeutlichen. Als die Interviewerin nachfragt, was er damit meine, dass eins weg sei, erläutert Yakub in Turn 183 und 185 möglicherweise die Strategie der Zehnerergänzung, indem er von dem ersten Summanden (6) eins wegnimmt und damit den zweiten Summanden (9) um 1 ergänzt, sodass man einen Zehner hat und dann den verringerten ersten Summanden (5) damit addiert und dann die Summe (15) erhält. Die Interviewerin wiederholt daraufhin in Turn 186 erneut die Aufgabenstellung.

Die Analyse der Aufgabenbearbeitung

In Turn 187 bringt Yakub die Ursache an, dass dies so sei, „weil 7 plus 9 ist das gleiche, aber nur eins mehr“. Wenn Yakub dies relativ zum Zielstein und als Vergleich zur ersten Zahlenmauer anführt, zeigt sich hier, dass sich Yakub möglicherweise über die Vergrößerung der Zahlen um 1 in der zweiten Reihe bewusst ist. Demnach könnte sich hinter seiner Aussage die Gesetzmäßigkeit verbergen, dass wenn sich von Zahlenmauer zu Zahlenmauer die Zahlen in der zweiten Reihe um 1 erhöhen, sich dann auch die Zahl im obersten Stein um 1 erhöht. Es ist demnach folgende Abduktion rekonstruierbar:

Resultat: Die Zahl im obersten Stein wird von Zahlenmauer zu Zahlenmauer immer um 1 größer.

Gesetz: Wenn sich von Zahlenmauer zu Zahlenmauer die Zahlen in der zweiten Reihe um 1 erhöhen, dann wird auch die Zahl im obersten Stein um 1 größer.

Fall: „weil 7 plus 9 ist das Gleiche, aber nur eins mehr“ als Vergleich zur ersten Zahlenmauer.

Es zeigt sich dabei auch, dass Yakub die additive Struktur von Zahlenmauern für die Anführung von einer Ursache nutzt. Inhaltlich gesehen hatte er bereits beispielsweise in Turn 36 die Zahlen in der zweiten Reihe der Zahlenmauern berücksichtigt. Aus sprachlicher Sicht nutzt er die kausale Konjunktion „weil“ zweimal und nutzt für seinen Vergleich den Begriff „das Gleiche“ mit der durch die adversative Konjunktion „aber“ eingeleitete Einschränkung, die den entscheidenden Aspekt beinhaltet.

Die Interviewerin bringt daraufhin die Hilfekarte 2[24] mit ein, um dadurch womöglich den Lernenden einen neuen Impuls zu geben. Yakub äußert in Turn 198, dass dies das Gleiche sei und möchte damit vermutlich ausdrücken, dass es dem entspricht, was er zuvor geäußert hat. Interessant ist

---

[24] Die Hilfekarte befindet sich im Anhang (s. Anhang C).

hierbei, dass er dies als das Gleiche bezeichnet wie sein vorherig Gesagtes, obwohl die Hilfekarte die Veränderungen der Zahlen in der obersten Reihe und der Zahlen in den linken Steinen der ersten Reihe fokussiert.

Bis zu Turn 269 widmen sich die Lernenden dem Ausfüllen der Hilfekarte. Diese legt die Interviewerin dann neben das Arbeitsblatt, äußert in Turn 272 in Bezug auf die Zahlen in den obersten Steinen, dass diese immer eins mehr werden und fährt in Turn 274 entlang der unteren zwei Bögen und fragt, was hier passieren würde. Daraufhin äußert Yakub in Turn 277, dass „von unterste“ auch immer 1 mehr werde, jedoch führt dies im Folgenden nicht zur einer Verbindung zwischen dieser Veränderung und der Veränderung in der obersten Reihe. Sprachlich gesehen verwendet er hier zum ersten Mal eine genauere Beschreibung der Lage der Zahl, auf die er sich bezieht, als beispielsweise ausschließlich gestisch auf diese zu verweisen.

Zusammenfassung der Analyse

Im Gesamten ist die Bearbeitung der Lernenden in das übergeordnete Muster des Aufgabe-Stellens/Aufgabe-Lösens eingebettet und von der Interviewerin geleitet. Es wird im Folgenden auf die Position des Lösungsversuches eingegangen, um stärker den Aspekt der einzelnen Sprechhandlungen zu fokussieren. Dabei wird ausschließlich auf Yakub Bezug genommen, da Malik sich bei dieser Aufgabenbearbeitung zurückgehalten hat. So zeigt sich, dass Yakub ausschließlich in Turn 187 als Sprechhandlungsverkettung eine Erklärung realisiert hat, in dem er auf die innere Systematik eingegangen ist. An dieser Stelle hat er die Veränderungen in der zweiten Reihe als Ursache für die Veränderungen in der obersten Reihe angeführt, die er auch bereits in seiner Beschreibung berücksichtigt hat (s. bspw. Turn 369). Es handelt sich somit um den Erklärungstyp der Ursache-Wirkungs-Zusammenhänge. Sprachlich realisiert er das an einem Beispiel aus der Zahlenmauer, was dazu geführt haben kann, dass in seiner Erklärung keine Verallgemeinerung zu finden ist. Seine Äußerung unterstützt er dabei durch gestische Verweise an den Zahlenmauern. In den sonstigen Aufgabenbearbeitungen zeigten sich beispielsweise in Turn 179 und 277 die Sprechhandlung Beschreiben. Aber auch die Sprechhandlung Erläuterung nutzt Yakub als reparative Sprechhandlung in Turn 183 und 185, um seine vorherige Äußerung mit der Wegnahme von eins an einem Beispiel zu verdeutlichen. An den Beispielen zeigt sich, dass Yakub in der Aufgabenbearbeitung unterschiedliche Sprechhandlungen realisiert und somit eine Diskrepanz zwischen der Sprechhandlung, die gefordert war und derjenigen, die er letztendlich realisiert hat, festzustellen ist.

Wenn hinsichtlich der Veränderung von sprachlichen Mitteln ausschließlich die von Yakub realisierte Sprechhandlung Erklären betrachtet wird, muss beachtet werden, dass Yakub an einem Beispiel den Zusammenhang verdeutlicht (s. Turn 187). Damit geht meist einher, dass durch die Betrachtung von konkreten Beispielen weniger sprachliche Mittel verwendet werden, die allgemeiner Natur sind. Somit sind auch keine in der Literatur genannten Indikatoren für die Sprechhandlung Erklären (s. Kapitel 2.3) in dieser Äußerung zu finden. Zwar nutzt Yakub in diesem Turn 187 die kausale Konjunktion „weil“ und führt inhaltlich gesehen dann auch eine Erklärung an, jedoch zeigt sich beispielsweise in Turn 179, dass nicht zwangsläufig eine Erklärung folgen muss, wenn diese Konjunktion verwendet wird. Es stellt in dieser Aufgabenbearbeitung auch kein neues sprachliches Mittel dar, sondern wurde auch bereits in der Beschreibung verwendet (bspw. in Turn 89). Die in der Literatur als Indikator genannten sprachlichen Mittel (s. Kapitel 2.3) der „wenn-dann“-Konstruktionen oder „so dass“-Konstruktionen finden sich nicht wieder.

Zudem zeigt sich in der Äußerung seiner Erklärung kein verallgemeinerndes Mittel, wie beispielsweise den Allquantor „immer“. Diesen verwendet er in seiner Aufgabenbearbeitung zwar mehrmals, jedoch beinhalten die entsprechenden Turns aus inhaltlicher Sicht keine tragfähigen Ursachen für die Vergrößerung um 1 der Zahlen in der obersten Reihe von Zahlenmauer zu Zahlenmauer. Vielmehr nutzt er dies zum Beispiel in Turn 179 oder 277 im Rahmen von Beschreibungen, wie auch bereits im Aufgabenteil 1 der Aufgabe 2 (bspw. in Turn 61).

Mit Blick auf die gesamte Aufgabenbearbeitung sind aus sprachlicher Perspektive wenige Veränderungen zu erkennen. Vielmehr nutzen die Lernenden bereits in ihren Beschreibungen kausale Konjunktionen und Allquantoren. Es zeigt sich dennoch in der Hinsicht ein anderer Gebrauch von

Sprache, dass sich Yakub häufig über die additive Struktur in den Zahlenmauern äußert und dadurch seine Äußerungen anders realisiert als in seinen Beschreibungen, als er stärker die veränderten und unveränderten Elemente von Zahlenmauer zu Zahlenmauer betrachtet hat. Somit ist dies ausschließlich bedingt miteinander vergleichbar.

Der Zusammenhang zwischen vorrangegangene(n) Beschreibung(en) und darauffolgende(n) Erklärung(en) anhand der aufgestellten Hypothesen

Anhand der Analyse der Beschreibungen von den Lernenden im Rahmen der Bearbeitung des Aufgabenteils 1 der Aufgabe 2 wurden zwei Hypothesen aufgestellt. Da Malik sich zurückgehalten hat, können die Hypothesen ausschließlich in Hinblick auf Yakub betrachtet werden. Im Folgenden werden auf diese einzeln eingegangen:

1. *In der darauffolgenden Erklärung werden die Lernenden die in der Beschreibung vollständig berücksichtigten unveränderten und veränderten Elemente von Zahlenmauer zu Zahlenmauer nutzen.*

Yakub hat zwar nicht alle veränderten und unveränderten Elemente berücksichtigt, aber dennoch in Bezug zu der zweiten Reihe sowohl die unveränderten als auch veränderten Elemente für seine Erklärung genutzt, die er auch bereits in seiner Beschreibung fokussiert hatte. Somit kann aufgrund der Anführung von einer Ursache zwar der Hypothese nicht entsprochen werden, dennoch zeigen sich bei seiner Erklärung Elemente, die Bestandteil dieser Hypothese sind.

2. *Die in der Beschreibung systematisch angeführten veränderten und unveränderten Elemente von Zahlenmauer zu Zahlenmauer von unten nach oben werden zu einer strukturierten Erklärung führen.*

Das in der zweiten Hypothese genannte systematische Vorgehen von unten nach oben konnte nicht festgestellt werden, da Yakub ausschließlich eine Ursache und diese in Bezug zu der zweiten Reihe angeführt hat. Zu erwähnen ist jedoch seine Beschreibung vor der Nennung der Ursache, in der die

Entstehung der Zahlen in der zweiten Reihe durch die Addition der Zahlen in der ersten Reihe beschrieben werden. Er ist somit von der Fokussierung her von unten nach oben vorgegangen. Die Hypothese kann dennoch – in Hinblick auf den Bezug zu Erklärungen – nicht bestätigt werden.

Im Gesamten zeigt sich somit, dass die Lernenden Elemente ihrer Beschreibungen in der Erklärung nutzen. Es könnte sein, dass die vorherige Berücksichtigung der unveränderten und veränderten Elemente während der Beschreibungen auch bei Yakub zur Berücksichtigung beider Elemente führt, da er sie für seine Erklärung nutzt. Auch ist ein systematisches Vorgehen von unten nach oben zu erkennen, jedoch nicht in dem Sinne, dass sich dies in der Anführung einer strukturierten Erklärung wiederfindet. Vielmehr wird zuvor auf beschreibender Ebene geäußert, wie man hinsichtlich der additiven Struktur einer Zahlenmauer von der ersten Reihe in die zweite Reihe gelangt. Es zeigen sich somit zwar Parallelen zu den Beschreibungen, jedoch weniger in Hinblick auf darauffolgende Erklärungen. Es wirkt vielmehr so, als ob Yakub in dieser Aufgabenbearbeitung seinen Fokus eher auf die additive Struktur von Zahlenmauern gelegt hat, der durch die vorherige Aufgabe „Wie müsste die nächste Zahlenmauer aussehen?“ hinzugekommen sein könnte. Somit haben die zuvor ausführlichen Beschreibungen nicht dazu geführt, dass eine ausführliche Erklärung folgt, was möglicherweise mit der neuen Fokussierung zusammenhängen kann, sodass hier kein unmittelbarer Zusammenhang zwischen den beiden Sprechhandlungen deutlich wird.

Die Nutzung der Möglichkeit des flexiblen Einsatzes der Sprachen

Bezüglich der Nutzung beider Sprachen verwenden die beiden Lernenden in ihrer gesamten Aufgabenbearbeitung die deutsche Sprache. Dabei führen sie im Deutschen eine vollständige und systematische Beschreibung an. Bei ihren Erklärungen geben sie eine Ursache an und verbleiben durch die Anführung der Erklärung anhand eines Beispiels auf einer konkreten Ebene. Über die Auswirkungen der Möglichkeit des flexiblen Nutzens der beiden Sprachen kann an dieser Stelle keine Aussage getroffen werden, da die Lernenden ausschließlich in der deutschen Sprache kommuniziert haben. Hinsichtlich ihrer rezeptiven Kompetenzen im Türkischen kann vermutet werden, dass sie die türkischen Äußerungen der Interviewerin verstehen, da sie darauf inhaltlich angemessen auf Deutsch reagieren.

6.4. Komparative Analyse in Bezug auf die Forschungsfragen

In der folgenden komparativen Analyse werden die zuvor einzeln analysierten Aufgabenbearbeitungen der vier Gruppen aus der ersten und dritten Klasse im Vergleich betrachtet und in den jeweiligen Zusammenfassungen Erkenntnisse für die Forschungsfragen erarbeitet.

6.4.1. Welche Realisierungen von mündlichen Beschreibungen und Erklärungen können festgestellt werden?

Im Folgenden werden zunächst die Beschreibungen und anschließend die Erklärungen der Lernenden miteinander verglichen. Orientierungspunkt stellen dabei Melis und Kemal aus der ersten Klasse dar. Grundlage der folgenden Ausführungen sind die Analysen der Aufgabenbearbeitungen der einzelnen Gruppen, die in den Kapiteln 6.3, 6.3.2, 6.3.3 und 6.3.4 zu finden sind.

Vergleich der Beschreibungen

Wenn die Erstklässler Aleyna und Kenan mit Melis und Kemal kompariert werden, so findet generell der Vergleich zwischen Aleyna und der anderen beiden Lernenden statt, da sich Kenan überwiegend nicht geäußert hat. Inhaltlich gesehen betrachtet Aleyna womöglich anfangs stärker die Veränderungen in der ersten Reihe der Zahlenmauern. Dahingegen haben Kemal und Melis gemeinsam umfassender die veränderten und unveränderten Elemente von Zahlenmauer zu Zahlenmauer in jeder Reihe betrachtet. Als jedoch die Interviewerin durch Nachfragen die Aufgabenbearbeitung moderiert, kann Aleyna alle veränderten und unveränderten Elemente anführen und dies – im Gegensatz zu Melis und Kemal – systematisch von unten nach oben. Hier zeigt sich dementsprechend ein Unterschied, der jedoch möglicherweise auch durch das unterschiedliche Interagieren der Interviewerin in der Aufgabenbearbeitung beeinflusst wurde. Dennoch gibt die Interviewerin Aleyna nicht vor, wie sie die Auffälligkeiten verbalisieren soll, sodass das systematische Vorgehen eher eigenständig von Aleyna entschieden wurde. Sprachlich betrachtet zeigt sich, dass Aleyna und Kenan im Gesamten ihre Äußerungen sprachärmer realisieren. Dies ist durch die häufig reinen Enumerationen zu erkennen, während Melis und Kemal ihre Äußerungen beispielsweise durch Konjunktionen, Allquantoren, Adverbien und Präpositionalkonstruktionen vielfältiger gestalten und nicht ausschließlich gestisch auf die Stellen in den Zahlenmauern verweisen, auf die sie sich beziehen. Zudem wird die Sprechhandlung gemeinsam realisiert, während bei Kenan und Aleyna nicht beide Lernenden aktiv agieren, sondern vielmehr Aleyna sich die meiste Zeit äußert und Kenan sich überwiegend zurückhält.

Findet der Vergleich zwischen den Drittklässlerinnen Suna und Seda mit den Bearbeitungen der Erstklässler statt, lässt sich inhaltlich feststellen, dass Seda und Suna vollständig die unveränderten und veränderten Elemente beschreiben und dies erst einmal gemeinsam im Gegensatz zu Aleyna und Kenan. In der zweiten alleinigen Beschreibung von Seda kommt hinzu, dass sie eine vollständige Beschreibung mit einem systematischen Vorgehen von unten nach oben vollzieht und dies – im Gegensatz zu Aleyna – ohne das Interagieren der Interviewerin. Diese Systematik ist bei Kemal und Melis nicht zu erkennen. Sprachlich lässt sich im Vergleich zu Aleyna und Kenan erkennen, dass Seda und Suna hier eher versuchen bestimmte Auffälligkeiten näher zu beschreiben, indem sie Vergleiche zwischen den Elementen mit Adjektiven anstreben und später auch von einer Reihe sprechen. Es kann vermutet werden, dass sie versuchen die Systematik allgemeiner auszudrücken, was bei Aleyna und Kenan nicht stattfindet. Sprachlich gesehen wirkt die Aufgabenbearbeitung von Aleyna und Kenan durch den überwiegenden Rückgriff auf Enumerationen und gestischen Verweisen im Vergleich eher spracharm, während sowohl Seda und Suna als auch Kemal und Melis ihre Äußerungen vielseitiger gestalten. Zudem verwenden Seda und Suna im Gegensatz zu Aleyna und Kenan beispielsweise Allquantoren. Dies findet sich auch bei Kemal und Melis wieder, jedoch nutzen sie diese bereits eigenständig, während sie von Seda und Suna von der Interviewerin aufgreifen, die sie zuvor verwendet hat.

Der Vergleich mit den Drittklässlern Yakub und Malik lässt inhaltlich erkennen, dass auch sie vollständig alle veränderten und unveränderten Elemente betrachten. Im Unterschied zu den anderen drei Gruppen findet dies direkt zu Beginn erst einmal alleine von Yakub und danach gemeinsam von Yakub und Malik systematisch von unten nach oben statt. Auch ist sowohl Kemal und Melis als auch Seda und Suna Gleichbleibendes und sich voneinander Unterscheidendes aufgefallen. Jedoch gelingt es alleinig Yakub diese Unterschiede näher zu beschreiben, indem er näher durch Beispiele an den Zahlenmauern erläutert, inwiefern manche Zahlen gleich sind oder nicht. Aufgrund seiner konkreten Vergleiche anhand von Stellen in den Zahlenmauern wird ausschließlich bei ihm deutlich, inwieweit es für ihn Unterschiede gibt, was hingegen bei Kemal und Melis sowie Seda und Suna schwierig nachzuvollziehen ist. Sprachlich gesehen ähneln Yakub und Malik zu Beginn dem eher spracharmen Agieren von Aleyna und Kenan, jedoch ändert sich dies bei Yakub und Malik, als sie stärker auf die Vergleiche zwischen den Zahlen eingehen und ihre Äußerungen dabei vielfältiger gestalten. Dies ähnelt wiederrum eher Seda und Suna sowie Kemal und Melis. Dabei verwenden auch sie Adjektive für ihre Vergleiche oder Allquantoren für ihr Bestreben, die Auffälligkeiten allgemeiner zu beschreiben. Anders als bei den anderen Gruppen, verwendet Yakub in seiner Beschreibung bereits eine kausale Konjunktion. Dahingegen findet sich ausschließlich bei Melis und Kemal die Verwendung von Präpositionalkonstruktionen wieder.

Zusammenfassung mit Bezug zu der Forschungsfrage

Aus inhaltlicher Sicht ist festzuhalten, dass alle Gruppen vollständig die veränderten und unveränderten Elemente von Zahlenmauer zu Zahlenmauer betrachten. Dabei ist ein systematisches Vorgehen von unten nach oben bei drei Gruppen – außer bei Kemal und Melis – feststellbar. Zudem ist bei drei Gruppen ein Bestreben von Vergleichen zwischen den Elementen der Zahlenmauern zu erkennen, während sich Aleyna und Kenan diesbezüglich nicht äußern. Hinzukommend ist im Vergleich wahrnehmbar, dass bei Seda und Suna sowie bei Kemal und Melis schwieriger nachvollziehbar ist, welche Unterschiede oder Gemeinsamkeiten sie zwischen den einzelnen Elementen beobachten, während Yakub dies an Beispielen konkretisiert und gleichzeitig Verallgemeinerungen dabei vollzieht. Somit zeigen sich aus inhaltlicher Perspektive qualitative Unterschiede hinsichtlich der Beschreibung, sodass in diesem mathematischen Kontext eine Beschreibung, die Verallgemeinerungen und Vergleiche anstrebt sich qualitativ von einer Beschreibung unterscheidet, die ausschließlich die konkreten unveränderten und veränderten Elemente ohne Vergleiche beinhaltet. Diese Beschreibungen unterschiedlicher Qualitäten finden sich sowohl in der ersten Klasse als auch in der dritten Klasse wieder, sodass bereits ab der ersten Klasse Vergleiche und Verallgemeinerungen in Beschreibungen vollzogen werden können.

Der Vergleich lässt aus sprachlicher Sicht festhalten, dass grundsätzlich die Lernenden häufig ihre Äußerungen durch gestische Verweise am Sachverhalt begleiten, der sich im gemeinsamen Wahrnehmungsraum der Lernenden befindet, wenn sie sich über die veränderten und unveränderten Elemente von Zahlenmauer zu Zahlenmauer äußern. Damit einhergehen kann das häufige Verwenden von Enumerationen von den Lernenden und dem spracharmen Wirken der Äußerungen sowie dem meist ausschließlichen Nachvollzug der Beschreibung durch Mitverfolgung der gestischen Verweise der Lernenden. Dies ist insbesondere zu Anfang bei Yakub und Malik sowie weitestgehend im Gesamten bei Aleyna und Kenan festzustellen. Die anderen beiden Gruppen hingegen verwenden im Vergleich vielfältigere sprachliche Mittel als ausschließlich reine Enumerationen. Wenn die Lernenden Vergleiche anstreben, ist nicht nur bei diesen beiden Gruppen, sondern auch bei Yakub und Malik ein vielfältigerer Sprachgebrauch zu beobachten. Der Vergleich dieser ähnlichen Situationen bei den drei Gruppen eröffnet jedoch auch das schwierige Nachvollziehen eines Vergleichs bei fehlenden sprachlichen und/oder gestischen Konkretisierungen. Yakub wiederrum vereint sprachliche und gestische Konkretisierungen miteinander, sodass dadurch deutlich wird, was ihm im Vergleich auffällt. Hinsichtlich der gemeinsamen oder alleinigen Realisierung stellen Aleyna und Kenan einen Unterschied zu den anderen Gruppen dar, da sich

Kenan vorwiegend zurückhalt. Bei den anderen Gruppen sind beide Lernende einer Gruppe aktiv und es sind sowohl gemeinsame Beschreibungen als Sprechhandlungssequenzen als auch im Sinne von Sprechhandlungsverkettungen als alleinige Verbalisierungen von Beschreibungen zu rekonstruieren. Dabei unterscheiden sich diese nicht zwangsläufig in ihrer Qualität. Hinsichtlich der Indikatoren für die Sprechhandlung Beschreiben (s. Kapitel 2.2) lassen sich einige von diesen wiederfinden, während jedoch auch andere – nicht als Indikatoren geltende – sprachliche Mittel vorzufinden sind, wie beispielsweise Allquantoren. Bei Aleyna und Kenan treten die Indikatoren durch das eher spracharme Agieren vereinzelt auf. Es sollte grundsätzlich der mögliche Einfluss auf die sprachliche Realisierung durch die Existenz des zu beschreibenden Sachverhalts im gemeinsamen Wahrnehmungsraum der Lernenden berücksichtigt werden. So ist beispielsweise bei allen Gruppen die häufige Nutzung der Lokaldeixis zu beobachten, um vermutlich die Höreraufmerksamkeit auf eine bestimmte Stelle in den Zahlenmauern zu richten und dies als sprachliches Mittel womöglich nicht auftauchen würde, wenn der zu beschreibende Sachverhalt nicht im gemeinsamen Wahrnehmungsraum wäre. Auch kann dies zu einer fehlenden Nutzung einer (wenn-)dann-Konstruktion für die Fokusbewegung führen, sondern stattdessen das Erreichen einer solchen Fokusbewegung möglicherweise durch Aufforderungen (beispielsweise „guck“), Lokaldeixis oder/und gestischen Verweisen an den Zahlenmauern. Dies könnte auch eine mögliche Erklärung dafür sein, warum ausschließlich bei Kemal und Melis vereinzelt Präpositionalkonstruktionen zur näheren Beschreibung einer Position auftauchen. Dies ist bei den anderen Lernenden nicht der Fall, sondern bei ihnen findet die Lokalisierung durch gestische Verweise statt. Es ist somit im Gesamten festzuhalten, dass die Sprechhandlung Beschreiben im Kontext des Mathematikunterrichts viele Indikatoren aufweist, die in einem nicht-mathematischen Kontext als Indikatoren identifiziert wurden (s. Kapitel 2.2), jedoch auch andere sprachliche Mittel, wie Allquantoren oder Adjektive, wenn allgemeinere Beobachtungen verbalisiert oder Vergleiche zwischen Elementen angestrebt werden. Zudem ist die mögliche Beeinflussung der sprachlichen Realisierung durch die Existenz des zu beschreibenden Sachverhalts im gemeinsamen Wahrnehmungsraum zu berücksichtigen. Im Vergleich fällt hinzukommend auf, dass sich sowohl die Kinder aus der ersten Klasse als auch aus der dritten Klasse bereits vielfältiger sprachlicher Mittel bedienen können, um ihre Beschreibungen zu realisieren.

Vergleich der Erklärungen

Der Vergleich zwischen den Erstklässlern Melis und Kemal sowie Aleyna und Kenan zeigt grundsätzlich bei beiden Gruppen aus der ersten Klasse die Angabe mehrerer Ursachen für das erklärungsbedürftige Phänomen. Hinsichtlich des Zusammenhangs der ersten Reihe und den Veränderungen der Zahlen im obersten Stein bringen beide Gruppen als Ursache die Veränderungen der Zahlen im linken Stein der ersten Reihe von Zahlenmauer zu Zahlenmauer an. Darüber hinaus berücksichtigt Kemal an späterer Stelle sowohl die veränderten als auch unveränderten Elemente der ersten Reihe. Hingegen bezüglich der zweiten Reihe berücksichtigt alleinig Aleyna die veränderten und unveränderten Elemente, während Kemal ausschließlich die veränderten Elementen in der zweiten Reihe für die Angabe einer Ursache beachtet. Hinsichtlich der Entdeckung eines Zusammenhangs zwischen der ersten und zweiten Reihe findet dies bei keinen der Lernenden statt. Kemal führt zwar in einem Turn die veränderten Elemente beider Reihen als Ursachen an, jedoch diese nicht zusammenhängend als eine Ursache, sondern als zwei voneinander separierte Ursachen. Es ist somit zusammenfassend aus inhaltlicher Sicht bei beiden Gruppen aus der ersten Klasse sowohl in Bezug auf die erste Reihe als auch zweite Reihe die Angabe von Ursachen für die Veränderungen der Zahlen im obersten Stein von Zahlenmauer zu Zahlenmauer festzustellen. Hinzu kommt, dass Kemal im Bezug zu der ersten Reihe und Aleyna hinsichtlich der zweiten Reihe nicht nur die veränderten Elemente, sondern auch die unveränderten Elemente in ihrer Erklärung berücksichtigen. Während die Aufgabenbearbeitung bei Aleyna und Kenan stärker von Aleyna geleitet wird und Kenan sich wie bereits in der vorherigen Aufgabenbearbeitung zurückhält, ist bei Kemal und Melis zu beobachten, dass beide sich zu der Aufgabe äußern, jedoch die einzelnen Sprechhandlungen des Erklärens als Verkettungen realisiert werden und nicht gemeinsam. Sprachlich gesehen zeigt sich bei Aleyna und Kenan zwar weiterhin ein häufiger Rückgriff auf Enumerationen sowie gestische Verweise, jedoch nun auch die Nutzung des Allquantors „immer“ und der kausalen Konjunktion „weil“. Während bei Kemal und Melis die Nutzung von Allquantoren bereits in ihren Beschreibungen aufgetreten ist und auch bei ihren Erklärungen von ihnen verwendet wird, kommt bei ihnen – wie auch bei Aleyna und Kenan – nun die kausale Konjunktion „weil“ hinzu. Darüber hinaus greift Kemal auf die konsekutive Konjunktion „deswegen“ zurück.

Seda und Suna aus der dritten Klasse führen hingegen eine Ursache an, jedoch nicht mit Rückbezug auf die erste oder zweite Reihe, sodass hier kein Vergleich zwischen den beiden Lernenden und den Lernenden aus der ersten Klasse möglich ist. Aus sprachlicher Sicht nutzen sie auch die kausale Konjunktion „weil“ und den Allquantor „immer“.

Bei den Drittklässlern Yakub und Malik lässt sich festhalten, dass Yakub eine Ursache angibt und sich Malik während der Aufgabenbearbeitung meist zurückhält. So bringt Yakub die veränderten Elemente in der zweiten Reihe als Ursache an. Dies zeigt im Vergleich zu den Lernenden aus der ersten Klasse, dass diese mehrere Ursachen verbalisieren im Gegensatz zu Yakub und Malik. Dabei arbeiten Yakub und Malik im Gegensatz zu den anderen Gruppen mit der Angabe einer Ursache anhand eines konkreten Beispiels. Dabei nutzt er – wie die beiden Gruppen aus der ersten Klasse – nicht den Allquantor „immer“, jedoch verwendet auch er die kausale Konjunktion „weil“.

Zusammenfassung mit Bezug zu der Forschungsfrage

Aus inhaltlicher Sicht ist festzuhalten, dass die Lernenden aus der ersten Klasse im Vergleich zu den Lernenden aus der dritten Klasse vielfältige und teilweise komplexe Ursachen für die Veränderungen der Zahlen im obersten Stein von Zahlenmauer zu Zahlenmauer anführen. Während die Vielfältigkeit durch die Berücksichtigung der Elemente in der ersten und zweiten Reihe offenkundig wird, offenbart sich die Komplexität durch die

Berücksichtigung von nicht nur der veränderten Elemente, sondern auch der unveränderten Elemente. Dabei ist jedoch anzumerken, dass alle Lernenden grundsätzlich konkrete Zahlen äußern. Erst durch die Abduktionsanalyse ist zu erkennen, welche möglichen allgemeinen Gesetzmäßigkeiten die Basis dieser konkreten Äußerungen darstellen können und daraus sich die Äußerungen als Ursachen für den Zusammenhang rekonstruieren lassen. Im Vergleich zu den beiden Gruppen aus der ersten Klasse ist bei einer Gruppe aus der dritten Klasse die Angabe einer Ursache unabhängig von der ersten und zweiten Reihe zu beobachten und die andere Gruppe aus dritten Klasse führt eine Ursache an. Dabei verhelfen bei beiden Gruppen auch die Hilfekarten sowie die Impulse der Interviewerin nicht zur Anführung von weiteren Ursachen. Somit sind in diesem mathematischen Kontext Erklärungsversuche unterschiedlicher Qualität feststellbar und es wird deutlich, dass bereits ab der ersten Klasse vielfältige und komplexe Entdeckungen vollzogen werden können.

Grundsätzlich ist bei der Analyse aus sprachlicher Sicht zu beobachten, dass die von den Lernenden geäußerten Ursachen immer auf der konkreten Ebene der für die jeweilige Ursache angeführten Elemente der Zahlenmauern verbleiben und nicht in einer allgemeineren Form geäußert wurden. Die sprachliche Realisierung der Erklärungsversuche aller Gruppen lässt grundsätzlich die häufige Verwendung von Enumerationen und teilweise die Nutzung von Allquantoren als Indikator für die Sprechhandlung Erklären erkennen (s. Kapitel 2.3). Alleinig Kemal nutzt zudem an einer Stelle die konsekutive Konjunktion „deswegen“, die hinsichtlich ihrer Art der Konjunktion „so dass“ entspricht, die als Indikator gilt. Darüber hinaus ist die Verwendung der kausalen Konjunktion „weil“ bei allen Lernenden zu beobachten. Dies lässt bei diesen Lernenden auf eine gewisse Affinität hinsichtlich der Verwendung dieser kausalen Konjunktion im Zusammenhang mit der Anführung von Ursachen schließen. Gleichwohl lassen die Analysen erkennen, dass diese Konjunktion auch in anderen Äußerungen genutzt werden, die inhaltlich keine Elemente einer Erklärung umfassen. Mit Ausnahme der teilweise sprachlich differenzierten Realisierung der Sprechhandlung Erklären vom Erstklässler Kemal ist im Gesamten festzuhalten, dass die Lernenden in dem mathematischen Kontext „Zahlenfolgen in Zahlenmauern“ meist eher Ursachen mit der Angabe der konkreten Zahlen anführen und vermutlich teilweise die Allgemeinheit ihrer Äußerungen durch die Verwendung von Allquantoren verdeutlichen möchten.

6.4.2. Inwiefern ist ein Zusammenhang zwischen vorangegangene(n) Beschreibung(en) und darauffolgende(n) Erklärung(en) feststellbar?

Zuerst werden folgend die Erkenntnisse aus den vorherigen Kapiteln 6.3, 6.3.2, 6.3.3 und 6.3.4 kurz zusammengefasst dargestellt und daran anschließend Vergleiche angestrebt, um Zusammenhänge zwischen vorangegangene(n) Beschreibung(en) und darauffolgende(n) Erklärung(en) herauszuarbeiten.

Bei Kemal und Melis kann eine Beeinflussung der vorangegangenen Beschreibungen auf die darauffolgenden Erklärungen der Lernenden festgestellt werden. Dies einerseits dadurch, dass bei der Anführung von Ursachen eine ähnliche Komplexität bezüglich unveränderter und veränderter Elemente beobachtbar ist und andererseits die fehlende Systematik in der Beschreibung zu einer unstrukturierten Anführung von Ursachen geführt hat. Bei Aleyna und Kenan aus der ersten Klasse ist wiederrum hinsichtlich der Systematik ein Zusammenhang zwischen einem vorherigen systematischen Vorgehen in der Beschreibung und einer darauffolgenden strukturierten Erklärung zu beobachten. Dies lässt im Vergleich erkennen, dass möglicherweise ein systematisches oder unsystematisches Vorgehen in einer Beschreibung zu einer entweder strukturierten oder unstrukturierten Erklärung führen kann. Somit zeigen die beiden Gruppen aus der ersten Klasse, dass Zusammenhänge zwischen Beschreibungen und Erklärungen vorhanden sein können.

Die Betrachtung von Seda und Suna aus der dritten Klasse hingegen lässt erkennen, dass zwar Hypothesen für einen möglichen Zusammenhang aufgestellt wurden, die aber nicht überprüft werden konnten, da die Lernenden sich bei ihrer Ursache nicht auf die unteren und mittleren Reihen der Zahlenmauern bezogen haben, jedoch dies Grundlage der Hypothesen war. Es ist dennoch zu beobachten, dass sie auf das Wort „Reihe“ für die Erklärung zurückgreifen, das sie zuvor in ihrer Beschreibung eingeführt haben. In Bezug zu den aufgestellten Hypothesen ist festzuhalten, dass die vorherigen vollständigen und systematischen Beschreibungen in der Erklärung nicht genutzt wurden. Somit stellen Seda und Suna im Vergleich zu den beiden Gruppen aus der ersten Klasse ein Beispiel dafür dar, dass ein Zusammenhang zwischen den vorherigen Beschreibungen und den darauffolgenden Erklärungen bedingt vorhanden sein kann.

Bei Yakub und Malik aus der dritten Klasse war eine vollständige und systematische Beschreibung zu beobachten. Dennoch wurde darauffolgend eine Ursache von ihnen angeführt und danach lag der Fokus vermutlich eher auf der additiven Struktur der Zahlenmauern. Bei ihrer Erklärung berücksichtigen sie dabei einen in der Beschreibung genannten Aspekt verknüpft mit der Berücksichtigung der additiven Struktur in einer Zahlenmauer. Aufgrund der fehlenden Anführung von weiteren Ursachen, ist auch bei dieser Gruppe kein Rückgriff auf die Hypothesen möglich. So zeigt sich auch hier im Vergleich – ähnlich zu Seda und Suna – nur ein bedingter Zusammenhang zwischen den vorherigen Beschreibungen und den darauffolgenden Erklärungen.

Zusammenfassung mit Bezug zu der Forschungsfrage

Die Vergleiche zeigen somit im Gesamten auf, dass eine vorherige Beschreibung eine darauffolgende Erklärung beeinflussen kann, in dem Elemente der Beschreibungen als Ursachen für eine darauffolgende Erklärung genutzt werden können. Es lässt jedoch auch erkennen, dass eine vollständige und systematische Beschreibung nicht immer zu einer vielfältigen und strukturierten Erklärung führen muss. Vielmehr ist im Interaktionsverlauf ein Fokuswechsel auf andere Aspekte möglich oder innere Zusammenhänge werden nur teilweise verbalisiert. Dies ist einerseits für das Anliegen einer Komparation hinderlich, da durch die Fokussierung anderer Aspekte keine gemeinsame Grundlage existent ist. Andererseits ist der Verlauf der Bearbeitungen der Aufgaben bei den Gruppen ähnlich und lässt bei manchen Gruppen das Gelingen der Anführung mehrerer Ursachen erkennen. Somit werden bei manchen Gruppen Zusammenhänge zu den vorherigen

Beschreibungen offenkundig, während andere Gruppen andere Aspekte fokussieren und vielleicht dadurch nur vereinzelt Ursachen anführen. Dennoch zeigt sich auch bei ihnen einen Rückgriff auf zuvor in der Beschreibung berücksichtigte Aspekte.

Somit lässt sich festhalten, dass in Hinblick auf die aufgestellten Hypothesen bei der Anführung von mehreren Ursachen auch Zusammenhänge zwischen Beschreibungen und Erklärungen feststellbar sind. Doch auch bei der Anführung von einzelnen Ursachen sind Zusammenhänge zwischen Beschreibungen und Erklärungen erkennbar, auch wenn sie nicht über die Zustimmung der Hypothesen deutlich werden, sondern über die in der Erklärung berücksichtigen Aspekte, die auch Bestandteil der Beschreibungen der Lernenden waren.

6.4.3. Wie wirkt sich der flexible Einsatz der türkischen und deutschen Sprache auf die Erkenntnisprozesse der Lernenden aus?

Folgend werden die unterschiedlichen Nutzungen der Sprachen im Vergleich vorgestellt und daraus in der Zusammenfassung Erkenntnisse gezogen, inwiefern sich der flexible Einsatz der türkischen und deutschen Sprache auf die Erkenntnisprozesse auswirkt.

Bei Kemal und Melis aus der ersten Klasse ist über die gesamte Aufgabenbearbeitung die Verwendung der türkischen Sprache zu beobachten. Diese nutzen sie sowohl in der Interaktion untereinander als auch mit der türkischsprechenden Interviewerin. Somit konnten sie ihre inhaltlich und sprachlich vielfältigen Beschreibungen und Erklärungen in der türkischen Sprache realisieren, sodass sich der Einsatz der türkischen Sprache auf ihre Erkenntnisprozesse positiv ausgewirkt hat. Bei Aleyna und Kenan aus der ersten Klasse hingegen wird das Angebot der Nutzung beider Sprachen vermutlich je nach Adressat genutzt. Es ist festzustellen, dass beide die deutsche Sprache eher dann nutzen, wenn sie untereinander reden und die türkische Sprache, wenn sie mit der hauptsächlich türkischsprechenden Interviewerin sprechen. Da im Bearbeitungsverlauf Aleyna und die Interviewerin stärker interagieren, während sich Kenan meist zurückhält, vollzieht

Aleyna ihre sprachlich eher spracharmen, jedoch inhaltlich vielfältigen Beschreibungen und Erklärungen auf Türkisch. Demnach ist im Vergleich zu erkennen, dass sich Kemal und Melis möglicherweise sowohl gegenseitig als auch die Interviewerin als Adressaten wahrnehmen, um in der türkischen Sprache zu agieren, während bei Aleyna und Kenan der Einsatz der jeweiligen Sprache vermutlich vom Adressaten abhängt.

Wird die Nutzung beider Sprachen bei Seda und Suna aus der dritten Klasse betrachtet, so zeigt sich ein ähnliches Bild wie bei Kemal und Melis, da auch sie sowohl untereinander als auch mit der Interviewerin ausschließlich auf Türkisch kommunizieren und sprachlich ihre Äußerung meist vielfältig gestalten. Bei Yakub und Malik aus der dritten Klasse ist hingegen im Vergleich eine neue Nutzung beider Sprachen zu erkennen. Denn die beiden Lernenden sprechen sowohl untereinander als auch meist mit der Interviewerin auf Deutsch, während die Interviewerin zu Anfang überwiegend auf Türkisch spricht und im Verlauf der Interaktion immer mehr ins Deutsche wechselt. Dabei ist jedoch zu Beginn der Interaktion zu beobachten, dass die Lernenden vermutlich die türkischen Äußerungen der Interviewerin verstehen, da sie auf diese passend auf Deutsch reagieren. Auch wird inhaltlich deutlich, dass die Verwendung der türkischen Sprache seitens der Interviewerin vermutlich nicht hinderlich für die Lernenden ist, da sie während des Gebrauchs der türkischen Sprache der Interviewerin eine vollständige und systematische Beschreibung vollziehen. Bei der Anführung von Erklärungen geben sie eine Ursache an und fokussieren später möglicherweise etwas Anderes. Dies steht jedoch vermutlich nicht im Zusammenhang mit der Nutzung der türkischen Sprache seitens der Interviewerin, da sie zu diesem Zeitpunkt überwiegend in der deutschen Sprache interagiert. Sprachlich gesehen zeigt sich einerseits zu Beginn – wie bei Aleyna im Türkischen – das eher spracharme Agieren bei der Beschreibung und an späterer Stelle der Beschreibung ein eher sprachlich vielfältigeres Agieren, wie bei Kemal und Melis sowie Seda und Suna auf Türkisch.

Zusammenfassung mit Bezug zu der Forschungsfrage

Es ist sind bei den vier Gruppen – unabhängig vom Inhalt und der sprachlichen Realisierung – unterschiedliche Nutzungen der beiden Sprachen zu erkennen. Die erste Nutzung wird bei Kemal und Melis aus der ersten Klasse sowie Seda und Suna aus der dritten Klasse deutlich. Sie verwenden während der gesamten Aufgabenbearbeitungen nahezu ausschließlich sowohl untereinander als auch mit der Interviewerin die türkische Sprache. Eine zweite Nutzung ist bei Aleyna und Kenan aus der ersten Klasse festzustellen, die untereinander Deutsch sprechen und mit der Interviewerin Türkisch. Bei Yakub und Malik aus der dritten Klasse zeigt sich eine dritte Nutzung der Sprachen, da sie sowohl untereinander als auch mit der Interviewerin überwiegend auf Deutsch reden unabhängig davon, welche Sprache die Interviewerin nutzt. Somit ist im Gesamten festzuhalten, dass die Lernenden das Angebot der Nutzung beider Sprachen unterschiedlich für sich selbst in Anspruch genommen haben.

In Hinblick auf die Beschreibungen ist aus inhaltlicher Sicht zu beobachten, dass vollständige und systematische Beschreibungen sowohl auf Türkisch als auch auf Deutsch von den Lernenden realisiert wurden. Bei den Erklärungen ist jedoch im Vergleich zu erkennen, dass vielfältige und komplexe Ursachen für die Veränderungen der Zahlen im obersten Stein von Zahlenmauer zu Zahlenmauer von Lernenden aus der ersten Klasse angeführt wurden, die sich dabei der türkischen Sprache bedient haben. Somit war bei diesen Lernenden aus inhaltlicher Sicht die Möglichkeit der Nutzung der türkischen Sprache im mathematischen Kontext „Zahlenfolgen in Zahlenmauern“ produktiv.

Aus sprachlicher Sicht zeigt der Vergleich, dass nicht zwangsläufig die fehlenden sprachlichen Kompetenzen in der türkischen Sprache als Grund angeführt werden können, dass manche Äußerungen sprachärmer gestaltet wurden als andere. So ist sowohl bei Yakub und Malik im Deutschen als auch bei Aleyna im Türkischen die eher spracharme Realisierung von Beschreibungen zu beobachten. Es ist vielmehr anhand von Kemal und Melis im Vergleich festzustellen, dass bereits Lernende ab der ersten Klasse über derartige sprachliche Kompetenzen in der türkischen Sprache verfügen können, die sie zu sprachlich vielfältigen Beschreibungen und Erklärungen in dem mathematischen Kontext „Zahlenfolgen in Zahlenmauern“ befähigen können.

7. Analysen im mathematischen Kontext „Kombinatorik“

Im Folgenden wird zunächst das Vorgehen bei der Analyse der Aufgabenbearbeitungen vorgestellt und die Aufgaben von den Arbeitsblättern 3A und 4A, deren Bearbeitung von den Lernenden in den Analysen fokussiert wurden, werden stoffdidaktisch betrachtet.[25] Daraufhin werden die Aufgabenbearbeitungen von vier Gruppen in Anlehnung an die Methode der „primär gedanklichen Vergleiche“ analysiert. Jeweils zwei von ihnen haben das gleiche Arbeitsblatt bearbeitet. Es sollen ausgehend von zwei Gruppen, die sich mit dem mathematischen Kontext „Kombinatorik I“ befasst haben, durch eine komparative Analyse nach der Methode der „primär empirischen Vergleiche“ in Hinblick auf die Forschungsfragen neue Erkenntnisse gewonnen werden. Dabei wird die komparative Analyse aufzeigen, dass der Erkläranlass in diesem kombinatorischen Setting für die Lernenden herausfordernd war. Dies war aus forschungsmethodischer Sicht notwendig, um die Lernenden an die Grenzen ihres kognitiven Horizontes zu führen, das zum Aufzeigen der Potenziale von Lernenden führen kann. Zudem ermöglicht dies den Stellenwert von vorangegangenen Beschreibungen in Hinblick auf darauffolgende Erklärungen herauszuarbeiten und stellt sich daher auch für Forschungsinteresse als ergiebig dar.

Für eine nähere Betrachtung von Zusammenhängen wird die Bearbeitung von zwei Gruppen – angelehnt an die Methode der „primär empirischen Vergleiche“– analysiert, die sich im Rahmen des mathematischen Kontextes „Kombinatorik II“ mit den gleichen Aufgabenstellungen, jedoch in einem anderen kombinatorischen Setting befasst haben. Hier werden nicht nur die gleichen Aufgaben betrachtet, sondern zudem die Bearbeitung der darauffolgenden Aufgabe. In der daran anschließenden komparativen Analyse im Sinne der Methode der „primär empirischen Vergleiche“ werden

[25] Die vollständigen Arbeitsblätter von „Kombinatorik I“ (Blatt 4A) und „Kombinatorik II“ (Blatt 3A) befinden sich im Anhang (s. Anhang E und F).

M.-L. Maisano, *Beschreiben und Erklären beim Lernen von Mathematik*, Kölner Beiträge zur Didaktik der Mathematik, https://doi.org/10.1007/978-3-658-25370-7_7

Erkenntnisse hinsichtlich des Zusammenhangs zwischen vorangehenden Beschreibungen und darauffolgenden Erklärungen herausgearbeitet.

7.1. Vorgehen bei „Kombinatorik I“

Nachdem die Lernenden sich in Aufgabe 1 mit dem kombinatorischen Setting vertraut gemacht haben, sollten sie zunächst folgende Aufgabe bearbeiten:

Sascha hat einen roten Stift und einen blauen Stift . Welche Möglichkeiten gibt es, unterschiedliche Bären zu malen?

Sascha hat sich das dazu überlegt:

Beschreibe: Welche gute Idee hat Sascha benutzt, um alle Möglichkeiten zu finden?

Abbildung 25: Aufgabenteil 1 der Aufgabe 2 vom Blatt 4A

Die in Rahmen dieser Aufgabenbearbeitung getätigten Beschreibungen werden aus mathematisch-inhaltlicher und linguistisch-sprachlicher Perspektive „turn-by-turn“ analysiert und der flexible Einsatz der türkischen und deutschen Sprache wird betrachtet. Aus den Analysen werden zudem Hypothesen für eine darauffolgende Erklärung aufgestellt. Eine Hypothese widmet sich dem Aspekt, inwiefern bei einer zeilen- und spaltenweisen Betrachtung eine systematische Fokussierung der Kombinationsmöglichkeiten stattgefunden hat. Eine weitere Hypothese greift auf, inwiefern die Lernenden die Abhängigkeit der Elemente von verschiedenen Kombinationsmöglichkeiten mit einer zeilenweisen oder spaltenweisen Betrachtung berücksichtigen. Damit ist gemeint, dass die Lernenden beispielsweise bei einer zeilenweisen Betrachtung mit dem Kopf der Bären als Ausgangspunkt beschreiben, dass die Farben des Kopfes der Bären zyklisch zwischen blau und rot, während die Farben des Bauches der Bären zwischen zweimal rot und zweimal blau wechseln. Zudem sind dabei die Füße erst einmal viermal rot und dann viermal blau. Ein weiterer Aspekt ist, der in einer dritten Hypothese aufgegriffen wird, inwiefern die Lernenden eine Vorgehensbeschreibung realisiert haben, in der sie das systematische Vorgehen der fiktiven Person Sascha beschreiben. Diese Hypothesen werden daraufhin anhand der Bearbeitung der folgenden Aufgabe überprüft:

Mit Saschas guter Idee kann man alle Möglichkeiten finden. Erkläre: Warum ist das so?

Abbildung 26: Aufgabenteil 2 der Aufgabe 2 vom Blatt 4A

Diese Aufgabenbearbeitung wird aus mathematisch-inhaltlicher und linguistisch-sprachlicher Sicht näher betrachtet und die Verwendung des Angebots des flexiblen Gebrauchs der deutschen und türkischen Sprache wird analysiert. Anhand der Analyse von zwei einzelnen Gruppen werden daraufhin in der komparativen Analyse Erkenntnisse in Bezug auf die Forschungsfragen gewonnen.

7.2. Vorgehen bei „Kombinatorik II “

Weitere Erkenntnisse hinsichtlich des Zusammenhangs zwischen Beschreibungen und Erklärungen werden durch die Analyse der Aufgabenbearbeitungen von zwei Gruppen im Kontext von Kombinatorik II näher betrachtet. Dabei findet ein verändertes Vorgehen statt ohne die Aufstellung von Hypothesen und die nähere Betrachtung des flexiblen Einsatzes der türkischen und deutschen Sprache.

Die Lernenden bearbeiten die gleiche Aufgabenstellung wie die anderen beiden Gruppen, jedoch in einem anderen kombinatorischen Setting:

Valerie hat 6 Anziehsachen zur Auswahl, nämlich 2 Hosen  und 4 Oberteile . Wie viele Möglichkeiten hat sie, sich verschieden anzuziehen?

Valerie hat sich das dazu überlegt:

Beschreibe: Welche gute Idee hat Valerie benutzt, um alle Möglichkeiten zu finden?

Abbildung 27: Aufgabenteil 1 der Aufgabe 1 vom Blatt 3A

Die Beschreibungen im Rahmen dieser Aufgabenbearbeitung werden aus mathematisch-inhaltlicher und linguistisch-sprachlicher Sicht in Sinne einer „turn-by-turn“-Analyse näher betrachtet und daran anschließend wird die nächste Aufgabenbearbeitung hinzugenommen:

Mit Valeries guter Idee kann man alle Möglichkeiten finden.

Erkläre: Warum ist das so?

Abbildung 28: Aufgabenteil 2 der Aufgabe 1 vom Blatt 3A

Dabei wird die Bearbeitung der Lernenden von dieser Aufgabe zusammengefasst und daraus die festgestellten Herausforderungen abgeleitet. Um mögliche Ursachen herauszufinden, die wiederrum zu neuen Erkenntnissen in Hinblick auf den Zusammenhang zwischen Beschreibungen und Erklärungen führen, wird daraufhin die nächste Aufgabe hinzugenommen. In dieser sollen die Lernenden zunächst selbst alle Kombinationsmöglichkeiten finden und dabei die „gute Idee“ von Valerie nutzen:

Jetzt hast du auch 6 Anziehsachen zur Auswahl, nämlich 3 Hosen  und 3 Oberteile . Wie viele Möglichkeiten hast du, dich verschieden anzuziehen?

Nutze dabei die gute Idee von Valerie, um alle Möglichkeiten zu finden.

Abbildung 29: Aufgabenteil 1 der Aufgabe 2 vom Blatt 3A

Hierbei wird analysiert, wie die Lernenden bei der Aufgabenbearbeitung vorgehen und inwiefern sie auf ihre Erkenntnisse in der vorherigen Aufgabe zurückgreifen können. Dies ermöglicht einen Einblick in ihr Verständnis hinsichtlich des Vorgehens der fiktiven Person Valerie. Zudem sollen die Lernenden explizit in der folgenden Aufgabe verbalisieren, wie sie vorgegangen sind:

Beschreibe: Welches Vorgehen hast du genutzt?

Abbildung 30: Aufgabenteil 2 der Aufgabe 2 vom Blatt 3A

Letztendlich wird kurz zusammengefasst, wie die Lernenden die nächste Aufgabe bearbeiten, in der sie einen anderen Erkläranlass als zuvor erhalten:

Erkläre: Warum gibt es keine weiteren Möglichkeiten?

Abbildung 31: Aufgabenteil 3 der Aufgabe 2 vom Blatt 3A

Dieser gesamte Bearbeitungsprozess wird bei beiden Gruppen analysiert. Daraufhin wird in der komparativen Analyse erarbeitet, inwiefern mögliche Ursachen für die zuvor festgestellte herausfordernde Situation abgeleitet werden können und was dies bezüglich der zweiten Forschungsfrage für den Zusammenhang zwischen den Sprechhandlungen Beschreiben und Erklären bedeuten könnte.

7.3. Stoffdidaktische Betrachtung der für die Analysen relevanten Aufgaben

Nach Bernoulli (1899) „lehrt [die Kombinatorik] alle möglichen Arten, nach welchen mehrere Dinge vermischt, gruppiert und miteinander zusammengesetzt werden können, so aufzuzählen, dass wir sicher sind, keine von ihnen ausgelassen zu haben, welche unserem Vorhaben nützlich ist." (Bernoulli, 1713, S. 77). Demnach ist das Ziel von kombinatorischen Aufgabenstellungen die Ermittlung aller Kombinationsmöglichkeiten sowie deren Anzahl (s. Kütting & Sauer, 2011, S. 129).

Bei kombinatorischen Aufgaben ist das Finden einer geeigneten Strukturierung und Lösungsstrategie für die Ermittlung aller Möglichkeiten eine der grundlegenden Herausforderungen (s. Hefendehl-Hebeker & Törner, 1984, S. 245). Sie kann durch strukturiertes Auflisten und Abzählen stattfinden, jedoch auch durch allgemeine Zählprinzipien oder kombinatorischer Formeln (vgl. Kütting & Sauer, 2011, S. 131ff.).

Werden die beiden Aufgaben in Abbildung 25 und Abbildung 27 betrachtet, so zeigen sich zwei unterschiedliche kombinatorische Settings. In „Kombinatorik I" (s. Abbildung 25) geht es darum die drei Plätze „Kopf", „Bauch" und „Füße" mit Farben zu belegen, wobei jeder Platz jeweils zwei unterschiedliche Ausprägungen „rot" und „blau" annehmen kann. Die Menge der Plätze wird im Weiteren als Menge $K = \{Kopf, Bauch, Füße\}$ und die Menge der Ausprägungen als Menge $N = \{rot, blau\}$ bezeichnet. In der Aufgabe wird danach gefragt, auf wie viele unterschiedliche Weisen die Plätze besetzt werden können. Diese Fragestellung lässt sich auch als Zufallsexperiment mit dreimaligem Ziehen aus einer Urne mit n Kugeln beschreiben, wobei hier $n = 2$ ist und der oben beschriebenen Menge N entspricht. Die Reihenfolge der Ziehungen muss aufgrund der drei unterschiedlichen Plätze (Kopf, Bauch, Füße) berücksichtigt werden. Da die Ausprägungen „rot" oder „blau" mehrfach in einer Anordnung auftreten können, entspricht dies im Urnenmodell einem Zurücklegen der Kugeln.

Dieses Zufallsexperiment entspricht demnach der kombinatorischen Formel n^k mit $n = 2$ und $k = 3$, sodass die Anzahl aller Kombinationsmöglichkeiten $2^3 = 8$ ist.

In „Kombinatorik II“ (s. Abbildung 27) sollen die Elemente zweier verschiedener Mengen miteinander paarweise kombiniert werden. Konkret sollen alle Möglichkeiten gefunden werden, ein Element der Menge der Hosenfarben N_1 mit einem Element der Menge der Oberteilfarben N_2 zu kombinieren. Hierbei handelt es sich um ein anderes kombinatorisches Setting als in der vorherigen Aufgabe, was deutlich wird, wenn man auch diese Aufgabe als Zufallsexperiment im Urnenmodell deutet. Es wird aus zwei verschiedenen Urnen gezogen, wobei nach der Anzahl der Möglichkeiten gefragt ist, die Ziehergebnisse aus beiden Urnen miteinander zu kombinieren. Dies lässt sich als ein zweistufiges Zufallsexperiment beschreiben, bei dem sowohl die Reihenfolge nicht beachtet wird, als auch kein Zurücklegen stattfindet. Um eine Kombinationsmöglichkeit zu erhalten, wird in der ersten Stufe des Zufallsexperiments zunächst die Farbe der Hose bestimmt, indem einmal aus einer Urne mit den zwei möglichen Ausprägungen $N_1 = \{schwarz, blau\}$ gezogen wird. Es wird also ein Element von zwei möglichen Elementen gezogen, also gilt für die Anzahl der Möglichkeiten von Schritt 1 $\binom{2}{1}$. Danach wird für die Farbe des Oberteils aus einer Urne mit den nun vier Ausprägungen $N_2 = \{gelb, grün, rot, lila\}$ gezogen, wofür es $\binom{4}{1}$ Möglichkeiten gibt. Um alle Möglichkeiten zu erhalten, ist es hierbei wichtig, dass die Kugeln nicht wieder zurückgelegt werden, da sonst Kombinationsmöglichkeiten doppelt auftreten können. Da die gezogenen Kugeln nicht angeordnet werden, bleibt die Reihenfolge der Ziehungen unberücksichtigt. Das zweistufige Zufallsexperiment entspricht somit bei beiden Stufen der kombinatorischen Figur $\binom{n}{k}$ und die Anzahl aller Möglichkeiten entspricht nach der ersten Pfadregel $\binom{2}{1}\binom{4}{1} = 8$.

Die Lernenden sollten in dieser Aufgabe jedoch nicht die Anzahl aller Möglichkeiten durch die Anwendung einer Formel finden, sondern es ging um die Ermittlung aller Möglichkeiten durch ein strukturiertes Auflisten.

Die Anzahl an Kombinationsmöglichkeiten war dahingehend im Hintergrund, dass es um ein strukturiertes Auflisten ging, womit alle Kombinationsmöglichkeiten gefunden werden können. Wie in Abbildung 25 und Abbildung 27 zu erkennen, wurde in beiden kombinatorischen Settings zunächst eine systematische Auflistung einer fiktiven Person dargestellt durch die alle Kombinationsmöglichkeiten gefunden wurden und diese Systematik sollte beschrieben werden.

Die zuvor thematisierte Möglichkeit des strukturierten Auflistens zur Findung aller Möglichkeiten kann durch die Differenzierung von English (1993) veranschaulicht werden. Dieser hat unterschiedliche Lösungsstrategien herausgearbeitet, die von einem unsystematischen zu einem immer systematischer werdenden Verfahren führen. Das unsystematischste Vorgehen ist die zufällige Auswahl von Kombinationsmöglichkeiten. Bei „Versuch und Irrtum“ werden einzelne Elemente zufällig ausgewählt und zusammengestellt. Danach erfolgt die Überprüfung der gefundenen Kombinationsmöglichkeiten und gegebenenfalls eine Korrektur im Nachhinein. Anders ist es beim „Übergang zum algorithmischen Verfahren“, bei dem zur Findung aller Möglichkeiten ein „zyklisches Muster“ genutzt wird, jedoch noch nicht durchgängig. Dies unterscheidet sich von der vollständigen Anwendung eines zyklischen Musters, bei dem falsche Lösungen auch verworfen werden (English, 1993, S. 144f.). Beim strukturierten Auflisten stellt das systematischste Vorgehen das Agieren im Sinne des „Tachometerprinzips“ dar. Dabei wird ein Element ausgewählt, das so lange beibehalten wird bis zur Findung aller Möglichkeiten, die unter Festhaltung des einen Elements existieren. Danach wird mit dem nächsten Element fortgefahren. Dabei kann dieses Verfahren entweder teilweise noch fehlerhaft oder aber bereits ohne Fehler angewandt werden (s. English, 1993, S. 145f.).

Wird das Vorgehen der fiktiven Person Sascha im Kontext von Kombinatorik I betrachtet (s. Abbildung 25), können je nach Fokussierung unterschiedliche Vorgehensweisen feststellbar sein. Bei einer zeilenweisen Betrachtung und wenn von den Füßen ausgegangen wird, kann ein Muster im Sinne des Tachometerprinzips erkannt werden. Demnach werden als erstes die roten Füße als festes Element beibehalten bis alle Kombinationsmöglichkeiten gefunden werden. Dabei wird auch beim Bauch so lange der Bauch mit der gleichen Farbe beibehalten bis dafür keine Kombinationsmöglichkeiten mit den roten Füßen mehr vorhanden sind. Wenn jedoch vom Kopf aus die Möglichkeiten betrachtet werden, dann entspricht das Vorgehen der fiktiven Person eher einem zyklischen Muster. Hierbei wird konsistent abwechselnd zwischen den Farben Rot und Blau für den Kopf variiert und dabei zweimal die gleiche Farbe für den Bauch genommen. Die Füße behalten dabei die gleiche Farbe bis keine weitere (doppelte) Möglichkeit auffindbar ist. Bei einer spaltenweisen Betrachtung könnte dabei auch ein systematisches Vorgehen im Sinne eines zyklischen Musters beschrieben werden und unterscheidet sich dahingehend, ob von dem Kopf oder den Füßen ausgegangen wird.

Im Kontext von Kombinatorik II ist das Vorgehen der fiktiven Person Valerie dargestellt (s. Abbildung 27). Hierbei ist sowohl bei einer zeilenweisen als auch bei einer spaltenweisen Betrachtung ein Vorgehen im Sinne des Tachometerprinzips zu erkennen. Aus zeilenweiser Sicht wird als festes Element zunächst die schwarze Hose festgehalten bis alle Kombinationsmöglichkeiten mit den angegebenen unterschiedlich farbigen Oberteilen gefunden werden. Danach wird als festes Element die blaue Hose gewählt und das Vorgehen wird wiederholt. Spaltenweise betrachtet stellen pro Spalte die Oberteile das feste Element dar.

Das Vorgehen von einer fiktiven Person sollen die Lernenden sowohl im Kontext „Kombinatorik I“ als auch „Kombinatorik II“ beschreiben und daran anschließend erklären, warum alle Möglichkeiten mit dieser „guten Idee“ der fiktiven Person gefunden werden können (s. Abbildung 26 und Abbildung 28). Die Lernenden können hierfür als Ursache aus Expertensicht anführen, dass wenn im Sinne des fehlerfrei angewandten Tachometerprinzips oder zyklischen Musters die einzelnen Elemente systematisch durchgegangen werden, dann alle Möglichkeiten gefunden werden. Damit ist aus Sicht der Lernenden gemeint, dass sie als Ursache das systematische Vorgehen der fiktiven Personen Sascha oder Valerie anführen können, um daran zu plausibilisieren, dass alle Kombinationen gefunden wurden.

Im Kontext „Kombinatorik II“ wird die daran anschließende Aufgabe hinzugenommen. Dabei entspricht diese Aufgabe – wie bereits zuvor in Hinblick auf Aufgabenteil 1 der Aufgabe 1 vom Blatt 3A (s. Abbildung 27) – einem zweistufigen Zufallsexperiment und in beiden Stufen wird die kombinatorische Figur $\binom{n}{k}$ verwendet. Hierbei wird in der ersten Stufe für die Ermittlung der Farbe der Hose einmal aus einer Urne mit den drei möglichen Ausprägungen $N_3 = \{schwarz, blau, braun\}$ gezogen. Daher ist $k = 1$ und $n = 3$ und es gilt $\binom{3}{1}$. Danach wird die Farbe des Oberteils ermittelt, indem einmal aus einer Urne mit den drei Ausprägungen $N_4 = \{gelb, grün, rot\}$ gezogen wird. Hier ist ebenfalls $k = 1$ und $n = 3$ und es gilt wieder $\binom{3}{1}$. Für die Ermittlung aller Kombinationsmöglichkeiten ergeben sich nach der ersten Pfadregel $\binom{3}{1}\binom{3}{1} = 9$ Kombinationsmöglichkeiten.

In dieser Aufgabe sollen die Lernenden zunächst entsprechend des zuvor beschriebenen Vorgehens der fiktiven Person Valerie eigenständig eine Aufgabe lösen (s. Abbildung 29). Dementsprechend können sie hier im Sinne des Tachometerprinzips handeln, um alle Möglichkeiten zu finden. Danach soll ihr eigenes Vorgehen beschrieben werden (s. Abbildung 30). Der daran anschließende Erkläranlass befasst sich mit der Fragestellung, warum es keine weiteren Möglichkeiten gibt (s. Abbildung 31). Aus Sicht der Lernenden können sie hier anhand ihres systematischen Auflistens der Kombinationsmöglichkeiten – die aus der Perspektive des Experten im Sinne des Tachometerprinzips stattfindet – die Findung aller Möglichkeiten plausibilisieren, sodass keine weiteren Möglichkeiten mehr existent sein können.

7.4. Kombinatorik I: Analyse einzelner Szenen

Entsprechend des in Kapitel 7.1. dargestellten Vorgehens findet im Folgenden die Analyse der Bearbeitung der Aufgabe 2 von Blatt 4A von den

Lernenden statt.[26] Hierbei wird auf die Nutzung der Möglichkeit des flexiblen Einsatzes der Sprachen seitens der Lernenden eingegangen. Zudem werden anhand der Beschreibungen der Lernenden Hypothesen für darauffolgende mögliche Erklärungen aufgestellt. Daraus lassen sich Zusammenhänge zwischen Beschreibungen und Erklärungen erkennen.

7.4.1. Kemal und Melis, 1. Klasse

Die Analyse der Bearbeitung des Aufgabenteils 1 der Aufgabe 2

Sascha hat einen roten Stift und einen blauen Stift. Welche Möglichkeiten gibt es, unterschiedliche Bären zu malen?

Sascha hat sich das dazu überlegt:

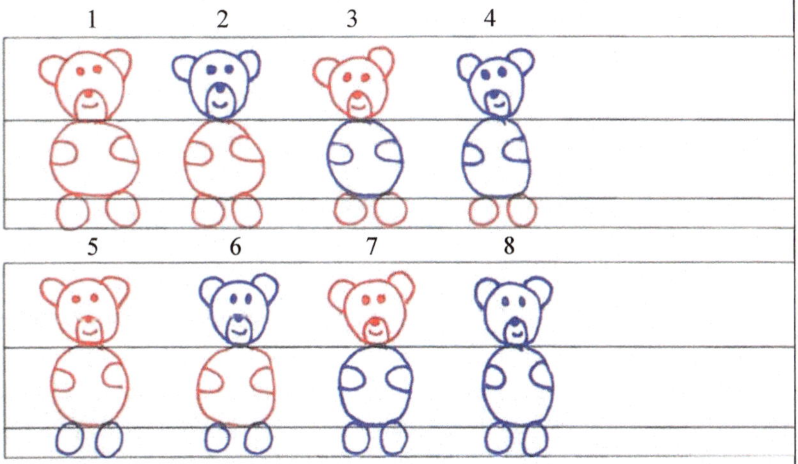

Beschreibe: Welche gute Idee hat Sascha benutzt, um alle Möglichkeiten zu finden?

Abbildung 32: Aufgabenteil 1 der Aufgabe 2 vom Blatt 4A[27]

[26] Die den Analysen zugrundliegenden Transkripte befinden sich im Anhang (s. Anhang G).

[27] Die Nummerierung der Kombinationen wurde nachträglich für einen besseren Lesefluss der Analyse hinzugefügt.

Beschreibung der Situation

Die beiden Lernenden Kemal und Melis aus der ersten Klasse haben sich für das türkischsprachige Arbeitsblatt entschieden. Die Interviewerin Selma bespricht mit den Lernenden mündlich die Aufgabe und fordert dann in Turn 16 auf, dass sie miteinander sprechen und es ihr danach erklären sollen.

Die Analyse der Aufgabenbearbeitung

Kemal beginnt in Turn 17 die Farben der Füße der Bären zu beschreiben, indem er äußert, dass die unteren Füße immer blau seien und dabei gestisch entlang der zweiten Reihe mit dem Finger fährt. Danach fährt er mit dem Finger entlang der ersten Reihe und verbalisiert, dass sie hier immer rot seien. Danach zeigt Kemal auf die Bäuche des Bären 6 und 5 in der zweiten Zeile und dann auf die Bäuche des Bären 1 und 2 in der ersten Zeile und äußert „ihre Bäuche zwei sind immer rot“. Er möchte damit womöglich aussagen, dass es sowohl in der ersten Zeile als auch in der zweiten Zeile Bären mit roten Bäuchen gibt. Dabei geht er nicht näher auf die Farben der Bäuche der anderen Bären ein. Dann verweist er gestisch nacheinander auf die Köpfe der Bären 5 und 6 in der zweiten Zeile und danach auf die Köpfe der Bären 1 und 2 in der ersten Zeile, während er verbalisiert „ihre Köpfe sind immer rot [...] blau“. So ist auch bei den Köpfen zu erkennen, dass er zumindest für die ersten beiden Bären in einer Zeile den zeilenweisen Wechsel der Farben betrachtet und vermutlich den gleichen Wechsel bei den Bären wahrnimmt, die sich darüber befinden. Melis verbalisiert dann in Turn 18 „rot blau rot blau“ und verweist gestisch nacheinander auf die Köpfe der Bären in der ersten Zeile, womit sie sich nun über den Farbwechsel aller vier Bären in einer Zeile äußert. Während Kemal zuvor von der zweiten Zeile aus begonnen hat und die Beobachtungen dann mit den Bären in der ersten Zeile verglichen hat, fokussiert er nun erst die Bären in der ersten Zeile. Dieser Fokuswechsel könnte durch die vorherige Betrachtung der gesamten ersten Zeile von Melis entstanden sein. So streicht Kemal in Turn 19 über die Köpfe des dritten und vierten Bären in der ersten Reihe und möchte möglicherweise mit der Aussage „dieser ja“ das davor Gesagte von Melis bestätigen. Daraufhin verbalisiert er „und ihre Bäuche werden dann blau“ und zeigt dabei nacheinander auf die Bären 3 und 4 sowie 7 und 8. Die Verwendung des temporalen Adverbs „und [...] dann“ könnte einerseits als Weiterführung des zuvor Verbalisierten bezüglich der roten Bäuche gesehen werden, sodass er sich hier auf die Veränderung der Farben der Bäuche in den Zeilen beziehen würde oder andererseits auf eine Verknüpfung mit dem vorherig Beschriebenen bezüglich des Farbwechsels der Köpfe. Hinsichtlich der zweiten Möglichkeit ist jedoch schwierig inhaltlich zu interpretieren, was er für eine Verknüpfung hinsichtlich der Farben der Köpfe und der Farben der Bäuche von den Bären 3 und 4 sowie 7 und 8 anstrebt. Dennoch lässt die temporale Verknüpfung mit „werden dann“ die Vermutung entstehen, dass er etwas Prozesshaftes hinsichtlich der Veränderungen der Farben wahrnimmt. Kemal verbleibt möglicherweise beim Vergleich der genannten Bären, da er nach dem Zeigen auf den Bären 7 und 8 in der zweiten Zeile mit dem Finger entlang der Füße des Bären 3 und 4 in der ersten Zeile fährt und dabei verbalisiert „und hier sind aber nur ihre Füße anders farbig“. Die Verwendung des Adverbs „nur“ kann ausdrücken, dass sich etwas ausschließlich auf das Gesagte und demnach hier auf die Andersfarbigkeit der Füße beschränkt. Daraus kann die Vermutung entstehen, dass Kemal im Vergleich der fokussierten Bären die Gleichheit der Farben der Elemente „Kopf“ und „Bauch“ feststellt, während ausschließlich die Farben des Elements „Füße“ im Vergleich anders sind. So ist in diesen Turns festzustellen, dass die Lernenden zeilenweise die einzelnen Elemente der Bären beschreiben und dabei im Vergleich von untereinanderliegenden Bären möglicherweise herausarbeiten wollen, wo sie Gemeinsamkeiten und Unterschiede wahrnehmen. Es handelt sich daher um eine Beschreibung des Sachverhalts „Farben von einzelnen Elementen“. Dabei kann die letzte Äußerung von Kemal derart gedeutet werden, dass er im Vergleich von vier Bären, wovon jeweils zwei sich unter den anderen zwei Bären befinden, erkennt, dass sowohl die Farben der Köpfe als auch die Farben der Bäuche bei diesen gleich bleiben, während die Farben der Füße anders sind. Dabei wirkt es, als ob Kemal immer zwei Bären, die nebeneinander sind, zusammen betrachtet und diese mit zwei Bären vergleicht, die sich in der darunter beziehungsweise darüber in der anderen Zeile befinden.

Die Interviewerin spricht dann in Turn 22 Melis an und fragt, was sie dazu sagen würde. Melis bewertet daraufhin die Aussagen von Kemal als „gut“ (s. Turn 23) und „es ist schön geworden“ (s. Turn 27). In den Turns 30 bis 90 bespricht die Interviewerin, was sie als Antwort notieren soll. Die Lernenden geben daraufhin in den folgenden zusammengefassten Turns womöglich schrittweise ihre vorherigen Beobachtungen wieder. Dabei ist teilweise nur zu vermuten, auf welche Elemente sie sich beziehen, da sie auf nichts mehr gestisch verweisen. So könnte es sein, dass sie sich bezüglich „ihre Füße sind oben rot“ (s. Turn 30 bis 34) vielleicht auf die Füße aller Bären in der ersten Zeile beziehen. Danach sprechen sie von den linken Bäuchen, die immer rot seien und sein Kopf (s. Turn 35 bis 60). Damit könnten sie sich möglicherweise auf die Farben der Bäuche vom Bären 1 und 2 sowie die Farbe des Kopfes vom Bären beziehen. Dies ist dadurch weniger eine zeilenweise Betrachtung, sondern vielmehr werden zwei Elemente der gleichen Farbe in einer Zeile beschrieben und ein einzelnes Element. Danach äußern sie, dass die unteren Füße blau und die Köpfe immer rot blau rot blau seien (s. Turn 61 bis 75). Hinsichtlich der Füße beziehen sie sich möglicherweise auf die Füße der Bären in der zweiten Zeile. Hingegen im Bezug auf die Köpfe ist es unklar, ob sie damit die Köpfe aller Bären oder die der Bären in einer Zeile beschreiben möchten. Danach äußern sie sich über die Farben der Bäuche und sprechen von „zweimal rot und zweimal blau“ (s. Turn 76 bis 85). Kemal nutzt dabei den Numerales „zweimal“, um möglicherweise den Farbwechsel dadurch zu konkretisieren. Hier bleibt es weiterhin offen, ob sich damit auf die Bäuche der Bären in beiden Zeilen oder nur in einer Zeile bezogen wird. Kemal äußert jedoch dann „unten ist auch das Gleiche“ (s. Turn 86 bis 90). Sie diktieren demnach folgende Antwortsätze: „Ihre Füße sind oben rot. Ihre linken Bäuche und sein Kopf sind immer rot. Die unteren Füße sind blau und die Köpfe sind immer rot blau rot blau. Und ihre Bäuche sind zweimal rot und zweimal blau. Unten ist auch das Gleiche“. Die Interviewerin fragt dann in Turn 91 nach, was gleich sei und Kemal antwortet in Turn 92 „die Köpfe“ und streicht mit dem Finger entlang der Köpfe der vier Bären in der ersten Zeile“ und äußert zudem „die Bäuche“ und streicht dabei entlang der Bäuche der vier Bären in der zweiten Zeile. Er erläutert demnach auf Nachfrage in Turn 92, dass er damit die Bäuche und die Köpfe meint. Es könnte daher sein, dass die vorherigen Beschreibungen der Farben der Köpfe und Bäuche ausschließlich auf die Bären in der oberen Zeile bezogen war und mit dieser zusätzlichen Information ausgesagt werden möchte, dass der beschriebene Farbwechsel bei den Köpfen und Bäuchen auch auf die Bären in der zweiten Zeile zutrifft. So ist in diesen Antwortsätzen eine zeilenweise Beschreibung von den Lernenden hinsichtlich der Farben beziehungsweise des Farbwechsels der einzelnen Elemente zu erkennen und dies vollständig. Der Sachverhalt verbleibt dabei der Gleiche wie in der vorherigen Beschreibung. Es kommt dabei neu hinzu, dass sie den beschriebenen Farbwechsel der Elemente „Kopf“ und „Bauch“ einerseits vollständig zeilenweise betrachten und sich durch die gleiche Beschreibung über den Farbwechsel der Bären in der ersten und zweiten Zeile äußern. Abhängigkeiten zwischen den einzelnen Elementen über Zeilen oder Spalten hinweg findet sich nicht mehr.

Zusammenfassung der Analyse

Die Lernenden realisieren sprachlich die Sprechhandlung Beschreibung gemeinsam als Sprechhandlungssequenzen. Da die Beschreibung in dem übergeordneten Muster des Aufgabe-Stellens/Aufgabe-Lösens eingebettet ist, werden die Äußerungen an der Musterposition des Lösungsversuches getätigt, um die Aufgabe „Beschreibe: Welche gute Idee hat Sascha benutzt, um alle Möglichkeiten zu finden?“ zu lösen. Es ist dabei zu Beginn feststellbar, dass die Lernenden immer zwei nebeneinanderliegende Bären mit den beiden Bären vergleichen, die sich über beziehungsweise unter diesen in der anderen Zeile befinden. Dabei vergleichen sie möglicherweise die Farben der einzelnen Elemente miteinander und stellen dabei vermutlich fest, worin sich die Farben der einzelnen Bären unterscheiden oder inwiefern sie gleichbleiben. Ein solcher Vergleich findet daraufhin erneut statt, jedoch könnte sich diese Betrachtung dahingehend unterscheiden, dass sie nun möglicherweise ansatzweise Abhängigkeiten zwischen den Elementen herstellen. Darauf deutet sprachlich die temporale Verknüpfung „und [...] dann“ hin, womit sie womöglich etwas Prozesshaftes bei den Farben der Elemente ausdrücken möchten. Zudem lässt die Verwendung des Adverbs „nur“ in Bezug auf die Andersfarbigkeit der Füße die Vermutung entstehen, dass sie vermutlich die Elemente „Kopf“ und „Bauch“ als gemeinsame Elemente wahrnehmen, die im Vergleich der fokussierten Bären 3 und 4 in der ersten Zeile sowie 7 und 8 in der zweiten Zeile die gleiche Farbe beziehungsweise den gleichen Farbwechsel aufweisen im Gegensatz zum Element „Füße“. Diese vermuteten Abhängigkeiten treten daraufhin in dem von ihnen diktierten Antwortsatz nicht mehr auf. Neu kommt hinzu, dass sie die Elemente vollständig zeilenweise beschreiben und dabei jedes Element berücksichtigen, während sie zuvor eher vergleichend ausschließlich bestimmte Bären betrachtet haben. Die Inhalte ihrer Beschreibungen weisen darauf hin, dass sie diese hinsichtlich des Sachverhalts „Farben von einzelnen Elementen“ sprachlich realisieren und keine Vorgehensbeschreibung der fiktiven Person aus der Aufgabenstellung.

Hinsichtlich der sprachlichen Mittel treten viele solcher auf, die in der Literatur als Indikatoren für die Sprechhandlung Beschreiben angesehen werden (s. Kapitel 2.2). Die temporale Verknüpfung „und (dann)“ nutzt Kemal in Turn 19. Fokusbewegungen entstehen weniger durch die Verwendung von einer „wenn (-dann)“-Konstruktion als durch gestisches Verweisen auf die entsprechenden Stellen, auf die sich die Lernenden in ihren Äußerungen beziehen. Hinsichtlich der gestischen Verweise ist auffällig, dass sie auf diese beim Diktieren des Antwortsatzes verzichten. Bezüglich Präpositionalkonstruktionen fällt insbesondere beim Diktieren des Antwortsatzes im Vergleich zu den vorherigen Äußerungen auf, dass sie hier vermehrt Präpositionen verwenden für die Angabe der genauen Lage des Beschriebenen („oben“, „unten“, links“). Im Vergleich zu den vorherigen Beschreibungen nutzen sie einmal in Turn 17 „unteren“ und lokalisieren ansonsten ausschließlich durch Gesten, worauf sie sich beziehen. Hier ist demnach eine Veränderung der sprachlichen Realisierung ihrer Beschreibungen festzustellen. Die Lernenden beschreiben den Sachverhalt genauer, wenn sie einen Antwortsatz formulieren, als wenn sie direkt an dem Arbeitsblatt die Auffälligkeiten beschreiben. Hier ist demnach ein Unterschied zu erkennen, ob sie mündlich etwas beschreiben oder etwas zur Verschriftlichung diktieren. Selten arbeiten die Lernenden mit reinen Enumerationen (s. bspw. Turn 18), sondern beschreiben meist zum Beispiel durch die Benennung der Körperteile konkreter, was sie mit der Nennung von Farben aussagen möchten oder worauf sie sich dabei beziehen. Abweichend von der Literatur nutzen die Lernenden Allquantoren (bspw. in Turn 17), Adjektive wie „anders“ (s. Turn 19) oder die Substantivierung des Adjektivs „gleich“ (s. bspw. Turn 86) für Vergleiche. Zudem nutzen sie in ihrem Antwortsatz das Numerale „zweimal“.

Nutzung der Möglichkeit des flexiblen Einsatzes der Sprachen in dieser Aufgabenbearbeitung

Die gesamte Besprechung der Aufgabe findet auf Türkisch statt. Demnach realisieren die Lernenden gemeinsam die Sprechhandlung Beschreiben in der türkischen Sprache. Dabei gehen ihre Äußerungen häufig über reine Enumerationen hinaus und sie verwenden beispielsweise Wörter für Lagebezeichnungen, Numeralien oder auch Allquantoren. Auffällig ist bei ihnen zudem, dass sich teilweise die Verwendung der sprachlichen Mittel unterscheiden, wenn sie mündlich am Arbeitsblatt etwas beschreiben oder die Beschreibung für eine Verschriftlichung diktieren. Daraus kann geschlossen werden, dass sie sich zuvor nicht weniger sprachlicher Mittel bedienen, weil sie nicht über andere verfügen, sondern ein recht breites sprachliches Repertoire in der türkischen Sprache aufweisen, dass sie je nach Zweck (Mündlichkeit oder Schriftlichkeit) und Hörer (anderes Kind oder Interviewerin im gemeinsamen Wahrnehmungsraum oder kein direkter Adressat) anders beanspruchen.

Die Aufstellung der Hypothesen

An dieser Stelle lassen sich anhand der Beschreibung der Lernenden drei Hypothesen für die mögliche Erklärung in der darauffolgenden Aufgabenbearbeitung generieren. Hinsichtlich einer systematischen Fokussierung der einzelnen Kombinationen durch eine zeilen- oder spaltenweise Betrachtung lässt sich bei den Lernenden teilweise eine spaltenweise Betrachtung feststellen, in der sie zwei nebeneinanderliegende Bären mit den beiden darüber oder darunter befindlichen Bären in der anderen Zeile beobachten. Jedoch tritt auch eine zeilenweise Betrachtung auf, sodass folgende Hypothese aufgestellt werden kann:

1. *In der darauffolgenden Erklärung werden die Lernenden die in der Beschreibung berücksichtigten zeilenweisen und spaltenweisen Veränderungen der Elemente nutzen.*

Im Hinblick auf eine darauffolgende Erklärung ist bei der Beschreibung die Erkenntnis hinsichtlich der Abhängigkeit der Elemente von verschiedenen Kombinationsmöglichkeiten bei einer zeilenweisen oder spaltenweisen Betrachtung entscheidend. Diesbezüglich lässt sich festhalten, dass die Lernenden dies möglicherweise an einer Stelle implizit in ihrer Beschreibung berücksichtigt haben, jedoch es nur eine mögliche Deutung ist. Daraus lässt sich folgende Hypothese ableiten:

2. *Die in der Beschreibung unerkannten Abhängigkeiten zwischen den Elementen von verschiedenen Kombinationsmöglichkeiten bei einer zeilenweisen oder spaltenweisen Betrachtung werden dazu führen, dass keine tragfähige Erklärung angeführt wird.*

Als weitere Hypothese kann bei dieser Aufgabe angeführt werden, dass ein erkanntes systematisches Vorgehen der fiktiven Person eine Voraussetzung sein kann, um eine geeignete Grundlage für die darauffolgende Erklärung zu besitzen. Da die Lernenden keine Systematik von der fiktiven Person herausarbeiten und dadurch kein Vorgehen beschreiben, lässt sich folgende Hypothese aufstellen:

3. *Die von den Lernenden nicht-erarbeitete systematische Vorgehensweise der fiktiven Person, die sie als Vorgehensbeschreibung sprachlich realisiert hätten, wird ihnen nicht als Grundlage für eine tragfähige Erklärung dienen.*

Die Analyse der Bearbeitung des Aufgabenteils 2 der Aufgabe 2

Mit Saschas guter Idee kann man alle Möglichkeiten finden. Erkläre: Warum ist das so?

Abbildung 33: Aufgabenteil 2 der Aufgabe 2 vom Blatt 4A

Beschreibung der Situation

Nachdem die Lernenden der Interviewerin für die vorherige Aufgabe einen Antwortsatz diktiert haben, geht die Interviewerin zur nächsten Aufgabe über. Sie wiederholt in Turn 99, dass mit Saschas Idee alle Möglichkeiten gefunden werden können. Kemal fragt sie in Turn 100, ob sie damit alle Farben meint, woraufhin die Interviewerin in Turn 101 und 103 Bären mit dem Stift umkreist und erläutert, dass diese immer eine Möglichkeit sind. Sie fragt die Lernenden daraufhin in Turn 105, warum man mit dieser Idee alle Möglichkeiten finden kann.

Die Analyse der Aufgabenbearbeitung

Kemal antwortet auf die Frage der Interviewerin in Turn 106 mit „weil ihre Farben verschiedenen sind“ und dann „ihre Stellen[28] sind verschieden“. Möglicherweise sieht er hier eine Abhängigkeit zwischen den Farben und Elementen. Es könnte auch möglich sein, dass er bei den acht Bären wahrnimmt, dass sie alle verschiedenfarbig sind. Dies ist jedoch keine tragfähige Antwort für den vorgegebenen Erkläranlass, sondern eher eine Erkenntnis dahingehend, warum die Bären unterschiedlich sind. Daraus würde sich ergeben, dass Kemal das Phänomen „Alle Bären sind verschieden“ beobachtet hat und hierfür als Ursache die Verschiedenheit der Farben und Elemente anführt. Somit könnte dies eine Gesetzmäßigkeit implizieren, die in der folgenden rekonstruierten Abduktion deutlich wird:

Resultat: Alle Bären sind verschieden.

[28] Er benennt sie als Stellen entsprechend der Einführung des Wortes in Aufgabe 1.

Gesetz: Wenn die Farben und Stellen der Bären verschieden sind, dann sind alle Bären verschieden.

Fall: „Weil ihre Farben verschieden sind“ und „ihre Stellen sind verschieden“.

Die Interviewerin wiederholt daraufhin die Frage „Warum könne man mit dieser guten Idee alle Möglichkeiten finden?“ in Turn 107 und Kemal reagiert darauf in Turn 118. Er leitet seine Äußerung mit der Frage „Weil warum sind hier die Möglichkeiten verschieden?“ ein und beantwortet vermutlich daraufhin seine eigene Frage, indem er erst auf die Füße des Bären 8 in der zweiten Reihe zeigt, dann „schau“ verbalisiert und auf den Kopf dieses Bären gestisch verweist. Daraufhin zeigt er erneut auf die Füße und dann auf den Kopf des Bären und äußert dabei „zum Beispiel hier blau“ und tippt dann nacheinander auf die Füße, den Bauch und den Kopf des Bären 1 in der ersten Zeile und verbalisiert „und hier sind alle rot“. Kemal formuliert demnach die Frage passend zum vorherigen Phänomen um. Er greift für die Beantwortung seiner selbst eingebrachten Frage auf die beiden Bären zurück, die einfarbig sind, und möchte möglicherweise im Vergleich der beiden etwas verdeutlichen. Es ist jedoch schwierig zu interpretieren, inwiefern er mit dieser Äußerung seine selbst gestellte Frage beantworten möchte.

Die Interviewerin fragt in Turn 129 erneut, warum mit der „guten Idee“ alle Bären gefunden werden können. Kemal antwortet in Turn 132, dass dies so sei, weil überall die Bären verschieden sind. Seine gestischen Verweise lassen dabei die Vermutung entstehen, dass er die Verschiedenheit in Bezug auf die einzelnen Elemente meint, da er auf einzelne Elemente von Bären zeigt. Wenn dies weiter interpretiert wird, ist zu vermuten, dass die Verschiedenheit der einzelnen Elemente im Hinblick auf die Kombination der Farben gemeint sein könnte. Dies würde aus inhaltlicher Perspektive seiner Äußerung aus Turn 106 entsprechen und damit vermutlich die gleichen Gesetzmäßigkeiten implizieren.

Diese Vermutung könnte durch die folgende Äußerung von Kemal als bestätigt angesehen werden, da er im folgenden Interaktionsverlauf (s. Turn

130 bis 150) als Antwortsatz diktiert, dass überall der Kopf, der Bauch und die Füße der Bären in einer anderen Farbe sind. Dies ist möglicherweise weiterhin eine Antwort auf seine selbst formulierte Frage „Weil warum sind hier die Möglichkeiten verschieden?“. Die zugrundeliegende Gesetzmäßigkeit wäre hier, dass wenn jeder Bär eine andere Kombination hinsichtlich der Farben seiner einzelnen Elemente aufweist, dann die Möglichkeiten verschieden sind. Somit wäre hier folgende Abduktion rekonstruierbar:

Resultat:	Die Möglichkeiten sind verschieden.
Gesetz:	Wenn jeder Bär eine andere Kombination hinsichtlich der Farben seiner einzelnen Elemente aufweist, dann sind die Möglichkeiten verschieden.
Fall:	„Überall sind der Kopf, der Bauch und die Füße der Bärchen immer in einer anderen Farbe“.

Zusammenfassung der Analyse

In der Aufgabenbearbeitung ist zu beobachten, dass die Lernenden nicht die Frage beantworten, warum mit der „guten Idee“ der fiktiven Person alle Möglichkeiten gefunden werden können, sondern die Frage, warum die Möglichkeiten verschieden sind. Dies fällt zuerst in Turn 106 bei der Angabe der Ursache von Kemal auf und verdeutlicht sich in Turn 118, als er diese Frage selbst formuliert und dabei eben nicht die Frage der Interviewerin wiederholt, sondern mit seiner Frage „Weil warum sind hier die Möglichkeiten verschieden?“ eine neue Frage in die Interaktion einbringt, die er dann vermutlich auch in den Turns 132 und 134 versucht zu beantworten.

Hinsichtlich des betrachteten Phänomens, dass alle Möglichkeiten verschieden sind, realisieren die Lernenden sprachlich die Sprechhandlung Erklären in den Turns 106, 109 sowie im diktierten Antwortsatz (s. Turn 130 bis 150). Die Sprechhandlungen werden von Kemal als Sprechhandlungsverkettung realisiert und somit nicht mehr – wie zuvor – gemeinsam mit Melis. Es handelt sich um den Typ der Erklärung von Ursache-Wirkungs-Zusammenhängen, der durch die Aufgabestellung initiiert wird und nicht durch das Anzeigen einer Wissensdifferenz seitens des Hörers. Die Äußerungen sind somit im übergeordneten Muster des Aufgabe-Stellen/Aufgabe-Lösen eingebettet und werden an der Musterposition des Lösungsversuches realisiert.

In Bezug auf die Veränderungen von sprachlichen Mitteln ist festzustellen, dass die Lernenden bei dieser Aufgabenbearbeitung teilweise andere sprachliche Mittel nutzen. Während die Verwendung des Allquantors „immer“ bereits an manchen Stellen in der vorherigen Aufgabenbearbeitung genutzt wurde, kommt nun die Verwendung des Allquantors „überall“ (s. Turn 132) neu hinzu. Für seine Vergleiche nutzt Kemal beispielsweise auch hier das Adjektiv „verschieden“. Es gibt jedoch auch neue sprachliche Mittel, wie die kausale Konjunktion „weil“. Im Gesamten nutzen die Lernenden – wie auch in ihren vorherigen Beschreibungen – vermehrt Präpositionen und lokalisieren dadurch, auf welche Elemente sie sich mit ihren Äußerungen beziehen. Dies kann jedoch darauf zurückgeführt werden, dass sich die Lernenden in dieser Aufgabe nicht mehr über einzelne Bären äußern, sondern eher Übergreifendes über alle Bären aussagen möchten. Die in der Literatur als Indikatoren genannten sprachlichen Mittel (s. Kapitel 2.3) der „wenn-dann“-Konstruktionen und „so dass“-Konstruktionen treten nicht auf.

Der Zusammenhang zwischen vorrangegangene(n) Beschreibung(en) und darauffolgende(n) Erklärung(en) anhand der aufgestellten Hypothesen

Aufgrund der Erarbeitung in dieser Aufgabe, in der die Lernenden eine andere Frage formulieren und versuchen diese durch die Anführung von Ursachen zu beantworten, entstehen zwei Fragen. Einerseits stellt sich die Frage, warum die Lernenden nicht auf die eigentliche Frage eingegangen sind oder eingehen konnten und andererseits inwiefern aufgrund der neuen Frage möglicherweise dennoch ein Bezug zu den vorangegangenen Beschreibungen erkennbar werden könnte.

Es könnte vermutet werden, dass die Lernenden eine neue Frage formuliert haben, weil sie möglicherweise nicht wussten, wie sie die ursprüngliche Frage beantworten können. Damit könnte die Formulierung einer neuen Frage in dem Kontext vermutlich eine Strategie sein, um eine Erklärung liefern zu können, jedoch zu einer Frage, die für sie möglicherweise eher zu beantworten ist. Werden die Hypothesen in den Blick genommen, ist zu erkennen, dass sich die Lernenden einerseits nicht über die Abhängigkeiten der Elemente äußerten und auch keine Systematik in dem Vorgehen von der fiktiven Person beschrieben oder eine Vorgehensbeschreibung sprachlich realisierten. Dies kann bei dieser Aufgabe dazu geführt haben, dass den Lernenden möglicherweise diese „gute Idee“ der fiktiven Person nicht klar ist und sie auch keine Abhängigkeiten erkannt haben, sodass wesentliche Elemente für sie fehlen, um die Frage nach den Ursachen, warum mit Saschas Idee alle Möglichkeiten gefunden werden können, beantworten zu können. Dies könnte zur Folge gehabt haben, dass die Lernenden eine neue Frage formulierten, die für sie möglich war zu beantworten.

Hinsichtlich dieser neu formulierten Frage ist kein Bezug zwischen den vorherigen Beschreibungen zu erkennen. In der vorherigen Aufgabenbearbeitung stellten die Lernenden im spalten- oder zeilenweisen Vergleich fest, wie sich die Farben der einzelnen Elemente bei unterschiedlichen Bären veränderten oder gleichblieben. Bei dieser Aufgabenbearbeitung wirkt es jedoch derart, dass die Lernenden alle acht Bären im Fokus haben. Dabei gehen sie zwar auch an diese möglicherweise eher vergleichend heran und stellen in Bezug auf alle Bären fest, dass sich jeder Bär hinsichtlich seiner Kombination der Farben für die einzelnen Elemente unterscheidet. Dabei ist kein zeilen- oder spaltenweises Vorgehen zu beobachten. So nutzen sie hier nicht mehr die Beobachtung, dass beispielsweise einzelne Elemente bei einer zeilenweisen Sicht gleich sind, sondern sie haben möglichweise eher die Erkenntnis, dass sich dennoch der gesamte Bär aufgrund der anderen Farbkombination von den anderen unterscheidet. Dies ist demnach eher als eine neue Erkenntnis anzusehen ohne Bezug zu den vorherigen Beschreibungen.

Die Nutzung der Möglichkeit des flexiblen Einsatzes der Sprachen

Melis und Kemal realisieren sprachlich – wie bereits auch in ihren Beschreibungen – die Aufgabenbearbeitung auf Türkisch. Während sie ein anderes Phänomen als Grundlage für die Anführung von Ursachen äußern, gelingt es ihnen die Sprechhandlung Erklären im Türkischen sprachlich zu realisieren. Somit verfügen die Lernenden in der türkischen Sprache über Kenntnisse hinsichtlich der sprachlichen Realisierung der Sprechhandlung Erklären und können diese produktiv nutzen, um inhaltlich betrachtet die von ihnen eigens aufgestellte Frage durch die Anführung von Ursachen zu beantworten. Sie zeigen demnach sowohl im Rahmen von Beschreibungs- als auch Erkläranlässen ein entsprechendes sprachliches Repertoire in der türkischen Sprache, das sie für die Bearbeitung von mathematischen Aufgaben ergiebig einsetzen.

7.4.2. Mert und Musa, 3. Klasse

Die Analyse der Bearbeitung des Aufgabenteils 1 der Aufgabe 2

Sascha hat einen roten Stift  und einen blauen Stift . Welche Möglichkeiten gibt es, unterschiedliche Bären zu malen?
Sascha hat sich das dazu überlegt:

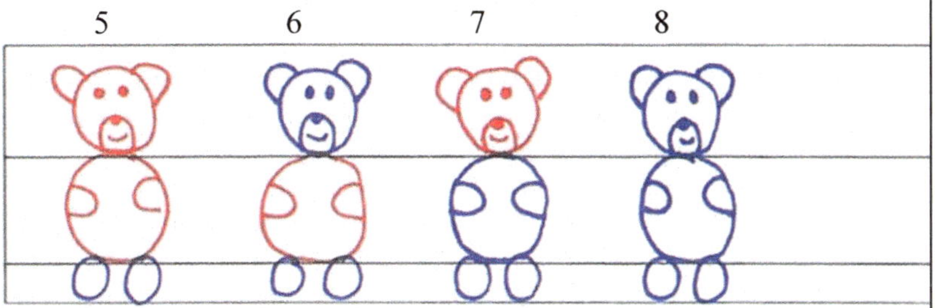

Beschreibe: Welche gute Idee hat Sascha benutzt, um alle Möglichkeiten zu finden?

Abbildung 34: Aufgabenteil 1 der Aufgabe 2 vom Blatt 4A[29]

Beschreibung der Situation

Die Drittklässler Mert und Musa haben für diese Aufgabe das türkischsprachige Arbeitsblatt ausgewählt. Die Interviewerin Selma legt das Arbeitsblatt vor die beiden Lernenden und Mert möchte vermutlich direkt mit der Besprechung beginnen, jedoch wird er von der Interviewerin unterbrochen. Sie weist die Lernenden darauf hin, dass sie erst einmal die Aufgabenstellung lesen sollen. Die Analyse der Aufgabenbearbeitung beginnt ab Turn 14, nachdem Musa die Aufgabenstellung laut vorgelesen hat.

Die Analyse der Aufgabenbearbeitung

Mert beginnt in Turn 17 die Bären zu Beginn spaltenweise zu betrachten, indem er erst auf die Elemente „Kopf“ und „Bauch“ des Bären 1 in der ersten Zeile zeigt und „hier ist es rot“ äußert und den gestischen und verbalen Verweis am Bären 5 in der zweiten Zeile wiederholt. Daraufhin verweist er gestisch auf die Füße des Bären 5 in der zweiten Zeile und verbalisiert „blau“. Somit betrachtet er bis zu diesem Zeitpunkt möglicherweise spaltenweise die Elemente „Kopf“ und „Bauch“ vergleichend, jedoch daran anschließend ausschließlich das Element „Füße“ von einem Bären. Er zeigt daraufhin auf den Kopf des Bären 2 in der ersten Zeile und äußert,

[29] Die Nummerierung der Kombinationen wurde nachträglich für einen besseren Lesefluss der Analyse hinzugefügt.

dass es dort „jetzt blau“ sei. Die Verwendung des temporalen Adverbs „jetzt“ könnte derart interpretiert werden, dass es vermutlich zuvor etwas Anderes betrachtet wurde, was sich nun verändert hat. Dies lässt die Vermutung entstehen, dass er sich in seiner Äußerung womöglich im zeilenweisen Vergleich der Farbe des Kopfes vom Bären 1 mit dem hier betrachteten Bären 2 bezieht. Jedoch wäre auch eine Deutungsmöglichkeit, dass er zuvor die Farbe Blau bei den Füßen des Bären 5 in der zweiten Zeile wahrgenommen hat und nun die gleiche Farbe beim Kopf des Bären 2 wahrnimmt. Er verbleibt daraufhin beim Bären 2, fokussiert den Bauch und die Füße des Bären und beschreibt dann die farbliche Abfolge der Farben beim Bären 2 mit „blau rot blau“. Damit wechselt Mert von der vergleichenden Betrachtung zu der Fokussierung der Farben bei einer Kombinationsmöglichkeit. Daran anschließend verbalisiert er jedoch „immer so verschieden hier ist alles rot“. Aufgrund der Verwendung des Adjektivs „verschieden“ möchte er womöglich aussagen, dass im Vergleich der Bären 1 und 2 beim Bären 2 die Farben immer abwechselnd auftreten, während der Bär 1 vollständig rot ist. Damit betrachtet Mert teilweise zeilenweise die beiden Bären miteinander. Daraufhin ändert sich jedoch vermutlich seine Fokussierung von der teilweise zeilenweisen auf eine spaltenweise Betrachtung, da er daran anschließend „wenn alles rot ist dann unten“ äußert und dann die Hand auf den Bären 5 in der zweiten Zeile legt. Es wird an dieser Stelle zwar noch nicht deutlich, was er aufgrund des Bären 1 für den Bären 5 ableiten möchte, jedoch wechselt er hier vermutlich nun wieder zur spaltenweisen Betrachtung. Im Gesamten ist zu erkennen, dass Mert die Sprechhandlung Beschreiben sprachlich realisiert. Dabei geht eher unsystematisch vor, indem er verschiedene Elemente der Bären fokussiert und zwischen der Betrachtung der Elemente von einzelnen Bären, zeilenweise Betrachtungen von Elementen und spaltenweise Betrachtungen von Elementen wechselt. Es kann an dieser Stelle aufgrund seiner Verwendung des temporalen Adverbs „jetzt“ oder der „wenn-dann“-Verknüpfung vermutet werden, dass er teilweise Veränderungen im Sinne von etwas Prozesshaften in den Blick nimmt, welches auf eine Vorgehensbeschreibung hindeuten könnte. Jedoch könnte er auch an einer Stelle durch die Verwendung des Adjektivs „verschieden“ den Versuch unternehmen etwas zu vergleichen. Ansonsten arbeitet er häufig mit gestischen Verweisen und benennt nicht die Körperteile, auf die er sich bezieht, sondern möchte möglicherweise durch die wiederholte Verwendung der Lokaldeixis „hier“ die Aufmerksamkeit des Hörers auf die entsprechenden Stellen lenken.

Musa beginnt zum Ende von Merts Beschreibung in Turn 18 parallel zu ihm zu sprechen und möchte möglicherweise an der Äußerung von Mert („immer so verschieden und hier ist alles rot und wenn“) ansetzen, da er seine Äußerung mit der Konjunktion „und“ beginnt und gestisch auf die Füße des Bären 5 in der zweiten Zeile verweisend „und hier haben die- und hier haben die nur ein Blaues zugetan“ äußert. Eine mögliche Deutung seiner Äußerung ist, dass er beim spaltenweisen Vergleich der Bären 1 und 5 wahrgenommen hat, dass sich ausschließlich die Farbe des Elementes „Füße“ verändert hat. Seine sprachliche Realisierung erweckt den Eindruck, als ob er dies als etwas Prozesshaftes wahrnimmt. Mert greift in Turn 22 möglicherweise wieder Betrachtungen auf, die er bereits in Turn 17 in Bezug auf die Vergleiche der Bären 1 und 5 geäußert hatte, jedoch wird nicht deutlich, was er damit aussagen möchte. Im Unterschied zu seiner vorherigen sprachlichen Realisierung benennt er hier explizit die Körperteile. In Turn 25 fokussiert Musa womöglich erneut die Füße, jedoch nun nicht mehr – wie in Turn 18 – spaltenweise, sondern nunmehr zeilenweise. Dabei streicht er zuerst mit dem Zeigefinger entlang der Füße in der zweiten Zeile und verbalisiert „alle Füße immer blau“. Diesen gestischen Verweis wiederholt er an der ersten Zeile und äußert dabei „alle Füße immer rot“. Er hat demnach vermutlich im zeilenweisen Vergleich der Elemente „Füße“ erkannt, dass alle Füße in der ersten Zeile die gleiche und gleichzeitig eine andere Farbe aufweisen als die Füße in der zweiten Zeile. Es ist somit feststellbar, dass die Lernenden nun möglicherweise zeilenweise die Veränderung der Farben der Elemente „Füße“ betrachten. Dabei wirkt die Äußerung von Musa in Turn 18 durch das Verb „zugetan“ eher wie eine Vorgehensbeschreibung, während die Äußerung in Turn 25 eher als eine Beschreibung des Sachverhalts der unterschiedlich farbigen Elemente „Füße“ gedeutet werden kann.

Mert äußert in Turn 26, dass sie es wissen würden und Mert verbalisiert dann in Turn 30 „das ist so ’ne Reihe“ und Musa wiederholt in Turn 31 seine Beobachtung bezüglich der Füße in der ersten und zweiten Zeile, wodurch er eher eine zeilenweise Betrachtung einnimmt. In Turn 33 spezifiziert Mert möglicherweise seine vorherige Äußerung in Turn 30, indem er vermutlich die untereinanderliegenden Bären 1 und 5 betrachtet, da er auf diese gestisch verweist und „rot Füße werden blau“ verbalisiert. Er könnte spaltenweise festgestellt haben, dass sich die Bären 1 und 5 hinsichtlich der Farben ihrer Füße unterscheiden. Daraufhin verweist er gestisch erst auf den Kopf des Bären 2 in der ersten Zeile und dann auf Kopf des Bären 6 in der zweiten Zeile, der sich unter dem Bären 2 befindet und „blauer Kopf werdet hier der blaue Kopf auch dazu gemalt“ äußert. Es könnte sein, dass Mert nun auch diese beiden Bären spaltenweise vergleicht und hier nun feststellt, dass unten ein blauer Kopf gemalt wurde, weil der Bär darüber auch einen blauen Kopf hatte. Bei seinem vorherigen Vergleich im gleichen Turn bezüglich der Bären in einer Spalte äußerte er sich eher darüber, worin sich beide Bären unterscheiden. Musa zeigt dann im Turn 34 oberhalb der Bären 6 und 7 in der zweiten Zeile und verbalisiert „die hat das so umgekehrt gemacht “ und dreht dabei seine beiden Finger um 180°, sodass er nun nicht mehr mit den Fingerkuppen, sondern mit den Fingernägeln auf die gleiche Stelle zeigt. Auch wenn nicht ganz deutlich wird, auf welche Elemente der Bären er sich konkret beziehen möchte, könnte er womöglich mit „Umkehrung“ den Wechsel von einer Farbe zu einer anderen Farbe meinen. Dies würde bei diesen beiden Bären sowohl auf die Farben der Köpfe als auch auf die Farben der Bäuche zutreffen. Damit betrachtet Musa nun vermutlich nicht mehr zeilenweise die Füße, sondern führt womöglich gemeinsam mit Mert die Vergleiche von einzelnen Bären an. Das zeigt sich auch in der daran anschließenden Äußerung, in der er verbalisiert, dass dort etwas „anders“ sei und dann auf den Bären 3 in der ersten Reihe zeigt. Er spezifiziert jedoch seine Äußerung nicht. In Turn 35 spricht Mert womöglich explizit von einer Person, da er beispielsweise mit „danach macht der noch Körper blau“ ausdrücken möchte, wie eine fiktive Person (vermutlich Sascha) handelt, um verschiedene Kombinationen zu erhalten. Er verknüpft seine Äußerungen auch temporal mit

„und dann“, „danach“ und „jetzt“. Mert möchte möglicherweise in diesem Turn anhand der untereinanderliegenden Bären 3 und 7 sowie 4 und 8 im spaltenweisen Vergleich verdeutlichen, dass die Farben der Elemente „Kopf“ und „Bauch“ aus der ersten Zeile spaltenweise für die zweite Zeile übernommen werden mit Ausnahme der Füße. Somit könnte Mert möglicherweise im Vorgehen der fiktiven Person als Trick wahrnehmen, dass teilweise bei den Kombinationsmöglichkeiten bei einer spaltenweisen Betrachtung die Farbe der Elemente „Kopf“ und „Bauch“ in der ersten Zeile in die zweite Zeile übertragen werden, während dieser Trick bei den Füßen nicht angewandt werden kann. Zusammenfassend ist zu erkennen, dass die Lernenden im spaltenweisen Vergleich einerseits Gemeinsamkeiten und Unterschiede hinsichtlich der Farbgebung wahrnehmen, aber daraus gleichzeitig auch ein mögliches fiktives Handeln einer Person ableiten, wie sie an diese Kombinationen gelangt ist. Sie nutzen somit vermutlich ihre vergleichenden Betrachtungen, um dem fiktiven Vorgehen eine Systematik zu geben. Dadurch handelt es sich hier um eine Vorgehensbeschreibung.

Ab Turn 37 möchte die Interviewerin möglicherweise stärker die einzelnen Elemente forcieren, da sie noch einmal wiederholt, was die Lernenden zu einem früheren Zeitpunkt zeilenweise über die Füße geäußert haben und fragt, was sie noch bemerkt haben. Musa geht daraufhin auf die Bäuche der Bären ein, indem er auf die Bäuche der Bären 5 und 6 zeigt und dann auf die Bäuche der darüber liegenden Bären 1 und 2 gestisch verweist und dabei „hier sind wieder zwei rote Körper und hier auch hier sind aber da zwei blaue Körper“ verbalisiert. Es könnte vermutet werden, dass Musa hier – wie bereits zuvor – im Vergleich der untereinanderliegenden Bären eine Systematik hinsichtlich des Wechsels der Farben erkannt hat. Als die Interviewerin dann in Turn 39 nach den Köpfen der Bären fragt, spricht Mert von einer „Reihe“ und äußert „rot blau rot blau“, während er nacheinander auf die Köpfe der Bären in der zweiten Zeile gestisch verweist. Dies entspricht nicht mehr dem vorherigen spaltenweisen Vergleich der Lernenden und auch nicht der spaltenweisen Betrachtung von Musa in Turn 38.

Jedoch könnte es sein, dass die Interviewerin den Fokus auf eine zeilenweise Betrachtung gelenkt hat, da sie diese bei den Füßen eingenommen hat und dabei auch gestisch den Zeilen entlang gefahren ist. Zudem fällt auf, dass Mert erneut den Begriff „Reihe“ nutzt wie bereits in Turn 30, jedoch er diesen Begriff zuvor bei der Beschreibung der spaltenweisen Veränderungen oder auch Gleichbleibendem genutzt hat und diesen Begriff nun für die Betrachtung des Farbwechsels eines Elementes in einer Zeile verwendet. Mert führt in Turn 42 seine zeilenweise Betrachtung fort, indem er „hier rot rot blau blau“ verbalisiert und dabei gestisch auf die Bäuche der Bären in der zweiten Zeile verweist. Dann äußert er „Füß“, was möglicherweise von Musa in Turn 43 weitergeführt wird, da er parallel anfängt zu verbalisieren „blau blau blau blau“. Die Lernenden beschreiben demnach hier kein Vorgehen mehr, sondern den Farbwechsel der einzelnen Elemente der Bären in der zweiten Reihe, sodass es sich um eine Sachverhaltsbeschreibung handelt. Als die Interviewerin mit den Lernenden bespricht, was sie als Antwort diktieren sollen, wiederholen sie diese eben genannten Aspekte hinsichtlich der zeilenweisen Betrachtung der einzelnen Elemente (s. Turn 48 bis 90). Womöglich beziehen sie sich daher in ihrer Antwort hinsichtlich des Farbwechsels der einzelnen Elemente auf alle acht Bären.

Zusammenfassung der Analyse

Da die Beschreibung in dem übergeordneten Muster des Aufgabe-Stellens/Aufgabe-Lösens eingebettet ist, werden die Äußerungen an der Musterposition des Lösungsversuches getätigt, um die Aufgabe „Beschreibe: Welche gute Idee hat Sascha benutzt, um alle Möglichkeiten zu finden?“ zu lösen. Dabei realisieren die Lernenden sprachlich gemeinsam als Sprechhandlungssequenzen die Sprechhandlung Beschreiben. Es ist dabei ein häufiger Wechsel zwischen ihren Fokussierungen zu erkennen. Während sie zu Beginn vermutlich erst zeilenweise die Füße berücksichtigen, findet dann von ihnen gemeinsam ein Wechsel in eine spaltenweise Betrachtung statt. Dabei betrachten sie einzelne Kombinationsmöglichkeiten spaltenweise und vergleichen diese. Sie stellen fest, dass die Farben der

Elemente „Kopf“ und „Bauch“ aus der ersten Zeile für die sich spaltenweise darunter befindlichen Bären übernommen werden mit Ausnahme der Füße. Sie realisieren dies sprachlich als Vorgehensbeschreibung. Eine Besonderheit ist hier, dass sie demnach die Abhängigkeiten von einzelnen Elementen berücksichtigen, jedoch dies nur manche Kombinationsmöglichkeiten und nicht als Beschreibung des gesamten Vorgehens der fiktiven Person. Dies ändert sich jedoch als die Interviewerin die einzelnen Elemente zeilenweise forciert und die Lernenden daraufhin den Wechsel der Farben von den einzelnen Elementen beschreiben. Dadurch handelt es sich um die Beschreibung des Sachverhalts „Farben von einzelnen Elementen“.

Diese Verbindung aus Vergleichen und der Beschreibung eines Vorgehens lässt sich anhand ihrer sprachlichen Mittel erkennen. So sprechen sie vermutlich von dem Handeln einer fiktiven Person, wenn sie beispielsweise äußern „so hat er es gemacht“ (s. Turn 17) oder „danach macht der“ (s. Turn 35) oder anhand anderer Verben, wie beispielsweise „zugetan“ (s. Turn 18), aber auch durch temporale Verknüpfungen (s. bspw. Turn 17). Gleichzeitig nutzen sie bei ihren Vergleichen Adjektive wie „anders“ (s. Turn 34) oder „verschieden“ (s. Turn 17). Wenn sie sich über das Element „Füße“ äußern, verwenden sie Allquantoren wie „immer“ oder „alle“ (s. bspw. Turn 25). In Bezug auf die Elemente „Kopf“ und „Bauch“ kann meist eher aufgrund der gestischen Verweise verknüpft mit Enumerationen interpretiert werden, was sie womöglich im Vergleich wahrnehmen (s. bspw. Turn 35). So zeigt sich in Bezug auf die in der Literatur genannten Indikatoren für die Sprechhandlung Beschreiben (s. Kapitel 2.2), dass die temporale Verknüpfung „und dann“ (s. Turn 35) sowie an einer Stelle eine „wenn-dann“-Verknüpfung (s. Turn 17) nutzen. Die Fokusbewegungen geschehen jedoch überwiegend durch gestische Verweise und der Verwendung der Lokaldeixis „hier“ (s. bspw. Turn 38). Zudem findet insbesondere bei der Sachverhaltsbeschreibung die Verwendung von Enumerationen statt (s. bspw. Turns 42 und 43). Abweichend zu der Literatur kann die Verwendung von Verben zur Beschreibung der Handlung festgestellt werden sowie die Verwendung von Allquantoren.

Nutzung der Möglichkeit des flexiblen Einsatzes der Sprachen in dieser Aufgabenbearbeitung

Die Lernenden nutzen die meiste Zeit die deutsche Sprache. Während Mert zu Beginn noch auf Türkisch ausdrückt, dass er es wisse und Musa die Aufgabe auf Türkisch vorliest, wechseln die Lernenden danach in die deutsche Sprache. Wenn die Interviewerin sie auf Türkisch anspricht oder ihnen Fragen auf Türkisch stellt, haben sie keine Schwierigkeiten darauf angemessen zu reagieren, jedoch geschieht dies dann auf Deutsch. Es kann daher vermutet werden, dass die Lernenden die Äußerungen verstehen, jedoch für ihre eigene Sprachproduktion die deutsche Sprache auswählen.

Die Aufstellung der Hypothesen

An dieser Stelle lassen sich anhand der Beschreibung der Lernenden drei Hypothesen für die mögliche Erklärung in der darauffolgenden Aufgabenbearbeitung generieren. Hinsichtlich einer systematischen Fokussierung der einzelnen Kombinationen durch eine zeilen- oder spaltenweise Betrachtung lassen sich bei den Lernenden beide Fokussierungen feststellen, dass sie zeilenweise den Wechsel der Farben der Elemente beschreiben, sodass die folgende Hypothese aufgestellt werden kann:

1. *In der darauffolgenden Erklärung werden die Lernenden die in der Beschreibung berücksichtigten zeilenweisen und spaltenweisen Veränderungen der Elemente nutzen.*

Im Hinblick auf eine darauffolgende Erklärung ist bei der Beschreibung die Erkenntnis hinsichtlich der Abhängigkeit zwischen den Elementen von verschiedenen Kombinationsmöglichkeiten bei einer zeilenweisen oder spaltenweisen Betrachtung entscheidend. Diesbezüglich zeigt sich, dass sie teilweise spaltenweise die Abhängigkeiten zwischen den Elementen von einzelnen Kombinationsmöglichkeiten betrachten, jedoch dies weniger systematisch und auf alle Möglichkeiten bezogen. Sie vergleichen eher manche Bären miteinander und in diesem Zuge fallen ihnen Aspekte auf, die auch als die Wahrnehmung von Abhängigkeiten zwischen einzelnen Elementen gedeutet werden können. Dies stellt jedoch im Gesamten noch keine Grundlage für die darauffolgende Erklärung dar, sondern müsste systematisiert und auf die gesamten Kombinationsmöglichkeiten übertragen werden. Daher ergibt sich folgende Hypothese:

2. *Die in der Beschreibung teilweise erkannten Abhängigkeiten zwischen den Elementen von einzelnen Kombinationsmöglichkeiten bei einer teilweise spaltenweisen Betrachtung, die jedoch weniger systematisch und nicht auf alle Möglichkeiten bezogen war, können bei der Erklärung aufgegriffen werden.*

Als weitere Hypothese kann bei dieser Aufgabe angeführt werden, dass ein erkanntes systematisches Vorgehen der fiktiven Person eine Voraussetzung sein kann, um eine geeignete Grundlage für die darauffolgende Erklärung zu besitzen. Die Lernenden führen ihre Beschreibung zwar teilweise derart aus, als ob sie das Vorgehen einer fiktiven Person beschreiben, jedoch können sie keine Systematik dabei herausarbeiten, auch wenn sie dies in Ansätzen versuchen. Dies könnte aufgrund der fehlenden Systematik daher für die Erklärung noch keine Grundlage darstellen, sondern müsste weiter ausgearbeitet werden. Daher lässt sich folgende Hypothese aufstellen:

3. *Die von den Lernenden teilweise dargestellte Vorgehensweise der fiktiven Person, die sie als Vorgehensbeschreibung sprachlich beschreiben, jedoch ausschließlich in Ansätzen systematisch ist, könnte nach einer Ausarbeitung einer Systematik als Grundlage für eine tragfähige Erklärung dienen.*

Die Analyse der Bearbeitung des Aufgabenteils 2 der Aufgabe 2

Mit Saschas guter Idee kann man alle Möglichkeiten finden. Erkläre: Warum ist das so?

Abbildung 35: Aufgabenteil 2 der Aufgabe 2 vom Blatt 4A

Beschreibung der Situation

Nachdem die Lernenden der Interviewerin für die vorherige Aufgabe einen Antwortsatz diktiert haben, legt die Interviewerin in Turn 91 die nächste

Aufgabe auf Türkisch vor die Lernenden und liest sie auf Türkisch vor. Mert schaut sie an und sie wiederholt in Turn 93 die Aufgabe auf Deutsch.

Die Analyse der Aufgabenbearbeitung

Mert äußert daraufhin in Turn 94 „weil der sich immer eine Reihenfolge von den Teddys gemacht hat“. Den Begriff der Reihenfolge nutzten die Kinder bereits in der vorherigen Aufgabenbearbeitung bei der Formulierung des Antwortsatzes. Dabei ist eine Vermutung, dass für sie der Begriff der Reihenfolge eine verallgemeinerte Darstellung des zeilenweise betrachteten Wechsels der Farben von den einzelnen Elementen ist. Die Formulierung von Mert erweckt hier den Eindruck, dass er die Beschreibung von zuvor nutzt, um hier unter Verwendung der kausalen Konjunktion „weil“ die Frage zu beantworten. Jedoch kann aus inhaltlicher Sicht die vorherige Sachverhaltsbeschreibung nicht genutzt werden, um hier eine tragfähige Erklärung zu äußern.

In den darauffolgenden Turns 96 bis 98 gehen die Lernenden jedoch möglicherweise auf ihre vorherige Erkenntnis im Rahmen der Vorgehensbeschreibung ein. Sie äußern folgendes:

Musa: (von denen?) die Füße verändern muss’

Mert: der hat die Füße verändert- die Bäuche- die #Köpfe#

Musa: #die Bäu-# die Bäuche *(legt den Zeigefinger auf den Bauch des ersten Bären in der zweiten Reihe)* und die Köpfe *(legt den Zeigefinger auf den ersten Bären in der ersten Reihe)* sind gleich aber nur die Füße *(legt den Zeigefinger auf die Füße des ersten Bären in der zweiten Reihe)* haben sich verändert.

Es ist hier zu beobachten, dass sie vermutlich auf ihren vorherig erkannten Zusammenhang im Rahmen ihrer Vorgehensbeschreibung zurückgreifen. Es bleibt jedoch unklar, inwiefern sie darüber erklären möchten, dass Sascha durch dieses Vorgehen an alle Möglichkeiten gelangt ist.

Darauffolgend in den Turns 99 bis 106 versuchen die Lernenden vermutlich eine passende Rechenaufgabe aufzustellen und bieten dabei der Interviewerin in Turn 105 explizit die Äußerung „Er kann sich damit eine Rechenaufgabe machen?“ als mögliche Antwort auf die Frage an. Dies verneint die Interviewerin jedoch und fragt die Lernenden erneut nach den Füßen, woraufhin Musa in Turn 108 äußert „hier ist einmal alles gleich“ und währenddessen gestisch mit den Fingern entlang der Kopf- und Bauchzeile in der ersten Zeile streicht. Daraufhin – eingeleitet mit der Konjunktion „aber“ – verbalisiert er, dass nur die Füße in der ersten Zeile rot und nur die Füße in der zweiten Zeile blau sind. Somit ist dies inhaltlich gesehen eine Wiederholung von dem in den Turns 96 bis 98 Geäußerten und stellt keine Anführung einer tragfähigen Ursache an, sondern vielmehr ein wiederholtes Beschreiben des Vorgehens von Sascha.

Zusammenfassung der Analyse

Es zeigt sich, dass die Lernenden die vorherigen Beschreibungen bei dieser Aufgabe wieder anführen, um die Aufgabe zu lösen. Jedoch nutzen sie diese nicht als Grundlage, die für eine Erklärung angereichert werden müsste, sondern verwenden die gleichen inhaltlichen Aspekte wie bereits in der vorherigen Aufgabe.

Sprachlich gesehen ähneln ihre Äußerungen den vorherigen Beschreibungen. Eine Besonderheit ist, dass Mert in Turn 94 seine Äußerung mit der kausalen Konjunktion „weil“ einleitet, jedoch daran anschließend inhaltlich einen Aspekt aus der vorherigen Beschreibung anführt, sodass aus inhaltlicher Sicht seine Äußerung keine Erklärung ist. Im Vergleich zu ihren Beschreibungen ist hinsichtlich ihres Rückbezugs auf die Beschreibung des Vorgehens zu erkennen, dass sie das vergleichende Adjektive „gleich“ (s. bspw. Turn 98) oder das Verb „verändern“ (s. Turn 96) nutzen, um möglicherweise dadurch etwas Prozesshaftes zu beschreiben.

Der Zusammenhang zwischen vorrangegangene(n) Beschreibung(en) und darauffolgende(n) Erklärung(en) anhand der aufgestellten Hypothesen

Im Zusammenhang mit den aufgestellten Hypothesen lässt sich festhalten, dass die Lernenden die in den Hypothesen genannten Aspekte teilweise wieder aufgreifen, jedoch nicht für eine Erklärung nutzen. Dies zeigt sich in Bezug auf die erste Hypothese am Anfang der Aufgabenbearbeitung, als Mert von der Reihenfolge spricht (s. bspw. Turn 94) und diesen Begriff bereits zuvor genutzt hatte, um vermutlich allgemeiner auszudrücken, dass sich die einzelnen Elemente zeilenweise in einer bestimmten Reihenfolge verändern. Der in der zweiten Hypothese aufgeführte Aspekt der Abhängigkeiten zwischen den Elementen von verschiedenen Kombinationsmöglichkeiten bei einer zeilenweisen oder spaltenweisen Betrachtung findet sich ebenso in den beschriebenen Turns 96 bis 98 sowie im Turn 108 wieder. Die Lernenden bauen diese Ansätze jedoch nicht weiter aus, um daraufhin eine tragfähige Erklärung anführen zu können. Dies zeigt sich auch in Hinblick auf die dritte Hypothese bezüglich der vorherigen Vorgehensbeschreibung. Die Lernenden äußern sich zwar explizit über das Vorgehen einer fiktiven Person bei manchen Äußerungen (s. bspw. Turn 97), jedoch können sie ihre vorherige Beschreibung nicht hinsichtlich der Darstellung einer Systematik in dem Vorgehen erweitern. Vielmehr verbleiben sie bei ihren Erkenntnissen aus der vorherigen Aufgabe und führen diese nun in gleicher Form an, um damit eine Ursache anzuführen. Es zeigt sich dabei, dass sie zwar aus sprachlicher Sicht ihren Beschreibungen eine kausale Konjunktion voranstellen können, jedoch aus diesem Grund aus dieser Beschreibung keine tragfähige Erklärung wird.

Die Nutzung der Möglichkeit des flexiblen Einsatzes der Sprachen

Im Vergleich ist bei diesen Aufgabenbearbeitungen zu beobachten, dass die Lernenden erneut auf die deutsche Sprache zurückgreifen, während die Interviewerin zwischen beiden Sprachen wechselt. Dabei stellt sie die Aufgabe sowohl auf Türkisch und auf Deutsch und reagiert daraufhin situativ auf die Äußerungen der Lernenden in der türkischen oder deutschen Sprache. Dies nimmt dabei keinen Einfluss auf die Sprachverwendung der Lernenden, da sie im Deutschen verbleiben. Rezeptiv zeigen sich auch bei dieser Aufgabe keine Schwierigkeiten bei den Lernenden das auf Türkisch Geäußerte zu verstehen, da sie angemessen darauf reagieren. Sprachlich bedienen sich die Lernenden im Vergleich nicht anderer sprachlicher Mittel, da sie inhaltlich das zuvor Gesagte wiederholen und dies mit ähnlichen sprachlichen Mitteln wie in ihren Beschreibungen. Somit sind hierbei keine Veränderungen zu erkennen.

7.5. Kombinatorik I: Komparative Analyse in Bezug auf die Forschungsfragen

In der folgenden komparativen Analyse werden die zuvor einzeln analysierten Aufgabenbearbeitungen der beiden Gruppen aus der ersten und dritten Klasse im Vergleich betrachtet und in den jeweiligen Zusammenfassungen Erkenntnisse für die Forschungsfragen erarbeitet.

7.5.1. Welche Realisierungen von mündlichen Beschreibungen und Erklärungen können festgestellt werden?

Vergleich der Beschreibungen

Im Folgenden werden die realisierten Beschreibungen der Lernenden miteinander verglichen. Grundlage der Ausführungen sind die Analysen der Aufgabenbearbeitungen der einzelnen Gruppen, die in den Kapiteln 7.4 und 7.4.2 zu finden sind. In der Zusammenfassung wird die Realisierung von mündlichen Beschreibungen im mathematischen Kontext „Kombinatorik I“ dargestellt.

Melis und Kemal aus der ersten Klasse vergleichen in ihrer Bearbeitung bestimmte Bären miteinander. Sie fokussieren zwei Bären, die nebeneinander sind und vergleichen diese mit den darunter beziehungsweise darüber befindlichen zwei Bären und arbeiten dadurch Gemeinsamkeiten und Unterschiede heraus. Später wechseln sie zu einer zeilenweisen Betrachtung. Es ist dabei weniger die geforderte Beschreibung eines ursächlich fiktiven Vorgehens zu erkennen, als dass sie vielmehr eine Sachverhaltsbeschreibung anführen. Bei Mert und Musa aus der dritten Klasse ist auch zu beobachten, dass die beiden Lernenden die Bären erst spaltenweise und später zeilenweise miteinander vergleichen. Bei ihnen kommt hinzu, dass sie dies möglicherweise hinsichtlich einzelner Kombinationsmöglichkeiten teilweise nutzen, um in Ansätzen eine Systematik hinter dem fiktiven

Vorgehen von Sascha herauszuarbeiten. Zudem sehen Mert und Musa vermutlich zum Teil Abhängigkeiten zwischen den Elementen einzelner Kombinationsmöglichkeiten, wohingegen Kemal und Melis ausschließlich die Veränderungen der Farben oder Gleichbleibendes in Bezug auf einzelne Elemente in den Blick nehmen.

Sprachlich fällt bei den beiden Gruppen im Vergleich auf, dass sie sich hinsichtlich der sprachlichen Mittel für ihre Vergleiche ähneln, da sie hierfür beispielsweise gleiche Adjektive nutzen wie „anders" oder „verschieden". Auch verwenden beide Gruppen den Allquantor „immer". Die Beschreibungen von Mert und Musa sind im Vergleich häufiger durch Enumerationen und gestischen Verweisen gekennzeichnet, während Kemal und Melis zwar auch gestische Verweise nutzen, jedoch ihre Äußerungen häufig über reine Enumerationen hinausgehen und sie teilweise Präpositionen für eine genauere Lokalisierung nutzen. Bei Mert und Musa hingegen sind aufgrund ihrer nicht nur reinen Sachverhaltsbeschreibungen, sondern auch sprachlich realisierten Vorgehensbeschreibungen und beobachteten Abhängigkeiten zwischen den Elementen weitere sprachliche Mittel zu finden. So nutzen sie mehrmals bestimmte Verben, wie „zugetan" oder „gemacht", um etwas Prozesshaftes auszudrücken. Auch temporale Ausdrücke, wie beispielsweise „jetzt" oder „und dann" werden von ihnen in ihren Vorgehensbeschreibungen genutzt. Diese werden zwar vereinzelt auch von Kemal und Melis genutzt, jedoch wird insbesondere bei Mert und Musa durch das Sprechen über eine fiktive Person und durch die Verwendung von Personalpronomen deutlich, dass sie ein fiktives Vorgehen beschreiben. Dies ist bei Kemal und Melis sowohl sprachlich als auch inhaltlich nicht zu beobachten.

Zusammenfassung mit Bezug zu der Forschungsfrage

Aus inhaltlicher Sicht ist festzuhalten, dass Kemal und Melis Vergleiche zwischen den Farben von einzelnen Elementen anführen, während Mert und Musa darüber hinausgehen. So nutzen sie derartige Beobachtungen, um für das fiktive Vorgehen von Sascha eine Systematik herauszuarbeiten und beschreiben zudem Abhängigkeiten zwischen den Elementen. Sie realisieren nicht nur Sachverhaltsbeschreibungen, sondern auch Vorgehensbeschreibungen. Es ist somit zu erkennen, dass die Beschreibungen aus inhaltlicher Sicht von Mert und Musa vielfältiger sind als die von Kemal und Melis.

Aus sprachlicher Sicht verdeutlicht die Komparation, dass Kemal und Melis grundsätzlich an einigen Stellen komplexere Sätze formulieren als Mert und Musa, deren Ausführungen häufig Enumerationen sind und der Mitvollzug größtenteils ausschließlich durch das Nachverfolgen der Gestik möglich ist. Wenn die Gruppen die Elemente vergleichen, nutzen sie ähnliche sprachliche Mittel. Mert und Musa äußern sich jedoch auch über das Vorgehen der fiktiven Person sowie über die Abhängigkeiten zwischen den Elementen, sodass sie hierfür auch andere sprachliche Mittel verwenden, wie Verben, um etwas Prozesshaftes auszudrücken oder temporale Verknüpfungen.

Somit wird hinsichtlich der Sprechhandlung Beschreiben in diesem mathematischen Kontext deutlich, dass es unterschiedliche Typen von Beschreibungen im Mathematikunterricht gibt, die anderer sprachlicher Mittel bedürfen. Diese verschiedenen Typen sind einerseits durch ihre unterschiedlichen inhaltlichen Ausrichtungen rekonstruierbar und andererseits lassen sich an der sprachlichen Oberfläche ihre speziellen Indikatoren ausmachen. Somit werden beispielsweise bei Sachverhaltsbeschreibungen, die Vergleiche anstreben, Adjektive genutzt, während bei Vorgehensbeschreibungen beispielsweise temporale Verknüpfungen, Personalpronomen sowie Verben mit prozesshaften Charakter verwendet werden. Es zeigt sich zudem, dass die Fragestellung der Aufgabe zwar eine Vorgehensbeschreibung gefordert hat, aber diese nicht unbedingt von jedem Lernenden auch realisiert wird.

Vergleich der Erklärungen

Die realisierten Erklärungen der Lernenden werden im Folgenden miteinander verglichen. Analysen der Aufgabenbearbeitungen der einzelnen Gruppen, die in den Kapiteln 7.4 und 7.4.2 zu finden sind, stellen die Grundlage der folgenden Ausführungen dar. In der Zusammenfassung wird die Realisierung von mündlichen Erklärungen im mathematischen Kontext „Kombinatorik I“ dargestellt.

Sowohl Melis und Kemal als auch Mert und Musa äußern für die gestellte Aufgabe keine tragfähige Erklärung. Dabei lassen sich bei beiden Gruppen zwei unterschiedliche Herangehensweisen beobachten. Mert und Musa greifen die beschriebenen Beobachtungen auf und geben sie jedoch genauso bei dieser Aufgabe wieder an, um die Frage nach den Ursachen, warum man mit Saschas „guter Idee“ alle Möglichkeiten findet, zu beantworten. Bei dem ersten Antwortversuch setzen die Lernenden vor ihrer vorherigen Beschreibung die kausale Konjunktion „weil“ und möchten dadurch möglicherweise ihre beschriebene Auffälligkeit nun zur Erklärung machen. Dieser Antwortversuch sowie der spätere Versuch die vorherige Beschreibung für eine Erklärung anzuführen, sind inhaltlich nicht tragfähig. Kemal und Melis hingegen greifen nicht auf ihre Beschreibungen zurück, sondern ändern die Fragestellung ab zu der Frage, warum alle Möglichkeiten verschieden sind und beantworten diese Frage. Sie versuchen somit nicht – wie Mert und Musa – auf die gegebene Frage eine Antwort zu finden, sondern sie erklären ein anderes beobachtbares Phänomen. So ist es möglich, dass auch für sie die Frage inhaltlich zu schwierig sein mag und sie als eine Art Ausweichstrategie eine für sie zu lösende Frage aufwerfen und beantworten.

Aus sprachlicher Sicht wird deutlich, dass bei Mert und Musa ihre Ausführungen sprachlich einer ihrer Beschreibungen ähneln, da sie diese wieder für eine nun andere Aufgabe nutzen. Hierbei initiieren sie jedoch nun die Äußerung mit der Konjunktion „weil“ und führen daran anschließend die bereits in der vorherigen Aufgabe sprachlich realisierte Beschreibung an. Auch Kemal und Melis verwenden die kausale Konjunktion „weil“, jedoch unterscheidet sich nun ihre sprachliche Realisierung in der Hinsicht von der vorherigen Beschreibung, dass sie bei dieser Aufgabe möglicherweise alle acht Bären betrachten anstatt einzelne Elemente von Bären. Dadurch verwenden sie – ähnlich wie Mert und Musa bei ihrem ersten Antwortversuch – vergleichende Aspekte, jedoch nun übergreifender, um etwas über die Verschiedenheit aller Kombinationen aussagen zu können. Zudem nutzen beide Gruppen Allquantoren.

Zusammenfassung mit Bezug zu der Forschungsfrage

Es wird im Vergleich aus inhaltlicher Sicht deutlich, dass sowohl die Lernenden aus der ersten Klasse als auch die Lernenden aus der dritten Klasse Schwierigkeiten bei der Lösung der Aufgabe haben und dadurch vermutlich auf unterschiedliche Möglichkeiten zurückgreifen, um dieser Problematik zu entgehen. So ist bei Mert und Musa aus der dritten Klasse beobachtbar, dass sie versuchen ihre vorherigen Beschreibungen auch in gleicher Weise bei dieser Aufgabe als Antwortmöglichkeit anzuführen. Hier sollen also vorherig beobachtete und beschriebene Phänomene als Ursache für diese dienen. Dies ist jedoch aus inhaltlicher Sicht nicht tragfähig. Hingegen Kemal und Melis aus der ersten Klasse ändern die ursprüngliche Frage zu einer anderen Frage ab für die sie auch Ursachen anführen können. Daraus ist die Vermutung abzuleiten, dass sie als Ausweichstrategie eine für sie zu lösende Frage einbringen, während Mert und Musa versuchen ihre vorherigen Beobachtungen hier als mögliche Antworten einzubringen.

Bei der Analyse aus sprachlicher Sicht offenbart der Vergleich, dass Mert und Musa die kausale Konjunktion „weil“ der zuvor geäußerten Beschreibung als Initiierung hinzufügen. Bei Kemal und Melis ist das Verwenden dieser Konjunktion auch zu beobachten sowie beiderseits die Verwendung von Allquantoren. Es kann daraus die Vermutung entstehen, dass für die Lernenden für die Anführung von Erklärungen die kausale Konjunktion sowie möglicherweise Allquantoren Indikatoren für die Sprechhandlung Erklären sind, unabhängig von der inhaltlichen Tragfähigkeit ihrer Äußerungen.

7.5.2. Inwiefern ist ein Zusammenhang zwischen vorangegangene(n) Beschreibung(en) und darauffolgende(n) Erklärung(en) feststellbar?

Im Folgenden werden zuerst die Erkenntnisse aus den vorherigen Kapiteln 7.4 und 7.4.2 kurz zusammengefasst dargestellt und miteinander verglichen. Danach werden in der Zusammenfassung neue Erkenntnisse hinsichtlich der Zusammenhänge zwischen vorangegangene(n) Beschreibung(en) und darauffolgende(n) Erklärung(en) dargestellt.

Bei Mert und Musa aus der dritten Klasse zeigte sich bei den Beschreibungen, dass sie sowohl spalten- als auch zeilenweise Veränderungen und Gleichbleibendes von einzelnen Elementen beschreiben konnten. Jedoch auch Aspekte, die möglicherweise für die darauffolgende geforderte Erklärung zumindest als Ansatz hilfreich sein könnten, jedoch weiter hätten ausgearbeitet werden müssen, waren Elemente ihrer Beschreibungen. So fielen ihnen teilweise Abhängigkeiten zwischen den Elementen von einzelnen Kombinationsmöglichkeiten auf sowie versuchten sie ansatzweise eine bestimmte Systematik bei dem Vorgehen der fiktiven Person Sascha herauszuarbeiten und realisierten ihre Formulierungen sprachlich häufig als Vorgehensbeschreibung. Als sie jedoch aufgefordert wurden daraufhin zu erklären, warum mit Saschas „guter Idee" alle Möglichkeiten gefunden werden können, nutzen sie diese nicht für die Anführung einer Ursache potenziell hilfreichen beschriebenen Aspekte. Sie versuchen hingegen eines der beobachteten und beschriebenen Phänomene als Ursache anzuführen, was nicht zu einer tragfähigen Erklärung führen kann. So konnten sie die in der Beschreibung erarbeiteten Grundlagen für ihre Erklärung nicht verwenden. Dabei könnte das Aufgreifen der vorherigen Beobachtungen in dieser Aufgabe als mögliche Strategie angesehen werden sich über diese Aufgabe zu äußern zu können.

Bei Kemal und Melis aus der ersten Klasse lässt sich in den Beschreibungen feststellen, dass sie zwar spalten- und zeilenweise die Veränderungen der einzelnen Elemente beschrieben haben, jedoch sich nicht über Abhängigkeiten zwischen den Elementen geäußert oder eine Systematik in dem Vorgehen der fiktiven Person herausgearbeitet haben. Damit fehlen ihnen mögliche hilfreiche Aspekte für die spätere Erklärung. Als sie daraufhin erklären sollen, warum mit der „guten Idee“ von Sascha alle Möglichkeiten gefunden werden können, beantworten sie nicht diese Frage, sondern eine von ihnen eigens eingebrachte Fragestellung. So widmen sie sich der Frage, warum alle Möglichkeiten verschieden sind und führen hierfür Ursachen an. Somit werden zwar Ursachen angeführt, jedoch für ein anderes Phänomen für das die vorherigen Beschreibungen aus inhaltlicher Sicht nicht unbedingt hilfreich sind. Das wird auch bei den Lernenden deutlich, da kein Zusammenhang zwischen den vorangegangenen Beschreibungen und den darauffolgenden Erklärungen zu erkennen ist. Es kann vermutet werden, dass sie als mögliche Ausweichstrategie eine neue Frage anbringen für die sie Ursachen anführen können.

Somit wird deutlich, dass die darauffolgende geforderte Erklärung für die Lernenden herausfordernd war und sie verschiedene Strategien angewandt haben, um diese Problematik zu bewältigen. Während Mert und Musa die gleichen Aspekte aus der Beschreibung für eine Erklärung anführten, widmeten sich Kemal und Melis einer neuen selbst eingebrachten Fragestellung. Hier verdeutlicht sich im Vergleich, dass Mert und Musa auf ihre Beschreibungen zurückgreifen, während dies bei Kemal und Melis nicht sichtbar wird. Bei Kemal und Melis ist fraglich, ob sie tatsächlich eine „gute Idee“ von der fiktiven Person erfasst haben, da sie sich in der vorherigen Bearbeitung nicht über ein fiktives Vorgehen geäußert haben. Dies könnte bei der darauffolgenden Erklärung dazu führen, dass sie aufgrund der fehlenden Grundlage für die geforderte Erklärung als Ausweichstrategie Ursachen für ein anderes Phänomen anführen. Dabei wählen sie wieder eines aus, welches auf eine vergleichende Betrachtung abzielt und sie diese bereits in der Beschreibung eingenommen hatten, wenn auch mit einer anderen Fokussierung.

Zusammenfassung mit Bezug zu der Forschungsfrage

Es sind zwei neue Zusammenhänge zwischen den Sprechhandlungen Beschreiben und Erklären generiert wurden. Bei Mert und Musa wird deutlich, dass für Lernende eine Beschreibung zu einer Erklärung werden kann unabhängig von der inhaltlichen Angemessenheit. Bei Kemal und Melis hingegen fällt auf, dass sie zwar eine Erklärung anführen konnten, jedoch zu einem anderen Phänomen. Hier offenbarte sich hinsichtlich des Zusammenhangs zwischen der vorangegangenen Beschreibung und der darauffolgenden Erklärung, dass fehlende für die darauffolgende Erklärung notwendige Beschreibungsaspekte zu einem Nicht-Gelingen einer Erklärung führen können. Um mögliche Ursachen für diese Beobachtung herauszuarbeiten, werden im folgenden Kapitel die Bearbeitungen von zwei anderen Gruppen näher betrachtet. Diese bearbeiteten die gleichen Aufgabenstellungen, jedoch in einem anderen kombinatorischen Kontext.

7.5.3. Wie wirkt sich der flexible Einsatz der türkischen und deutschen Sprache auf die Erkenntnisprozesse der Lernenden aus?

Im Vergleich werden nachfolgend die unterschiedlichen Nutzungen der Sprachen vorgestellt und daraus in der Zusammenfassung Erkenntnisse gezogen, inwiefern sich der flexible Einsatz der türkischen und deutschen Sprache auf die Erkenntnisprozesse auswirkt.

Kemal und Melis aus der ersten Klasse verwenden während der gesamten Aufgabenbearbeitung die türkische Sprache. Diese nutzen sie sowohl in der Interaktion untereinander als auch mit der türkischsprechenden Interviewerin. Dabei ist auffällig, dass ihre Äußerungen häufig über reine Enumerationen hinausgehen und sie beispielsweise Wörter für Lagebezeichnungen, Numeralia oder auch Allquantoren nutzen. Auffällig ist bei ihnen zudem im Kontext der Beschreibung eine teilweise andere Verwendung von sprachlichen Mitteln. So ist zu beobachten, dass sie teilweise unkonkretere Aspekte anführen, wenn sie mündlich am Arbeitsblatt etwas beschreiben als beim Diktieren ihrer Beschreibung für eine Verschriftlichung. Dies lässt erkennen, dass sie sich zuvor nicht weniger sprachlicher Mittel bedienen, weil sie nicht über andere verfügen, sondern ein recht breites sprachliches Repertoire in der türkischen Sprache aufweisen, dass sie je nach Zweck (Mündlichkeit oder Schriftlichkeit) und Hörer (anderes Kind oder Interviewerin im gemeinsamen Wahrnehmungsraum oder kein direkter Adressat) unterschiedlich beanspruchen.

Bei Mert und Musa entsteht hingegen ein konträres Bild, da sie während der gesamten Aufgabenbearbeitung sowohl untereinander als auch fast ausschließlich mit der Interviewerin auf Deutsch kommunizieren. Rezeptiv haben sie vermutlich keine Probleme das Türkische zu verstehen, da die Interviewerin häufig mit ihnen auf Türkisch kommuniziert und sie darauf inhaltlich passend reagieren. Dabei wirken ihre sprachlichen Realisierungen an vergleichbaren Stellen hinsichtlich des Beschreibungsgegenstands weniger komplex als die von Melis und Kemal.

Zusammenfassung mit Bezug zu der Forschungsfrage

Es sind bei den beiden Gruppen – unabhängig vom Inhalt und der sprachlichen Realisierung – unterschiedliche Nutzungen der beiden Sprachen zu erkennen. Kemal und Melis verwenden während der gesamten Aufgabenbearbeitungen nahezu ausschließlich sowohl untereinander als auch mit der Interviewerin die türkische Sprache. Bei Mert und Musa aus der dritten Klasse ist hingegen eine andere Nutzung der Sprachen festzustellen, da sie sowohl untereinander als auch mit der Interviewerin auf Deutsch reden, auch wenn sie vermutlich das türkisch Geäußerte der Interviewerin verstehen. Somit ist im Gesamten festzuhalten, dass die Lernenden das Angebot der Nutzung beider Sprachen unterschiedlich für sich selbst in Anspruch genommen haben.

Der Vergleich offenbart, dass nicht zwangsläufig die fehlenden sprachlichen Kompetenzen in der türkischen Sprache als Grund angeführt werden können für die spracharme Gestaltung von manchen Äußerungen. So findet bei Mert und Musa im Deutschen eine im Vergleich der gleichen Beschreibungsaspekte eher spracharme Realisierung der Beschreibungen statt als bei Kemal und Melis im Türkischen. In den Erklärsituationen hingegen ähneln sich die beiden Gruppen hinsichtlich ihrer sprachlichen Mittel, was möglicherweise auf die inhaltlich fordernde Situation zurückgeführt werden kann. Dabei kann vermutet werden, dass für sie die Verwendung der kausalen Konjunktion „weil“ – unabhängig der Sprache und der inhaltlichen Angemessenheit – ein wesentliches sprachliches Mittel für die Erklärung ist, unabhängig von der inhaltlichen Angemessenheit des Gesagten. Es wird anhand von Kemal und Melis im Vergleich deutlich, dass bereits Lernende ab der ersten Klasse über derartige sprachliche Kompetenzen in der türkischen Sprache verfügen können, die sie zu sprachlich vielfältigen Beschreibungen befähigen und zudem ihre sprachliche Mittel je nach Mündlichkeit oder Schriftlichkeit und Hörer variieren können.

7.6. Kombinatorik II: Analyse einzelner Szenen

Im Nachfolgenden findet – entsprechend des in Kapitel 7.2. ausführlich beschriebenen Vorgehens – die Analyse der Bearbeitung der Aufgaben 1 und 2 des Blattes 3A von den Lernenden statt.[30] In der darauffolgenden komparativen Analyse werden Erkenntnisse hinsichtlich der zweiten Forschungsfrage dargestellt.

7.6.1. Malik und Yakub, 3. Klasse

Die Analyse der Bearbeitung des Aufgabenteils 1 der Aufgabe 1

Valerie hat 6 Anziehsachen zur Auswahl, nämlich 2 Hosen  und 4 Oberteile . Wie viele Möglichkeiten hat sie, sich verschieden anzuziehen?
Valerie hat sich das dazu überlegt:

Beschreibe: Welche gute Idee hat Valerie benutzt, um alle Möglichkeiten zu finden?

Abbildung 36: Aufgabenteil 1 der Aufgabe 1 vom Blatt 3A[31]

---

[30] Die den Analysen zugrundliegenden Transkripte befinden sich im Anhang (s. Anhang G).

[31] Die Nummerierung der Kombinationen wurde nachträglich für einen besseren Lesefluss der Analyse hinzugefügt.

Beschreibung der Situation

Die Drittklässler Malik und Yakub haben für diese Aufgabe das türkischsprachige Arbeitsblatt ausgewählt. Die Interviewerin Selma legt das Arbeitsblatt vor die beiden Lernenden, Yakub liest die Aufgabe vor und danach bespricht die Interviewerin mit den Lernenden noch einmal die Aufgabe.

Die Analyse der Aufgabenbearbeitung

Yakub beginnt in Turn 48 sowohl in einer Zeile als auch in Spalten auf unterschiedliche Kombinationen zu zeigen und äußert an einer Stelle „vorne oben ist es gleich eh diese Hosen“ und fährt dabei mit dem Finger über die Kombinationen in der zweiten Zeile. Es könnte vermutet werden, dass er hier eine zeilenweise Betrachtung der Farbe der Hose eingenommen hat. Danach verweist er gestisch jedoch auf Kombinationen in der dritten und zweiten Spalte und verbalisiert „unten sind die blau bei dem dort gibt es schwarz“. Es könnte sein, dass er hier die Variation der Farben der Hose in einer Spalte meint und damit von einer zeilenweisen zu einer spaltenweisen Betrachtung wechselt. Die Interviewerin bittet ihn daraufhin in Turn 52 zu erklären, was gleich sei. Yakub geht in Turn 53 dabei auf die Oberteile ein und äußert „oben eh von den T-Shirts ist es gleich vor denen orange“ und legt dabei zuerst den Finger auf die Kombination 5 in der ersten Zeile und dann auf die darunterliegende Kombination 1 in der zweiten Zeile. Er könnte hier in Bezug auf einer spaltenweisen Betrachtung festgestellt haben, dass die Farbe der Oberteile in einer Spalte gleich bleibt. Er äußert auch die Farben Schwarz und Blau, jedoch ist zu diesem Zeitpunkt noch nicht nachvollziehbar, was er bezüglich der unterschiedlich farbigen Hosen festgestellt haben könnte. Die Interviewerin fragt dann im Verlauf mehrmals nach, was gleich sei. Malik antwortet in Turn 67 „T-Shirt“ und Yakub tippt dann in Turn 71 gestisch auf untereinanderliegende Kombinationen. Danach in den Turns 74, 76, 80 und 82 verweist er gestisch jedoch zeilenweise auf die Kombinationen. Als die Interviewerin dann fragt, wie sie dies aufschreiben sollen, äußert Yakub in Turn 89 und 91 „erst die Oberen“ und nennt dann die Farben der Oberteile und sagt „die sind auch unten gleich“. Während zuvor aus inhaltlicher Sicht teilweise die Vermutung entstanden ist, dass Yakub und Malik als gleichbleibend die einzelnen Farben der Oberteile pro Spalte gemeint haben, nutzen sie nun den Begriff der Gleichheit für alle vier unterschiedlich farbigen Oberteile pro Zeile. Es könnte daher an dieser Stelle vermutet werden, dass sie diese vier Oberteile nebeneinander als eine Einheit wahrnehmen, die auf gleiche Weise in beiden Zeilen auftreten. Zusammenfassend betrachten die Lernenden in diesen Turns vermutlich einerseits zu Beginn zeilenweise einzelne Elemente und wechseln dann zu einer spaltenweisen Betrachtung. Auch die Elemente ihrer Fokussierung verändern sich. So ist an einigen Stellen die Berücksichtigung der Elemente „schwarze Hose“ und „blaue Hose“ zu erkennen, während an anderen Stellen ausschließlich die Oberteile fokussiert werden. Jedoch auch dabei sind unterschiedliche Betrachtungen der Oberteile festzustellen, da die Lernenden einerseits möglicherweise die gleichfarbigen Oberteile in einer Spalte als gleich wahrnehmen, jedoch auch alle Oberteile in einer Zeile im Vergleich zu den Oberteilen in der anderen Zeile als gleich ansehen. Dabei würden sie aber eher alle vier Oberteile in der gleichen Reihenfolge als eine Einheit wahrnehmen. Es ist somit aus inhaltlicher Sicht festzuhalten, dass die Lernenden verschiedene Aspekte in diesen Turns berücksichtigen und bis zu diesem Zeitpunkt noch keine Systematik in dem Vorgehen der fiktiven Person herausgearbeitet haben.

Als die Interviewerin in Turn 92 nach den Hosen fragt, äußert Yakub in Turn 93, dass sie die gleiche Farbe hätten und verweist gestisch erst einmal auf die Hosen in der zweiten Zeile und äußert „blau“ und verweist dann auf die Hosen in der ersten Zeile und verbalisiert „die sind schwarz“. Auf Nachfrage spezifiziert er in Turn 95 und 97 seine Äußerung mit der Verwendung der Begriffe „die Unteren sind blaue Hosen“ und „die Oberen sind schwarz“. Somit beschreiben die Lernenden in diesen Turns die Farben der Hosen in den jeweiligen Zeilen.

Die Interviewerin notiert die Antwort hinsichtlich der Hose und fragt dann, was sie noch schreiben soll. Yakub äußert dann in Turn 105, dass alle Oberteile gleich seien und auf Nachfrage der Intervierwein verweist Yakub in Turn 107 gestisch nacheinander auf die untereinanderliegenden Kombinationen und verbalisiert die Farbe der Oberteile. Er nutzt somit an dieser Stelle vermutlich nicht den Begriff der Gleichheit für die zeilenweise Betrachtung der Oberteile als eine Einheit, sondern für die spaltenweise Betrachtung, das heißt die Gleichheit der gleichfarbigen Oberteile in einer Spalte.

Zusammenfassung der Analyse

Da die Beschreibung in dem übergeordneten Muster des Aufgabe-Stellens/Aufgabe-Lösens eingebettet ist, werden die Äußerungen an der Musterposition des Lösungsversuches getätigt, um die Aufgabe „Beschreibe: Welche gute Idee hat Valerie genutzt, um alle Möglichkeiten zu finden?“ zu lösen. In diesen Turns haben die Lernenden die Sprechhandlung Beschreiben gemeinsam als Sprechhandlungssequenzen sprachlich realisiert. Aus inhaltlicher Sicht beschreiben sie dabei unterschiedliche Aspekte. Während sie zu Beginn noch zwischen einer zeilenweisen und spaltenweisen Betrachtung wechseln, ändern sich auch ihre Fokussierungen. So ist zu erkennen, dass sie bei der zeilenweisen Betrachtung einerseits zu Beginn kurzzeitig die Hosen berücksichtigen, jedoch auch die Oberteile in einer Zeile als gleichbleibend beschreiben. Dies lässt vermuten, dass sie die nebeneinanderliegenden Oberteile als Einheiten wahrnehmen, die in der gleichen Reihenfolge in beiden Zeilen auftritt. Den Begriff der Gleichheit nutzen sie jedoch auch, um die gleichfarbigen Oberteile in einer Spalte zu beschreiben. Diese Erkenntnis wird am Ende von Yakub auch wiederholt, als die Lernenden der Interviewerin eine Antwort diktieren sollen. Die Lernenden können zudem auf Aufforderung die Farben der Hosen in den Zeilen beschreiben, jedoch äußern sie sich nicht über die Abhängigkeit zwischen den Oberteilen und Hosen. Die inhaltliche Perspektive offenbart dabei, dass die Lernenden eine Sachverhaltsbeschreibung realisieren, da sie vergleichend unterschiedliche Elemente der Kombinationen beschreiben. Zu Beginn wird zwar auch das temporale Adverb „erst“ (s. Turn 89) genutzt, was darauf hindeuten könnte, dass eine Vorgehensbeschreibung sprachlich realisiert wird, jedoch lässt die inhaltliche Weiterführung nicht erkennen, was für ein Vorgehen möglicherweise beschrieben werden möchte (s. Turn 89 und 91).

Dabei ist hinsichtlich der sprachlichen Mittel festzuhalten, die als Indikatoren für die Sprechhandlung Beschreiben angesehen werden können (s. Kapitel 2.2), dass sie teilweise zwar keine Präpositionalkonstruktionen, aber dennoch Präpositionen nutzen, um näher zu bestimmen, auf welche Elemente sie sich beziehen (s. bspw. Turn 53). Es fällt zudem auf, dass sie zwar mit vielen gestischen Verweisen arbeiten, jedoch verwenden sie dabei kaum Lokaldeixis, sondern nennen eher die Farben und zeigen auf diese. So zeigt sich, dass sie teilweise mit Enumerationen arbeiten (s. Turn 89). „Und(-dann)“ als temporale Verknüpfungen sowie „Wenn(-dann“)-Verknüpfungen für Fokusbewegungen sind nicht beobachtbar. Vielmehr nutzen die Lernenden das Adjektiv „gleich“ und zeigen auf die entsprechenden Stellen oder benennen sie teilweise auch genauer, in dem sie von „T-Shirts“ oder „Hosen“ sprechen und dazu an manchen Stellen auch die Farben der jeweiligen Elemente, auf die sie sich beziehen, benennen.

Die Analyse der Bearbeitung des Aufgabenteils 2 der Aufgabe 1

Mit Valeries guter Idee kann man alle Möglichkeiten finden. Erkläre: Warum ist das so?

Abbildung 37: Aufgabenteil 2 der Aufgabe 1 vom Blatt 3A

Die Interviewerin leitet zu dieser Aufgabe über und bespricht in den Turns 108 bis 115 die Aufgabe mit den Lernenden. Yakub greift dann in den Turns 116, 118 und 120 erneut seine Beschreibung hinsichtlich der gleichbleibenden Oberteile in einer Spalte auf, verwendet als Beispiel die Oberteile in der ersten Spalte und äußert „oben ist ja orange unten ist dann auch orange“ (s. Turn 118). Danach äußert er „wird immer weiter so“ (s. Turn 120) und greift dann blau als Beispiel heraus und wiederholt ähnliches wie zuvor mit der Farbe Orange (s. Turn 120). Yakub beschreibt demnach möglicherweise die Farben der Oberteile in der ersten Spalte und möchte womöglich damit aussagen, dass die Oberteile in der gleichen Spalte die gleiche Farbe aufweisen. Seine daran anschließende Äußerung „immer weiter so“ könnte derart gedeutet werden, dass er damit im Hinblick auf die Oberteile aussagen möchte, dass dies in jeder Spalte so sei.

Zusammenfassung der Aufgabenanalyse

Die kurze Äußerung lässt die Vermutung entstehen, dass die Lernenden an dieser Stelle möglicherweise Schwierigkeiten haben eine tragfähige Erklärung anzuführen. Die Äußerung wirkt wie eine Beschreibung hinsichtlich der geordneten Anordnung der gleichfarbigen Oberteile in einer Spalte. Jedoch fehlt der Bezug zu den Hosen und es wird nicht deutlich, ob den Lernenden inhaltlich beispielsweise bewusst ist, warum jedes Oberteil zweimal auftritt.

Festgestellte Herausforderungen

Es ist bei Malik und Yakub zu erkennen, dass sie zu Anfang sowohl keine Abhängigkeiten zwischen den Elementen als auch keine Systematik von der fiktiven Person, die sich als Vorgehensbeschreibung sprachlich realisieren würde, angeben. Diese beiden Aspekte können jedoch als wichtige Grundlagen für die daraufhin geforderte Erklärung angesehen werden. Demnach fehlen ihnen in ihrer Beschreibung wichtige Aspekte für die darauffolgende Erklärung. Dies könnte dazu geführt haben, dass sie bei dem darauffolgenden Erkläranlass keine tragfähige Erklärung angeben können. Vielmehr nutzen sie die Beobachtungen aus der vorherigen Aufgabenstellung zur Beantwortung dieser Frage.

Im Folgenden sollen die Lernenden die beschriebene „gute Idee“ von Valerie nutzen, um selbst eine kombinatorische Fragestellung zu lösen. Die Analyse der Aufgabenbearbeitung kann Aufschlüsse über das tatsächliche Verständnis der Kinder bezüglich des Vorgehens der fiktiven Person geben.

Die Analyse der Bearbeitung des Aufgabenteils 1 und 2 der Aufgabe 2

Jetzt hast du auch 6 Anziehsachen zur Auswahl, nämlich 3 Hosen  und 3 Oberteile . Wie viele Möglichkeiten hast du, dich verschieden anzuziehen?

Nutze dabei die gute Idee von Valerie, um alle Möglichkeiten zu finden.

Abbildung 38: Aufgabenteil 1 der Aufgabe 2 vom Blatt 3A

Da die Interviewerin die Lernenden in ihrem Arbeitsprozess immer wieder nach ihrem Vorgehen fragt, wird die folgende Fragestellung immer an den entsprechenden Stellen analysiert:

Beschreibe: Welches Vorgehen hast du genutzt?

Abbildung 39: Aufgabenteil 2 der Aufgabe 2 vom Blatt 3A

In den Turns 134 bis 180 findet der Übergang zu dieser Aufgabe statt. Malik liest die Aufgabe vor und die Interviewerin wiederholt diese noch einmal mündlich. Sie erinnert sie daran, dass es wichtig sei nun Valeries „gute Idee“ zu nutzen und gibt den Lernenden die benötigten Buntstifte. Im Folgenden werden die Aufgabenbearbeitung und die anschließende Frage bezüglich des Vorgehens gemeinsam analysiert, da die Interviewerin diese Frage an mehreren Stellen während des Findungsprozesses der Möglichkeiten stellt. In den Turns 181 bis 348 malen sie folgende Kombinationen:

Abbildung 40: Reihenfolge, in der Malik und Yakub die Kombinationsmöglichkeiten aufgemalt haben

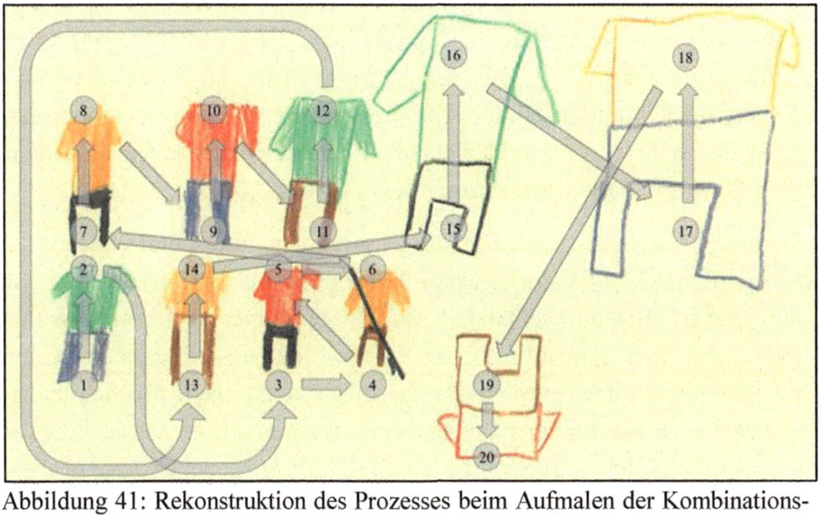

Abbildung 41: Rekonstruktion des Prozesses beim Aufmalen der Kombinationsmöglichkeiten

Yakub beginnt in Turn 181 eine blaue Hose zu malen. Währenddessen hält Malik für Yakub den grünen Stift bereit und Yakub kombiniert dann die blaue Hose mit einem grünen Oberteil (s. Turn 189). Die Interviewerin erinnert die Lernenden daraufhin an den Trick von Valerie, den sie beachten müssen und Yakub wiederholt dann in Turn 215 seine vorherige Beobachtung, dass die T-Shirts alle gleich seien. Yakub fährt dann fort auf dem Arbeitsblatt etwas weiter rechts von der ersten Kombination eine schwarze Hose zu malen (s. Turn 233) und Malik fragt ihn, ob er nun orange oder rot haben wolle (s. Turn 234). Yakub fordert Malik auf dies zu entscheiden. Malik äußert daraufhin in Turn 236, dass Yakub eine braune Hose malen soll. Dies führt dazu, dass Yakub neben der schwarzen Hose nun eine braune Hose malt. Daraufhin kombiniert Yakub in Turn 251 die schwarze Hose mit einem roten Oberteil, sodass eine zweite Kombination entsteht und kombiniert danach die braune Hose mit einem orangefarbenen Oberteil (s. Turn 263). Yakub äußert daraufhin in Turn 267, dass sie fertig seien, was von Malik in Turn 270 bestätigt wird. Im Folgenden äußert Yakub, dass sie dachten nur drei Möglichkeiten machen zu müssen (s. Turn 282) und Yakub und Malik verweisen auf die Aufgabenstellung in der stünde drei Hosen und drei T-Shirts (s. Turn 285 und 286). Es könnte somit vermutet werden, dass die Lernenden an dieser Stelle die Aufgabenstellung missverstanden und geglaubt haben, dass sie alle der unterschiedlich farbigen Hosen und alle drei unterschiedlich farbige Oberteile nutzen sollten, um drei Möglichkeiten zu finden.

Die Interviewerin löst daraufhin das Missverständnis auf und verweist auf die „gute Idee" von Valerie, woraufhin Yakub in Turn 292 anmerkt „oh nein jetzt ist alles durcheinander". Es könnte vermutet werden, dass ihm im Vergleich zur „guten Idee" von Valerie bewusst wird, dass ihre Kombinationen nicht der zuvor beschriebenen Systematik entsprechen und er es dadurch als ein Durcheinander empfindet. Er malt daraufhin über die erste Kombination eine schwarze Hose (s. Turn 315) und kombiniert diese mit einem orangefarbigen Oberteil (s. Turn 317). Er malt dann rechts daneben eine blaue Hose (s. Turn 319). Malik fragt währenddessen, ob es nur sechs Möglichkeiten gebe und Yakub äußert „ich glaub schon". Interessant ist an dieser Stelle, warum die beiden Lernenden während des Malens der fünften Kombination auf die Idee kommen, dass danach nur noch eine

Kombination folgen wird und sie dann alle gefunden haben. Malik fordert Yakub daraufhin auf die blaue Hose mit rot zu kombinieren (s. Turn 326), was Yakub in Turn 327 umsetzt. Die Lernenden schauen sich dann die bisherigen Kombinationen an und Malik überprüft möglicherweise, ob jedes Element in der gleichen Farbe zweimal auftritt (s. Turn 334 und 336) und verbalisiert dann braun und grün (s. Turn 336 und 338). Diese beiden Farben hat Yakub möglicherweise auch währenddessen als die noch Fehlenden wahrgenommen, da er sich bereits in Turn 335 den braunen Stift nimmt und leise „braun“ äußert und in Turn 337 den Satz von Malik mit „grün“ fortführt. Er malt dann rechts neben der fünften Kombination eine braune Hose (s. Turn 339) und kombiniert diese mit einem grünen Oberteil (s. Turn 341). Malik äußert daraufhin in Turn 348, dass sie fertig seien.

Bis zu diesem Zeitpunkt, an dem sie sechs Möglichkeiten gefunden haben und der Meinung sind fertig zu sein, kann vermutet werden, dass sie anhand des Vorgehens von Valerie womöglich bei ihrer eigenen Bearbeitung glauben, dass es auch nur sechs Möglichkeit gebe. Die beiden Lernenden haben sich womöglich auf ein gemeinsames Vorgehen geeignet, sodass untereinander keine Missverständnisse oder Konflikte entstehen. Die Findung der vierten bis sechsten Möglichkeit könnte in der Hinsicht interpretiert werden, dass die Lernenden die in der Aufgabenstellung gezeichneten Oberteile als Orientierung nehmen, die in ihrer eigenen Lösung vorkommen müssen. Dabei sind möglicherweise auch die Farben der Hosen bewusst ausgewählt zu sein, da jedes Element vermutlich nur zweimal auftreten darf und sie daher bewusst darauf achten, dass sie sich in ihrer Farbe bei jeder neuen Kombination von der vorherigen unterscheiden. Die Reihenfolge der Farben von den Hosen könnte entsprechend des Auftretens der Hosen in der Aufgabenstellung erfolgt sein, jedoch explizieren die Lernenden dies nicht. Bei der Reihenfolge der Farben von den Oberteilen lässt sich keine bestimmte Systematik in Bezug auf die Reihenfolge der Oberteile in der Aufgabenstellung oder bei den ersten drei Kombinationen feststellen. Es lässt sich demnach an dieser Stelle hinsichtlich ihres Vorgehens vermuten, dass jede Farbe an Hose und Oberteil ausschließlich zweimal auftreten und die Kombination untereinander nicht bereits vorhanden sein darf.

Die Interviewerin fragt die Lernenden daraufhin in Turn 349, wie sie vorgegangen seien. Yakub antwortet darauf in Turn 352, dass er seinen Trick benutzt hat. Er verweist dann in Turn 357 einerseits auf den vorherigen Trick, indem er auf das zugehörige Blatt verweist und er nun die Farben „so“ gemacht hätte. Dabei zeigt er auf die erste und sechste Kombination, dann auf die fünfte und zweite Kombination und danach auf die vierte und dritte Kombination. Die Kombinationen, auf die er immer gemeinsam zeigt, haben immer die gleiche Farbe an Oberteilen und unterschiedlich farbige Hosen. Während in seinem vorherigen eigenen Vorgehen eine solche Systematik nicht zu erkennen war, kann hier zumindest festgehalten werden, dass Yakub die von Valerie beschriebene „gute Idee“ auf seine Kombinationen übertragen kann. Er realisiert dabei eine Beschreibung mit wenigen Worten als Sprechhandlungsverkettung und vielen gestischen Verweisen, indem er auf den Trick von Valerie verweist ohne diesen noch einmal genauer zu beschreiben. Auch sein eigenes Vorgehen beschreibt er weniger mit Worten, als dass durch seine gestischen Verweise nachvollziehbar wird, inwiefern er den Trick von Valerie in seinen Kombinationen wiederfindet. Sprachlich gesehen ist dennoch eine Nähe zu dem Typ der Vorgehensbeschreibung zu erkennen, da er von sich in der ersten Person spricht und in Turn 357 das Verb „gemacht“ nutzt.

Also die Interviewerin dann fragt, ob sie noch eine weitere Möglichkeit finden, fragen die Lernenden mehrmals, ob sie dafür auch eine weitere Farbe erhalten würden. Dies verneint die Interviewerin wiederholt und fordert sie erneut auf zu überlegen. Malik schlägt dann in Turn 405 orange mit blau vor und legt dabei seinen Zeigefinger auf die fünfte Kombination, die eine blaue Hose und ein rotes Oberteil hat, woraufhin Yakub in Turn 406 Einverständnis äußert („okay mach“). Malik äußert daraufhin in Turn 409 die Farben braun und rot und zeigt dabei auf die dritte Kombination, die aus einer braunen Hose und einem orangenen Oberteil besteht. Yakub beginnt dann in Turn 413 eine braune Hose zwischen der ersten und zweiten Kombination zu malen. Malik sagt zuerst braun und orange, jedoch stellen die beiden Lernenden fest, dass sie diese Kombination bereits gemacht hätten und einigen sich auf braun und rot (s. Turn 413 bis 418). Yakub kombiniert dann jedoch die braune Hose mit dem orangefarbenen Oberteil (s. Turn 422) und Malik äußert sich nicht dazu, sondern gibt in Turn 427 die Farben Grün und Schwarz an. Yakub bestätigt dies in Turn 428 und malt diese Kombination dann auf. Die Interviewerin fragt daraufhin in Turn 439, ob es noch andere gibt und Malik nennt in Turn 445 „orange und blau". Als die Interviewerin dies fragend wiederholt, verweist Malik in Turn 447 auf die erste und fünfte Kombination, die beide eine blaue Hose aufweisen. Er fordert dann Yakub auf diese Kombination zu malen (s. Turn 449) und weist ihn an, welche Farben er malen soll (s. Turn 450 und 451). Daraufhin malt Yakub rechts neben der vorherigen Kombination eine blaue Hose kombiniert mit einem orangefarbenen Oberteil (s. Turn 456 und 458). In den Turns 463 und 465 äußert Malik dann rot und braun und Yakub malt eine braune Hose kombiniert mit einem roten Oberteil andersherum auf das Arbeitsblatt (s. Turn 468 und 472).

Es ist festzuhalten, dass Malik vermutlich eine Strategie gefunden hat, um die fehlenden Möglichkeiten zu finden. Dabei geht er vermutlich derart vor, dass er die bereits vorhandenen Möglichkeiten nach den gleichen Farben an Hosen sortiert und darüber feststellen kann mit welcher Farbe an Oberteil diese Hose noch nicht kombiniert wurde. Dadurch hat er alle noch fehlenden Kombinationen gefunden. Die Kombination einer braunen Hose mit einem orangefarbenen Oberteil tritt zwar zweimal auf, jedoch hatte Malik die richtige Kombination (braun-rot) geäußert und diese wurde von Yakub auch bestätigt, dennoch malte er dann ein orangefarbenes Oberteil. Während Yakub zuvor in deren Vorgehen die zuvor beschriebene Systematik von Valerie übertragen konnte, verwendet Malik hier nun womöglich eine neue Systematik, da er die Elemente „braune Hose", „blaue Hose" oder „schwarze Hose" einzeln betrachtet und diese nacheinander als feste Elemente beibehält. Dadurch kann er systematisch überprüfen, welche Kombination noch fehlt. Dies ähnelt dadurch dem Tachometerprinzip und würde dem zeilenweisen Vorgehen von Valerie in der vorherigen Aufgabe entsprechen. Jedoch wurde dies von den Lernenden in der vorherigen Aufgabe nicht als „gute Idee“ von Valerie identifiziert.

Die Interviewerin fragt die Lernenden daraufhin in Turn 478, ob eine Kombination doppelt vorkommt und Malik erkennt, dass die Kombination einer braunen Hose mit einem orangefarbenen Oberteil doppelt auftritt (s. Turn 493). Yakub äußert in Turn 499 auf Nachfrage der Interviewerin, dass sie fertig seien. Die Interviewerin fragt daraufhin in Turn 500, welches Vorgehen sie genutzt hätten, woraufhin Yakub in Turn 501 erst sagt, dass sie einfach seinen Trick genutzt haben, aber dann stockt und in Turn 503 schließlich Malik auffordert etwas zu sagen. Malik äußert daraufhin im Verlauf und nach dem mehrmaligen Nachfragen der Interviewerin erst einmal, dass er „hierhin“ geguckt hätte und zeigt dabei auf das Aufgabenblatt (s. Turn 513). Danach verweist er gestisch in Turn 552 und 554, auf die erste, vierte und achte Kombination, welche alle eine schwarze Hose mit jeweils andersfarbigem Oberteil aufweisen, und benennt dabei die Farben der einzelnen Elemente. Hier wird eine Beschreibung mit wenigen Worten als Sprechhandlungsverkettung vollzogen, in der er Farben aufzählt und auf diese gestisch verweist. Möglicherweise möchte er damit sein Vorgehen beschreiben, da er am Ende das Verb „gemacht“ nutzt.

Zusammenfassung der Analyse

In dem eigenen Vorgehen der Lernenden ist zu erkennen, dass sie die ersten drei Möglichkeiten womöglich auf Grundlage eines Missverständnisses anführen. Daran anschließend geben sie erneut drei weitere Möglichkeiten an. Später fügen sie noch drei weitere hinzu. Dabei könnte ihr Vorgehen möglicherweise sein, dass sie im Vergleich mit den bis dahin gefundenen Kombinationen feststellen, welche Kombinationen bereits vorhanden sind und welche mit einer bestimmten Hosenfarbe noch möglich sind. Zudem achten sie womöglich zu dem darauf, dass bei jeweils drei Kombinationen immer ein andersfarbiges Oberteil auftreten muss. Dies ähnelt der Betrachtung aus der vorherigen Aufgabenbearbeitung, in der sie möglicherweise an gewissen Stellen die Oberteile in einer Zeile als Einheit wahrgenommen haben. In Bezug auf die zuvor beschriebene „gute Idee“ von Valerie ist festzuhalten, dass sich diese in dem Vorgehen der Lernenden wiederfindet. Zudem könnte es sein, dass sie zwischenzeitlich bereits die Existenz von sechs Möglichkeiten vermuten, weil bei Valerie auch sechs Kombinationen möglich waren.

Die Analyse der Bearbeitung des Aufgabenteils 3 der Aufgabe 2

Erkläre: Warum gibt es keine weiteren Möglichkeiten?

Abbildung 42: Aufgabenteil 3 der Aufgabe 2 vom Blatt 3A

Die Interviewerin stellt in Turn 574 die vorstehende Frage, die von Yakub noch einmal in Turn 575 vorgelesen wird. Malik äußert dann in Turn 576 „weil das zu viele dann sind", was von Yakub in Turn 577 wiederholt und bestätigt wird. Die Interviewerin fragt daraufhin in Turn 578, ob sie dies so aufschreiben sollen und notiert dies als Antwort. Dies ist womöglich darauf zurückzuführen, dass sie zuvor die doppelte Kombination identifiziert hatten. Es bleibt offen, inwiefern weitere Möglichkeiten zu viel sein würden. Vielleicht ist damit gemeint, dass dann gleiche Kombinationen auftreten würden, jedoch wird dies nicht weiter spezifiziert.

Mögliche Erklärungen für die festgestellten Herausforderungen

Es ist in der Aufgabenbearbeitung der Lernenden zu erkennen, dass sie einen teilweise völlig neuen Erarbeitungsprozess begonnen haben. Dies wurde möglicherweise durch das Missverständnis hinsichtlich der Aufgabenstellung initiiert. Danach erarbeiteten sie ein anderes Vorgehen als das von der fiktiven Person aus der vorherigen Aufgabe. Dies kann auch daraus resultieren, dass die Lernenden zuvor ausschließlich die Oberteile fokussiert haben ohne Berücksichtigung der Abhängigkeit zwischen den Elementen Hose und Oberteil, sodass ihnen nun Grundlagen gefehlt haben, um das fiktive Vorgehen sinnvoll zu nutzen. Somit müssen sich die Lernenden aus inhaltlicher Sicht der kognitiven Herausforderung stellen ein eigenes und neues Vorgehen zu erarbeiten. Hinzu kommt in ihrem Erarbeitungsprozess die immer wieder eingebrachte Verbindung zum fiktiven Vorgehen von Valerie, indem sie zwar das Vorgehen von Valerie an ihren eigenen Kombinationsmöglichkeiten beschreiben können, jedoch dieses nicht ihrem eigenen Vorgehen entspricht. Zudem gelangen sie erst später zu der Erkenntnis, dass sie eine andere Anzahl an Möglichkeiten haben als Valerie. All diese Aspekte führen zu einem komplexen Prozess während der Bearbeitung. Die daran anschließende Frage danach, warum es keine weiteren Möglichkeiten gibt, können die Lernenden nicht konkret beantwortet. Dies kann möglicherweise darauf zurückgeführt werden, dass eine direkte Reflexion der vorherigen neu entwickelten Bearbeitung der Aufgabe nicht unverzüglich gelingt.

Die beschriebene neue Situation für die Lernenden entspricht den Analysen aus der vorherigen Aufgabenbearbeitung. Dort wurde bereits deutlich, dass den Lernenden die Berücksichtigung der Abhängigkeit zwischen den Elementen fehlte. Das kann bei dieser Aufgabe dazu geführt haben, dass sie eine neue Strategie entwickeln mussten. Zudem arbeiteten sie zuvor keine Systematik in dem fiktiven Vorgehen von Valerie heraus, sodass sie für die darauffolgende Aufgabe ein eigenes Vorgehen entwickeln mussten. Daraus kann geschlussfolgert werden, dass ihnen womöglich sowohl für diese Aufgaben als auch für den vorherigen Erkläranlass die notwendigen Grundlagen fehlten.

7.6.2. Seda und Suna, 3. Klasse

Die Analyse der Bearbeitung des Aufgabenteils 1 der Aufgabe 1 vom Blatt 3A

Valerie hat 6 Anziehsachen zur Auswahl, nämlich 2 Hosen  und 4 Oberteile . Wie viele Möglichkeiten hat sie, sich verschieden anzuziehen?

Valerie hat sich das dazu überlegt:

Beschreibe: Welche gute Idee hat Valerie benutzt, um alle Möglichkeiten zu finden?

Abbildung 43: Aufgabenteil 1 der Aufgabe 1 vom Blatt 3A[32]

Beschreibung der Situation

Die Drittklässler Seda und Suna haben für diese Aufgaben das türkischsprachige Arbeitsblatt ausgewählt. In den Turns 1 bis 34 besprechen die beiden Lernenden mit der Interviewerin Selma die Aufgabe.

Die Analyse der Aufgabenbearbeitung

Im Turn 35 verweist Suna gestisch auf die schwarze Hose in der Aufgabenstellung und dann auf die drei schwarzen Hosen in der ersten Zeile und äußert dabei unter Verwendung des temporalen Adverbs „erst", dass „erst alle […] hier hin". Möglicherweise möchte sie damit aussagen, dass das Element „schwarze Hose" aus der Aufgabenstellung in der fiktiven Aufgabenlösung erst einmal hingemalt wurde und berücksichtigt vermutlich zunächst nicht das Element „Oberteil". Seda geht womöglich in Turn 36 auf die Äußerung von Suna ein und verbalisiert, dass sie aufgereiht sind. Dies könnte als Spezifizierung der vorherigen Äußerung von Suna gedeutet werden. Suna wiederholt in Turn 37 das genutzte Verb von Seda und verbalisiert unter Verwendung des temporalen Adverbs „danach", dass sie daraufhin dasselbe mit den blauen Hosen gemacht hat. Die Nutzung des Personalpronomens „sie" bezieht sich vermutlich auf die fiktive Person Valerie aus der Aufgabenstellung. In diesen Turns realisieren die Lernenden gemeinsam die Sprechhandlung Beschreiben, da sie sich über das Vor-

[32] Die Nummerierung der Kombinationen wurde nachträglich für einen besseren Lesefluss der Analyse hinzugefügt.

gehen der fiktiven Person äußern. Entsprechend dieser Interpretation nutzen sie dabei temporale Adverbien, um auszudrücken, was zu Beginn und was nach der genannten Sache geschieht. Zudem sprechen sie in der dritten Person über die fiktive Person und wie diese gehandelt hat. Damit wird aus sprachlicher Sicht der Typ einer Vorgehensbeschreibung unterstrichen. Die Lernenden können zwar die Elemente „schwarze Hose“ und „blaue Hose“ in der fiktiven Aufgabenlösung wiederfinden und nehmen eine zeilenweise Betrachtung ein. An dieser Stelle ist es jedoch offen, ob ihnen bewusst ist, wie oft die jeweiligen Elemente in der Lösung auftreten, da sie hierfür die Abhängigkeit zwischen den Hosen und Oberteilen wahrnehmen müssten. In dem Zuge ist es schwierig zu interpretieren, was Suna in Turn 35 mit ihrer Verwendung des Allquantors „alle“ in Bezug auf die schwarzen Hosen in der ersten Zeile aussagen möchte. Eine Deutung wäre, dass es sich auf alle Oberteile relativ zur schwarzen Hose bezieht.

In Turn 39 signalisiert Seda Unverständnis, sodass bis zum Turn 48 die Interviewerin ein weiteres Mal die Aufgabe erklärt und dann erneut nach dem bisherig Festgestellten fragt. In Turn 48 richtet sie die Frage an Suna, was sie zum Beispiel bei den Hosen bemerkt hätte. Suna äußert sich daraufhin in Turn 49 und 51 über die Oberteile, indem sie sagt, dass die Farben der T-Shirts immer gleich bleiben würden. Die Interviewerin bestätigt dies in Turn 52 („ja es ist in derselben Reihe“) und verweist gestisch auf die gleichen Farben der Oberteile in einer Spalte. Seda und Suna greifen diese spaltenweise Betrachtung der Oberteile auf sowie die Verwendung des Wortes „Reihe“ und gehen in den Turns 53 bis 56 die Spalten gestisch und mündlich durch, indem sie auf die entsprechenden Spalten zeigen und die Farben der Oberteile nennen. In Turn 57 merkt Suna an, dass sich die Farbe der Hosen verändern würde, was von Seda in Turn 58 bestätigt wird und sie dies möglicherweise spezifizieren möchte, indem sie verbalisiert „ja eine andere Farbe“. So ist in diesen Turns zu erkennen, dass die Lernenden von einer zeilenweise zu einer spaltenweisen Betrachtung gewechselt sind und nun anstatt der Hosen die Oberteile fokussieren. Zudem nehmen sie später im Vergleich der für sie unveränderten Oberteile die Hosen als das sich verändernde Elemente in einer Spalte hinzu. Somit nehmen sie möglicherweise Abhängigkeiten zwischen den beiden Elementen einer Kombination wahr, da sie vermutlich erkennen, dass in einer Spalte die Oberteile die gleiche Farbe aufweisen, jedoch sie nicht nur die Oberteile wahrnehmen, sondern diese auch in Abhängigkeit zu den Hosen. So könnte ihnen aufgefallen sein, dass die Farben der Oberteile in einer Spalte gleichbleiben, während sich die Farben der Hosen in der einer Spalte verändern. Sie realisieren hier sprachlich auch die Sprechhandlung Beschreiben, jedoch nicht mehr vom Typ einer Vorgehensbeschreibung, sondern einer Sachverhaltsbeschreibung bezüglich „veränderter und unveränderter Elemente“. Dies wird dadurch deutlich, dass sie sich nun nicht mehr über das Vorgehen einer fiktiven Person äußern, sondern die einzelnen Elemente fokussieren und dabei im Vergleich Gemeinsamkeiten und Unterschiede feststellen. Somit würde sich ein Hörer bei diesem Typ der Beschreibung nicht mehr vorstellen können, wie eine Person vorgegangen ist beziehungsweise sein könnte, sondern was für Veränderungen und Unverändertes hinsichtlich ihrer Farbe in den jeweiligen Spalten zu beobachten sind. Es findet sich hier sprachlich nicht mehr die Verwendung von temporalen Ausdrücken, sondern insbesondere die Nutzung des Adjektivs „gleich“ oder das Verb „verändern“. Dabei kann die Verwendung des Verbes „verändern“ implizieren, dass sie bei diesen Elementen etwas Prozesshaftes wahrnehmen, sodass sich ein Zustand (hier die Farbe eines Elementes) zu einem anderen Zustand (durch den Wechsel der Farbe) ändert.

In Turn 77 und 79 möchte die Interviewerin vermutlich beginnen die Äußerungen von den Lernenden festzuhalten und spricht Seda an noch einmal die Beobachtungen zu wiederholen und greift als Beispiel das von Seda Gesagte über die Oberteile auf. Daraufhin notiert Seda das von der Interviewerin in Bezug auf die Oberteile Wiederholte auf und Suna liest in Turn 119 die fertig geschriebene Antwort vor („Die T-Shirt sind in derselben Reihe und in derselben Farbe.“). In den daran anschließenden Turns wiederholen die beiden Lernenden aus inhaltlicher Sicht die im Antwortsatz festgehaltene Aspekte bis in den Turns 141, 143 und 145 Seda die Erkenntnisse in Bezug auf die Oberteile mit einer Beobachtung hinsichtlich der Hosen anreichert. Sie verbalisiert, dass aber die Hosen nicht in derselben

Farbe seien. Möglicherweise möchte sie durch die Verwendung der Konjunktion „aber“ den Gegensatz zwischen den vorherigen Beobachtungen bezüglich der Oberteile hervorheben. Suna greift dies in Turn 148 auf und äußert, dass sich die Farben in schwarz und blau verändern. Daraufhin ergänzen Seda und Suna diese Beobachtungen als zweiten Antwortsatz. Somit wiederholen Seda und Suna bis hierhin die vorherigen Beobachtungen bezüglich der Oberteile und Hosen und halten diese schriftlich fest.

In den Turns 168, 170, 172 und 174 fragt die Interviewerin, was sie beobachten, wenn sie zeilenweise schauen. Suna antwortet jedoch darauf in den Turns 175, 180 und 182 mit den bereits vorherigen spaltenweisen Beobachtungen und geht somit nicht auf die zeilenweise Betrachtung der Elemente ein. Dann jedoch malt zuerst Seda und danach Suna vertikale Linien zwischen die einzelnen Kombinationen, sodass Spalten entstehen und Seda malt daraufhin eine horizontale Linie zwischen die zwei Zeilen. Als die Interviewerin in Turn 197 fragt, warum sie den Strich gemacht hat, antwortet Seda in Turn 198 möglicherweise erst in Bezug auf die Spalten „die sind mh anders“, da sie auf diese gestisch verweist. Dann zeigt sie jedoch erst auf die erste Zeile, danach auf die zweite Zeile von links nach rechts und verbalisiert jeweils „das ist in der Reihe“. Den Abschluss ihrer Äußerung tätigt sie mit „deswegen“. Es kann vermutet werden, dass Seda diese zweite Äußerung als Antwort auf die vorherige Frage hinsichtlich des horizontalen Strichs verbalisiert und von der spaltenweisen Betrachtung in die zeilenweise Betrachtung gewechselt hat. Die Interviewerin fragt daraufhin mehrmals nach, was gleich sei und ob sie die Hosen meint, woraufhin Seda in Turn 206 dies verneint und sagt „beides“. Daraufhin zeigt sie auf die Kombination 1 und äußert „das ist gleich“ und verweist dann gestisch nacheinander auf die Kombinationen in der ersten Zeile und dann in der zweiten Zeile-. Dabei verbalisiert sie immer „das“, während sie auf eine neue Kombination zeigt. Es ist an dieser Stelle unklar, warum Seda die Nachfrage der Interviewerin verneint, obwohl sich Seda womöglich in Turn 198 auf die zeilenweise Betrachtung fokussiert hatte. Eine Vermutung wäre, dass sie nicht die Hosen als in einer Zeile gleichbleibend betrachtet, sondern die Zeilen weiterhin hinsichtlich des Farbwechsels der

Oberteile als gleich wahrnimmt, jedoch einen Unterschied in Bezug auf den Wechsel der Farbe der Hosen von der ersten in die zweite Zeile wahrnimmt. Suna hat diese Äußerung aber womöglich anders gedeutet, da sie daraufhin in den Turns 207 und 209 verbalisiert. dass Seda sagen wolle die Hosen seien in der Reihe gleich, aber sich nur die Oberteile verändern. Dies entspräche nicht der vorherigen Deutung. Seda bestätigt daraufhin die Äußerung von Suna in Turn 210 und die Interviewerin beendet in Turn 211 die Aufgabenbearbeitung. Es ist hier zu erkennen, dass die Lernenden die Sprechhandlung Beschreiben sprachlich realisieren, da sie die Veränderungen und gleichbleibenden Elemente zeilenweise beschreiben. Es handelt sich hier wieder um eine Sachverhaltsbeschreibung, die sie durch ihre Vergleiche auf ähnliche Weise sprachlich realisieren wie die vorherige Sachverhaltsbeschreibung, jedoch hat sich ihre Fokussierung von einer spaltenweisen zu einer zeilenweisen Betrachtung verändert. Dies kann dazu geführt haben, dass nun die gleichbleibenden Elemente nicht mehr die Oberteile, sondern die Hosen beziehungsweise die Farbfolge der Oberteile und die sich verändernden Elemente nun die Oberteile sind.

Zusammenfassung der Analyse

Da die Beschreibung in dem übergeordneten Muster des Aufgabe-Stellens/Aufgabe-Lösens eingebettet ist, werden die Äußerungen an der Musterposition des Lösungsversuches getätigt, um die Aufgabe „Beschreibe: Welche gute Idee hat Valerie genutzt, um alle Möglichkeiten zu finden?“ zu lösen. Die Beschreibungen realisieren sie gemeinsam als Sprechhandlungssequenzen. Dabei greifen sie an einigen Stellen das zuvor Gesagte auf oder spezifizieren die Äußerungen (s. bspw. Turn 35 bis 37). Es wird aus inhaltlicher Sicht deutlich, dass die Lernenden zu Beginn das Vorgehen von der fiktiven Person Valerie beschreiben und dadurch womöglich die Beschreibung der „guten Idee“ eingeleitet wird. Sie realisieren sprachlich und inhaltlich eine Vorgehensbeschreibung. Davon weichen sie dann ab und wechseln von einer über einen längeren Bearbeitungszeitraum spaltenweisen Betrachtung der Elemente zu einer zeilenweisen Betrachtung der Elemente. Damit ändert sich der Typ der Beschreibung zu einer Sachverhaltsbeschreibung, in der sie die Elemente „Oberteile“ und „Hose“ miteinander vergleichen und beobachten, was für sie gleich ist und was sich verändert. Auffällig ist dabei, dass die Lernenden immer beide Elemente einer Kombination berücksichtigen, sodass sie möglicherweise die Abhängigkeiten zwischen den Elementen wahrnehmen. So beachten sie nicht nur, was in einer Spalte oder Zeile gleich bleibt, sondern nehmen dabei dann auch das andere Element in den Blick. Somit berücksichtigen sie nicht nur isolierte Elemente, sondern auch ihre Abhängigkeiten. Dies können sie sowohl bei einer spaltenweisen als auch bei einer zeilenweisen Betrachtung flexibel anwenden und modifizieren. Dabei kann aufgrund der Verwendung des Verbes „verändern“ vermutet werden, dass sie in dem Beschriebenen etwas Prozesshaftes wahrnehmen im Sinne einer Veränderung von der einen Farbe des Elementes zu einer anderen Farbe.

Hinsichtlich der sprachlichen Mittel ist insbesondere der Wechsel von diesen aufgrund der Änderung des Beschreibungstyps festzuhalten. So nutzen sie bei der Vorgehensbeschreibung die temporalen Adverbien „erst“ (s. Turn 35) und „danach“ (s. Turn 37) und beziehen sich durch die Verwendung des Personalpronomens „sie“ (s. Turn 37) auf die fiktive Person Valerie und beschreiben, was diese gemacht hat. Als sie dann jedoch die Elemente „Oberteile“ und „Hosen“ miteinander vergleichen, verändern sich die sprachlichen Mittel, da sie nun überwiegend durch das Adjektiv „gleich“ (s. bspw. Turn 64) oder das Verb „verändern“ (s. bspw. Turn 57) ihre Vergleiche tätigen. In Bezug zu den sprachlichen Mittel, die als Indikatoren für die Sprechhandlung Beschreiben angesehen werden (s. Kapitel 2.2), zeigt sich, dass die Lernenden meist andere sprachlichen Mittel verwenden, die jedoch teilweise dem Zweck der Indikatoren ähneln. Hinsichtlich der temporalen Verknüpfung „und (dann)“ ist diese zwar nicht direkt zu sehen, jedoch findet bei der Vorgehensbeschreibung durch Nutzung der Adverbien „erst“ (s. Turn 35) und „danach“ (s. Turn 37) eine temporale Verknüpfung statt. Anstatt Präpositionalkonstruktionen für eine genauere Lokalisierung zu nutzen, verwenden sie den Begriff der „Reihe“ (s. bspw. Turn 101), wenn sie auf bestimmte Elemente spalten- oder zeilenweise verweisen möchten und unterstützen dies durch gestische Verweise. Enumerationen können beispielsweise festgestellt werden, wenn sie die Farben aufzählen (s. bspw. Turn 52 bis 56). „Wenn(-dann)“-Verknüpfungen werden für die Fokusbewegungen nicht verwendet, sondern dies geschieht meist durch gestische Verweise. Abweichend von der Literatur fällt insbesondere die Verwendung von Adjektiven und Verben für ihre Vergleiche zwischen den Elementen „Oberteile“ und „Hosen“ auf.

Die Analyse der Bearbeitung des Aufgabenteils 2 der Aufgabe 1

Mit Valeries guter Idee kann man alle Möglichkeiten finden.
Erkläre: Warum ist das so?

Abbildung 44: Aufgabenteil 2 der Aufgabe 1 vom Blatt 3A

In den Turns 213 bis 263 leitet die Interviewerin zu Beginn zur nächsten Aufgabe über. Die Lernenden signalisieren jedoch Unverständnis, sodass die Interviewerin die Frage mehrmals wiederholt. Die Lernenden kommunizieren jedoch weiterhin Nicht-Wissen, sodass die Interviewerin die Aufgabenbearbeitung abbricht und zur nächsten Aufgabe wechselt.

Festgestellte Herausforderungen

Es ist bei Seda und Suna zu erkennen, dass sie in ihrer Beschreibung vielfältige Aspekte berücksichtigen. So ist der Fokus beginnend auf die Vorgehensweise der fiktiven Person gerichtet und geht dann dahin über, dass sie auch Abhängigkeiten zwischen den Elementen berücksichtigen. Dabei ist auffällig, dass sie diese Abhängigkeiten sowohl spalten- als auch zeilenweise beschreiben können. Sie wechseln dabei von einer Vorgehensbeschreibung zu einer Sachverhaltsbeschreibung und können nicht ihre erkannten Abhängigkeiten zwischen den Elementen nutzen, um daran eine Systematik in dem fiktiven Vorgehen der Person zu erarbeiten. Dies kann dazu geführt haben, dass sie für die darauffolgende Erklärung nicht das notwendige Wissen hinsichtlich der „guten Idee“ aufweisen und daher Unverständnis kommunizieren.

Im Folgenden sollen die Lernenden die beschriebene „gute Idee“ von Valerie nutzen, um selbst eine kombinatorische Fragestellung zu lösen. Die Analyse der Aufgabenbearbeitung kann Aufschlüsse über das tatsächliche Verständnis der Lernenden bezüglich des Vorgehens der fiktiven Person geben.

Die Analyse der Bearbeitung des Aufgabenteils 1 der Aufgabe 2

Jetzt hast du auch 6 Anziehsachen zur Auswahl, nämlich 3 Hosen  und 3 Oberteile . Wie viele Möglichkeiten hast du, dich verschieden anzuziehen?

Nutze dabei die gute Idee von Valerie, um alle Möglichkeiten zu finden.

Abbildung 45: Aufgabenteil 1 der Aufgabe 2 vom Blatt 3A

In den Turns 264 bis 310 findet der Übergang zu dieser Aufgabe statt. Die Lernenden wählen das deutschsprachige Arbeitsblatt aus und besprechen die Aufgabe mit der Interviewerin. Dabei äußern sie, dass sie die Idee von Valerie nicht wissen würden. Die Interviewerin verweist auf die vorherige Aufgabe und widerholt, dass sie die Idee berücksichtigen müssen. In den Turns 311 bis 329 holen sie sich die benötigten Farben aus der Verpackung. In den Turns 330 bis 475 malen sie folgende Kombinationen:

Abbildung 46: Reihenfolge, in der Seda und Suna die Kombinationsmöglichkeiten aufgemalt haben.

Abbildung 47: Rekonstruktion des Prozesses beim Aufmalen der Kombinationsmöglichkeiten

Seda beginnt mit der schwarzen Hose (s. Turn 334) und kombiniert diese mit einem orangefarbenen Oberteil (s. Turn 349). Danach nimmt sie den blauen Stift und malt rechts neben dieser ersten Kombinationsmöglichkeit eine blaue Hose (s. Turn 352). Diese Hose kombiniert sie mit einem roten Oberteil (s. Turn 354), nimmt daraufhin den braunen sowie den grünen Stift und malt rechts neben der zweiten eine braune Hose (s. Turn 364) mit einem grünen Oberteil (s. Turn 374). Zu diesem Zeitpunkt hat demnach Seda alle drei unterschiedlich farbige Hosen nebeneinander gemalt und jede Hose hat ein andersfarbiges Oberteil erhalten. Im Vergleich zum Vorgehen von Valerie ist zu diesem Zeitpunkt noch nicht zu erkennen, ob sie das Vorgehen tatsächlich berücksichtigen. In Turn 386 malt Seda rechts von dieser Kombination eine weitere braune Hose. In Turn 390 wählt sie die Farbe Orange für das Oberteil zur braunen Hose aus, jedoch sagt Suna in Turn 395, dass sie Grün nehmen soll, aber bemerkt daraufhin, dass sie die braune Hose bereits mit einem grünen Oberteil kombiniert hat. Daraufhin verbalisiert sie, dass sie Orange nehmen soll. Seda kombiniert dann die braune Hose mit einem orangefarbenen Oberteil (s. Turn 398) und malt in Turn 402 neben dieser Kombination eine weitere braune Hose. Diese Hose kombiniert sie mit einem roten Oberteil (s. Turn 406). Zudem äußert sie zwischenzeitlich in Turn 398, dass sie einen Trick gefunden habe. Hinter dieser Äußerung könnte eine Entdeckung vermutet werden, die jedoch vollkommen implizit ist. So wäre eine Deutung, die sich hinter der Äußerung von Seda die Entdeckung verbirgt, dass wenn alle Kombinationen zu finden sind, dann man Oberteile mit jeder Hose nacheinander kombiniert. Sie stellt dann in Turn 414 fest, dass sie für die braune Hose alle Möglichkeiten gefunden hat. Sie sagt daraufhin in Turn 418, dass sie es „unter blau“ nun auch machen würde und malt unter der zweiten Kombination eine blaue Hose. Dann verbalisiert sie, dass sie bereits blau mit rot gemacht hätte und „jetzt blau“, jedoch beendet sie ihren Satz nicht, sondern Suna äußert in Turn 419 „orange“. Es könnte vermutet werden, dass Seda nun unter der bereits gefundenen blauen Kombination die noch fehlenden Kombinationen mit der blauen Hose hinzufügen möchte. Seda fügt dem in Turn 420 hinzu „mit orange und grün“, sodass ihr vermutlich bewusst ist, mit welchen Farben an Oberteilen sie die blaue Hose noch kombinieren kann. Suna fordert sie dann in Turn 421 auf, dass sie nun ein grünes Oberteil malen soll und links daneben Orange. In Turn 422 malt Seda dann über die blaue Hose ein grünes Oberteil. In Turn 428 malt sie dann links neben der sechsten Kombination eine blaue Hose und kombiniert diese in Turn 430 mit einem orangefarbenen Oberteil. Es könnte an dieser Stelle vermutet werden, dass Seda nun von dem anfänglichen unsystematischen Vorgehen bei der Weiterführung mit der braunen Hose eine Systematik gefunden hat und diese nun anhand der blauen Hose fortgesetzt hat. Diese Systematik würde dem systematischen Vorgehen von der fiktiven Person in Aufgabe 1 entsprechen, wenn man ihr Vorgehen zeilenweise betrachtet. Eine Systematik kann auch in der weiteren Findung der fehlenden Möglichkeiten festgestellt werden, da sie danach in Turn 441 den schwarzen Stift nimmt und über die erste Kombination (mit schwarzer Hose) eine weitere schwarze Hose malt und rechts daneben eine weitere schwarze Hose (s. Turn 448). Diese kombiniert sie dann mit einem roten Oberteil (s. Turn 459) und danach die Hose links daneben mit einem grünen Oberteil (s. Turn 473). Es ist festzuhalten, dass die Lernenden möglicherweise bereits bei der schwarzen Hose wissen mit wie vielen Oberteilen sie diese kombinieren können, da zuerst zwei schwarze Hosen gemalt werden und diese dann mit den unterschiedlich farbigen Oberteilen kombiniert werden. Danach äußert Seda in Turn 475, dass sie fertig sei.

Zusammenfassung der Analyse

Es ist zu erkennen, dass die Lernenden im Verlauf ihrer Bearbeitung eine Systematik entwickelt haben, indem sie eine Farbe an Hose beibehalten und diese mit unterschiedlich farbigen Oberteilen kombiniert haben. Dies entspricht dem Tachometerprinzip und dem fiktiven Vorgehen der Person aus der vorherigen Aufgabe, wenn ihre Lösung zeilenweise betrachtet wird. Dies war auch eine der Fokussierungen der Lernenden im Rahmen ihrer Bearbeitung von der vorherigen Aufgabe (s. Turn 207-211). Da Seda nicht versucht weitere Möglichkeiten zu finden oder ausprobiert, könnte bedeuten, dass sie aufgrund ihres systematischen Vorgehens die Sicherheit empfindet, dass es keine weiteren Möglichkeiten mehr gibt.

Die Analyse der Bearbeitung des Aufgabenteils 2 der Aufgabe 2

Beschreibe: Welches Vorgehen hast du genutzt?

Abbildung 48: Aufgabenteil 2 der Aufgabe 2 vom Blatt 3A

Als die Interviewerin in Turn 476 Seda auffordert Suna zu erklären, was sie gemacht habe, beschreibt Seda in den darauffolgenden Turns anhand der dritten bis fünften Kombination. Demnach nutzt sie die Kombinationen mit den braunen Hosen, um daran zu beschreiben, dass sie eine braune Hose genommen hat und diese mit den drei Farben an Oberteilen aus der Aufgabenstellung für die dritte, vierte und fünfte Kombination genutzt hat. Dies wird währenddessen von Suna bestätigt. Als die Interviewerin in Turn 489 fragt, wie es bei den anderen Hosen sei, antwortet Seda in Turn 491, dass es überall das selbe sei. An dieser Stelle kann vermutet werden, dass Seda auf die Kombinationen mit den braunen Hosen für die Beschreibung ihres Vorgehens zurückgreift, da sie an dieser Stelle in ihrer Bearbeitung begonnen hat systematisch vorzugehen und diese Systematik genutzt hat, um für die anderen beiden farbigen Hosen die noch fehlenden Kombinationen zu finden. Dabei war sie flexibel welche Farbe für Oberteile sie nutzt, um für die blauen und schwarzen Hosen die noch fehlenden Kombinationen zu ergänzen, sodass sie hierfür wahrscheinlich keine Notwendigkeit einer bestimmten Systematik bei den Oberteilen sieht. Vielmehr besteht vermutlich allein die Notwendigkeit, dass alle drei Farben an Oberteilen unabhängig von einer bestimmten Reihenfolge auftreten. Seda realisiert sprachlich an dieser Stelle die Sprechhandlung Beschreiben, da sie ihr Vorgehen anhand eines Beispiels verdeutlicht. Aus inhaltlicher Sicht ist ihre Beschreibung im Sinne des Tachometerprinzips deutbar. Es zeigt sich hier, dass Seda die Sprechhandlung Beschreiben sprachlich als Sprechhandlungsverkettung realisiert, da sie durch ihre Äußerungen dem Hörer ermöglicht sich ihr Vorgehen vorstellen zu können. Dabei beschreibt sie am Beispiel einer Hose, wie sie die Kombinationen gefunden haben. Sie beginnt ihre Beschreibung jedoch nicht bei der Kombination, die ihre erste war, sondern beschreibt ihr Vorgehen an der braunen Hose. Rückblickend ist an dieser Stelle in ihrer vorherigen Bearbeitung die Vermutung entstanden, dass sie ab der braunen Hose ein systematisches Vorgehen im Sinne des Tachometerprinzips eingesetzt hat, um die weiteren Möglichkeiten zu finden. Dies kann eine mögliche Begründung dafür sein, dass sie an dieser Stelle nun auch die braune Hose nutzt, um ihr systematisches Vorgehen zu beschreiben. Ihre Beschreibung impliziert etwas Prozesshaftes beispielsweise durch die Verwendung der Verben „gemacht“ und sie spricht in der ersten Person, wenn sie sich über ihr eigenes Vorgehen äußert (siehe Turn 483).

In den Turns 493, 495 und 497 wiederholt Seda, dass es bei allen Hose der gleiche Trick sei und möchte womöglich folgend beschreiben, warum dies alle Möglichkeiten sind. Dies erklärt sie daran, dass wenn sie einer Kombination die Farbe des Oberteils ändern würde, dann noch eine Möglichkeit entstehen würde, die es jedoch bereits gibt.

In den darauffolgenden Turns besprechen die Lernenden, wer schreiben soll und Seda diktiert Suna in den Turns 524 bis 549, dass sie Valeries Trick gefunden und hingezeichnet hat. Seda diktiert noch „indem“, jedoch vervollständigt Suna diesen Satz in den Turns 554 bis 578 und gibt dabei braun mit rot als Beispiel an und dass drei Möglichkeiten gibt. Zwischenzeitlich wechseln die beiden ihre Aufgabenverteilung und Seda schreibt den Antwortsatz weiter. Die Lernenden geben hier zusammenfassend wieder, dass sie das Vorgehen der fiktiven Person aus der Aufgabe 1 für diese Aufgabe genutzt haben und möchten möglicherweise an einem Beispiel verdeutlichen, wie dieser Trick aussieht.

Die Analyse der Bearbeitung des Aufgabenteils 3 der Aufgabe 2

Erkläre: Warum gibt es keine weiteren Möglichkeiten?

Abbildung 49: Aufgabenteil 3 der Aufgabe 2 vom Blatt 3A

In den Turns 579 bis 586 findet die Überleitung zu dieser Aufgabe statt. Seda beschreibt in den Turns 587, 589 und 591 das bereits vorherig beschriebene Vorgehen bezüglich der braunen Hose und geht dann auf einen neuen Aspekt ein. Sie erklärt dann, dass wenn sie noch eine Farbe gehabt hätte, es vier Möglichkeiten gegeben hätte. Jedoch mit drei Oberteilen gibt es nur drei Möglichkeiten. In den Turns 594, 596 und 598 möchte sie es möglicherweise mit einem Beispiel spezifizieren, indem sie sagt, dass sie mit der Farbe pink mit schwarz vier Möglichkeiten gehabt hätte, aber es nur drei seien und man dann auch nur drei Möglichkeiten machen könnte. Die Interviewerin fragt dann in den Turns 601 und 603 nach, ob sie es für eine Hose meint, was von Seda in Turn 604 bestätigt wird.

Sie führen demnach als Erklärung an, warum es keine weiteren Möglichkeiten mehr gibt dass hierfür eine weitere Farbe notwendig gewesen wäre. Damit implizieren sie, dass die vorhandenen Kombinationen alle Möglichkeiten beinhalten und auf dieser Gewissheit eine Erklärung angeben unter welchen Umständen weitere Möglichkeiten entstehen könnten.

Mögliche Erklärungen für die festgestellten Herausforderungen

Es ist in der Aufgabenbearbeitung der Lernenden festzustellen, dass sie erst im Verlauf ihrer Bearbeitung eine Systematik in dem Vorgehen von Valerie erkennen und diese dann nutzen können. Dabei bildet die Grundlage dieser Erkenntnis eine ihrer vorherigen Beschreibungen hinsichtlich der Abhängigkeiten zwischen den Elementen. Es gelingt ihnen demnach im eigenen Bearbeitungsprozess einer ähnlichen Aufgabe eine Verbindung zwischen den erkannten Abhängigkeiten zwischen den einzelnen Elementen und der „guten Idee“ von Valerie herzustellen. Diese nutzen sie dann für ihren eigenen Bearbeitungsprozess und strukturieren ihn damit. Daraus kann die vorherige Vermutung bestätigt werden, dass die Erkennung einer systematischen Vorgehensweise der fiktiven Person in der Beschreibung ein grundlegender Aspekt sein kann. Dieser fehlte jedoch Seda und Suna als Grundlage, um erklären zu können, warum mit Valeries „guter Idee“ alle Möglichkeiten gefunden werden können. Nachdem sie jedoch diese für sich identifiziert haben, gibt diese ihnen womöglich die Sicherheit, dass mit dieser Systematik alle Möglichkeiten gefunden werden können. Denn nach Beendigung der Bearbeitung entsprechend der Systematik sind sie vermutlich überzeugt, dass sie alle Möglichkeiten gefunden haben und daher keine weiteren Möglichkeiten suchen. Es könnte vermutet werden, dass für die Lernenden das Handeln nach dieser „guten Idee“ zu einer Vollständigkeit führen muss ohne die Notwendigkeit zu sehen dies zu erklären. Es ist zudem zu erkennen, dass die Vorgehensbeschreibung nun ermöglicht nachzuvollziehen, inwiefern man an verschiedene Kombinationsmöglichkeiten gelangt und dies anhand eines Beispiels verdeutlicht wird. Dadurch zeigt sich auch eine Veränderung hinsichtlich der Qualität der Beschreibungen.

7.7. Kombinatorik II: Komparative Analyse in Bezug auf die zweite Forschungsfrage

Grundlage der folgenden komparativen Analyse sind die Analysen der Aufgabenbearbeitungen der einzelnen Gruppen, die in den Kapiteln 7.6. und 7.6.2. zu finden sind. In dieser komparativen Analyse werden die zuvor in Einzelanalysen festgestellten Herausforderungen und die daran anschließenden möglichen Erklärungen für diese von beiden Gruppen im Vergleich betrachtet. Anhand der komparativen Analyse sollen neue Erkenntnisse für den Zusammenhang zwischen den Sprechhandlungen Beschreiben und Erklären herausgearbeitet werden.

Bei Mert und Musa wurde bei der Bearbeitung der Aufgabe „Beschreibe: Welche gute Idee hat Valerie genutzt, um alle Möglichkeiten zu finden?“ festgestellt, dass sie keine Abhängigkeiten zwischen den Elementen und kein systematisches Vorgehen von einer fiktiven Person beschrieben haben. In der darauffolgenden Aufgabe, in der sie erklären sollten, warum mit der „guten Idee“ von Valerie alle Möglichkeiten gefunden werden können, gaben die Lernenden keine tragfähige Erklärung an, sondern nutzen die Beschreibungen aus der vorherigen Aufgabenstellung für die Beantwortung dieser Frage. Es kann vermutet werden, dass aufgrund der in der Beschreibung fehlenden und für die darauffolgende Erklärung relevanten Aspekte dazu geführt haben könnten, dass den Lernenden die notwendigen Grundlagen für die Erklärung fehlten und sie diese daher nicht vollziehen konnten. Im Vergleich ist bei Suna und Seda zu erkennen, dass sie Abhängigkeiten zwischen den Elementen berücksichtigen und auch anfangs das Vorgehen der fiktiven Person fokussieren. Es konnte bei ihnen jedoch festgestellt werden, dass sie die erkannten Abhängigkeiten zwischen den Elementen nicht nutzen, um daran eine Systematik in dem Vorgehen der fiktiven Person zu erarbeiten. Somit haben sie im Vergleich zu Mert und Musa über wichtige Elemente in ihrer Beschreibung verfügt, jedoch könnte die fehlende Verbindung der einzelnen Beobachtungen dazu geführt haben, dass ihnen die „gute Idee“ von Valerie möglicherweise nicht bewusst war. Dadurch fehlte ihnen die Grundlage, um zu erklären, warum mit dieser „guten Idee“ alle Möglichkeiten gefunden werden können. So wurde im Vergleich der beiden Gruppen deutlich, dass die Inhalte der vorangegangenen Beschreibung in dieser Aufgabe für die darauffolgende Erklärung entscheidend sind.

Dieser mögliche wichtige Einfluss einer vorangehenden Beschreibung für eine spätere Erklärung konnte auch anhand der Analysen der darauffolgenden Aufgabenbearbeitung festgestellt werden. Dort fiel bei beiden Gruppen auf, dass die Lernenden erst im Verlauf des eigenen Bearbeitungsprozesses an einer Aufgabe, die mit Hilfe der „guten Idee“ von Valerie gelöst werden sollte, ein Verständnis für diese entwickelten. Dies zeigte für die vorherige Aufgabe, dass die Lernenden zuvor nicht das notwendige Wissen über die gefragte „gute Idee“ von Valerie aufweisen konnten. Es fehlte ihnen somit eine inhaltliche Grundlage für die geforderte Erklärung, die nun durch das eigene Handeln und Beschreibungen des Vorgehens aufgebaut werden konnte. Seda und Suna gelang dies möglicherweise gänzlich, da sie im Verlauf ihres Erarbeitungsprozesses die „gute Idee“ von Valerie übernahmen und dadurch alle Möglichkeiten finden konnten. Dabei verwendeten sie ein Vorgehen, welches bereits Teil ihrer vorherigen Beschreibung war. Mert und Musa hingegen konnten zwar in ihren eigenen Kombinationsmöglichkeiten die „gute Idee“ von Valerie beschreiben, jedoch sind sie nicht nach dieser Idee vorgegangen, sondern erarbeiteten sich ein eigenes Vorgehen. Dadurch war auch im Vergleich zu erkennen, dass Seda und Suna mit einer gewissen Sicherheit nach der „guten Idee“ von Valerie handelten und danach den Bearbeitungsprozess mit der richtigen Anzahl an Kombinationsmöglichkeiten beendeten. Mert und Musa hingegen fanden nach einem ersten Missverständnis erst sechs Möglichkeiten und danach alle neun Möglichkeiten. Zudem führten sie zwischenzeitlich eine Kombination doppelt an, die sie später als solche identifizierten und daraufhin strichen. Ihr Vorgehen war also nicht nur neu entwickelt, sondern gab ihnen womöglich auch keine Sicherheit im Vorgehen. So ist bei Mert und Musa festzustellen, dass sie einen neuen Arbeitsprozess initiieren mussten, während Seda und Suna mit Hilfe der „guten Idee“ von Valerie komplikationsfrei zu allen Möglichkeiten gelangten. Dabei zeigt sich auch im Vergleich, dass Seda und Suna daraufhin nachvollziehbar im Sinne einer Vorgehensbeschreibung darstellen können, inwiefern verschiedene Kombinationsmöglichkeiten mit ihrer Systematik gefunden werden können. In dieser Vorgehensbeschreibung wird deutlich, dass die Lernenden in ihrem Bearbeitungsprozess an inhaltliches Wissen gelangt sind, wie sie bei dieser Aufgabe an unterschiedliche Kombinationen auf systematische Weise gelangen können.

Der hohe kognitive Anspruch durch die Entwicklung einer neuen Vorgehensweise könnte im Vergleich bei Mert und Musa dazu geführt haben, dass die Lernenden die darauffolgende Frage, warum es keine Möglichkeiten mehr gebe, anders beantworten als Seda und Suna. Denn Mert und Musa geben an, dass sonst Möglichkeiten doppelt auftreten würden. Seda und Suna hingegen erklären dies, indem sie anführen, dass weitere Möglichkeiten ausschließlich möglich wären, wenn es weitere Farben geben würde und führen dies an einem Beispiel weiter aus. Während im Vergleich die Äußerung von Mert und Musa möglicherweise aufgrund ihrer vorherigen Beobachtung entstanden ist, dass sie eine Kombination doppelt hatten, implizieren Seda und Suna mit ihrer Äußerung die Gewissheit, dass sie mit der von ihnen genutzten und beschriebenen „gute Idee“ alle Möglichkeiten gefunden haben. Auf Grundlage dieser Gewissheit geben sie an, inwiefern weitere Möglichkeiten entstehen könnten. Somit könnte die vorherig geforderte Erklärung, die von den Lernenden zum früheren Zeitpunkt nicht angegeben werden konnte, bei dieser Äußerung implizierter Bestandteil sein.

Zusammenfassung in Bezug auf die Forschungsfrage

Es wurde in diesen Analysen des mathematischen Kontextes „Kombinatorik II“ festgestellt, dass die Lernende zunächst in der Aufgabe 2 keine tragfähige Erklärung anführen konnten. Im Verlauf der nächsten Aufgabenbearbeitung wurde dann deutlich, dass sie die „gute Idee“ von Valerie, die Bestandteil des vorherigen Erkläranlasses war, erst im Verlauf erarbeiteten. Daraus lassen sich für den Zusammenhang zwischen dem Beschreiben und Erklären ableiten, dass für die Lernenden in der anfänglichen Beschreibung für die Erklärung relevante Aspekte fehlten, die erst später von ihnen erarbeitet wurden. Demnach können durch eine vorherige Beschreibung notwendige Aspekte für eine darauffolgende Erklärung bereitgestellt werden. Zudem erfassten sie später erst die „gute Idee“ und dies sprachlich realisiert als Vorgehensbeschreibung, sodass der Vollzug des für die Erklärung relevanten Beschreibungstyps eine notwendige inhaltliche Grundlage für die darauffolgende Erklärung darstellt. Zudem zeigte sich die intensivere Befassung mit der „guten Idee“ durch die Phase der eigenständigen Erarbeitung als ergiebig für den Aufbau eines inhaltlichen Verständnisses. Dies kombiniert mit einer darauffolgenden erneuten Beschreibung der „guten Idee“ kann sich gewinnbringend auf eine darauffolgende Erklärung auswirken, sodass einer vorherigen Beschreibung ein erhöhter Stellenwert zugeschrieben werden kann im Zusammenhang mit einer darauffolgenden Erklärung.

8. Zusammenfassung und Ausblick

In der vorliegenden Arbeit wurde das mündliche Beschreiben und Erklären von mehrsprachigen Grundschulkindern beim Lernen von Mathematik untersucht. Die sich aus der empirischen Untersuchung ergebenden Forschungsergebnisse werden zunächst in Hinblick auf die drei Forschungsfragen zusammengefasst dargestellt. Aus den präsentierten Ergebnissen ergeben sich mögliche Beiträge zur mathematikdidaktischen Forschung sowie mögliche Folgerungen für den Mathematikunterricht, auf die daran anschließend eingegangen wird. Zudem wird abschließend ein Ausblick auf weiterführende Studien gegeben.

8.1. Zusammenfassung der Forschungsergebnisse

In den Kapiteln 6 und 7 wurden im Rahmen von komparativen Analysen im Sinne der Methode der „primär empirischen Vergleiche" und auf Grundlage der vorherigen einzelnen Analysen in Anlehnung an die Methode der „primär gedanklichen Vergleiche" unterschiedliche Erkenntnisse in Hinblick auf die drei Forschungsfragen gewonnen. Diese werden im Folgenden zusammengefasst dargestellt. Dabei werden die zentralen Ergebnisse der Untersuchung kursiv hervorgehoben und daran anschließend näher ausgeführt.

8.1.1. Die mathematisch-inhaltliche und linguistisch-sprachliche Realisierung von mündlichen Beschreibungen und Erklärungen

Es können verschiedene Beschreibungstypen von Lernenden vollzogen werden.

In den beiden mathematischen Kontexten „Zahlenfolgen in Zahlenmauern" und „Kombinatorik" zeigten sich zwei unterschiedliche Beschreibungstypen. So vollzogen die Lernenden im Kontext der „Zahlenfolgen in Zahlenmauern" den Typ der Sachverhaltsbeschreibungen hinsichtlich Veränderungen und Unverändertem von Zahlenmauer zu Zahlenmauer (s. Kapitel 6.4). Im Kontext von „Kombinatorik" realisierten sie hingegen den Typ der Vorgehensbeschreibung in Bezug auf das Vorgehen einer fiktiven Person bei der Lösung einer kombinatorischen Aufgabe (s. Kapitel 7.5).

M.-L. Maisano, *Beschreiben und Erklären beim Lernen von Mathematik*, Kölner Beiträge zur Didaktik der Mathematik, https://doi.org/10.1007/978-3-658-25370-7_8

Aus den verschiedenen Beschreibungstypen resultieren teilweise andere sprachliche Mittel als von Rehbein (1984) als Indikatoren für die Sprechhandlung Beschreiben festgestellt wurden.

Aus den anhand der inhaltlichen Perspektive festgestellten verschiedenen Typen von Beschreibungen sowie der Unterschiede der inhaltlichen Realisierung eines Beschreibungstyps resultierten teilweise andere verwendete sprachliche Mittel, als in der Literatur als Indikatoren für die Sprechhandlung angegeben werden (s. Kapitel 2.2). So zeigte sich die Existenz von unterschiedlichen Typen von Beschreibungen im Mathematikunterricht, die anderer sprachlicher Mittel bedürfen. Es wurden beispielsweise bei Sachverhaltsbeschreibungen, die Vergleiche anstrebten, Adjektive genutzt oder Allquantoren beim Bestreben allgemeinere Aussagen hinsichtlich Auffälligkeiten zu äußern (s. Kapitel 6.4). Diese sprachlichen Mittel waren auch in den Beschreibungen im Rahmen des anderen mathematischen Kontextes „Kombinatorik“ festzustellen. Wenn Lernende in diesem Kontext Vorgehensbeschreibungen vollzogen, traten dort auch andere sprachliche Mittel auf, als die in der Literatur als Indikatoren genannten (s. Kapitel 2.2). So wurden temporale Verknüpfungen sowie Verben mit prozesshaftem Charakter genutzt. Zudem konnten sich bei der Berücksichtigung der Beschreibung des Vorgehens einer fiktiven Person die Verwendung von Personalpronomen sowie eine Formulierung in der dritten Person Singular ergeben (s. Kapitel 7.5).

Bei dem Typ der Sachverhaltsbeschreibungen sind qualitative Unterschiede aus inhaltlicher Sicht möglich und die Verwendung anderer sprachlicher Mittel kann damit einhergehen.

In dem mathematischen Kontext „Zahlenfolgen in Zahlenmauern“ wurden bei den Lernenden aus inhaltlicher Sicht qualitative Unterschiede bei Sachverhaltsbeschreibungen deutlich, die Vergleiche anstrebten. Die Qualität kann anhand eines Kontinuums von einer konkreten, nicht-vergleichenden Betrachtung hin zu einer allgemeinen, vergleichenden Beschreibung charakterisiert werden. So war beispielsweise bei Aleyna und Kenan aus der ersten Klasse zu erkennen, dass sie zwar alle Auffälligkeiten von Zahlenmauer zu Zahlenmauer beschrieben hatten, indem sie die konkreten Zahlen nannten und dabei jedoch keine vergleichende Betrachtung einnahmen (s. Kapitel 6.3.2). Anders verhielt sich dies beispielsweise bei Malik und Yakub aus der dritten Klasse, die darüber hinaus Vergleiche mit Verallgemeinerungen anstrebten, indem sie angaben, was sich veränderte und dabei Allquantoren verwendeten sowie die entsprechenden Zahlen von Zahlenmauer zu Zahlenmauer angaben. Zudem führten sie im Vergleich dazu an, was hingegen unverändert blieb und verwiesen hierbei auf die entsprechenden Zahlen von Zahlenmauer zu Zahlenmauer (s. Kapitel 6.3.4). Dies ist ein Beispiel einer Gruppe aus der dritten Klasse, aber auch bei Lernenden der ersten Klasse konnte die Kompetenz verallgemeinernde und vergleichende Beschreibungen zu vollziehen festgestellt werden (s. Kapitel 6.3). Gleichzeitig wurden bei konkreteren Beschreibungen andere sprachliche Mittel verwendet als bei verallgemeinernden Beschreibungen, bei denen Allquantoren genutzt wurden (s. Kapitel 6.4).

Auch bei Erklärungen können aus inhaltlicher Sicht qualitative Unterschiede auftreten.

Wenn Lernende Erklärungen vollzogen, so wurden auch hier qualitative Unterschiede aus inhaltlicher Sicht deutlich. Dabei ist die Qualität durch die Vielfältigkeit und Komplexität der angeführten Ursachen zu charakterisieren. Diesbezüglich können bereits Lernende der ersten Klasse kompetente Erklärende sein, die vielfältige und komplexe Ursachen anführen. Dabei zeigte sich im mathematischen Kontext „Zahlenfolgen in Zahlenmauern" bereits bei Lernenden der ersten Klasse, dass sie in Hinblick auf die Vielfältigkeit mehrere Ursachen angeben konnten. So berücksichtigten beispielsweise Kemal und Melis aus der ersten Klasse sowohl die Veränderungen in der ersten Reihe als auch die Veränderungen in der zweiten Reihe (s. Kapitel 6.3). Die Komplexität wurde beispielsweise deutlich, wenn sowohl die veränderten Elemente als auch die unveränderten Elemente in der Angabe der Ursache auftraten. Dies war beispielsweise bei Aleyna und Kenan aus der ersten Klasse beobachtbar, die in Bezug zu der zweiten Reihe der Zahlenmauern sowohl die unveränderten als auch veränderten Elemente von Zahlenmauer zu Zahlenmauer in ihrer Erklärung berücksichtigten (s. Kapitel 6.3.2).

Die Nutzung der Abduktionstheorie verdeutlicht die Differenz zwischen sprachlich realisierten zu möglicherweise kognitiv vollzogenen Erklärungen.

Die zuvor genannte Vielfältigkeit und Komplexität wird jedoch weniger anhand der sprachlichen Realisierung deutlich. Vielmehr werden hinter ihren Äußerungen liegende mögliche Gesetzmäßigkeiten erst durch die Rekonstruktion abduktiver Schlüsse ersichtlich. Als Beispiel kann eine Erklärung von Aleyna und Kenan im Kontext von „Zahlenfolgen in Zahlenmauern" herangezogen werden (s. Kapitel 6.3.2). Nachdem die Interviewerin die Fragestellung „Warum wird der oberste Stein von Zahlenmauer zu Zahlenmauer immer ums 1 größer?" an die Lernenden gerichtet hat, antwortet Aleyna „weil immer [...] da unten bei 1,2,3". Es könnte aus dieser Äußerung abgeleitet werden, dass Aleyna die Zahlen 1, 2 und 3 als Ursachen für die Veränderung der Zahlen im obersten Stein ansieht. Somit könnte sich hinter dieser Erkenntnis die Gesetzmäßigkeit verbergen, dass wenn die Zahlen in den linken Steinen der ersten Reihe von Zahlenmauer zu Zahlenmauer immer um 1 größer werden, dann auch die Zahl im obersten Stein von Zahlenmauer zu Zahlenmauer immer um 1 größer wird. Dementsprechend wurde daraufhin folgende Abduktion rekonstruiert:

Resultat:	Die Zahl im obersten Stein wird von Zahlenmauer zu Zahlenmauer immer um eins größer.
Gesetz:	Wenn die Zahlen in den linken Steinen der ersten Reihe von Zahlenmauer zu Zahlenmauer immer um 1 größer werden, dann wird die Zahl im obersten Stein von Zahlenmauer zu Zahlenmauer immer um 1 größer.
Fall:	„Weil immer [...] da unten bei 1,2,3" als Veränderung der Zahlen in den linken Steinen in der ersten Reihe von diesen Zahlenmauern zu Zahlenmauern.

Dies verdeutlicht, dass sich die Heranziehung der Abduktionstheorie als ergiebig herausstellt und insbesondere dadurch die Differenz zwischen sprachlich realisierten zu kognitiv vollzogenen Äußerungen deutlich wird.

Die Erklärung an Beispielen oder das Bestreben nach Allgemeinheit können die Wahl der sprachlichen Mittel beeinflussen.

Die sprachlichen Mittel können dahingehend variieren, ob Erklärungen an Beispielen oder in allgemeiner Form vollzogen werden. So konnte beispielsweise bei Yakub und Malik aus der dritten Klasse im mathematischen Kontext „Zahlenfolgen in Zahlenmauern" beobachtet werden, dass sie vermutlich anhand eines Beispiels im Kontext der Zahlenmauern verdeutlichen wollten, inwiefern sich die Zahl im obersten Stein von Zahlenmauer zu Zahlenmauer vergrößert (s. Kapitel 6.3.4). Dadurch verblieben sie auf der konkreten Ebene und realisierten sprachlich ihre Erklärung anders als die Lernenden, die in ihren Erklärungen versuchten eine Verallgemeinerung anzustreben (s. Kapitel 6.4).

Lernende können bei fordernden Erkläranlässen auf Ausweichstrategien zurückgreifen.

Wenn die Lernenden für das geforderte Phänomen keine Ursache anführen konnten, fand ein Rückgriff auf unterschiedliche Ausweichstrategien statt. Dabei konnte im mathematischen Kontext „Kombinatorik" als eine Ausweichstrategie die eigenständige Einbringung eines anderen Erkläranlasses rekonstruiert werden für die eine Ursache angegeben werden konnte. Eine weitere Ausweichstrategie war die Beschreibung als Erklärung zu nutzen. Dabei ließ die sprachliche Analyse ein individuelles Bewusstsein für zu verwendende sprachliche Mittel bei der Sprechhandlung Erklären erkennen, wie beispielsweise die kausale Konjunktion „weil", da diese unabhängig von der inhaltlichen Tragfähigkeit der Äußerungen genutzt wurde (s. Kapitel 7.5).

8.1.2. Die Zusammenhänge zwischen vorangegangenen Beschreibungen und darauffolgenden Erklärungen

Bei darauffolgenden Erklärungen kann auf Elemente aus der vorherigen Beschreibung zurückgegriffen werden.

Hinsichtlich der Zusammenhänge zwischen Beschreibungen und Erklärungen wurde eine Beeinflussung von Beschreibungen auf die darauffolgende Erklärung durch den Rückgriff auf Beschreibungselemente für die Anführung von Ursachen deutlich. So konnte im mathematischen Kontext „Zahlenfolgen in Zahlenmauern“ festgestellt werden, dass die Lernenden auf die vorherig genannten Auffälligkeiten zurückgreifen konnten, um diese für die Anführung von Ursachen zu verwenden (s. Kapitel 6.4). So führten beispielsweise Kemal und Melis aus der ersten Klasse in ihren Beschreibungen zunächst die veränderten und unveränderten Elemente von Zahlenmauer zu Zahlenmauer an und griffen in der darauffolgenden Erklärung auf diese Beschreibungselemente zurück, um diese für ihre Erklärungen zu nutzen (s. Kapitel 6.3).

Umfassende und systematische Beschreibungen können zu tragfähigen und strukturierten Erklärungen führen sowie umfassende Beschreibungen zu komplexen und vielfältigen Erklärungen.

Bei manchen Lernenden konnte anhand ihrer umfassenden und systematischen Beschreibungen die Hypothese aufgestellt werden, dass sich dieses Vorgehen von ihnen auch auf die darauffolgende Erklärung auswirkt, indem sie tragfähige und strukturierte Erklärungen anführen. Dies konnte bei Aleyna und Kenan aus der ersten Klasse im Kontext „Zahlenfolgen in Zahlenmauern“ beobachtet werden, die zuvor systematisch von unten nach oben alle Veränderungen und Unverändertes von Zahlenmauer zu Zahlenmauer beschrieben hatten. Bei der anschließenden Erklärung gingen sie vergleichbar vor, indem sie zunächst Ursachen für die Veränderungen der Zahlen im obersten Stein um 1 erst einmal anhand der ersten Reihe der Zahlenmauern und daran anschließend anhand der zweiten Reihe der Zahlenmauern anführten. Zudem waren ihre Erklärungen vielfältig und teilweise komplex (s. Kapitel 6.3.2). Jedoch war am Beispiel von Kemal und Melis auch zu erkennen, dass zwar Beschreibungen nicht unbedingt systematisch und Erklärungen unstrukturiert sein können, aber dennoch umfassende Beschreibungen zu vielfältigen und komplexen Erklärungen führen konnten (s. Kapitel 6.3).

Im Verlauf des Interaktionsprozesses verändernde Fokussierungen können vorherige Beschreibungen in den Hintergrund rücken lassen.

Es ist möglich, dass verändernde Fokussierungen während des Interaktionsprozess zu einer geringeren Berücksichtigung der Elemente der Beschreibung führen, sodass weniger komplexe und vielfältige Erklärungen angeführt werden. So konnte beispielsweise bei Yakub und Malik aus der dritten Klasse im mathematischen Kontext „Zahlenfolgen in Zahlenmauern" festgestellt werden, dass sie sich vermehrt auf die additive Struktur in den Zahlenmauern fokussierten und diese daraufhin versuchten für die Anführung einer Erklärung zu nutzen. Gleichzeitig wurden aber auch an dieser Stelle Verbindungen zu den vorherigen Beschreibungen deutlich (s. Kapitel 6.3.4).

Beschreibungen können einen notwendigen Ausgangspunkt für Erklärungen darstellen.

Der große Stellenwert von Beschreibungen wurde insbesondere in Situationen deutlich, in denen darauffolgend keine Erklärungen beziehungsweise Erklärungsansätze angeführt wurden. Dies wurde in den Analysen im mathematischen Kontext „Kombinatorik" deutlich. Es wurden zwei Aspekte identifiziert, durch die eine vorangegangene Beschreibung nicht als Grundlage für eine darauffolgende Erklärung diente und dadurch eine Erklärung nicht vollzogen werden konnte. Einerseits können wichtige Elemente in einer Beschreibung fehlen, die für eine darauffolgende Erklärung notwendig sind. Dies war beispielsweise bei Suna und Seda im mathematischen Kontext „Kombinatorik“ zu erkennen, die teilweise die Abhängigkeiten zwischen den Elementen berücksichtigten und teilweise das Vorgehen einer fiktiven Person fokussierten. Jedoch konnten sie die erkannten Abhängigkeiten zwischen den Elementen nicht nutzen, um daran eine Systematik in dem fiktiven Vorgehen der Person zu erarbeiten. Dadurch konnte kein potenzielles Vorwissen hinsichtlich der „guten Idee“ der fiktiven Person als Grundlage für eine darauffolgende Erklärung erarbeitet werden (s. Kapitel 7.6.2).

Andererseits kann der Vollzug eines anderen Beschreibungstyps dazu führen, dass zwar eine Beschreibung stattfindet, jedoch inhaltlich nicht mit den relevanten Elementen für eine darauffolgende Erklärung. So zeigte sich bei Mert und Musa aus der dritten Klasse, dass sie eher eine Sachverhaltsbeschreibung realisierten als die in diesem Kontext notwendige Vorgehensbeschreibung (s. Kapitel 7.6). Dies verdeutlicht die Abhängigkeit des Vollzugs des für die darauffolgende Erklärung relevanten Beschreibungstyps, um das erklärungsbedürftige Phänomen inhaltlich tragfähig zu erfassen. Dabei kann sich dies insbesondere bei kognitiv anspruchsvolleren Erkläranlässen als notwendig herausstellen. Demnach kann im Beschreibungsprozess die inhaltliche Erfassung eines Phänomens vollzogen werden, das darauffolgend erklärt werden soll, um notwendiges Vorwissen aufzubauen.

Hieraus ergibt sich zusammenfassend die große Notwendigkeit für die Erklärung relevante Aspekte zu beobachten und in Form einer Beschreibung zu äußern. So können in derartigen Situationen Zusammenhänge zwischen den beiden Sprechhandlungen nicht zu erkennen sein, wenn nicht die für eine darauffolgende Erklärung relevanten Inhalte in einer Beschreibung vorhanden sind. Dies kann in Folge für die Lernenden bei einer darauffolgenden Erklärung zu einer nicht überwindbaren Herausforderung führen. Demnach nimmt eine Beschreibung einen hohen Stellenwert ein, als dass durch sie eine inhaltliche Grundlage für eine darauffolgende Erklärung geschaffen wird. Dabei kann diese Grundlage einerseits sinnvoll sein aufgrund der Existenz von für die Erklärung relevanten Elemente, die dann in der Erklärung aufgegriffen werden. Andererseits kann die Beschreibung ermöglichen zu erfassen, was überhaupt erklärt werden soll.

Dementsprechend ist es möglicherweise sinnvoll bei für Lernende fordernden Situationen Erkläranlässe erst dann einzubringen, wenn das notwendige Vorwissen aufgebaut wurde (s. Kapitel 7.7). Dies kann durch Beschreibungssituationen umgesetzt werden kombiniert mit Phasen, in denen die Lernenden etwas zuvor Beschriebenes selbst nutzen sollten für die eigenständige Bearbeitung einer mathematischen Aufgabe. Ein Beispiel aus der vorliegenden Arbeit ist, dass die Lernenden erst einmal das Vorgehen der fiktiven Person bei der Findung aller Kombinationsmöglichkeiten im mathematischen Kontext „Kombinatorik" beschreiben sollten. Daraufhin könnte sich anbieten, dass sie nach der Beschreibung des Vorgehens einer fiktiven Person selbst Kombinationsmöglichkeiten finden unter Anwendung des beschriebenen Vorgehens. Dadurch können die Lernenden überprüfen, inwiefern das zuvor Beschriebene verstanden wurde. Danach könnte erneut eine Beschreibung stattfinden, da sich aufgrund der intensiveren Auseinandersetzung möglicherweise die Qualität der Beschreibung verbessert. Somit kann sich die Beschreibung zu einer für eine darauffolgende Erklärung ergiebigen Grundlage entwickeln.

Vorausgehende Beschreibungen und darauffolgende Erklärungen zeigen aus linguistisch-sprachlicher Sicht nur bedingt Zusammenhänge.

Werden die Zusammenhänge zwischen Beschreibungen und Erklärungen nicht nur anhand der aufgestellten Hypothesen betrachtet, sondern die Analysen aus linguistisch-sprachlicher Sicht hinzugenommen, ergibt sich eine weitere Erkenntnis hinsichtlich des Zusammenhangs einer vorangegangenen Beschreibung und einer darauffolgenden Erklärung aus linguistisch-sprachlicher Sicht. Grundsätzlich war eine andere sprachliche Realisierung bei Beschreibungen mit konkreten Betrachtungen von Elementen und Erklärungen an konkreten Beispielen als bei verallgemeinernden Beschreibungen und Erklärungen feststellbar (s. Kapitel 6.4). Dabei konnten zwar dann Ähnlichkeiten hinsichtlich der verwendeten sprachlichen Mittel festgestellt werden, wenn die Lernenden in der vorherigen Beschreibung bereits verallgemeinernde Aussagen getätigt hatten und daraufhin Verallgemeinerungen in ihren Erklärungen anstrebten. Dennoch muss ein sprachlicher Zusammenhang nicht unbedingt auftreten. Dies zeigt sich beispielsweise, wenn Lernende eine Erklärung am konkreten Beispiel verbalisierten, aber zuvor in der Beschreibung verallgemeinernde Äußerungen vollzogen hatten. So können zusammenfassend bedingt Zusammenhänge aus sprachlich-linguistischer Perspektive feststellbar sein, jedoch beeinflusst die inhaltliche Wahl der Realisierung einer Erklärung die dafür zu nutzenden sprachlichen Mittel. Demnach müssen aus sprachlich-linguistischer Perspektive nicht unbedingt Zusammenhänge erkennbar werden.

8.1.3. Die Auswirkungen des flexiblen Einsatzes der deutschen und türkischen Sprachen auf die Erkenntnisprozesse der Lernenden

Es zeigt sich eine Abhängigkeit zwischen der Auswahl der genutzten Sprache und dem Adressaten bei Grundschulkindern.

Das Angebot des flexiblen Einsatzes der deutschen und türkischen Sprache wurde von den Lernenden entsprechend soziolinguistischer Erkenntnisse zum Code-Switching situativ unterschiedlich verwendet (s. Kapitel 6.4). Es konnte bei einem Sprechenden die Abhängigkeit zwischen der Auswahl der Sprache und dem Adressaten festgestellt werden. Es gab Lernende, die sowohl sich gegenseitig als auch die Interviewerin als Adressaten der türkischen Sprache wahrnahmen und daraufhin fast ausschließlich die gesamte Aufgabenbearbeitung auf Türkisch kommunizierten. Dies stellt eine besondere Form der Nutzung des Angebots dar beide Sprachen einsetzen zu können, da sich die Lernenden für die Sprache entschieden, die sie sonst beim Mathematiklernen in der Schule nicht verwendeten. Eine weitere Möglichkeit war, dass ein Lernender Äußerungen auf Deutsch realisierte, wenn er mit dem anderen Lernenden sprach, jedoch in die türkische Sprache in der Interaktion mit der Interviewerin wechselte. Hierbei war ein flexibler Einsatz der beiden Sprachen zu erkennen, bei dem der Sprecher kompetent beide Sprachen je nach Adressat nutzte. Eine weitere beobachtete Nutzung war, dass die Lernenden sowohl untereinander als auch mit der Interviewerin auf Deutsch kommunizierten, obwohl die Interviewerin mit ihnen auf Türkisch sprach. Somit nahmen die Lernenden sowohl sich untereinander als auch die Interviewerin als Adressat wahr mit denen sie auf Deutsch interagierten und vollzogen daraufhin die Bearbeitung fast ausschließlich auf Deutsch. Dabei ist der Einsatz der Sprachen insofern flexibel, als dass die Lernenden zwar rezeptiv die Äußerungen der Interviewerin auf Türkisch aufnehmen, jedoch darauf auf Deutsch reagierten. Demnach ist grundsätzlich festzuhalten, dass Lernende für sich und in Hinblick auf ihre Interaktionspartner individuell das Angebot des flexiblen Einsatzes der Sprachen nutzten.

Die Ermöglichung des Einsatzes der türkischen Sprache stellt sich als produktiv in Hinblick auf die Erkenntnisprozesse der Lernenden im Grundschulalter heraus.

Mehrsprachige Lernende der ersten und dritten Klasse konnten sowohl im Deutschen als auch im Türkischen umfassende und systematische Beschreibungen sowie vergleichende und verallgemeinernde Beschreibungen vollziehen und Ursachen für erklärungsbedürftige Phänomene angeben (s. bspw. Kapitel 6.4). Somit ist im Gesamten eine positive Auswirkung des Angebots des flexiblen Einsatzes der türkischen und deutschen Sprache auf die Erkenntnisprozesse der Lernenden festzuhalten. Darüber hinaus konnte in diesen Analysen festgestellt werden, dass bereits Lernende der ersten Klasse die Kompetenz aufwiesen konnten vielfältige und komplexe Ursachen anzuführen und dies in der türkischen Sprache (s. Kapitel 6.3). Diese Ergebnisse zeigen Potenziale auf beim Einsatz einer anderen Sprache als der Unterrichtssprache beim Beschreiben und Erklären im Kontext vom Mathematiklernen.

Der Rückgriff auf die sprachlichen Kompetenzen in der türkischen Sprache kann sich aufgrund unterschiedlicher inhaltlicher Forderung unterscheiden.

Eine Besonderheit stellt die Beobachtung der sprachlichen und inhaltlichen Realisierung von Erklärungen bei der Betrachtung der gleichen Gruppe dar. Dabei konnte bei Kemal und Melis bei einer gelingenden inhaltlichen Realisierung der Sprechhandlung Erklären ein differenzierter Sprachgebrauch im Türkischen beobachtet werden (s. Kapitel 6.4). In einer anderen Erklärsituation nutzten sie auch ausschließlich die türkische Sprache, jedoch waren ihre Erklärungen inhaltlich nicht adäquat in Hinblick auf den vorgegebenen Erkläranlass und spracharm gestaltet (s. Kapitel 7.5). Daraus ergeben sich zwei Erkenntnisse. Einerseits konnte grundsätzlich bei den beiden Lernenden hohe sprachliche Kompetenzen in der türkischen Sprache festgestellt werden, um die Sprechhandlung Erklären zu vollziehen. Andererseits kann die Ausschöpfung dieser sprachlichen Kompetenzen durch die inhaltlich herausfordernde Situation gehemmt sein. Somit ist ein Zusammenhang zwischen inhaltlicher Anforderung und sprachlicher Realisierung zu erkennen.

Eine spracharme Gestaltung der Sprechhandlung Beschreiben und Erklären erfolgt unabhängig von der verwendeten Sprache.

In der Untersuchung konnten sprachärmere und sprachlich differenzierte Gestaltungen der Sprechhandlungen Beschreiben und Erklären beobachtet werden (s. bspw. Kapitel 6.4). Dabei ist dies unabhängig von der Auswahl der Sprache zu sehen, da sich die sprachärmere Realisierung sowohl im Deutschen als auch im Türkischen zeigte. Werden die sprachlichen Realisierungen von zwei Gruppen im gleichen mathematischen Kontext „Zahlenfolgen in Zahlenmauern" betrachtet, so verwendeten beispielsweise Aleyna und Kenan aus der ersten Klasse in ihren Beschreibungen nur wenige Worte und realisierten dies auf der türkischen Sprache. Eine ähnliche Situation zeigte sich bei deutscher Sprachverwendung bei Malik und Yakub aus der dritten Klasse. Somit kann beispielsweise nicht gefolgert werden, dass die Wahl der Sprache einen Einfluss auf die Differenziertheit der sprachlichen Gestaltung nimmt, da sowohl spracharme als auch differenzierte Beschreibungen und Erklärungen sowohl im Türkischen als auch im Deutschen beobachtet werden konnten (s. bspw. Kapitel 6.4).

8.2. Mögliche Beiträge der Forschungsergebnisse zur mathematikdidaktischen Forschung

In Hinblick auf die Fokussierung von Mündlichkeit und verschiedener Sprechhandlungen hat die vorliegende Arbeit aufgezeigt, inwieweit die Berücksichtigung einer linguistischen Perspektive für die Betrachtung von Mathematiklernen gewinnbringend sein kann. Aufgrund der Bezugnahme auf unterschiedliche Theorien werden in der mathematikdidaktischen Forschung viele Begriffe für Sprechhandlungen synonym verwendet. Hierbei ermöglicht die Funktionale Pragmatik (s. Kapitel 2) verschiedene Sprechhandlungen zu identifizieren und voneinander abzugrenzen. Dadurch stellt sie eine Möglichkeit für eine einheitliche Verwendung von Begriffen für Sprechhandlungen dar. Die Möglichkeit der Identifizierung und Abgrenzung von Sprechhandlungen sowie die Analyse der sprachlichen Mittel hat sich in der vorliegenden Arbeit als gewinnbringend für die Analyse von Interaktionsprozessen der Lernenden herausgestellt. Somit könnten sie Analysen aus mathematisch-inhaltlicher Perspektive sinnvoll ergänzen. Demnach kann die Heranziehung der Funktionalen Pragmatik in der mathematikdidaktischen Forschung unter anderem dann sinnvoll sein, wenn sich mit Mündlichkeit und Sprechhandlungen in der mathematikdidaktischen Forschung befasst wird.

Die Nutzung der Abduktionstheorie findet bereits in unterschiedlicher Form in der Mathematikdidaktik statt (s. Kapitel 3). Sie stellte sich als fruchtbar für die Rekonstruktion und/oder Konstruktion von Erkenntnisprozessen bei grundlegenden mathematischen Tätigkeiten, wie dem Erklären, Prüfen und Begründen sowie bei der Begriffsbildung und bei grundlegenden mathematischen Kompetenzen wie dem Problemlösen heraus. Die vorliegende Arbeit ergänzt diese bisherige Forschung durch die Fokussierung auf grundlegende sprachliche Handlungen im Mathematikunterricht mit dem Fokus auf das mündliche Beschreiben und Erklären. Dabei wurden die Möglichkeiten der Verbindung einer philosophisch-logischen und linguistischen Sicht auf das Mathematiklernen aufgezeigt. Zudem ist aus theoretischer Perspektive im Rahmen von mathematikdidaktischer Forschung unter Nutzung der Abduktionstheorie von Meyer und

Voigt (2008 & 2009) eine potenziell wichtige Bedeutung von Beschreibungen als Ausgangspunkt für Erklärungen abgeleitet worden (s. Kapitel 3.3). Die vorliegende Arbeit analysierte dies in den empirischen Untersuchungen und arbeitete dadurch heraus, inwiefern Beschreibungen von Bedeutungen für darauffolgenden Erklärungen sind. Zudem konnte aus den Erkenntnissen von Meyer und Voigt (2008 & 2009) Verbindungen zwischen diesen beiden Sprechhandlungen vermutet werden. Diese Zusammenhänge zwischen Beschreiben und Erklären wurden in den empirischen Untersuchungen aus inhaltlicher und sprachlicher Sicht herausgearbeitet.

In Bezug auf die bisherige Forschung zur Nutzung der Mehrsprachigkeit für das Lernen von Mathematik sind in der internationalen mathematikdidaktischen Forschung bereits Betrachtungen vorzufinden. Dabei wird im internationalen Kontext darauf verwiesen, dass sich Studien mit Lernenden im Grundschulalter als geeignet darstellen können. Dies wurde durch die vorliegende Arbeit berücksichtigt und stellt dadurch eine Ergänzung zu den bisherigen Studien in Deutschland dar (s. Kapitel 4.3). Dabei zeigt die vorliegende Arbeit mit dem Fokus auf Deutsch und Türkisch und dem Beschreiben und Erklären auf, dass sich bereits im Grundschulalter der flexible Einsatz der Sprachen produktiv auf das Lernen von Mathematik auswirken kann. Während sich viele Arbeiten im mathematikdidaktischen Kontext auf den Ansatz von Code-Switching beziehen, findet sich in der neueren Literatur der Translanguaging-Ansatz wieder. Dieser wurde in der vorliegenden Arbeit genutzt in Kombination mit soziolinguistischen Erkenntnissen aus dem Bereich von Code-Switching und stellt somit eine weitere Möglichkeit dar, wie solche Ansätze zur Mehrsprachigkeit in der mathematikdidaktischen Forschung Anwendung finden können.

8.3. Mögliche Folgerungen aus den Forschungsergebnissen für den Mathematikunterricht

Anhand den vorgestellten Forschungsergebnissen ergeben sich mögliche Folgerungen für die Schulpraxis, auf die im Folgenden eingegangen wird.

Aus den Ergebnissen in Hinblick auf die inhaltlichen und sprachlichen Realisierungen der Sprechhandlungen Beschreiben und Erklären (Forschungsfrage 1) ergibt sich grundsätzlich, dass bereits Lernende ab der ersten Klasse die Sprechhandlungen Beschreiben und Erklären vollziehen können. In Hinblick auf Beschreibungen wird deutlich, dass unterschiedliche Beschreibungstypen sowie die Existenz verschiedener Qualitäten in der Realisierung einer Beschreibung andere sprachliche und inhaltliche Anforderungen an die Lernenden stellen. Daraus ergibt sich aus inhaltlicher Sicht für die Schulpraxis, dass die Lehrkraft erst einmal für sich identifizieren muss, welchen Beschreibungstyp mit welcher inhaltlichen Qualität sie intendiert, um einerseits zur Differenzierung angemessene Lernhilfen bereitzustellen und andererseits die inhaltliche Adäquatheit der Äußerungen von den Lernenden identifizieren zu können. Dabei könnte beispielsweise für die Differenzierung festgelegt werden, welche inhaltliche Qualität die individuellen Beschreibungen der Lernenden aufweisen sollen. Die Schlussfolgerungen für den Mathematikunterricht hinsichtlich der Qualität einer Sprechhandlung gelten auch für Erklärungen, die sich in Hinblick ihrer Komplexität und Vielfältigkeit unterscheiden können. Dabei muss jedoch inhaltlich erst einmal von der Lehrkraft sichergestellt werden, dass die Lernenden das zu erklärende Phänomen inhaltlich erfasst haben. Diesbezüglich zeigte die vorliegende Arbeit, dass dies im Rahmen von dazu adäquaten vorherigen Beschreibungsanlässen ermöglicht werden kann.

In Hinblick auf beide Sprechhandlungen wurde aus sprachlicher Sicht bewusst die Untersuchung derart angelegt, dass sich die Lernenden ihrer vorhandener alltagssprachlichen Mittel bedienen können. Zudem war es ihnen möglich mit deiktischen Ausdrücken und gestischen Verweisen zu arbeiten, da sich der Sachverhalt im gemeinsamen Wahrnehmungsraum der Interaktanten befand. Das entwickelte Setting, in denen Lernende auf ihre alltagssprachlichen Kompetenzen zurückgreifen können, resultiert aus der Grundannahme, dass ohne die Förderung von Fachsprache nicht über das Verfügen von geeigneten oder notwendigen fachsprachlichen Mitteln für die eingesetzten Aufgaben auf Seiten der Lernenden ausgegangen werden kann (s. Kapitel 5.4). In der Schulpraxis sollte nach der vorherigen Analyse der sprachlichen Anforderungen sowie der Diagnose der Sprachstände im Lernprozess auch die Fachsprache gefördert werden, sodass mit den Lernenden sprachliche Mittel erarbeitet und von ihnen genutzt werden sollten. Dabei könnten unter anderem die Beschreibung von Sachverhalten und die Anführung von Ursachen ohne die Verwendung von deiktischen Mitteln und gestischen Verweisen angestrebt werden. Zudem könnten den Lernenden insbesondere bei der Sprechhandlung Erklären aus sprachlicher Perspektive Angebote bereitgestellt werden, um von einer konkreten zu einer allgemeinen Ebene zu gelangen. Bei einer mehrsprachigen Gestaltung des Unterrichts könnten zudem in den anderen Sprachen der Lernenden die notwendigen (fach-)sprachlichen Mittel gefördert werden. Dies könnte beispielsweise mit Hilfe der Eltern und/oder anderen mehrsprachigen Lehrkräften durch mehrsprachige Wort- und Satzspeichern umgesetzt werden.

Bezüglich der Zusammenhänge zwischen einer vorangegangenen Beschreibung und einer darauffolgenden Erklärung (Forschungsfrage 2) sind sowohl inhaltlich als auch sprachlich Verbindungen zwischen den Sprechhandlungen erkennbar. Aus inhaltlicher Sicht ergibt sich für die Schulpraxis möglicherweise die Notwendigkeit von vorbreitenden Beschreibungsanlässen für darauffolgende Erklärungen. Diese können die eher höher kognitiv beanspruchende Leistung des Vollzugs einer Erklärung inhaltlich vorbereiten und entlasten. Dabei können Beschreibungsaufträge von der Lehrkraft bereits unter Fokussierung auf notwendige Elemente gegeben werden, die für eine darauffolgende Erklärung von Relevanz sind. Hinzukommend besteht die Notwendigkeit von der Lehrkraft zu erfassen, welcher Beschreibungstyp vor die darauffolgende Erklärung sinnvoll ist und diesen dementsprechend vorzubereiten. Somit hätte sich beispielsweise in dem Kontext „Zahlenfolgen in Zahlenmauern" (s. Kapitel 6) nicht angeboten zuvor eine Vorgehensbeschreibung zu fordern beziehungsweise die Aufgabe in derartiger Form abzuwandeln. Denn dadurch wären in der Beschreibung keine relevanten Elemente für die darauffolgende Erklärung aufgetreten. Zudem könnte es sinnvoll sein der Phase einer Beschreibung als Vorbereitung für eine darauffolgende Erklärung genügend Raum einzuplanen bis die Lernenden durch die Beschreibung das zu erklärende Phänomen erfasst haben. Dabei können bei der Erklärung als Ausweichstrategien zu identifizierende Handlungen der Lernenden für die Lehrkraft einen Hinweis darauf geben, dass das zu erklärende Phänomen von den Lernenden noch nicht inhaltlich erfasst wurde. Wenn Lernende bereits in der Beschreibung Elemente für die Anführung einer Ursache wahrgenommen haben, kann ihnen dadurch im nächsten Schritt das Erklären erleichtert werden, wenn sie diese hierfür zusammenführen müssen.

In Bezug auf den flexiblen Einsatz der Sprachen von mehrsprachigen Lernenden (Forschungsfrage 3) hat sich gezeigt, dass die Lernenden bei der Ermöglichung der Nutzung ihrer mehreren Sprachen flexibel auf das Angebot zurückgreifen und dabei auch für die mathematischen Erkenntnisprozesse ein produktiver Einsatz ersichtlich wird. Diese Erkenntnisse könnten bei Mathematiklehrkräften dazu führen, dass sie die Einbindung der Mehrsprachigkeit ihrer Lernenden in ihren alltäglichen Unterricht als sinnvoll erachten. Sie könnten beispielsweise in Gruppenarbeiten Lernende mit der gleichen Sprache zusammenarbeiten lassen, in der sie flexibel ihre Mehrsprachigkeit für das Lernen von Mathematik nutzen können. Während in der Studie Zweiergruppen von Lernenden mit ähnlichen sprachlichen Kompetenzen im Türkischen zusammengebracht wurden, könnten bei größeren Gruppen auch Lernende mit heterogenen sprachlichen Kompetenzen in einer Sprache zusammenarbeiten, sodass sprachlich leistungsschwache von sprachlich leistungsstarken Lernenden profitieren können. Dabei würde die inhaltliche Überprüfung ihrer Zusammenarbeit auch durch monolinguale Lehrkräfte möglich sein durch die darauffolgende Ergebnispräsentation in der Unterrichtssprache. Da die Lernenden den Einsatz ihrer Mehrsprachigkeit in ihrem Schulalltag nicht gewohnt sind, wurde in der Untersuchung bewusst eine mehrsprachige Interviewerin mit den gleichen Sprachen der Lernenden eingesetzt. Jedoch würde eine bereits ab der ersten Klasse wertschätzende und offene Haltung gegenüber der Mehrsprachigkeit ermöglichen, dass Lernende ihr gesamtsprachliches Repertoire als eine Ressource wahrnehmen und für die Erarbeitung von Inhalten im Mathematikunterricht nutzen könnten.

8.4. Ausblick auf weiterführende Studien

In weiterführenden Studien könnten sich anhand der Forschungsergebnisse zu den drei Forschungsfragen verschiedene weiterführende Studien ergeben. In Hinblick auf die Beschreibungen wurden in zwei unterschiedlichen mathematischen Kontexten verschiedene Beschreibungstypen mit damit einhergehenden unterschiedlichen sprachlichen Mitteln festgestellt. Hierbei wäre ein möglicher Anknüpfungspunkt in anderen mathematischen Kontexten zu untersuchen, ob die gleichen Beschreibungstypen auftreten oder neue Typen in anderen mathematischen Kontexten auffindbar sind und wie Lernende diese dann sowohl inhaltlich als auch sprachlich realisieren. Daran anschließende Erklärungsanlässe wären dahingehend zu untersuchen, inwiefern möglicherweise Zusammenhänge zwischen bestimmten Beschreibungstypen und den darauffolgenden Erkläranlässen erkennbar werden. Zudem könnte eine Fortführung darstellen auf den darauffolgenden Erkläranlass Begründungen zu fordern und dadurch das Zusammenspiel von mehreren Sprechhandlungen untersuchen zu können. Dabei könnte die Untersuchung des Einflusses der drei Sprachhandlungen aufeinander aus linguistischer und philosophisch-logischer Perspektive ein weiteres Verständnis dieser zentralen mathematischen Lernprozesse ermöglichen.

Durch die Berücksichtigung der Mehrsprachigkeit wurden Lernende mit mehrsprachigen Kompetenzen in der Studie fokussiert. In fortführenden Betrachtungen könnte ein Vergleich zwischen diesen und monolingualen Lernenden hinsichtlich des produktiven Einsatzes der Mehrsprachigkeit in mathematischen Beschreibungs- und Erklärsituationen sinnvoll sein. Hierdurch könnte durch einen Vergleich deutlich werden, inwiefern sich der flexible Einsatz der Sprachen produktiv auf die Erkenntnisprozesse im Vergleich zu gleichaltrigen monolingualen Lernenden auswirkt. Während dies weiterhin eine Komparation anstrebt, könnten durch die Betrachtung von einzelnen Gruppen über mehrere Sitzungen hinweg Einblicke in ihre Entwicklungsprozesse hinsichtlich ihrer Kompetenzen im Beschreiben und Erklären gewonnen werden. Hinzukommend fand in der vorliegenden Untersuchung eine Berücksichtigung der fehlenden fachsprachlichen Kompetenzen der Lernenden im Türkischen statt. Nach einer Förderung der fachsprachlichen Mittel in der deutschen und türkischen Sprache könnte untersucht werden, inwiefern sich Lernenden alltags- oder fachsprachlicher Mittel in ihren Beschreibungen und Erklärungen bedienen und welche Auswirkungen dies auf ihr mathematisch-inhaltliches Verständnis aufzeigt.

Literaturverzeichnis

Adler, J. (1998). A language of teaching dilemmas: Unlocking the complex multilingual secondary mathematics classroom. *For the Learning of Mathematics, 18* (1), 24–33.

Ahrenholz, B. (2008). Erstsprache – Zweitsprache – Fremdsprache. In B. Ahrenholz & I. Oomen-Welke (Hrsg.), *Deutsch als Zweitsprache* (S. 3-16). Baltmannsweiler: Schneider Verlag Hohengehren.

Auer, P., & Muhamedova, R. (2005). 'Embedded language' and 'matrix language' in insertional language mixing: Some problematic cases. *Rivista di Linguistica, 17* (1), 35-54.

Barwell, R., Chapsam, L., Nkambule, T. & Setati Phakeng, M. (2016). Tensions in Teaching Mathematics in Context of Language Diversity. In R. Barwell. P. Clarkson, A. Halai, M. Kazima, J. Moschkovich, N. Planas, M. Setati-Phakeng, P. Valero & M. Villavicencio Ubillús (Hrsg.), *Mathematics Education and Language Diversity. The 21st ICMI Study* (S. 175-192). Cham: Springer.

Barwell, R., Clarkson, P., Halai, A., Kazima, M., Moschkovich, J., Planas, N., Setati-Phakeng, M., Valero, P. &Villavicencio Ubillús, M. (2016). Introduction: An ICMI Study on Language Diversity in Mathematics Education. In R. Barwell. P. Clarkson, A. Halai, M. Kazima, J. Moschkovich, N. Planas, M. Setati-Phakeng, P. Valero & M. Villavicencio Ubillús (Hrsg.), *Mathematics Education and Language Diversity. The 21st ICMI Study* (S. 175-192). Cham: Springer.

Bayer, K. (1981). Einige Aspekte des Sprachhandlungstyps ‚Erklären'. *Deutsche Sprache. Zeitschrift für Theorie, Praxis, Dokumentation, 9. Jahrgang*, 25-43.

Beck, C. & Maier, H. (1993). Das Interview in der mathematikdidaktischen Forschung. *Journal für Mathematikdidaktik, 14* (93), 147-179.

Becker-Mrotzek, M. (1994). Wie entsteht eine Bedienungsanleitung? Eine empirisch-systematische Rekonstruktion des Schreibprozesses. In K. Ehlich, C. Noack & S, Scheiter (Hrsg.), *Instruktion durch Text und Diskurs* (S. 17-48). Opladen: Westdeutscher Verlag.

M.-L. Maisano, *Beschreiben und Erklären beim Lernen von Mathematik*, Kölner Beiträge zur Didaktik der Mathematik, https://doi.org/10.1007/978-3-658-25370-7

Becker-Mrotzek, M. & Vogt, R. (2009). *Unterrichtskommunikation. Linguistische Analysemethoden und Forschungsergebnisse* (2. überarbeitete Aufl.). Tübingen: Niemeyer.

Bernoulli, J. (1713). *Wahrscheinlichkeitsrechnung (Ars Conjectandi)* (Band 1). (übersetzt und herausgegeben von R. Haussner, 1899). Oswalds Klassiker der Wissenschaft.

Blocher, E. (1910). Zweisprachigkeit. Vorteile und Nachteile. In W. Rein (Hrsg.), *Enzyklopädisches Handbuch der Pädagogik* (10. Band) (2. Aufl.) (S. 665-670). Langensalza: Hermann Beyer & Söhne.

Bloomfield, L. (1933). *Language.* New York: Holt.

Blumer, H. (1981). Der methodologische Standpunkt des Symbolischen Interaktionismus. In Arbeitsgruppe Bielefelder Soziologen (Hrsg.), *Alltagswissen, Interaktion und gesellschaftliche Wirklichkeit* (1. Band) (5. Aufl.) (S. 80-146). Reinbek: Rowohlt.

Bonfantini, M. & Proni, G. (1985). „Raten oder nicht raten". In U. Eco & T. A. Sebeok (Hrsg.), *Der Zirkel oder im Zeichen der Drei – Dupin, Holmes, Peirce* (S. 180-202). München: Fink.

Bose, A. E. & Clarkson, P. (2016). Students' Use of Their Languages and Registers: An Example of the Socio-Cultural Role of Language in Multilingual Classrooms. In A. Halaj & P. Clarkson (Hrsg.), *Teaching and Learning in Mathematics in Multilingual Classrooms. Issues for Policy, Practice and Teacher Education* (S. 125-142). Rotterdam, Boston, Taipei: Sense Publisher.

Brandt, B. & Krummheuer, G. (2000). Das Prinzip der Komparation im Rahmen der Interpretativen Unterrichtsforschung in der Mathematikdidaktik. *Journal für Mathematik-Didaktik, 21* (3/4), 193-226.

Bühler, K. (1934). *Sprachtheorie. Die Darstellungsfunktion der Sprache.* Jena: Gustav Fischer.

Bührig, K. (1996). *Reformulierende Handlungen. Zur Analyse sprachlicher Adaptierungsprozesse in institutioneller Kommunikation.* Tübingen: Narr.

Canagarajah, S. (2011). Codemeshing in academic writing: Identifying teachable strategies of translanguaging. *Modern Language Journal, 95* (3), 401-417.

Clarkson, P. (2007). Australian Vietnamese students learning mathematics: High ability bilinguals and their use of their languages. *Educational Studies in Mathematics, (64)*, 191-215.

Clarkson, P. & Galbraith, P. (1992). Bilingualism und Mathematics Learning: Another Perspective. *Journal for Research in Mathematics Education, 23* (1), 34-44.

Clyne, M. (2003). *Dynamics of Language Contact. English and Immigrant Languages.* Cambridge: Cambridge University Press.

Diebold, A. (1961). Incipient bilingualism. *Language, (37)*, 97-112.

Eco, U. (1985). Hörner, Hufe, Sohlen. Einige Hypothesen zu drei Abduktionstypen. In U. Eco & T. A. Sebeok (Hrsg.), *Der Zirkel oder im Zeichen der Drei – Dupin, Holmes, Peirce* (S. 288-320). München: Fink.

Ehlich, K. (2007). *Sprache und sprachliches Handeln. Pragmatik und Sprachtheorie* (1. Band). Berlin, New-York: de Gruyter.

Ehlich, K. & Rehbein, J. (1979). Handlungsmuster im Unterricht. In R. Mackensen & F. Sagebiel (Hrsg.), *Soziologische Analysen. Referate aus den Veranstaltungen der Sektionen der Deutschen Gesellschaft für Soziologie und der ad-hoc-Gruppen beim 19. Deutschen Soziologentag* (S. 535-562). Berlin: Technische Universität Berlin.

Ehlich, K. & Rehbein, J. (1986). *Muster und Institution. Untersuchungen zur schulischen Kommunikation.* Tübingen: Gunter Narr.

Engeström, Y. (1987): *Learning by Expanding: An activity-theoretical approach to developmental research.* Helsinki: Orienta-Konsultit Oy.

English, L. (1993). Children`s strategies for solving two and three dimensional problems. *Journal for Research in Mathematics Education, 3* (24), 255-273.

Erath, K. (2017). *Mathematisch diskursive Praktiken des Erklärens. Rekonstruktion von Unterrichtsgesprächen in unterschiedlichen Mikrokulturen.* Wiesbaden: Springer Spektrum.

Farrugia, M. T. (2009). Reflections on a Medium of Instruction Policy for Mathematics in Malta. In R. Barwell (Hrsg.), *Multilingualism in Mathematics Classrooms. Global Perspectives* (S. 97-112). Bristol,

Buffalo, Toronto: Multilingual Matters.

Fickermann, I. (1994). Mündliche und schriftliche Instruktionen. In K. Ehlich, C. Noack & S, Scheiter (Hrsg.), *Instruktion durch Text und Diskurs* (S. 79-99). Opladen: Westdeutscher Verlag.

Fisch, M. H. (1982). Vorwort. In T. A. Sebeok & J. Umiker-Sebeok (Hrsg.), 'Du kennst meine Methode' – Charles S. Peirce und Sherlock Holmes (S. 15-23). Frankfurt a. M.: Suhrkamp Verlag.

García, O. (2009). *Bilingual Education in the 21st Century: A Global Perspective.* Malden, MA and Oxford: Wiley-Blackwell.

García, O. (2012). Theorizing Translanguaging for Educators. In C. Celic & K. Seltzer (Hrsg.), *Translanguaging. A CUNY-NYSIEB Guide for Educators* (S. 1-6). New York: CUNY-NYSIEB.

García, O., & Wei, L. (2014). *Translanguaging. Language, Bilingualism and Education.* Basingstoke, Hampshire: Palgrave Macmillan.

Garfinkel, H. (1967). *Studies in ethnomethodology.* New-York: Prentices Hall.

Glaser, B. & Strauss, A. (1967). *The discovery of grounded theory. Strategies for qualitative research.* New York: Aldine.

Gorgorió, N., Planas, N. (2001). Teaching mathematics in multilingual classrooms. *Educational Studies in Mathematics*, *47* (1), 7-33.

Gruber, H. (2012). Funktionale Pragmatik und Systemisch Funktionale Linguistik - ein Vergleich. In F. Januschek, A. Redder & M. Reisigl (Hrsg.), *Kritisches Diskursanalyse und Funktionale Pragmatik* (S. 19-49). Duisburg: Universitätsverlag Rhein-Ruhr.

Guckelsberger, S. (2009). Zur Aneignung diskursiver Qualifikationen im Vor- und Grundschulalter – allgemein und am Beispiel einer Lagebeschreibung in der ersten Klasse. In S. Jeuk & I. Schmid-Barkow (Hrsg.), *Differenzen diagnostizieren und Kompetenzen fördern im Deutschunterricht* (S. 21-42). Freiburg im Breisgrau: H.-J. Welke Fillibach.

Gumperz, J. (1982). *Discourse Strategies.* Cambridge: Cambridge University Press.

Halai, A. (2009). Politics and Practice of Learning Mathematics in Multilingual Classrooms: Lessons from Pakistan. In R. Barwell (Hrsg.), *Multilingualism in Mathematics Classrooms. Global Perspectives* (S. 47-62). Bristol, Buffalo, Toronto: Multilingual Matters.

Harding, E. & Riley, P. (2003). *The Bilingual Family. A Handbook for Parents* (2. Aufl.). Cambridge: Cambridge University Press.

Haugen, E. (1953). *The Norwegian Language in America. The bilingual community.* Philadelphia: University of Pennsylvania Press.

Haugen, E. (1956). *Bilingualism in the Americas. A bibliography and research guide.* Alabama: University of Alabama.

Hefendehl-Hebeker, L. & Törner, G. (1984). Über Schwierigkeiten bei der Behandlung der Kombinatorik. *Didaktik der Mathematik, 4* (12), 245 - 262.

Helfferich, C. (2011). *Die Qualität qualitativer Daten. Manual für die Durchführung qualitativer Interviews* (4. Aufl.). Wiesbaden: VS.

Hempel, C. G. (1977). *Aspekte wissenschaftlicher Erklärung*. New York, Berlin: de Gruyter.

Hoffmann, C. (1996). *An Introduction to Bilingualism.* London: Longman.

Hoffmann, L. (1997). Sprache und Illokution. In G. Zifonun, L. Hoffmann & B. Strecker (Hrsg.), *Grammatik der deutschen Sprache* (Band 1) (S. 99-159). Berlin/New York: de Gruyter.

Hoffmann, M. (1999). Problems with Peirce's concept of abduction. *Foundations of Science, 4* (3), 271–305.

Hohenstein, Ch. (2006). *Erklärendes Handeln im wissenschaftlichen Vortrag. Ein Vergleich des Deutschen mit dem Japanischen*. München: Iudicium.

Jungwirth, H. (2003). Interpretative Forschung in der Mathematikdidaktik – ein Überblick für Irrgäste, Teilzieher und Standvögel. *Zentralblatt für Didaktik der Mathematik, 35* (1), 189-200.

Kiel, E., Meyer, M. & Müller-Hill, E. (2015). Erklären. Wie? Was? WARUM?. *Praxis der Mathematik in der Schule. Sekundarstufen I und II, 64*, 2-9.

Klein, J. (2009). ERKLÄREN-WAS, ERKLÄREN-WIE, ERKLÄREN-WARUM. Typologie und Komplexität zentraler Akte der Welterschließung. In R. Vogt (Hrsg.), *Erklären. Gesprächsanalytische und fachdidaktische Perspektiven* (S. 25-36). Tübingen: Stauffenburg.

Klose, R. (2015). Use and development of mathematical language in bilingual learning settings. In K. Krainer & N. Vondrová (Hrsg.), *Proceedings of the Ninth Congress of the European Society for Research in Mathematics Education (CERME 9, February 4 – 8, 2015)* (S. 1421-1426). Prague: Charles University in Prague, Faculty of Education and ERME.

Klose, R. (2017). Audio-Podcasts zur Untersuchung mathematischer Begriffsbildungsprozesse im bilingualen Kontext. In T. Knaus (Hrsg.), *Forschungswerkstatt Medienpädagogik. Projekt – Theorie – Methode*. Verfügbar unter: http://forschungswerkstatt-medienpaedagogik.de, [09.05.2018].

Krägeloh, N. & Meyer, M. (2012). „Erkläre es mal auf Türkisch“. Anknüpfen an die Ressource Erstsprache im Mathematikunterricht. *Praxis der Mathematik, (45)*, 25-28.

Krauthausen, G. (1998). *Lernen, lehren, Lehren lernen. Zur mathematisch-didaktischen Lehrerbildung am Beispiel der Primarstufe*. Leipzig: Klett.

Kruse, J. (2015). *Qualitative Interviewforschung. Ein integrativer Ansatz* (2. überarbeitete Aufl.). Weinheim, Basel: Beltz Juventa.

Kütting, H. & Sauer, M. (2011). *Elementare Stochastik. Mathematische Grundlagen und didaktische Konzepte* (3. Aufl.). Berlin, Heidelberg: Spektrum.

Kuzu, T., Prediger, S. & Schüler-Meyer, A. (2017). Zweisprachige Konzeptentwicklungsprozesse durch Sprachenvernetzung – eine Fallstudie deutsch-türkischer Jugendlicher. In U. Kortenkamp & A. Kuzle (Hrsg.), *Beiträge zum Mathematikunterricht 2017* (S. 589-592). Münster: WTM Verlag.

Lamnek, S. & Krell, C. (2016). *Qualitative Sozialforschung* (6. überarbeitete Aufl.). Weinheim, Basel: Beltz.

Leontjew, A. (1981). *Problems for the Development of Mind*. Moscow: Progress.

Lewis, G., Jones, B., & Baker, C. (2012). Translanguaging: Origins and development from school to street and beyond. *Educational Research and Evaluation, 18* (7), 641-654.

MacNamara, J. (1969). How can one measure the extent of a person's bilingual proficiency? In L. Kelly (Hrsg.), *Description and Measurement of Bilingualism* (S. 79-120). Toronto: University of Toronto Press.

Maier, H. (1991). Analyse von Schülerverstehen im Unterrichtsgeschehen – Fragestellungen, Verfahren und Beispiele. In H. Maier & J. Voigt (Hrsg.), *Interpretative Unterrichtsforschung. Heinrich Bauersfeld zum 65. Geburtstag* (S. 117-151). Köln: Aulis.

Maier, H. & Voigt, J. (1991). Einführung. In H. Maier & J. Voigt (Hrsg.), *Interpretative Unterrichtsforschung. Heinrich Bauersfeld zum 65. Geburtstag* (S. 117-151). Köln: Aulis.

Makoni, S., & Pennycook, A. (2006). *Disinventing and Reconstituting Languages.* Clevedon: Multilingual Matters.

Meyer, M. (2007). *Entdecken und Begründen im Mathematikunterricht. Von der Abduktion zum Argument*. Hildesheim: Franzbecker.

Meyer, M. (2015). *Vom Satz zum Begriff. Philosophisch-logische Perspektiven auf das Entdecken, Prüfen und Begründen im Mathematikunterricht*. Wiesbaden: Springer Spektrum.

Meyer, M. (2016). Productivity and Flexibility of (First) Language Use: Qualitative and Quantitative Results of an Interview Series on Chances and Needs of Speaking Turkish for Learning Mathematics in Germany. In A. Halaj & P. Clarkson (Hrsg.), *Teaching and Learning in Mathematics in Multilingual Classrooms. Issues for Policy, Practice and Teacher Education* (S. 125-142). Rotterdam, Boston, Taipei: Sense Publisher.

Meyer, M. & Prediger, S. (2011). The use of first language Turkish as a resource. A German case study on chances and limits for building conceptual understanding. In M. Setati, T. Nkambule & L. Goosen (Hrsg.), *Proceedings of the ICMI Study 21 Conference: Mathematics Education and Language Diversity* (S. 225-234). São Paulo: ICMI Study 21.

Meyer, M. & Prediger, S. (2012). Sprachenvielfalt im Mathematikunterricht. Herausforderungen, Chancen und Förderansätze. *Praxis der Mathematik, 54* (45), 2-9.

Meyer, M., Prediger, S., César, M. & Norén, E. (2016). Making Use of Multiple (Non-shared) First Languages: State of and Need for Research and Development in the European Language Context. In R. Barwell et al. (Hrsg.), *Mathematics Education and Language Diversity. The 21st ICMI Study* (S. 175-192). Cham: Springer.

Meyer, M. & Voigt, J. (2008). Entdecken mit latenter Beweisidee. *Journal für Mathematik-Didaktik, 29* (2), 124-152.

Meyer, M. & Voigt, J. (2009). Entdecken, Prüfen und Begründen. Gestaltung von Aufgaben zur Erarbeitung mathematischer Sätze. *Mathematica didactica, 32*, 31-66.

Ministerium für Schule, Jugend und Kinder des Landes Nordrhein-Westfalen (2008). *Richtlinien und Lehrpläne für die Grundschule in Nordrhein-Westfalen*. Frechen: Ritterbach Verlag.

Müller-Hill, E. (2017). Eine handlungsorientierte didaktische Konzeption nomischer mathematischer Erklärung. *Journal für Mathematik-Didaktik, 38*, 167-208.

Moschkovich, J. (2007). Using two languages when learning mathematics. *Educational Studies in Mathematics, (64)*, 121-144.

Muysken, P. (2000). *Bilingual Speech. A Typology of Code-Mixing*. Cambridge: Cambridge University Press.

Myers-Scotton, C. (2002). *Contact Linguistics. Bilingual Encounters and Grammatical Outcomes.* Oxford: Oxford University Press.

Niebert, K. & Gropengießer, H. (2014). Leitfadengestützte Interviews. In D. Krüger, I. Parchmann & H. Schecker (Hrsg.), *Methoden in der naturwissenschaftsdidaktischen Forschung* (S. 121-132). Berlin, Heidelberg: Springer.

Norén, E. & Andersson, A. (2016). Multilingual Students' Agency in Mathematics Classrooms. In A. Halaj & P. Clarkson (Hrsg.), *Teaching and Learning in Mathematics in Multilingual Classrooms. Issues for Policy, Practice and Teacher Education* (S. 109-124). Rotterdam, Boston, Taipei: Sense Publisher.

Oevermann, U., Allert, T., Konau, E. & Krambeck, J. (1979). Die Methodologie einer 'objektiven Hermeneutik' und ihre allgemeine forschungslogische Bedeutung in den Sozialwissenschaften. In H.-G. Soeffner (Hrsg.), *Interpretative Verfahren in den Sozial- und Textwissenschaften* (S. 352– 433). Stuttgart: Metzler.

Oksaar, E. (1980). Mehrsprachigkeit, Sprachkontakt, Sprachkonflikt. In P. H. Nelde (Hrsg.), *Sprachkontakt und Sprachkonflikt* (S. 43-52). Wiesbaden: Steiner.

Oksaar, E. (2003). *Zweitspracherwerb. Wege zur Mehrsprachigkeit und zur interkulturellen Verständigung*. Stuttgart: W. Kollhammer.

Otheguy, R., García, O. & Reid, W. (2015). Clarifying translanguaging and deconstructing named languages: A perspective from linguistics. *Applied Linguistics Review*, *6* (3), 281-307.

Peirce, C. S.. *Collected Papers of Charles Sanders Peirce* (Band 1-6 C. Hartshorne & P. Weiß (Hrsg.), 1931-35; Band 7-8 A.W. Burks (Hrsg.), 1985), Cambridge: Harvard University Press.

Planas, N. (2014). One speaker, two languages: Learning opportunities in the mathematics classroom. *Educational Studies in Mathematics*, *87 (1)*, 51-66.

Planas, N. & Setati, M. (2009). Bilingual students using their languages in the learning of mathematics. *Mathematics Education Research Journal*, *21 (3)*, 36-59.

Popper, K. R. (1976). *Logik der Forschung* (6. Aufl.). Tübingen: Mohr.

Prediger, S. & Link, M. (2012). Fachdidaktische Entwicklungsforschung – Ein lernprozessfokussierendes Forschungsprogramm mit Verschränkung fachdidaktischer Arbeitsbereiche. In H. Bayrhuber et al. (Hrsg.), *Formate Fachdidaktischer Forschung. Empirische Projekte – historische Analysen – theoretische Grundlegungen* (S. 29-46). Münster: Waxmann.

Redder, A. (1990). *Grammatiktheorie und sprachliches Handeln: „denn" und „da"*. Tübingen: Niemeyer.

Redder, A. (2008). Grammatik und sprachliches Handeln in der Funktionalen Pragmatik. In Japanische Gesellschaft für Germanistik

(Hrsg.), *Grammatik und sprachliches Handeln* (S. 9-26). München: iudicum.

Redder, A., Guckelsberger, S. & Graßer, B. (2013). *Mündliche Wissensprozessierung und Konnektierung. Sprachliche Handlungsfähigkeiten in der Primarstufe*. Münster: Waxmann.

Rehbein, J. (1984). Beschreiben, Berichten und Erzählen. In K. Ehlich (Hrsg.), *Erzählen in der Schule* (S. 67-124). Tübingen: Gunter Narr.

Rehbein, J. (2001). Das Konzept der Diskursanalyse. In K. Brinker, G. A. W. Heinemann & S. F. Sager (Hrsg.), *Text- und Gesprächslinguistik. Ein internationales Handbuch zeitgenössischer Forschung* (2. Halbband) (S. 927-945). Berlin/New York: de Gruyter.

Reich, H. & Roth, H.-J. (2007). HAVAS 5 – das Hamburger Verfahren zur Analyse des Sprachstands bei Fünfjährigen. In H. H. Reich, H. J. Roth & U. Neumann (Hrsg.), *Sprachdiagnostik im Lernprozess* (S. 71- 94). Münster: Waxmann.

Riehl, C. M. (2009). *Sprachkontaktforschung. Eine Einführung* (2. überarbeitete Aufl.). Tübingen: Narr Francke.

Riehl, C. (2013). Sprachkontakt und Mehrsprachigkeit. In P. Auer (Hrsg.), *Sprachwissenschaft. Grammatik- Interaktion- Kognition* (S. 377-404). Weimar: Meltzer.

Rösch, H. (2011). *Deutsch als Zweit- und Fremdsprache*. Berlin, Boston: Akademie Verlag.

Schüler-Meyer, A., Prediger, S., Kuzu, T., Wessel, L. & Redder, A. (2017, in press). Is formal language proficiency in the home language required for profiting from a bilingual teaching intervention in mathematics? A mixed methods study on fostering multilingual students' conceptual understanding. *International Journal of Science and Mathematics Education.* Verfügbar unter: https://link.springer.com/article/10.1007%2Fs10763-017-9857-8, [09.08.2018].

Selter, Ch. (2009). Jedes Kind kann mathematisch forschen. In T. Leuders, L. Hefendehl-Hebeker & H.-G. Weigang (Hrsg.), *Mathemagische Momente* (S. 176-189). Berlin: Cornelsen.

Setati, M. & Adler, J. (2001). Between languages and discourses: Language practices in primary multilingual mathematics classrooms in South Africa. *Educational Studies in Mathematics, 43 (3)*, 243-269.

Setati, M., Nkambule, T. & Goosen, L. (Hrsg.) (2011). *Proceedings of the ICMI Study 21 Conference: Mathematics Education and Language Diversity* (S. 225-234). São Paulo: ICMI Study 21.

Settekorn, W. (1991). Konversationelle Erklärungen. Zur Beziehung von Erklärungsbegriffen in wissenschaftstheoretischen und konversationsanalytischen Überlegungen. In U. Dausendschön-Gay, E. Gülich & U. Krafft (Hrsg.), *Linguistische Interaktionsanalysen. Beiträge zum 20. Romanistentag 1987* (S. 235-262). Tübingen: Niemeyer.

Söhling. A.-C. (2017). *Problemlösen und Mathematiklernen. Zum Nutzen des Probierens und des Irrtums*. Wiesbaden: Springer Spektrum.

Stegmüller, W. (1974). *Das ABC der modernen Logik und Semantik. Der Begriff der Erklärung und seine Spielarten*. Berlin/Heidelberg/New York: Springer.

Strauss, A. & Corbin, J. (1990). *Basics of qualitative research. Grounded theory procedures and techniques.* Newbury Park, CA; London, UK; New Delhi, India: Sage.

Voigt, J. (1984). *Interaktionsmuster und Routinen im Mathematikunterricht. Theoretische Grundlagen und mikroethnographische Falluntersuchungen*. Weinheim: Beltz.

Voigt, J. (1994). Entwicklung mathematischer Themen und Normen im Unterricht. In J. Voigt & H. Maier (Hrsg.), *Verstehen und Verständigung* (S. 77-111). Köln: Aulis.

von Aufschnaiter, C. (2014). Laborstudien zur Untersuchung von Lernprozessen. In D. Krüger, I. Parchmann & H. Schecker (Hrsg.), *Methoden in der naturwissenschaftsdidaktischen Forschung* (S. 81-94). Berlin, Heidelberg: Springer.

Wagner, A. & Wörn, C. (2011). *Erklären lernen – Mathematik verstehen. Ein Praxisbuch mit Lernangeboten*. Seelze: Kallmeyer.

Weinreich, U. (1968). *Languages in contact. Findings and problems* (6. Aufl.). New York: De Gruyter.

Wessel, L., Prediger, S., Schüler-Meyer, A. & Kuzu, T. (2016). Is Grade 7 too late to start with bilingual Mathematics courses? An intervention study. *Paper presented in TSG 32 at 13th International Congress on Mathematical Education, Hamburg, July 2016.* Verfügbar unter: http://www.mathematik.uni-dortmund.de/~prediger/veroeff/16-ICME-MuM-Multi-Intervention.pdf, [09.08.2018].

Williams, C. (1996). Secondary education: Teaching in the bilingual situation. In C. Williams, G. Lewis, & C. Baker (Hrsg.), *The Language Policy: Taking Stock* (S. 39-78). Llangefni: Community Association Institute.

Wittmann, E. Ch. (1995). Unterrichtsdesign und empirische Forschung. In K. P. Müller (Hrsg.), *Beiträge zum Mathematikunterricht* (S. 528–531). Hildesheim: Franzbecker.

Wittmann, E. Ch. & Müller, G. N. (2012). *Das Zahlenbuch 4*. Stuttgart: Ernst Klett.

Anhang

M.-L. Maisano, *Beschreiben und Erklären beim Lernen von Mathematik*, Kölner Beiträge zur Didaktik der Mathematik, https://doi.org/10.1007/978-3-658-25370-7

A. Interviewleitfaden „Kennenlerngespräch“

Mitzubringen:

- Kamera, Stativ, Audio-Aufnahmegerät
- Interviewleitfaden
- Havas 5 (Bildkarten & Leitfaden)
- Mathe-Memory
- „Geheimniszettel“ (2x) und Stift

Dauer: 20-30 min

Insgesamt wichtig:

- Vor dem Interview: Kamera so positionieren, dass Gesichter sowie Tisch und Material (Memory) sichtbar sind; Nicht gegen das Licht filmen, sondern Fenster im Rücken der Kamera; Fenster zu; Lärmquellen wenn möglich abstellen.
- Kindern Zeit zum Überlegen geben. Erst wenn das Kind signalisiert, dass es fertig gesprochen hat, weitermachen.
- „Eine gute Atmosphäre“ schaffen → Das Kind soll sich wohl fühlen
- Einfache, „unperfekte“ Sprache verwenden, damit sich das Kind nicht eingeschüchtert fühlt.

Vorgehensweise

(0) Einstieg [*auf Türkisch*]

Die Interviewerin steigt wie folgt in das Gespräch ein: „Hallo, mein Name ist Selma. Ich komme von der Universität. Das ist eine Art Schule für Erwachsene. Es freut mich sehr, dass wir uns heute kennenlernen.

Wie du ja schon mitbekommen hast, spreche ich Deutsch und Türkisch, genauso wie du. Ich werde dich in den nächsten Wochen noch ein paar Mal besuchen. Ich würde mich gerne während unserer Treffen mit dir auf Türkisch unterhalten.“

(1) Personenbezogene und lernbiographische Fragen

[auf Türkisch; Interviewerin führt das Gespräch interaktiv: Sie beantwortet Fragen für auf sich bezogen und fragt anschließend das Kind oder sie stellt als erstes die Frage und beantwortet sie anschließend selber, z.B. „Ich heiße .... Wie heißt du?“, „Und wie alt bist du?“ ... „Ich bin ... Jahre alt.“]

„Um dich näher kennenzulernen, würde ich dir gerne ein paar Fragen stellen.

- Wie heißt du?
- Wie alt bist du?
- Wo bist du geboren? [Falls im Ausland geboren: Seit wann lebst du in Deutschland?]

- Bist du im Kindergarten gewesen? (Wie lange?)
- Woher kommt deine Mutter?
- Woher kommt dein Vater?

So, jetzt wissen wir schon etwas mehr voneinander, das freut mich. Ich finde es sehr interessant, dass ... aus der Türkei kommt/kommen. Meine Eltern kommen auch aus der Türkei und darum spreche ich auch Türkisch. Ich finde du sprichst kannst toll türkisch. Woher kannst du das so gut?“

Weitere Fragen, die an das Kind gestellt werden:

- Sprichst du zuhause mehr Türkisch oder Deutsch?
- Welche Sprachen sprichst du mit ... ? (Mutter/ Vater/ Geschwistern/ Freunden)
- Liest du deutsche Bücher? [Wie oft?]
- Liest du türkische Bücher? [Kannst du auf Türkisch lesen?] / [Wie oft?]
- [Anzahl der Bücher im Haushalt?]
- [Schaust du zuhause deutsches oder türkisches Fernsehen?]
- Hast du Türkischunterricht? [Wenn ja, seit wann? Wie viel Mal in der Woche?]
- Hast du noch Fragen an mich?

[Möglichkeiten der Gesprächsführung: „Ich spreche mit meinem Vater Türkisch und mit meiner Mutter spreche ich auch Türkisch. Wie ist das bei dir?“ „Mit meiner Schwester Fatima spreche ich aber nur manchmal auf Türkisch, aber auch manchmal auf Deutsch. Wie ist das bei dir?“ Es ist wichtig zu erfahren, wie oft das Kind Türkisch spricht. Sprechen die Eltern generell nur auf Türkisch mit dem Kind oder wie sieht die Sprachverteilung im Alltag des Kindes aus? Die Interviewerin kann beispielhaft aus ihrem Leben erzählen:„Meine Mutter spricht nicht so gut Deutsch, deswegen spreche ich mit ihr nur Türkisch. Mit meinem Vater spreche ich manchmal auch auf Deutsch.“ Beim Erfragen der Information über die Sprachwahl mit Freunden oder Geschwistern ähnlich vorgehen, z.B. „Bei mir kommt das darauf an. Ich habe deutsche Freunde und mit denen rede ich auch nur auf Deutsch, aber manche Freunde von mir können auch Türkisch. Mit denen spreche ich meistens auf Deutsch, aber manchmal auch auf Türkisch. Wie ist das bei dir?“]

(2) <u>HAVAS 5</u> [*auf Türkisch*]

Grundsätzlich: Die Interviewerin sollte im Gesamten unterstützen, aber nicht die Gesprächsführung beeinflussen. Wichtig ist, dass dem Kind viel Freiraum zum eigenständigen Äußern geboten wird. Es ist zudem sehr wichtig, dass die Impulse seitens der Interviewerin bei jedem Kind auf ähnlicher Weise erfolgen.

- Nach einem ersten Kennenlernen ist eine vertrauensvolle Atmosphäre geschaffen wurden, sodass die Interviewerin nun zu HAVAS 5 übergeht:

„Ich habe dir heute eine Geschichte mitgebracht und du kannst auf Türkisch erzählen, was da passiert."

- Dann werden die ersten 3 Bilder gezeigt: „Guck dir das an, was ist da los?" oder „Was passiert hier?"
- Das Kind kann frei erzählen. Grundsätzlich soll die Interviewerin in dieser Phase nicht eingreifen und somit den Erzählfluss des Kindes nicht stören.
- Falls die Interviewerin jedoch bemerkt, dass sich das Kind der Situation nicht gewachsen fühlt, kann sie Impulse geben, wie zum Beispiel: „Was passiert da? Und dann? Und was ist da los?"
- Wichtig dabei ist, dass man nicht Impulse in Richtung einer Bildbeschreibung gibt. Somit sollte nicht gefragt werden: ~~Was siehst du hier?~~
- Dann wird die Bildtafel umgedreht: „Und wie geht die Geschichte weiter? "
- Nun betrachtet die Interviewerin noch einmal gemeinsam mit dem Kind jedes Bild. Das Kind soll wieder überwiegend frei erzählen, jedoch kann bei Bedarf in dieser Phase die Interviewerin die Situation stärker beeinflussen.
- Beispielsweise kann diese Phase so eingeleitet werden:

  „Das ging jetzt ganz schön schnell, erzähl mir nochmal genau, was auf jedem Bild passiert."

- Stärkere Beeinflussung ist beispielsweise dadurch möglich, dass man das Kind auf einzelne Aspekte stärker fokussiert. Wenn das Kind beispielsweise bei einem Bild nur aus Sicht der Katze erzählt, könnte man fragen: „Und was macht der Vogel?"
- Die Schlussfragen lauten:
  a) „Was glaubst du, warum weint die Katze?" (Ziel: Pointe der Geschichte)
  b) „Was würdest du tun, wenn du die Katze wärst?"

(3) Mathe-Memory [*auf Türkisch*]

Die Interviewerin führt auf das Spiel in folgender Weise hin: „Ich habe heute ein Spiel mitgebracht. Ein Mathe-Memory. Wollen wir zusammen spielen? Als erstes möchte ich dir die Regeln erklären. Wie du siehst, habe ich die Karten in einer Pyramiden-Form ausgelegt. Wenn du weißt, welche Karten du aufdecken möchtest, musst du es mir sagen. Am besten wieder auf Türkisch. Du musst mir beschreiben, welche Karte ich für dich aufdecken soll. Du kannst zum Beispiel sagen: „Die Karte in der obersten Reihe." Dann werde ich diese Karte aufdecken und du sagst mir, was darauf steht. Dann nennst du mir eine zweite Karte. Falls es die gleichen Bilder sind, bekommst du einen Punkt. Dann bin ich dran. Ich beschreibe dir, welche Karte ich umgedreht haben möchte und du deckst die Karte für mich auf. Und so weiter... Möchtest du mir die Spielregeln noch einmal erklären?“

[Die Interviewerin legt die 10 Memorykarten[1] pyramidenförmig aus (Sortierung von unten nach oben: 4,3,2,1). Sie vergewissert sich, dass das Kind die Spielregeln verstanden hat. Wenn das Kind deutsche Begriffe verwendet, fragt sie nach, ob es diese auch auf Türkisch kennt.]

Abschluss des Spiels: Sehr gut, du hast gewonnen. Wie fandest du das Spiel? Mir hat es (auch) Spaß gemacht, mit dir Mathe-Memory zu spielen.“

(4) Lese- und Schreibkompetenz

Die Interviewerin leitet diese Phase wie folgt: „So und bevor du wieder in deine Klasse gehen darfst, möchte ich dir noch ein kleines Geheimnis von mir verraten. Ich möchte es nicht laut aussprechen und deshalb habe ich es auf einen Zettel geschrieben. Kannst du es vorlesen?“

[Interviewerin gibt dem Kind den Geheimniszettel]

„Hier habe ich noch einen Zettel. Der ist für dich. Wenn du möchtest, kannst du darauf etwas auf Türkisch aufschreiben. Es kann ein Geheimnis sein, oder auch etwas anderes, das du mir sagen möchtest.“

[Interviewerin gibt dem Kind einen leeren Zettel und einen Stift. Falls das Geschriebene nicht lesbar ist, erkundigt sich Interviewerin über den Inhalt

(5) Abschluss

„Ich danke dir sehr, dass du heute hier warst. Es hat mir sehr viel Spaß gemacht. Wie war es für dich?

In den nächsten Wochen werden wir uns wiedersehen. Darauf freue ich mich schon. Auf Wiedersehen!“

---

[1] Die auf den Memorykarten abgebildeten Bilder sind die eines Kreises, eines Dreiecks, eines Gleichheitszeichens und die der zwei Additionsaufgaben „3+2“ und „6+7“.

B. Interviewleitfaden Hauptstudie

Was wird benötigt?

- Kamera und Stativ
- Aufnahmegeräte/MP3-Recorder
- Ein schwarzer dicker Stift
- Eine Uhr
- Stempelkarte
- Stempel
- Arbeitsblätter: 1x auf Deutsch, 1x auf Türkisch
  - Arbeitsblatt 1A
    - 10 Seiten mit Aufgaben (5 Seiten auf Deutsch, 5 Seiten auf Türkisch)
    - Vier Hilfekarten
  - Arbeitsblatt 1B
    - 12 Seiten mit Aufgaben (6 Seiten auf Deutsch, 6 Seiten auf Türkisch)
    - Eine Impulskarte
  - Arbeitsblatt 2A
    - 10 Seiten mit Aufgaben (5 Seiten auf Deutsch, 5 Seiten auf Türkisch)
    - Vier Hilfekarten
  - Arbeitsblatt 2B
    - 12 Seiten mit Aufgaben (6 Seiten auf Deutsch, 6 Seiten auf Türkisch)
    - Eine Impulskarte
  - Arbeitsblatt 3A
    - Zwei Seiten mit Aufgaben
    - Vier Hilfekarten
  - Arbeitsblatt 3B
    - Zwei Seiten mit Aufgaben
    - Vier Hilfekarten
  - Arbeitsblatt 4A
    - Zwei Seiten mit Aufgaben
    - Vier Hilfekarten
  - Arbeitsblatt 4B
    - Zwei Seiten mit Aufgaben
    - Vier Hilfekarten
- Leeres gelbes Papier, falls es benötigt wird
- Schwarze Stifte als Ersatz

Vorgehensweise

Allgemeine Informationen

- Die Interviews werden mit Kindern aus einer ersten und dritten Klasse durchgeführt. Es wird pro Sitzung, die nicht mehr als eine Schulstunde

(45 Minuten) umfassen sollte, an einem Arbeitsblatt gearbeitet. An jeder Bearbeitung nimmt eine Gruppe von zwei Kindern teil.

Räumliche Aufteilung

- Die Sitzordnung ermöglicht eine frontale Erfassung sämtlicher Teilnehmer, hier der beiden Kinder sowie der Interviewerin. Die Kamera befindet sich dabei von der Fensterseite abgewandt. Die zwei Kinder und die Interviewerin sitzen gemeinsam an einem Gruppentisch. Das Material wird derart platziert, dass beide Kinder ohne Umstände an dieses gelangen.
- Es sollte außerdem darauf geachtet werden, dass keine Materialien und Personen (bzw. Körperteile) die Sicht der Kamera auf den Arbeitsbereich stören.

Der Einsatz der türkischen Sprache seitens der Interviewerin

- Es ist wichtig, dass die Interviewerin je nach Bedarf Türkisch einsetzt. Insbesondere in den ersten Sitzungen sollte das Augenmerk darauf gelegt werden, dass die Kinder sich erst einmal an die Situation gewöhnen und darin bestärkt werden, dass sie auf Türkisch sprechen. Sie sollen sich wertgeschätzt fühlen und gerne vor der Interviewerin auf Türkisch sprechen. Dabei ist es wichtig, dass die Interviewerin ihren Sprachgebrauch auf das Niveau der Kinder anpasst und langsam spricht. Man sollte zwar als Sprachvorbild agieren, aber den Kindern auch das Gefühl geben, dass man selbst die Sprache nicht sehr gut sprechen kann. Dies kann erreicht werden, wenn man beispielsweise scheinbar nach den passenden Wörtern sucht, Fehler einbaut oder manchmal fragt: „Wie sagt man noch einmal ...?“
- Oftmals müssen die Kinder erst einmal motiviert werden, die türkische Sprache überhaupt in der Situation zu nutzen, sodass die Interviewerin verstärkt Türkisch einsetzen sollte. Beispielsweise kann sie den Kindern Rückfragen auf Türkisch stellen oder auf Türkisch reformulieren. Damit wird der Einsatz der türkischen Sprache angeregt, sodass die Kinder das Angebot aufgreifen können, jedoch werden sie nicht dazu gezwungen.

Der grundsätzliche Fokus bei den Interviews

- Bei den unterschiedlichen Sitzungen werden unterschiedliche Beschreibungsanlässe geschaffen.
- Das grundsätzliche Interesse besteht darin zu beobachten, welche Bedeutung das Beschreiben beim Bearbeiten mathematischer Aufgaben haben kann.
- Es ist daher wichtig, dass den Kindern insbesondere für ihre Beschreibungsprozesse viel Raum gegeben wird.

- Zudem sollte die Interviewerin die Kinder grundsätzlich immer motivieren genau zu beschreiben, was sie beobachten. Es sollte also über ein oberflächliches Beschreiben hinausgehen und die Kinder sollen quasi als Forscher mit ihrer Lupe an die zu beschreibenden Aspekte herangehen und möglichst genau beschreiben, was sie beobachten.
- Jedoch sollten den Kindern auch bei der Bearbeitung der Aufgaben, in der sie etwas erklären sollen, genügend Raum gegeben werde.
- Ein weiterer Punkt ist, dass es mögliche Zusammenhänge zwischen dem Beschreiben und Erklären geben kann. Daher sollten die Kinder immer die Möglichkeiten erhalten, auf ihre Beschreibungen zurückzugreifen bzw. kann die Interviewerin – an passenden Stellen – einen Bezug zur vorherigen Beschreibung veranlassen (Beispielsweise: „Schaut noch einmal, was ihr eben beobachtet habt. Kann euch das nun für die Erklärung helfen?“ oder „Eben habt ihr doch beschrieben, dass .... Überlegt einmal, wie euch diese kluge Beobachtung nun für eure Erklärung weiterhelfen kann.“)

Möglicher Interviewverlauf:

In der ersten Sitzung wird den Kindern zu Anfang das Belohnungssystem erklärt: Die Interviewerin erklärt den Kindern auf Türkisch, dass sie sich nun noch viermal sehen werden und sie als Gruppe immer einen Stempel bekommen, wenn sie toll zusammen gearbeitet haben. Es ist also sehr wichtig, dass sie als Gruppe zusammenarbeiten und nicht alleine oder mit der Interviewerin immer reden anstatt untereinander. Wenn das gut in der Stunde klappt, dann bekommen sie am Ende einen Stempel. Wenn sie ihre Stempelkarte voll haben, dann dürfen sie sich etwas aus einer Geschenkebox aussuchen. Da die beiden Kinder ja nun eine Gruppe sind, sollen sie sich gemeinsam kurz auf einen Gruppennamen einigen. Dieser wird dann auf der Stempelkarte der Gruppe notiert.

Der Einstieg könnte wie folgt gestaltet werden:

I (auf Türkisch): „Ich freue mich, dass wir uns heute wiedersehen. Auch heute können wir wieder auf Türkisch miteinander reden. Auch ihr beiden untereinander.“

-Antwort der Kinder-

I (auf Türkisch): „Bevor wir beginnen, können wir uns ja noch kurz ein bisschen unterhalten, um uns noch besser kennenzulernen. Jeder kann eine Frage stellen. Ich kann einfach mal beginnen: Was ist euer Lieblingsessen?“

-Antwort der Kinder-

I (auf Türkisch): „Super, möchtest du, ..., nun auch eine Frage stellen, die wir beantworten?“

-Antwort der Kinder-

I (auf Türkisch): „Sehr schön und du, ..., hast du auch etwas, was du von uns wissen möchtest?“

Die Kinder sollen also im Einstieg erst einmal durch das Gespräch über außerschulischen Themen daran gewöhnt werden, dass sie die folgende Schulstunde mit der Interviewerin und untereinander auf Türkisch sprechen können.

Wichtig sind die folgenden einführenden Worte:

I: „Ich habe euch Mathematikaufgaben mitgebracht, die ich mir selber für euch ausgedacht habe. Ihr müsst euch keine Sorgen machen. Ich möchte nur die Aufgaben testen und nicht euch. Ihr helft mir dabei herauszufinden, ob die Aufgaben auch gut für Kinder sind, die auch Türkisch reden können.

(Auf Türkisch:) Ihr könnt alles auch sehr gerne in Türkisch machen. (Auf Deutsch:) Und habt keine Sorge, ihr werdet nicht bewertet und ich sage auch nichts eurer Lehrerin.

Bei den Aufgaben geht es nicht alleine um Rechnen. Es ist ganz wichtig über die Aufgaben zu reden. Am besten sagt ihr einfach alles, was euch einfällt. Ihr könnt auch untereinander immer fragen: „Wie meinst du das genau?“, „Warum glaubst du ist das so?“. Fragt also ruhig nach. Es wäre dabei auch super, wenn ihr die Aufgaben auf Türkisch bearbeitet und darüber redet, denn damit würdet ihr mir sehr helfen. Ich habe euch deswegen die Arbeitsblätter auch auf Türkisch mitgebracht. Habt ihr dazu noch Fragen?“

-Antwort der Kinder-

Nun beginnt die Besprechung der ersten Aufgabe:

Das Arbeitsblatt soll nicht vollständig gelöst werden, sondern die Kinder arbeiten an einer Aufgabe, dann folgt die Besprechung und dann geht das folgende Vorgehen wieder von vorne los:

I: *(Den Kindern wird die erste Aufgabe erklärt.)* „Habt ihr noch Fragen?“

-Antwort der Kinder-

I: „Fangt jetzt bitte an, die erste Aufgabe zu bearbeiten. Arbeitet an der Aufgabe gemeinsam, also nicht in Einzelarbeit, sondern in Partnerarbeit. Danach reden wir gemeinsam darüber. Und denkt daran: Es wäre ganz toll, wenn ihr untereinander auf Türkisch reden würdet. Würdet ihr das für mich ausprobieren?“

-Antwort der Kinder-

Nun folgt die Bearbeitungsphase. In dieser Phase sollte beachtet werden:

- In der ersten Klasse könnten die Kinder noch nicht ausreichende Lesekompetenzen aufweisen. Dennoch sollten die Kinder jede Aufgabe erst einmal selber durchlesen und daraufhin kann ihnen angeboten werden Fragestellungen o.ä. vorzulesen. Auch können sie bei vorgetragenen Problemstellungen Schwierigkeiten haben, die relevanten Informationen umgehend aus dem Erzählten der Interviewerin zu entnehmen.
- Wichtig ist, dass sich die Kinder mit den Aufgabenanforderungen nicht überfordert fühlen und am Ende einer jeden Bearbeitung zufrieden mit ihren Lösungen der besprochenen Aufgaben sind. Es sollte folglich in Ruhe und gemeinsam in jeder Sitzung die Aufgaben vorgelesen und Zeit für Fragen gegeben werden. Hilfe jeder Art (außer mathematische) zum Textverständnis sind erlaubt.
- Zu Beginn einer jeden Teilaufgabe sollte die Interviewerin die Kinder alleine miteinander arbeiten lassen. Wenn die Kinder die Aufgaben nicht lösen können oder nicht weiterkommen, kann die Interviewerin Hilfestellungen geben und im Notfall (!) die Lösung mit den Kindern besprechen. Auch sollte darauf verwiesen werden, zuerst das Problem zu explizieren und dann das andere Kind zu fragen.
  - Es wäre dabei auch ratsam den Kindern von Anfang Raum zu lassen, dass sie sich mehr untereinander unterhalten und weniger mit der Interviewerin. Beispielsweise kann sich die Interviewerin nach der Sicherstellung, dass die Kinder die Aufgabenstellung verstanden haben, wie folgt vorgehen:

    I: „In Ordnung, wenn es nun keine Fragen mehr gibt, könnt ihr anfangen. Ich muss kurz etwas nachschauen und komme dann gleich wieder."

    - Die Interviewerin setzt sich oder stellt sich ein bisschen weiter weg für einige Minuten und agiert so, als ob sie etwas nachliest o.ä.. Dabei hört sie aber den beiden Kindern zu und stellt sicher, dass die Unterhaltung untereinander in ihrer Abwesenheit gelingt. Wenn sie in der Zeit merkt, dass die Kinder noch Verständnisfragen haben und sie nicht untereinander besprochen bekommen, setzt sie sich wieder zu den Kindern hin und bietet ihnen ihre Hilfe an.
- Es ist besonders wichtig, dass die Interviewerin die Kinder motiviert, ihre Ideen zu versprachlichen und gemeinsam an der Aufgabe zu arbeiten. So sollte darauf geachtet werden, dass ein großer Redeanteil zwischen den beiden Kindern stattfindet und sich die Interviewerin zurücknimmt. Auch ist es wichtig, dass sich die Kinder ihre Erkenntnisse gegenseitig erklären. Die Interviewerin kann durch die Beobachtung des Geschehens feststellen, ob die Kinder auch gegenseitig ihren Ideen folgen können. Sonst muss sie durch Fragen intervenieren, wie beispielsweise „(Name des

Kindes), hast du verstanden, was (Name des anderen Kindes) gesagt hat?" Oder: „(Name des Kindes), hast du verstanden, was (Name des anderen Kindes) gesagt hat?" Falls das Kind die Frage bejaht: „Könntest du es mir dann noch einmal kurz erklären? Ich habe es nämlich nicht verstanden."

- Es ist möglich die Kinder durch kleine Denkanstöße zum Um- oder Weiterdenken zu animieren und gleichzeitig das Gespräch untereinander erneut anzuregen (insbesondere, wenn die Kinder eine starke Rückversicherung bei der Interviewerin suchen). Dies kann beispielsweise durch kurze Aussagen geschehen, wie: „Besprich das mit deinem Nachbarn!" oder „Versucht euch gegenseitig zu helfen!".
- Wenn die Kinder nicht weiter wissen, sollte ihnen schrittweise geholfen werden. Dabei können die erstellten Hilfekarten für jedes Arbeitsblatt eingesetzt werden.

Während der gemeinsamen Besprechung sollte die Interviewerin beachten:

- Die Interviewerin kann auch eine Erkenntnis, die sie aus den Aussagen der Kinder vermutet, als Frage öffentlich machen („Das heißt, für dich ist ... richtig, weil …"). Hier kann dann auch von der Interviewerin ein Fehler eingebaut werden, sodass die Kinder dazu angeregt werden, ihre Vermutung noch einmal mit anderen Worten zu erklären. Ebenfalls kann die Interviewerin das andere Kind fragen, ob und wie er es verstanden hat. Sie kann das andere Kind anregen Aussagen des anderen Kindes mit einem „Wie bist du darauf gekommen?" zu hinterfragen.
- Die Interviewerin sollte sich bei den Aufgaben anhand der Vorbesprechung immer selbst über folgende Aspekte bewusst sein:
    - Was können die Kinder alles beschreiben?
    - Welche beschriebenen Phänomene könnten erklärt werden? Aber konkret welches Phänomen soll später erklärt werden?
    - Wann bin ich mit der Beschreibung zufrieden und gehe zu der nächsten Aufgabe über?
    - Welche Beschreibungen sind für die anschließende Erklärung wichtig?
    - Was genau soll die Erklärung beinhalten und wann ist die Erklärung für mich zufriedenstellend?
- Es ist wichtig, dass die Interviewerin bei den zu beschreibenden Aspekten immer genau fragt, was die Kinder alles beobachtet haben. Die Kinder sollen also angeregt werden, möglichst genau zu beschreiben, was ihnen auffällt. Es können sich hierfür auch manchmal genauere Nachfragen eignen: „Was verändert sich denn genau?" / „Und wie verändert es sich?" / „Was bleibt gleich?" / „Welchen Trick hat das Kind x benutzt?"

- Es ist wichtig, dass die Interviewerin immer wieder nach dem „Warum?“ fragt. So sollen die Kinder angeregt werden, ihre Vermutungen oder Erkenntnisse zu erklären.
- Reformulierungen seitens der Interviewerin eignen sich auch bei der Besprechung sehr gut, wenn das Kind etwas auf Türkisch zur Interviewerin äußert, aber dabei einzelne Wörter auf Deutsch nutzt. Dies kann die Interviewerin dann auf Türkisch reformulieren und es könnte sein, dass das Kind die angebotene Formulierung auf Türkisch später für die eigene Formulierung nutzt.

C. Arbeitsblatt 1A und die Hilfekarten

Blatt 1A

Aufgabe 1

Samira sollte die Zahlenmauer ausfüllen und hat es so gemacht:

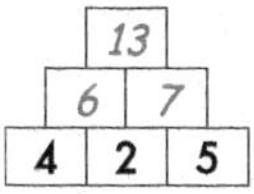

Beschreibe: Wie rechnet man in einer Zahlenmauer?

Kannst du selbst Zahlenmauern ausfüllen?

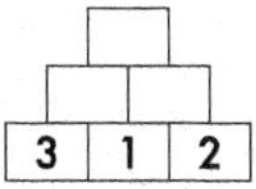

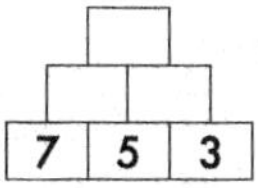

Aufgabe 2

Schau mal, von Zahlenmauer zu Zahlenmauer verändert sich etwas:

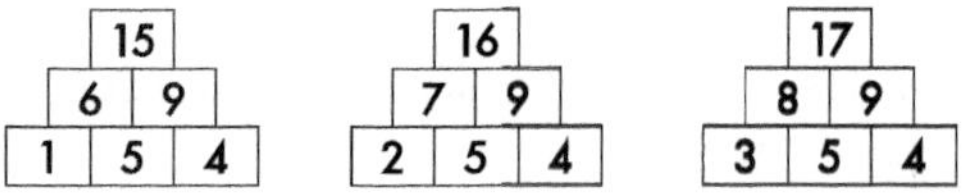

Beschreibe: Was fällt dir an den Zahlenmauern auf?

____

____

____

____

Wie müsste denn nun die nächste Zahlenmauer aussehen?

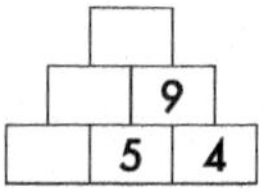

Erkläre: Warum wird der oberste Stein von Zahlenmauer zu Zahlenmauer immer um 1 größer?

____

____

____

____

Aufgabe 3

Schau mal, von Zahlenmauer zu Zahlenmauer verändert sich wieder etwas:

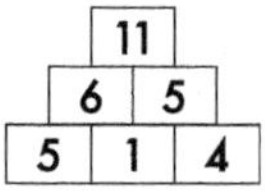

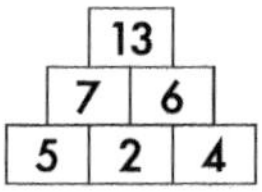

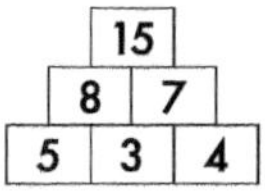

Beschreibe: Was hat sich verändert?

____

____

____

____

Wie müsste denn nun die nächste Zahlenmauer aussehen?

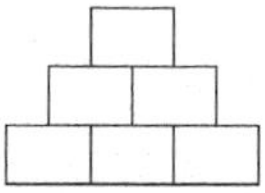

Erkläre: Warum wird der oberste Stein von Zahlenmauer zu Zahlenmauer immer um 2 größer?

___

___

___

___

Hilfekarte 1 für Aufgabenteil 3 der Aufgabe 2

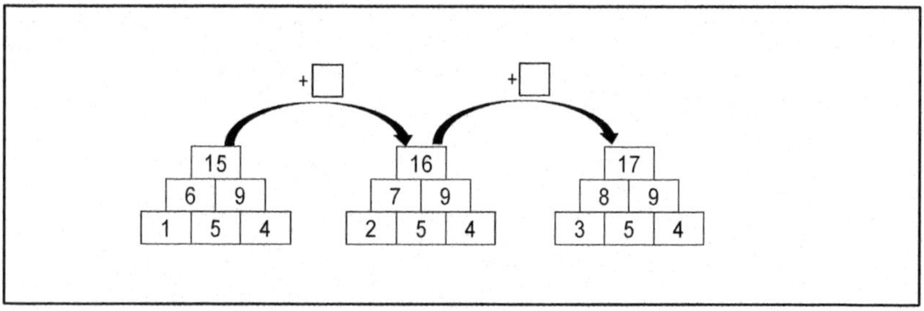

Hilfekarte 2 für Aufgabenteil 3 der Aufgabe 2

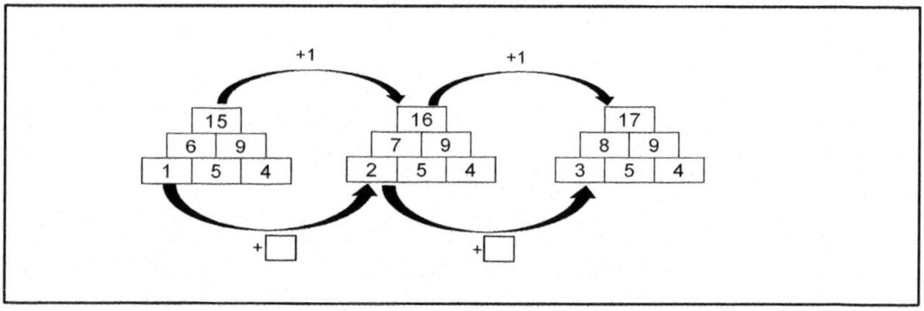

Hilfekarte 3 für Aufgabenteil 3 der Aufgabe 3

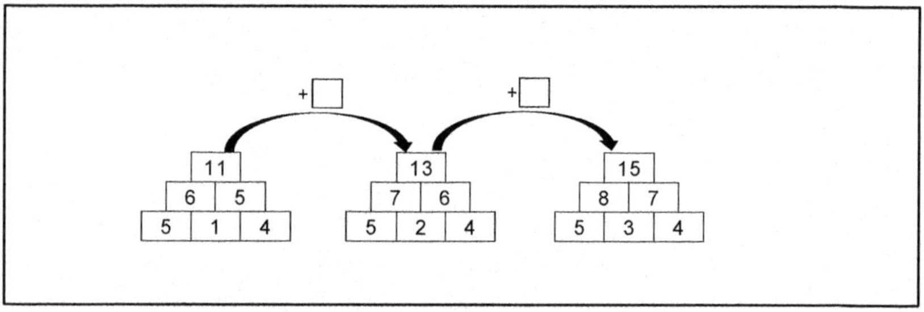

Hilfekarte 4 für Aufgabenteil 3 der Aufgabe 3

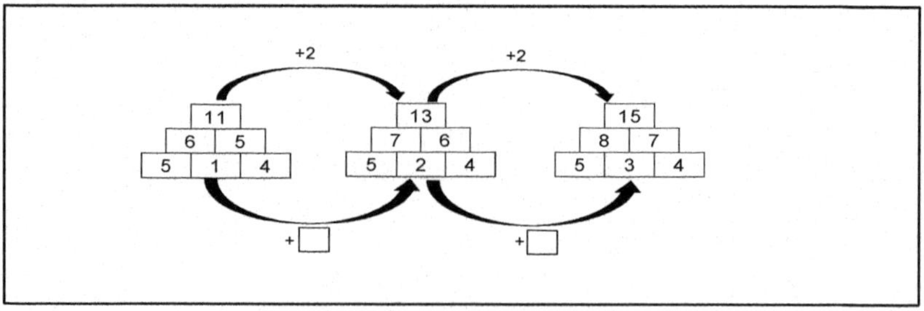

D. Transkripte zum mathematischen Kontext „Zahlenfolgen in Zahlenmauern“

Transkript von Kemal und Melis, 1. Klasse

Aufgabenblatt: 1A Aufgabe: 2 Lernende: Kemal (K) aus der Klasse 1B und Melis (M) aus der Klasse 1B Interviewerin: Selma (S)

Turn	Sprecher	Äußerung
Die Kinder bearbeiten das türkischsprachige Arbeitsblatt (AB) für Aufgabe 1. Für Aufgabe 2 bekommen sie erneut das türkischsprachige AB. Selma liest die Aufgabenstellung laut vor (Übersetzung: „Schau mal, von Zahlenmauer zu Zahlenmauer verändert sich etwas. Beschreibe: Was fällt dir an den Zahlenmauern auf?“).		
1 (07:00)	Selma	şimdi- *(nimmt AB1 vom Tisch)* bakın şimdi- *(legt AB2 auf den Tisch und schiebt es vor die Kinder)* jetzt- *(nimmt AB1 vom Tisch)* schaut jetzt- *(legt AB2 auf den Tisch und schiebt es vor die Kinder)*
2	Kemal	kim- #ehm# *(hält den rechten Zeigefinger auf den oberen Teil von AB2)* wer- #ehm# *(hält den rechten Zeigefinger auf den oberen Teil von AB2)*
3	S	#bu# sayı piramidinde- *(Fingerspitzen liegen am rechten Seitenrand)* #bei dieser# Zahlenmauer- *(Fingerspitzen liegen am rechten Seitenrand)*
4	K	kim buraları ama doldurmuş´ *(führt Stift entlang der drei oberen Zahlenmauer (ZM) auf AB2; setzt ihn dabei auf die obere ZM1 und ZM2 auf AB2)* wer hat aber die hier ausgefüllt´ *(führt Stift entlang der drei oberen Zahlenmauer (ZM) auf AB2; setzt ihn dabei auf die obere ZM1 und ZM2 auf AB2)*
5	S	onu ben *(hält die linke Hand mit ausgestreckten Fingern hoch)* yaptım. bakın şimdi- *(zieht linke Hand weg und setzt rechten Zeigefinger auf die freie Stelle über ZM1; beginnt die Aufgabenstellung bei Aufgabe2 vorzulesen)* sayı piramidinden sayı piramidine bir şeyler değişiyor *(springt mit Zeigefinger auf die freie*

		Stelle über ZM2 und dann auf die freie Stelle über ZM3). sayı piramidinden sayı piramidine bir şeyler değişiyor *(wiederholt Zeigebewegung an den drei ZM)* tarif et, bu sayı piramitlerinde dikkatini ne çekiyor' *(schaut die Kinder an)* das habe ich *(hält die linke Hand mit ausgestreckten Fingern hoch)* gemacht. schaut jetzt- *(zieht linke Hand weg und setzt rechten Zeigefinger auf die freie Stelle über ZM1; beginnt die Aufgabenstellung bei Aufgabe 2 vorzulesen)* von Zahlenmauer zu Zahlenmauer verändert sich etwas *(springt mit Zeigefinger auf die freie Stelle über ZM2 und dann auf die freie Stelle über ZM3).* von Zahlenmauer zu Zahlenmauer verändert sich etwas *(wiederholt Zeigebewegung an den drei ZM)* beschreibe, was fällt dir bei diesen Zahlenmauern auf' *(schaut die Kinder an)*
6	K	ehm sen- *(stützt Ellenbogen am Tisch ab und hält Stift in der geschlossen Hand; bewegt Hand in Richtung von S)* yani (bi daha?)- (yarımını?) okurken- *(hält Stift über den drei ZM)* şey geldi #₁bak- *(tippt mit dem Stift mehrmals auf ZM1)* bak on beş on altı on yedi *(setzt Stift auf den obersten Stein von ZM1 und verschiebt ihn dann zum obersten Stein von ZM2 und dann zum obersten Stein von ZM3).#₁* ehm du- *(stützt Ellenbogen am Tisch ab und hält Stift in der geschlossen Hand; bewegt Hand in Richtung von S)* also (noch mal?)- (die Hälfte?) als (du) gelesen hast- *(hält Stift über den drei ZM)* ist Dings gekommen #₁schau- *(tippt mit dem Stift mehrmals auf ZM1)* schau Fünfzehn Sechzehn Siebzehn *(setzt Stift auf den obersten Stein von ZM1 und verschiebt ihn dann zum obersten Stein von ZM2 und dann zum obersten Stein von ZM3).#₁*
7	Melis	#₁ah anladım#₁ *(stützt rechten Ellenbogen auf den Tisch und ihren Kopf auf ihre Hand) (leise)* ben de #₁ah ich habe es verstanden#₁ *(stützt rechten Ellenbogen auf den Tisch und ihren Kopf auf ihre Hand) (leise)* ben de

8	S	siz birbirinizle konuşun *(steht auf; hält die Hand in die Richtung von den Kindern)* #2ben birazdan geliyorum.#2 *(entfernt sich vom Tisch)* sprecht ihr miteinander *(steht auf; hält die Hand in die Richtung von den Kindern)* #2ich komme gleich.#2 *(entfernt sich vom Tisch)*
9	M	#2burda da bir iki üç#2 *(setzt Zeigefinger nacheinander unter die linken unteren Steine der drei ZM).* #2und hier Eins Zwei Drei#2 *(setzt Zeigefinger nacheinander unter die linken unteren Steine der drei ZM).*
10	K	yani- *(hält Stift über ZM1)* ah evet *(setzt Stift auf ZM2)* bak burda da *(verschiebt Stift unter die zweite Reihe von ZM3)* hepsi burda aynı- *(verschiebt Stift entlang der zweiten Reihen der drei ZM, von rechts nach links, zu ZM1)* burda- *(bewegt Stift unter der zweiten Reihe von ZM1 hin und her)* #3altı yed-#3 *(hält den Stift nacheinander auf die linken mittleren Steine von ZM1 und ZM2)* also- *(hält Stift über ZM1)* ah ja *(setzt Stift auf ZM2)* schau auch hier *(verschiebt Stift unter die zweite Reihe von ZM3)* alle sind hier gleich- *(verschiebt Stift entlang der zweiten Reihen der drei ZM, von rechts nach links, zu ZM1)* hier- *(bewegt Stift unter der zweiten Reihe von ZM1 hin und her)* #3Sechs Sieb-#3 *(hält den Stift nacheinander auf die linken mittleren Steine von ZM1 und ZM2)*
11	M	#3beşler hep#3 ortada- *(legt den Zeigefinger nacheinander auf die mittleren unteren Steine der drei ZM)* #4dörtler hep en sonda *(hält den Finger nacheinander unter die drei ZM, von rechts nach links; stützt Kopf auf Hand ab)*#4 #3die Fünfen (sind)[2] immer#3 in der Mitte- *(legt den Zeigefinger nacheinander auf die mittleren unteren*

[2] Im Türkischen wird das Verb „olmak“ [~sein] nur in einigen Fällen durch eine Markierung (d.h. durch das Anhängen eines Suffixes) verwendet. In der dritten Person Singular

		Steine der drei ZM) #4 die Vieren sind immer am Ende *(hält den Finger nacheinander unter die drei ZM, von rechts nach links; stützt Kopf auf Hand ab)*#4
12	K	#4ve her yerde de#4 ehm dokuz var *(streicht mit dem Stift über den rechten mittleren Stein von ZM1).* #4und überall#4 ehm gibt es Neun *(streicht mit dem Stift über den rechten mittleren Stein von ZM1).*
13 (07:46)	M	*(leiser)* evet *(leiser)* ja
14	K	yani çok aynı var. also gibt es viel gleich.
15	M	ve- on beş, o- on altı on yedi *(legt den Zeigefinger nacheinander auf die obersten Steine der drei ZM)* .. bu da var. und- Fünfzehn, Z- Sechzehn Siebzehn *(legt den Zeigefinger nacheinander auf die obersten Steine der drei ZM)* .. das gibt es auch.
16	K	... mh evet. sadece ben onu fark ettim. *(zu Melis)* sen’ *(schaut durch den Raum)* ... mh ja. ich habe nur das gemerkt. *(zu Melis)* du’ *(schaut durch den Raum)*
17	M	neyi’ was’
18	K	hm- *(lacht)* dinlemiyon mu beni’ *(schaut unter den Tisch)* hm- *(lacht)* hörst du mir nicht zu’ *(schaut unter den Tisch)*
19	M	*(lacht)*

wird ganz darauf verzichtet. An dieser Stelle wurde aus diesem Grund in der deutschen Übersetzung das Prädikat „sind“ in Klammern notiert.

20	K	*(streckt Arm an den Tischrand und umfasst den Tischhaken an der Seite)* diyorum bu biraz büyük (bir tane?) Ranzen için. *(streckt Arm an den Tischrand und umfasst den Tischhaken an der Seite)* ich sage das ist etwas groß für (einen?) Ranzen.
21	M	*(beugt sich auch etwas runter, um den Tischhaken zu betrachten)*
22	K	*(unverständlich)*
23	S	*(steht hinter der Kamera)* siz- *(steht hinter der Kamera)* ihr-
24	M	*(beugt sich zur anderen Tischseite, um den anderen Tischhaken zu sehen)*
25	S	yine sorunuza bakın. schaut wieder auf eure Frage.
26	M	*(lacht; setzt sich wieder gerade hin)*
27	K	bak- *(legt den Stift auf den obersten Stein von ZM1)* Fünfzehn Sechzehn Siebzehn *(legt den Stift nacheinander auf die obersten Steine der drei ZM)* varya- yani on beş on altı on yedi *(wiederholt Zeigebewegung an den drei ZM)* burda altı yedi *(lachend)* sekiz *(legt den Stift nacheinander auf die linken mittleren Steine der drei ZM)* schau- *(legt den Stift auf den obersten Stein von ZM1)* Fünfzehn Sechzehn Siebzehn *(legt den Stift nacheinander auf die obersten Steine der drei ZM)* es gibt ja- also Fünfzehn Sechzehn Siebzehn *(wiederholt Zeigebewegung an den drei ZM)* hier Sechs Sieben *(lachend)* Acht *(legt den Stift nacheinander auf die linken mittleren Steine der drei ZM)*
28	M	*(nickt mehrmals schnell; lacht)*
29	K	*(lacht)* burda dokuz dokuz- dokuz *(legt den Stift nacheinander auf die rechten mittleren Steine der drei ZM)*. burda bir iki üç *(legt den Stift nacheinander auf die linken unteren Steine der drei ZM)* burda beş dört- *(legt den Stift nacheinander auf den mittleren unteren und dann auf den rechten unteren Stein von ZM3)*

		burda beş dört *(wiederholt Zeigebewegung an ZM2)* burda beş dört *(wiederholt Zeigebewegung an ZM3).* *(lacht)* hier Neun Neun- Neun *(legt den Stift nacheinander auf die rechten mittleren Steine der drei ZM).* hier Eins Zwei Drei *(legt den Stift nacheinander auf die linken unteren Steine der drei ZM)* hier Fünf Vier- *(legt den Stift nacheinander auf den mittleren unteren und dann auf den rechten unteren Stein von ZM3)* hier Fünf Vier *(wiederholt Zeigebewegung an ZM2)* hier Fünf Vier *(wiederholt Zeigebewegung an ZM3).*
30	M	evet. şimdi bitirdik. *(schaut zu S, hinter die Kamera und lächelt dabei)* ja. jetzt haben wir es fertig gemacht. *(schaut zu S, hinter die Kamera und lächelt dabei)*
31	S	#tamam# #in Ordnung#
32	K	#*(lacht)* plötzlich# machst du mit-
33	S	dikkatinizi ne çekti sizin çocuklar' *(setzt sich wieder an den Tisch)* was ist euch aufgefallen Kinder' *(setzt sich wieder an den Tisch)*
34 (08:41)	M	ehm- hepsinde burda bir iki üç *(setzt Zeigefinger nacheinander unter die linken mittleren Steine der drei ZM).* bir de ortada da hep beş olması *(setzt Zeigefinger nacheinander unter die mittleren unteren Steine der drei ZM)* en sonda da dört olması *(setzt Zeigefinger unter den rechten unteren Stein von ZM1 und hält den Zeigefinger dann kurz auf ZM3; schaut Selma an; stützt Ellenbogen auf den Tisch).* ehm- bei allen hier Eins Zwei Drei *(setzt Zeigefinger nacheinander unter die linken mittleren Steine der drei ZM).* und dass in der Mitte immer Fünf ist *(setzt Zeigefinger nacheinander unter die mittleren unteren Steine der drei ZM)* und dass ganz am Ende Vier ist *(setzt Zeigefinger unter den rechten unteren Stein von ZM1 und hält den Zeigefinger dann kurz auf ZM3;*

		schaut Selma an; stützt rechten Ellenbogen auf den Tisch).
35	K	*(öffnet und schließt Mund, sodass Schmatzgeräusche entstehen)*
36	S	mhm[3]- *(dreht AB2 zu sich; streckt Hand zu K)* kalemi alabilir miyim' mhm- *(dreht AB2 zu sich; streckt Hand zu K)* darf ich den Stift nehmen'
37	M	*(lacht)*
38	K	*(reicht den Stift an S)* (dut?) *(reicht den Stift an S)* (halte?)
39	S	*(nimmt Stift)* teşekkür ederim. *(hält Stift über den drei oberen ZM auf AB2)* şimdi- ne yazıyorum' burda hep bir iki üç mü yazıyorum' *(hält Stift zwischen ZM1 und ZM2?)* *(nimmt Stift)* danke schön. *(hält Stift über den drei oberen ZM auf AB2)* jetzt- was schreibe ich auf' schreibe ich hier immer Eins Zwei Drei' *(hält Stift zwischen ZM1 und ZM2?)*
40	M	evet. ja.
41	S	*(führt Stift etwas runter zur ersten Antwortzeile)*
42	K	*(Arme liegen verschränkt auf dem Tisch)* burda yani on beş. *(Arme liegen verschränkt auf dem Tisch)* hier also Fünfzehn.
43	S	yani' also'
44	K	yukarıda on beş. oben Fünfzehn.
45	S	hep bir iki üç *(während sie spricht notiert sie den ersten Teil des Antwortsatz auf Türkisch: „hep 1, 2,*

[3] „mhm“ wird hier als bejahender Laut gedeutet.

		3," [~immer 1, 2, 3]) başka' bunlara- *(hält den Stift nacheinander auf den mittleren unteren Stein der drei ZM)* ortada- #ne demiştiniz'# immer Eins Zwei Drei *(während sie spricht notiert sie den ersten Teil des Antwortsatz auf Türkisch: „hep 1, 2, 3," [~immer 1, 2, 3])* was noch' zu diesen- *(hält den Stift nacheinander auf den mittleren unteren Stein der drei ZM)* in der Mitte- #was hattet ihr gesagt'#
46	K	#hep-# #immer-#
47	M	*(diktiert den Rest des Antwortsatzes)* hep beş beş beş. *(diktiert den Rest des Antwortsatzes)* immer Fünf Fünf Fünf.
48	S	*(schreibt den Antwortsatz weiterhin auf Türkisch auf; „hep 5, 5, 5 " [~immer 5, 5, 5]; (6 sec))*
49	K	hep beş. immer Fünf.
50	S	ortada. *(ergänzt das türkische Wort „ortada"[~in der Mitte] am Ende des Antwortsatzes)* başka' *(dreht AB2 zu den Kindern)* in der Mitte. *(ergänzt das türkische Wort „ortada"[~in der Mitte] am Ende des Antwortsatzes)* was noch' *(dreht AB2 zu den Kindern)*
51	M	en sonda da hep dört, dört dört. und ganz am Ende immer Vier, Vier Vier.
52	S	*(notiert den Antwortsatz weiterhin auf Türkisch: „en sonda da hep 4, 4, 4" [~und ganz am Ende (ist) immer 4, 4, 4]) (leise während des Schreibens)* #en sonda da-# *(schreibt zu Ende)* *(notiert den Antwortsatz weiterhin auf Türkisch: „en sonda da hep 4, 4, 4" [~und ganz am Ende (ist) immer 4, 4, 4]) (leise während des Schreibens)* #und ganz am Ende-# *(schreibt zu Ende)*
53 (09:26)	K	#ve- ve# yukarıda da hep on beş on altı on yedi. *(schaut Selma*

		an; formt die linke Hand zur Faust; stützt den linken Ellenbogen auf den Tisch; bringt die linke Hand an seine Stirn) #und- und# und oben immer Fünfzehn Sechzehn Siebzehn. *(schaut Selma an; formt die linke Hand zur Faust; stützt den linken Ellenbogen auf den Tisch; bringt die linke Hand an seine Stirn)*
54	S	*(schreibt den Antwortsatz weiterhin auf Türkisch auf: „ve yukarıda da 15, 16, 17" [~und oben 15, 16, 17]; (10 sec)) (spricht während sie schreibt)* ve yukarıda da- *(schreibt den Antwortsatz weiterhin auf Türkisch auf: „ve yukarıda da 15, 16, 17" [~und oben 15, 16, 17]; (10 sec)) (spricht während sie schreibt)* und und oben-
55	K	*(diktiert den Antwortsatz)* hep on beş on altı on yedi. *(diktiert den Antwortsatz)* immer Fünfzehn Sechzehn Siebzehn.
56	S	*(schreibt weiter)* on beş on altı on yedi *(dreht AB2 zu den Kindern)* *(schreibt weiter)* Fünfzehn Sechzehn Siebzehn *(dreht AB2 zu den Kindern)*
57	M	*(leiser)* bittik. *(leiser)* wir sind fertig.
58	S	tamam- şimdi bir sonra ki sayı piramidi, nasıl olmalı' in Ordnung- jetzt die nächste Zahlenmauer, wie müsste sie sein'
59	K	*(gestikuliert Pharaonentanz, indem er seinen Arm senkrecht zu seinem Körper hält, seinen Unterarm senkrecht zu seinem Oberarm und seine flache Hand parallel zum Boden)*
60	S	bunlardan sonraki- *(legt den Zeigefinger nacheinander auf die drei ZM und tippt dann ZM4 auf dem unteren Teil von AB2 an)* die nach diesen- *(legt den Zeigefinger nacheinander auf die drei ZM und tippt dann ZM4 auf dem unteren Teil von AB2 an)*

61	K	ehm
62	M	buraya dört gelmesi gerekiyor *(setzt rechten Zeigefinger auf den linken unteren Stein von ZM4)* hier muss Vier hinkommen *(setzt rechten Zeigefinger auf den linken unteren Stein von ZM4)*
63	S	*(schließt den Deckel des Stiftes und legt ihn neben AB2)*
64	M	buraya da yedi *(setzt linken Zeigefinger auf den linken mittleren Stein von ZM4).* und hier Sieben *(setzt linken Zeigefinger auf den linken mittleren Stein von ZM4).*
65	S	#birbirinizle konuşun# #sprecht miteinander#
66	M	#buraya da# on sekiz *(legt den Zeigefinger auf den obersten Stein von ZM4)* #und hierhin# Achtzehn *(legt den Zeigefinger auf den obersten Stein von ZM4)*
67	S	nedenlerini konuşun- neden öyle yani' besprecht die Gründe- warum ist das also so'
68	K	mh *(leise)* bir dakika- *(lauter)* sadece burda şey- *(streicht mit dem Finger mehrmals über den obersten und den rechten mittleren Stein? von ZM4)* burda bak- beş artı dört *(tippt den mittleren und rechten unteren Stein von ZM4 an und dann den rechten mittleren) (leiser)* şey ediyor- buraya da *(öffnet Stiftdeckel)* mh *(leise)* Moment mal- *(lauter)* nur hier Dings- *(streicht mit dem Finger mehrmals über den obersten und den rechten mittleren Stein? von ZM4)* hier schau- Fünf plus Vier *(tippt den mittleren und rechten unteren Stein von ZM4 an und dann den rechten mittleren) (leiser)* macht Dings- hier auch *(öffnet Stiftdeckel)*
69	M	*(legt den Zeigefinger auf die freie Stelle neben dem linken unteren Stein von ZM4)* #dört# *(legt den Zeigefinger auf die freie Stelle neben dem linken unteren Stein von ZM4)* #Vier#

70	K	#bir dakika# *(zieht AB2 etwas mehr nach rechts, von M weg)* ya da- ehm- şim- #Moment mal# *(zieht AB2 etwas mehr nach rechts, von M weg)* oder- ehm- jet-
71	S	birbirinizle konuşun. sprecht miteinander.
72 (10:19)	M	*(hält Zeigefinger immer noch an der freien Stelle neben dem linken unteren Stein von ZM4)* buraya dört #$_1$yap#$_1$. *(hält Zeigefinger immer noch an der freien Stelle neben dem linken unteren Stein von ZM4)* mach hierhin #$_1$Vier.#$_1$
73	K	#$_1$(şimdi?)#$_1$ buraya dört yapsam *(schreibt die Zahl „4" in den linken unteren Stein von ZM4)* #$_1$(jetzt?)#$_1$ wenn ich hier Vier machen würde *(schreibt die Zahl „4" in den linken unteren Stein von ZM4)*
74	M	ama dört #$_2$olsa#$_2$, aber wenn es Vier #$_2$wäre#$_2$,
75	K	#$_2$gine-#$_2$ #$_2$wieder-#$_2$
76	M	iki kere dört olur würde es zweimal Vier sein
77	K	eh ayh- şimdi yine dokuz yazmalıyım *(schreibt die Zahl „9" in den linken mittleren Stein von ZM4)* leider. *(lacht)* eh ayh[4]- jetzt muss ich wieder Neun schreiben *(schreibt die Zahl „9" in den linken mittleren Stein von ZM4)* leider. *(lacht)*

[4] Im Türkischen wird der Laut „ayh" üblicherweise in Situationen verwendet, in denen etwas „falsch" läuft oder wenn etwas Unerwartetes passiert.

78	M	*(lacht)*
79	K	das ist Neunzehn *(setzt den Stift an den obersten Stein von ZM4)*. oder- warte- *(zieht die Hand von AB2 weg und schließt den Deckel)* ich rechne mal aus- bir işe gidiyorum ben. *(legt den Stift; schaut geradeaus)(im Flüsterton)* Neunzehn, Elf, Zwölf, Dreizehn, Vierzehn, Fünfzehn, Sechzehn, Siebzehn, Achtzehn *(streckt nacheinander die Finger seiner rechten Hand aus und dann nacheinander vier Finger seiner linken Hand)* das ist Neunzehn *(setzt den Stift an den obersten Stein von ZM4)*. oder- warte- *(zieht die Hand von AB2 weg und schließt den Deckel)* ich rechne mal aus- zu einer Arbeit gehe ich. *(legt den Stift; schaut geradeaus)(im Flüsterton)* Neunzehn, Elf, Zwölf, Dreizehn, Vierzehn, Fünfzehn, Sechzehn, Siebzehn, Achtzehn *(streckt nacheinander die Finger seiner rechten Hand aus und dann nacheinander vier Finger seiner linken Hand)*
80	M	*(während K rechnet, nimmt M den Stift)*
81	K	*(nimmt den Stift aus M's Hand)*
82	M	*(leise)* (ben anlamam sen yaz?) *(leise)* (ich versteh nicht schreib du?)
83	S	neymiş' was wäre es'
84	K	*(öffnet Stiftdeckel)*
85	S	dur bir dakika- Kemal- söyle bir önce s- $\#_1$sonucu.$\#_1$ warte Moment mal- Kemal- sag erst mal die L- $\#_1$Lösung.$\#_1$
86	M	$\#_1$on sekiz$\#_1$ $\#_1$Achtzehn$\#_1$
87	K	$\#_2$tam ben$\#_2$ $\#_2$genau ich$\#_2$
88	S	$\#_2$neden'$\#_2$ $\#_2$warum'$\#_2$

89	K	çünkü dokuz a- weil Neun a-
90	M	sınıfımızda öğrendik- dokuz artı dokuz- $\#_1$(eşit?)$\#_1$ wir haben es in unserer Klasse gelernt- Neun plus Neun- $\#_1$(gleich?)$\#_1$
91	K	$\#_1$eşit-$\#_1$ $\#_1$gleich-$\#_1$
92	M	on dok- $\#_2$eşittir on dokuz$\#_2$ oldu. Neunzeh- $\#_2$gleich Neunzehn$\#_2$ ist geworden.
93	K	$\#_2$ah evet $\#_2$ *(nickt)* $\#_2$ah ja $\#_2$ *(nickt)*
94 (11:01)	S	on sekiz evet. Achtzehn ja.
95	M	yani #on sekiz# *(schüttelt Kopf)*. also #Achtzehn# *(schüttelt Kopf)*.
96	K	#ben demin# rechnen yaptım *(schreibt die Zahl 18 in den obersten Stein von ZM4)* #ich habe eben# rechnen gemacht *(schreibt die Zahl 18 in den obersten Stein von ZM4)*
97	S	*(leise)* tamam *(leise)* in Ordnung
98	K	*(schreibt weiterhin die oberste Zahl von ZM4)* (burdaki?) şunu da böyle yapıyım- heh. *(leise)* #(oldu?)# *(schreibt weiterhin die oberste Zahl von ZM4)* (dieses hier?) und das lass mich so machen- heh[5]. *(leise)* #(hat geklappt?)#
99	S	#çok güzel#

[5] Im Türkischen wird der Laut „heh“ meistens dann geäußert, wenn etwas gelungen ist.

		#sehr schön#
100	K	*(versucht den Deckel des Stiftes auf der falschen Seite zu schließen)* ayh- kalemin içini buraya sokcaktım. *(lacht)* *(versucht den Deckel des Stiftes auf der falschen Seite zu schließen)* ayh- ich hätte das Innere des Stiftes hier reingesteckt. *(lacht)*
101	S	*(lacht) (leiser)* bir şey olmaz. *(lacht) (leiser)* macht nichts.
102	K	*(schließt Deckel)*
103	S	*(nimmt AB2 und legt das türkischsprachige AB3 vor die Kinder)* çok güzel yaptınız. #peki-# *(nimmt AB2 und legt das türkischsprachige AB3 vor die Kinder)* sehr schön habt ihr das gemacht. #und-#
104	M	#(şimdi burda *(öffnet die rechte Handfläche und hält die rechte Hand in die Richtung des AB3)* ne yapcaz?)# #(was machen wir jetzt hier? *(öffnet die rechte Handfläche und hält die rechte Hand in die Richtung des AB3)*#
105	S	açıklayın bakalım *(legt AB2 über AB3 so, dass die Aufgabenstellung von AB3 direkt unter ZM4 auf AB2 liegt; liest die dritte Frage bei Aufgabe 2 vor)* neden en üstteki taş, sayı piramidinden sayı piramidine, hep bir *(streckt Zeigefinger aus)* fazla oluyor’ erklärt mal *(legt AB2 über AB3 so, dass die Aufgabenstellung von AB3 direkt unter ZM4 auf AB2 liegt; liest die dritte Frage bei Aufgabe 2 vor)* warum ist der oberste Stein, von Zahlenmauer zu Zahlenmauer, immer um eins *(streckt Zeigefinger aus)* größer’
106	M	#mh#
107	K	#burda mı’# *(hält den Zeigefinger erst auf ZM1)* hep- *(bewegt Finger dann zu ZM2)* #hier’# *(hält den Zeigefinger erst auf ZM1)* immer- *(bewegt Finger dann zu ZM2)*

108	S	en üstteki *(setzt Zeigefinger neben den obersten Stein von ZM1)* der ganz oben *(setzt Zeigefinger neben den obersten Stein von ZM1)*
109	K	evet hep bir fa- ja immer eins me-
110	S	*(springt mit dem Finger nacheinander auf die obersten Steine der vier ZM auf AB2)*
111	K	ehm bir çok çünkü, burda sayılar ehm- *(führt Stift entlang der drei oberen ZM auf AB2)* yazıyor için- #(yanlış çıkıyor?)# ehm weil Eins ist viel, weil hier die Zahlen ehm- *(führt Stift entlang der drei oberen ZM auf AB2)* stehen- #(kommt es falsch heraus?)#
112	M	#hep değiştiği için.# #weil es sich immer verändert.#
113	S	*(hält den rechten Zeigefinger in die Richtung von den Kindern)* birbirinizle konuşun. *(hält den rechten Zeigefinger in die Richtung von den Kindern)* sprecht miteinander.
114	K	#yanlış-# #falsch-#
115	M	#her zaman# değiştiği için. #weil es# sich immer verändert.
116	K	eh evet- hep orda- *(führt Stift über die drei oberen ZM auf AB2)* hep birinde fazlalık oluyor yukarda- eh ja- immer da- *(führt Stift über die drei oberen ZM auf AB2)* bei einem ist immer etwas zu viel oben-
117 (11:45)	M	tekinde tek- en altta sorun *(streckt Arm über den Tisch und hält den rechten Zeigefinger in die Richtung von ZM1).* hep bir iki #₁üç#₁ *(hält den Zeigefinger auf ZM1; bewegt Finger etwas nach rechts, um möglicherweise auf ZM2 zu deuten?)*

		bei einem ein- ganz unten ist das Problem *(streckt Arm über den Tisch und hält den rechten Zeigefinger in die Richtung von ZM1).* immer Eins Zwei #1Drei#1 *(hält den Zeigefinger auf ZM1; bewegt Finger etwas nach rechts, um möglicherweise auf ZM2 zu deuten?)*
118	K	#1(bunlar?)#1 böyle orda yuka- *(streicht mit dem Stift über die zwei mittleren Steine von ZM1, von links nach rechts)* ehm- ortada ki, *(macht mit dem Stift kleine kreisförmige Bewegungen in der Luft)* oluyor. o zaman da ehm hep yukarda fazlalık oluyor *(streicht mit dem Stift entlang der obersten Steine der drei oberen ZM).* çünkü bak *(schlägt mit dem Stift auf den rechten mittleren Stein von ZM1)* burda altı *(schlägt erneut auf den rechten mittleren Stein von ZM1)* yedi *(hält Stift auf ZM2)* sekiz *(hält Stift auf ZM3).* ve bak burda da bir iki üç *(hält Stift nacheinander über die drei ZM)* böyle varya- *(macht mit dem Stift über den drei oberen ZM kreisförmige Bewegungen)* onun için hep yukarda #2fazla oluyor.#2 #1(diese?)#1 so da obe- *(streicht mit dem Stift über die zwei mittleren Steine von ZM1, von links nach rechts)* ehm- der Mittlere, *(macht mit dem Stift kleine kreisförmige Bewegungen in der Luft)* ist es. und dann ehm ist oben immer etwas zu viel *(streicht mit dem Stift entlang der obersten Steine der drei oberen ZM).* weil schau *(schlägt mit dem Stift auf den rechten mittleren Stein von ZM1)* hier Sechs *(schlägt erneut auf den rechten mittleren Stein von ZM1)* Sieben *(hält Stift auf ZM2)* Acht *(hält Stift auf ZM3).* und und guck hier Eins Zwei Drei *(hält Stift nacheinander über die drei ZM)* gibt es ja so- *(macht mit dem Stift über den drei oberen ZM kreisförmige Bewegungen)* deswegen ist es oben #2mehr.#2
119	M	#2anladım ben.#2 #2ich habe verstanden.#2
120	S	anlatın bakalım, bana da anlatın. erklärt mal, erzählt es auch mir.
121	K	mh bak- burda *(hält Stift auf den Anfang der Aufgabenstellung auf AB3) (liest vor)* açı- burda

		yazıyor ya- *(streicht mit dem Stift über die Aufgabenstellung auf AB3) (liest vor)* açı- mh schau- hier *(hält Stift auf den Anfang der Aufgabenstellung auf AB3) (liest vor)* erkl- hier steht ja- *(streicht mit dem Stift über die Aufgabenstellung auf AB3) (liest vor)* erkl-
122	S	*(liest vor)* #1açıkla#1 *(liest vor)* #1erkläre#1
123	M	*(liest vor)* #1açıkla#1 *(liest vor)* #1erkläre#1
124	S	*(liest die dritte Frage bei Aufgabe 2 vor)* neden en üstteki taş #2sayı piramidinden sayı piramidine#2 *(liest die dritte Frage bei Aufgabe 2 vor)* warum (ist) der oberste Stein #2von Zahlenmauer zu Zahlenmauer#2
125	M	#2*(liest die dritte Frage bei Aufgabe 2 vor)* neden en üstteki taş#2 #2*(liest die dritte Frage bei Aufgabe 2 vor)* warum (ist) der oberste Stein#2
126	S	*(liest die dritte Frage bei Aufgabe 2 vor)* hep bir *(hebt Hand mit ausgestrecktem Zeigefinger)* fazla oluyor’ evet *(liest die dritte Frage bei Aufgabe 2 vor)* immer um eins *(hebt Hand mit ausgestrecktem Zeigefinger)* mehr’ ja
127 (12:25)	K	çünkü burda *(berührt mit dem Stift den linken unteren Stein von ZM1 auf AB2)* bir- *(tippt mit dem Stift auf den rechten unteren Stein? von ZM1)* bir beş dört- *(bewegt Stift über der unteren Reihe von ZM1)* iki beş dört- *(hebt und senkt Stift über dem linken und mittleren unteren Stein von ZM2)* üç beş dört *(bewegt Hand über ZM3 und zieht Hand zu sich)* yazıyor ya- weil hier *(berührt mit dem Stift den linken unteren Stein von ZM1 auf AB2)* Eins- *(tippt mit dem Stift auf den rechten unteren Stein? von ZM1)* Eins Fünf Vier- *(bewegt Stift über der unteren Reihe von ZM1)* Zwei

		Fünf Vier- *(hebt und senkt Stift über dem linken und mittleren unteren Stein von ZM2)* Drei Fünf Vier *(bewegt Hand über ZM3 und zieht Hand zu sich)* steht ja-
128	S	evet ja
129	K	o zaman onun için *(führt Stift entlang der unteren Reihen der drei ZM)* orda yukarda- ve ehm- eşit de yukarda- *(führt Stift entlang der obersten Steine der drei ZM)* en yukarda. *(legt den Stift auf den Anfang der dritten Frage bei Aufgabe 2)* dann deswegen *(führt Stift entlang der unteren Reihen der drei ZM)* dort oben- und ehm- und gleich (ist) oben- *(führt Stift entlang der obersten Steine der drei ZM)* ganz oben. *(legt den Stift auf den Anfang der dritten Frage bei Aufgabe 2)*
130	M	*(stützt Kinn auf Tisch ab)*
131	S	.. Melis anladın mı’ .. Melis hast du es verstanden’
132	M	*(nickt)*
133	K	yani ehm burda ki sayılar da *(streicht mit dem Stift über die mittlere Reihe von ZM1; hält den Stift danach erst auf den linken dann auf den rechten mittleren Stein von ZM1)* hep daha çok yapıyor *(legt den Stift nacheinander auf die obersten Steine von den drei ZM)* burda sekiz, yedi altı var ya *(legt den Stift nacheinander auf die linken mittleren Steine der drei ZM, von rechts beginnend)* also ehm auch diese Zahlen hier *(streicht mit dem Stift über die mittlere Reihe von ZM1; hält den Stift danach erst auf den linken dann auf den rechten mittleren Stein von ZM1)* machen immer mehr *(legt den Stift nacheinander auf die obersten Steine von den drei ZM)* es gibt hier ja Acht, Sieben Sechs *(legt den Stift nacheinander auf die linken mittleren Steine der drei ZM, von rechts beginnend)*
134	S	aha- çok güzel. nasıl yazalım onu’ *(greift nach Stift in Kemals Hand)*

		aha- sehr schön. wie sollen wir das aufschreiben’ *(greift nach Stift in Kemals Hand)*
135	K	ehm-
136	S	*(dreht AB3 zu sich)* siz bana tarif edin- neden en üstteki taş hep bir fazla oluyor’ *(dreht AB3 zu sich)* beschreibt ihr mir- warum ist der oberste Stein immer um eins größer’
137	K	çünkü weil
138	M	altta bir iki üç diye. weil unten ist Eins Zwei Drei.
139	K	#çünkü# #weil#
140	S	#mhm# çünkü altta- *(spricht während sie den Anfang des Antwortsatz auf AB3 auf Türkisch aufschreibt: „Çünkü altta bir, iki, üç var“ [~Weil es in unten Eins, Zwei, Drei gibt])* #mhm# weil unten- *(spricht während sie den Anfang des Antwortsatz auf AB3 auf Türkisch aufschreibt: „Çünkü altta bir, iki, üç var“ [~Weil es in unten Eins, Zwei, Drei gibt])*
141	K	*(diktiert den Antwortsatz)* bir iki üç var. *(diktiert den Antwortsatz)* gibt es Eins Zwei Drei.
142	S	altta- *(schreibt weiter)* unten- *(schreibt weiter)*
143	K	*(diktiert weiterhin den Antwortsatz)* bir, iki, üç var. *(diktiert weiterhin den Antwortsatz)* gibt es Eins, Zwei, Drei.
144 (13:20)	S	*(schreibt weiter)* üç. *(schreibt weiter)* Drei.
145	K	*(diktiert weiterhin den Antwortsatz)* var.

		(diktiert weiterhin den Antwortsatz) es gibt.
146	S	çok güzel anlattınız. ihr habt es sehr schön erklärt.
147	K	*(diktiert weiterhin den Antwortsatz)* ve #o zaman#- *(diktiert weiterhin den Antwortsatz)* und #dann#-
148	S	*(leise)* #evet# *(leise)* #ja#
149	K	ehm- *(diktiert weiterhin den Antwortsatz)* yuk- ortada- ehm- *(diktiert weiterhin den Antwortsatz)* ob- in der Mitte-
150	S	*(spricht und schreibt gleichzeitig den nächsten Teil des Antwortsatzes auf Türkisch auf: „ve o zaman ortada altı-dokuz, yedi-dokuz ve sekiz-dokuz var"[~und dann in der Mitte gibt es Sechs-Neun, Sieben-Neun und Acht-Neun])* ve o zaman ortada- ***(spricht und schreibt gleichzeitig den nächsten Teil des Antwortsatzes auf Türkisch auf: „ve o zaman ortada altı-dokuz, yedi-dokuz ve sekiz-dokuz var"[~und dann in der Mitte gibt es Sechs-Neun, Sieben-Neun und Acht-Neun])*** und dann in der Mitte-
151	K	*(diktiert weiterhin den Antwortsatz)* altı dokuz, yedi dokuz, sekiz dokuz var. *(diktiert weiterhin den Antwortsatz)* gibt es Sechs Neun, Sieben Neun, Acht Neun.
152	S	altı- *(schreibt weiter)* Sechs- *(schreibt weiter)*
153	K	.. *(diktiert weiterhin den Antwortsatz)* dokuz. yedi dokuz. .. *(diktiert weiterhin den Antwortsatz)* Neun. Sieben Neun.
154	S	yedi *(schreibt weiter)* Sieben *(schreibt weiter)*
155	K	*(diktiert weiterhin den Antwortsatz)* #dokuz#

		(diktiert weiterhin den Antwortsatz) #Neun#
156	M	*(diktiert weiterhin den Antwortsatz)* #dokuz# *(diktiert weiterhin den Antwortsatz)* #Neun#
157	K	.. *(diktiert weiterhin den Antwortsatz)* ve, sekiz dokuz. .. *(diktiert weiterhin den Antwortsatz)* und, Acht Neun.
158	S	*(leise während sie schreibt)* ve sekiz- *(leise während sie schreibt)* und Acht-
159	M	burda kendimiz yaptığımızda dokuz dokuz *(hält den Zeigefinger auf ZM4).* hier bei der die wir selbst gemacht haben Neun Neun *(hält den Zeigefinger auf ZM4).*
160	K	*(lacht)*
161	S	dokuz var *(schreibt den zweiten Teil des Antwortsatzes zu Ende)* .. *(öffnet die rechte Handfläche und hält sie in Richtung der Kinder)* çok güzel- sizin yaptığınızda da dokuz dokuz. *(spricht und schreibt gleichzeitig die vierte Zeile des Antwortsates auf Türkisch auf: „kendi yaptığımızdada dokuz-dokuz var“[~in der, die wir selbst gemacht haben, gibt es Neun-Neun])* kendi, yaptığım- es gibt Neun *(schreibt den zweiten Teil des Antwortsatzes zu Ende)* .. *(öffnet die rechte Hand und hält sie in Richtung der Kinder)* sehr schön-und das was ihr gemacht Neun Neun. *(spricht und schreibt gleichzeitig die vierte Zeile des Antwortsates auf Türkisch auf: „kendi yaptığımızdada dokuz-dokuz var“[~in der, die wir selbst gemacht haben, gibt es Neun-Neun])* selbst, gemach-
162 (14:01)	K	*(diktiert weiterhin den Antwortsatz)* dört, *(berührt mit der linken Hand die Stirn)* beş. dör- eh *(schüttelt Kopf; schaut auf ZM4 auf AB2)* dört beş dört. *(diktiert weiterhin den Antwortsatz)* Vier, *(berührt mit der linken Hand die Stirn)* Fünf. Vie- eh *(schüttelt Kopf; schaut auf ZM4 auf AB2)* Vier Fünf Vier.

163	S	*(schreibt weiter)*
164	M	*(streckt beide Arme ganz aus)* dokuz dokuz *(stützt den linken Ellenbogen auf den Tisch und ihren Kopf auf ihre Hand).* *(streckt beide Arme ganz aus)* Neun Neun *(stützt den linken Ellenbogen auf den Tisch und ihren Kopf auf ihre Hand).*
165	S	*(schreibt weiter; 3 sec)*
166	M	evet dört beş dört. yazdın' ja Vier Fünf Vier. hast du geschrieben'
167	S	*(schreibt die vierte Zeile des Antwortsatzes zu Ende)*
168	K	ayh- *(lächelt)*
169	S	süper. ne yazıyım başka' super. was soll ich noch schreiben'
170	M	dört beş dört' Vier Fünf Vier'
171	S	*(schaut auf ZM4 auf AB2)*
172	M	*(tippt nacheinander unter die drei unteren Steine von ZM4)*
173	S	he dört beş dört var. *(setzt den Stift zum Schreiben unter die letzte Linie auf AB3 an)* he Vier Fünf Vier gibt es. *(setzt den Stift zum Schreiben unter die letzte Linie auf AB3 an)*
174	K	oraya da yazabilir misin' kannst du auch dahin schreiben'
175	S	yazabilirim fark etmez- dört. beş- *(schreibt die letzte Zeile des Antwortsatzes auf Türkisch auf: „ve dört beş dört" [~und Vier Fünf Vier])* ja kann ich schreiben das ist egal- Vier. Fünf- *(schreibt die letzte Zeile des Antwortsatzes auf Türkisch auf: „ve dört beş dört" [~und Vier Fünf Vier])*
176	M	bu da çok (uzun?) oldu. das ist aber sehr (lang?) geworden.

177	K	olsun egal
178	S	*(lacht)* tamam çok #güzel anlattınız. *(schließt den Stiftdeckel)* çok hoşuma gitti-# *(lacht)* in Ordnung #ihr habt sehr schön erklärt. *(schließt den Stiftdeckel)* das hat mir sehr gefallen-#
Daraufhin bearbeiten die Kinder Aufgabe 3 und entscheiden sich dabei für das türkischsprachige AB.		

1.1. Transkript von Kenan und Aleyna, 1. Klasse

Aufgabenblatt: 1A Aufgabe: 2 Lernende: Kenan (K) aus der Klasse 1B und Aleyna (A) aus der Klasse 1A Interviewerin: Selma (S)

Turn	Sprecher	Äußerung
Die Kinder bearbeiten für Aufgabe 1 das türkischsprachige Arbeitsblatt (AB). Selma legt anschließend das türkische AB2 für Aufgabe 2 auf den Tisch *und liest die Aufgabenstellung laut vor (Übersetzung: „Schau mal, von Zahlenmauer zu Zahlenmauer verändert sich etwas. Beschreibe: Was fällt dir an den Zahlenmauern auf?").*		
1 (02:06)	Selma	*(liest die erste Frage bei Aufgabe 2 vor)* tarif et bu- bu sayı piramitlerinde #dikkatini ne çekiyor#' *(liest die erste Frage bei Aufgabe 2 vor)* beschreibe (an) diesen- was fällt dir #an diesen Zahlenmauern auf#'
2	Aleyna	#ben biliyorum# ben biliyorum *(hebt den Zeigefinger)* burda bir iki üç *(legt den linken Zeigefinger nacheinander auf die linken unteren Steine der drei Zahlenmauern (ZM)).* o zaman beş beş beş *(legt den linken Zeigefinger nacheinander auf die mittleren unteren Steine der drei ZM)* dört dört dört *(legt den linken Zeigefinger erst auf den rechten unteren Stein von ZM1, dann auf den von ZM3, dann auf den von ZM2 und dann erneut auf den von ZM3).* #ich weiß es# ich weiß es *(hebt den Zeigefinger)* hier Eins Zwei Drei *(legt den linken Zeigefinger nacheinander auf die linken unteren Steine der drei Zahlenmauern (ZM)).* dann Fünf Fünf Fünf *(legt den linken Zeigefinger nacheinander auf die mittleren unteren Steine der drei ZM)* Vier Vier Vier *(legt den linken Zeigefinger erst auf den rechten unteren Stein von ZM1, dann auf den von ZM3, dann auf den von ZM2 und dann erneut auf den von ZM3).*
3	S	*(hat sich vom Tisch entfernt)* #siz birbirinizle bir konuşun önce, sonra bana anlatcaksınız# *(hat sich vom Tisch entfernt)* #sprecht ihr erstmal miteinander, dann werdet ihr es mir erzählen#

4	Kenan	*(leise)*#Sechs Sieben Acht# *(legt den rechten Zeigefinger nacheinander auf die linken mittleren Steine der drei ZM)*.
5	A	guck- Eins, Fünf Vier- Zwei Fünf Vier- Drei, Fünf Vier. *(legt den Finger nacheinander auf die entsprechenden unteren Steine der drei ZM)*
6	K	*(etwas leiser)* und hier- *(setzt Zeigefinger auf den obersten Stein von ZM2)* hier mü- *(bewegt Zeigefinger dann schnell auf den unteren Teil des Blattes)* ich weiß- *(zieht Blatt vor sich)* hier müssen wir- *(setzt Zeigefinger unter ZM4 im unteren Teil des Blattes)*
7	A	*(zieht Blatt mehr in die Mitte)* hier müssen wir, *(setzt Zeigefinger unter den linken unteren Stein von ZM4)* einen- *(setzt Ellenbogen auf den Tisch und stützt ihren Kopf mit der Hand; schaut K an)*
8	K	eh- Dreißig.
9	A	was' *(A und K lachen)* hier kommt- *(setzt Zeigefinger unter den linken unteren Stein von ZM4)* was sollen wir hier hinschreiben' *(schaut K an)*
10	K	#Fünfundfünfzig# *(lacht)*
11	A	#Drei'#, Hundert. *(lacht; legt Oberkörper auf den Tisch, ein Arm ausgestreckt)*
12	K	Dreihundert- gute Idee. .. *(unverständlich)*
13	A	*(steht auf, zwischen den zwei Stühlen)* warte- (ist'?) ... *(beugt sich vor K's Ohr und sagt ein? unverständliches Wort; K wendet seinen Kopf ab; A und K lachen)*
14 (02:59)	S	Aleyna sen otur yerine. konuşun birbirinizle. Aleyna setz du dich auf deinen Platz. sprecht miteinander.
15	A	*(setzt sich wieder)* ben bunu buldum- *(zieht ein Blatt unter dem Tisch hervor)* *(setzt sich wieder)* ich habe das gefunden- *(zieht ein Blatt unter dem Tisch hervor)*
16	S	onu bana ver *(nimmt das Blatt und legt es später weg; die Kinder schauen unter den Tisch)* gib mir das *(nimmt das Blatt und legt es später weg; die Kinder schauen unter den Tisch)*
17	K	was ist das' *(schaut zu A)*

18	S	sorunuzu anladınız mı’ *(schiebt das Blatt etwas in die Mitte)* habt ihr eure Aufgabe verstanden’ *(schiebt das Blatt etwas in die Mitte)*
19	K	*(zieht den Tisch an sich heran)*
20	S	#Kenan’# *(schiebt den Tisch in die vorherige Position)*
21	A	*#(unverständlich)# (zieht Blatt in die Mitte des Tisches)*
22	S	sorunuzu anladınız mı’ *(setzt sich)* habt ihr eure Aufgabe verstanden’ *(setzt sich)*
23	A	mhm[6]. burda bir, iki üç *(legt den linken Zeigefinger nacheinander auf die linken unteren Steine der drei ZM).* beş, beş, beş *(legt den linken Zeigefinger nacheinander auf die mittleren unteren Steine der drei ZM).* dört dört dört *(legt den linken Zeigefinger nacheinander auf die rechten unteren Steine der drei ZM).* mhm. hier Eins, Zwei Drei *(legt den linken Zeigefinger nacheinander auf die linken unteren Steine der drei ZM).* Fünf, Fünf, Fünf *(legt den linken Zeigefinger nacheinander auf die mittleren unteren Steine der drei ZM).* Vier Vier Vier *(legt den linken Zeigefinger nacheinander auf die rechten unteren Steine der drei ZM).*
24	S	.. Kenan’
25	K	ve burda beş, beş, beş *(legt den rechten Zeigefinger nacheinander auf die mittleren unteren Steine der drei ZM).* und hier Fünf, Fünf, Fünf *(legt den rechten Zeigefinger nacheinander auf die mittleren unteren Steine der drei ZM).*
26	A	dedim. *(setzt Finger auf den mittleren unteren Stein von ZM1)*

6 „mhm“ wird hier als bejahender Laut gedeutet.

		habe ich gesagt. *(setzt Finger auf den mittleren unteren Stein von ZM1)*
27	S	mhm
28	K	häh nein du hast nicht beş gesagt. häh nein du hast nicht Fünf gesagt.
29	S	#başka dikkatinizi ne çekiyor'# #was fällt euch noch auf'#
30 (03:33)	A	#altı yedi# sekiz. *(hält den linken Zeigefinger nacheinander auf die linken mittleren Steine der drei ZM)* #Sechs Sieben# Acht. *(hält den linken Zeigefinger nacheinander auf die linken mittleren Steine der drei ZM)*
31	S	mhm.
32	A	*(schaut auf ihre Hände unter dem Tisch; zählt mit ihren Fingern unter dem Tisch leise auf Türkisch, um ein türkisches Zahlwort herauszufinden?; 4 sec)*
33	S	başka' was noch'
34	A	*(zählt weiter mit den Fingern unter dem Tisch; 7 sec)* dokuz dokuz dokuz *(hält den linken Zeigefinger nacheinander auf die rechten mittleren Steine der drei ZM)*. *(zählt weiter mit den Fingern unter dem Tisch; 7 sec)* Neun Neun Neun *(hält den linken Zeigefinger nacheinander auf die rechten mittleren Steine der drei ZM)*.
35	S	mhm
36	A	on beş, on- altı, on yedi *(hält den linken Zeigefinger nacheinander auf die obersten Steine der drei ZM)*. Fünfzehn, Zehn- Sechs, *(sinngemäß: Sechzehn)*, Siebzehn *(hält den linken Zeigefinger nacheinander auf die obersten Steine der drei ZM)*.
37	S	yani' dikkatinizi ne çekiyor' *(öffnet den Deckel des Stiftes, den sie in der Hand hält)*

		also’ was fällt euch auf’ *(öffnet den Deckel des Stiftes, den sie in der Hand hält)*
38 (04:03)	A	.. ehm bir iki üçten böyle gel- gidiyo- *(bewegt Finger über den drei ZM, von rechts nach links und wieder zurück)* .. ehm von Eins Zwei Drei kom- geht es- *(bewegt Finger über den drei ZM, von rechts nach links und wieder zurück)*
39	S	*(schreibt und spricht dabei)* bir iki üç böyle gidiyor *(schreibt die Antwort auf Türkisch auf: „1, 2, 3 böyle gidiyor →“ [~1, 2, 3 geht so →.]) (nachdem sie den Pfeil gemalt hat, sagt sie)* böyle yapalım dimi’ gösterdin çünkü *(bewegt Hand in der Luft von links nach rechts)* sağa doğru. *(dreht das Blatt wieder vor die Kinder)* *(schreibt und spricht dabei)* Eins Zwei Drei geht so *(schreibt die Antwort auf Türkisch auf: „1, 2, 3 böyle gidiyor →“ [~1, 2, 3 geht so →.]) (nachdem sie den Pfeil gemalt hat, sagt sie)* lasst es uns so machen oder’ weil du es gezeigt hast *(bewegt Hand in der Luft von links nach rechts)* nach rechts. *(dreht das Blatt wieder vor die Kinder)*
40 (04:26)	A	şimdi burda’ *(setzt Finger unter ZM4)* jetzt hier’ (*setzt Finger unter ZM4)*
41	S	başka ne dikkatinizi çekiyor’ *(schüttelt den Kopf; hält den linken Daumen, Zeigefinger und Mittelfinger hoch)* was fällt euch noch auf’ *(schüttelt den Kopf; hält den linken Daumen, Zeigefinger und Mittelfinger hoch)*
42	A	*(beugt sich über den Tisch und stützt sich an ihren Unterarmen ab; die Kinder betrachten das Blatt; 10 sec)*
43	S	Kenan’
44	A	yok bir şey daha’ es gibt nicht noch etwas’
45	S	... ne dersin Kenan’ sen ne dersin’

		... was sagst (du) Kenan’ was sagst du’
46	K	*(leiser)* bir şey yok. *(leiser)* es gibt nicht etwas.
47	S	tamam. oldu. zaten baya bir şeyler tarif ettiniz buralarda dimi’ *(legt den linken Zeigefinger nacheinander auf die obersten Steine der drei ZM)* en üstteki taş falan. nun. in Ordnung. ihr habt hier ohnehin viel beschrieben nicht wahr’ *(legt den linken Zeigefinger nacheinander auf die obersten Steine der drei ZM)* den obersten Stein und so.
48	A	mhm
49	S	evet. *(liest die zweite Frage bei Aufgabe 2 vor)* bir sonraki sayı piramidi nasıl görünmeli’ *(tippt die Stelle neben ZM4 an)* bunlardan sonra gelen- *(setzt Zeigefinger an ZM1)* bu birinci #ikinci üçüncü bu da dördüncü# *(legt den linken Zeigefinger nacheinander auf die vier ZM)* ja. *(liest die zweite Frage bei Aufgabe 2 vor)* wie muss die nächste Zahlenmauer aussehen’ *(tippt die Stelle neben ZM4 an)* die nach diesen kommt- *(setzt Zeigefinger an ZM1)* das ist die Erste #die Zweite die Dritte und das die Vierte# *(legt den linken Zeigefinger nacheinander auf die vier ZM)*
50	A	#ah ben biliyorum# *(hebt Zeigefinger in die Luft)* #ah ich weiß# *(hebt Zeigefinger in die Luft)*
51	K	ben biliyorum ich weiß
52	A	ben biliyorum *(hebt Zeigefinger in die Luft)* ich weiß *(hebt Zeigefinger in die Luft)*
53	K	#ben biliyorum# #ich weiß#

54	S	#mhm. birbirinizle konuşun# #mhm. sprecht miteinander#
55 (05:05)	A	burda bir. *(lacht; setzt Zeigefinger unter den linken unteren Stein von ZM4)* hier Eins. *(lacht; setzt Zeigefinger unter den linken unteren Stein von ZM4)*
56	K	nein burda- *(setzt auch Zeigefinger unter denselben Stein)* .. nein hier- *(setzt auch Zeigefinger unter denselben Stein)* ..
57	A	*(lacht)*
58	K	*(flüstert)* hier Vier. hier Vier. *(bewegt Hand zum Kopf)*
59	A	warte- warte, nein guck- *(hält Finger über ZM1 und ZM2 und bewegt ihn dann Richtung ZM3)* hier *(bewegt Finger wieder Richtung ZM1; Finger ist oben, deswegen wird nicht deutlich welche Steine sie genau meint, es scheint so als meinte sie die ersten Reihen, da sie ihren Finger eher unter den ZM hält)* #(burdan?)# warte- warte, nein guck- *(hält Finger über ZM1 und ZM2 und bewegt ihn dann Richtung ZM3)* hier *(bewegt Finger wieder Richtung ZM1; Finger ist oben, deswegen wird nicht deutlich welche Steine sie genau meint, es scheint so als meinte sie die ersten Reihen, da sie ihren Finger eher unter den ZM hält)* #(von hier?)#
60	K	#Drei-# *(tippt einmal auf den linken unteren Stein von ZM3)*
61	A	ah Vier Vier Vier
62	K	hab ich doch gesagt
63	S	mhm. neden' mhm. warum'
64	A	çünkü burda- *(setzt Zeigefinger auf den linken unteren Stein von ZM3)*

		weil hier- *(setzt Zeigefinger auf den linken unteren Stein von ZM3)*
65	K	#1üç#1 #1Drei#1
66	A	#1burda#1 bir iki üç *(legt den linken Zeigefinger nacheinander auf die linken unteren Steine der drei ZM)* dört. *(schreibt eine Vier in den linken unteren Stein von ZM4)* jetzt bist du *(hält K den Stift hin); K nimmt den Stift)* da kommt *(hält Finger über dem linken mittleren Stein von ZM4)* #2Neun#2 #1hier#1 Eins Zwei Drei *(legt den linken Zeigefinger nacheinander auf die linken unteren Steine der drei ZM)* Vier. *(schreibt eine Vier in den linken unteren Stein von ZM4)* jetzt bist du *(hält K den Stift hin); K nimmt den Stift)* da kommt *(hält Finger über dem linken mittleren Stein von ZM4)* #2Neun#2
67	K	#2Acht.# 2
68	A	ja.
69	K	*(zieht Blatt zu sich und notiert die genannte Zahl in ZM4)*
70	A	und jetzt bin ich.
71	K	*(flüstert)* #Achtzehn# Achtzehn *(gibt A den Stift)*
72	S	#sehr gut#
73 (05:37)	A	ich weiß. *(zieht AB2 näher)* warte zählen wir noch mal.
74	K	Achtzehn.
75	A	*(schreibt die Zahl 18 in den obersten Stein von ZM4)*
76	S	neden o kadar çabuk bildin Kenan' nasıl bildin #öyle çabuk'# warum wusstest du das so schnell Kenan' wie wusstest du es #so schnell'#
77	K	#*(unverständlich)*#
78	A	#çünkü# biz- biz rechnen hep okulda yapıyoruz. #weil# wir- wir tun in der Schule immer rechnen.
79	S	hast du gerechnet'
80	K	mh bei der Schule mache ich das immer.
81	S	ach so okay- also du hast Neun plus Neun gerechnet. *(A beugt sich über das Tonaufnahmegerät, welches in*

		der Mitte des Tisches liegt; S schaut sie an, hebt Augenbrauen und nimmt den Stift aus ihrer Hand; A lehnt sich wieder zurück) #₁alles klar.#₁
82	A	#₁ja#₁
83	S	#₂*(zieht AB2 zu sich)* tamam#₂ #₂*(zieht AB2 zu sich)* in Ordnung#₂
84	K	#₂*(unverständlich)*#₂
85	S	o zaman şimdi bana bir şeyi açıklamanızı istiyorum. *(legt AB3 vor sich und liest die Aufgabenstellung vor)* neden en üstteki taş, sayı piramidinden sayı piramidine, *(springt mit dem Zeigefinger vom obersten Stein von ZM1 zum obersten Stein von ZM2 und dann zu ZM3 auf AB2)* hep bir fazla oluyor *(hebt den Zeigefinger hoch)'* dann möchte ich jetzt dass ihr mir etwas erklärt. *(legt AB2 vor sich und liest die Aufgabenstellung vor)* warum ist der oberste Stein, von Zahlenmauer zu Zahlenmauer, *(springt mit dem Zeigefinger vom obersten Stein von ZM1 zum obersten Stein von ZM2 und dann zu ZM3 auf AB2)* immer um eins mehr *(hebt den Zeigefinger hoch)'*
86 (06:13)	A	çünkü- weil-
87	S	*(legt den linken Zeigefinger nacheinander auf die obersten Steine von ZM4, ZM1, ZM2, ZM3 und dann erneut auf den von ZM4)*
88	A	çünkü hep orda- *(hält Finger erst über ZM1 und bewegt ihn dann etwas runter an den linken unteren Stein)* eh ord- aşağıda da- bir iki üçte- *(hält den Zeigefinger nacheinander auf die linken unteren Steine der drei ZM)* aşağıda var. ve de burda- *(hält den Zeigefinger nacheinander auf die linken mittleren? Steine der drei ZM)* ve de- ord- *(hält Finger über der obersten? Reihe von ZM1)* o yukarıda da *(bewegt Finger entlang der obersten Steine, von links nach rechts).* hepsinde. weil immer da- *(hält Finger erst über ZM1 und bewegt ihn dann etwas runter an den linken unteren Stein)* eh da- unten- bei Eins Zwei Drei- *(hält den*

		linken Zeigefinger nacheinander auf die linken unteren Steine der drei ZM) gibt es unten. und hier- *(hält den Zeigefinger nacheinander auf die linken mittleren? Steine der drei ZM)* und- da- *(hält Finger über der obersten? Reihe von ZM1)* da oben auch *(bewegt Finger entlang der obersten Steine, von links nach rechts)*. bei allen.
89	S	Kenan ne demek istediğini anladın mı, #Aleyna'nın'# Kenan hast du verstanden was Aleyna #sagen wollte#
90	K	#mhm#
91	S	ne yazıyım o zaman ben, şimdi' was soll ich dann schreiben, jetzt'
92	A	*(legt Hände an die Wangen)*
93	S	güzel anlattın. bunlarla ilgili dedin dimi' *(hält den linken Zeigefinger nacheinander auf die linken unteren Steine der drei ZM auf AB2)* du hast es schön erzählt. du hast gesagt es hat etwas mit diesen zu tun' *(hält den linken Zeigefinger nacheinander auf die linken unteren Steine der drei ZM auf AB2)*
94	A	#mhm#
95	S	#bir# iki üçle ilgili dedin. #mit# Eins Zwei Drei hat es zu tun hast du gesagt.
96	A	*(nickt)*
97	S	ne yazsam o zaman ben buraya' was sollte ich jetzt hierhin schreiben'
98	A	*(5 sec)* hep daha çok *(bewegt Finger über den drei ZM von links nach rechts und wieder zurück).* *(5 sec)* immer mehr *(bewegt Finger über den drei ZM von links nach rechts und wieder zurück).*
99	S	ne daha çok' was ist mehr'
100 (06:58)	K	#(çekiyor?)#

		#(es zieht?)# *(Konjugation des Verbes „ziehen“ für die dritte Person Singular)*
101	A	#şey[7] *(hält den linken Zeigefinger auf ZM1)*#, çekiyor’ *(schaut zu S)* #Dings *(hält den linken Zeigefigner auf ZM1)*#, zieht’ *(schaut zu S)*
102	S	hangisi’ welche(r/s)’
103	A	eh bu- *(setzt Finger an den obersten Stein von ZM1)* bundan, bundan, bundan *(legt den linken Zeigefinger nacheinander auf den obersten Stein der drei ZM)* eh dieses- *(setzt Finger an den obersten Stein von ZM1)* von dem, von dem, von dem *(legt den linken Zeigefinger nacheinander auf den obersten Stein der drei ZM)*
104	S	evet. *(nickt)* o zaten soruda da var *(setzt Stift an die Aufgabenstellung auf AB3)* en üstteki taş sayı piramidinden sayı piramidine hep bir *(hebt Zeigefinger)* fazla oluyor. .. ama neden’ *(öffnet Hand; Handinnenfläche zeigt nach oben; zieht Schultern hoch)* ja. *(nickt)* das ist ohnehin in der Frage *(setzt Stift an die Aufgabenstellung auf AB3)* der oberste Stein ist von Zahlenmauer zu Zahlenmauer immer um eins *(hebt Zeigefinger)* größer. .. aber warum’ *(öffnet Hand; Handinnenfläche zeigt nach oben; zieht Schultern hoch)*
105	A	çünkü bunların *(legt den linken Zeigefinger auf den linken und rechten mittleren Stein von ZM1 auf AB2)* rechnen yapıyoruz, o zaman oluyor.

7 Das Wort „şey“ (wörtliche Übersetzung: Sache, Ding) wird im Türkischen als Lückenfüller für Wörter benutzt, die der Sprecher nicht kennt oder wenn der Begriff nicht direkt abrufbar ist. Im Deutschen gibt es keine direkte Entsprechung, weswegen dieses im Folgenden mit „Dings“ übersetzt werden soll.

		weil von diesen *(legt den linken Zeigefinger auf den linken und rechten mittleren Stein von ZM1 auf AB2)* rechnen (wir) tun, dann passiert das.
106	S	mhm- *(nickt)* doğru- mhm- *(nickt)* richtig-
107	K	*(bewegt AB2 hin und her)*
108	A	*(zieht AB2 weg)*
109	K	*(macht weiter)*
110	S	ama tam olarak neden' *(K schiebt AB2 weiter hin und her)* onu bir şuraya koyalım *(schiebt Blatt in die Mitte des Tisches)* ... tam olarak neden' aber warum genau' *(K schiebt AB2 weiter hin und her)* lasst uns das dahin legen *(schiebt Blatt in die Mitte des Tisches)* ... warum genau'
111 (07:36)	A	sag jetzt du was *(stupst K's Oberarm an; 5 sec; zieht AB2 näher zu sich heran; sagt etwas Unverständliches zu K; 4 sec)*
112	S	neden hep bir fazla oluyor Aleyna' *(A hebt AB2 vor K's Gesicht)* masaya koyar mısın kağıdı. warum ist es immer um eins mehr Aleyna' *(A hebt AB2 vor K's Gesicht)* kannst du das Blatt auf den Tisch legen.
113	A	*(legt AB2 auf den Tisch flüstert)* (guckst du jetzt?)
114	S	.. birbirinizle konuşun isterseniz önce. siz aranızda- karar verin, sonra bana söylersiniz. .. sprecht erst miteinander wenn ihr wollt. ihr unter euch- entscheidet euch, dann sagt es mir.
115	A	... *(stupst K's Oberarm an)*
116	K	*(flüstert)* was'
117	A	*(flüstert)* guck mal das- das Unterschied- *(setzt Finger an)* kommt wenn man rechnet *(legt den linken Zeigefinger abwechselnd auf die beiden mittleren Zahlen von ZM1 auf AB2)* dann sind das Fünfzehn. *(legt den linken Zeigefinger auf den obersten Stein von ZM1)* und wenn man da rechnet *(bewegt Finger zur mittleren Reihe von ZM2)* dann sind es (Acht?)-Sechzehn. wenn man da rechnet- *(bewegt Finger auf ZM3, zeigt auf keine bestimmte Stelle?)* das sind

		immer- jedes- Neun Neun Neun *(legt den linken Zeigefinger nacheinander auf den rechten mittleren Stein von ZM2 und ZM3).* Sechs, Sieben, Acht *(legt den linken Zeigefinger nacheinander auf die linken mittleren Steine der drei ZM).* kapiert’
118	K	*(flüstert)* nein *(lacht)*
119	A	*(hebt Arme in die Luft; theatralisch wütend; schmunzelt) (unverständliche Äußerung)*
120	K	*(flüstert)* kapiert doch kapiert *(lacht)* ich hab’s kapiert.
121	A	*(lauter)* okay
122	S	tamam anlatın o zaman. in Ordnung dann erzählt.
123 (08:35)	A	eh burada *(setzt Zeigefinger an den Anfang der mittleren Reihe von ZM1)* hep rechnen yaparsak, Fünfzehn *(setzt Finger auf den obersten Stein von ZM1),* bunda da Sechzehn *(setzt Finger auf den obersten Stein von ZM2),* burda- *(setzt Finger auf den obersten Stein von ZM3)* eh hier *(setzt Zeigefinger an den Anfang der mittleren Reihe von ZM1)* wenn wir immer rechnen tun, Fünfzehn *(setzt Finger auf den obersten Stein von ZM1),* und bei dem Sechzehn *(setzt Finger auf den obersten Stein von ZM2),* hier- *(setzt Finger auf den obersten Stein von ZM3)*
124	K	*(flüstert)* nicht Deutsch
125	S	du kannst ruhig mhm weitermachen *(nickt)*
126	A	orda da rechnen yaparsak *(bewegt Finger über die mittlere Reihe ovn ZM3 hin und her)* Siebzehn. *(legt dann den Finger auf den obersten Stein von ZM3)* wenn wir da auch rechnen tun *(bewegt Finger über die mittlere Reihe von ZM3 hin und her)* Siebzehn. *(legt dann den Finger auf den obersten Stein von ZM3)*
127	S	tamam. ehm- in Ordnung. ehm-
128	A	*(bewegt ihren Stuhl etwas näher an den Tisch; sagt dabei etwas Unverständliches)*

129	S	*(schaut auf die Aufgabenstellung auf AB3)* peki şuna bir bakarsak *(lehnt sich zur Seite, um ein neues Blatt zu nehmen)* *(schaut auf die Aufgabenstellung auf AB3)* und wenn wir uns das da mal angucken *(lehnt sich zur Seite, um ein neues Blatt zu nehmen)*
130	A	*(bewegt wieder Stuhl)* so geschafft
131	S	*(schaut auf das Blatt)* devam bu değil *(nimmt dann ein anderes Blatt)* *(schaut auf das Blatt)* weiter das nicht *(nimmt dann ein anderes Blatt)*
132	A	Kenan hilf mir, mein Stuhl wackelt
133	S	bununla bir alakası olabilir mi' *(legt die Hilfekarte 2 (HK2) neben AB2, sodass die Kinder auf beide Blätter schauen können)* kann es etwas damit zu tun haben' *(legt die Hilfekarte 2 (HK2) neben AB2, sodass die Kinder auf beide Blätter schauen können)*
134	A	uf *(bewegt wieder Stuhl und steht dann auf)*
135	S	bakın bir şuna *(legt Finger an die Seite von HK2)* Aleyna ne oldu' guckt euch das da mal an *(legt Finger an die Seite von HK2)* Aleyna was ist passiert'
136	A	*(stellt sich hinter den Stuhl und zieht ihn etwas zurück)* (rutsch du mal?)
137	S	Kenan sen biraz buraya gel *(winkt Hand zum eigenen Körper hin)* Kenan komm du etwas nach hier *(winkt Hand zum eigenen Körper hin)*
138	K	*(bewegt Stuhl nach rechts)*
139	S	ganz genau.okay super
140	A	*(positioniert Stuhl am Tisch und setzt sich)*
141	S	buna bir bakın- *(legt Finger an die Seite der HK2)* belki #bununla bir şey, fark edilir.# guckt euch das mal an - *(legt Finger an die Seite der HK2)* vielleicht #kann man damit, etwas bemerken.#

142	A	#autsch *(wackelt auf dem Stuhl)* ah *(hebt Zeigefinger in die Luft)* mhm *(senkt Finger)*# *(beugt sich über HK2)*
143	K	*(tippt unter die Pfeilspitze des unteren rechten Pfeils und dann unter den des unteren linken)* Eins hier Eins
144 (09:35)	A	(scht?) burda bir geliyor burda da bir geliyor. *(legt den rechten Zeigefinger erst auf das leere Kästchen unter dem linken unteren Pfeil und dann auf das unter dem rechten unteren Pfeil)* (scht?) hier kommt Eins hier kommt auch Eins. *(legt den rechten Zeigefinger erst auf das leere Kästchen unter dem linken unteren Pfeil und dann auf das unter dem rechten unteren Pfeil)*
145	S	evet. Kenan da galiba aynısını dedi dimi' *(nimmt den Stift und hält ihn Kenan hin)* ja. Kenan hat glaube ich das Gleiche gesagt oder' *(nimmt den Stift und hält ihn Kenan hin)*
146	A	ben *(streckt Arm nach Stift aus)* ich *(streckt Arm nach Stift aus)*
147	S	Kenan $\#_1$yazsın$\#_1$ Kenan $\#_1$soll schreiben$\#_1$
148	K	$\#_1$ben *(nimmt Stift)*$\#_1$ $\#_1$ich *(nimmt Stift)*$\#_1$
149	S	o daha hiç yazmadı $\#_2$galiba$\#_2$. er hat noch gar nicht geschrieben $\#_2$glaube ich$\#_2$.
150	A	$\#_2$du machst$\#_2$ eins und ich mache eins.
151	K	*(schreibt eine Eins in das untere linke Kästchen auf HK2 und reicht den Stift an A)*
152	S	okay oder so-
153	A	*(schreibt eine Eins in das rechte untere Kästchen auf HK2)*
154	S	onunla bir alakası olabilir mi sizce'

		kann es etwas damit zu tun haben eurer Meinung nach’
155	A	mhm *(bewegt Stift unter den Pfeilen von links nach rechts und schaut dabei K an)*
156	S	ne alakası olabilir- welcher Zusammenhang ist möglich-
157	A	#mh#
158	S	#en üstteki# sayının büyük olması’ #dass die oberste# Zahl groß ist’
159	K	*(klopft mit den Fingerrücken auf den Tisch und stützt seinen Unterarm auf den Tisch und legt Kopf darauf)*
160	S	Kenan’
161	A	... *(etwas leiser)* (weißt du es’?)
162	K	*(flüstert)* nein
163	S	... Aleyna ne dersin’ ... Aleyna was würdest du sagen’
164	A	*(leise)* bilmiyorum. .. *(schließt den Deckel des Stiftes und legt ihn auf HK2)* *(leise)* ich weiß nicht. .. *(schließt den Deckel des Stiftes und legt ihn auf HK2)*
165	S	tamam *(nimmt Stift)* in Ordnung *(nimmt Stift)*
166	A	*(tippt K’s Schulter an und schaut nach unten; K und A lachen)*
167	S	ne yazayım o zaman buraya’ *(hält den Stift auf die Antwortzeilen auf AB2)* was soll ich dann hier hinschreiben’ *(hält den Stift auf die Antwortzeilen auf AB2)*
168	A	*(schaut K an und lacht; streckt Arm aus und hält den rechten Zeigefinger in die Richtung von S)*
169	S	en üstteki sayı neden büyük oluyor- hep bir- hep bir fazla oluyor’ warum ist die oberste Zahl größer- immer eins- ist immer eins mehr’

170	K	*(zieht rechten Arm an seinen Oberkörper, schaut darauf und dann zu A; A und K lachen)*
171	A	... *(stützt Ellenbogen am Tisch ab und klatscht flache Hände an beide Wangen; schaut kurz zu K)*
172	K	*(K schaut runter)*
173 (10:32)	S	... ne yazabilirim' ... was kann ich schreiben'
174	A	mhm .. Kenan'ı döv. *(lacht)* mhm .. schlag Kenan. *(lacht)*
175	S	hayır *(hebt die Augenbrauen und schüttelt den Kopf)* öyle bir şey niye yapıyım' nein *(hebt die Augenbrauen und schüttelt den Kopf)* warum soll ich so etwas machen'
176	A	*(15 sec) (die Kinder sagen nichts, sie schauen sich nur kurz an; A schiebt AB2 und HK2 nebeneinander und schaut abwechselnd darauf)* burda da aynısı *(hält den linken Zeigefinger erst auf ZM1 auf AB2 und zieht Finger dann über die danebenliegenden ZM bis zu ZM3 auf HK2)* *(15 sec) (die Kinder sagen nichts, sie schauen sich nur kurz an; A schiebt AB2 und HK2 nebeneinander und schaut abwechselnd darauf)* hier ist auch das Gleiche *(hält den linken Zeigefinger erst auf ZM1 auf AB2 und zieht Finger dann über die danebenliegenden ZM bis zu ZM3 auf HK2)*
177	S	evet aynısı zaten. .. aynı sayı piramitleri. ja es ist das Gleiche. .. die gleichen Zahlenmauern.
178	A	*(schaut auf das AB2; 10 sec; schiebt AB2 und HK2 zueinander und dann wieder voneinander weg, sodass die Seitenränder sich immer wieder berühren)*
179	S	neden hep bir fazla oluyor en üstteki taş' warum ist der oberste Stein immer um eins größer'
180	K	*(zieht HK2 von A weg)*
181	A	*(schiebt wieder AB2 und HK2 hin und her)*
182	S	oynama lütfen Aleyna.

		spiel nicht bitte Aleyna.
183	K	*(zieht HK2 wieder von A weg)*
184	A	*(schiebt nun nur noch AB2 hoch und runter)*
185 (11:28)	S	*(schiebt AB2 neben HK2)* ortaya koyalım, ikinizde görün. *(schiebt AB2 neben HK2)* lasst es uns in die Mitte legen, ihr beide sollt sehen.
186	K	*(die Kinder beugen sich über AB2 und HK2; 10 sec; sie schauen sich gegenseitig kurz an) (flüstert)* (ich weiß nicht?)
187	A	*(flüstert)* sag du
188	K	*(flüstert)* ich weiß nicht
189	S	bir fikiriniz var mı' habt ihr eine Idee'
190	K	ich weiß nicht.
191	S	okay. Aleyna senin fikirin var mı' okay. Aleyna hast du eine Idee'
192	A	ntz[8] *(schüttelt den Kopf)*
193	S	okay- dann ist das nicht schlimm. *(nimmt HK2)* geçelim o zaman bu soruyu. .. ehm- okay- dann ist das nicht schlimm. *(nimmt HK2)* dann lasst uns diese Aufgabe überspringen. .. ehm-
Danach bearbeiten die Kinder für Aufgabe 3 das türkischsprachige AB.		

1.2. Transkript von Suna und Seda, 3. Klasse

Aufgabenblatt: 1A Aufgabe: 2 Lernende: Suna (Suna) aus der Klasse 3B und Seda (Seda) aus der Klasse 3A Interviewerin: Selma (Sel)

Turn	Sprecher	Äußerung

[8] „ntz“ wird im Türkischen üblicherweise als verneinender Laut genutzt.

Die Kinder wählen das deutschsprachige Arbeitsblatt (AB) für Aufgabe 1. Für Aufgabe 2 wählen sie das türkischsprachige AB. Suna liest die Aufgabenstellung laut vor (Übersetzung: „Schau mal, von Zahlenmauer zu Zahlenmauer verändert sich etwas. Beschreibe: Was fällt dir an den Zahlenmauern auf?“).		
1 (07:41)	Selma	anladınız mı soruyu' *(legt Hand auf die linke Seite des AB's, das vor den Kindern liegt)* habt ihr die Frage verstanden' *(legt Hand auf die linke Seite des AB's, das vor den Kindern liegt)*
2	Seda	*(nickt; tippt mit dem Finger auf ihre Wange)*
3	Suna	#(ben anlamadım?)# #(ich habe es nicht verstanden?)#
4	Sel	#şimdi-# tamam hemen birlikte konuşalım. bu sayı piramitleri- *(streicht mit dem Finger über die drei Zahlenmauern (ZM))* sayı piramidinden sayı piramidine *(setzt Zeigefinger auf ZM1 und springt dann zu ZM2 und dann zu ZM3)* bir şeyler değişiyor. #jetzt-# in Ordnung lasst uns sofort gemeinsam sprechen. diese Zahlenmauern- *(streicht mit dem Finger über die drei Zahlenmauern (ZM))* von Zahlenmauer zu Zahlenmauer *(setzt Zeigefinger auf ZM1 und springt dann zu ZM2 und dann zu ZM3)* verändert sich etwas.
5	Seda	*(nickt)*
6	Sel	bir şeyler değişiyormuş. *(Unterarme liegen auf dem Tisch; öffnet Hände)* dikkatinizi ne çekiyor' bir tarif edin. bu- bu üçünde. *(streicht mit dem Finger über die drei ZM)* etwas würde sich verändern. *(Unterarme liegen auf dem Tisch; öffnet Hände)* was fällt euch auf' beschreibt es mal. diesen- bei diesen drei. *(streicht mit dem Finger über die drei ZM)*
7	Suna	#mh- ben biliyom# #mh- ich weiß#
8	Sel	#neler fark ediyorsunuz'# #was bemerkt ihr'#

9	Suna	şurda on beş, on altı, on yedi var. *(legt den Zeigefinger nacheinander auf die obersten Steine der drei ZM)* mesela. da gibt es Fünfzehn, Sechzehn, Siebzehn. *(legt den Zeigefinger nacheinander auf die obersten Steine der drei ZM)* zum Beispiel.
10	Seda	ja. Fünfzehn, Sechzehn, Siebzehn *(legt den Zeigefinger nacheinander auf die obersten Steine der drei ZM)*. sayı doğru olarak[9] gidiyor mesela. bak burda- Fünfzehn, Sechzehn, Siebzehn *(legt den Zeigefinger nacheinander auf die obersten Steine der drei ZM)*. ja. Fünfzehn, Sechzehn, Siebzehn *(legt den Zeigefinger nacheinander auf die obersten Steine der drei ZM)*. die Zahl geht hintereinander. guck hier- Fünfzehn, Sechzehn, Siebzehn *(legt den Zeigefinger nacheinander auf die obersten Steine der drei ZM)*.
11 (08:15)	Sel	ne demek #istiyorsun'# was möchtest #du sagen'#
12	Seda	#ya da burda-# altı, dokuz. *(legt den Zeigefinger erst auf den linken und dann auf den rechten mittleren Stein von ZM1)* farklı. #oder hier-# Sechs, Neun. *(legt den Zeigefinger erst auf den linken und dann auf den rechten mittleren Stein von ZM1)* verschieden.
13	Sel	mhm[10].
14	Seda	o da çok ilgimi çekti. ve bunların ikisi aynı *(legt den Zeigefinger erst auf den mittleren und dann auf den*

[9] Die wörtliche Übersetzung von „doğru" ist „richtig" und „olmak" („olarak" kommt ursprünglich von „olmak") bedeutet „sein" (Verb). An dieser Stelle kann nicht wörtlich übersetzt werden, weil bestimmte Wortkombinationen mit „olarak" spezifische Bedeutungen haben. Somit muss die Kombination „doğru olarak" betrachtet werden. Da die Kombination „doğru olarak" im Türkischen nicht möglich ist, gibt es kein direktes Wort als Übersetzung. Vermutlich wollte Seda an dieser Stelle die Verlaufsform der Zahlen beschreiben. Daher wurde an dieser Stelle die Wortkombination mit „hintereinander" übersetzt.

[10] „mhm" wird hier als bejahender Laut gedeutet.

		rechten unteren Stein von ZM1; wiederholt Zeigebewegung an ZM3) ve bu da aynı, ama değişik *(streicht mit dem Finger unter ZM2 hin und her).* das hat auch mein Interesse sehr geweckt. und diese zwei sind gleich *(legt den Zeigefinger erst auf den mittleren und dann auf den rechten unteren Stein von ZM1; wiederholt Zeigebewegung an ZM3)* und das ist auch gleich, aber anders *(streicht mit dem Finger unter ZM2 hin und her).*
15	Suna	burda da ehm sekiz dokuz var *(legt den Zeigefinger auf den linken und rechten mittleren Stein von ZM3).* hier ehm sind auch Acht Neun *(legt den Zeigefinger auf den linken und rechten mittleren Stein von ZM3).*
16	Seda	evet. ja.
17	Suna	evet. ja.
18	Seda	altı yedi sekiz diye gidiyor *(legt den Zeigefinger nacheinander auf die linken mittleren Steine der drei ZM).* burda *(setzt Finger an den Anfang von ZM1)* i- bir iki üç diye gidiyor *(legt den Zeigefinger nacheinander auf die linken unteren Steine der drei ZM).* çok farklıymış gerçekten *(nickt mehrmals).* es geht so Sechs Sieben Acht *(legt den Zeigefinger nacheinander auf die linken mittleren Steine der drei ZM).* hier *(setzt Finger an den Anfang von ZM1)* i- es geht so Eins Zwei Drei *(legt den Zeigefinger nacheinander auf die linken unteren Steine der drei ZM).* es ist wirklich sehr verschieden *(nickt mehrmals).*
19	Sel	yani neler fark ettiniz' also was habt ihr bemerkt'
20	Seda	bir iki üç *(legt den Zeigefinger nacheinander auf die linken unteren Steine der drei ZM).* üçe kadar gidiyor *(hebt Zeigefinger in die Luft).* bunların ikisi aynı- *(legt den Zeigefinger erst auf den rechten und dann auf den mittleren unteren Stein von ZM1; wiederholt*

		Zeigebewegung an ZM3) ama bu- *(legt den Zeigefinger erst auf den rechten und dann auf den mittleren unteren Stein von ZM2)* bunların üçüsü aynı- *(streicht mit dem Finger unter den drei ZM)* (dur?) beş dört, beş dört, beş dört *(legt den Zeigefinger nacheinander auf die mittleren und rechten unteren Steine der drei ZM)*- sonra- bu *(setzt Finger auf den linken mittleren Stein von ZM1)* altı, yedi, sekiz *(legt den Zeigefinger nacheinander auf die linken mittleren Stein der drei ZM).* dokuz dokuz dokuz diye gidiyor *(legt den Zeigefinger nacheinander auf die rechten mittleren Steine der drei ZM).* Fünfzehn, Sechzehn, Siebzehn *(legt den Zeigefinger nacheinander auf die obersten Steine der drei ZM)* #beş-# Eins Zwei Drei *(legt den Zeigefinger nacheinander auf die linken unteren Steine der drei ZM).* es geht bis Drei *(hebt Zeigefinger in die Luft).* diese zwei sind gleich- *(legt den Zeigefinger erst auf den rechten und dann auf den mittleren unteren Stein von ZM1; wiederholt Zeigebewegung an ZM3)* aber diese- *(legt den Zeigefinger erst auf den rechten und dann auf den mittleren unteren Stein von ZM2)* diese drei sind gleich- *(streicht mit dem Finger unter den drei ZM)* (stopp?) Fünf Vier, Fünf Vier, Fünf Vier *(legt den Zeigefinger nacheinander auf die mittleren und rechten unteren Steine der drei ZM)*- dann- das *(setzt Finger auf den linken mittleren Stein von ZM1)* Sechs, Sieben, Acht *(legt den Zeigefinger nacheinander auf die linken mittleren Stein der drei ZM).* es geht so Neun Neun Neun *(legt den Zeigefinger nacheinander auf die rechten mittleren Steine der drei ZM).* Fünfzehn, Sechzehn, Siebzehn *(legt den Zeigefinger nacheinander auf die obersten Steine der drei ZM)* #Fünf-#
21	Suna	#on beş# on altı on yedi. #Fünfzehn# Sechzehn Siebzehn.
22	Seda	*(lauter)* onu da ben biliyorum yani. *(lauter)* das weiß ich auch also.
23	Sel	#₁ikisini de anliyorum ya-#₁ fark etmez

		#₁ich verstehe ja beides-#₁ das ist egal
24	Suna	#₁o zaman niye söylemiyon'#₁ #₁warum sagst du es dann nicht'#₁
25	Sel	#₂ikisini de söyleyebilirsin#₂ #₂du kannst beides sagen#₂
26	Seda	#₂öyle-#₂ *(streicht mit dem Finger über die drei ZM, von rechts nach links)* #₂so ist das-#₂ *(streicht mit dem Finger über die drei ZM, von rechts nach links)*
27	Sel	tamam in Ordnung
28 (09:09)	Seda	çok- farklıymış. es ist sehr- verschieden.
29	Sel	sehr gut. o zaman ne yazalım' *(schiebt AB2 näher zu den Kindern)* bu sayı piramitlerinde ne dikkatinizi çekiyor' *(hält den Zeigefinger kurz auf die ZM-Abbildungen)* sehr gut. was sollen wir dann schreiben' *(schiebt AB2 näher zu den Kindern)* was fällt euch an diesen Zahlenmauern auf' *(hält den Zeigefinger kurz auf die ZM- Abbildungen)*
30	Seda	#ben-# *(spielt mit den Knöpfen ihres Hemdes)* #ich-# *(spielt mit den Knöpfen ihres Hemdes)*
31	Suna	#sıra-# sırada gidiyor- gibi yani. *(schüttelt Kopf etwas)* #Reihe-# es geht in der Reihe- also so in etwa *(schüttelt Kopf etwas)*
32	Sel	okay *(nickt; gibt Suna den Stift)*
33	Seda	sırada gidiyor. es geht in der Reihe.
34	Suna	sırada gidiyor #(unverständlich)# *(hebt Hände kurz auf Schulterhöhe)*

		es geht in der Reihe #*(unverständlich)*# *(hebt Hände kurz auf Schulterhöhe)*
35	Sel	#was meint ihr# genau damit’
36	Seda	yani- *(setzt Zeigefinger unter ZM1)* also- *(setzt Zeigefinger unter ZM1)*
37	Suna	yani böyle- on beş on altı on yedi *(legt den Zeigefinger nacheinander auf die obersten Steine der drei ZM)* altı yedi sekiz *(legt den Zeigefinger nacheinander auf die linken mittleren Steine der drei ZM)*. dokuz dokuz dokuz *(legt den Zeigefinger nacheinander auf die rechten mittleren Steine der drei ZM)*. #bir iki üç *(legt den Zeigefinger nacheinander auf die linken unteren Steine der drei ZM)*# also so- Fünfzehn Sechzehn Siebzehn *(legt den Zeigefinger nacheinander auf die obersten Steine der drei ZM)* Sechs Sieben Acht *(legt den Zeigefinger nacheinander auf die linken mittleren Steine der drei ZM)*. Neun Neun Neun *(legt den Zeigefinger nacheinander auf die rechten mittleren Steine der drei ZM)*. #Eins Zwei Drei *(legt den Zeigefinger nacheinander auf die linken unteren Steine der drei ZM)*#
38	Seda	#aynı yerlerde# *(Hände sind auf Brusthöhe, Zeigefinger sind ausgestreckt und zeigen runter)* #an den gleichen Stellen# *(Hände sind auf Brusthöhe, Zeigefinger sind ausgestreckt und zeigen runter)*
39	Sel	mhm
40	Suna	dört beş, *(setzt Finger unter ZM1)* dört beş, dört be- *(hebt und senkt Hand über der linken Seite von AB2)* beş dört, $\#_1$beş dört falan filan$\#_1$ Vier Fünf, *(setzt Finger unter ZM1)* Vier Fünf, Vier Fü- *(hebt und senkt Hand über der linken Seite von AB2)* Fünf Vier, $\#_1$Fünf Vier und so weiter$\#_1$
41	Sel	$\#_1$mhm$\#_1$ okay. hep bir $\#_2$fazla oluyor dimi$\#_2$ *(legt den Zeigefinger nacheinander auf die obersten Steine der drei ZM)*

		#1mhm#1 okay. immer eins #2mehr ist es oder#2 *(legt den Zeigefinger nacheinander auf die obersten Steine der drei ZM)*
42	Suna	#2was soll ich schreiben’#2
43	Sel	dimi’ nicht wahr’
44	Suna	mhm *(nickt)*
45	Sel	evet tamam. *(hebt kurz Hand mit ausgestrecktem Daumen)* süper. ja in Ordnung. *(hebt kurz Hand mit ausgestrecktem Daumen)* super.
46	Suna	was soll ich schreiben’
47	Sel	evet nasıl yazabilirsiniz onu’ ja wie könnt ihr das aufschreiben’
48 (09:47)	Seda	hep birtane büyüyor. es ist immer eins größer.
49	Sel	*(nickt)*
50	Seda	bir tane sayı büyüyor. es ist um eine Zahl größer.
51	Suna	*(schaut zu Selma)*
52	Sel	*(nickt)*
53	Suna	*(setzt zum Schreiben an)*
54	Seda	bir tane sayı büyüyor hep. es ist immer um eine Zahl größer.
55	Suna	*(schreibt den ersten Satz auf Türkisch auf: „Hep bir sayı büyor.“ [≈ Es wird immer eine Zahl größer.], Suna schreibt beim Wort “hep” ein “d” anstelle eines “p”s|, Seda weist sie darauf hin und Suna verbessert ihren Rechtschreibfehler; ca. 25 sec)*
56 (10:19)	Sel	*(nickt)* mhm. hangileri hep bir sayı büyüyor’ hepsi mi’ *(nickt)* mhm. welche sind um eine Zahl größer’ alle’
57	Seda	#1*(nimmt den Stift aus Sunas Hand)* bazıları da böyle- *(hält den Stift auf den mittleren unteren Stein? von ZM2)* bazıları da böyle-#1

		#1*(nimmt den Stift aus Sunas Hand)* und manche so- *(hält den Stift auf den mittleren unteren Stein? von ZM2)* und manche so-#1
58	Suna	#1on beş on altı- ver bi ver bi *(nimmt Stift zurück)*#1 #1Fünfzehn Sechzehn- gib mal gib mal *(nimmt Stift zurück)*# 1
59	Seda	#2bazıları *(setzt Finger an das Ende des Antwortsatzes, den Suna davor aufgeschrieben hat)*#2 #2manche *(setzt Finger an das Ende des Antwortsatzes, den Suna davor aufgeschrieben hat)*# 2
60	Suna	#2on beş on altı#2 on yedi. *(hält Stift nacheinander über die drei ZM)* #2Fünfzehn Sechzehn#2 Siebzehn. *(hält Stift nacheinander über die drei ZM)*
61	Sel	mhm.
62	Seda	altı yedi sekiz *(legt Daumen nacheinander auf die linken mittleren Steine der drei ZM)- (schneller)* dokuz dokuz dokuz *(legt Daumen nacheinander auf die rechten mittleren Steine der drei ZM)*- bazıları da aynı sayıda kalıyor *(setzt Zeigefinger an das Ende des davor notierten Antwortsatzes)*, yaz. Sechs Sieben Acht *(legt Daumen nacheinander auf die linken mittleren Steine der drei ZM)- (schneller)* Neun Neun Neun *(legt Daumen nacheinander auf die rechten mittleren Steine der drei ZM)*- und manche bleiben bei der gleichen Zahl *(setzt Zeigefinger an das Ende des davor notierten Antwortsatzes)*, schreib.
63	Sel	mhm
64 (10:36)	Suna	*(schreibt den zweiten Satz auf Türkisch auf: „Basıları aynı sayıda kalıyor.“ [≈ Manche bleiben bei der gleichen Zahl.]; 14 sec)*
65	Seda	*(niest)*
66	Sel	çok yaşa Gesundheit
67	Suna	*(schreibt weiter)*
68	Seda	*(diktiert)* aynı sayıda- değişik- *(niest)*

		(diktiert) bei der gleichen Zahl- verschieden- *(niest)*
69	Sel	çok yaşa Gesundheit
70	Seda	değişmiyor. ändert sich nicht.
71	Suna	*(beendet Schreiben; schiebt Blatt näher an Selma)*
72 (11:04)	Sel	çok güzel. şimdi bir sonraki sayı piramidi nasıl görünmeli' *(schiebt AB2 am unteren Ende vor die beiden Kinder)* sehr schön. nun wie muss die nächste Zahlenmauer aussehen' *(schiebt AB2 am unteren Ende vor die beiden Kinder)*
73	Suna	*(zieht AB2 vor sich)*
74	Seda	o da (yine?) değişik. das auch (wieder?) anders.
75	Sel	bunlardan sonra gelen *(hält den Zeigefinger nacheinander auf die drei ZM)* die nach diesen kommende *(hält den Zeigefinger nacheinander auf die drei ZM)*
76	Seda	ah bekle- *(nimmt Stift aus Sunas Hand)* ben buldum. ah warte- *(nimmt Stift aus Sunas Hand)* ich habe es gefunden.
77	Suna	och- *(hebt Arme; Handinnenflächen zeigen nach oben)*
78	Seda	iki #yedi# *(schreibt eine 2 in den linken unteren Stein und eine 7 in den linken mittleren Stein von ZM4)* Zwei #Sieben# *(schreibt eine 2 in den linken unteren Stein und eine 7 in den linken mittleren Stein von ZM4)*
79	Sel	#Suna'ya da anlat# #erzähl es auch Suna#
80	Seda	on altı. *(schreibt eine 16 in den obersten Stein von ZM4; legt Stift auf dem Blatt ab)* ordaki- *(tippt neben*

		ZM2) aynısı. *(setzt Ellenbogen auf den Tisch und stützt Kinn auf ihrer Hand ab; lacht)* Sechzehn. *(schreibt eine 16 in den obersten Stein von ZM4; legt Stift auf dem Blatt ab)* das da- *(tippt neben ZM2)* das Gleiche. *(setzt Ellenbogen auf den Tisch und stützt Kinn auf ihrer Hand ab; lacht)*
81	Sel	bir sonraki- die nächste-
82	Suna	başkası diyor. *(leiser)* Allahım ya *(verdreht Augen)* eine Andere sagt sie. *(leiser)* mein Gott *(verdreht Augen)*
83	Sel	hiç problem değil. *(nimmt Stift; malt eine neue Zahlenmauer mit sechs Steinen)* Sun- Suna sen ne düşünüyorsun' *(malt weiter)* gar kein Problem. *(nimmt Stift; malt eine neue Zahlenmauer mit sechs Steinen)* Sun- Suna was denkst du' *(malt weiter)*
84	Suna	*(zuckt mit Schultern; zieht Mundwinkel runter)*
85	Sel	*(malt weiter; 4 sec.)*
86 (11:37)	Seda	$\#_1$kızdın mı'$\#_1$ $\#_1$bist du böse'$\#_1$
87	Sel	$\#_1$bakın-$\#_1$ ben mi' hayır. *(hält Hand zum eigenen Körper)* niye kızıyım' *(legt Stift ab)* $\#_1$schaut-$\#_1$ ich' nein. *(hält Hand zum eigenen Körper)* warum soll ich böse sein' *(legt Stift ab)*
88	Suna	*(nimmt Stift)* $\#_2$niye kızsın'$\#_2$ *(nimmt Stift)* $\#_2$warum soll sie böse sein'$\#_2$
89	Sel	$\#_2$bakın şimdi$\#_2$ bu birinci, bu ikinci, bu üçüncü *(legt den Zeigefinger nacheinander auf die drei oberen ZM)* bu da, dördüncü olmalı. *(springt mit dem Finger neben die neu aufgemalte ZM)* $\#_2$schaut jetzt$\#_2$ diese ist die Erste, diese ist die Zweite, diese ist die Dritte *(legt den Zeigefinger nacheinander auf die drei oberen ZM)* und diese, muss die Vierte

		sein. *(springt mit dem Finger neben die neu aufgemalte ZM)*
90	Suna	buraya se- #₃on sekiz gelmesi lazım#₃ *(hält den Stift auf den obersten Stein der neuen ZM4)* hierhin ach- #₃Achtzehn muss hierhin kommen#₃ *(hält den Stift auf den obersten Stein der neuen ZM4)*
91	Sel	#₃ha- dur bir dakika#₃ *(nimmt Stift aus Sunas Hand)* buraya beş dört dokuz *(trägt die vorgegebenen drei Zahlen ein)*- burdaki gibi *(setzt Finger unter die unkorrekt beschriftete ZM4; dreht AB2 zu den Kindern)* bu üçüne ne gelcek' *(streicht mit dem Finger über die unbeschrifteten Steine der neuen ZM4; legt Stift auf den Tisch)* #₃ah- warte Moment mal#₃ *(nimmt Stift aus Sunas Hand)* hierhin Fünf Vier Neun *(trägt die vorgegebenen drei Zahlen ein)*- wie hier *(setzt Finger unter die unkorrekt beschriftete ZM4; dreht AB2 zu den Kindern)* was kommt zu diesen dreien' *(streicht mit dem Finger über die unbeschrifteten Steine der neuen ZM4; legt Stift auf den Tisch)*
92	Suna	*(nimmt Stift)* buraya *(hält den Zeigefinger auf den obersten Stein der neuen ZM4)* on- on sekiz gelmesi lazım bence. *(nimmt Stift)* hierhin *(hält den Zeigefinger auf den obersten Stein der neuen ZM4)* muss Zeh- Achtzehn kommen meiner Meinung nach.
93	Sel	neden' warum'
94	Suna	ah- *(trägt die fehlenden Zahlen, 4, 9 und 18, von unten nach oben ein)*
95	Sel	mhm- çok çabuk buldun, #Suna. anlatır mısın'# mhm- du hast es sehr schnell herausgefunden, #Suna. kannst du es erklären'#
96 (12:08)	Suna	#çünkü burda# on beş on altı on yedi, on sekiz *(legt den Zeigefinger nacheinander auf die obersten Steine der vier ZM)* var.

		#weil hier# gibt es Fünfzehn Sechzehn Siebzehn, Achtzehn *(legt den Zeigefinger nacheinander auf die obersten Steine der vier ZM)*.
97	Seda	*(leiser)* yani. *(leiser)* in der Tat.
98	Suna	bir de- altı yedi sekiz, dokuz. *(legt den Zeigefinger nacheinander auf die linken mittleren Steine der vier ZM)* .. öyle. *(legt Hände auf Oberschenkel; dreht Handrücken kurz um, sodass Handinnenflächen nach oben zeigen)* und- Sechs Sieben Acht, Neun. *(legt den Zeigefinger nacheinander auf die linken mittleren Steine der vier ZM)* .. so ist es. *(legt Hände auf Oberschenkel; dreht Handrücken kurz um, sodass Handinnenflächen nach oben zeigen)*
99	Seda	*(schnell)* dokuz dokuz. *(schnell)* Neun Neun.
100	Suna	*(streckt sich über den Tisch, um den Deckel des Stiftes zu nehmen und draufzumachen)*
101	Sel	nasılmış yani' çok çabuk buldunuz- wie ist es also' ihr habt es sehr schnell gefunden-
102	Seda	evet #değişik# ja #verschieden#
103	Suna	#böyle ehm# altı yedi sekiz, burda da dokuz var *(setzt Stift nacheinander auf die linken mittleren Steine der vier ZM)*. bir de on beş on altı on yedi, on sekiz *(hält den Stift nacheinander auf die obersten Steine der vier ZM)*. #so ehm# Sechs Sieben Acht, und hier ist Neun *(setzt Stift nacheinander auf die linken mittleren Steine der vier ZM)*. und Fünfzehn Sechzehn Siebzehn, Achtzehn *(hält den Stift nacheinander auf die obersten Steine der vier ZM)*.
104	Sel	mhm.
105	Suna	öyle.

		so ist es.
106	Sel	alttaki de- *(die Kinder schauen auf AB2)* alttaki yazdığınız sayı- soldaki *(setzt Finger an den linken unteren Stein von ZM4)* birinci sırada- und die untere - *(die Kinder schauen auf AB2)* die Zahl die ihr unten geschrieben habt- links *(setzt Finger an den linken unteren Stein von ZM4)* in der ersten Reihe-
107	Suna	bir iki üç dört beş *(legt den Stift nacheinander auf die linken unteren Steine der vier ZM und dann auf den mittleren unteren Stein von ZM4).* Eins Zwei Drei Vier Fünf *(legt den Stift nacheinander auf die linken unteren Steine der vier ZM und dann auf den mittleren unteren Stein von ZM4).*
108 (12:44)	Sel	mhm. sehr gut. okay. peki şimdi size bir soru- *(nimmt AB3 und legt es neben AB2; liest die Aufgabenstellung auf Türkisch vor)* şimdi açıkla, neden en üstteki taş sayı piramidinden sayı piramidine hep bir *(streckt Zeigefinger)* fazla oluyor' *(während Selma die Aufgabe vorliest, nimmt Seda das AB2 und legt es zur Seite)* mhm. sehr gut. okay. in Ordnung jetzt eine Frage an euch- *(nimmt AB3 und legt es neben AB2; liest die Aufgabenstellung auf Türkisch vor)* jetzt erkläre, warum ist der oberste Stein von Zahlenmauer zu Zahlenmauer immer um eins *(streckt Zeigefinger)* größer' *(während Selma die Aufgabe vorliest, nimmt Seda das AB2 und legt es zur Seite)*
109	Suna	biz nerden bilelim- (zuckt mit Schultern) woher sollen wir das wissen- *(zuckt mit Schultern)*
110	Sel	*(nimmt AB2 und schiebt es so weit unter AB3, dass nur noch die oberen drei ZM zu sehen sind)* işte, düşünceksiniz. hep bir fazla oluyor- *(legt den Zeigefinger nacheinander auf die drei ZM)* neden ama' *(hebt Hände in die Luft, Handinnenflächen zeigen nach oben)* *(nimmt AB2 und schiebt es so weit unter AB3, dass nur noch die oberen drei ZM zu sehen sind)* also, ihr müsst überlegen. es ist immer um eins größer- *(legt den*

		Zeigefinger nacheinander auf die drei ZM) aber warum’ *(hebt Hände in die Luft, Handinnenflächen zeigen nach oben)*
111 (13:05)	Suna	sıradan- sırayla gidiyor- *(zuckt mit Schultern; schüttelt Kopf; stützt Kinn auf ihrer Hand ab)* von der Reihe- es geht mit der Reihe- *(zuckt mit Schultern; schüttelt Kopf; stützt Kinn auf ihrer Hand ab)*
112	Sel	doğru, ama neden’ das stimmt, aber warum’
113	Suna	*(zuckt mit Schultern)*
114	Sel	düşünün bir. überlegt mal.
115	Seda	*(5 sec)* çünkü *(5 sec)* weil
116	Suna	*(lehnt sich zurück) (leise)* uf yoruldum ya *(lehnt sich zurück) (leise)* uf ich bin müde geworden
117	Seda	çünkü öyle, öyle *(stützt Ellenbogen am Tisch ab; Hand ist halb offen und Fingerspitzen zeigen nach oben und bewegt Hand nach vorne und nach hinten)* matematiği yapmışlar. biz nereden bilelim, matematiği öyle yapmışlar *(schüttelt Kopf)* weil das so ist, so ist das *(stützt Ellenbogen am Tisch ab; Hand ist halb offen und Fingerspitzen zeigen nach oben und bewegt Hand nach vorne und nach hinten)* sie haben die Mathematik gemacht. woher sollen wir das wissen, sie haben die Mathemtik so gemacht *(schüttelt Kopf)*
118	Suna	... heralde bir cevabı var. ... es hat wahrscheinlich eine Antwort.
119	Sel	mhm #düşünün bir-# es ist nicht- mhm #überlegt mal-# es ist nicht-
120	Seda	*(leiser)* #(evet?)#

	(leiser) #(ja?)#
121	Sel	das ist ja nicht zufällig dass das so ist.
122	Seda	ja.
123 (13:34)	Sel	daha demin çok güzel mesela şey tarif ettiniz ya *(hält Zeigefinger über ZM1)* neler fark ettiğinizi- *(fährt mit dem Finger über die drei ZM)* onlarla alakası *(öffnet die rechte Handfläche)* olabilir mi acaba' ihr habt ja vorhin zum Beispiel Dings sehr schön beschrieben *(hält Zeigefinger über ZM1)* was ihr bemerkt habt- *(fährt mit dem Finger über die drei ZM)* ob es wohl etwas damit *(öffnet die rechte Handfläche)* zu tun hat'
124	Seda	#olabilir# #kann sein#
125	Suna	#olabilir# sollen wir jetzt abschreiben oder was' #kann sein# sollen wir jetzt abschreiben oder was'
126	Sel	nein nein nein- *(schüttelt Kopf)* das nicht. daha demin tarif ettiniz dimi' sayı piramitlerini- *(zieht AB2 etwas weiter hoch, sodass nun auch der unter den drei ZM liegende Antwortsatz auf AB2 zu sehen ist)* nein nein nein- *(schüttelt Kopf)* das nicht. ihr habt ja vorhin beschrieben nicht wahr' die Zahlenmauern - *(zieht AB2 etwas weiter hoch, sodass nun auch der unter den drei ZM liegende Antwortsatz auf AB2 zu sehen ist)*
127	Seda	*(streckt Arm aus und gähnt; dreht Stuhl)*
128	Suna	*(schlägt Stift gegen den Tisch)* mhm
129	Sel	#güzel otur Seda# #setz dich schön hin Seda#
130	Suna	#uf (yapmasana?)# #uf (hör doch auf?)#
131	Seda	#(çok uykum var ya?)# #(ich bin sehr müde?)#
132	Sel	güzel otur Seda.

		setz dich schön hin Seda.
133	Seda	uykum var. *(stützt sich mit dem Ellenbogen am Tisch ab; stützt Kinn an der Hand ab)* ich bin müde. *(stützt sich mit dem Ellenbogen am Tisch ab; stützt Kinn an der Hand ab)*
134	Suna	ben saat altıda kalktım. saat dokuzda da yattım ich bin um Sechs Uhr aufgestanden. und um Neun Uhr bin ich schlafen gegangen
135	Seda	*(lehnt sich zurück)*
136	Sel	o zaman size bir şey gösteriyim- belki bu biraz işinize yarıyabilir- *(lehnt sich zur Seite, um nach einem Blatt zu suchen)* dann lasst mich euch etwas zeigen- vielleicht kann euch das etwas behilflich sein- *(lehnt sich zur Seite, um nach einem Blatt zu suchen)*
137 (14:06)	Suna	inşallah hoffentlich
138	Sel	*(legt Hilfekarte 2 (HK2) neben AB3; setzt Finger kurz an ZM1? auf HK2)*
139	Suna	.. artı. *(zuckt mit Schulter)* artı bir şeyler[11]- .. plus *(zuckt mit Schulter)* plus etwas-
140	Seda	.. bir şeyler artıyor yani. .. etwas erhöht sich also.
141	Suna	guck Fünfzehn #plus Eins gleich Sechzehn# *(hält den Stift erst auf den obersten Stein von ZM1 auf HK2, dann auf die 1 über dem ersten Additionsbogen und danach auf den obersten Stein von ZM2)*
142	Seda	#ah- ben buldum# *(nimmt Stift aus Sunas Hand)* bir tane büyüyor. *(setzt Stift an den Anfang der Aufgabenstellung auf AB3)*

[11] „bir şey“ kann im Deutschen mit „etwas“ übersetzt werden. „bir şeyler“ stellt den Plural von „bir şey“ dar und wird hier auch mir „etwas“ übersetzt, da im Deutschen keine Pluralbildung für dieses Wort möglich ist.

		#ah- ich habe es gefunden# *(nimmt Stift aus Sunas Hand)* ist eins größer. *(setzt Stift an den Anfang der Aufgabenstellung auf AB3)*
143	Sel	evet. ja.
144	Suna	hep bir sayı büyüyor yazdık ya *(hält offene Hand in Richtung des AB2)* ist immer eine Zahl größer haben wir doch geschrieben *(hält offene Hand in Richtung des AB2)*
145	Sel	o doğru- *(Suna liest leise den von ihr notierten Antwortsatz)* ama- işte şimdi nedenini *(hebt halboffene Hand; Finger zeigen auf ihren Körper)* arıyoruz. warum ist das so das stimmt- *(Suna liest leise den von ihr notierten Antwortsatz)* aber- wir suchen jetzt eben den Grund *(hebt halboffene Hand; Finger zeigen auf ihren Körper)*. warum ist das so
146	Suna	*(etwas leiser)* (boah ich glaub?) bazıları yanlış yaptı *(lehnt sich weit zurück)* *(etwas leiser)* (boah ich glaub?) manche haben es falsch gemacht *(lehnt sich weit zurück)*
147	Seda	*(stützt Kopf auf Hand ab)*
148 (14:41)	Sel	alttaki sıralara bir bakın, onunla alakalı olabilir mi' schaut mal auf die unteren Reihen, kann es etwas damit zu tun haben'
149	Suna	hah- .. buraya da bir geliyor. *(legt den Zeigefinger auf das leere Additionskästchen unter dem linken unteren Bogen auf HK2)* ah- .. hier kommt auch eine Eins. *(legt den Zeigefinger auf das leere Additionskästchen unter dem linken unteren Bogen auf HK2)*
150	Sel	mhm
151	Suna	gib mal *(umfasst Sedas Handgelenk; nimmt Stift aus ihrer Hand)* buraya bir yazım- yazıyım mı' *(legt den Stift auf das untere linke Additionskästchen)*

		gib mal *(umfasst Sedas Handgelenk; nimmt Stift aus ihrer Hand)* lass mich hier eine Eins schreiben – soll ich schreiben’ *(legt den Stift auf das untere linke Additionskästchen)*
152	Sel	*(nickt merhmals)* sence Seda’ *(nickt merhmals)* was sagst du Seda’
153	Seda	sen bilirsin- #ben-# wie du meinst- #ich-#
154	Sel	#doğru mudur’# buraya bir yazınca’ *(legt den Zeigefinger erst auf das linke untere Additionskästchen, dann nacheinander auf den linken unteren Stein von ZM1 und ZM2)* #wäre das richtig’# wenn man hier eine Eins hinschreibt’ *(legt den Zeigefinger erst auf das linke untere Additionskästchen, dann nacheinander auf den linken unteren Stein von ZM1 und ZM2)*
155	Seda	*(schaut auf HK2)*
156	Suna	*(leise)* ja bestimmt
157 (15:09)	Seda	evet- bir- bir artı bir, iki ediyor *(legt den Zeigefinger erst auf den linken unteren Stein von ZM1, dann auf das linke untere Additionskästchen und anschließend auf den linken unteren Stein von ZM2).* ja- Eins- Eins plus Eins, ergibt Zwei *(legt den Zeigefinger erst auf den linken unteren Stein von ZM1, dann auf das linke untere Additionskästchen und anschließend auf den linken unteren Stein von ZM2).*
158	Sel	mhm *(nickt)*
159	Suna	iki artı bir üç ediyor *(legt den Zeigefinger erst auf den linken unteren Stein von ZM2, dann auf das rechte untere Additionskästchen und anschließend auf den linken unteren Stein von ZM3).* öyle. Zwei plus Eins ergibt Drei *(legt den Zeigefinger erst auf den linken unteren Stein von ZM2, dann auf das rechte untere Additionskästchen und anschließend auf den linken unteren Stein von ZM3).* so ist das.
160	Sel	aynen süper

		genau super
161	Suna	*(trägt in beide untere Additionskästchen jeweils eine Eins ein)*
162	Seda	doğru. yok. doğru. yok. doğru. yok- *(lacht)* richtig. nicht. richtig. nicht. richtig. nicht- *(lacht)*
163	Sel	şimdi bunlar niye bir- bir fazla oluyor' *(legt den Zeigefinger nacheinander auf die obersten Steine der drei ZM auf HK2)* en üstteki taş' warum sind die jetzt eins- um eins größer' *(legt den Zeigefinger nacheinander auf die obersten Steine der drei ZM auf HK2)* der oberste Stein'
164	Suna	*(hebt offene Hände; Handinnenflächen zeigen nach oben; zieht Unterlippe über Oberlippe)*
165	Seda	*(streckt sich zur rechten Seite des Tisches, weil sich HK2 am Tischrand befindet)*
166	Sel	en üstteki taş alttaki taşlardan oluşuyor *(hält ausgestreckte Hand über den ZM; Handkante zeigt nach unten; bewegt Hand schnittartig nach unten)* dimi' der oberste Stein entsteht aus den unteren Steinen *(hält ausgestreckte Hand über den ZM; Handkante zeigt nach unten; bewegt Hand schnittartig nach unten)* nicht wahr'
167	Seda	mhm
168	Suna	ortada da, iki taş- *(setzt Stift nacheinander auf den linken und rechten mittleren Stein von ZM1)*- eh- burda üç taş büyüyor *(setzt Stift nacheinander auf den linken und rechten mittleren Stein von ZM1)*- burda, iki taş büyüyor *(wiederholt Zeigebewegung an ZM2)* burda bir taş büyüyor *(wiederholt Zeigebewegung an ZM3)*. in der Mitte, zwei Steine- *(setzt Stift nacheinander auf den linken und rechten mittleren Stein von ZM1)*- eh- hier ist es um drei Steine größer *(setzt Stift nacheinander auf den linken und rechten mittleren Stein von ZM1)*- hier, ist es um zwei Steine größer *(wiederholt Zeigebewegung an ZM2)* hier ist es um einen Stein größer *(wiederholt Zeigebewegung an ZM3)*.

169	Sel	aha- #onu bir daha bir anlat# aha- #erklär das noch einmal#
170	Seda	#üç taş iki taş bir taş# *(legt den Zeigefinger nacheinander unter die drei ZM)* #drei Steine zwei Steine ein Stein# *(legt den Zeigefinger nacheinander unter die drei ZM)*
171	Sel	Suna onu bir daha bir anlatsana´ *(schiebt HK2 etwas weiter in die Mitte des Tisches)* Suna erkläre es doch noch einmal´ *(schiebt HK2 etwas weiter in die Mitte des Tisches)*
172	Suna	burda üç taş daha büyüyor- yani üç sayı *(legt den Stift nacheinander auf den linken und rechten mittleren Stein von ZM1).* burda da iki- burda da bir sayı daha büyüyor *(wiederholt Zeigebewegung nacheinander an ZM2 und ZM3; lehnt sich danach zurück)* hier ist es drei Steine noch größer – also drei Zahlen *(legt den Stift nacheinander auf den linken und rechten mittleren Stein von ZM1).* und hier zwei- und hier ist es um eine Zahl größer (*wiederholt Zeigebewegung nacheinander an ZM2 und ZM3; lehnt sich danach zurück)*
173	Sel	hangisi bir sayı büyüyor’ welche ist um eine Zahl größer’
174 (15:58)	Suna	sekiz. *(legt den Zeigefinger auf den linken mittleren Stein von ZM3)* Acht. *(legt den Zeigefinger auf den linken mittleren Stein von ZM3)*
175	Sel	mhm. #hangisinden-# mhm. #von welcher-#
176	Seda	#en büyüğü de bu.# *(setzt Zeigefinger auf den obersten Stein von ZM3)* en büyük ra- en büyük rakam bu *(tippt mehrmals auf dieselbe Stelle)* #und die größte ist diese.# *(setzt Zeigefinger auf den obersten Stein von ZM3)* die größte Zi- die größte Ziffer ist diese *(tippt mehrmals auf dieselbe Stelle)*

177	Sel	dokuz mu’ Neun’
178	Seda	on yedi. Siebzehn.
179	Sel	ha on yedi- evet. *(nickt)* #tabii.# ah Siebzehn- ja. *(nickt)* #natürlich.#
180	Seda	#en büyük# rakam o. #die größte# Ziffer ist sie.
181	Sel	doğru. richtig.
182	Suna	#*(unverständlich)*#
183	Sel	#neden en büyüğü o’# #warum ist sie die größte’#
184	Seda	#aslında-# *(zieht AB3 runter, sodass AB2 vollständig sichtbar wird)* en büyüğü on sekiz olması lazım. *(legt den Zeigefinger auf den obersten Stein von ZM4 auf AB2; schiebt AB3 wieder bis unter den Antwortsatz von AB2 hoch)* #eigentlich-# *(zieht AB3 runter, sodass AB2 vollständig sichtbar wird)* muss Achtzehn die größte sein. *(legt den Zeigefinger auf den obersten Stein von ZM4 auf AB2; schiebt AB3 wieder bis unter den Antwortsatz von AB2 hoch)*
185	Sel	doğru- ama ona bakmıyoruz şimdi *(hält Hand kurz in Richtung von AB2 und AB3)*- buna baktığımız için, burda en büyüğü on yedi *(hält Finger über dem obersten Stein von ZM3 auf HK2)*. richtig- aber darauf schauen wir jetzt nicht *(hält Hand kurz in Richtung von AB2 und AB3)*- da wir hierauf gucken, hier ist die Siebzehn am größten *(hält Finger über dem obersten Stein von ZM3 auf HK2)*.
186	Seda	*(schiebt HK2 unter die Aufgabenstellung von AB3)*
187	Sel	ama neden en büyüğü o oluyor’ *(hält offene Hand in Richtung HK2)*

		aber warum ist sie am größten’ *(hält offene Hand in Richtung HK2)*
188	Seda	çünkü on beş on altı on yedi diye gidiyor *(legt den Zeigefinger nacheinander auf die obersten Steine der drei ZM)* ve sayı da büyüyor büyüyor büyüyor büyüyor büyüyor- *(bewegt beide Hände kreisförmig, in entgegengesetzte Richtungen in der Luft)* dede oluyor, on yedi yaşına geliyor *(beide Arme sind neben ihrem Körper halb ausgestreckt; Hände sind offen).* weil es so geht Fünfzehn Sechzehn Siebzehn *(legt den Zeigefinger nacheinander auf die obersten Steine der drei ZM)* und die Zahl ist größer ist größer ist größer ist größer ist größer- *(bewegt beide Hände kreisförmig, in entgegengesetzte Richtungen in der Luft)* ist ein Opa, ist Siebzehn Jahre alt *(beide Arme sind neben ihrem Körper halb ausgestreckt; Hände sind offen).*
189	Suna	*(leiser)* #on sekiz bence# *(leiser)* #Achtzehn meiner Meinung nach#
190	Seda	#belki o- o da-# #vielleicht (sie[12]?)- (sie?) auch-#
191	Suna	*(schnell)* büyüyor büyüyor büyüyor- *(bewegt beide Hände kreisförmig, in entgegengesetzte Richtungen in der Luft)* dedeye geliyor- on yedi yaşına giriyor. ach so *(wirkt ironisch).* *(schnell)* ist größer ist größer ist größer- *(bewegt beide Hände kreisförmig, in entgegengesetzte Richtungen in der Luft)* kommt zum Opa- ist Siebzehn Jahre alt. ach so *(wirkt ironisch).*
192	Seda	yirmi yedi de olabilir *(stützt Ellenbogen am Tisch ab; flache Hand zeigt nach oben)* eh- #₁elli#₁ *(bewegt abgestützten Arm auf dem Tisch hin und her)*

[12] „o“ steht im Türkischen für das Personalpronomen der 3. Person Singular. Im Türkischen gibt es kein Geschlecht für Personalpronomen. „o“ wird an dieser Stelle mit „sie“ übersetzt, weil hier möglicherweise auf „die Zahl“ Bezug genommen wird.

		kann auch Siebenundzwanzig sein *(stützt Ellenbogen am Tisch ab; flache Hand zeigt nach oben)* eh- #1Fünfzig#1 *(bewegt abgestützten Arm auf dem Tisch hin und her)*
193	Suna	#1yirmi yedi de#1 dede mi olur #1mit Siebenunzwanzig#1 ist man doch kein Opa
194	Seda	elli dört olabilir- ben nerden bilebilirim' #2salladım.#2 kann auch Vierundfünfzig sein- woher soll ich das wissen' #2ich hab geraten.#2
195	Sel	#2okay,#2 okay *(zieht HK2 zur Seite)*
196	Suna	#3elli dört dede daha iyi#3 #3Vierundfünfzig Opa ist besser#3
197 (16:53)	Sel	#3o zaman şimdi devam bakalım.#3 Almanca mı Türkçe mi alalım bir dahakisini' *(sammelt die bearbeiteten Blätter ein und legt sie zur Seite)* #3dann lasst uns jetzt weiterschauen.#3 sollen wir das Nächste auf Deutsch oder auf Türkisch nehmen' *(sammelt die bearbeiteten Blätter ein und legt sie zur Seite)*
Daraufhin bearbeiten die Kinder Aufgabe 3 und entscheiden sich für das deutschsprachige AB. Anschließend bearbeiten sie das türkischsprachige AB für Aufgabe 4.		

Transkript von Malik und Yakub, 3. Klasse

Aufgabenblatt: 1A
Aufgabe: 2
Lernende: Malik (M) aus der Klasse 3A und Yakub (Y) aus der Klasse 3A
Interviewerin: Selma (S)

Turn	Sprecher	Äußerung
Die Kinder wählen das türkischsprachige Arbeitsblatt (AB) und bearbeiten Aufgabe 1. Selma fragt die Kinder, welche Sprache sie für das nächste AB möchten. Sie entscheiden sich für das deutschsprachige AB.		
1 (08:23)	Selma	Almanca mı alalım Türkçe mi alalım'

		sollen wir Deutsch nehmen oder sollen wir Türkisch nehmen’
2	Malik	*(leise)* Almanca *(leise)* Deutsch
3	Yakub	*(leise)* Almanca- *(leise)* Deutsch-
4	M	*(leise)* ha ha *(streckt Kopf zu Y und lacht)*
5	Y	*(leise)* (das wird noch schwerer jetzt?) bei Türkei ist es einfacher.
6	S	*(legt AB2 vor die Kinder)* bakın şimdi- *(legt AB2 vor die Kinder)* schaut jetzt-
7	Y	*(schaut Malik an)* guck *(lacht)*
8	M	*(spielt mit Stift)*
9	S	*(nimmt Stift aus Ms Hand; schließt Deckel und legt ihn zur Seite)*
10	Y	*(beugt sich über AB2; liest die Aufgabenstellung unter den Zahlenmauern (ZM) leise vor)* beschreibe, was fällt dir an den Zahlen-
11	M	*(beugt sich auch über AB2)* auf.
12	Y	-mauern auf’ *(atmet laut ein)* .. şimdi onu mu yapıcaz’ *(setzt Zeigefinger an den Anfang der untersten Aufgabenstellung auf AB2, über ZM4)* -mauern auf’ *(atmet laut ein)* .. machen wir jetzt diesen’ *(setzt Zeigefinger an den Anfang der untersten Aufgabenstellung auf AB2, über ZM4)*
13	S	*(tippt mehrmals auf den obersten Satz auf AB2)*
14	Y	oder mit Fehler’ *(bewegt Finger über die erste Aufgabenstellung unter den drei oberen ZM)*
15	S	das hier erst mal *(tippt nacheinander die drei oberen ZM an) (hält den Zeigefinger kurz auf den Anfang der Aufgabenstellung; liest die Aufgabenstellung laut vor)* schau mal, von Zahlenmauer zu Zahlenmauer verändert sich etwas.
16	Y	*(zieht AB2 vor sich; legt AB2 auf seine Beine)*
17	M	*(schaut auf AB2)*
18	S	masaya koy kağıdı- Yakub leg das Blatt auf den Tisch- Yakub

19	M	*(legt AB2 wieder auf den Tisch)*
20	Y	(wir wollen allein?)
21 (09:12)	S	mhm[13], beschreibe, was fäl- fällt dir an den Zahlenmauern auf' ne oluyor orada' mhm, beschreibe, was fäl- fällt dir an den Zahlenmauern auf' was passiert da'
22	M	ah- das. *(tippt mehrmals auf den rechten mittleren Stein von ZM2?; tippt abwechselnd auf den rechten und linken mittleren Stein von ZM2)*
23	S	was denn'
24	M	das hier ist Fehler *(tippt abwechselnd auf den rechten und linken mittleren Stein von ZM2)* ah nein das ist richtig *(führt flache Hand an die Stirn und lacht)*
25	Y	*(lacht)*
26	M	*(legt Hand auf ZM3 und schaut auf die Abbildungen; 5 sec)*
27	S	was fällt dir auf', von Zahlenmauer zu Zahlenmauer *(bewegt Zeigefinger bogenförmig von ZM1 zu ZM2 zu ZM3)*
28	Y	*(Arme liegen gefaltet auf dem Tisch; legt Kopf auf Arme und schaut auf AB2) (leise)* (häh?)
29	M	*(schaut auch auf AB2; 5sec)*
30	S	karşılaştırın bir, ordaki sayı piramitlerini. *(steht auf und entfernt sich vom Tisch)* vergleicht mal, diese Zahlenmauern dort. *(steht auf und entfernt sich vom Tisch)*
31	M	*(flüstert zu Y)* (häh das kann ich-?)
32	Z	*(zu S)* ausrechnen erste'
33	S	hmhm[14]- *(kommt zurück; beugt sich über den Tisch)* das- das- die sind ja bereits ausgerechnet- die sind ja alle schon eh beschriftet *(fährt mehrmals horizontal über die oberen ZM).* bir karşılaştırın *(setzt Zeigefinger auf den obersten Stein von ZM1)* bunları *(legt den Zeigefinger jeweils nacheinander rechts neben die drei ZM)* ne değişiyor' *(öffnet Hand parallel zum Tisch und Handinnenfläche zeigt nach*

[13] „mhm“ wird hier als bejahender Laut gedeutet.

[14] „hmhm“ wird hier als verneinender Laut gedeutet.

		oben) .. bir şeyler fark ediyor musunuz' birbirinizle konuşun *(entfernt sich wieder vom Tisch)* hmhm- *(kommt zurück; beugt sich über den Tisch)* das- das- die sind ja bereits ausgerechnet- die sind ja alle schon eh beschriftet *(fährt mehrmals horizontal über die oberen ZM)*. vergleicht mal *(setzt Zeigefinger auf den obersten Stein von ZM1)* diese *(legt den Zeigefinger jeweils nacheinander rechts neben die drei ZM)* was verändert sich' *(öffnet Hand parallel zum Tisch und Handinnenfläche zeigt nach oben)* .. bemerkt ihr etwas' sprecht miteinander *(entfernt sich wieder vom Tisch)*
34 (09:58)	Y	.. *(atmet laut ein)* ja *(macht eine schnelle Bewegung nach hinten)*. ja .. *(hebt linke obere Ecke von AB2 an)* bei mir fällt jetzt auf. *(schaut zu S, hinter die Kamera)*
35	S	*(unverständlich)* Malik- Malik'e anlat ne yap- #1fark ettiğini.#1 *(unverständlich)* Malik- erkläre Malik was du gem- #1dir aufgefallen ist.#1
36	Y	*(hebt den oberen Teil von AB2 an und schaut gemeinsam mit M auf das Blatt; hält den Finger auf verschiedene Stellen auf dem Blatt, die nicht ersichtlich sind, da das Blatt angehoben ist) (sehr leise)* #1guck#1 guck mal- eine Eins und eine Zwei- Fünf Fünf- Fünf Vier- Drei- hier- ist egal jetzt- Fünf Vier. (und?) guck mal- Sechs Neun- Sieben Neun- Acht Neun .
37	M	#2ah#2 *(wendet Blick kurz vom Blatt; schaut wieder darauf)*
38	Y	#2Fünfzehn#2 Sechzehn Siebzehn *(hält den Finger erneut auf nicht ersichtliche Stellen auf AB2)*
39	M	ah- *(lacht und schaut zu S, hinter die Kamera) (Zeigefinger zwischen den Zähnen)*
40	Y	*(leiser)* ist doch voll komisch ne' *(lacht)*
41	S	und was habt ihr entdeckt' *(kommt zurück an den Tisch)*
42	Y	guck doch *(schiebt AB2 näher zu S und beugt sich weiter über den Tisch) (versucht auf eine Stelle auf ZM1 zu zeigen)*

43	M	*(zieht AB2 näher zu sich?)* Eins *(legt den Zeigefinger auf den linken unteren Stein von ZM1; schaut zu S)*
44	S	*(setzt sich an den Tisch)*
45	Y	Eins *(legt den Zeigefinger auch auf den linken unteren Stein von ZM1)* #$_1$Fünf (Fünf?) *(legt den Zeigefinger nacheinander auf die unteren Steine von ZM1)*.#$_1$
46	M	#$_1$Fünf Vier *(legt den Zeigefinger nacheinander auf den mittleren und rechten unteren Stein von ZM1)*#$_1$
47	Y	Zwei #$_2$Fünf Vier#$_2$ *(legt den Zeigefinger nacheinander auf die unteren Steine von ZM2)*
48	M	#$_2$Zwei Fünf#$_2$ *(versucht auch gleichzeitig auf die jeweiligen Steine zu zeigen, Ys Hand hindert ihn daran)* Vier *(kratzt Kopf)*
49	Y	und dann #$_3$Drei Fünf Vier#$_3$ *(legt den Zeigefinger nacheinander auf die unteren Steine von ZM3)*
50	M	#$_3$Drei Fünf Vier#$_3$ *(kaut am Daumennagel)*
51 (10:40)	Y	Sechs Neun *(legt den linken Zeigefinger nacheinander auf den linken und rechten mittleren Stein von ZM1)*. Sieben Neun *(legt den linken Zeigefinger nacheinander auf den linken und rechten mittleren Stein von ZM2)*. Acht #$_4$Neun#$_4$. *(legt den linken Zeigefinger nacheinander auf den linken und rechten mittleren Stein von ZM3)*
52	M	#$_4$Neun#$_4$
53	Y	*(setzt Zeigefinger auf den obersten Stein von ZM1)* #$_5$*(*Fünf?*)*#$_5$
54	M	#$_5$Fünfzehn#$_5$ Sechzehn Siebzehn. *(schaut zu S)*
55	S	yani’ *(öffnet beide Hände)* also’ *(öffnet beide Hände)*
56	Y	*(hebt linke obere Ecke des Blattes an)* das ist- fast alles ist gleich. für mich
57	M	*(unverständlich)*
58	S	das ist alles gleich’
59	Y	nein *(schüttelt Kopf)* nicht alles #gleich.#
60	S	#sondern’#
61	Y	weil eins ist von denen immer mehr *(bewegt Zeigefinger unter ZM2 hin und her und führt Zeigefinger horizontal in Richtung von ZM3)*

62	S	aha *(hebt Augenbrauen)* .. was wird denn immer mehr’
63	Y	die Fünfzehn ist wenig *(legt den Zeigefinger auf den obersten Stein von ZM1)* und es wird immer mehr *(legt den Zeigefinger nacheinander auf den obersten Stein von ZM2 und ZM3).* Sechs Neun *(legt den Zeigefinger nacheinander auf den linken und rechten mittleren Stein von ZM1).* Sieben Neun *(legt den Zeigefinger nacheinander auf den linken und rechten mittleren Stein von ZM2).* Acht Neun *(legt den Zeigefinger nacheinander auf den linken und rechten mittleren Stein von ZM3).* und die Sieben wird immer mehr *(setzt Zeigefinger auf den linken mittleren Stein von ZM2).* die Acht wird me- mehr *(setzt Zeigefinger auf den linken mittleren Stein von ZM3).*
64	M	*(schaut durch den Raum; dreht Stuhl etwas; murmelt gleichzeitig etwas Unverständliches)*
65	S	aha.
66	Y	und Eins- *(setzt Zeigefinger unter den linken unteren Stein von ZM1)* da ist eine Zwei- *(setzt Zeigefinger unter den linken unteren Stein von ZM2)* da das- *(setzt Zeigefinger und Mittelfinger unter den mittleren und rechten unteren Stein von ZM1)* die beiden sind gleich- die beiden sind auch gleich- *(wiederholt Zeigebewegung an ZM2)* die beiden sind auch gleich- *(wiederholt Zeigebewegung an ZM3)* und das ist- *(setzt Zeigefinger unter den linken unteren Stein von ZM3)* die Drei ist die mehrste von denen *(führt Zeigefinger entlang der untersten Reihen der drei oberen ZM, vom linken unteren Stein von ZM3 beginnend)*
67	S	aha okay sehr gut. çok güzel şeyler bulmuşsunuz. peki ne yazalım- nasıl yazalım onu’ *(nimmt Stift in die Hand; öffnet Deckel)* .. neler değişiyormuş yani’ aha okay sehr gut. ihr habt sehr schöne Sachen gefunden. und was sollen wir schreiben- wie sollen wir das schreiben’ *(nimmt Stift in die Hand; öffnet Deckel)* .. was verändert sich also’
68 (11:36)	Y	*(Kopf liegt auf Armen; spricht mit gespitzten Lippen)* die Fünfzehn die Sechzehn die Siebzehn (*wackelt mit dem Kopf)*
69	S	mhm

70	Y	und so-
71	S	mhm *(nickt)*.
72	Y	müssen wir so diese Plusaufgaben auch rechnen’
73	S	hmhm *(schüttelt Kopf). (gestikuliert mit Händen)* böyle tarif etmemiz lazım, kelimelerle- nasıl- yani- burda ne fark ettiğinizi *(hält den Zeigefinger nacheinander unter die drei ZM)* hmhm *(schüttelt Kopf). (gestikuliert mit Händen)* wir müssen es so beschreiben mit Wörtern- wie- also- was euch hier aufgefallen ist *(hält den Zeigefinger nacheinander unter die drei ZM)*
74	Y	#$_1$(ama?) (onu yazıcaz’?)#$_1$ *(hält den Zeigefinger auf den Anfang der Antwortzeile auf AB2)* #$_1$(aber?) (schreiben wir das’?)#$_1$ *(hält den Zeigefinger auf den Anfang der Antwortzeile auf AB2)*
75	S	#$_1$çok güzel şeyler-#$_1$ #$_2$mhm *(nickt)* evet#$_2$ #$_1$sehr schöne Sachen-#$_1$ #$_2$mhm *(nickt)* ja#$_2$
76	Y	#$_2$bunu nasıl#$_2$ yapıcaz’ *(tippt mehrmals neben den Anfang der Antwortzeile auf AB2)* #$_2$wie machen#$_2$ wir das’ *(tippt mehrmals neben den Anfang der Antwortzeile auf AB2)*
77	S	işte- çok güzel şeyler fark ettiniz ya siz şimdi- bana anlattınız ya- onları yazcaz. .. etwas wird immer mehr demiştin, was wird denn immer mehr’ genau- ihr habt ja jetzt sehr schöne Sachen gefunden- ihr habt es mir ja erklärt- diese werden wir aufschreiben. .. etwas wird immer mehr hattest du gesagt, was wird denn immer mehr’
78	Y	die Zahlen.
79	S	welche’ alle’
80	Y	#ja# *(hält Zeigefinger über ZM1)*
81	M	#guck# *(legt Hand unter ZM3)*
82	Y	ja- außer die Neun *(hält den Finger auf den rechten mittleren Stein von ZM1 und dann in Richtung von ZM2 und ZM3)*. und die Fünf Vier *(hält Finger über*

		den mittleren unteren Stein von ZM2 und bewegt ihn zum rechten unteren Stein von ZM2).
83	M	ja.
84	S	mh-
85	M	außer Eins Zwei Drei *(legt den Zeigefinger nacheinander auf die linken unteren Steine der drei ZM).*
86	S	#₁okay#₁
87	Y	#₁und hier ist noch guck-#₁ *(hält Hand über ZM3 und führt sie dann zu ZM1)*
88	M	#₁(die werden alle mehr?)#₁
89 (12:25)	Y	die und die und die- *(legt den Zeigefinger nacheinander auf die linken mittleren Steine der drei ZM)* weil die alle- weil der und der und der *(legt den Zeigefinger nacheinander auf die rechten mittleren Steine der drei ZM, von rechts beginnend)* und der und der *(legt den Zeigefinger nacheinander auf den mittleren und rechten unteren Stein von ZM1)* und #₂der und der#₂ *(legt den Zeigefinger nacheinander auf den mittleren und rechten unteren Stein von ZM2) (leiser)* und der-
90	M	#₂nein#₂ *(zieht Ys Hand vom Blatt)* #₃*(unverständlich)*#₃ *(hält Zeigefinger über ZM1)*
91	Y	#₃weil#₃ die Fünf Vier und die Neun ist auch immer diese gleiche Zahle *(hält die Hand auf ZM2)* und die Fünfz- Sechzehn Siebzehn ist immer mehr.
92	S	mhm. Malik sen bir şey demek istedin galiba. mhm. Malik du wolltest etwas sagen glaube ich.
93	M	ntz[15] *(schüttelt Kopf) (fasst sich mit beiden Händen an den Kopf)*
94	S	doch komm du hattest *(nickt)* #glaube ich# eine gute Idee-
95	M	#ntz# *(schüttelt Kopf; legt Kopf auf Arm)*
96	Y	sag mal- *(legt Kopf auch auf Arme)* was denn
97	M	*(schiebt Blatt hoch und runter)*
98	S	Yakub'a bir anlat, o zaman. bana anlatmıycaksan.

[15] „ntz“ wird im Türkischen üblicherweise als verneinender Laut genutzt.

		erkläre es mal Yakub, dann. wenn du es mir nicht erklärst.
99	Y	*(streckt sich über den Tisch, um M ins Gesicht zu schauen)*
100	M	ntz *(schüttelt Kopf)*
101	Y	sag einfach
102	S	galiba iyi bir şey buldun sen. ich glaube du hast etwas Gutes gefunden.
103	M	*(tippt mit Fingern an das untere Ende des Blattes)*
104	Y	komm sag einfach, ist egal. *(streckt Arm über den Tisch)*
105	M	*(lacht)*
106	S	Yakub'a anlat o zaman bana anlatma *(schiebt AB2 wieder zwischen die beiden Kinder)* dann erkläre es Yakub erkläre es nicht mir *(schiebt AB2 wieder zwischen die beiden Kinder)*
107	Y	(jetzt sag was?)
108	M	*(nähert sich Y und schiebt AB2 näher zu Y) (flüstert)* (häh?) egal- *(schiebt AB2 von sich weg, zu S?)*
109	S	nein' okay. *(schiebt AB2 erneut vor die Kinder)* o zaman bakın şimdi- *(setzt Zeigefinger an das Ende der zweiten Aufgabenstellung auf AB2)* wie müsste denn nun die nächste Zahlenmauer, aussehen' *(setzt Zeigefinger neben die freie Stelle rechts von ZM4)* nein' okay. *(schiebt AB2 erneut vor die Kinder)* dann schaut jetzt- *(setzt Zeigefinger an das Ende der zweiten Aufgabenstellung auf AB2)* wie müsste denn nun die nächste Zahlenmauer, aussehen' *(setzt Zeigefinger neben die freie Stelle rechts von ZM4)*
110	Y	müssen wir das ausrechnen jetzt' *(bewegt Zeigefinger vertikal von der untersten zur obersten Reihe von ZM4 auf AB2)*
111	S	*(hebt Augenbrauen und nickt)*
112	Y	ja. *(lacht)*
113	S	aber ihr müsst- ihr müsst überlegen *(bewegt Finger zu ZM1)* das sind die ersten drei- *(setzt Zeigefinger nacheinander rechts unter die drei oberen ZM)* und das ist die Nächste *(setzt Zeigefinger rechts unter ZM4)*

114 (13:20)	Y	ist eine von denen *(tippt zweimal mit seinen Fingern erst auf das untere Ende des Blattes und dann auf ZM4?)* die gleiche Aufgabe *(hält Hand in Richtung der oberen drei ZM und bewegt sie dann horizontal; zieht Arm zurück und streckt Daumen aus)*
115	S	hmhm *(schüttelt Kopf)*
116	Y	ach so
117	S	hani burda hep bir şeyler değişiyor ya *(setzt Zeigefinger nacheinander über die drei ZM)* hier verändert sich ja immer etwas *(setzt Zeigefinger nacheinander über die drei ZM)*
118	Y	mhm, muss da jetzt auch- *(setzt Zeigefinger kurz unter ZM4)*
119	S	bunu da *(legt den Zeigefinger rechts neben ZM4)* burda *(legt den Zeigefinger auf die freie Stelle rechts neben ZM3)* düşünün. bu da *(legt den Zeigefinger auf die freie Stelle neben ZM3)* bundan *(legt den Zeigefinger auf ZM3)* sonra gelen gibi *(setzt Zeigefinger wieder auf die freie Stelle neben ZM3)* stellt euch das *(legt den Zeigefinger rechts neben ZM4)* hier *(legt den Zeigefinger auf die freie Stelle rechts neben ZM3)* vor. und das *(legt den Zeigefinger auf die freie Stelle neben ZM3)* wie nach diesem *(legt den Zeigefinger auf ZM3)* kommend *(setzt Zeigefinger wieder auf die freie Stelle neben ZM3)*
120	Y	*(nickt stark mit dem Kopf)*
121	M	*(nickt)*
122	S	anlıyor musunuz' versteht ihr'
123	Y	mhm.
124	M	$\#_1$häh aber$\#_1$
125	Y	$\#_1$*(leise)* häh$\#_1$
126	M	hier *(legt den Zeigefinger auf zwei Stellen von ZM4)* sind die gleichen Aufgaben *(legt den Zeigefinger auf den rechten mittleren Stein? von ZM3 und dann wieder auf ZM4)* *(leise)* Fünf plus Vier *(legt den Zeigefinger erst auf den mittleren unteren und dann auf den rechten unteren Stein von ZM4)* *(sehr leise)* $\#_2$und so$\#_2$ *(legt den Zeigefinger*

		nacheinander auf den mittleren unteren, den rechten unteren und rechten mittleren Stein von ZM3)
127	Y	#2ja#2 das ist jetzt egal. vielleicht *(legt den Zeigefinger kurz auf den linken unteren Stein von ZM3)* kommt da jetzt eine Vier- *(legt den Zeigefinger auf den linken unteren Stein von ZM4)* nochmal Vier- *(legt den Zeigefinger erneut auf den linken unteren Stein von ZM4)* Neun *(legt den Zeigefinger auf den linken mittleren Stein von ZM4)* plus Neun *(legt den Zeigefinger auf den obersten Stein von ZM4)*
128	S	warum sollte da eine Vier hinkommen Yakub’
129	Y	*(zuckt mit Schultern)*
130	S	warum’
131	Y	ich denk, vielleicht kommt da Vier plus eh Fünf gleich Neun *(legt den Zeigefinger nacheinander auf den linken unteren, den mittleren unteren und den linken mittleren Stein von ZM4).* Vier plus Fünf gleich Neun dachte ich *(hält den Zeigefinger erst auf den mittleren unteren? und dann auf den rechten mittleren Stein von ZM4)*
132	S	doğru zaten- *(nickt)* da muss auch eine Vier hinkommen- aber warum’ das ist auch richtig- *(nickt)* da muss auch eine Vier hinkommen- aber warum’
133	Y	*(schaut M an; öffnet Augen weit)* weil- da ist doch eine Eins *(legt den rechten Zeigefinger auf den linken unteren Stein von ZM1)* und da ist eine Zwei *(legt den rechten Zeigefinger auf den linken unteren Stein von ZM2)* und da ist eine Drei- *(legt den rechten Zeigefinger auf den linken unteren Stein von ZM3)* darum dachte ich da muss eine Vier hinkommen *(legt den rechten Zeigefinger auf den linken unteren Stein von ZM4)*
134	S	aha- Malik sence’ aha- Malik deiner Meinung nach’
135	M	*(senkt Stift runter zu ZM4)*
136	Y	*(leise)* richtig
137	S	ist das richtig’
138	M	.. *(nickt; lacht) (führt Hand zum Kopf)*
139	S	ja’ okay. *(nickt)*

140 (14:18)	M	*(schreibt die Zahl „4“ in den linken unteren Stein von ZM4; 7 sec; gibt Y den Stift)*
141	Y	*(schreibt die Zahl „9“ in den linken mittleren Stein von ZM4; 3 sec; gibt M den Stift) (flüstert)* Neun plus Neun’ (das weiß ich nicht?)
142	M	*(flüstert)* (Acht-?) Siebzehn ne’
143	Y	*(flüstert)* Acht. (ja?)
144	M	*(schreibt die Ziffer „1“ in den obersten Stein von ZM4) (schaut zu Y; flüstert)* Siebzehn
145	Y	*(flüstert)* Acht-
146	M	*(flüstert)* Siebzehn
147	Y	*(schließt Augen; legt Faust an Stirn; lacht)*
148	M	*(zuckt mit Schultern; lacht; schreibt die Ziffer „8“ in den obersten Stein dazu, sodass im obersten Stein die Zahl „18“ steht)*
149	Y	.. *(flüstert)* wenn du falsch machst-
150	M	*(schiebt AB2 zu S; lacht)*
151	Y	*(leise)* oah *(lacht)*
152	S	.. süper. şimdi- *(legt AB3 auf den Tisch; schiebt AB2 und AB3 vor die Kinder)* .. super. jetzt- *(legt AB3 auf den Tisch; schiebt AB2 und AB3 vor die Kinder)*
153	Y	*(leise)* (boah?) *(lacht)*
154	M	*(schaut zu Y; lacht)*
155	S	ja ich habe immer ganz viele Blätter aber das sind ja- also ihr könnt das ja ne’ hani iyi yapıyorsunuz. ja ich habe immer ganz viele Blätter aber das sind ja- also ihr könnt das ja ne’ ihr macht es ja gut.
156	Y	#ich hab das-#
157	S	#şimdi-# #jetzt-#
158	Z	gestern habe ich fünf Seiten bei (Lola?) gemacht.
159	S	*(schiebt AB3 vor die Kinder, nimmt AB2 vor sich)* was hast du gemacht’
160	Y	fünf Seiten.
161	S	Mathe’
162	Y	*(schüttelt Kopf)* Lola.
163	S	was ist das’ *(nimmt AB2 in die Hand)*
164	M	#(Lola?)#

165	Y	#das ist# ein Heft- (so?) das ist so ein Heft- du kannst da arbeiten wann du willst.
166 (15:10)	S	aha perfekt dann warst du richtig fleißig *(legt AB2 zur Seite).* und jetzt geht es weiter. şimdi- *(nimmt erneut AB2 in die Hand) (liest die dritte Frage bei Aufgabe 2 vor)* erkläre *(legt den Zeigefinger auf den Anfang der Aufgabenstellung auf AB3)* warum wird der oberste Stein von Zahlenmauer *(legt AB2 neben AB3)* zu Zahlenmauer immer um eins *(hebt ausgestreckten Zeigfinger)* größer’ aha perfekt dann warst du richtig fleißig *(legt AB2 zur Seite).* und jetzt geht es weiter. jetzt- *(nimmt erneut AB2 in die Hand) (liest die dritte Frage bei Aufgabe 2 vor)* erkläre *(legt den Zeigefigner auf den Anfgang der Aufgabenstellung auf AB3)* warum wird der oberste Stein von Zahlenmauer *(legt AB2 neben AB3)* zu Zahlenmauer immer um eins *(hebt ausgestreckten Zeigfinger)* größer’
167	Y	*(schaut zu M; lacht)* wusste ich doch.
168	S	welcher ist der oberste Stein’
169	M	*(leise)* (weiß ich nicht?) *(hält Zeigefinger auf ZM3?)*
170	Y	von denen’ *(hält Finger in Richtung von AB2, auf keine genaue Stelle)*
171	S	ja. von den Zahlenmauern.
172	Y	der’ *(hält den Finger auf den obersten Stein von ZM4)*
173	S	ja-
174	Y	von denen anderen auch’ *(führt Zeigefinger entlang der drei oberen ZM)*
175	S	ja *(nickt)*
176	Y	der, der der der *(hält den rechten Zeigefinger nacheinander auf die obersten Steine von ZM4, ZM1, ZM2 und ZM3).*
177	M	*(setzt Zeigefinger unter den obersten Stein von ZM3)*
178	S	genau- warum werd- wird das immer um eins größer’
179	Y	weil Beispiel jetzt- *(setzt Zeigefinger unter den linken unteren Stein von ZM1)* wir machen jetzt- Eins plus Fünf gleich Sechs *(legt den Zeigefinger nacheinander auf den linken unteren, den mittleren unteren und den linken mittleren Stein von ZM1)* doch ne’ dann machen wir Fünf plus Vier gleich Neun *(legt den Finger nacheinander auf den mittleren unteren, den*

		rechten unteren und den rechten mittleren Stein von ZM1). dann macht- *(setzt Zeigefinger unter die mittlere Reihe von ZM1)* wenn- *(legt den Zeigefinger auf den linken mittleren Stein von ZM1)* dann ist eins weg- (*legt den Zeigefinger auf den rechten mittleren Stein von ZM1)* dann ergibt das Fünfzehn *(legt den Zeigefinger auf den obersten Stein von ZM1)* und dann muss das eins weniger davon- von denen da- *(legt den Zeigefinger auf den obersten Stein von ZM1)* und eins mehr *(legt den Zeigefinger auf den obersten Stein von ZM2)* und eins mehr *(legt den Zeigefinger auf den obersten Stein von ZM3)* bei denen. immer eins weg ist bei denen *(streicht mit dem Finger über den rechten mittleren Stein von ZM3)*
180	S	wo ist eins weg' was meinst du damit'
181 (15:59)	Y	*(reibt sich an der Nase)* Beispiel jetzt Dings- *(schiebt AB3 zur Seite und AB2 näher zu sich)* (also?) Sechs plus Neun *(legt den Finger nacheinander auf den linken und rechten mittleren Stein von ZM1)* ist doch eh Fünfzehn ne'
182	S	ja-
183	Y	von- *(setzt Zeigefinger unter den linken mittleren Stein von ZM1)* von die Sechs wird Eins *(verschiebt Zeigefinger auf den rechten mittleren Stein von ZM1)* minus gemacht- und Eins plus meint ich- und dann wird da- ergibt das Fünfzehn *(legt den Finger auf den obersten Stein von ZM1)*
184	S	ah weil das die Neun ist ne' #₁die man da addiert. mhm okay mhm.#₁
185	Y	*(nickt)* #₁ja *(hebt die linke obere Ecke von AB2 an)* Eins plus und dann haben #₁wir nur noch eine Fünf- und dann ergibt *(legt den Finger auf den obersten Stein von ZM1)* das Fünfzehn beiden.
186	S	okay- und warum ist das denn so dass das hier immer eins mehr wird *(verschiebt Zeigefinger bogenförmig vom obersten Stein von ZM1 zu ZM2 zu ZM3)*
187	Y	weil- hier ist eine Sieben *(setzt Zeigfinger unter den linken mittleren Stein von ZM2)* weil Sieben *(legt den Zeigefinger auf den linken mittleren Stein von ZM2)* plus Neun *(legt den Zeigefinger auf den rechten mittleren Stein von ZM2)* ist das Gleiche *(setzt Zeige-*

		und Mittelfinger unter den linken und rechten mittleren Stein von ZM2). aber nur eins mehr *(legt den Zeigefinger auf den obersten Stein von ZM2).*
188	S	mhm *(nickt).* Malik’
189	M	was’ *(lacht)*
190	*Y*	*(lacht)*
191 (16:37)	S	warum wird das immer um eins mehr von Zahlenmauer zu Zahlenmauer’ der oberste Stein’
192	M	*(reibt sich am Auge; lacht; zuckt mit Schultern)*
193	S	niye öyle’ warum ist das so’
194	M	... *(zuckt mit Schultern) (leise)* bilmiyorum. ... *(zuckt mit Schultern) (leise)* ich weiß nicht.
195	S	okay. *(lehnt sich zur Seite) .. (legt Hilfekarte (HK) 2 neben AB2)* bakin- bakın bir buraya şimdi- okay. *(lehnt sich zur Seite) .. (legt Hilfekarte (HK) 2 neben AB2)* schaut- schaut mal jetzt hierhin-
196	Y	*(schaut auf HK2; lacht)*
197	S	*(Hände liegen auf der rechten Seite von HK2)* böyle bir tane- *(Hände liegen auf der rechten Seite von HK2)* so eine-
198	Y	*(schaut auf HK2 und AB2; öffnet Mund; öffnet Augen weit und zieht Augenbrauen hoch)* das #ist das Gleiche#
199	S	#Tipp-kartem# var burda. mhm. das ist auch- das ist auch das Gleiche. nur diese Pfeile sind halt- *(fährt mit Zeigefinger nacheinander über die vier Additionsbögen auf HK2)* #meine Tippkarte# gibt es hier. mhm. das ist auch- das ist auch das Gleiche. nur diese Pfeile sind halt- *(fährt mit Zeigefinger nacheinander über die vier Additionsbögen auf HK2)*
200	Y	anders.

201	S	genau. .. burda hep bir tane fazla *(fährt mit dem Zeigfinger nacheinander über die oberen zwei Additionsbögen auf HK2)* oluyor dimi' genau. .. hier ist immer eins mehr *(fährt mit dem Zeigfinger nacheinander über die oberen zwei Additionsbögen auf HK2)* nicht wahr'
202	Y	mhm *(nickt)* hab doch gesagt-
203	S	ja, ama nedenini arıyoruz biz *(hebt offene Hand; Handinnenfläche zeigt nach oben)*. neden öyle' *(hebt beide offenen Hände; Handinnenflächen zeigen nach oben)* ja, aber wir suchen den Grund *(hebt offene Hand; Handinnenfläche zeigt nach oben)*. warum ist das so' *(hebt beide offenen Hände; Handinnenflächen zeigen nach oben)*
204	M	*(liegt mit dem Kopf auf dem Tisch)*
205	Y	*(schaut auf AB2; schaut kurz in die Kamera und dann zu S)*
206	S	buraya bir bakın *(fährt mit dem Zeigefinger nacheinander über die unteren zwei Additionsbögen auf HK2; legt Hände ausgestreckt auf den Tisch)* schaut mal hierhin *(fährt mit dem Zeigefinger nacheinander über die unteren zwei Additionsbögen auf HK2; legt Hände ausgestreckt auf den Tisch)*
207	M, Y	*(schauen auf HK2?; 3 sec)*
208 (17:23)	S	ne oluyor orda' was passiert da'
209	Y	*(setzt Zeigefinger unter das linke untere Additionskästchen auf HK2)* hier ist ein Kästchen frei.
210	S	mhm
211	Y	zwei Stück *(hält Zeigefinger auf das rechte untere Additionskästchen)*
212	S	was muss denn in dieses Kästchen rein'
213	M, Y	*(schauen auf HK2)*
214	S	Malik'
215	M	*(schaut zu Y)*

216	Y	*(lacht)*
217	M	*(lacht)*
218	S	birbirinizle- ne gelmesi gerekir buraya *(hält Zeigefinger auf die freie Stelle rechts neben dem linken unteren Additionskästchen)* sizce' karar verin bir. miteinander- was müsste hier hinkommen *(hält Zeigefinger auf die freie Stelle rechts neben dem linken unteren Additionskästchen)* eurer Meinung nach' entscheidet euch mal.
219	M	*(flüstert zu Y; unverständlich; lacht)*
220	Y	*(schaut M an; lächelt; schaut auf den Interviewleitfaden, der vor S liegt)*
221	M	*(flüstert)* häh' *(6 sec)*
222	S	bir- *(setzt Zeigefinger auf den linken unteren Stein von ZM1)* birden iki *(legt den Zeigefinger auf den linken unteren Stein von ZM2)* olması için ne- *(legt den Zeigefinger auf das linke untere Additionskästchen)* ne hesaplamamız gerekiyor' ein- *(setzt Zeigefinger auf den linken unteren Stein von ZM1)* damit von Eins Zwei *(legt den Zeigefinger auf den linken unteren Stein von ZM2)* wird was- *(legt den Zeigefinger auf das linke untere Additionskästchen)* was müssen wir rechnen'
223	Y	*(steht auf)* meinst du die Aufgabe #so'# *(hebt Hand und bewegt sie nach rechts und links)*
224	S	#mhm#
225	Y	die Ergebnisse' von denen immer'
226	S	Eins *(legt den Zeigefinger auf den linken unteren Stein von ZM1)* plus, welche Zahl *(legt den Zeigefinger auf das linke untere Additionskästchen)* ergibt Zwei' *(legt den Zeigefinger auf den linken unteren Stein von ZM2)*
227	Y	*(zuckt mit Schulter)* Eins.
228	S	okay. und bei der Nächsten' *(fährt mit dem Finger über den rechten unteren Additionsbogen)*
229	Y	Zwei plus Zwei' *(zieht an seinem T-Shirt)*
230	S	ergibt- *(legt den Zeigefinger auf den linken unteren Stein von ZM3)*

231	M	Drei. hmhm *(schüttelt Kopf; bewegt Arm schnell hoch)* #Vier Vier#
232	Y	#nein Vier#
233 (18:15)	S	also’ *(legt den Zeigefinger auf den linken unteren Stein von ZM3)* was muss da hin’ *(legt den Zeigefinger auf das rechte untere Additionskästchen und setzt Zeigefinger dann wieder auf den linken unteren Stein von ZM3)*
234	Y	eine Vier’ *(setzt Zeigefinger auf das rechte untere Additionskästchen)*
235	S	wenn- wenn das Ergebnis Drei sein soll-
236	Y	Zwei plus Eins’
237	S	*(schaut M an)*
238	Y	*(beugt sich zu M vor)* Malik’ *(lacht)*
239	S	*(zu M)* öyle mi’ *(zu M)* ist das so’
240	Y	*(lacht; gibt einen Laut von sich)*
241	S	*(zu M)* hm’
242	M	*(lacht; nickt)*
243	S	tamam yazın o zaman- o Kästchenlara ne girmesi gerektiğini. in Ordnung dann schreibt- was in diese Kästchen reinkommen muss.
244	M	*(gibt Y den Stift) (flüstert)* schreibst du erst’
245	Y	*(nimmt Stift; zieht HK2 vor sich; hält Stift über dem linken unteren Additionskästchen)* ach so- müssen wir da jetzt Ergebnis machen’ (oder?) nochmal.
246	S	Eins plus welche Zahl ergibt Zwei’
247	M	#Eins# *(gähnt und streckt Arm aus)*
248	Y	#Eins#
249	S	aha.
250	Y	*(schreibt die Zahl „1“ in das linke untere Additionskästchen; schiebt HK2 in die Mitte des Tisches und gibt den Stift M)*
251	S	yan tarafa ne gelmesi gerekiyor’ was muss daneben hin’
252	M	*(leise)* lass mich *(zieht HK2 vor sich)* Zwei *(schaut Y an)*
253	S	Zwei plus-

254	Y	*(leise)* Zwei-
255	S	muss-
256	M	*(zieht Hand vom Blatt)*
257	S	muss aber Drei ergeben ne’ *(legt den Zeigefinger auf den linken unteren Stein von ZM3)*
258	Y	ach so dann ist das doch-
259 (18:59)	M	*(schreibt die Zahl „2“ in das rechte untere Additionskästchen; verschiebt HK2; schaut zu Y)*
260	S	öyle mi, #Malik’# ist das so, #Malik’#
261	Y	#was# hast du (gemacht?) das ist viel *(lacht)*
262	M	*(flüstert)* (ama?) Eins plus Zwei sind Drei. *(flüstert)* (aber?) Eins plus Zwei ist Drei.
263	Y	*(leiser)* nein das ist falsch- das ist Zwei *(hält den Finger auf den linken unteren Stein von ZM2)*. da ist schon eine Zwei gewesen.
264	M	*(flüstert)* ach so. *(hält Stift über dem rechten unteren Additionskästchen) (unverständlich)*
265	Y	*(nimmt Stift aus Ms Hand; übermalt die von M eingetragene Zahl „2“)*
266	S	silin üstünü, altına yazın. hiç problem değil. streicht es durch, schreibt darunter. ist überhaupt kein Problem.
267	Y	*(schreibt die Zahl „1“ unter das rechte untere Additionskästchen; 3 sec)* so- du kannst auch so machen wenn du willst.
268	M	*(schiebt HK2 zu S)*
269	Y	so ist das.
270	S	#okay. buraya# bir bakın *(schiebt HK2 vor die Kinder, neben AB2)*. #okay. hierhin# guckt mal *(schiebt HK2 vor die Kinder, neben AB2)*.
271	M	#wenn das falsch ist#
272	S	*(legt linke Hand an die Seite von HK2)* şimdi- *(unverständlich)* der oberste Stein *(setzt Zeigefinger auf den obersten Stein ZM1)* wird ja immer um eins mehr ne’

		(legt linke Hand an die Seite von HK2) jetzt- *(unverständlich)* der oberste Stein *(setzt Zeigefinger auf den obersten Stein ZM1)* wird ja immer um eins mehr ne’
273	Y	*(nickt) (leise)* ja
274	S	*(fährt mit dem rechten Zeigefinger nacheinander entlang der oberen zwei Additionsbögen)* burda ne oluyormuş peki’ *(fährt mit dem rechten Zeigefinger nacheinander entlang der unteren zwei Additionsbögen)* *(fährt mit dem rechten Zeigefinger nacheinander entlang der oberen zwei Additionsbögen)* und was passiert hier’ *(fährt mit dem rechten Zeigefinger nacheinander entlang der unteren zwei Additionsbögen)*
275	Y	#von Untersten# *(hält Zeigefinger auf den linken unteren Additionsbogen?)*
276	S	#hier unten# *(legt den Zeigefinger auf den linken unteren Stein von ZM3 auf HK2)* der Unterste- ja
277	Y	Un- terste ist immer Eins- *(legt den Zeigefinger auf den linken unteren Stein von ZM1 auf HK2)* von unterste wird immer ein- *(fährt mit dem Zeigefinger über den linken unteren Additionsbogen)* auch eins mehr *(hält den Zeigefinger auf den zweiten Additionsbogen?).*
278 (19:45)	S	aha.
279	M	*(spielt mit dem Stift; schaut zu S)*
280	S	onunla alakalı olabilir mi[16]’ kann es etwas damit zu tun haben’
281	Y	mhm. weil Beispiel- weil Eins plus Fünf ist ja Sechs- *(legt den Finger nacheinander auf den linken unteren, den mittleren unteren und den linken mittleren Stein von ZM1 auf HK2)* darum ist das eins mehr immer bei denen. und bei (denen?) ist das zwei

[16] „mi“ stellt im Türkischen eine Fragepartikel dar. Da es im Deutschen keine derartige grammatikalische Form gibt, kann in der Übersetzung keine lautliche Hervorhebung markiert werden.

		mehr *(hält den Finger auf den linken unteren Stein von ZM2 und fährt mit dem Finger entlang des rechten unteren Additionsbogens)* so- *(fährt mit dem Finger entlang des linken unteren Additionsbogens)* zwei mehr- *(hält den Finger auf den linken unteren Stein von ZM2)* das ist drei mehr *(fährt mit dem Finger entlang des rechten unteren Additionsbogens; hält den Finger auf den linken unteren Stein von ZM3)*. Beispiel so. *(zieht an seinen Fingern)*
282	M	*(reibt sich die Nase; spielt mit dem Stift; schaut auf HK2)*
283	Y	Eins Zwei Drei *(hält den Finger nacheinander auf die linken unteren Steine der drei ZM auf HK2)* (kommt da?)
284	S	genau. hier wird es auch immer um eins mehr *(fährt mit dem Finger entlang der zwei unteren Additionsbögen; schiebt HK2 zwischen die beiden Kinder)*
285	Y	*(Arme liegen verschränkt auf dem Tisch; stützt Kopf auf Händen ab)* (werde?) das- (werde?) das minus würde das noch komischer wie's- wie's hier #*(unverständlich)*#
286	S	#bitte'#
287	Y	*(lauter)* werd- werde das- werde das ehm minus, dann müsste das immer runter runter gehen *(fährt nacheinander mit dem Finger entlang der zwei unteren Additionsbögen, an der rechten Pfeilspitze beginnend)*
288	S	mhm *(nickt)* das stimmt. genau.
289	Y	.. *(beugt sich vor, über HK2)*
290	M	häh *(schaut zu Y; dreht Stuhl; spielt mit Stift)*
291 (20:31)	Y	*(beugt sich über den Tisch) (zu S)* fertig jetzt' mit denen' *(hält den rechten Daumen und Zeigefinger in die Richtung von den ABs auf dem Tisch (AB2, AB3 und HK2))*
292	S	hmhm *(schüttelt Kopf)*
293	Y	ntz- *(lehnt sich zurück; atmet laut aus und nimmt dabei seine Zunge raus)* .. häh was jetzt' ntz- *(lehnt sich zurück; atmet laut aus und nimmt dabei seine Zunge raus)* .. häh was jetzt'
294	M	*(stützt Arm an Stuhllehne ab; spielt mit Stift)*

295	S	*(verschiebt die vor den Kindern liegenden drei Blätter)* soru, soruyu yine #₁okıyım mı’#₁ *(verschiebt die vor den Kindern liegenden drei Blätter)* Frage, soll ich die Frage noch einmal #₁lesen’#₁
296	M	#₁*(gähnt; berührt mit dem Finger die offene Stiftspitze) (unverständlich)*#₁ *(schaut auf seine Hand)*
297	S	#₂ah onu kapatalım *(nimmt Stift aus Ms Hand und schließt Deckel)*#₂ #₂ah den schließen wir’ *(nimmt Stift aus Ms Hand und schließt Deckel)*#₂
298	M	#₂*(leise)* Deutsch ist schwerer#₂ Alter *(lacht)*
299	Y	*(lacht)*
300	S	was ist los’
301	M, Y	*(schauen sich an und lachen)*
302	Y	*(zu M; leise)* sag
303	S	söyle Malik- sesli konuş #₁yoksa seni duyamam.#₁ *(hebt beide offenen Hände)* sag Malik- sprich lauter #₁sonst kann ich dich nicht hören.#₁ *(hebt beide offenen Hände)*
304	Y	#₁jetzt sag#₁
305	M	Deutsch ist schwerer #₂als Türkisch#₂
306	S	#₂Deutsch ist schwerer’#₂
307	M	*(nickt)*
308	S	oh okay. das nächste Blatt wird dann- können wir ja entscheiden was es wird.
309	Y	*(legt Hand an das untere Ende von AB3 und schiebt es hin und her)* Türkü *(lacht)* *(legt Hand an das untere Ende von AB3 und schiebt es hin und her)* Türkü[17] *(lacht)*
310	M	*(zu Y)* #₁hm’#₁
311	S	#₁warum#₁ wird der oberste Stein denn von Zahlenmauer zu Zahlenmauer größer’ soru bu *(stützt*

[17] „Türkü“ ist die Bezeichnung für türkische Volkslieder.

		Unterarme am Tisch ab; öffnet Hände; Handinnenflächen zeigen zueinander). bu *(legt Hand auf HK2)* yardımcı olması içindi- bu kart *(tippt mehrmals auf HK2).* #1warum#1 wird der oberste Stein denn von Zahlenmauer zu Zahlenmauer größer' das ist die Frage *(stützt Unterarme am Tisch ab; öffnet Hände; Handinnenflächen zeigen zueinander).* diese- *(legt Hand auf HK2)* war dafür da um euch zu helfen- diese Karte *(tippt mehrmals auf HK2).*
312	Y	#2die Zahlen-#2
313	S	#2das war nur#2 *(schaut Y an)*
314	Y	die Zahlen gehen immer weiter *(bewegt Handkante (senkrecht zum Tisch) kreisförmig)*
315	S	.. okay aber warum' *(stützt Unterarme am Tisch ab; öffnet Hände; Handinnenflächen zeigen zueinander; öffnet die Augen weit)*
316	Y	... *(schaut nach oben) (zu S; leise)* häh' *(legt Kopf auf den Tisch)*
317 (21:17)	S	neden hep bu- *(setzt Stiftspitze auf den obersten Stein von ZM1 auf AB2)* hep bir tane fazla oluyor' *(bewegt Stift bogenförmig zuerst zum obersten Stein von ZM2 und dann zum obersten Stein von ZM3)* warum ist diese immer- *(setzt Stiftspitze auf den obersten Stein von ZM1 auf AB2)* immer eins mehr' *(bewegt Stift bogenförmig zuerst zum obersten Stein von ZM2 und dann zum obersten Stein von ZM3)*
318	M	*(flüstert)* Türkisch war leichter als Deutsch. *(stützt Oberarm auf Tisch; legt Kopf auf Oberarm)* .. *(atmet laut aus)*
319	Y	*(legt Unterarme auf den Tisch und stützt Kopf auf Fäusten ab)* .. häh'
320	S	bir dahakisini mi yapalım' *(streckt Arm über den Tisch; zieht die Blätter vor sich)* sollen wir das Nächste machen' *(streckt Arm über den Tisch; zieht die Blätter vor sich)*

Anschließend bearbeiten die Kinder Aufgabe 3 und entscheiden sich für das türkischsprachige AB.

E. Arbeitsblatt 4A und die Hilfekarte

Blatt 4A

Aufgabe 1

Mit zwei Stiften kannst du unterschiedlich farbige Bären malen. Zum Beispiel einen blauen Bären und einen roten Bären:

Du kannst die Farbe für jeden Teil selbst bestimmen. Zum Beispiel so:

Beschreibe: Was hat sich verändert?

Aufgabe 2

Sascha hat einen roten Stift und einen blauen Stift. Welche Möglichkeiten gibt es, unterschiedliche Bären zu malen?

Sascha hat sich das dazu überlegt:

Beschreibe: Welche gute Idee hat Sascha benutzt, um alle Möglichkeiten zu finden?

____

____

____

____

Mit Saschas guter Idee kann man alle Möglichkeiten finden.
Erkläre: Warum ist das so?

____

____

____

____

Aufgabe 3

Jetzt hast du einen orangen Stift  und einen grünen Stift . Den lilanen Stift  darfst du auch benutzen, aber nur für den Bauch .

Welche Möglichkeiten gibt es, unterschiedliche Bären zu malen?

Nutze dabei die gute Idee von Sascha, um alle Möglichkeiten zu finden.

Hier kannst du die Möglichkeiten hinmalen:

Beschreibe: Welches Vorgehen hast du genutzt?

Erkläre: Warum gibt es keine weiteren Möglichkeiten?

Aufgabe 4

Nun darfst du den lilanen Stift auch für die Füße und den Kopf des Bären nutzen.

Welche Möglichkeiten kommen jetzt hinzu? Finde alle fehlenden Möglichkeiten.

Hier kannst du die Möglichkeiten hinmalen:

Beschreibe: Welches Vorgehen hast du genutzt, um die fehlenden Möglichkeiten zu finden?

Beschreibe: Hast du das Vorgehen aus Aufgabe 3 auch hier genutzt? Wenn ja, was hast du genauso gemacht? Wenn nein, was hast du anders gemacht?

Erkläre: Warum gibt es keine weiteren Möglichkeiten?

Hilfekarte für Aufgabenteil 1 der Aufgabe 2

F. Arbeitsblatt 3A und die Hilfekarte

Blatt 3A

Aufgabe 1

Valerie hat 6 Anziehsachen zur Auswahl, nämlich 2 Hosen und 4 Oberteile. Wie viele Möglichkeiten hat sie, sich verschieden anzuziehen?

Valerie hat sich das dazu überlegt:

Beschreibe: Welche gute Idee hat Valerie benutzt, um alle Möglichkeiten zu finden?

____

____

____

____

Mit Valeries guter Idee kann man alle Möglichkeiten finden.
Erkläre: Warum ist das so?

____

____

____

____

Aufgabe 2

Jetzt hast du auch 6 Anziehsachen zur Auswahl, nämlich 3 Hosen  und 3 Oberteile . Wie viele Möglichkeiten hast du, dich verschieden anzuziehen?
Nutze dabei die gute Idee von Valerie, um alle Möglichkeiten zu finden.

Hier kannst du die Möglichkeiten hinschreiben oder hinmalen:

Beschreibe: Welches Vorgehen hast du genutzt?

Erkläre: Warum gibt es keine weiteren Möglichkeiten?

____

____

____

____

Aufgabe 3

Valerie hatte 6 Anziehsachen zur Auswahl und du hattest auch 6 Anziehsachen zur Auswahl. Erkläre: Warum hast du aber mehr Möglichkeiten als Valerie?

____

____

____

____

Aufgabe 4

Nun hast du 9 Anziehsachen zur Auswahl, nämlich 3 paar Schuhe , 3 Hosen  und 3 Oberteile . Finde alle Möglichkeiten, dich verschieden anzuziehen.

Hier kannst du die Möglichkeiten hinschreiben oder hinmalen:

Beschreibe: Welches Vorgehen hast du genutzt?

Beschreibe: Hast du das Vorgehen von Valerie auch hier genutzt? Wenn ja, was hast du genauso wie Valerie gemacht? Wenn nein, was hast du anders als Valerie gemacht?

____

____

____

____

Erkläre: Warum gibt es keine weiteren Möglichkeiten?

____

____

____

____

Hilfekarte für Aufgabenteil 1 der Aufgabe 1

G. Transkripte zum mathematischen Kontext „Kombinatorik"

Kombinatorik I: Transkript von Kemal und Melis, 1. Klasse

Aufgabenblatt: 4A Aufgabe: 2 Lernende: Kemal (K) aus der Klasse 1B und Melis (M) aus der Klasse 1B Interviewerin: Selma (S)

Turn	Sprecher	Äußerung
Die Kinder bearbeiten das erste Aufgabenblatt (AB) auf Türkisch für Aufgabe 1. Bei Aufgabe 2 entscheiden sie sich auch für das türkischsprachige AB.		
1 (01:48)	Selma	o zaman şimdi size başka bir şey göstermek #istiyorum# *(legt AB2 vor die Kinder)* dann möchte ich euch jetzt etwas anderes #zeigen# *(legt AB2 vor die Kinder)*
2	Melis	#öbürküler# de mi bizim gibi yaptı' #haben# die Anderen auch so wie wir gemacht'
3	S	evet. şimdi soru bu- *(liest die Aufgabenstellung auf AB2 laut vor)* Sascha'nın bir kırmızı kalemi ve bir mavi kalemi var. farklı farklı ayı boyamak için hangi olanaklar var' ja. jetzt das ist die Frage- *(liest die Aufgabenstellung auf AB2 laut vor)* Sascha hat einen roten Stift und einen blauen Stift. welche Möglichkeiten gibt es unterschiedliche Bären zu malen'
4	Kemal	ehm *(hebt ausgestreckten Zeigefinger in die Luft)* #(unverständlich)#
5	S	#Sascha# bunun için bunları düşünmüş *(fährt mit dem Stift rechts neben den vierten Bären in den zwei Reihen mehrmals vertikal hoch und runter)* bunlara bir bakalım- #Sascha# hat sich das dazu überlegt *(fährt mit dem Stift rechts neben den vierten Bären in den zwei Reihen mehrmals vertikal hoch und runter)* lasst uns die anschauen-
6	M	bir' *(reibt Auge)* eins' *(reibt an Auge)*

7	S	şimdi sizden #sorum şu-# *(hebt Stift hoch und bewegt ihn mehrmals vor und zurück)* jetzt ist meine Frage an #euch folgende# *(hebt Stift hoch und bewegt ihn mehrmals vor und zurück)*
8	M	#*(unverständlich)* sen düşün-# *(legt Kopf seitlich in die Hand und stützt Ellenbogen auf Tisch ab)* #*(unverständlich)* überleg du-# *(legt Kopf seitlich in die Hand und stützt Ellenbogen auf Tisch ab)*
9	S	*(liest weiterhin die Aufgabenstellung auf AB2)* tarif et- tarif et. Sascha tüm olanakları bulmak için hangi iyi fikri kullandı’ *(liest weiterhin die Aufgabenstellung auf AB2)* beschreibe- beschreibe. welche gute Idee hat Sascha benutzt um alle Möglichkeiten zu finden’
10	K	ah ben bir tane- *(hebt ausgestreckten Zeigefinger hoch)* ah ich eins- *(hebt ausgestreckten Zeigefinger hoch)*
11	S	bir fikre göre hareket ediyor burda *(bewegt Stift kreisförmig über der Abbildung auf AB2)* er richtet sich hier nach einer bestimmten Idee *(bewegt Stift kreisförmig über der Abbildung auf AB2)*
12	M	$\#_1$ben$\#_1$ *(hebt ausgestreckten Zeigefinger hoch)* $\#_1$ich$\#_1$ *(hebt ausgestreckten Zeigefinger hoch)*
13	S	$\#_1$ona göre$\#_1$ $\#_2$boyamış$\#_2$ $\#_1$danach$\#_1$ $\#_2$hat er gemalt$\#_2$
14	M	$\#_2$bu-$\#_2$ *(lachend)* buna bak ya *(hält Zeigefinger über der ersten Kombination in der ersten Reihe)* şişman şişman $\#_2$dieser-$\#_2$ *(lachend)* schau dir den an *(hält Zeigefinger über der ersten Kombination in der ersten Reihe)* so dick
15	K	$\#_3$bir dakika$\#_3$ $\#_3$Moment mal$\#_3$

16	S	#3siz birbirinizle#3 konuşun önce bir *(schiebt AB2 weiter zwischen die Kinder)* #4sonra bana anlatın#4 *(lehnt sich zurück)* #3sprecht ihr#3 miteinander erstmal *(schiebt AB2 weiter zwischen die Kinder)* #4erklärt es mir danach#4 *(lehnt sich zurück)*
17	K	#4Melis baksana#4 bu kağıtta hep- *(tippt mehrmals unter die erste Kombination in der zweiten Reihe)* ehm aşağıda ki ayak- ayaklar *(fährt mit dem Finger entlang der Füße in der zweiten Reihe)* hep mavi. ve burda da hep kırmızı *(fährt mit dem Finger entlang der Füße in der ersten Reihe).* göbekleri *(legt den Zeigefinger nacheinander auf die Bäuche des zweiten und ersten Bären in der zweiten Reihe)* ikisi hep kırmızı *(legt den Zeigefinger nacheinander auf die Bäuche des ersten und zweiten Bären in der ersten Reihe)* kafaları hep- *(hält den Zeigefinger nacheinander auf die Köpfe des ersten und zweiten Bären in der zweiten Reihe)* kırmızı beyaz- *(legt den Zeigefinger nacheinander auf die Köpfe des ersten und zweiten Bären in der ersten Reihe)* eh mavi *(schüttelt Kopf)* #5burda da#5 #4Melis schau mal#4 auf diesem Blatt sind immer- *(tippt mehrmals unter die erste Kombination in der zweiten Reihe)* ehm die unteren Füß- Füße *(fährt mit dem Finger entlang der Füße in der zweiten Reihe)* sind immer blau. und hier sind sie immer rot *(fährt mit dem Finger entlang der Füße in der ersten Reihe).* ihre Bäuche *(legt den Zeigefinger nacheinander auf die Bäuche des zweiten und ersten Bären in der zweiten Reihe)* zwei sind immer rot *(legt den Zeigefinger nacheinander auf die Bäuche des ersten und zweiten Bären in der ersten Reihe)* ihre Köpfe sind immer- *(hält den Zeigefinger nacheinander auf die Köpfe des ersten und zweiten Bären in der zweiten Reihe)* rot weiß- *(legt den Zeigefinger nacheinander auf die Köpfe des ersten und zweiten Bären in der ersten Reihe)* eh blau *(schüttelt Kopf)* #5hier#5
18	M	#5kırmızı mavi#5 kırmızı mavi *(legt den Zeigefinger*

		nacheinander auf die Köpfe der vier Bären in der ersten Reihe) #5rot blau#5 rot blau *(legt den Zeigefinger nacheinander auf die Köpfe der vier Bären in der ersten Reihe)*
19 (02:44)	K	bu- evet- *(streicht mit dem Finger über die Köpfe des dritten und vierten Bären in der ersten Reihe)* göbekleri de o zaman *(legt den Zeigefinger nacheinander auf die dritten und vierten Bären in der ersten und zweiten Reihe)* mavi oluyor- burda da ama ayakları sadece renkli başka- *(fährt mit dem Finger entlang der Füße des dritten und vierten Bären in der ersten Reihe)* dieser- ja- *(streicht mit dem Finger über die Köpfe des dritten und vierten Bären in der ersten Reihe)* und ihre Bäuche sind dann *(legt den Zeigefinger nacheinander auf die dritten und vierten Bären in der ersten und zweiten Reihe)* blau- und hier sind aber nur ihre Füße anders farbig- *(fährt mit dem Finger entlang der Füße des dritten und vierten Bären in der ersten Reihe)*
20	S	*(schaut M an)* ..
21	K	evet. ja.
22	S	sen ne diyorsun Melis' was sagst du Melis'
23	M	iyi gut
24	S	sen ne diyorsun #Kemal'in# anlattıklarına' was sagst du zu dem was #Kemal# erzählt hat'
25	K	#iyi# iyi. #gut# gut.
26	S	iyi diyorsun. *(nickt)* du sagst gut. *(nickt)*
27	M	çok güzel olmuş *(spielt mit einer Ecke von AB2)*

		es ist sehr schön geworden *(spielt mit einer Ecke von AB2)*
28	S	evet çok güzel şeyler buldunuz- *(öffnet Stiftdeckel)* çok çabuk buldunuz- ja ihr habt sehr schöne Sachen herausgefunden- *(öffnet Stiftdeckel)* ihr habt es sehr schnell gefunden-
29	M	*(dreht AB2 zu S)*
30	S	şimdi ne yazıyorum’ *(hält Stift schreibbereit über der Antwortzeile)* ayakları- was schreibe ich jetzt auf’ *(hält Stift schreibbereit über der Antwortzeile)* ihre Füße-
31	K	*(diktiert den Antwortsatz)* ayakları yukarda *(diktiert den Antwortsatz)* ihre Füße sind oben
32	S	*(beginnt den ersten Antwortsatz auf Türkisch aufzuschreiben: „Ayakları yukarıda kırmızı“ [~ihre Füße sind oben rot]; 7 sec)*
33	M	*(diktiert den Antwortsatz)* ayakları *(diktiert den Antwortsatz)* ihre Füße
34	K	*(diktiert weiterhin den Antwortsatz)* yukarda kırmızı *(diktiert weiterhin den Antwortsatz)* sind oben rot
35	S	*(schreibt den ersten Antwortsatz zu Ende)* ...
36	K	*(diktiert)* sağda *(diktiert)* auf der rechten
37	S	... sağda *(schreibt „sağ“ [~rechts]; dreht AB2 zu den Kindern)* ... auf der rechten *(schreibt „sağ“ [~rechts]; dreht AB2 zu den Kindern)*
38	K	*(diktiert)* kırmızı *(kratzt Arm)* *(diktiert)* rot *(kratzt Arm)*
39 (03:27)	S	ne- ne demek istiyorsun’ sağda kırmızı- was- was möchtest du sagen’ rechts rot-

40	M	sağ bu değil mi’ *(legt den Zeigefinger auf den ersten Bären in der ersten Reihe)* ist das nicht rechts’ *(legt den Zeigefinger auf den ersten Bären in der ersten Reihe)*
41	S	ha[18] sol. *(dreht AB2 vor sich)* tamam. ach so links. *(dreht AB2 vor sich)* in Ordnung.
42	K	ha- ach so-
43	S	*(ändert das Wort „sağ“ [~rechts] in der zweiten Antwortzeile in „sol“ [~links] um)* sol karınları mı #diyorsun’# *(hält Stift schreibbereit über der zweiten Antwortzeile)* *(ändert das Wort „sağ“ [~rechts] in der zweiten Antwortzeile in „sol“ [~links] um)* meinst du #die linken Bäuche’# *(hält Stift schreibbereit über der zweiten Antwortzeile)*
44	K	#*(diktiert weiterhin den Antwortsatz)* sol# #*(diktiert weiterhin den Antwortsatz)* links#
45	S	*(dreht AB2 etwas zu K)*
46	K	*(diktiert)* karnıları[19] ve *(diktiert)* ihre Bäuche und
47	S	*(schreibt in der zweiten Antwortzeile weiter: „sol karınları“ [~ihre linken Bäuche; 4 sec]*
48	K	*(diktiert)* ve *(diktiert)* und
49	S	*(schreibt weiter: „sol karınları ve“ [~ihre linken Bäuche und])*
50	K	*(diktiert)* kafası

[18] „ha“ wird im Türkischen üblicherweise als ein Laut zum Verdeutlichen von Überraschung oder Einsicht genutzt (ähnlich wie „ach so“).

[19] Das Wort „karnıları“ existiert im Türkischen nicht, gemeint ist wahrscheinlich „karınları“ [~ihre Bäuche].

		(diktiert) sein Kopf
51	S	*(schreibt weiter: „sol karınları ve kafası“ [~ihre linken Bäuche und sein Kopf]) ...*
52	K	*(diktiert)* ve *(diktiert)* und
53	S	*(schreibt weiter: „sol karınları ve kafası ve“ [~ihre linken Bäuche und sein Kopf und])*
54	M	hepte veya- ve'den #sıkıldım.# *(stützt Ellenbogen auf Tisch ab und lehnt Gesicht an Faust)* immer und - ich habe genung #von und.# *(stützt Ellenbogen auf Tisch ab und lehnt Gesicht an Faust)*
55	K	#eh-# ya da- *(bewegt Zeigefinger an das Ende der zweiten Antwortzeile?)* eh kırmızıyı yazabilir misin geri' *(bewegt Zeigefinger auf Höhe der zweiten Antwortzeile vor und zurück)* #eh-# oder- *(bewegt Zeigefinger an das Ende der zweiten Antwortzeile?)* eh kannst du wieder rot schreiben *(bewegt Zeigefinger auf Höhe der zweiten Antwortzeile vor und zurück)*
56	S	neyi kırmızı yazıyım' *(dreht AB2 zu den Kindern)* was soll ich rot schreiben' *(dreht AB2 zu den Kindern)*
57 (04:00)	K	ehm bunlar hep kırmızı *(bewegt Zeigefinger entlang der zweiten Antwortzeile)* ehm diese sind immer rot *(bewegt Zeigefinger entlang der zweiten Antwortzeile)*
58	S	*(liest die zweite Antwortzeile laut vor)* sol karınları ve kafası- *(liest die zweite Antwortzeile laut vor)* ihre linken Bäuche und sein Kopf-
59	K	*(diktiert)* hep kırmızı. *(diktiert)* immer rot.
60	S	*(streicht das zuletzt notierte Wort „ve“ durch und schreibt weiter und spricht dabei: „sol karınları ve*

		kafası hep kırmızı.“ [~ihre linken Bäuche und sein Kopf sind immer rot.]; 5 sec) hep, kırmızı. *(streicht das zuletzt notierte Wort „ve“ durch und schreibt weiter und spricht dabei: „sol karınları ve kafası hep kırmızı.“ [~ihre linken Bäuche und sein Kopf sind immer rot.]; 5 sec)* immer, rot.
61	K	*(diktiert weiterhin den Antwortsatz)* ve *(diktiert weiterhin den Antwortsatz)* und
62	S	*(dreht AB2 vor die die Kinder)*
63	K	.. ve- .. und-
64	S	*(nickt)* ve- *(nickt)* und-
65	K	ehm ve sağda ayıcığının kafası ve göbeği *(hält die Hand erst auf seinen Kopf und dann auf seinen Bauch)* mavi ve ehm o yukarda hep ayakları- bütün ayıcıkların eh ayakları kırmızı. ehm und auf der rechten Seite der Kopf und der Bauch des Bärchens *(hält die Hand erst auf seinen Kopf und dann auf seinen Bauch)* ist blau und ehm da oben immer seine Füße- eh die Füße aller Bärchen sind rot.
66	S	*(nickt)* mhm[20] evet onu yazdık- *(hält den Stift auf den Anfang der ersten Antwortzeile; liest den ersten Antwortsatz laut vor)* ayakları yukarıda kırmızı. aynen *(nickt)* mhm ja das haben wir aufgeschrieben- *(hält den Stift auf den Anfang der ersten Antwortzeile; liest den ersten Antwortsatz laut vor)* ihre Füße sind oben rot. genau
67	K	ha ach so

[20] „mhm“ wird hier als bejahender Laut gedeutet.

68	S	aşağıda ki ayaklar' *(hält Stift kurz über die Füße des vierten Bären in der zweiten Reihe)* die unteren Füßen' *(hält Stift kurz über die Füße des vierten Bären in der zweiten Reihe)*
69	K	hep mavi immer blau
70 (04:42)	S	onu da dediniz *(dreht AB2 vor sich)* tamam. *(beginnt den zweiten Antwortsatz aufzuschreiben und spricht dabei: „Aşağıdaki ayaklar mavi.“ [~Die unteren Füße sind blau.]; 11 sec)* kafalarda ne oluyordu' das habt ihr auch gesagt *(dreht AB2 vor sich)* in Ordnung. *(beginnt den zweiten Antwortsatz aufzuschreiben und spricht dabei: „Aşağıdaki ayaklar mavi.“ [~Die unteren Füße sind blau.]; 11 sec)* was passiert bei den Köpfen'
71	K	kafalarda- bei den Köpfen-
72	M	*(diktiert den Antwortsatz)* kafalarda hep- hep kırmızı- kırmızı mavi kırmızı mavi. *(diktiert den Antwortsatz)* und die Köpfe sind immer - immer rot- rot blau rot blau.
73	S	*(schreibt den vorherigen Satz zu Ende)* .. tamam. *(schreibt den dritten Antworsatz auf und sprich dabei: „kafalarda hep kırmızı mavi kırmızı mavi.” [~Und die Köpfe sind immer rot blau rot blau.]; sec)* kafalarda ... hep, #kırmızı# *(schreibt den vorherigen Satz zu Ende)* .. in Ordnung. *(schreibt den dritten Antworsatz auf und sprich dabei: „kafalarda hep kırmızı mavi kırmızı mavi.” [~Und die Köpfe sind immer rot blau rot blau.]; sec)* und die Köpfe ... sind immer, #rot#
74	M	*(diktiert weiterhin den Antwortsatz)* #kırmızı mavi# #*(diktiert weiterhin den Antwortsatz)* rot blau#

75	S	*(schreibt weiterhin den dritten Antwortsatz auf)* mavi .. kırmızı mavi. … *(schreibt weiterhin den dritten Antwortsatz auf)* blau .. rot blau. …
76	K	*(diktiert weiterhin den Antwortsatz)* göbekleride farklı renk. *(diktiert weiterhin den Antwortsatz)* ihre Bäuche sind auch verschieden farbig.
77	S	*(beginnt den vierten Antwortsatz aufzuschreiben: „Göbekleri" [~Ihre Bäuche])*
78	K	#*(diktiert weiterhin den Antwortsatz)* (göbekler?)# #*(diktiert weiterhin den Antwortsatz)* (Bäuche?)#
79	M	#göbekleri de# iki kere- iki kere- .. iki kere- #und ihre Bäuche# sind zweimal- zweimal- .. zweimal-
80	S	*(dreht AB2 vor die Kinder)*
81	K	#iki-# #zwei-#
82	M	#iki kere# eh kırmızı iki kere mavi #zweimal# eh rot zweimal blau
83	S	*(hält den Stift auf den zweiten und dritten Bären in der ersten Reihe)* tamam *(dreht AB2 vor sich; ergänzt den vierten Antwortsatz und spricht dabei: „Göbekleri iki kere kırmızı ve iki kere mavi." [~Und ihre Bäuche sind zweimal rot und zweimal blau.]; 14 sec)* göberkeleri de, iki kere kırımızı *(hält den Stift auf den zweiten und dritten Bären in der ersten Reihe)* in Ordnung *(dreht AB2 vor sich; ergänzt den vierten Antwortsatz und spricht dabei: „Göbekleri iki kere kırmızı ve iki kere mavi." [~Und ihre Bäuche sind zweimal rot und zweimal blau.]; 14 sec)* und ihre Bäuche, zweimal rot
84	K	*(diktiert weiterhin den Antwortsatz)* ve mavi. *(diktiert weiterhin den Antwortsatz)* und blau.

85	S	ve iki kere mavi *(schreibt den vierten Antwortsatz zu Ende)* und zweimal blau *(schreibt den vierten Antwortsatz zu Ende)*
86 (05:33)	K	*(diktiert weiterhin den Antwortsatz)* ve aşağıda da aynısı. *(diktiert weiterhin den Antwortsatz)* und unten ist es auch das Gleiche.
87	S	*(schreibt den fünften und letzten Antwortsatz auf und spricht dabei: „ Ve aşağıda da aynısı.“ [~Unten ist es auch das Gleiche.]; lachend)* ve aşağıda da *(schreibt den fünften und letzten Antwortsatz auf und spricht dabei: „ Ve aşağıda da aynısı.“ [~Unten ist es auch das Gleiche.]; lachend)* und unten auch
88	M	*(diktiert weiterhin den Antwortsatz)* aynısı. *(diktiert weiterhin den Antwortsatz)* das Gleiche.
89	S	*(schreibt weiter)* aşağıda da *(schreibt weiter)* unten auch
90	M	*(diktiert weiterhin den Antwortsatz)* aynısı. *(diktiert weiterhin den Antwortsatz)* das Gleiche.
91	S	aynısı. ne aynısı’ *(dreht AB2 zu den Kindern)* das Gleiche. was ist das Gleiche’ *(dreht AB2 zu den Kindern)*
92	K	eh şeyler- ehm kafalar *(streicht Zeigefinger entlang der Köpfe der vier Bären in der ersten Reihe)* göbekler *(streicht mit dem Finger entlang der Bäuche der vier Bären in der zweiten Reihe)* eh die Sachen- ehm die Köpfe *(streicht Zeigefinger entlang der Köpfe der vier Bären in der ersten Reihe)* die Bäuche *(streicht mit dem Finger entlang der Bäuche der vier Bären in der zweiten Reihe)*
93	S	*(nickt)* aha tamam. *(nickt)* aha in Ordnung.

94	K	şuraya bak böyle çizgi yapabilirsin *(dreht AB2 zu S; fährt mit dem Zeigefinger entlang der fünften Antwortzeile, die unter der letzten gedruckten Antwortlinie steht)* schau dort kannst du so einen Strich machen *(dreht AB2 zu S; fährt mit dem Zeigefinger entlang der fünften Antwortzeile, die unter der letzten gedruckten Antwortlinie steht)*
95	S	#evet# #ja#
96	K	#o zaman# Linie'leri o zaman- *(fährt mit dem Zeigefinger entlang der sechsten notierten Antwortzeile)* dass du nicht geschummelt hast- *(winkt mit der rechten offenen Hand; lacht)*. #dann# Linien dann- *(fährt mit dem Zeigefinger entlang der sechsten notierten Antwortzeile)* dass du nicht geschummelt hast- *(winkt mit der rechten offenen Hand; lacht)*.
97	S	*(lacht)* tamam. *(dreht AB2 zu sich)* şimdi *(schließt Stiftdeckel)* bunu çok güzel buldunuz- *(schiebt AB2 an den oberen Rand des Tisches, sodass die Kinder weiterhin darauf schauen können)* baya güzel- şimdi size sorum *(legt AB3 vor sich auf den Tisch; zieht AB2 wieder etwas runter, vor die Kinder)* şimdi bu Sascha'nın iyi fikrini çok güzel çözdünüz siz *(hält flache Hand parallel über AB2; bewegt sie mehrmals hoch und runter)* çok güzel tarif ettiniz *(lacht)* in Ordnung. *(dreht AB2 zu sich)* jetzt *(schließt Stiftdeckel)* das habt ihr sehr schön herausgefunden- *(schiebt AB2 an den oberen Rand des Tisches, sodass die Kinder weiterhin darauf schauen können)* ziemlich schön- jetzt meine Frage an euch *(legt AB3 vor sich auf den Tisch; zieht AB2 wieder etwas runter, vor die Kinder)* ihr habt jetzt Saschas gute Idee sehr schön gelöst *(hält flache Hand parallel über AB2; bewegt sie mehrmals hoch und runter)* ihr habt sie sehr schön beschrieben
98	K	*(verschränkt Arme; schaut lächelnd nach oben)*

99	S	*(gestikuliert mit Händen)* bu Sascha'nın iyi fikriyle tüm olanaklar bulunabiliyormuş *(hält beide Hände offen nach oben)* *(gestikuliert mit Händen)* mit dieser guten Idee von Sascha könne man alle Möglichkeiten finden *(hält beide Hände offen nach oben)*
100	K	yani tüm renkler mi' *(spielt mit Handgelenk; reibt beide Hände aneinander)* also alle Farben' *(spielt mit Handgelenk; reibt beide Hände aneinander)*
101	S	olanaklar- mesela bakın- olanak neydi yine' *(setzt Stiftspitze auf den ersten Bären in der ersten Reihe von AB2)* #$_1$buydu dimi' bu bir olanaktı#$_1$ *(bewegt Stift kreisförmig über dem ersten Bären in der ersten Reihe)* Möglichkeiten- schaut zum Beispiel- was war noch einmal eine Möglichkeit' *(setzt Stiftspitze auf den ersten Bären in der ersten Reihe auf AB2)* #$_1$diese war es nicht wahr' diese war eine Möglichkeit#$_1$ *(bewegt Stift kreisförmig über dem ersten Bären in der ersten Reihe)*
102	K	#$_1$ha- (şu şey yazdırdığım?)#$_1$ *(streicht mit dem Zeigefinger über die notierte Antwort auf AB2)* #$_1$ach so- (dieses Dings was ich aufschreiben ließ?)#$_1$ *(streicht mit dem Zeigefinger über die notierte Antwort auf AB2)*
103	S	bu bir olanaktı- *(bewegt Stift kreisförmig über dem zweiten Bären in der ersten Reihe)* bu bir olanak- *(bewegt Stift kreisförmig über dem dritten Bären in der ersten Reihe)* bu bir olanak- *(bewegt Stift kreisformig uber dem vierten Baren in der ersten Reihe)* hani farklı farklı *(wiegt Hand nach rechts und links)* renkleri birbirleriyle #$_2$yan yana#$_2$ koymak *(hält flache Hände aneinander; führt sie mehrmals auseinander und wieder zusammen)* diese war eine Möglichkeit- *(bewegt Stift kreisförmig über dem zweiten Bären in der ersten Reihe)* diese ist eine Möglichkeit- *(bewegt Stift kreisförmig über dem*

		dritten Bären in der ersten Reihe) diese ist eine Möglichkeit- *(bewegt Stift kreisförmig über dem vierten Bären in der ersten Reihe)* ja verschiedene *(wiegt Hand nach rechts und links)* Farben miteinander #₂nebeneinander#₂ legen *(hält flache Hände aneinander; führt sie mehrmals auseinander und wieder zusammen)*
104	K	#₂ve#₂ *(dreht AB2 vor S)* hani sana yazdırmıştık ya *(fährt mit dem Finger entlang der Antwortzeilen, beginnend bei der ersten Zeile; schaut M an; lacht)* #₂und#₂ *(dreht AB2 vor S)* wir hatten es dich ja doch aufschreiben lassen *(fährt mit dem Finger entlang der Antwortzeilen, beginnend bei der ersten Zeile; schaut M an; lacht)*
105 (06:31)	S	evet. şimdi bu- *(hebt Stift hoch)* bu iyi fikirle *(hebt und senkt Stift während sie spricht)* hep bütün olanaklar bulunabiliyormuş- ama bu neden böyle' açıklayın *(zieht Schultern hoch; öffnet beide Hände auf Schulterhöhe)* ja. jetzt diese- *(hebt Stift hoch)* mit dieser guten Idee *(hebt und senkt Stift während sie spricht)* könne man immer alle Möglichkeiten finden- aber warum ist das so' erklärt *(zieht Schultern hoch; öffnet beide Hände auf Schulterhöhe)*
106	K	çünkü renkleri farklı- *(hält Hand in Richtung von AB2)* yerleri farklı *(bewegt Hände am Oberkörper hoch und runter)* .. yok artık *(lächelt)*. weil ihre Farben verschieden sind - *(hält Hand in Richtung von AB2)* ihre Stellen sind verschieden *(bewegt Hände am Oberkörper hoch und runter)* .. niemals *(lächelt)*.
107	S	neden bu iyi fikirle bütün olanaklar bulunabiliyor' warum könne man mit dieser guten Idee alle Möglichkeiten finden'
108	K	#₁çünkü-#₁ #₁weil-#₁
109	M	#₁şey#₁ Kemal'e sor ben bilmiyorum.

		#$_1$Dings#$_1$ frag Kemal ich weiß es nicht.
110	S	#$_2$düşünmelisin bir#$_2$ #$_2$du musst mal überlegen#$_2$
111	K	#$_2$oh#$_2$ wir haben heu- eh- ges- *(winkt Hand zu seinem Körper hin)* eh vorgestern nicht da warst-[21] ordaki ayh[22] neyse *(streicht sich mit beiden Händen über das Gesicht; zieht dabei sein Gesicht runter)* #$_2$oh#$_2$ wir haben heu- eh- ges- *(winkt Hand zu seinem Körper hin)* eh vorgestern nicht da warst- dort ach egal *(streicht sich mit beiden Händen über das Gesicht; zieht dabei sein Gesicht runter)*
112	M	vorgestern' vorgestern war das doch nicht
113	K	o zaman öbür Donnerstag'tı dann war es der andere Donnerstag
114	K	ehm *(rückt Stuhl weiter unter den Tisch)* çünkü burda hep *(zieht AB2 vor sich und setzt Zeigefinger unter die zweite Reihe der Abbildung auf AB2)* ehm *(rückt Stuhl weiter unter den Tisch)* weil hier immer *(zieht AB2 vor sich und setzt Zeigefinger unter die zweite Reihe der Abbildung auf AB2)*
115	M	*(pfeift)*
116	K	nur weil du nicht weißt darfst du nicht *(hebt Zeigefinger)* pfeifen ne'
117	M	*(lacht)*
118	K	çünkü burda olanaklar niye farklı' *(streicht Finger entlang der zweiten Reihe)* çünkü ayakları- *(tippt mehrmals die Füße des vierten Bären in der zweiten Reihe an)* bak- *(legt den Zeigefinger kurz auf den Kopf des vierten Bären in der zweiten Reihe)* zum Beispiel burda *(tippt mehrmals auf die Füße des vierten Bären in der zweiten Reihe)* mavi- *(legt den Zeigefinger auf*

[21] Hier bezieht sich Kemal wahrscheinlich auf Melis Abwesenheit in der vorherigen Sitzung, in der auch das Thema Kombinatorik behandelt wurde.

[22] Im Türkischen wird der Laut „ayh“ in Situationen verwendet, in denen etwas „falsch“ läuft oder wenn etwas Unerwartetes passiert.

		den Kopf des vierten Bären in der zweiten Reihe) burda da hepsi kırmızı- *(tippt nacheinander auf die Füße, den Bauch und den Kopf des ersten Bären in der ersten Reihe)* şişko- *(legt den Zeigefinger erneut auf den ersten Bären in der ersten Reihe)* weil warum sind hier die Möglichkeiten verschieden' *(streicht Finger entlang der zweiten Reihe)* weil ihre Füße- *(tippt mehrmals die Füße des vierten Bären in der zweiten Reihe an)* schau- *(legt den Zeigefinger kurz auf den Kopf des vierten Bären in der zweiten Reihe)* zum Beispiel hier *(tippt mehrmals auf die Füße des vierten Bären in der zweiten Reihe)* blau- *(legt den Zeigefinger auf den Kopf des vierten Bären in der zweiten Reihe)* und hier sind alle rot- *(tippt nacheinander auf die Füße, den Bauch und den Kopf des ersten Bären in der ersten Reihe)* dick- *(legt den Zeigefinger erneut auf den ersten Bären in der ersten Reihe)*
119	M	*(lacht)*
120 (07:24)	K	onlar *(lacht)* o zaman bak bu el birazcık şey, *(hält beide Hände parallel zu einander; Handkanten zeigen nach unten; bewegt Hände mehrmals zueinander und wieder auseinander)* dünn. diese (Plural) *(lacht)* dann schau diese Hand ist ein bisschen Dings, *(hält beide Hände parallel zu einander; Handkanten zeigen nach unten; bewegt Hände mehrmals zueinander und wieder auseinander)* dünn.
121	S	ha $\#_1$evet.$\#_1$ ach so $\#_1$ja.$\#_1$
122		$\#_1$bak$\#_1$ bu şişko *(legt den Zeigefinger auf den Bauch des ersten Bären in der ersten Reihe)* $\#_1$schau$\#_1$ diese ist dick *(legt den Zeigefinger auf den Bauch des ersten Bären in der ersten Reihe)*
123	S	$\#_2$hm$\#_2$
124	M	$\#_2$şişko$\#_2$ zayıf *(hält den Zeigefinger nacheinander auf den ersten Bären in der ersten Reihe und dann auf den vierten Bären in der zweiten Reihe)*

		#$_2$dick#$_2$ dünn *(hält den Zeigefinger nacheinander auf den ersten Bären in der ersten Reihe und dann auf den vierten Bären in der zweiten Reihe)*
125	K	#$_2$(niye?)#$_2$ #$_2$(warum?)#$_2$
126	S	#$_3$o zaman ne yazalım’#$_3$ #$_3$was sollen wir dann aufschreiben’#$_3$
127	M	#$_3$bu da z- şişko.#$_3$ *(legt den Zeigefinger auf den ersten Bären in der zweiten Reihe)* #$_3$und dieser ist z- dick.#$_3$ *(legt den Zeigefinger auf den ersten Bären in der zweiten Reihe)*
128	K	şu- *(legt den Zeigefinger auf den zweiten Bären in der zweiten Reihe)* dieser- *(legt den Zeigefinger auf den zweiten Bären in der zweiten Reihe)*
129	S	neden bütün ayıcıklar bulunabiliyor’ *(umkreist mit dem Stift die Abbildung auf AB2)* #bu iyi fikirle’# warum können alle Bärchen gefunden werden’ *(umkreist mit dem Stift die Abbildung auf AB2)* #mit dieser guten Idee’#
130	K	#çün-# çünkü renkleri güzel. #wei-# weil ihre Farben schön sind.
131	S	*(dreht AB3 vor sich)* o gerçekten cevabı mı acaba’ *(dreht AB3 vor sich)* ist das etwa wirklich die Antwort’
132	K	*(lacht)* ehm çünkü her yerde- *(legt den Zeigefinger nacheinander auf die Füße, den Bauch und den Kopf des vierten Bären in der zweiten Reihe)* her yerde *(legt den Zeigefinger nacheinander auf die Füße, den Bauch und den Kopf des dritten Bären in der zweiten Reihe)* ayıcık- her yerde ayıcıkların başka- *(bewegt Zeigefinger über dem vierten Bären in der zweiten Reihe hin und her)*

		(lacht) ehm weil überall- *(legt den Zeigefinger nacheinander auf die Füße, den Bauch und den Kopf des vierten Bären in der zweiten Reihe)* überall *(legt den Zeigefinger nacheinander auf die Füße, den Bauch und den Kopf des dritten Bären in der zweiten Reihe)* Bärchen- überall sind der Bärchen[23] verschieden- *(bewegt Zeigefinger über dem vierten Bären in der zweiten Reihe hin und her)*
133	M	başka- was noch-
134	K	ayakları- o zaman göbeği- ehm #kafası# *(berührt nacheinander seine Füße, seinen Bauch und seinen Kopf)* seine Füße- dann sein Bauch- ehm #sein Kopf# *(berührt nacheinander seine Füße, seinen Bauch und seinen Kopf)*
135	M	#elleri# elleri- #die Hände# die Hände-
136 (08:02)	S	*(beginnt, den Antwortsatz aufzuschreiben und spricht dabei: „Her yerde ayıcıkların kafası, göbeği ve ayakları hep başka renkdeler." [~Überall sind der Kopf, der Bauch und die Füße der Bärchen immer in einer anderen Farbe.])* her yerde *(beginnt, den Antwortsatz aufzuschreiben und spricht dabei: „Her yerde ayıcıkların kafası, göbeği ve ayakları hep başka renkdeler." [~Überall sind der Kopf, der Bauch und die Füße der Bärchen immer in einer anderen Farbe.])* überall
137	K	*(zu M)* hani bir şey bilmiyordun' *(zu M)* ich dachte du wusstsest nichts'
138	S	*(schreibt weiterhin den Antwortsatz auf)* ayı-

[23] Hier verwendet Kemal die Genitivendung für das Wort „Bärchen" („ayıcıkların"). Er verwendet hier kein Subjekt, auf welches sich die Genitivform bezieht. Erst in seiner nächsten Äußerung (Turn 134) wird deutlich, auf welche Stellen er sich bezieht.

		(schreibt weiterhin den Antwortsatz auf) Bär-
139	K	cık chen
140	S	*(schreibt weiterhin den Antwortsatz auf)* cıkların, kafası- #$_1$göbeği#$_1$ *(schreibt weiterhin den Antwortsatz auf)* chen, sein Kopf- #$_1$sein Bauch#$_1$
141	K	#$_1$*(diktiert den Antwortsatz)* göbeği#$_1$ ve kaf-eh #$_2$el-#$_2$ #$_1$*(diktiert den Antwortsatz)* sein Bauch#$_1$ und Kop-eh #$_2$Hand-#$_2$
142	S	*(schreibt weiterhin den Antwortsatz auf)* #$_2$ayakları#$_2$ *(schreibt weiterhin den Antwortsatz auf)* #$_2$seine Füße#$_2$
143	K	#$_3$*(diktiert den Antwortsatz)* ayakları#$_3$ #$_3$*(diktiert den Antwortsatz)* seine Füße#$_3$
144	M	#$_3$bir şey sorabilir miyim’#$_3$ #$_3$darf ich etwas fragen’#$_3$
145	K	*(zu M) #$_4$(unverständlich)#$_4$*
146	S	#$_4$ayakları-#$_4$ #$_4$seine Füße-#$_4$
147	K	*(diktiert; laut)* hep başka renkdeler *(diktiert; laut)* sind immer in einer anderen Farbe
148	S	*(schreibt weiterhin den Antwortsatz auf)* hep başka renk- *(schreibt weiterhin den Antwortsatz auf)* immer andere Farbe-
149	K	*(diktiert; laut)* ve iki tane- *(diktiert; laut)* und zwei-

150	S	*(schreibt den ersten Antwortsatz zu Ende; schreibt dann den Anfang des zweiten Antwortsatzes auf: „Ve iki“ [~Und zwei])*
151	M	(a?) okunmıcak şekilde (a?) ist nicht lesbar
152	K	*(diktiert; laut)* bir tanesi- şişko- bir dakika- *(diktiert; laut)* einer davon- ist dick- Moment mal
153	S	bir tane *(streicht das zweite Wort im zweiten Antwortsatz durch, sodass nun steht: „Ve ~~iki~~“ [Und ~~zwei~~])* ein *(streicht das zweite Wort im zweiten Antwortsatz durch, sodass nun steht: „Ve ~~iki~~“ [Und ~~zwei~~])*
154	K	#şişkonun# #von dem Dicken#
155	S	#ha# #ach so#
156	K	şişkonun- şişkonun her yeri kırmızı *(winkt mit der linken Hand)*. von dem Dicken- der Dicke ist überall rot *(winkt mit der linken Hand)*.
157	S	tamam onu yazmıyorum. o biraz öyle boyanmış sadece. onun bir özelliği yok aslında. hani hepsi aynı makinadan çıkmıyor ya *(gestikuliert so, als würde sie in die Luft malen)*. farklı farklı boyanmışlar. *(nimmt AB3 in die Hand; legt es zur Seite)* tamam- şimdi- #çok güzel# *(hebt ausgestrekten Zeigefinger kurz hoch)* anladınız *(lehnt sich zur Seite)* in Ordnung das schreibe ich nicht auf. der wurde nur ein wenig so gemalt. das hat eigentlich keine Besonderheit. sie kommen ja nicht alle gleich aus einer Maschine heraus *(gestikuliert so, als würde sie in die Luft malen)*. sie wurden unterschiedlich gemalt. *(nimmt AB3 in die Hand; legt es zur Seite)* in Ordnung- jetzt- #sehr schön# *(hebt ausgestrekten Zeigefinger kurz hoch)* habt ihr es verstanden *(lehnt sich zur Seite)*

Anschließend bearbeiten die Kinder für Aufgabe 3 das türkischsprachige AB.

Kombinatorik I: Transkript von Mert und Musa, 3. Klasse

Aufgabenblatt: 4A
Aufgabe: 2
Lernende: Mert (Mert) aus der Klasse 3A und Musa (Musa) aus der Klasse 3B
Interviewerin: Selma (S)

Turn	Sprecher	Äußerung
Die Kinder wählen für die Bearbeitung des ersten Aufgabenblattes (AB) Türkisch und sprechen auf Deutsch. Für Aufgabe 2 wählen sie erneut das türkischsprachige AB.		
1 (02:32)	Selma	*(legt AB2 vor die Kinder)*
2	Mert	*(schaut auf AB2: leise)* ah jetzt- *(lauter)* biliyom (şimdiden?) *(schaut auf AB2: leise)* ah jetzt- *(lauter)* ich weiß es (jetzt schon?)
3	S	*(lacht)*
4	Mert	bak burda *(beugt Kopf über AB2)* $\#_1$hier ist$\#_1$ *(legt Zeigefinger an den Kopf? des ersten Bären in der ersten Reihe auf AB2)* schau hier *(beugt Kopf über AB2)* $\#_1$hier ist$\#_1$ *(legt Zeigefinger an den Kopf? des ersten Bären in der ersten Reihe auf AB2)*
5	S	$\#_1$durun durun$\#_1$ *(legt Fingerspitzen an das Ende der Aufgabenstellung auf AB2; tippt mehrmals auf dieselbe Stelle)* okuyalım önce *(lacht)* $\#_1$wartet wartet$\#_1$ *(legt Fingerspitzen an das Ende der Aufgabenstellung auf AB2; tippt mehrmals auf dieselbe Stelle)* lasst uns erstmal lesen *(lacht)*
6	Mert	*(leise)* tamam $\#_2$biliyom şimdi$\#_2$ *(leise)* in Ordnung $\#_2$ich weiß jetzt$\#_2$
7	Musa	*(leise)* $\#_2$lass mich mal$\#_2$
8	Mert	*(leise)* mach
9	Musa	*(leise)* soll ich' *(schaut zu Mert)*

10	Mert	*(nickt)*
11	Musa	*(beugt sich vor; liest die Aufgabenstellung auf AB2 laut vor)* Saksa'nın[24] bir kırmızı kalemi, bir- ve bir mavi kalemi var. farklı ayı boyamak için hangi olanaklar var' Saksa bunun için şunları düşündü … *(beugt sich vor; liest die Aufgabenstellung auf AB2 laut vor)* Saksa hat einen roten Stift, einen- und einen blauen Stift. welche Möglichkeiten gibt es unterschiedliche Bären zu malen' Saksa hat sich das dazu überlegt …
12	S	*(legt den Zeigefinger auf den zweiten Teil der Aufgabenstellung in der Mitte von AB2)*
13	Musa	*(liest den zweiten Teil der Aufgabenstellung laut vor)* tarif et. Saksa tüm olanakları bulmak için hangi iyi fikri kullandı' *(liest den zweiten Teil der Aufgabenstellung laut vor)* beschreibe. welche gute Idee hat Saksa benutzt um alle Möglichkeiten zu finden'
14	S	hm- şimdi soruyu anladınız mı' *(bewegt Stift entlang der Aufgabenstellung am oberen Ende des Blattes)* hm- jetzt habt ihr die Frage verstanden' *(bewegt Stift entlang der Aufgabenstellung am oberen Ende des Blattes)*
15	Mert	ben biliyom. *(schaut erst zu S und dann kurz zu Musa)* ich weiß es. *(schaut erst zu S und dann kurz zu Musa)*
16	S	mavi kalem var- kırmızı kalem var *(hält Stift über der Aufgabenstellung)* ve farklı farklı ayılar boyanmalı- *(bewegt den Stift mehrmals kreisförmig über der Abbildung auf AB2)* boyanması gerekiyor. es gibt einen blauen Stift- es gibt einen roten Stift *(hält Stift über der Aufgabenstellung)* und verschiedene Bären sollen gemalt werden- *(bewegt den Stift mehrmals kreisförmig über der Abbildung auf AB2)* müssen gemalt werden.

[24] Musa versucht hier möglicherweise den Namen *Sascha* Türkisch auszusprechen.

17 (03:24)	Mert	öyle yaptı- *(legt Hand an Hals und stützt sich mit dem Ellenbogen am Tisch ab)* bu- *(tippt einmal auf den ersten Bären in der ersten Reihe auf AB2)* hier ist es rot- *(setzt Finger auf den Kopf und den Bauch des ersten Bären in der ersten Reihe)* hier ist es rot *(legt den Finger nacheinander auf den Kopf und den Bauch des ersten Bären in der zweiten Reihe)* blau *(legt den Finger auf die Füße des ersten Bären in der zweiten Reihe).* hier ist es jetzt blau *(legt den Finger auf den Kopf des zweiten Bären in der ersten Reihe)* hier ist es rot- *(setzt Zeige- und Mittelfinger nacheinander auf den Bauch und auf die Füße des zweiten Bären in der ersten Reihe)* blau rot blau *(legt den Finger nacheinander auf den Kopf, den Bauch und die Füße des zweiten Bären in der zweiten Reihe; schaut S an).* immer so verschieden- hier ist- alles rot *(legt Hand über den ersten Bären in der ersten Reihe; lauter)* und wenn #1alles rot ist- dann unten#1 *(legt Hand über den ersten Bären in der zweiten Reihe)* so hat er es gemacht- *(legt Hand an Hals und stützt sich mit dem Ellenbogen am Tisch ab)* dieser- *(tippt einmal auf den ersten Bären in der ersten Reihe auf AB2)* hier ist es rot- *(setzt Finger auf den Kopf und den Bauch des ersten Bären in der ersten Reihe)* hier ist es rot *(legt den Finger nacheinander auf den Kopf und den Bauch des ersten Bären in der zweiten Reihe)* blau *(legt den Finger auf die Füße des ersten Bären in der zweiten Reihe).* hier ist es jetzt blau *(legt den Finger auf den Kopf des zweiten Bären in der ersten Reihe)* hier ist es rot- *(setzt Zeige- und Mittelfinger nacheinander auf den Bauch und auf die Füße des zweiten Bären in der ersten Reihe)* blau rot blau *(legt den Finger nacheinander auf den Kopf, den Bauch und die Füße des zweiten Bären in der zweiten Reihe; schaut S an).* immer so verschieden- hier ist- alles rot *(legt Hand über den ersten Bären in der ersten Reihe; lauter)* und wenn #1alles rot ist- dann unten#1 *(legt Hand über den ersten Bären in der zweiten Reihe)*
18	Musa	#1und hier haben die- und hier#1 haben die nur ein Blaues- *(legt den Zeigefinger auf die Füße des ersten Bären in der zweiten Reihe)* zugetan.

19	Mert	ja #$_2$die machen's#$_2$ ungefähr so- *(bewegt Hand vom Hals weg; hält Hand kurz über der Abbildung auf AB2)*
20	Musa	#$_2$*(unverständlich)*#$_2$
21	S	siz bir aranızda anlaşın sonra bana anlatın. tamam mı' *(hält ausgestreckte Hand über AB2; steht auf und entfernt sich vom Tisch)* ben geliyorum şimdi. einigt euch erstmal untereinander und danach erklärt es mir. in Ordnung' *(hält ausgestreckte Hand über AB2; steht auf und entfernt sich vom Tisch)* ich komme jetzt.
22	Mert	*(beugt sich über AB2; leise)* Füße- rot- *(legt den Finger auf die Füße des ersten Bären in der ersten Reihe)* Füße- blau *(legt den Zeigefinger auf die Füße des ersten Bären in der zweiten Reihe)*. Kopf- *(setzt Zeigefinger auf den Kopf des zweiten Bären in ersten Reihe)* Kopf blau- *(tippt auf dieselbe Stelle)* Körper rot *(setzt Zeige- und Mittelfinger auf den Bauch und die Füße des zweiten Bären in der ersten Reihe)*. #$_1$(Kopf und Fuß sind danach so?)#$_1$ *(setzt Zeige- und Mittelfinger auf den Kopf und die Füße des zweiten Bären in der zweiten Reihe)*
23	Musa	*(leise)* #$_1$ach so, *(unverständlich)*#$_1$
24	Mert	*(leise)* weil guck- *(setzt Zeigefinger auf den Kopf? des zweiten Bären in der ersten Reihe)*
25	Musa	*(leise)* hier sind alle Füße immer blau *(streicht mit dem Zeigefinger entlang der Fußzeile in der zweiten Reihe)* und hier sind alle Füße immer rot *(streicht mit dem Zeigefinger entlang der Fußzeile in der ersten Reihe)*
26	Mert	*(lauter; schaut hinter die Kamera)* biliyoz. *(lauter; schaut hinter die Kamera)* wir wissen es.
27	S	bittiniz mi' seid ihr fertig'
28	Mert	*(nickt)* ..
29	S	*(setzt sich wieder an den Tisch)*
30	Mert	guck das ist so 'ne Reihe *(dreht AB2 vor S)*

31	Musa	hier sind alle Füße rot und hier sind alle Füße blau *(streicht mit dem Finger nacheinander entlang der Fußzeilen in der ersten und zweiten Reihe)*
32	S	aha *(öffnet Augen weit)*
33 (04:16)	Mert	das ist so 'ne Reihe- *(setzt Zeige- und Mittelfinger auf den ersten Bären in der ersten Reihe)* rot- Füße werden blau *(tippt zweimal auf die Füße des ersten Bären in der zweiten Reihe)*. (und?) blauer Kopf *(legt den Zeigefinger auf den Kopf des zweiten Bären in der ersten Reihe; legt den Zeigefinger auf den Kopf des zweiten Bären in der zweiten Reihe)* werdet hier der blaue Kopf auch dazu gemalt *(dreht gestreckte Hand um, sodass nun sein Handrücken über dem zweiten Bären in der zweiten Reihe liegt)*.
34	Musa	die hat so gemacht *(hält Zeige- und Mittelfinger oberhalb des zweiten und dritten Bären in der zweiten Reihe und dreht Hand um 180°)* also die hat das so umgekehrt- #(und da immer?), anders# *(hält den Zeigefinger auf den dritten Bären in der ersten Reihe)*
35	Mert	#und dann hier- blauer Bauch# *(legt den Zeigefinger auf den Bauch des dritten Bären in der ersten Reihe)* blauer Bauch- macht der einen blauen Bauch (rein?) *(legt den Zeigefinger auf den Bauch des dritten Bären in der zweiten Reihe)* und der hat ja auch den Kopf- *(setzt Finger auf den vierten Bären in der ersten Reihe)* danach macht der noch Körper blau- *(tippt mit den Fingern auf die freie Stelle links neben dem Kopf und dem Bauch des vierten Bären in der ersten Reihe)* außer Füße *(legt den Zeigefinger auf die Füße des vierten Bären in der ersten Reihe)* und dann ist es auch- (unten?) alles schon gemalt- *(bewegt Finger kreisförmig über dem vierten Bären in der zweiten Reihe)* damit das alles blau werdet *(streicht mit Fingern über die zweite Reihe)*. jetzt müssen wir die Reihe weitermalen- *(schaut S an)*
36	Musa	*(dreht AB2 vor sich)*
37	S	*(4 sec)* okay, bir daha bir anlatın. *(schiebt AB2 näher vor die Kinder)* şimdi şeyi anladım- burda hep kırmızı dediniz ayaklar *(bewegt Stift entlang der Fußzeile der ersten Reihe)* burda hep mavi dediniz *(bewegt Stift entlang der Fußzeile der zweiten Reihe)*. tamam. başka', bir daha anltır mısınız'

		(4 sec) okay, erklärt es mal noch einmal. *(schiebt AB2 näher vor die Kinder)* ich habe das jetzt verstanden- hier sind die Füße immer rot habt ihr gesagt *(bewegt Stift entlang der Fußzeile der ersten Reihe)* hier sind sie immer blau habt ihr gesagt *(bewegt Stift entlang der Fußzeile der zweiten Reihe)*. in Ordnung. was noch’, würdet ihr es noch einmal erklären’
38	Musa	hier sind wieder zwei rote Körper *(setzt Zeige- und Mittelfinger jeweils auf die Bäuche des ersten und zweiten Bären in der zweiten Reihe und springt mit beiden Fingern auf die gleichen Stellen in der ersten Reihe)* und hier auch. hier sind aber- *(setzt Zeige- und Mittelfinger auf die Bäuche des dritten und vierten Bären in der ersten Reihe und springt abwechselnd auf die gleichen Stellen in der zweiten Reihe)* da zwei blaue Körper.
39 (05:10)	S	okay- kafalar nasıl peki’ okay- und wie sind die Köpfe’
40	Mert	... das ist so ’ne Reihe- rot blau rot, blau *(legt den Zeigefinger nacheinander auf die Köpfe der vier Bären in der zweiten Reihe)*.
41	S	aha
42	Mert	hier rot rot blau blau *(legt den Zeigefinger nacheinander auf die Bäuche der vier Bären in der zweiten Reihe)* #Füß-# *(setzt Zeigefinger unterhalb des ersten Bären in der zweiten Reihe)*
43	Musa	#blau# blau blau blau.
44	Mert	ja. blau blau blau blau.
45	S	aha
46	Mert	*(steckt Zeigefinger in den Mund)* das ist so ’ne, (Reihenfolge?)
47	S	okay- peki bu soruya ne diyebiliriz’ *(legt den Stift an das Ende des zweiten Teils der Aufgabenstellung)* hani Sascha diyor ya burda- *(liest die Aufgabenstellung laut vor)* Sascha tüm olanakları bulmak için hangi iyi fikri kullandı’ iyi bir fikri varmış *(führt Zeigefinger an ihre Schläfe)* Sascha’nın. böyle aklından iyi bir şey geçmiş *(hebt Zeigefinger in die Luft)*, bunu yaparken *(streicht mit dem Stift entlang der ersten Reihe)*. siz güzel tarif ettiniz- kafaları tarif ettiniz- karınları ve ayakları tarif ettiniz *(legt Stift nacheinander an das*

		Ende der Kopf-, Bauch- und Fußzeile in der ersten Reihe). bunu nasıl yazabiliriz' okay- und was können wir zu dieser Frage sagen' *(legt den Stift an das Ende des zweiten Teils der Aufgabenstellung)* Sascha sagt ja hier- *(liest die Aufgabenstellung laut vor)* welche gute Idee hat Sascha benutzt um alle Möglichkeiten zu finden' es gäbe eine gute Idee *(führt Zeigefinger an ihre Schläfe)* von Sascha. es ist ihm so etwas gutes durch den Kopf gegangen *(hebt Zeigefinger in die Luft)*, als er das gemacht hat *(streicht mit dem Stift entlang der ersten Reihe).* ihr habt es schön beschrieben- ihr habt die Köpfe beschrieben- ihr habt die Bäuche und die Füße beschrieben *(legt Stift nacheinander an das Ende der Kopf-, Bauch- und Fußzeile in der ersten Reihe).* wie können wir das aufschreiben'
48	Mert	*(reibt Hand an Gesicht)* ... das hat 'ne- das hat also 'ne- #Reihe#
49	Musa	#Reihenfolge# *(schaut zu Mert und dann zu S)*
50	Mert	*(verschränkt Arme vor Brust)* eine- das hat eine Reihenfolge.
51	S	was hat eine Reihenfolge'
52 (06:00)	Mert	die Teddys haben eine Reihenfolge.
53	S	*(beginnt, den Antwortsatz aufzuschreiben und spricht dabei: „Die Teddys haben eine Reihenfolge."; 11 sec)* die Teddys *(6 sec)* haben eine .. Reihenfolge. was für eine' onu bir daha tarif edin. *(dreht AB2 vor die Kinder)* güzel tarif ettiniz daha demin- *(beginnt, den Antwortsatz aufzuschreiben und spricht dabei: „Die Teddys haben eine Reihenfolge."; 11 sec)* die Teddys *(6 sec)* haben eine .. Reihenfolge. was für eine' beschreibt das mal. *(dreht AB2 vor die Kinder)* ihr habt es eben schön beschrieben-
54	Mert	rot #blau#
55	S	#şimdi-# #jetzt-#
56	Mert	rot blau.

57	Musa	rot rot *(setzt Zeige- und Mittelfinger jeweils auf den Bauch des ersten und zweiten Bären in der ersten Reihe)* blau blau *(setzt Zeige- und Mittelfinger jeweils auf den Bauch des dritten und vierten Bären in der ersten Reihe)*
58	S	was denn' rot blau rot blau'
59	Mert	die Köpfe *(hält Hand kurz über den Kopf des ersten Bären in der ersten Reihe)* sind immer $\#_1$rot blau-$\#_1$
60	Musa	$\#_1$rot und$\#_1$ blau rot und blau *(legt den Zeigefinger nacheinander auf die Köpfe der vier Bären in der ersten Reihe)*, und die Körper- die Bäuche, rot rot blau blau *(legt den Zeigefinger nacheinander auf die Bäuche der vier Bären in der ersten Reihe)* und hier ist nur rot rot rot rot *(legt den Zeigefinger nacheinander auf die Füße der vier Bären in der ersten Reihe)*.
61	Mert	*(niest)* $\#_2$also das$\#_2$ soll die rote Reihe sein *(streicht mit der Hand über die erste Reihe)*
62	S	*(leise)* $\#_2$(Gesundheit?)$\#_2$
63	Mert	und das die blaue Reihe *(streicht mit der Hand über der zweite Reihe)* deswegen sind auch die Füße blau geblieben, und die Füße rot *(streicht mit dem Finger zweimal über die Fußzeile der ersten Reihe)*.
64	S	#aha#
65	Musa	#ja#
66	S	okay. tamam bunları yazalım o zaman. also die Köpfe sind rot blau rot blau. okay. in Ordnung dann lasst uns diese aufschreiben. also die Köpfe sind rot blau rot blau.
67	Mert	*(niest)*
68	S	Gesundheit.
69 (06:54)	Mert	*(leise)* danke.
70	S	*(schreibt den zweiten Antwortsatz auf und spricht dabei: „Die Köpfe sind rot blau."; 8 sec)* die Köpfe sind, rot, blau. başka' *(dreht AB2 vor die Kinder)* karınlarını nasıl diyelim' *(schreibt den zweiten Antwortsa tz auf und spricht dabei: „Die Köpfe sind rot blau."; 8 sec)* die Köpfe

		sind, rot, blau. was noch' *(dreht AB2 vor die Kinder)* wie sollen wir die Bäuche sagen'
71	Musa	rot rot blau blau.
72	S	*(dreht AB2 wieder vor sich)* ne' nasıl diyim yani' *(dreht AB2 wieder vor sich)* was' wie soll ich es also sagen'
73	Mert	.. *(diktiert)* die- die Bäuche haben (auch ein?)- ein-
74	S	*(beginnt, den dritten Antwortsatz zu schreiben und spricht dabei: „Die Bäuche haben eine Reihenfolge mit rot rot blau blau.")* die Bäuche-
75	Mert	haben, eine- auch eine Reihenfolge- also rot blau- rot rot- rot blau- so 'ne Reihenfolge *(dreht Stuhl nach rechts und links)*.
76	S	*(nickt)* mhm[25] also *(hält den Stift nacheinander lautlos auf die vier Bären in der ersten Reihe)* .. rot rot blau blau'
77	Mert	ja.
78	S	*(schreibt den dritten Antwortsatz weiter)*
79	Mert	*(diktiert den Antwortsatz)* die Bäuche haben eine Reihenfolge-
80	S	*(schreibt weiterhin)* die Bäuche haben eine-
81	Mert	*(diktiert weiterhin den Antwortsatz)* .. Reihenfolge- .. mit rot blau- rot rot blau blau.
82 (07:48)	S	*(schreibt den dritten Antwortsatz zu Ende)* rot rot blau blau. .. *(dreht AB2 vor die Kinder)* .. ayakları da yazalım mı' *(schreibt den dritten Antwortsatz zu Ende)* rot rot blau blau. .. *(dreht AB2 vor die Kinder)* .. sollen wir auch die Füße aufschreiben'
83	Mert	hm *(schaut auf die vollständig beschriebenen Antwortzeilen)* aber wo' da drunter' *(streicht mit dem Finger über die leere Stelle unter der letzten Antwortzeile)*
84	S	*(nickt)* (ja?) das schaffe ich
85	Mert	und die Füße, (von?)-
86	Musa	sind oben nur rot und unten nur blau.
87	S	*(dreht AB2 wieder vor sich; leise)* #okay#

[25] „mhm" wird hier als bejahender Laut gedeutet.

88	Mert	#ja.# oben sind die nur rot *(immer leiser werdend)* und unten nur, blau.
89	S	*(schreibt den vierten Antwortsatz auf und spricht dabei: „Die Füße sind oben nur rot und unten nur blau.“; 14 sec)* .. die Füße sind .. oben, nur rot und unten .. nur, blau. tamam. *(dreht AB2 wieder vor die Kinder)* .. şimdi Sascha'nın iyi fikri buydu. güzel buldunuz. *(schreibt den vierten Antwortsatz auf und spricht dabei: „Die Füße sind oben nur rot und unten nur blau.“; 14 sec)* .. die Füße sind .. oben, nur rot und unten .. nur, blau. in Ordnung. *(dreht AB2 wieder vor die Kinder)* .. jetzt das war Saschas gute Idee. ihr habt es schön gefunden.
90	Mert	*(leise)* mhm
91	S	tamam mı' bunu buraya koyalım *(schiebt AB2 zur etwas höher)* sorum şu- *(nimmt AB3 hervor und legt es vor die Kinder; liest die Aufgabenstellung laut vor)* Sascha'nın iyi fikriyle tüm olanaklar bulunabiliyor. açıkla. bu neden öyle' in Ordnung' lasst uns das dahin legen *(schiebt AB2 zur etwas höher)* meine Frage ist- *(nimmt AB3 hervor und legt es vor die Kinder; liest die Aufgabenstellung laut vor)* mit Saschas guter Idee kann man alle Möglichkeiten finden. erkläre. warum ist das so'
92	Mert	*(schaut zu S)*
93 (08:43)	S	*(schließt Stiftdeckel)* warum kann man alle Möglichkeiten, mit Saschas guter Idee finden *(hält den Stift auf die Abbildung auf AB2)*
94	Mert	weil der ... *(beugt sich kurz über AB2)* weil der sich immer eine Reihenfolge von den Teddys gemacht hat- so-
95	S	*(schaut zu Mert und dann zu Musa)*
96	Musa	(von denen?) die Füße verändern muss'
97	Mert	der hat die Füße verändert- die Bäuche- die #Köpfe#
98	Musa	#die Bäu-# die Bäuche *(legt den Zeigefinger auf den Bauch des ersten Bären in der zweiten Reihe)* und die Köpfe *(legt den Zeigefinger auf den ersten Bären in der ersten Reihe)* sind gleich aber nur die Füße *(legt den*

		Zeigefinger auf die Füße des ersten Bären in der zweiten Reihe) haben sich verändert.
99	Mert	ja, *(zu S)* oben rot. unten blau. das kann auch eine Rechenaufgabe sein.
100	S	wie nämlich’
101	Mert	indem man z- zum Beispiel *(zieht AB2 näher zu sich; legt Hand auf Abbildung)* Zwei *(tippt mit den Fingern unterhalb des ersten Bären in der ersten Reihe)* plus Zwei- *(tippt mit den Fingern unterhalb des zweiten Bären in der ersten Reihe)* oder Zwei mal Zwei mal Zwei mal Zwei machen kann *(tippt nacheinander unterhalb der vier Bären in der ersten Reihe; schaut S an)* plus- geteilt- #so.#
102	Musa	#du meinst# Vier mal Zwei *(legt Daumen und Zeigefinger auf die freien Stellen links neben der ersten und zweiten Reihe)*
103	Mert	ja Vier mal Zwei.
104	S	mhm okay. *(dreht AB2 vor sich)* nasıl yazalım o zaman’ mhm okay. *(dreht AB2 vor sich)* wie sollen wir es dann aufschreiben’
105	Mert	.. er kann sich damit eine Rechenaufgabe #machen’# *(lächelt)*
106 (09:40)	S	#ach so# nein das ist ja nicht die Antwort. şey eh- hani Sascha’nın iyi fikriyle neden tüm olanaklar bulunabiliyor’ soru bu. hani s- Musa sende dedin ya ayaklarla ilgili bir şey- was meintest du damit’ #ach so# nein das ist ja nicht die Antwort. Dings eh- also warum kann man mit Saschas guter Idee alle Möglichkeiten finden’ das ist die Frage. du hast ja- Musa du hast ja etwas über die Füße gesagt- was meintest du damit’
107	Mert	*(schaut zu Musa)*
108	Musa	.. nur, nur hier unten ist es immer gleich- *(streicht mehrmals entlang der Fußzeile in der ersten Reihe hin und her)* hier sind aber immer *(streicht mit dem Finger mehrmals entlang der Bauchzeile in der ersten Reihe)* a- hier sind- hier ist einmal alles gleich *(streicht mit den Fingern entlang der Kopf- und Bauchzeile in der*

		ersten Reihe) aber nur die Füße sind hier rot und hier nur blau *(streicht nacheinander entlang der Fußzeilen in der ersten und zweiten Reihe)*
109	Selma	aha. tamam. *(schließt Stiftdeckel)* okay. tamam. o zaman şimdi *(nimmt AB3 und schiebt es unter AB2, sodass man die Aufgabenstellung von AB3 oberhalb von AB2 sehen kann; verschiebt den Blätterstapel neben AB1 an den oberen Rand des Tisches)* bunu buraya koyalım. so- Türkçe mi Almanca mı’ aha. in Ordnung. *(schließt Stiftdeckel)* okay. in Ordnung. dann jetzt *(nimmt AB3 und schiebt es unter AB2, sodass man die Aufgabenstellung von AB3 oberhalb von AB2 sehen kann; verschiebt den Blätterstapel neben AB1 an den oberen Rand des Tisches)* lasst uns das dahin legen. so- Türkisch oder Deutsch’
Danach bearbeiten die Kinder Aufgabe 3 und Aufgabe 4. Bei beiden Aufgaben entscheiden sich für das türkischsprachige AB und sprechen dabei auf Deutsch.		

Kombinatorik II: Transkript von Malik und Yakub, 3. Klasse

Aufgabenblatt: 3A Aufgaben: 1 und 2 Lernende: Malik (M) aus der Klasse 3A und Yakub (Y) aus der Klasse 3A Interviewerin: Selma (S)

Turn	Sprecher	Äußerung
Die Kinder beginnen mit der Bearbeitung von Aufgabe 1.		
1 (00:01)	S	ja
2	M	*(drückt auf das Tonaufnahmegerät)*
3	S	okay so so bugün size okay so so heute habe ich euch
4	M	*(kaut an seinem rechten Daumen)*

5	S	birazcık değişik *(kommt und setzt sich hin)* eh bir Matheaufgabe getirdim yani bundan öncekilerden biraz farklı boyama falan da var ehm es geht um Kleidungsstücke eine etwas andere *(kommt und setzt sich hin)* eh Matheaufgabe mitgebracht also bisschen anders als die Vorherigen es ist auch mit Malen und so ehm es geht um Kleidungsstücke
6	M	*(kaut an seinem Pullover)*
7	S	tamam başlayalım en iyisi eh Almanca mı´ başlayalım Türkçe mi´ in Ordnung lasst uns am besten anfangen eh sollen wir mit Deutsch oder Türkisch anfangen´
8	Y	*(schaut Malik an)* Türkçe. *(schaut Malik an)* Türkisch.
9	S	ja´
10	M	*(leise)* okay.
11	Y	*(lächelt)* mein- meine Schwester
12	S	*(schaut Yakub an; legt AB1 auf den Tisch)*
13	Y	Whatsappgruppe gemacht hat
14	S	*(legt beide Hände auf AB1)*
15	Y	wo hat die Türkisch und Deutsch gemacht hab ich alles abgelesen.
16	S	*(lächelt)* echt´ *(schiebt AB1 in die Mitte des Tisches)* kann- kannst du jetzt schon ne ja stimmt okay hadi bakalım okuyun´
17 (00:36)	Y	*(öffnet die Augen weit; wirkt erschrocken)* das *(hält den linken Zeigefinger in Richtung der Aufgabenstellung auf AB1)* Ganze´
18	S	bende okuyabilirim istiyorsanız´ *(schaut die Kinder an)* wenn ihr wollt kann ich auch lesen´*(schaut die Kinder an)*
19	Y	*(beginnt die Aufgabenstellung der Aufgabe 1 auf AB1 vorzulesen)* Valerie´nin *(bringt die linke Hand an seinen Kopf)* altı tane eh *(bringt beide Hände an seinen Kopf) (leise)* Moment.

		(beginnt die Aufgabenstellung der Aufgabe 1 auf AB1 vorzulesen) Valerie hat *(bringt die linke Hand an seinen Kopf)* sechs eh *(bringt beide Hände an seinen Kopf) (leise)* Moment.
20	S	kıyafet- Anziehsachen-
21	Y	*(liest weiterhin die Aufgabenstellung auf AB1 vor)* kıyafet seçe- *(lächelt)* *(liest weiterhin die Aufgabenstellung auf AB1 vor)* Anziehsachen zur Auswa- *(lächelt)*
22 (00:58)	S	seçeneği *(leise)* das ist ein schwieriges Wort. zur Auswahl *(leise)* das ist ein schwieriges Wort.
23	Y	*(liest weiterhin die Aufgabenstellung auf AB1 vor)* var iki tane- tanı[26] pantolon dört tane üstün *(liest weiterhin die Aufgabenstellung auf AB1 vor)* hat zwei- Hosen vier Ober
24	M	*(legt den rechten Zeigefinger rechts neben die Aufgabenstellung auf AB1; tippt mehrmals auf dieselbe Stelle; schaut Yakub an)*
25	Y	*(liest weiterhin die Aufgabenstellung auf AB1 vor)* giyin[27] *(lacht)* nei- *(hält den rechten Zeigefinger auf die Hosen in der Aufgabenstellung auf AB1)* pantolon şiyah[28] mave[29] *(fährt mit dem rechten Zeigefinger entlang der Aufgabenstellung)* ve dört tane üstü giyim[30] *(legt den rechten Zeigefinger unter*

[26] Liest das Wort falsch vor; die richtige Aussprache lautet „tane“ mit der Bedeutung „Stück“.

[27] Liest das Wort falsch vor; die richtige Aussprach lautet „üst giyim“ mit der Bedeutung „Oberteil“.

[28] Liest das Wort falsch vor; die richtige Aussprache lautet „siyah“ mit der Bedeutung „schwarz“.

[29] Liest das Wort falsch vor; die richtige Aussprache lautet „mavi“ mit der Bedeutung „blau“.

[30] Liest das Wort falsch vor; die richtige Aussprache lautet üst giyim mit der Bedeutung „Oberteil“.

		das orangefarbene T-Shirt in der Aufgabenstellung; schaut Selma an) orange mı o´ *(liest weiterhin die Aufgabenstellung auf AB1 vor)* teile *(lacht)* nei- *(hält den rechten Zeigefinger auf die Hosen in der Aufgabenstellung auf AB1)* Hose schwarz blau *(fährt mit dem rechten Zeigefinger entlang der Aufgabenstellung)* und vier Oberteile *(legt den rechten Zeigefinger unter das orangefarbene T-Shirt in der Aufgabenstellung; schaut Selma an)* ist das orange´
26 (1:26)	S	*(schüttelt den Kopf)* onları okuman gerekmiyor sadece resim olarak oraya yaptım. *(schüttelt den Kopf)* die musst du nicht lesen nur als Bild habe ich sie dahin gemacht.
27	Y	*(streicht mit dem Finger entlang der in der Aufgabenstellung abgebildeten vier T-shirts; liest weiterhin die Aufgabenstellung auf AB1 vor; fährt mit dem rechten Zeigefinger entlang der Aufgabenstellung)* farklı farklı giyinmek için kaç tan- tanı olanağı *(schaut Selma an)* var. *(streicht mit dem Finger entlang der in der Aufgabenstellung abgebildeten vier T-shirts; liest weiterhin die Aufgabenstellung auf AB1 vor; fährt mit dem rechten Zeigefinger entlang der Aufgabenstellung)* wie viel- viele Möglichkeiten hat sie sich verschieden *(schaut Selma an)* anzuziehen.
28	M	*(legt die rechte Hand auf den rechten unteren Bereich des AB1; legt mit der linken Hand Yakubs Hand weg; zieht mit der rechten Hand AB1 zu sich; schaut auf das AB1; kaut an seinem rechten Daumen)*
29	Y	*(unverständlich)*
30	M	*(schiebt AB1 zu Selma; stützt beide Ellenbogen auf den Tisch und seinen Kopf auf seine Hände)*
31 (02:03)	S	okay *(legt beide Hände auf den rechten Rand des AB1)* Valerie bunlar- bunun *(legt den rechten Zeigefinger rechts neben die vierte Zeile in der Aufgabenstellung)* için şunları *(fährt mit dem rechten Zeigefinger vertikal rechts neben der*

		Abbildung auf AB1) düşündü *(schaut die Kinder an)* soruyu anladınız mı´ okay *(legt beide Hände auf den rechten Rand des AB1)* Valerie hat sich die- das *(legt den rechten Zeigefinger rechts neben die vierte Zeile in der Aufgabenstellung)* dazu *(fährt mit dem rechten Zeigefinger vertikal rechts neben der Abbildung auf AB1)* überlegt *(schaut die Kinder an)* habt ihr die Frage verstanden´
32	Y	sen mi´ bunu *(hält den rechten Zeigefinger in die Richtung der Abbildung auf AB1)* yaptın. *(schaut Selma an)* hast du das *(hält den rechten Zeigefinger in die Richtung der Abbildung auf AB1)* gemacht´ *(schaut Selma an)*
33	S	hıhı *(nickt)*
34	Y	das Ganze´ *(bewegt den rechten Zeigefinger kreisförmig über AB1)*
35	S	hmhm[31] *(schüttelt den Kopf)*
36	Y	*(schaut nach links und lacht)*
37	S	Valerie bunları *(fährt mit dem rechten Zeigefinger vertikal rechts neben der Abbildung auf AB1)* buldu bunları *(fährt mit dem rechten Zeigefinger über die Zeilen in der Aufgabenstellung)* ben yazdım şimdi soruyu *(schaut die Kinder an)* anladınız mı´ Valerie hat das *(fährt mit dem rechten Zeigefinger vertikal rechts neben der Abbildung auf AB1)* gefunden die *(fährt mit dem rechten Zeigefinger über die Zeilen in der Aufgabenstellung)* habe ich geschrieben jetzt *(schaut die Kinder an)* habt ihr die Frage verstanden´
38	Y	*(leise)* eh çok- *(bewegt den Kopf hin und her)* ben #1anlamadım çok.#1

[31] „hmhm“ wird hier als verneinender Laut gedeutet.

		(leise) eh viel- *(bewegt den Kopf hin und her)* ich #₁habe nicht viel verstanden.#₁
39	S	#₁mh tamam#₁ bakın Valerie´nin şimdi altı tane kıyafeti varmış tamam mı´ iki tane *(fährt mit dem rechten Zeigefinger mehrmals über die Hosen in der Aufgabenstellung)* pantolonu varmış ve dört tanede *(fährt mit dem rechten Zeigefinger mehrmals über die T-Shirts in der Aufgabenstellung)* tişörtü varmış. #₁mh in Ordnung#₁ schaut Valerie hat jetzt sechs Anziehsachen in Ordnung´ sie hat zwei *(fährt mit dem rechten Zeigefinger mehrmals über die Hosen in der Aufgabenstellung)* Hosen und vier *(fährt mit dem rechten Zeigefinger mehrmals über die T-Shirts in der Aufgabenstellung)* T-Shirts.
40	Y	und drei *(legt den linken Zeigefinger auf die Überschrift von AB1)* eh das ist a drei b *(schüttelt den Kopf)* #₂drei a#₂
41	S	#₂*(schüttelt den Kopf)* hayır hayır#₂ o *(legt die rechte Hand auf die Überschrift von AB1)* kağıdın numarası sizinle *(hält die rechte Hand hoch und bewegt sie hin und her)* alakası yok. #₂*(schüttelt den Kopf)* nein nein#₂ das *(legt die rechte Hand auf die Überschrift von AB1)* ist die Nummer vom Blatt mit euch *(hält die rechte Hand hoch und bewegt sie hin und her)* hat es nichts zu tun.
42	Y	ach so. *(lacht)*
43 (02:32)	S	şimdi *(schaut die Kinder an)* konuya geri dönüyoruz tamam mı´ altı tane şimdi iki *(fährt mit dem rechten Zeigefinger mehrmals über die Hosen in der Aufgabenstellung)* pantolon dört tane *(fährt mit dem rechten Zeigefinger mehrmals über die T-Shirts in der Aufgabenstellung)* kıyafet farklı farklı renklerde şimdi Valerie de tüm seçenekleri *(die Handflächen zeigen zueinander; entfernt die Handflächen voneinander)* bulmak istemiş tüm olanakları yani *(legt den rechten Zeigefinger rechts neben die vierte Kombination in der zweiten Reihe der Abbildung; legt den rechten Zeigefinger rechts neben die vierte Kombination in der ersten Reihe der Abbildung)* nasıl giyinebilir *(schaut die Kinder an)*

		jetzt *(schaut die Kinder an)* kommen wir zum Thema in Ordnung´ sechs jetzt zwei *(fährt mit dem rechten Zeigefinger mehrmals über die Hosen in der Aufgabenstellung)* Hosen vier *(fährt mit dem rechten Zeigefinger mehrmals über die T-Shirts in der Aufgabenstellung)* Anziehsachen in verschiedenen Farben jetzt Valerie wollte alle Alternativen *(die Handflächen zeigen zueinander; entfernt die Handflächen voneinander)* finden also alle Möglichkeiten *(legt den rechten Zeigefinger rechts neben die vierte Kombination in der zweiten Reihe der Abbildung; legt den rechten Zeigefinger rechts neben die vierte Kombination in der ersten Reihe der Abbildung)* wie kann sie sich anziehen *(schaut die Kinder an)*
44	Y	*(legt die rechte Hand auf den linken unteren Bereich des AB1)*
45	S	tamam mı´ Valerie bunları *(hält die rechte Hand auf die Abbildung auf AB1)* bulmuş in Ordnung´ Valerie hat die *(hält die rechte Hand auf die Abbildung auf AB1)* gefunden
46	Y	*(legt den rechten Zeigefinger auf die blaue Hose in der Aufgabenstellung auf AB1; legt den rechten Zeigefinger auf die blaue Hose der vierten Kombination in der zweiten Reihe der Abbildung; tippt mit dem rechten Zeigefinger das lilafarbene T-Shirt in der Aufgabestellung an; tippt mit dem rechten Zeigefinger das lilafarbene T-Shirt der vierten Kombination in der zweiten Reihe der Abbildung an; schaut Selma an; lacht; stützt den linken Ellenbogen auf den Tisch und seinen Kopf auf seine Hand)*
47	S	şimdi eure Aufgabe *(liest die zweite Frage der Aufgabe 1 vor)* tarif et Valerie tüm olanakları bulmak için hangi iyi fikri kullandı´ buralara *(legt den rechten Zeigefinger rechts neben die vierte Kombination in der ersten Reihe der Abbildung; legt den rechten Zeigefinger rechts neben die vierte Kombination in der zweiten Reihe der Abbildung)* bir bakın böyle nasıl bir iyi fikir geçti aklından Valerie´nin.

		jetzt eure Aufgabe *(liest die zweite Frage der Aufgabe 1 vor)* beschreibe welche gute Idee hat Valerie benutzt um alle Möglichkeiten zu finden′ schaut *(legt den rechten Zeigefinger rechts neben die vierte Kombination in der ersten Reihe der Abbildung; legt den rechten Zeigefinger rechts neben die vierte Kombination in der zweiten Reihe der Abbildung)* hier so welche gute Idee ging durch Valeries Kopf.
48	Y	hep *(fährt mit dem rechten Zeigefinger über die erste und zweite Kombination in der zweiten Reihe der Abbildung)* şimdi onlardan *(legt den rechten Zeigefinger auf die erste Kombination in der zweiten Reihe der Abbildung; legt den rechten Mittelfinger auf die vierte Kombination in der zweiten Reihe der Abbildung)* önde üstlerden *(fährt mit dem rechten Mittelfinger in der Luft über die Kombinationen in der ersten Reihe der Abbildung)* aynı eh o *(fährt mit dem rechten Mittelfinger über die Kombinationen in der zweiten Reihe der Abbildung)* pantolonlar sind k- onlardan *(hält den rechten Zeigefinger auf die erste Kombination in der zweiten Reihe der Abbildung)* siyah bunlarda aşağıda *(hält Zeigefinger über der zweiten Reihe der Abbildung)* mavi onun orda *(hält den rechten Zeigefinger auf die Kombinationen in der dritten und zweiten Spalte)* siyah var. jetzt immer *(fährt mit dem rechten Zeigefinger über die erste und zweite Kombination in der zweiten Reihe der Abbildung)* von denen *(legt den rechten Zeigefinger auf die erste Kombination in der zweiten Reihe der Abbildung; legt den rechten Mittelfinger auf die vierte Kombination in der zweiten Reihe der Abbildung)* vorne oben *(fährt mit dem rechten Mittelfinger in der Luft über die Kombinationen in der ersten Reihe der Abbildung)* ist es gleich eh diese *(fährt mit dem rechten Mittelfinger über die Kombinationen in der zweiten Reihe der Abbildung)* Hosen sind k- von denen *(hält den rechten Zeigefinger auf die erste Kombination in der zweiten Reihe der Abbildung)* ist schwarz unten *(hält Zeigefinger über der zweiten Reihe der Abbildung)* sind die blau bei dem dort *(hält den rechten*

		Zeigefinger auf die Kombinationen in der dritten und zweiten Spalte) gibt es schwarz.
49 (03:22)	S	Malik sen ne diyorsun´ Malik was sagst du´
50	M	*(nickt; lächelt) (leise)* evet. *(schaut Selma an)* *(nickt; lächelt) (leise)* ja. *(schaut Selma an)*
51	Y	*(lächelt)*
52	S	bir daha anlat bir Yakub, ney aynı´ erkläre es nochmal Yakub, was ist gleich´
53	Y	*(leise)* üstte- *(tippt die erste Kombination in der ersten Reihe an)* eh tişörtlerden *(fährt mit dem rechten Zeigefinger über die Kombinationen in der ersten Reihe der Abbildung)* aynı onlardan önce turuncu *(legt den rechten Zeigefinder erst auf die erste Kombination in der zweiten Reihe und dann auf die erste Kombination in der ersten Reihe der Abbildung)* mavi *(legt den rechten Zeigefinger auf die zweite Kombination in der zweiten Reihe und dann auf die zweite Kombination in der ersten Reihe der Abbildung)* kırmızılı *(legt den rechten Zeigefinger auf die dritte Kombination in der zweiten Reihe und dann auf die dritte Kombination in der ersten Reihe der Abbildung)* lila orda mavi pantolon *(fährt mit dem rechten Zeigefinger über die Kombinationen in der zweiten Reihe der Abbildung)* aber siyah orda *(hält den rechten Zeigefinger und Mittelfinger auf die Kombinationen in der ersten Reihe der Abbildung)* şey siyah *(fährt mit dem rechten Zeigefinger über die Kombinationen in der ersten Reihe der Abbildung)* pantolon orda var. *(leise)* oben- *(tippt die erste Kombination in der ersten Reihe an)* eh von den T-Shirts *(fährt mit dem rechten Zeigefinger über die Kombinationen in der ersten Reihe der Abbildung)* ist es gleich vor denen orange *(legt den rechten Zeigefinder erst auf die erste Kombination in der zweiten Reihe und dann auf die erste Kombination in der ersten Reihe der Abbildung)* blau *(legt den rechten Zeigefinger auf die zweite Kombination in der zweiten Reihe und*

		dann auf die zweite Kombination in der ersten Reihe der Abbildung) mit rot *(legt den rechten Zeigefinger auf die dritte Kombination in der zweiten Reihe und dann auf die dritte Kombination in der ersten Reihe der Abbildung)* lila da eine blaue Hose *(fährt mit dem rechten Zeigefinger über die Kombinationen in der zweiten Reihe der Abbildung)* aber schwarz ist da *(hält den rechten Zeigefinger und Mittelfinger auf die Kombinationen in der ersten Reihe der Abbildung)* Dings schwarze *(fährt mit dem rechten Zeigefinger über die Kombinationen in der ersten Reihe der Abbildung)* Hose gibt es da.
54	S	mhm[32]
55	Y	ama sadece üstünlerde[33] *(hält rechten Zeige- und Mittelfinger über der ersten Reihe der Abbildung auf AB1 und führt diese zusammen)* aynı. *(hält rechten Zeigefinger über der zweiten Reihe der Abbildung)* aber nur oben *(hält rechten Zeige- und Mittelfinger über der ersten Reihe der Abbildung auf AB1 und führt diese zusammen)* ist es gleich. *(hält den rechten Zeigefinger über der zweiten Reihe der Abbildung)*
56	S	Malik´
57	M	*(lächelt)(leise)* evet. *(kaut an beiden Daumen)* *(lächelt)(leise)* ja. *(kaut an beiden Daumen)*
58 (03:57)	S	okay peki şimdi aranızda *(hält die linke Hand hoch und bewegt sie hin und her)* bir anlaşın nasıl yazalım o cevabı´ okay jetzt einigt euch *(hält die linke Hand hoch und bewegt sie hin und her)* wie sollen wir die Antwort aufschreiben´
59	Y	*(schaut nach rechts; lächelt; schaut Malik an; zu Selma)* Almanca mı´ Türkçe mi´

[32] „mhm“ wird hier als bejahender Laut gedeutet.

[33] Das richtige Wort lautet „üstlerde“ mit der Bedeutung „oben“. Umgangssprachlich kann das Wort „üstler“ auch mit „Oberteile“ übersetzt werden.

		(schaut nach rechts; lächelt; schaut Malik an; zu Selma) Deutsch oder Türkisch´
60	S	Türkçe olsa daha iyi olur ama siz bilirsiniz *(8 sec)* güzel tarif ettin zaten. Türkisch wäre besser aber wie ihr wollt *(8 sec)* du hast es sowieso schön beschrieben.
61	Y	*(stützt den linken Ellenbogen auf den Tisch und seinen Kopf auf seine Hand; 5 sec; zu Selma)* dürfen wir auch in Ohr sagen´
62	S	nein.
63	Y	#oder sagt-#
64	S	#das ist ja# nicht Sinn der Sache yoksa ben anlamam ki. #das ist ja# nicht Sinn der Sache sonst verstehe ich nicht.
65	Y	mhm ah ich habe etwas- *(bringt die linke Hand an sein linkes Auge)* ich habe gerade *(spielt mit seinen Haaren)* fund- boah jetzt habe ich- es ist weg. *(legt den Kopf auf seinen linken Arm)*
66	S	çok güzel tarif ettin- bir şeyler aynı dedin neler aynıydı´ du hast es sehr schön beschrieben- du meintest dass einige Sachen gleich sind was war gleich´
67 (04:42)	M	*(schaut Selma an) (leise)* tişört. *(schaut Selma an) (leise)* T-Shirt.
68	S	hangi tişörtler aynı welche T-Shirts sind gleich
69	M	*(schaut Yakub an)*
70	S	yan yana olanlar mı´ die die nebeneinander sind´
71	Y	*(tippt mit dem rechten Zeigefinger die Kombinationen in der ersten Spalte an und tippt mit dem rechten Mittelfinger die Kombinationen in der vierten Spalte an)*
72	S	hangileri´

		welche´
73	M	*(legt die linke Hand auf den linken unteren Bereich des AB1 und dreht das AB1 zu sich)*
74	Y	yukardası[34] (einfach.?) *(bewegt den rechten Daumen und den rechten Zeigefinger über den Kombinationen in der ersten Reihe zueinander)* die Oberen (einfach.?) *(bewegt den rechten Daumen und den rechten Zeigefinger über den Kombinationen in der ersten Reihe zueinander)*
75	S	tamam yukardaki ve hangisi´ aynı. in Ordnung die Oberen und was ist gleich´
76	Y	aşağıdası[35] *(bewegt den rechten Daumen und den rechten Zeigefinger über den Kombinationen in der zweiten Reihe zueinander)* orda *(fährt mit dem rechten Zeigefinger mehrmals über die Kombinationen in der zweiten Reihe der Abbildung)* mh *(leise)* Türkçe nasıl söyleniyor' *(legt den rechten Daumen auf die erste Kombination in der zweiten Reihe der Abbildung)* die Unteren *(bewegt den rechten Daumen und den rechten Zeigefinger über den Kombinationen in der zweiten Reihe zueinander)* da *(fährt mit dem rechten Zeigefinger mehrmals über die Kombinationen in der zweiten Reihe der Abbildung)* mh *(leise)* wie sagt man auf Türkisch' *(legt den rechten Daumen auf die erste Kombination in der zweiten Reihe der Abbildung)*
77	S	turuncu´ orange´
78	Y	*(leise)* nein T-Shirt. *(legt den rechten Daumen auf die erste Kombination in der zweiten Reihe der Abbildung)*
79	S	T-Shirt tamam.

[34] Das richtige Wort lautet „yukardaki".

[35] Das richtige Wort lautet „aşağıdaki".

		T-Shirt in Ordnung.
80	Y	tişörler aynı. *(fährt mit dem rechten Zeigefinger über die Kombinationen in der ersten Reihe der Abbildung)* die T-Shirts sind gleich. *(fährt mit dem rechten Zeigefinger über die Kombinationen in der ersten Reihe der Abbildung)*
81	S	*(lehnt sich nach vorne und öffnet den Deckel des Stifts)* hangi tişörtler aynı´ *(lehnt sich nach vorne und öffnet den Deckel des Stifts)* welche T-Shirts sind gleich´
82	Y	he onları. *(fährt mit dem rechten Mittelfinger über die Kombinationen in der ersten Reihe der Abbildung; fährt mit dem rechten Mittelfinger über die Kombinationen in der zweiten Reihe der Abbildung)* he die. *(fährt mit dem rechten Mittelfinger über die Kombinationen in der ersten Reihe der Abbildung; fährt mit dem rechten Mittelfinger über die Kombinationen in der zweiten Reihe der Abbildung)*
83	S	nasıl yazalım onu´ düşünün bir *(zieht die Augenbrauen zusammen)* nasıl *(zieht die Augenbrauen zusammen)* yazabiliriz´ wie sollen wir das aufschreiben´ überlegt mal *(zieht die Augenbrauen zusammen)* wie *(zieht die Augenbrauen zusammen)* können wir schreiben´
84 (05:22)	Y	eh *(lächelt)* buldum bir tane aber *(bringt die rechte Faust an seine Stirn)* vergessen yaptım. eh *(lächelt)* ich habe ein aber gefunden *(bringt die rechte Faust an seine Stirn)* ich habe es vergessen.
85	M	*(kaut an seinem rechten Daumen; 10 sec)*
86	Y	*(tippt mit beiden Zeigefingern seine Nase an; 5 sec)*
87	M	*(reibt mit den Handflächen an seinen Augen)*
88	S	hadi *(dreht mit der linken Hand AB1)* hangi *(zieht mit der linken Hand AB1 vor Malik)* tişörtler aynı mesela´

		los *(dreht mit der linken Hand AB1)* welche *(zieht mit der linken Hand AB1 vor Malik)* T-Shirts sind zum Beispiel gleich´
89	Y	önce *(bewegt Zeigefinger über der ersten Reihe der Abbildung; legt den rechten Zeigefinger neben die vierte Kombination in der ersten Reihe der Abbildung)* yukardası[36] onlarda *(tippt auf die freie Stelle zwischen der ersten und zweiten Kombination in der ersten Reihe der Abbildung)* turuncu *(legt den rechten Zeigefinger auf die erste Kombination in der ersten Reihe der Abbildung)* mavi *(legt den rechten Zeigefinger auf die zweite Kombination in der ersten Reihe der Abbildung)* kırmızı *(legt den rechten Zeigefinger auf die dritte Kombination in der ersten Reihe der Abbildung)* lila *(legt den rechten Zeigefinger auf die vierte Kombination in der ersten Reihe der Abbildung)* orda. erst *(bewegt Zeigefinger über der ersten Reihe der Abbildung; legt den rechten Zeigefinger neben die vierte Kombination in der ersten Reihe der Abbildung)* die Oberen *(tippt auf die freie Stelle zwischen der ersten und zweiten Kombination in der ersten Reihe der Abbildung)* da sind orange *(legt den rechten Zeigefinger auf die erste Kombination in der ersten Reihe der Abbildung)* blau *(legt den rechten Zeigefinger auf die zweite Kombination in der ersten Reihe der Abbildung)* rot *(legt den rechten Zeigefinger auf die dritte Kombination in der ersten Reihe der Abbildung)* lila *(legt den rechten Zeigefinger auf die vierte Kombination in der ersten Reihe der Abbildung)* dort.
90	S	mhm
91	Y	ay- onlar aşağıda da *(fährt mit dem rechten Zeigefinger über die Kombinationen in der zweiten Reihe der Abbildung)* aynısı onlarda *(schaut Selma an)* ama nasıl yazıcaz onu´ *(lächelt)*

[36] Das richtige Wort lautet „yukardaki“.

		ay- die sind auch unten *(fährt mit dem rechten Zeigefinger über die Kombinationen in der zweiten Reihe der Abbildung)* gleich wie sollen wir es *(schaut Selma an)* aber bei denen aufschreiben´ *(lächelt)*
92	S	*(schaut die Kinder an; 4 sec)* pantolonlar nasıl peki´ *(schiebt AB1 in die Mitte des Tisches)* *(schaut die Kinder an; 4 sec)* wie sind die Hosen´ *(schiebt AB1 in die Mitte des Tisches)*
93	Y	aynı renk bunlar *(fährt mit dem rechten Zeigefinger über die erste und zweite Kombination und mit dem rechten Mittelfinger über die vierte und dritte Kombination in der zweiten Reihe der Abbildung)* mavi onlar *(fährt mit dem rechten Mittelfinger über die Kombinationen in der ersten Reihe der Abbildung)* siyah. die haben die gleiche Farbe *(fährt mit dem rechten Zeigefinger über die erste und zweite Kombination und mit dem rechten Mittelfinger über die vierte und dritte Kombination in der zweiten Reihe der Abbildung)* blau die sind *(fährt mit dem rechten Mittelfinger über die Kombinationen in der ersten Reihe der Abbildung)* schwarz.
94	S	mhm hangileri mavi hangileri siyah´ *(hält Hand über der Antwortzeile auf AB1)* mhm welche sind blau welche sind schwarz´ *(hält Hand über der Antwortzeile auf AB1)*
95	Y	aşağıdası[37] yuk- aşağıdası mavi *(fährt mit dem rechten Zeigefinger über die Kombinationen in der zweiten Reihe der Abbildung)* yukarsısı[38] eh *(schüttelt den Kopf)* siyah. *(fährt mit dem rechten Zeigefinger über die Kombinationen in der ersten Reihe der Abbildung)*

[37] Das richtige Wort lautet „aşağıdaki“.

[38] Das richtige Wort lautet „yukardaki“.

		die Unteren ob- die Unteren sind blau *(fährt mit dem rechten Zeigefinger über die Kombinationen in der zweiten Reihe der Abbildung)* die Oberen eh *(schüttelt den Kopf)* sind schwarz. *(fährt mit dem rechten Zeigefinger über die Kombinationen in der ersten Reihe der Abbildung)*
96 (06:21)	S	tamam *(dreht das AB1 zu sich)* yani aşağıdaki- *(neigt den Kopf zur Seite; schaut die Kinder an)* in Ordnung *(dreht das AB1 zu sich)* also die Unteren- *(neigt den Kopf zur Seite; schaut die Kinder an)*
97	Y	*(spielt mit seinem linken Ohr)* aşağıdaki mavi *(schaut Selma an)* pantolonlar. *(spielt mit seinem linken Ohr)* die Unteren sind blaue *(schaut Selma an)* Hosen.
98	S	*(beginnt die Antwort der zweiten Frage bei Aufgabe 1 auf Türkisch aufzuschreiben und liest den Antwortsatz beim Schreiben laut vor: „Aşağıdaki mavi pantolonlar" [~Die Unteren sind blaue Hosen.])* aşağıdaki mavi pantolonlar evet´ *(beginnt die Antwort der zweiten Frage bei Aufgabe 1 auf Türkisch aufzuschreiben und liest den Antwortsatz beim Schreiben laut vor : „Aşağıdaki mavi pantolonlar" [~Die Unteren sind blaue Hosen.])* die Unteren sind blaue Hosen ja´
99	Y	*(stützt den linken Ellenbogen auf den Tisch und seinen Kopf auf seine Hand; diktiert den Antwortsatz der zweiten Frage bei Aufgabe 1)* yukarsı. *(stützt den linken Ellenbogen auf den Tisch und seinen Kopf auf seine Hand; diktiert den Antwortsatz der zweiten Frage bei Aufgabe 1)* oben.
100	S	*(schreibt weiterhin die Antwort auf und liest sie laut vor)* yukarıdaki. *(schreibt weiterhin die Antwort auf und liest sie laut vor)* das Obere ist.
101	Y	*(diktiert weiterhin die Antwort)* siyah pantolon. *(diktiert weiterhin die Antwort)* schwarze Hose.

102	S	*(schreibt weiterhin die Antwort auf und liest sie laut vor: „Yukarıdaki sıyah pantolon" [~Das obere ist schwarze Hose.])* siyah pantolon pantolon tamam *(hört auf zu schreiben; schaut die Kinder an)* çok güzel başka´ *(dreht das AB1 zu den Kindern)* *(schreibt weiterhin die Antwort auf und liest sie laut vor: „Yukarıdaki sıyah pantolon" [~Das obere ist schwarze Hose.])* schwarze Hose Hose in Ordnung *(hört auf zu schreiben; schaut die Kinder an)* sehr schön und was noch´ *(dreht das AB1 zu den Kindern)*
103	Y	mh
104	S	Malik sende düşün. *(4 sec)* Malik überleg du auch. *(4 sec)*
105	Y	tişörtler hepsi *(schaut Selma an)* aynı. alle T-Shirts *(schaut Selma an)* sind gleich.
106 (07:07)	S	nasıl *(schiebt das AB1 in die Mitte des Tisches)* yani´ hangileri aynı´ also *(schiebt das AB1 in die Mitte des Tisches)* wie´ welche sind gleich´
107	Y	turuncu *(hält den linken Zeigefinger auf die Abbildung auf AB1)* orda var *(legt den linken Zeigefinger links neben die erste Kombination in der ersten Reihe und den linken Daumen links neben die erste Kombination in der zweiten Reihe der Abbildung)* maviler *(hält den linken Zeigefinger auf die zweite Kombination in der ersten Reihe und den linken Daumen auf die zweite Kombination in der zweiten Reihe der Abbildung)* var kırmızı da *(hält den linken Zeigefinger auf die dritte Kombination in der ersten Reihe und den linken Daumen auf die dritte Kombination in der zweiten Reihe der Abbildung)* var lila *(hält den linken Zeigefinger auf die vierte Kombination in der ersten Reihe der Abbildung)* var. *(schaut Selma an; stützt den linken Ellenbogen auf den Tisch und seinen Kopf auf seine Hand)* orange *(hält den linken Zeigefinger auf die Abbildung auf AB1)* gibt es da *(legt den linken*

		Zeigefinger links neben die erste Kombination in der ersten Reihe und den linken Daumen links neben die erste Kombination in der zweiten Reihe der Abbildung) blaue *(hält den linken Zeigefinger auf die zweite Kombination in der ersten Reihe und den linken Daumen auf die zweite Kombination in der zweiten Reihe der Abbildung)* gibt es rot gibt es *(hält den linken Zeigefinger auf die dritte Kombination in der ersten Reihe und den linken Daumen auf die dritte Kombination in der zweiten Reihe der Abbildung)* auch lila *(hält den linken Zeigefinger auf die vierte Kombination in der ersten Reihe der Abbildung)* gibt es. *(schaut Selma an; stützt den linken Ellenbogen auf den Tisch und seinen Kopf auf seine Hand)*
108	S	tamam *(dreht das AB1 zu sich)* tişörtler hep aynı diyoruz o zaman *(schreibt die Antwort der zweiten Frage bei Aufgabe 1 auf Türkisch zu Ende: „Aşağıdaki mavi pantolonlar. Yukarıdaki siyah pantolon. Tişörtler hep aynı." [~Die Unteren sind blaue Hosen. Das Obere ist schwarze Hose. Die T-Shirts sind immer gleich.]; 8 sec)* tamam çok güzel bunu buraya koyalım *(legt AB1 auf den zweiten Tisch)* aklımızda bulunsun şimdi *(dreht sich nach rechts; dreht sich um; legt AB2 auf den Tisch)* soru şu *(liest die Aufgabenstellung auf AB2 vor)* Valerie´nin iyi fikriyle tüm olanaklar bulunabiliyor açıkla bu neden öyle olanak bak *(zieht AB1 auf den ersten Tisch)* bir tane olanak mesela şu *(umkreist mit dem rechten Zeigefinger die erste Kombination in der ersten Reihe der Abbildung)* turuncu tişört bir siyah pantolon başka bir olanak bu *(legt den rechten Zeigefinger auf die dritte Kombination in der zweiten Reihe der Abbildung)* kırmızı tişört mavi pantolon falan olanak o dur *(öffnet beide Handflächen)* yani böyle ehm şimdi Valerie´nin iyi fikrini *(hält den rechten Zeigefinger hoch)* daha demin tarif ettiniz dimi onunla bütün olanaklar bulunabiliyormuş *(formt mit der rechten Hand eine Faust und legt sie auf den Tisch)* şimdi sorumuz da bu neden *(öffnet beide Handflächen)* öyle´ *(8 sec)* ne dersiniz´ soruyu *(zieht die Augenbrauen zusammen)* anladınız mı´

		in Ordnung *(dreht das AB1 zu sich)* dann sagen wir die T-Shirts sind immer gleich *(schreibt die Antwort der zweiten Frage bei Aufgabe 1 auf Türkisch zu Ende: „Aşağıdaki mavi pantolonlar. Yukarıdaki siyah pantolon. Tişörtler hep aynı." [~Die Unteren sind blaue Hosen. Das Obere ist schwarze Hose. Die T-Shirts sind immer gleich.]; 8 sec)* in Ordnung sehr schön das tun wir hierhin *(legt AB1 auf den zweiten Tisch)* das behalten wir im Kopf jetzt *(dreht sich nach rechts; dreht sich um; legt AB2 auf den Tisch)* die Frage ist *(liest die Aufgabenstellung auf AB2 vor)* mit Valeries guter Idee kann man alle Möglichkeiten finden erkläre warum ist das so schau Möglichkeit *(zieht AB1 auf den ersten Tisch)* eine Möglichkeit zum Beispiel ist das *(umkreist mit dem rechten Zeigefinger die erste Kombination in der ersten Reihe der Abbildung)* orangefarbenes T-Shirt eine schwarze Hose eine andere Möglichkeit ist das *(legt den rechten Zeigefinger auf die dritte Kombination in der zweiten Reihe der Abbildung)* rotes T-Shirt blaue Hose oder so Möglichkeit ist das *(öffnet beide Handflächen)* also so ehm jetzt Valeries gute Idee *(hält den rechten Zeigefinger hoch)* habt ihr eben beschrieben oder´ damit könnte man alle Möglichkeiten finden *(formt mit der rechten Hand eine Faust und legt sie auf den Tisch)* jetzt unsere Frage ist warum ist das so´ *(öffnet beide Handflächen) (8 sec)* was meint ihr´ habt ihr die Frage *(zieht die Augenbrauen zusammen)* verstanden´
109 (8:18)	Y	*(leise)* ben çok *(legt beide Hände auf den Tisch und legt den Kopf auf seine Hände)* anlamadım. *(leise)* ich habe nicht viel *(legt beide Hände auf den Tisch und legt den Kopf auf seine Hände)* verstanden
110	S	Malik sen soruyu anladın mı´ Malik hast du die Frage verstanden´
111	M	*(schüttelt den Kopf)*
112	S	nein okay bir daha anlatalım o zaman *(zieht AB1 näher an AB2; legt den oberen Bereich des AB2 auf*

		den unteren Bereich des AB1) bakın *(schaut die Kinder an)* şimdi Valerie- bu iyi *(hält den rechten Zeigefinger auf die Abbildung auf AB1)* fikri vardı ya *(berührt mit dem rechten Zeigefinger ihre rechte Schläfe)* Valerie´nin sizin daha demin *(umkreist mit dem rechten Zeigefinger in der Luft die Antwortzeilen auf AB1)* tarif ettiğiniz nein okay dann erklären wir es nochmal *(zieht AB1 näher an AB2; legt den oberen Bereich des AB2 auf den unteren Bereich des AB1)* schaut *(schaut die Kinder an)* jetzt Valerie- Valerie hatte ja diese gute *(hält den rechten Zeigefinger auf die Abbildung auf AB1)* Idee *(berührt mit dem rechten Zeigefinger ihre rechte Schläfe)* die ihr eben *(umkreist mit dem rechten Zeigefinger in der Luft die Antwortzeilen auf AB1)* beschrieben habt
113	Y	*(nickt)*
114	M	*(nickt)*
115	S	böyle hani bir şeyler aynı falan dediniz ya pantolonlar mesela hep siyah *(fährt mit den rechten Fingerspitzen rechts neben der Abbildung auf AB1)* dediniz pantolonlar hep mavi *(fährt mit den rechten Fingerspitzen unterhalb der zweiten Reihe der Abbildung auf AB1)* dediniz aşağıda tişörtler de hep aynı dediniz *(legt den rechten Zeigefinger beginnend von links nacheinander auf alle Kombinationen in der Abbildung)* şimdi bu *(hält den rechten Zeigefinger hoch; schaut die Kinder an)* Valerie´nin iyi fikri ve bu fikirle *(bringt den rechten Daumen und den rechten Zeigefinger zusammen)* also diesen Tr- *(dreht die rechte Hand nach links)* dieser Trick hilft ihr dabei alle Möglichkeiten *(umkreist mit dem rechten Zeigefinger die Kombinationen auf AB1)* zu finden. ihr habt ja so gesagt das etwas gleich ist Hosen zum Beispiel die sind immer schwarz *(fährt mit den rechten Fingerspitzen rechts neben der Abbildung auf AB1)* habt ihr gesagt die Hosen sind immer blau *(fährt mit den rechten Fingerspitzen unterhalb der zweiten Reihe der Abbildung auf AB1)* unten sind die T-Shirts auch immer gleich habt ihr gesagt *(legt den*

		rechten Zeigefinger beginnend von links nacheinander auf alle Kombinationen in der Abbildung) das ist jetzt *(hält den rechten Zeigefinger hoch; schaut die Kinder an)* Valeries gute Idee und mit dieser Idee *(bringt den rechten Daumen und den rechten Zeigefinger zusammen)* also diesen Tr- *(dreht die rechte Hand nach links)* dieser Trick hilft ihr dabei alle Möglichkeiten *(umkreist mit dem rechten Zeigefinger die Kombinationen auf AB1)* zu finden.
116	Y	*(nickt) (leise)* T-Shirts sind alle gleich.
117 (08:58)	S	okay şimdi soru da *(öffnet beide Handflächen)* warum ist das so hani neden bütün Möglichkeitları bulabiliyor´ *(bringt beide Hände zusammen)* bu Trickle. okay jetzt die Frage ist *(öffnet beide Handflächen)* warum ist das so also warum kann sie alle Möglichkeiten finden´ *(bringt beide Hände zusammen)* mit diesem Trick.
118	Y	*(leise)* weil da *(hält den linken Mittelfinger links neben der ersten Kombination in der ersten Reihe und den linken Zeigefinger links neben der ersten Kombination in der zweiten Reihe der Abbildung)* sind ja gl- alle glei- diese- *(tippt mit dem linken Mittelfinger den Bereich links neben der ersten Kombination in der ersten Reihe und mit dem linken Zeigefinger den Bereich links neben der ersten Kombination in der zweiten Reihe an)* jetzt diese T-Shirts sind- eh die Farbe *(legt den rechten Zeigefinger beginnend von links nacheinander auf alle Kombinationen in der Abbildung)* gleich so nur *(stützt den rechten Ellenbogen auf den Tisch und seinen Kopf auf seine Hand)* da sieht man diese Farben *(lacht)* warte ich weiß nicht zum Beispiel orange- wenn da orange- *(legt den linken Zeigefinger links neben die erste Kombination in der ersten Reihe der Abbildung)* oben ist ja orange unten ist dann auch *(legt den linken Zeigefinger links neben die erste Kombination in der zweiten Reihe der Abbildung)* orange.
119	S	*(leise)* #okay.#

120	Y	*(leise)* #wird# immer weiter so blau *(hält den linken Zeigefinger in die Richtung des AB1)* ist oben und *(legt die rechte Hand auf den Tisch)* blau ist *(legt die linke Hand auf die rechte Hand)* unten so kann man auch machen oder so blaues pantol *(hält den linken Zeigefinger auf den linken Bereich der Abbildung)* mit Dings *(schaut Selma an)* blaues T-Shirt und so. *(leise)* #wird# immer weiter so blau *(hält den linken Zeigefinger in die Richtung des AB1)* ist oben und *(legt die rechte Hand auf den Tisch)* blau ist *(legt die linke Hand auf die rechte Hand)* unten so kann man auch machen oder so blaues Hose *(hält den linken Zeigefinger auf den linken Bereich der Abbildung)* mit Dings *(schaut Selma an)* blaues T-Shirt und so.
121	M	*(kaut an seinem rechten Daumen)*
122 (09:47)	S	ne dersin Malik´ was meinst du Malik´
123	M	*(hält den rechten Daumen hoch; schaut Selma an)*
124	S	sence neden´ *(schüttelt den Kopf)* bütün *(öffnet beide Handflächen)* Möglichkeitlar bulunuyor böyle yapınca, was glaubst du warum´ *(schüttelt den Kopf)* man alle *(öffnet beide Handflächen)* Möglichkeiten finden kann wenn man so macht,
125	Y	*(zuckt mit den Schultern)*
126	S	mit diesem Trick
127	Y	*(zuckt mit den Schultern)*
128	S	okay kein Problem o zaman devam yapalım *(leise)* bunu böyle buraya koyalım *(legt AB1 auf AB2 und schiebt beide ABs weg)* okay kein Problem dann machen wir weiter *(leise)* das tun wir so hierhin *(legt AB1 auf AB2 und schiebt beide ABs weg)*
129	Y	*(öffnet die Augen weit; schaut Malik an)*
130	M	*(schaut Yakub an; lächelt)*
131	Y	*(lacht)*
132	S	ehm Deutsch´ oder Türkisch´
133	M	*(leise)* Deutsch.

134	S	*(leise)* okay *(legt einen Stapel auf den Tisch)* haben wir ja jetzt schon *(legt zwei Blätter nach rechts)* so. *(legt AB3 in die Mitte des Tisches)*
135	M	oh
136	S	okur musunuz´ lest ihr´
137	Y	*(zieht AB3 zu sich)*
138	S	ben mi´ okuyım. soll ich lesen´
139	M	*(zieht AB3 zu sich)*
140	Y	*(zu Malik) (leise)* darf ich´ *(legt beide Hände auf den Tisch)*
141	M	*(drückt mit der linken Hand Yakubs Hände weg; zu Yakub) (leise)* lass mich.
142 (10:22)	Y	*(zu Malik) (leise)* okay laut und deutlich laut laut.
143	S	hadi. los.
144	M	*(beginnt die Aufgabenstellung der Aufgabe 2 auf AB3 vorzulesen)* jetzt hast *(bringt die linke Hand an seine Stirn)* du auch sechs Anziehsachen zur Auswahl
145	S	*(legt den braunen, schwarzen und blauen Buntstift auf den Tisch)*
146	M	nämlich drei Hosen und drei Oberteile wie viele Möglichkeiten hast du dich verschieden anzuziehen nutze dabei die gute Idee von Valevie um alle-
147	Y	*(leise)* #Valerie.#
148	S	*(nickt)*
149	M	*(liest weiterhin die Aufgabenstellung auf AB3 vor)* #Möglichkeiten# zu finden hier kannst du die Möglichkeiten hinschreiben oder hinmalen. *(schaut Selma an)*
150 (11:06)	S	*(nickt)* sehr gut.
151	Y	müssen wir hinmalen´
152	S	*(zieht die Augenbrauen zusammen)* soruyu anladınız mı´

		(zieht die Augenbrauen zusammen) habt ihr die Frage verstanden´
153	Y	*(zu Malik)* hast du das verstanden´
154	M	*(schaut Yakub an)* du´ *(lächelt)*
155	Y	*(lacht)* du hast *(hält die linke Hand hoch)* das gelesen nicht *(bringt die linke Hand an seine Stirn)* #ich.#
156	M	#eh#
157	S	*(legt den grünen, roten und orangefarbenen Buntstift auf den Tisch)* tamam konuşabiliriz soru hakkında *(legt den braunen, schwarzen und blauen Buntstift zum grünen, roten und orangefarbenen Buntstift)* also *(schiebt das AB3 in die Mitte des Tisches)* jetzt hast du sechs Anziehsachen drei- *(legt die linke Hand auf die T-Shirts in der Aufgabenstellung auf AB3)* drei Hosen *(fährt mit dem linken Zeigefinger über die Hosen in der Aufgabenstellung auf AB3)* drei T-Shirts *(fährt mit dem linken Zeigefinger über die T-Shirts in der Aufgabenstellung auf AB3)* bu renklerde- *(legt den grünen, roten und orangefarbenen Buntstift auf den Tisch)* in Ordnung über die Frage können wir reden *(legt den braunen, schwarzen und blauen Buntstift zum grünen, roten und orangefarbenen Buntstift)* also *(schiebt das AB3 in die Mitte des Tisches)* jetzt hast du sechs Anziehsachen drei- *(legt die linke Hand auf die T-Shirts in der Aufgabenstellung auf AB3)* drei Hosen *(fährt mit dem linken Zeigefinger über die Hosen in der Aufgabenstellung auf AB3)* drei T-Shirts *(fährt mit dem linken Zeigefinger über die T-Shirts in der Aufgabenstellung auf AB3)* in diesen Farben-
158 (11:25)	Y	eine auswählen´ oder´ *(bringt die rechte Hand an sein Kinn)* oder drei auswählen´
159	S	hmhm *(schüttelt den Kopf)* und zwar bak *(fährt mit dem rechten Zeigefinger entlang der Aufgabenstellung auf AB3)* wie viele Möglichkeiten hast du *(legt die rechte Hand auf die linke Hand)* dich verschieden anzuziehen yani böyle *(hält beide Hände hoch)* #₁farklı-#₁ hmhm *(schüttelt den Kopf)* und zwar schau *(fährt mit dem rechten Zeigefinger entlang der*

		Aufgabenstellung auf AB3) wie viele Möglichkeiten hast du *(legt die rechte Hand auf die linke Hand)* dich verschieden anzuziehen also so *(hält beide Hände hoch)* #1um dich-#1
160	Y	#1ich *(hält den rechten Zeigefinger hoch; schaut Selma an)* weiß.#1
161	S	#2farklı giyinmek için-#2 #2verschieden anzuziehen-#2
162	Y	*(hält den rechten Zeigefinger hoch und bewegt sich hin und her)* #2ich weiß jetzt.#2
163	S	*(hält beide Hände hoch und bewegt sie hin und her)* kaç tane olanak var´ *(hält beide Hände hoch und bewegt sie hin und her)* wie viele Möglichkeiten gibt es´
164	Y	ich weiß *(bringt die rechte Hand an seinen Mund)* welche ich malen soll.
165	S	*(hält den rechten Zeigefinger hoch)* bakın *(stützt den Ellenbogen auf den Tisch und ihren Kopf auf ihre Hand)* önemli olan ne biliyor musunuz´ şimdi Valerie´nin o iyi fikrini diesen Trick den die da hatte. *(hält den rechten Zeigefinger hoch)* schaut *(stützt den Ellenbogen auf den Tisch und ihren Kopf auf ihre Hand)* wisst ihr was wichtig ist´ jetzt Valeries gute Idee diesen Trick den die da hatte.
166	Y	ich weiß schon welche #Farben *(hält die rechte Hand auf den linken Bereich der Aufgabenstellung auf AB3)*#
167	S	#tamam´# #in Ordnung´#
168	Y	jetzt dahin *(hält die rechte Hand auf den mittleren Bereich der Aufgabenstellung auf AB3)* kommen.
169	S	s- *(schiebt die Buntstifte näher an AB3)* renkler burda bakın pantolonlar için *(rollt mit der rechten Hand den blauen, braunen und schwarzen Buntstift hin und her)* tişörtler için *(rollt mit der rechten Hand*

		den roten, grünen und orangefarbenen Buntstift hin und her) s- *(schiebt die Buntstifte näher an AB3)* die Farben sind hier schaut für die Hosen *(rollt mit der rechten Hand den blauen, braunen und schwarzen Buntstift hin und her)* für die T-Shirts *(rollt mit der rechten Hand den roten, grünen und orangefarbenen Buntstift hin und her)*
170	Y	*(nimmt mit der linken Hand den blauen Buntstift)*
171	S	şimdi bütün olanakları bulun *(hält die linke Hand parallel zum Tisch und bewegt sie nach links)* ama *(hält den linken Zeigefinger hoch)* Valerie´nin iyi fikrini *(hält den linken Zeigefinger hoch und bewegt sie hin und her)* kullanarak. findet jetzt alle Möglichkeiten *(hält die linke Hand parallel zum Tisch und bewegt sie nach links)* aber *(hält den linken Zeigefinger hoch)* indem ihr Valeries gute Idee *(hält den linken Zeigefinger hoch und bewegt sie hin und her)* benutzt.
172	Y	ist das *(legt den linken Zeigefinger unter das grüne T-Shirt in der Aufgabenstellung auf AB3)* aber grün´ *(schaut Selma an)*
173	S	genau *(nickt)* das ist grün
174	M	*(hält die rechte Hand über den Buntstiften)*
175	S	weil #die Hose ist ja schon blau.#
176	Y	#sollen wir jetzt hinmalen´ *(setzt den blauen Stift auf die freie Stelle unter der Aufgabenstellung auf AB3)*#
177	S	ama önce bir konuşun nasıl yapcaksınız. aber bespricht erstmal wie ihr das machen wollt.
178	Y	*(leise)* guck- blaue Hose- und grüne- *(unverständlich) (legt den linken Zeigefinger auf die blaue Hose in der Aufgabenstellung auf AB3; tippt mit dem linken Zeigefinger den Antwortbereich auf AB3 an; legt den linken Zeigefinger auf das grüne T-Shirt in der Aufgabenstellung auf AB3; schaut Malik an; stützt den Ellenbogen auf den Tisch und seinen Kopf auf seine Hand)*
179	M	*(leise)* okay. *(hält die rechte Hand hoch)*

180	S	şey bir de hepsini bulmalısınız Dings ihr müsst auch alle finden
181	Y	*(beginnt die blaue Hose der ersten Kombination auf AB3 zu zeichnen)*
182	M	*(nimmt mit der rechten Hand den grünen Buntstift)*
183	S	sadece birkaç tane değil. nicht nur ein Paar.
184 (12:19)	Y	*(zeichnet weiterhin die blaue Hose der ersten Kombination)* ich- wir haben schon Dings- wir haben schon eins gefunden.
185	M	*(lächelt; schaut Selma an)*
186	S	*(leise)* okay.
187	Y	*(malt die blaue Hose der ersten Kombination aus; malt die blaue Hose der ersten Kombination zu Ende; legt den blauen Buntstift auf den Tisch)*
188	M	*(leise)* mal du *(hält mit der rechten Hand den grünen Buntstift)*
189	Y	*(nimmt mit der rechten Hand den grünen Buntstift; beginnt das grüne T-Shirt der ersten Kombination auf AB3 zu zeichnen)*
190	M	*(nimmt mit der rechten Hand den blauen Buntstift; leise)* ich gib dir die Farben *(legt den blauen Buntstift zu den anderen Buntstiften)* was ist jetzt´ *(nimmt mit der rechten Hand den orangefarbenen Buntstift)* orange.
191 (13:00)	Y	*(malt das grüne T-Shirt der ersten Kombination aus) (leise)* das ist orange *(lehnt sich nach vorne)* bu braun *(legt den linken Zeigefinger auf die braune Hose in der Aufgabenstellung auf AB3)* mı *(schaut Selma an)* diese Farbe´ *(malt das grüne T-Shirt der ersten Kombination aus) (leise)* das ist orange *(lehnt sich nach vorne; lauter)* ist das braun *(legt den linken Zeigefinger auf die braune Hose in der Aufgabenstellung auf AB3) (schaut Selma an)* diese Farbe´
192	S	mhm *(nickt) (leise)* genau.
193	Y	*(malt weiterhin das grüne T-Shirt der ersten Kombination aus) (leise)* nicht orange braun.
194	S	das T-Shirt ist orange.

195	M	*(legt den orangefarbenen Buntstift auf den Tisch)*
196	Y	*(hört auf das grüne T-Shirt der ersten Kombination zu malen) (leise)* das T-Shirt ist orange #aber das *(legt den linken Zeigefinger auf die braune Hose in der Aufgabenstellung)* ist braun.#
197	S	#also eins jetzt# genau.
198	Y	*(malt weiterhin das grüne T-Shirt aus)*
199	M	*(leise)* schwarz *(nimmt mit der rechten Hand den schwarzen Buntstift)* und rot. *(nimmt mit der rechten Hand den roten Buntstift; schaut Selma an; lächelt)*
200	Y	*(malt das grüne T-Shirt der ersten Kombination zu Ende)*
201	S	size bir daha *(hält den linken Zeigefinger hoch)* ich möchte euch nochmal daran *(hält den linken Zeigefinger hoch)*
202	Y	*(legt den grünen Buntstift auf den Tisch)*
203	S	hatırlatmak istiyorum Valerie´nin iyi fikrini *(lehnt sich nach vorne)* bir daha aklınıza *(berührt mit dem rechten Zeigefinger ihre rechte Schläfe)* getirin. erinnern denkt nochmal *(lehnt sich nach vorne)* an Valeries gute Idee. *(berührt mit dem rechten Zeigefinger ihre rechte Schläfe)*
204	Y	*(schaut Selma an)* mh
205	S	o nasıl yapmıştı´ Valerie nasıl yapmıştı´ wie hat sie es gemacht´ wie hat Valerie es gemacht´
206	Y	mh diese *(hält die linke Hand auf den linken unteren Bereich auf AB1)* Farben *(schaut Selma an)* T-Shirts. *(bewegt mit der linken Hand AB1 hin und her)*
207	S	eh jetzt *(hält die rechte Hand hoch)* ehm ist es ja- *(schüttelt den Kopf)* also ihr habt ja jetzt *(hält den rechten Zeigefinger auf den rechten Bereich der Aufgabenstellung auf AB3)* andere Farben und andere ehm zum Beispiel habt ihr ja drei Hosen ne und drei T-Shirts sie *(hält den rechten Daumen in die Richtung des AB1)* hatte ja zum Beispiel zwei *(hält den rechten Daumen und den rechten Zeigefinger hoch)* Hosen vier *(öffnet die rechte Hand)* T-Shirts onu *(hält die rechte Hand parallel zum Tisch; schaut*

		die Kinder an; zieht die Augenbrauen zusammen) bir kenara koyun aber der Trick *(berührt mit dem rechten Zeigefinger ihre rechte Schläfe)* den sie da hatte. eh jetzt *(hält die rechte Hand hoch)* ehm ist es ja- *(schüttelt den Kopf)* also ihr habt ja jetzt *(hält den rechten Zeigefinger auf den rechten Bereich der Aufgabenstellung auf AB3)* andere Farben und andere ehm zum Beispiel habt ihr ja drei Hosen ne und drei T-Shirts sie *(hält den rechten Daumen in die Richtung des AB1)* hatte ja zum Beispiel zwei *(hält den rechten Daumen und den rechten Zeigefinger hoch)* Hosen vier *(öffnet die rechte Hand)* T-Shirts legt das *(hält die rechte Hand parallel zum Tisch; schaut die Kinder an; zieht die Augenbrauen zusammen)* mal zur Seite aber der Trick *(berührt mit dem rechten Zeigefinger ihre rechte Schläfe)* den sie da hatte.
208	M	*(legt mit der linken Hand den grünen und blauen Buntstift vor Yakub; schaut Selma an; zu Yakub) (leise)* (wir haben ja die?) schon gemacht´
209	Y	*(schiebt mit der rechten Hand den grünen und blauen Buntstift nach links)*
210 (13:51)	S	o Tricki *(lehnt sich nach hinten)* dieser Trick *(lehnt sich nach hinten)*
211	M	*(legt mit der rechten Hand den roten Buntstift auf den Tisch)*
212	S	bir yine aklınıza getirin denkt nochmal daran
213	M	*(legt mit der rechten Hand den schwarzen Buntstift auf den Tisch)*
214	S	onu- onunla bir yapmaya çalışın. versucht es dam- damit zu machen.
215	Y	he *(lächelt; schaut Selma an)* was ich gesagt habe mit T-Shirts ach so *(legt die linke Hand auf den linken unteren Bereich auf AB1)* diese Farben *(hält den linken Zeigefinger auf die Abbildung auf AB1)* sind alle- diese *(legt den linken Mittelfinger auf die erste Kombination in der ersten Reihe, auf die erste*

		Kombination in der zweiten Reihe, auf die zweite Kombination in der ersten Reihe und auf die zweite Kombination in der zweiten Reihe der Abbildung auf AB1) T-Shirts sind alle so gleich so *(legt den linken Zeigefinger auf die dritte Kombination in der ersten Reihe und auf die vierte Kombination in der ersten Reihe der Abbildung auf AB1)* und *(stützt den linken Ellenbogen auf den Tisch und seinen Kopf auf seine Hand)* da haben wir ja alle T-Shirts *(schaut Selma an)* eh da- *(hält den linken Zeigefinger auf die Abbildung auf AB1)* da- die- da *(legt den linken Zeigefinger auf die Antwortzeilen auf AB1)* sind alle gleich *(schaut Selma an) (leise)* haben wir gesagt.
216 (14:21)	S	şimdi sizin renklerinizle bir deneyin. *(legt die rechte Hand auf den braunen und roten Buntstift)* versucht es jetzt mit euren Farben. *(legt die rechte Hand auf den braunen und roten Buntstift)*
217	Y	haben wir- wir haben- *(legt den linken Zeigefinger links neben die erste gezeichnete Kombination; schaut Selma an)*
218	S	genau eins habt ihr schon wie müssten die Anderen aussehen
219	Y	*(zieht AB3 nach links)*
220	S	yanındakiler ve #üstündekiler.# die daneben und #die da oben.#
221	Y	*(schaut Selma an)* #wo# wo denn´ *(schiebt das AB1 hin und her)*
222	S	andere Möglichkeiten da *(hält den rechten Zeigefinger in die Richtung des AB3)* auf dem Blatt.
223	M	*(leise)* sollen wir da mit schwarz´
224	Y	*(nimmt mit der rechten Hand den schwarzen Buntstift) (leise)* nein.
225	M	*(leise)* orange´ *(hält mit der rechten Hand den orangefarbenen Buntstift hoch; schaut Yakub an)* was sonst´
226	Y	*(leise)* he *(hält den schwarzen Buntstift an seine Nase; spielt mit dem blauen und grünen Buntstift)* und rot.
227	M	*(leise)* da.

228	Y	he
229	M	hm *(lächelt)*
230	Y	ist das kein grün′ *(legt den schwarzen Buntstift auf das grüne T-Shirt in der Aufgabenstellung auf AB3)*
231	M	#doch.#
232	S	#doch.#
233	Y	*(lächelt)* ach so ich dachte no- *(wackelt hin und her)* ich glaube *(streicht mit der linken Hand seine Haaren nach hinten)* ich dachte wir haben falsche Farbe genommen *(legt die linke Hand auf den Tisch) (leise)* schwarz. *(beginnt mit dem schwarzen Buntstift die schwarze Hose der zweiten Kombination rechts neben die erste Kombination zu zeichnen; malt die schwarze Hose der zweiten Kombination aus)*
234	M	*(wackelt mit dem orangefarbenen Buntstift hin und her) (leise)* schwarz *(hält den orangefarbenen Buntstift in die Richtung des roten Buntstifts)* schwarz mit orange oder rot. *(schaut Yakub an)*
235 (15:14)	Y	*(malt weiterhin die schwarze Hose der zweiten Kombination aus) (leise)* kannst du entscheide dich, *(malt die schwarze Hose der zweiten Kombination zu Ende; lehnt sich nach hinten)* was′
236	M	*(nimmt mit der rechten Hand den braunen Buntstift) (leise)* mach auch braune Hose *(hält den braunen Buntstift zu Yakub; schaut Yakub an; zuckt mit den Schultern)* (das wissen wir doch eh sowieso?)
237	Y	*(nickt; nimmt mit der rechten Hand den braunen Buntstift; nießt)*
238	S	*(leise)* #Gesundheit#
239	Y	*(leise)* #das ist# das ist ne Hose *(schaut Malik an)* braun.
240	M	*(leise)* ja.
241	Y	*(lässt den braunen Buntstift auf den Tisch fallen) (leise)* ja wir haben *(legt den rechten Zeigefinger rechts neben die zweite gezeichnete Kombination)* schon eine-
242	M	*(nimmt mit der rechten Hand den braunen Buntstift) (leise)* ja mal schon mal ne- *(hält den braunen Buntstift auf den Antwortbereich auf AB3)* eine Hose.

243	Y	*(leise)* ist *(hält den rechten Zeigefinger auf die zweite Kombination auf AB3)* doch *(schaut Malik an)* eine Hose.
244	M	*(leise)* wir haben *(schaut Yakub an)* eine Braune auch
245	Y	*(nimmt mit der rechten Hand den braunen Buntstift)*
246	M	frag da noch einmal *(bringt die rechte Hand an seine Haare)*
247	Y	*(beginnt die braune Hose der dritten Kombination rechts neben die zweite Kombination zu malen)*
248	M	*(nimmt mit der linken Hand den schwarzen Buntstift)* okay schwarz muss ich auch mal *(legt den schwarzen Buntstift zum blauen und grünen Buntstift)* merken.
249	Y	*(malt die braune Hose der dritten Kombination zu Ende; legt den braunen Buntstift zum blauen, grünen und schwarzen Buntstift)* he *(legt die linke Hand auf die Buntstifte)*
250	M	eh *(lächelt; nimmt der rechten Hand den roten Buntstift)*
251	Y	*(leise)* rot oder ora- rot musst *(hält den rechten Zeigefinger auf die zweite Kombination auf AB3)* du warte gib mal kurz. *(nimmt mit der rechten Hand den roten Buntstift aus Maliks Hand; beginnt das rote T-Shirt der zweiten Kombination zu malen)*
252	M	*(stützt den linken Ellenbogen auf den Tisch und seinen Kopf auf seine Hand)*
253	Y	*(hört auf das rote T-Shirt der zweiten Kombination zu malen; lehnt sich nach vorne; schaut Malik an; malt weiterhin das rote T-Shirt der zweiten Kombination)*
254	M	*(stellt den orangefarbenen Buntstift auf den Tisch; pustet den orangefarbenen Buntstift weg und lässt den orangefarbenen Buntstift auf den Tisch fallen; lächelt; schaut Selma an)*
255 (16:17)	S	*(zu Malik)* öyle yapma ama kırılır içi. *(zu Malik)* mach das nicht sonst ist es innen kaputt.
256	Y	*(malt weiterhin das rote T-Shirt der zweiten Kombination aus)* wo, *(schaut Selma an)* meinst du bei mir´ *(malt das rote T-Shirt der zweiten Kombination zu Ende)*
257	S	hmhm *(schüttelt den Kopf)*

258	M	oh rot ist richtig
259	Y	*(legt den roten Buntstift auf den Tisch)*
260	M	*(unverständlich) (gibt den orangefarbenen Buntstift Yakub; nimmt mit der rechten Hand den roten Buntstift; malt mit dem roten Buntstift das rote T-Shirt der zweiten Kombination an)*
261	Y	*(lacht) (leise)* was machst du´ *(schaut Malik an)*
262	M	*(hör auf zu malen; legt den roten Buntstift auf den Tisch; leise)* mach
263	Y	*(legt die linke Hand auf den linken Bereich des AB3; beginnt das orangefarbene T-Shirt der dritten Kombination zu malen)*
264	M	*(leise)* wie gut das aussieht das sieht gut aus aber es sind rot-
265	Y	alles jucht *(dreht mit der linken Hand das AB3 zu Selma)*
266	M	*(schiebt AB3 zu Selma; schaut Selma an; nimmt mit der linken Hand den roten Buntstift)*
267	Y	fertig.
268	S	fertig´ *(schaut die Kinder an)*
269	Y	*(nickt; legt den orangefarbenen Buntstift auf den Tisch)*
270	M	*(lächelt; nickt)*
271	Y	und die drei. *(stützt den rechten Ellenbogen auf den Tisch und seinen Kopf auf seine Hand)*
272	M	#is-#
273	S	#başka# yok mu´ *(zieht die Augenbrauen zusammen)* gibt es keine #anderen´# *(zieht die Augenbrauen zusammen)*
274	M	richtig.
275	Y	wie´
276	S	başka *(bewegt die linke Schulter)* kombinieren edemez misiniz´ könnt *(bewegt die linke Schulter)* ihr nicht andere kombinieren´
277	Y	ach so- he- *(berührt mit der rechten Hand den roten Buntstift)*
278	M	*(schaut Selma an)* da waren nur drei.
279	Y	ich dachte- *(nimmt mit der rechten Hand den roten Buntstift)*

280	S	wo sind nur drei´
281	M	*(dreht das AB3 nach links; tippt mit der rechten Hand die drei Kombinationen auf AB3 an)*
282	Y	ich dachte nur drei *(schaut Selma an)* müssen wir machen.
283	M	ja. *(schaut Selma an)*
284 (17:05)	S	ach *(zieht die Augenbrauen zusammen)* n- nerden *(schüttelt den Kopf)* öyle bir şey çıkardınız´ ach *(zieht die Augenbrauen zusammen)* w- wie *(schüttelt den Kopf)* seid ihr draufgekommen´
285	Y	weil da- da stehte drei *(hält den rechten Zeigefinger auf die drei Hosen in der Aufgabenstellung auf AB3)* Hosen irgendwo.
286	M	und drei T-Shirts.
287	S	ach so- *(nickt)*
288	Y	#deswegen dachten wir das.#
289	S	#mhm *(streicht mit der linken Hand eine Strähne hinter das linke Ohr)* ama soru şu *(dreht das AB3 zu den Kindern)* ya# *(fährt mit dem rechten Zeigefinger über die T-Shirts in der Aufgabenstellung auf AB3; fährt mit dem rechten Zeigefinger entlang der Aufgabenstellung)* nutze dabei die gute Idee von Valerie um alle Möglichkeiten zu finden- #mhm *(streicht mit der linken Hand eine Strähne hinter das linke Ohr)* aber die Frage ist *(dreht das AB3 zu den Kindern)* ja# *(fährt mit dem rechten Zeigefinger über die T-Shirts in der Aufgabenstellung auf AB3; fährt mit dem rechten Zeigefinger entlang der Aufgabenstellung)* nutze dabei die gute Idee von Valerie um alle Möglichkeiten zu finden-
290	Y	ach so- *(spielt mit allen Buntstiften)*
291	S	es gibt ja noch mehr *(legt den rechten Zeigefinger rechts neben die dritte Kombination auf AB3)* Möglichkeiten mit diesen $\#_1$T-Shirts und Hosen.$\#_1$
292	Y	$\#_1$oh nein jetzt ist alles$\#_1$ durcheinander.
293	S	*(leise)* $\#_2$ist nicht schlimm.$\#_2$

294	Y	#2okay grün *(legt mit der linken Hand den grünen Buntstift links neben AB3)*# 2 rot *(legt mit der linken Hand den roten Buntstift links neben den grünen Buntstift)* orange. *(legt mit der linken Hand den orangefarbenen Buntstift links neben den roten Buntstift; lacht)*
295	S	okay *(nickt)* das ist- das sind die T-Shirts genau.
296	Y	*(nickt; bringt alle Buntstifte zusammen; zieht AB3 zu sich)* müssen wir noch mehr machen´ *(legt die linke Hand auf den blauen, braunen und schwarzen Buntstift; legt die rechte Hand auf den roten, grünen und orangefarbenen Buntstift; schiebt den blauen, braunen und schwarzen Buntstift nach rechts; schiebt den roten, grünen und orangefarbenen Buntstift nach links)*
297	S	bir de şimdi bir *(hält beide Zeigefinger hoch)* buna dikkat edin Valerie´nin Trickini hatırlıyor musunuz´ achtet jetzt *(hält beide Zeigefinger hoch)* hierauf erinnert ihr euch an Valeries Trick´
298	Y	*(nickt)* ich habe das dir gesagt schon
299	S	*(legt die rechte Hand auf den rechten oberen Bereich des ÀB1; dreht AB1 zu den Kindern)*
300	Y	schon.
301 (17:47)	S	Malik sen Tricki anladın mı´ Malik hast du den Trick verstanden´
302	M	*(schüttelt den Kopf; lächelt)*
303	Y	#(nein?)# *(wirkt erstaunt)*
304	S	#o zaman# o zaman Yakub *(hält beide Zeigefinger hoch)* bak sen *(hält beide Zeigefinger hoch und bewegt sie hin und her)* Tricki yine anlat ondan sonra burada *(tippt mit dem rechten Zeigefinger den rechten Antwortbereich an)* bir onu yapmaya calışın. #dann# dann Yakub *(hält beide Zeigefinger hoch)* schau erkläre *(hält beide Zeigefinger hoch und bewegt sie hin und her)* du den Trick nochmal versucht es dann *(tippt mit dem rechten Zeigefinger den rechten Antwortbereich an auf AB3 an)* hier zu machen.
305	Y	okay.

306	M	*(legt den Kopf auf den rechten Arm)*
307	S	sizin- sizin eh renklerinizle. mit euren- euren eh Farben.
308	Y	die *(legt den rechten Zeigefinger auf die erste Kombination in der ersten Reihe auf AB1)* beiden eh- T-Shirts *(legt den rechten Zeigefinger auf die erste Kombination in der ersten Reihe auf AB1)* eh sind alle so gleich. *(bewegt die rechte Hand kreisförmig auf AB1; lehnt sich nach hinten)*
309	M	ach so. *(schaut Selma an; hält die rechte Hand vor seinem Mund)*
310	Y	#verstanden´ *(schaut Malik an)*#
311	S	#ama *(nickt)* ciddi *(zieht die Augenbrauen zusammen)*# olun lütfen. #aber *(nickt)* seid bitte *(zieht die Augenbrauen zusammen)*# ernst.
312	M	*(nickt)*
313	Y	okay.
314	S	tamam´ okay. in Ordnung ´ okay.
315	Y	schwärz. *(hält die linke Hand hoch; nimmt mit der linken Hand den schwarzen Buntstift; nimmt den schwarzen Buntstift in die rechte Hand; beginnt die schwarze Hose der vierten Kombination über die erste Kombination zu malen)*
316	M	*(unverständlich) (hält die rechte Hand hoch; hält die rechte Hand vor seinem Mund)*
317	Y	*(hört auf die schwarze Hose der vierten Kombination zu malen; schaut Malik an) (unverständlich) (malt weiterhin die schwarze Hose der vierte Kombination aus) (leise)* was ich mache weiß ich glaub ich *(5 sec)* was ich (weiß?) hab ich gemacht *(malt die schwarze Hose der vierten Kombination zu Ende; hält die linke Hand vor seinem Mund; summt eine Melodie; legt den schwarzen Buntstift auf den Tisch; nimmt mit der linken Hand den orangefarbenen Buntstift; nimmt den orangefarbenen Buntstift in die rechte Hand; beginnt das orangefarbene T-Shirt der vierten*

		Kombination zu zeichnen; schaut Malik an) richtig ne´
318 (18:47)	M	*(nickt) (leise)* glaub ich.
319	Y	*(malt das orangefarbene T-Shirt der vierten Kombination aus; summt eine Melodie; malt das orangefarbene T-Shirt der vierten Kombination zu Ende) (leise)* blau *(legt den orangefarbenen Buntstift auf den Tisch; nimmt mit der rechten Hand den blauen Buntstift; stoppt den wegrollenden roten Buntstift)* oh. *(beginnt die blaue Hose der fünften Kombination rechts neben die vierte Kombination zu zeichnen)*
320	M	*(leise)* gibt es nur sechs´
321	Y	*(malt die blaue Hose der fünften Kombination aus) (leise)* he´
322	M	*(leise)* gibt es nur sechs´
323	Y	*(malt weiterhin die blaue Hose der fünften Kombination aus) (leise)* was sechs´
324	M	*(zieht die Augenbrauen zusammen) (leise)* sechs anmalen´ *(schaut Yakub an)*
325	Y	*(malt die blaue Hose der fünften Kombination zu Ende) (leise)* ich glaub schon wir müssen alle #Möglichkeiten machen#
326	M	*(leise)* #blau# mach mal blau und Dings rot ja blau und rot. *(hält ausgestreckten rechten Daumen und Zeigefinger über AB3)*
327	Y	*(legt den blauen Buntstift auf den Tisch; nimmt mit der linken Hand den roten Buntstift) (leise)* blau und rot. *(nimmt den roten Buntstift in die rechte Hand; beginnt das rote T-Shirt der fünften Kombination zu zeichnen)*
328	M	ayh ich weiß jetzt
329	Y	*(malt das rote T-Shirt der fünften Kombination aus)*
330	M	*(leise)* Trabzon.[39]
331	Y	*(malt weiterhin das rote T-Shirt der fünften Kombination aus) (leise)* Fatih ist Trabzon ne´

[39] Anmerkung: Trabzon ist eine Stadt in der Türkei. Die Farben der Fußballmanschaft *Trabzonspor* sind blau und rot.

332 (19:34)	M	*(leise)* ja.
333	Y	*(malt weiterhin das rote T-Shirt der fünften Kombination aus) (leise)* Kaan Beşiktaş ich dachte der ist auch Beşiktaş. *(malt das rote T-Shirt der fünften Kombination zu Ende)*
334	M	*(dreht das AB3 zu sich) (leise)* zeig mal blau *(legt den rechten Zeigefinger auf die fünfte Kombination auf AB3)* blau *(legt den rechten Zeigefinger auf die erste Kombination auf AB3)* rot *(legt den rechten Zeigefinger auf die fünfte Kombination auf AB3)* rot. *(legt den rechten Zeigefinger auf die zweite Kombination auf AB3; legt den rechten Zeigefinger auf die dritte Kombination auf AB3; legt den rechten Zeigefinger auf die vierte Kombination auf AB3)*
335	Y	*(leise)* braun- *(nimmt mit der linken Hand den braunen Buntstift)*
336	M	*(legt den rechten Zeigefinger auf die erste Kombination auf AB3) (leise)* bl- blau und nein noch was *(legt den rechten Zeigefinger unter die zweite Kombination auf AB3; legt den rechten Zeigefinger unter die dritte Kombination auf AB3)* braun und-
337	Y	*(leise)* grün.
338	M	*(leise)* grün *(formt mit der linken Hand eine Faust und hält den linken Daumen hoch)* ja braun und grün
339	Y	*(beginnt die braune Hose der sechsten Kombination rechts neben die fünfte Kombination zu zeichnen)*
340	M	wir sind *(lehnt sich nach hinten)* fertig jetzt. *(stützt den rechten Ellenbogen auf den Tisch und seinen Kopf auf seine Hand; schaut Selma an; lächelt)*
341	Y	*(malt die braune Hose der sechsten Kombination aus)* fast fertig nicht immer fertig *(malt die braune Hose der sechsten Kombination zu Ende) (leise)* braun und *(legt den braunen Buntstift auf den Tisch)* grün. *(nimmt mit der linken Hand den grünen Buntstift; beginnt das grüne T-Shirt der sechsten Kombination zu zeichnen)*
342 (20:12)	M	*(leise)* lass mich *(hält die rechte Hand hoch)* auch mal lass mich #mal.#
343	Y	*(leise)* #warte# ich lasse dich was *(hält den grünen Buntstift zu Malik)*

344	M	*(nimmt mit der rechten Hand den grünen Buntstift; dreht das AB3 zu sich; legt die linke Hand auf den linken oberen Bereich des AB3; malt das grüne T-Shirt der sechsten Kombination aus)*
345	Y	*(leise)* (bei deinen sieht alles schön aus.?)
346	M	*(malt weiterhin das grüne T-Shirt der sechsten Kombination aus; lacht; 7 sec)*
347	Y	*(leise)* (hier zeichnen eigentlich sind das bei Zeichnung eins-?)
348	M	*(malt das grüne T-Shirt der sechsten Kombination zu Ende)* fertig. *(schiebt AB3 zu Selma)*
349	S	bittiniz mi´ tamam und *(liest die zweite Aufgabenstellung auf AB3 vor)* beschreibe welches Vorgehen hast du genutzt´ seid ihr fertig´ in Ordnung und *(liest die zweite Aufgabenstellung auf AB3 vor)* beschreibe welches Vorgehen hast du genutzt´
350	Y	#das-#
351	S	#nasıl# yaptınız´ bunları *(hält die linke Hand auf den rechten Rand des AB3)* nasıl buldunuz´ #wie# habt ihr sie gemacht´ *(hält die linke Hand auf den rechten Rand des AB3)* wie habt ihr sie gefunden´
352 (20:46)	Y	sehr einfach mein Trick benutzt.
353	S	welchen Trick, *(zieht die Augenbrauen zusammen)*
354	M	*(schaut Yakub an; lacht)*
355	Y	*(lacht)*
356	S	erkläre mal. *(schiebt AB3 in die Mitte des Tisches)*
357	Y	diesen Trick *(hält den linken Zeigefinger auf die erste Kombination in der ersten Reihe der Abbildung auf AB1)* was ich davor gesagt *(stützt den linken Ellenbogen auf den Tisch)* habe aber ich habe das jetzt *(hält die linke Hand vor seinem Mund)* nur- ich habe die Farben so *(hält den rechten Mittelfinger auf die erste Kombination und auf die sechste Kombination auf AB3)* die Farbe so *(hält den rechten Mittelfinger auf die fünfte Kombination und auf die zweite Kombination auf AB3)* die Farbe so *(hält den*

		rechten Mittelfinger auf die vierte Kombination und auf die dritte Kombination auf AB3) gemacht.
358	S	was heißt das´
359	Y	*(zuckt mit den Schultern; legt beide Hände auf den Tisch) (leise)* keine *(hält die linke Hand vor seinem Mund)* Ahnung.
360	S	yani böyle alt alta *(legt den rechten Zeigefinger abwechselnd auf die vierte und erste Kombination auf AB3)* yazmadın dimi´ mesela *(legt den rechten Zeigefinger auf die vierte Kombination auf AB3)* turuncu tişört altına *(legt den rechten Zeigefinger abwechselnd auf die vierte und erste Kombination auf AB3)* turuncu tişört yapmadın #böyle buraya *(legt den rechten Zeigefinger auf die dritte Kombination auf AB3)* boyadın.# du hast sie nicht so untereinander *(legt den rechten Zeigefinger abwechselnd auf die vierte und erste Kombination auf AB3)* geschrieben oder´ du hast zum Beispiel *(legt den rechten Zeigefinger auf die vierte Kombination auf AB3)* unter das orangefarbene T-Shirt *(legt den rechten Zeigefinger abwechselnd auf die vierte und erste Kombination auf AB3)* nicht das orangefarbene T-Shirt gemacht #du hast es so hierhin *(legt den rechten Zeigefinger auf die dritte Kombination auf AB3)* gemalt.#
361	M	#hier ist voll die Lücke *(fährt mit dem rechten Zeigefinger zwischen der ersten und zweiten Kombination auf AB3)#* frei.
362	Y	*(berührt mit der linken Han d die linke Wange)* hier *(hält den rechten Zeigefinger in die Richtung des AB3)* ist noch eine frei wir brauchen noch eins. *(schaut Selma an)*
363	M	ja. *(schaut Selma an)*
364	S	findet *(nickt)* ihr noch eins´
365	Y	*(schüttelt den Kopf)*
366	M	ja. *(nickt)*
367	Y	ich glaub schon.
368	M	haben wir dafür andere Farbe´
369	S	hmhm *(schüttelt den Kopf)* ihr habt nur die. *(hält den linken Zeigefinger in die Richtung der Buntstifte)*

370	Y	doch *(lacht) (hält den rechten Zeigefinger in die Richtung der Verpackung von den anderen Buntstiften)*
371	M	*(lacht)*
372	S	ach so nein nein *(bewegt die linke Hand hin und her)* aber die sind ja- die gehören ja nicht euch bunlar *(legt den linken Zeigefinger auf die T-Shirts und auf die Hose in der Aufgabenstellung auf AB3)* sizinkiler. ach so nein nein *(bewegt die linke Hand hin und her)* aber die sind ja- die gehören ja nicht euch die *(legt den linken Zeigefinger auf die T-Shirts und auf die Hose in der Aufgabenstellung auf AB3)* gehören euch.
373	Y	*(leise)* nein.
374	M	komm *(legt die linke Hand auf die Buntstifte)* lass die T-Shirts und T-Shirts machen *(schaut Selma an)* mit der *(nimmt mit der linken Hand alle Buntstifte)* gleichen Farbe.
375	Y	*(lacht)*
376	S	*(lächelt)* nein das geht auch nicht okay *(hält die linke Hand hoch)* okay *(hält beide Hände hoch)* alles klar şimdi bir *(hält den linken Zeigefinger auf die Kombinationen auf AB3)* tarif edin bana nasıl *(hält die rechte Hand in die Richtung des AB3)* yaptınız bunu onu yazalım buraya *(tippt mit der linken Hand den rechten unteren Bereich des AB3 an)* cevap olarak. *(lächelt)* nein das geht auch nicht okay *(hält die linke Hand hoch)* okay *(hält beide Hände hoch)* alles klar beschreibt mir mal *(hält den linken Zeigefinger auf die Kombinationen auf AB3)* jetzt wie *(hält die rechte Hand in die Richtung des AB3)* habt ihr das gemacht das schreiben wir *(tippt mit der linken Hand den rechten unteren Bereich des AB3 an)* als Antwort hierhin.
377 (21:40)	Y	wir wir d-
378	M	#1ah-#1

379	Y	#1dachten- *(nimmt mit der rechten Hand AB3)*#1
380	M	ich weiß jetzt *(hält die rechte Hand hoch)* #2aber #2
381	Y	#2pscht#2
382	M	w- *(zieht AB1 vor sich)* wieso sind hier *(legt den rechten Zeigefinger unter die vierte Kombination in der zweiten Reihe der Abbildung auf AB1)* dann vier´
383	Y	und warum sind da *(schaut Selma an; hält AB3 hoch und berührt mit dem linken Finger den mittleren Bereich des AB3)* drei´
384	M	ja´ *(schaut Selma an)*
385	Y	sag mal. *(lacht)*
386	M	*(lacht)*
387	S	siz bir söyleyin *(nickt)* sizce onların *(hält die linke Hand hoch und bewegt die hoch und runter)* şimdi altı tane #1tamam mı yoksa daha var mı´#1 sagt das mal *(nickt)* sind jetzt die *(hält die linke Hand hoch und bewegt die hoch und runter)* sechs #1alle oder gibt es mehr´#1
388	Y	#1weil *(legt AB3 auf den Tisch)* ich dachte#1 n- ich glaube nicht *(schaut Selma an; lächelt)* ich dachte #2erstens- *(legt den linken Zeigefinger links neben die erste Kombination auf AB3)*#2
389	S	#2überleg mal#2 vielleicht gibt es ja noch welche.
390	Y	warte mal
391	M	halt dann brauchen wir pink
392	Y	*(nimmt mit beiden Händen AB3)*
393	M	und #gelb.#
394	S	#hayır hayır# onlar *(legt die Hand auf die Verpackung der Buntstifte)* yok diyorum size *(schaut Malik an)* bunlar yok. *(legt die Verpackung der Buntstifte weg)* #nein nein# ich sage euch *(legt die Hand auf die Verpackung der Buntstifte)* dass es sie nicht gibt *(schaut Malik an)* die gibt es nicht. *(legt die Verpackung der Buntstifte weg)*
395	M	*(lacht)*
396	Y	*(lacht; schaut auf AB3)*

397	M	warte, gib mal *(berührt mit der rechten Hand die rechte obere Ecke des AB3)* gib mal, hallo.
398 (22:16)	Y	warte mal *(drückt die Hand von Malik weg)* warte mal.
399	M	fuck- mich nicht ab. *(lacht; schaut Selma an)*
400	S	*(schaut Malik an)* mh *(zieht die Augenbrauen zusammen)*
401	Y	he´
402	M	gib mal, vielleicht *(nimmt mit der rechten Hand AB3 aus Yakubs Hand)* habe ich eins gefunden. *(hält AB3 hoch und schaut auf das AB3)*
403	S	ja´ was für eins´
404	Y	mach doch noch ein T-Shirt #dahin. *(berührt mit der rechten Hand den mittleren Bereich des AB3)*#
405	M	#ah# ich habe noch eins gefunden, orange *(legt den rechten Zeigefinger auf die fünfte Kombination auf AB3)* mit blau. *(schaut Yakub an)*
406	Y	okay mach.
407	M	*(schaut Selma an)* ha *(lacht; legt das AB3 auf den Tisch)* und und.
408	Y	orange. *(legt die rechte Hand auf den orangefarbenen Buntstift)*
409	M	warte braun *(legt den rechten Zeigefinger auf die dritte Kombination auf AB3)* und rot *(schaut Selma an)*
410	Y	*(nimmt mit der rechten Hand den orangefarbenen Buntstift; nimmt mit der linken Hand den braunen Buntstift)*
411	M	braun und rot. *(schaut Selma an, hält die rechte Hand vor dem Mund; lacht)* haha
412	S	*(nickt)*
413	Y	*(dreht das AB3 zu sich; beginnt die braune Hose der siebten Kombination zwischen die erste und zweite Kombination auf AB3 zu malen)* braun was´
414	M	orange.
415	Y	und orange. *(legt den braunen Buntstift auf den Tisch; legt die linke Hand auf den orangefarbenen Buntstift)*
416	M	nein. *(legt den rechten Zeigefinger auf die dritte Kombination auf AB3)*

417	Y	braun und orange haben wir *(hält den rechten Zeigefinger in die Richtung der dritten Kombination auf AB3)* gemacht braun und rot. *(bringt die linke Hand an seine Stirn)*
418 (22:54)	M	ja braun und rot. *(hält den rechten Zeigefinger auf die fünfte Kombination auf AB3)*
419	S	okay´
420	Y	ja. *(legt die rechte Hand auf den braunen Buntstift)*
421	M	*(leise)* ja.
422	Y	*(nimmt mit der rechten Hand den orangefarbenen Buntstift; beginnt das orangefarbene T-Shirt der siebten Kombination zu malen)* zack zack zack, zack zack zack, #zack zack zack,#
423	S	#içini boyamasan da olur.# #innen musst du nicht malen.#
424	Y	zack zack zack zack zack ich würde bisschen Zeit machen. *(malt das orangefarbene T-Shirt der siebten Kombination zu Ende; legt den orangefarbenen Buntstift auf den Tisch)*
425	M	eh
426	Y	*(streicht mit beiden Händen die Haare nach hinten)*
427	M	grün und schwarz, ja *(bringt die linke Hand an seinen Mund)* grün und schwarz.
428	Y	okay, grün *(nimmt mit der rechten Hand den grünen Buntstift)* und schwarz. *(nimmt mit der linken Hand den schwarzen Buntstift)*
429	M	*(schaut Selma an)* ja. *(lächelt)*
430	S	*(lacht)*
431	Y	*(beginnt die schwarze Hose der achten Kombination rechts neben die sechste Kombination zu zeichnen; legt den schwarzen Buntstift auf den Tisch)*
432 (23:30)	S	içini boyamasan da olur o kalsın öyle, innen musst du nicht malen das soll so bleiben,
433	Y	*(beginnt das grüne T-Shirt der achten Kombination zu zeichnen)*
434	S	başka var mı´ gibt es andere´
435	Y	*(zeichnet weiterhin das grüne T-Shirt der achten Kombination)* boah wie sieht die aus. *(lacht)*

436	M	*(lacht)*
437	S	okay das ist in Ordnung kein Problem,
438	Y	*(zeichnet das grüne T-Shirt der achten Kombination zu Ende)*
439	S	başka var mı´ gibt es andere´
440	Y	*(legt den grünen Buntstift auf den Tisch)*
441	M	*(dreht das AB3 zu sich)* mh
442	Y	*(leise)* keine Ahnung *(bringt alle Buntstifte zusammen)* #wir haben-#
443	M	*(leise)* #ja#
444	Y	welche-
445	M	orange und blau *(schaut Selma an)* ne´
446	S	orange und blau´
447	M	*(legt die rechte Hand auf den rechten unteren Bereich des AB3)* ja guck doch *(schiebt das AB3 zu Yakub) (leise)* hier *(legt den rechten Zeigefinger abwechselnd auf die erste Kombination und auf die fünfte Kombination auf AB3)* guck
448	Y	*(spielt mit den Buntstiften)*
449	M	*(leise)* mach.
450	Y	blau *(legt die linke Hand auf den blauen Buntstift)* und wat´
451	M	orange.
452	Y	*(nimmt mit der rechten Hand den orangefarbenen Buntstift; nimmt mit der linken Hand den blauen Buntstift)* okay, *(dreht das AB3 zu sich)* kommt sofort. *(legt den orangefarbenen Buntstift auf den Tisch; lässt den blauen Buntstift fallen)*
453	M	*(lacht)*
454	Y	*(nimmt mit der rechten Hand den blauen Buntstift)* ich mache wieder das Gleiche, blau´
455	M	und orange.
456	Y	*(beginnt mit dem blauen Buntstift die blaue Hose der neunten Kombination rechts neben die achte Kombination zu zeichnen) (leise)* çüş, das ist zu dick. *(zeichnet die blaue Hose zu Ende, nimmt mit der rechten Hand den orangefarbenen Buntstift)* *(beginnt mit dem blauen Buntstift die blaue Hose der neunten Kombination rechts neben die achte*

		Kombination zu zeichnen) (leise) oha, das ist zu dick. *(zeichnet die blaue Hose zu Ende, nimmt mit der rechten Hand den orangefarbenen Buntstift)*
457 (24:16)	M	çü mach mal jetzt musst du ein kleines T-Shirt machen. oha mach mal jetzt musst du ein kleines T-Shirt machen.
458	Y	*(beginnt das orangefarbene T-Shirt der neunten Kombination zu zeichnen; lacht; zeichnet das orangefarbene T-Shirt zu Ende)* ich seh schon bei kleines T-Shirt. *(legt den orangefarbenen Buntstift auf den Tisch)*
459	M	*(dreht das AB3 zu sich)* eh-
460	Y	reinpasst, *(leise)* außerdem das wird ihm passen, *(hält die linke Hand auf die sechste Kombination auf AB3)* nicht die beiden *(legt den linken Zeigefinger auf die achte und neunte Kombination auf AB3)* mein Vater wird das *(legt den linken Zeigefinger auf die neunte Kombination auf AB3)* da reinpassen. *(stützt den Ellenbogen auf den Tisch und seinen Kopf auf seine Hand; schaut Malik an)*
461	M	ich weiß, *(schaut Selma an)* ich weiß. *(bringt die linke Hand an seinen Kopf)*
462	Y	*(leise)* mach.
463	M	rot.
464	Y	*(leise)* ja.
465	M	und braun,
466	Y	*(nimmt mit der linken Hand den roten Buntstift und mit der rechten Hand den braunen Buntstift)*
467	M	*(lacht)* ha. *(schaut Selma an)*
468	Y	*(zieht das AB3 zu sich; beginnt die braune Hose der zehnten Kombination unter die achte verkehrtherum Kombination zu zeichnen; hört auf zu zeichnen)* was habe ich *(hält die linke Hand vor seinem linken Auge)* gemacht´
469	S	*(leise)* das ist nicht schlimm.
470	Y	*(zeichnet weiterhin die braune Hose der zehnten Kombination; zeichnet die braune Hose zu Ende; legt den braunen Buntstift auf den Tisch)*
471	M	mach ein kleines T-Shirt.

472	Y	*(nimmt den roten Buntstift in die rechte Hand; beginnt das rote T-Shirt der zehnten Kombination zu zeichnen)*
473	S	*(lacht)* okay.
474 (24:55)	M	tunge *(hält die rechte Hand hoch)* du hast das rückwärts gemacht.
475	Y	*(zeichnet das rote T-Shirt zu Ende) (lacht)* ich weiß mu-
476	S	tamam şimdi, bir bakın onlara gi- in Ordnung jetzt, schaut euch die mal an gi-
477	M	*(zieht das AB3 zu sich)*
478	S	kommt eins doppelt vor′
479	Y	mh′
480	M	*(legt die linke Hand auf den rechten Rand des AB3 und hebt AB3)*
481	S	kommt irgendeins doppelt vor′
482	Y	*(berührt mit der linken Hand den rechten Rand des AB3)* warte mal.
483	M	hmhm
484	Y	*(leise)* ich sehe nichts, warte *(nimmt AB3 aus Maliks Hand)* #warte-#
485	M	#ich sehe# auch nichts.
486	Y	schwarz.
487	M	und #grün.#
488	Y	#blau,# *(leise)* orange blau orange he. *(lässt AB3 auf den Tisch fallen)*
489	M	he′
490	Y	*(stützt beide Ellenbogen auf den Tisch und bringt seine Hände an seine Stirn; 7 sec)* gar nichts.
491	M	doch *(schaut Selma an)* ich *(hält den rechten Zeigefinger hoch)* weiß.
492	Y	wo′
493	M	*(nimmt mit der linken Hand AB3; legt AB3 vor sich auf den Tisch)* das *(legt den rechten Zeigefinger auf die siebte Kombination auf AB3)* und das *(legt den rechten Zeigefinger auf die dritte Kombination auf AB3)* hier. *(schaut Selma an)*
494	S	#mhm *(nickt)*#
495	Y	#ah#
496	S	eins ist zu viel, okay.
497	Y	*(lacht; hält den rechten Zeigefinger auf Malik)*

498 (25:38)	S	bunlar hepsi mi´ şimdi yoksa bit- bittik *(hält beide Hände hoch)* mi´ ist das jetzt alles´ oder sind wir fer- fertig´ *(hält beide Hände hoch)*
499	Y	*(nimmt AB3 aus Maliks Hand)* bittik. *(legt AB3 auf den Tisch)* *(nimmt AB3 aus Maliks Hand)* wir sind fertig. *(legt AB3 auf den Tisch)*
500	S	tamam, o zaman şimdi nasıl buldunuz *(hält den linken Zeigefinger in die Richtung des AB3)* bunları onu bana bir *(nimmt mit der rechten Hand den Stift)* anlatın, cevap olarak yazalım. in_Ordnung, dann jetzt wie habt ihr *(hält den linken Zeigefinger in die Richtung des AB3)* die gefunden erklärt mir das mal, *(nimmt mit der rechten Hand den Stift)* das schreiben wir als Antwort.
501	Y	wir haben einfach mein Trick- ach so #das´ *(legt den rechten Zeigefinger auf den unteren Bereich des AB3)*#
502	S	#welches# Vorgehen habt ihr genutzt´
503	Y	wir haben die drei *(legt den rechten Zeigefinger unter die Hosen in der Aufgabenstellung auf AB3)* Farben benutzt einfach, *(leise)* Malik sag du *(zeigt mit dem rechten Zeigefinger auf Malik)* lieber was.
504	M	sag du. *(zuckt mit den Schultern)*
505	Y	ich muss sag alles.
506	S	guck mal-
507	Y	*(leise)* #das *(legt die rechte Hand links neben die Antwort auf AB1)* habe ich *(zieht die Augenbrauen zusammen; schaut Malik an)* gesagt#
508	S	#ihr hattet ja vorhin# beni bir dinleyin #ihr hattet ja vorhin# hört mir mal zu
509	M	*(nimmt den blauen, braunen orangefarbenen Buntstift in die Hand)*
510	S	ihr hattet ja vorhin sechs Stück aufgemalt und dann hat ja Malik ganz viele andere noch weitere

		gefunden onları nasıl buldun *(zieht die Augenbrauen zusammen)* sen´ ihr hattet ja vorhin sechs Stück aufgemalt und dann hat ja Malik ganz viele andere noch weitere gefunden wie hast du sie *(zieht die Augenbrauen zusammen)* gefunden´
511	M	*(zuckt mit den Schultern)*
512	S	nasıl *(schüttelt den Kopf)* #buldun´# wie *(schüttelt den Kopf)* #hast du gefunden´#
513	M	*(leise)* #ich# habe hierhin *(legt die linke Hand unter die Kombinationen auf AB3)* geguckt. *(schaut Selma an)*
514	S	okay, e ne gördün oraya bakınca´ nasıl buldun yani´ okay, e was hast du gesehen als du dahin geschaut hast´ wie hast du es also gefunden´
515	M	*(dreht das AB3 mit der linken Hand zu sich)*
516	Y	*(leise)* dann musst du es doch sagen und ich muss schreiben für dich, glaub ich
517	M	*(zieht das AB3 zu sich)*
518 (26:24)	Y	ne´ *(zu Selma; spielt mit Stiften; 4 sec)* von wo hast du die Stifte her´
519	M	*(kaut an seinen rechten Fingernägeln)*
520	S	mh vom Schreibwarenladen.
521	Y	was´ *(zieht die Augenbrauen zusammen)*
522	S	Schreibwarenladen.
523	Y	he´
524	M	was ist das´
525	S	das ist ein Laden der so eh Schreibsachen verkauft, #Hefte Stifte.#
526	Y	#wie viel# kostet das´
527	S	*(schüttelt den Kopf)* weiß ich nicht.
528	Y	#*(unverständlich)*#
529	S	#das ist auch nicht wichtig# hadi soruya dönelim jetzt. #das ist auch nicht wichtig# zurück zur Frage jetzt.
530	Y	*(lacht)*
531	M	*(stützt den linken Ellenbogen auf Tisch; bringt seine linke Hand an seinen Kopf)* *(leise)* du hast *(legt den*

		rechten Zeigefinger auf die zehnte Kombination) eins zu (fett?) *(schaut Yakub an)* gemacht.
532	Y	aus Versehen.
533	M	*(lacht; legt die linke Hand auf den Tisch; legt seinen Kopf auf seine linke Hand)*
534	S	soruya #cevap vercek misiniz´# werdet ihr die Frage #beantworten'#
535	Y	#sag doch#
536	M	*(stützt den rechten Ellenbogen auf den Tisch; schaut auf AB3)*
537	Y	*(schaut Malik an) (leise)* drei Stunden später.
538 (27:07)	M	*(schaut Yakub an) (leise)* zehn Stunden spä- zehn #Stunden-#
539	S	#çocuklar# lütfen. #Kinder# bitte.
540	M	ehm zehn Stunden. *(lacht)*
541	S	Malik.
542	Y	*(zu Malik)* mach *(hält die rechte Hand in die Richtung des AB3)* doch.
543	M	später wirst du die Stifte *(legt die rechte Hand auf den schwarzen und blauen Buntstift)* mal in Ruhe lassen. *(lacht)*
544	Y	*(streicht mit der linken Hand seine Haare nach hinten)* das nervt mach einfach.
545	S	*(zieht den blauen, braunen und orangefarbenen Buntstift zu sich)* onları bana *(hält die linke Hand in die Richtung des schwarzen, roten und grünen Buntstifts)* ver. *(zieht den blauen, braunen und orangefarbenen Buntstift zu sich)* gibt mir *(hält die linke Hand in die Richtung des schwarzen, roten und grünen Buntstifts)* die.
546	Y	*(nimmt mit der rechten Hand den schwarzen, roten und grünen Buntstift und hält sie zu Selma)*
547	M	*(nimmt mit der linken Hand AB3)*
548	S	*(nimmt mit der linken Hand den schwarzen, roten und grünen Buntstift aus Yakubs Hand)*
549	Y	einer gehört mir.

550 (27:23)	S	anlatcak mısın yoksa ş- tam, ne diyecenizi mi´ #bilmiyorsun.# erklärst du oder ş- weißt du nicht was genau, #ihr sagen wollt´#
551	Y	#Malik# *(zieht die Augenbrauen zusammen)* bitte dann sind wir mit das auch fertig.
552	M	*(legt AB3 auf den Tisch)* eh weil- *(legt den rechten Zeigefinger auf die erste Kombination auf AB3)* weil ja schwarz *(legt den rechten Zeigefinger unter die vierte Kombination auf AB3)* und rot *(legt den rechten Zeigefinger auf die zweite Kombination auf AB3)* hier ist. *(schaut Selma an)*
553	S	*(leise)* ja.
554	M	und, schwarz *(legt den rechten Zeigefinger auf die schwarze Hose der vierten Kombination auf AB3)* und orange *(legt den rechten Zeigefinger auf das orangefarbene T-Shirt der vierten Kombination auf AB3)* da war schwarz *(legt den rechten Zeigefinger auf die schwarze Hose der achten Kombination auf AB3)* und grün *(legt den rechten Zeigefinger auf das grüne T-Shirt der achten Kombination auf AB3; schaut Selma an)* gemacht.
555	S	*(leise)* okay.
556	Y	*(leise)* aber hier ist zwei- ein *(legt den rechten Daumen auf die siebte Kombination und den rechten Mittelfinger auf die dritte Kombination auf AB3)* Fehler.
557	M	#ja weiß ich.#
558	S	#*(schüttelt den Kopf)* *(leise)* das ist nicht schlimm,# mhm das ist nicht schlimm.
559	M	das war *(schaut Yakub an)* ich nicht.
560	Y	*(lacht)*
561	M	*(lacht)*
562	Y	*(legt die linke Hand auf den Tisch; legt den Kopf auf die linke Hand)*
563	M	*(hebt mit der rechten Hand AB3)*
564	S	okay, ne- ne yazalım o zaman oraya aşağıya´ okay, was- was sollen wir dann da unten aufschreiben´

565	Y	*(leise)* das ist- Fehler gemacht.
566	S	*(öffnet den Deckel des Stifts)* nasıl buldunuz yani *(leise)* onların hepsini´ *(öffnet den Deckel des Stifts)* wie habt ihr also *(leise)* das alles gefunden´
567	Y	*(leise)* einfach sonst die alle habe ich selbst gemacht.
568	M	ja.
569 (28:04)	S	tamam, *(schüttelt den Kopf)* okay dann schreiben wir da *(schließt den Deckel des Stifts)* nich- nichts auf das *(schiebt mit der linken Hand AB1 in die Mitte des Tisches) (leise)* kann- eh (ist nicht schlimm?) o zaman *(schiebt AB3 links neben AB1)* size sorum şu, bunların ikisine bir bakalım #dann-# in Ordnung, *(schüttelt den Kopf)* okay dann schreiben wir da *(schließt den Deckel des Stifts)* nich- nichts auf das *(schiebt mit der linken Hand AB1 in die Mitte des Tisches) (leise)* kann- eh (ist nicht schlimm?) dann *(schiebt AB3 links neben AB1)* meine Frage an euch ist, wir schauen uns die beiden an #dann-#
570	Y	#*(knackt mit den Fingern)* ah# mein kleiner-
571	M	*(lacht)*
572	S	o- yapmayın öyle, çok zararlı o parmaklar #için.# o- macht das nicht, für die Finger ist es sehr #schlecht.#
573	Y	#ich# mache das immer.
574	S	aber das ist nicht gut, *(legt AB4 vor Malik auf den Tisch)* şimdi warum gibt es keine weiteren Möglichkeiten bunlar *(hält den rechten Zeigefinger in die Richtung der Kombinationen auf AB3)* niye hepsi´ aber das ist nicht gut, *(legt AB4 vor Malik auf den Tisch)* jetzt warum gibt es keine weiteren Möglichkeiten wieso *(hält den rechten Zeigefinger in die Richtung der Kombinationen auf AB3)* ist das alles´

575	Y	*(beginnt die dritte Frage bei Aufgabe 2 auf AB4 vorzulesen)* erkläre warum gibt keine weitere Möglichkeite, *(nickt)* he.
576 (28:30)	M	*(schaut Selma an)* weil das zu viele dann sind, *(kaut an seinen rechten Fingernägeln)* ja´
577	Y	weil dann sind es zu viele ja, richtig was Malik gesagt hat.
578	S	öyle mi yazalım´ sollen wir das so schreiben´
579	M	*(nickt)*
580	Y	*(nickt)*
581	S	*(leise)* okay. *(dreht AB4 zu sich)*
582	M	oley Mann *(hält die rechte Hand hoch)*
583	Y	ich glaub wir haben falsch *(schlägt mit der linken Hand in Maliks rechte Hand)* gemacht.
584	S	*(beginnt die Antwort der zweiten Frage bei Aufgabe 2 auf Deutsch aufzuschreiben und liest die Antwort beim Schreiben laut vor: „Weil das dann zu viele sind.“)* weil das dann zu viele sind.
585	Y	*(lacht)*
586 (28:53)	M	du kannst dir keine Ideen mehr aussuchen.
587	S	*(schreibt die Antwort der zweiten Frage bei Aufgabe 2 auf Deutsch zu Ende: „Weil das dann zu viele sind.“)*
588	Y	ist so.
589	S	şimdi *(dreht sich nach rechts)* jetzt *(dreht sich nach rechts)*
590	Y	*(leise) ich glaube wir haben falsch gemacht*
591	S	bakın şimdi *(legt AB5 auf den Tisch)* schaut jetzt *(legt AB5 auf den Tisch)*
Anschließend bearbeiten die Kinder Aufgabe 3 und entscheiden sich für das deutschsprachige AB. Die Aufgabe 4 bearbeiten die Kinder nicht.		

Kombinatorik II: Transkript von Seda und Suna, 3. Klasse

Aufgabenblatt: 3A Aufgaben: 1 und 2 Lernende: Seda (Sed) aus der Klasse 3A und Suna (Su) aus der Klasse 3B Interviewerin: Selma (Sel)

Turn	Sprecher	Äußerung
Die Kinder beginnen mit der Bearbeitung von Aufgabe 1.		
1 (00:01)	Su	bastım. *(drückt den Aufnahmeknopf des Tonaufnahmegeräts)* ich habe gedrückt. *(drückt den Aufnahmeknopf des Tonaufnahmegeräts)*
2	Sel	okay also bugün- Entschuldigung *(setzt sich hin)* Almanca mı´ Türkçe mi başlıyoruz´ okay also heute- Entschuldigung *(setzt sich hin)* fangen wir mit Deutsch oder Türkisch an´
3	Su	*(leise)* Türkçe. *(leise)* Türkisch.
4	Sel	ja´ *(dreht sich nach rechts)*
5	Sed	bende Türkçe diyom. *(bewegt die rechte Hand nach oben und zurück)* ich sage auch Türkisch. *(bewegt die rechte Hand nach oben und zurück)*
6	Sel	tamam. in Ordnung.
7	Su	yani fark etmez biz- bizim için *(zuckt mit den Schultern)*. also das ist egal für un- uns *(zuckt mit den Schultern)*.
8	Sed	*(leise)* yani.[40] *(leise)* genau.
9	Su	*(zieht die um ihre Hüfte gewickelte Jacke aus)*

[40] Die eigentliche Bedeutung von „yani“ ist „nämlich“. Diese Übersetzung ist kontextabhängig.

10	Sel	yani ikisini de iyi biliyorusunuz *(dreht sich zurück; legt das Arbeitsblatt 1 (AB1) in die Mitte des Tisches)* o zaman biriniz okusun genau ihr können beides gut *(dreht sich zurück; legt das Arbeitsblatt 1 (AB1) in die Mitte des Tisches)* dann soll einer von euch vorlesen
11	Su	*(legt ihre Jacke links auf den benachbarten Tisch)* soll #ich lesen#
12	Sed	#ben okuyabilir# miyim´ *(bringt die linke Hand an ihren Hals; schaut Suna an)* #darf ich# vorlesen´ *(bringt die linke Hand an ihren Hals; schaut Suna an)*
13	Su	*(leise)* tamam sen oku. *(leise)* in Ordnung lies du vor.
14	Sed	*(beginnt die Aufgabenstellung bei Aufgabe 1 vorzulesen)* Valerie´nin altı tane kiyafet seçe- se- *(beginnt die Aufgabenstellung bei Aufgabe 1 vorzulesen)* Valerie hat sechs Anziehsachen zur Ausw- Au-
15	Su	*(liest weiterhin die Aufgabenstellung vor)* seçeneği *(liest weiterhin die Aufgabenstellung vor)* Auswahl
16	Sed	*(liest weiterhin die Aufgabenstellung vor)* var *(legt die rechte Hand geöffnet rechts von AB1)* iki tane pantolon siyah ve mavi ve dört tane ust- [41] *(liest weiterhin die Aufgabenstellung vor; legt die rechte Hand geöffnet rechts von AB1)* nämlich zwei Hosen schwarz und blau und vier Ober-
17 (00:40)	Su	*(liest weiterhin die Aufgabenstellung vor)* üst- *(liest weiterhin die Aufgabenstellung vor)* Ober-
18	Sed	*(liest weiterhin die Aufgabenstellung vor)* üst giyim- *(liest weiterhin die Aufgabenstellung vor)* Oberteil-

[41] Sie spricht es falsch aus. Die richtige Aussprache lautet „üst“.

19	Su	*(liest weiterhin die Aufgabenstellung vor)* giyim- [42] *(liest weiterhin die Aufgabenstellung vor)* Teil-
20	Sed	*(liest weiterhin die Aufgabenstellung vor)* giyim- *(legt die linke Hand auf den oberen Bereich des AB1s)* *(liest weiterhin die Aufgabenstellung vor)* Teil- *(legt die linke Hand auf den oberen Bereich des AB1s)*
21	Su	*(liest weiterhin die Aufgabenstellung vor; leise)* turuncu. *(liest weiterhin die Aufgabenstellung vor; leise)* orange.
22	Sed	*(liest weiterhin die Aufgabenstellung vor; legt den linken Zeigefinger unter das orangefarbene T-Shirt in der Aufgabenstellung bei Aufgabe 1 auf AB1)* turuncu *(legt den linken Zeigefinger unter das grüne T-Shirt in der Aufgabenstellung)* mavi- *(liest weiterhin die Aufgabenstellung vor; legt den linken Zeigefinger unter das orangefarbene T-Shirt in der Aufgabenstellung bei Aufgabe 1 auf AB1)* orange *(legt den linken Zeigefinger unter das grüne T-Shirt in der Aufgabenstellung)* blau-
23	Su	*(liest weiterhin die Aufgabenstellung vor) (leise)* kırmızı- *(liest weiterhin die Aufgabenstellung vor) (leise)* rot-
24	Sed	pembe- *(liest weiterhin die Aufgabenstellung vor; legt den linken Zeigefinger unter das rote T-Shirt in der Aufgabenstellung)* pink- *(liest weiterhin die Aufgabenstellung vor; legt den linken Zeigefinger unter das rote T-Shirt in der Aufgabenstellung)*
25	Su	*(liest weiterhin die Aufgabenstellung vor)* mor

[42] Das Wort „giyim“ bedeutet alleinstehend „Kleidung“. Das Kompositum „üst giyim“ bedeutet „Oberteil“.

		(liest weiterhin die Aufgabenstellung vor) lila
26	Sed	*(liest die Aufgabenstellung zu Ende; legt den linken Zeigefinger unter das lilafarbene T-Shirt in der Aufgabenstellung und schaut weg vom AB1)* mor farklı farklı giyinmek için kaç tane olanı[43] var *(fährt mit dem linken Zeigefinger entlang der Aufgabenstellung und legt die rechten Fingerspitzen auf den oberen Bereich des AB1s)* *(liest die Aufgabenstellung zu Ende; legt den linken Zeigefinger unter das lilafarbene T-Shirt in der Aufgabenstellung und schaut weg vom AB1)* lila wie viele Möglichkeiten hat sie sich verschieden anzuziehen *(fährt mit dem linken Zeigefinger entlang der Aufgabenstellung und legt die rechten Fingerspitzen auf den oberen Bereich des AB1s)*
27 (01:07)	Su	ich hab gar nichts verstanden. *(schaut Selma an; lacht)*
28	Sel	okay ja ist auch ein bisschen kompliziert haklısınız biraz zor kelimeler falan var. ama kolay aslında- *(berührt das AB1 mit den Fingerspitzen)* okay ja ist auch ein bisschen kompliziert ihr habt recht da sind etwas schwierige Wörter und so. aber eigentlich ist es einfach- *(berührt das AB1 mit den Fingerspitzen)*
29	Su	*(leise)* benim için değil f- yani. *(leise)* also für mich nicht.
30	Sel	şey ehm şimdi Valerie'nin *(hält den rechten Zeigefinger in der Luft auf den Anfang der Aufgabenstellung bei Aufgabe 1 auf AB1)* altı tane kıyafet seçeneği varmış. Dings ehm jetzt Valerie hätte *(hält den rechten Zeigefinger in der Luft auf den Anfang der Aufgabenstellung bei Aufgabe 1 auf AB1)* sechs Anziehsachen zur Auswahl.

[43] Sie spricht es nicht zielsprachlich korrekt aus. Die richtige Aussprache lautet „olanağı“.

31	Sed	mhm[44] *(nickt)*
32	Sel	iki tane pantolonu *(legt den rechten Zeigefinger auf die Hosen in der Aufgabenstellung)* ve dört tane tişörtü *(fährt mit dem rechten Zeigefinger über die T-Shirts in der Aufgabenstellung)* yani toplamda altı tane *(öffnet beide Handflächen)* ve şimdi eh soru şu farklı farklı giyinmek *(fährt mit dem rechten Zeigefinger entlang der Aufgabenstellung)* için kaç tane olanağı var´ Valerie de bunun *(fährt in der Luft mit dem rechten Zeigefinger über die erste Frage in der Aufgabenstellung)* için şunları *(fährt mit dem rechten Zeigefinger rechts neben der Abbildung bei Aufgabe 1 vertikal hin und her)* düşünmüş. … zwei Hosen *(legt den rechten Zeigefinger auf die Hosen in der Aufgabenstellung)* und vier T-Shirts *(fährt mit dem rechten Zeigefinger über die T-Shirts in der Aufgabenstellung)* also insgesamt sechs Stück *(öffnet beide Handflächen)* und jetzt eh die Frage lautet wie viele Möglichkeiten hat sie *(fährt mit dem rechten Zeigefinger entlang der Aufgabenstellung)* sich verschieden anzuziehen´ Valerie hat sich *(fährt in der Luft mit dem rechten Zeigefinger über die erste Frage in der Aufgabenstellung)* dafür diese *(fährt mit dem rechten Zeigefinger rechts neben der Abbildung bei Aufgabe 1 vertikal hin und her)* überlegt. …
33	Sed	mh #kaç tane-# mh #wie viel-#
34 (01:35)	Sel	#bu iki# tane pantolonla ve dört tane tişörtle bunları *(fährt mit dem rechten Zeigefinger rechts neben der Abbildung bei Aufgabe 1 vertikal hin und her)* düşünmüş. şimdi sizin eh göreviniz de *(beginnt die zweite Frage bei Aufgabe 1 vorzulesen)* tarif et Valerie tüm olanakları bulmak için hangi iyi fikri kullandı´ şuraya *(fährt mit dem rechten Zeigefinger rechts neben der Abbildung bei Aufgabe 1 vertikal hin und her)* bakarsanız.

[44] „mhm“ wird hier als bejahender Laut gedeutet.

		#mit diesen zwei# Hosen und vier T-Shirts hat sie das *(fährt mit dem rechten Zeigefinger rechts neben der Abbildung bei Aufgabe 1 vertikal hin und her)* überlegt. und jetzt ist eure eh Aufgabe *(beginnt die zweite Frage bei Aufgabe 1 vorzulesen)* beschreibe welche gute Idee hat Valerie benutzt um alle Möglichkeiten zu finden′ wenn ihr hier *(fährt mit dem rechten Zeigefinger rechts neben der Abbildung bei Aufgabe 1 vertikal hin und her)* hinschaut.
35	Su	önce bütün ehm *(legt die linken Fingerspitzen oberhalb der Aufgabenstellung und legt die rechte Hand unterhalb der Abbildung)* si- yani siyah pantolonu *(hält den rechten Zeigefinger in Richtung der schwarzen Hose in der Aufgabenstellung)* bura- ehm buraya *(fährt mit dem rechten Zeigfinger über die erste Reihe der Abbildung hin und her)* ehm önce- erst alle ehm *(legt die linken Fingerspitzen oberhalb der Aufgabenstellung und legt die rechte Hand unterhalb der Abbildung)* sch- also schwarze Hose *(hält den rechten Zeigefinger in Richtung der schwarzen Hose in der Aufgabenstellung)* hier- ehm hier hin *(fährt mit dem rechten Zeigfinger über die erste Reihe der Abbildung hin und her)* ehm erst-
36	Sed	dizmiş *(zu Suna)* hat sie aufgereiht *(zu Suna)*
37	Su	dizmiş *(dreht sich auf dem Stuhl hin und her)* ehm o *(schiebt mit der linken Hand ihre Jacke weg)* öyle şey- şey yapmıs düşünmüş ondan sonra mavi pantolonla yapmış aynısını. hat sie aufgereiht *(dreht sich auf dem Stuhl hin und her)* ehm sie *(schiebt mit der linken Hand ihre Jacke weg)* Dings- sie hat Dings überlegt danach hat sie dasselbe mit blauen Hosen gemacht.
38	Sel	*(nickt)*
39 (02:10)	Sed	*(schüttelt den Kopf und sagt zu Selma)* ben hiç bir şey anlamadım, *(dreht sich zu Suna)* ben senın *(hält offene Hand in Richtung von Suna)* dediğini anladım

		da burda- *(hält offene Hand über der Abbildung auf AB1 und bewegt sie hin und her)* burda senin *(schaut Selma an und hält offene Hand in Richtung von Selma)* anlattigini hiç anlamadım nasıl oluyor diye. *(öffnet beide Handflächen und bewegt beide Hände über der Abbildung auf AB1 mehrmals nach vorne und nach hinten)* *(schüttelt den Kopf und sagt zu Selma)* ich habe gar nichts verstanden, *(dreht sich zu Suna) (hält offene Hand in Richtung von Suna)* das was du gesagt hast habe ich verstanden aber hier- *(hält offene Hand über der Abbildung auf AB1 und bewegt sie hin und her)* das was du hier *(schaut Selma an und hält offene Hand in Richtung von Selma)* erzählt hast habe ich gar nicht verstanden nämlich wie es funktioniert. *(öffnet beide Handflächen und bewegt beide Hände über der Abbildung auf AB1 mehrmals nach vorne und nach hinten)*
40	Sel	şimdi Valerie'nin *(legt die rechten Fingerspitzen an den rechten oberen Rand des AB1s)* altı tane kıyafeti var #dimi'# Valerie hat jetzt *(legt die rechten Fingerspitzen an den rechten oberen Rand des AB1s)* sechs Anziehsachen #oder'#
41	Sed	#evet# *(schaut Selma an)* #ja# *(schaut Selma an)*
42	Sel	iki tane pantolonu ve *(tippt die Hosen in der Aufgabenstellung auf AB1 an)* dört tane tişörtü. şimdi bunları değişik değişik kombinieren etmeye calışmış. *(Fingerspitzen beider Hände sind gegenübergestellt und werden kreisförmig hin und her bewegt)* tamam mı' olanak o oluyor *(hält die rechte Hand mit nach oben gerichteten Fingerspitzen hoch und hält die linke Faust mit gestrecktem Daumen hoch)* yani bir tane tişörtle bir tane pantolonu *(macht mit der rechten Hand eine Faust und streckt den Daumen nach rechts; dreht dann die Faust nach links und hält auch den Zeigefinger halb hoch)* şey yapınca *(legt die linke Faust auf die Abbildung in der Aufgabenstellung)*

		kombinieren edince böyle bir olanak çıkıyor ortaya, *(umkreist mit dem linken Zeigefinger die erste Kombination in der ersten Reihe der Abbildung)* eine Möglichkeit tamam mı´ *(schaut Seda an)* das ist eine Möglichkeit *(umkreist mit dem linken Zeigefinger die erste Kombination in der ersten Reihe der Abbildung)* das hier *(umkreist mit dem linken Zeigefinger die zweite Kombination in der ersten Reihe der Abbildung)* das *(umkreist mit dem linken Zeigefinger die dritte Kombination in der ersten Reihe der Abbildung)* das *(umkreist mit dem linken Zeigefinger die vierte Kombination in der ersten Reihe der Abbildung)* zwei Hosen und *(tippt die Hosen in der Aufgabenstellung auf AB1 an)* vier T-Shirts. sie hat jetzt versucht die verschieden zu kombinieren. *(Fingerspitzen beider Hände sind gegenübergestellt und werden kreisförmig hin und her bewegt)* in Ordnung´ mit Möglichkeit ist das gemeint *(hält die rechte Hand mit nach oben gerichteten Fingerspitzen hoch und hält die linke Faust mit gestrecktem Daumen hoch)* also wenn man ein T-Shirt und eine Hose *(macht mit der rechten Hand eine Faust und streckt den Daumen nach rechts; dreht dann die Faust nach links und hält auch den Zeigefinger halb hoch)* Dings macht *(legt die linke Faust auf die Abbildung in der Aufgabenstellung)* kombiniert[45] kommt so eine Möglichkeit raus, *(umkreist mit dem linken Zeigefinger die erste Kombination in der ersten Reihe der Abbildung)* eine Möglichkeit in Ordnung´ *(schaut Seda an)* das ist eine Möglichkeit *(umkreist mit dem linken Zeigefinger die erste Kombination in der ersten Reihe der Abbildung)* das hier *(umkreist mit dem linken Zeigefinger die zweite Kombination in der ersten Reihe der Abbildung)* das *(umkreist mit dem*

[45] In der Transkription steht „kombinieren edince“. Das Wort „edince“ ist ein konjugiertes Verb und der Infinitiv lautet „etmek“. Die Übersetzung des Infinitivs ist „machen“, d. h. die wörtliche Übersetzung von „kombinieren edince“ lautet „kombinieren machen“. Die sinngemäße Übersetzung ist „kombiniert“.

		linken Zeigefinger die dritte Kombination in der ersten Reihe der Abbildung) das *(umkreist mit dem linken Zeigefinger die vierte Kombination in der ersten Reihe der Abbildung)*
43	Su	*(leise)* hier *(legt den linken Zeigefinger auf die erste Kombination in der zweiten Reihe)*
44	Sel	*(leise)* das *(umkreist mit dem linken Zeigefinger die vierte Kombination in der zweiten Reihe der Abbildung)* das *(umkreist mit dem linken Zeigefinger die dritte Kombination in der zweiten Reihe der Abbildung)* das *(umkreist mit dem linken Zeigefinger die zweite Kombination in der zweiten Reihe der Abbildung)* *(lauter)* je- ei- jedes davon *(legt den linken Zeigefinger auf die dritte Kombination in der zweiten Reihe der Abbildung)* ist eine Möglichkeit. şimdi Valerie´nin *(legt den linken Zeigefinger auf die Zeile über der Abbildung in der Aufgabenstellung)* böyle aklından iyi fikir geçmiş *(berührt mit dem linken Zeigefinger ihre Schläfe)* ve böyle *(fährt mit dem linken Zeigefinger rechts neben der Abbildung vertikal hin und her)* boyamış o yüzden dimi´ das *(umkreist mit dem linken Zeigefinger die vierte Kombination in der zweiten Reihe der Abbildung)* das *(umkreist mit dem linken Zeigefinger die dritte Kombination in der zweiten Reihe der Abbildung)* das *(umkreist mit dem linken Zeigefinger die zweite Kombination in der zweiten Reihe der Abbildung)* je- ei- jedes davon *(legt den linken Zeigefinger auf die zweite Kombination in der zweiten Reihe der Abbildung)* ist eine Möglichkeit. jetzt Valerie *(legt den linken Zeigefinger auf die Zeile über der Abbildung in der Aufgabenstellung)* ließ sich eine gute Idee durch den Kopf gehen *(berührt mit dem linken Zeigefinger ihre Schläfe)* und daher *(fährt mit dem linken Zeigefinger rechts neben der Abbildung vertikal hin und her)* malte sie so oder´
45	Sed	ja
46	Sel	fark ed- burda bir şeyler fark ediyorsunuz´ *(tippt mit den linken Fingerspitzen die Abbildung an)* mesela-

		bemerk- hier bemerkt ihr was´ *(tippt mit den linken Fingerspitzen die Abbildung an)* zum Beispiel-
47	Sed	boyamış´ *(zu Selma)* sie hat gemalt´ *(zu Selma)*
48 (02:55)	Sel	*(nickt) (leise)* evet *(legt den linken Zeigefinger rechts neben die Abbildung; zu Suna)* sen mesela pantolonları fark ettin. dimi´ *(nickt) (leise)* ja *(legt den linken Zeigefinger rechts neben die Abbildung; zu Suna)* du hast zum Beispiel die Hosen bemerkt. oder´
49	Su	ama tişörtler hep aynı kalıyor. *(fährt in der Luft mit dem rechten Zeigefinger über die zweite Reihe der Abbildung)* aber die T-Shirts bleiben immer gleich. *(fährt in der Luft mit dem rechten Zeigefinger über die zweite Reihe der Abbildung)*
50	Sel	nasıl aynı kalıyor´ wie bleibt es gleich´
51	Su	renkleri die Farben
52	Sel	ya aynı sırada. *(legt die rechten Fingerspitzen auf den rechten unteren Bereich des AB1; legt die linken Fingerspitzen links neben die Abbildung)* aynı sırada turuncu. *(legt den linken Zeigefinger mehrmals auf beide orangefarbenen T-Shirts in der ersten Spalte der Abbildung beginnend beim ersten T-Shirt)* aynı sırada- ja[46] es ist in derselben Reihe. *(legt die rechten Fingerspitzen auf den rechten unteren Bereich des AB1; legt die linken Fingerspitzen links neben die*

46 „ya“ kann verschiedene Bedeutung haben, die nicht in einem Zusammenhang stehen, z.B. „und“, „entweder“, „endlich“, „wenn … nicht/doch“. In diesem Fall ist es eine Bejahung und könnte mit „ja“ übersetzt werden.

		Abbildung) in derselben Reihe orange. *(legt den linken Zeigefinger mehrmals auf beide orangefarbenen T-Shirts in der ersten Spalte der Abbildung beginnend beim ersten T-Shirt)* in derselben Reihe-
53	Su	*(leise)* mavi *(leise)* blau
54	Sed	ein mavi. *(legt den linken Zeigefinger auf beide grünen T-Shirts in der zweiten Spalte der Abbildung beginnend beim ersten T-Shirt)* aynı $\#_1$sırada$\#_1$ ein blau. *(legt den linken Zeigefinger auf beide grünen T-Shirts in der zweiten Spalte der Abbildung beginnend beim ersten T-Shirt)* in derselben $\#_1$Reihe$\#_1$
55	Su	$\#_1$pembe$\#_1$ $\#_2$mor$\#_2$ $\#_1$pink$\#_1$ $\#_2$lila$\#_2$
56	Sed	$\#_2$pembe.$\#_2$ *(legt den linken Zeigefinger auf beide roten T-Shirts in der dritten Spalte der Abbildung beginnend beim ersten T-Shirt)* aynı sırada da mor *(legt den linken Zeigefinger auf beide lilafarbenen T-Shirts in der vierten Spalte der Abbildung beginnend beim ersten T-Shirt; schlägt mit dem linken Handrücken auf den unteren Bereich des AB1)* $\#_2$pink.$\#_2$ *(legt den linken Zeigefinger auf beide roten T-Shirts in der dritten Spalte der Abbildung beginnend beim ersten T-Shirt)* in derselben Reihe auch lila *(legt den linken Zeigefinger auf beide lilafarbenen T-Shirts in der vierten Spalte der Abbildung beginnend beim ersten T-Shirt; schlägt mit dem linken Handrücken auf den unteren Bereich des AB1)*
57	Su	ama m- pantolonlar değişiyor. *(fährt mit dem rechten Zeigefinger mehrmals horizontal über die zweite Reihe der Abbildung)* aber b- die Hosen verändern sich. *(fährt mit dem rechten Zeigefinger mehrmals horizontal über die zweite Reihe der Abbildung)*

58	Sed	evet değişik renk *(legt den linken Zeigefinger und Daumen auf den Satz unter der Abbildung)* ama *(fährt mit dem linken Zeigefinger vertikal über die vierte Spalte; fährt dann mit dem linken Ringfinger vertikal über die zweite Spalte)* mesela siyah. *(fährt mit dem linken kleinen Finger mehrmals horizontal über die schwarzen Hosen in der ersten Reihe)* yani pantolonlar çok değişik. *(stützt den linken Ellenbogen auf den Tisch und ihren Kopf auf ihre Hand; schaut Selma an)* ja eine andere Farbe *(legt den linken Zeigefinger und Daumen auf den Satz unter der Abbildung)* aber *(fährt mit dem linken Zeigefinger vertikal über die vierte Spalte; fährt dann mit dem linken Ringfinger vertikal über die zweite Spalte)* zum Beispiel schwarz. *(fährt mit dem linken kleinen Finger mehrmals horizontal über die schwarzen Hosen in der ersten Reihe)* also die Hosen sind sehr unterschiedlich. *(stützt den linken Ellenbogen auf den Tisch und ihren Kopf auf ihre Hand; schaut Selma an)*
59 (03:27)	Sel	ney değişik´ ney aynı´ *(schaut Seda an)* was ist anders´ was ist gleich´ *(schaut Seda an)*
60	Sed	*(legt die linken Fingerspitzen links neben die Abbildung; fährt mit dem rechten Zeigefinger zweimal über die erste Reihe in der Abbildung)*
61	Su	*(leise)* renkler, pantolonların renkleri. *(schaut auf das AB1; stützt beide Ellenbogen auf den Tisch und hält beide Hände zusammen vor ihrem Mund)* *(leise)* die Farben, die Farben der Hosen. *(schaut auf das AB1; stützt beide Ellenbogen auf den Tisch und hält beide Hände zusammen vor ihrem Mund)*
62	Sed	#pantolonlar# *(legt den linken Zeigefinger auf die zweite Kombination in der zweiten Reihe)* #die Hosen# *(legt den linken Zeigefinger auf die zweite Kombination in der zweiten Reihe)*
63	Sel	#nerden bakarsan aynı´#

		#in welcher Hinsicht ist es gleich´#
64	Sed	pantolonları *(hält die Hand mit ausgestreckten Fingern über die Abbildung auf AB1; berührt mit dem kleinen Finger den linken Bereich neben der Abbildung)* modeli- modeli- a- aynı. die Form- Form- *(hält die Hand mit ausgestreckten Fingern über die Abbildung auf AB1; berührt mit dem kleinen Finger den linken Bereich neben der Abbildung)* der Hosen ist g- gleich.
65	Su	*(schaut auf das AB1)* modeli aynı değil burası uzun *(legt den linken Zeigefinger auf die erste Kombination in der zweiten Reihe der Abbildung)* burası kısa *(legt den linken Zeigefinder auf die erste Kombination in der ersten Reihe der Abbildung)* #1burası da aynı *(legt den linken Zeigefinger auf die erste Kombination in der zweiten Reihe der Abbildung)* burası da aynı. *(legt den linken Zeigefinger auf die zweite Kombination in der zweiten Reihe)*#1 *(schaut auf das AB1)* die Form ist nicht gleich hier ist es lang *(legt den linken Zeigefinger auf die erste Kombination in der zweiten Reihe der Abbildung)* hier ist es kurz *(legt den linken Zeigefinder auf die erste Kombination in der ersten Reihe der Abbildung)* #1 hier ist es auch gleich *(legt den linken Zeigefinger auf die erste Kombination in der zweiten Reihe der Abbildung)* hier ist es auch gleich. *(legt den linken Zeigefinger auf die zweite Kombination in der zweiten Reihe)*#1
66	Sel	#1o önemli değil *(schüttelt den Kopf)* o önemli değil o#1 hiç önemli değil. #1das ist nicht wichtig *(schüttelt den Kopf)* das ist nicht wichtig das#1 ist gar nicht wichtig.
67	Su	*(lacht; stützt den linken Ellenbogen auf den Tisch und ihren Kopf auf ihre Hand) (leise)* ama #2modeli aynı değil.#2 *(steht auf und steht rechts neben dem Stuhl; legt ihren rechten Fuß auf den Stuhl)* *(lacht; stützt den linken Ellenbogen auf den Tisch und ihren Kopf auf ihre Hand) (leise)* aber #2die

		Form ist nicht gleich.#$_2$ *(steht auf und steht rechts neben dem Stuhl; legt ihren rechten Fuß auf den Stuhl)*
68	Sed	#$_2$hem *(wischt mit dem linken Handrücken über die Abbildung und über die Antwortzeilen unter der Abbildung)* pantolonlar#$_2$ aynı moda *(wischt mit dem linken Handrücken über die Antwortzeilen)* ya aynı tarz *(wischt mit dem linken Handrücken über die Antwortzeilen und schlägt mit dem linken Handrücken auf den Tisch)* aynı tarz *(öffnet die linke Handfläche und bewegt sie nach unten und oben)* ama başka bir renk. *(bringt den linken Mittelfinger, Zeigefinger und Kleinfinger zu ihrem linken Ohr und zurück; schaut Selma an)* bir de burda, *(legt den linken Zeigefinger auf die erste und vierte Kombination in der ersten Reihe der Abbildung)* o da böyle. nasıl desem *(öffnet die linke Hand und schließt dann die linke Hand, indem sie die Hand mehrmals nach oben und unten bewegt; stützt den linken Ellenbogen auf den Tisch und ihren Kopf auf ihre Hand und schaut nach links) (4 sec)* ntz anlattım zaten *(schaut Selma an, schüttelt den Kopf; bewegt die linke Hand nach links und zurück; stützt ihren Kopf auf ihre linke Hand)* çok saçma ya. #$_2$außerdem *(wischt mit dem linken Handrücken über die Abbildung und über die Antwortzeilen unter der Abbildung)* die Hosen#$_2$ haben dieselbe Mode[47] *(wischt mit dem linken Handrücken über die Antwortzeilen)* also[48] denselben Stil *(wischt mit dem linken Handrücken über die Antwortzeilen und schlägt mit dem linken Handrücken auf den Tisch)* gleicher Stil *(öffnet die linke Handfläche und bewegt sie nach unten und oben)* aber andere Farbe. *(bringt den linken Mittelfinger, Zeigefinger und Kleinfinger*

[47] In der Transkription steht „pantolonlar ayni moda“. Das Verwendung des Wortes „moda“ ist in dem Satz grammatikalisch nicht korrekt. Daraus resultiert die inkorrekte Übersetzung.

[48] Wie bereits erwähnt hat „ya“ verschiedene und voneinander unabhängige Bedeutungen. In diesem Kontext verdeutlicht „ya“ das vorher Gesagte.

		zu ihrem linken Ohr und zurück; schaut Selma an) übrigens hier, *(legt den linken Zeigefinger auf die erste und vierte Kombination in der ersten Reihe der Abbildung)* das ist auch so. wie soll ich es sagen *(öffnet die linke Hand und schließt dann die linke Hand, indem sie die Hand mehrmals nach oben und unten bewegt; stützt den linken Ellenbogen auf den Tisch und ihren Kopf auf ihre Hand und schaut nach links) (4 sec)* ntz[49] ich habe sowieso erklärt *(schaut Selma an, schüttelt den Kopf; bewegt die linke Hand nach links und zurück; stützt ihren Kopf auf ihre linke Hand)* es ist doch sehr unsinnig.
69 (04:06)	Sel	yo *(schüttelt den Kopf)* gayet iyi ya. *(nimmt den Stift in die Hand und schiebt den Interviewleitfaden nach rechts)* nein[50] *(schüttelt den Kopf)* es ist doch richtig gut. *(nimmt den Stift in die Hand und schiebt den Interviewleitfaden nach rechts)*
70	Su	ah *(hält mit der rechten Hand die Stuhllehne fest und legt die linke Hand auf den Tisch)*
71	Sel	noldu´ *(schaut Suna an)* was ist los´ *(schaut Suna an)*
72	Su	*(schaut sich ihren rechten Fuß an; fasst mit der rechten Hand ihren rechten Schuh und mit der linken Hand ihren rechten Bein an)* ayağım ağriyor çizdim. *(macht sich gerade und schaut Selma an)* *(schaut sich ihren rechten Fuß an; fasst mit der rechten Hand ihren rechten Schuh und mit der linken Hand ihren rechten Bein an)* mein Fuß tut weh ich habe es zerkratzt. *(macht sich gerade und schaut Selma an)*
73	Sel	willst du deinen Schuh ausziehen´ *(schaut Suna an)*
74	Su	ntz *(schüttelt den Kopf)*

[49] „ntz" wird im Türkischen üblicherweise als verneinender Laut genutzt.

[50] „yo" wird in der Umgangssprache für „hayır" mit der Bedeutung „nein" oder für „yok" mit der Bedeutung „nicht da" benutzt.

75	Sel	*(leise)* nein´ .. oh nein *(schaut Suna an)*
76	Su	*(leise)* können weiter machen. *(setzt sich wieder auf ihren Stuhl)*
77	Sel	*(leise)* okay, o zaman *(öffnet den Deckel des Stifts)* şimdi cevap olarak ne yazalım´ *(berührt mit den linken und rechten Fingerspitzen den Rand des AB1 rechts neben der Aufgabenstellung; zieht das AB1 zu sich und liest die Aufgabenstellung vor)* Valerie´nin tüm olanakları bulmak için hangi iyi fikri kullandı´ .. *(schließt den Deckel des Stifts)* cevap olarak´ *(öffnet den Deckel des Stifts)* *(leise)* okay, dann *(öffnet den Deckel des Stifts)* was sollen wir jetzt als Antwort aufschreiben´ *(berührt mit den linken und rechten Fingerspitzen den Rand des AB1 rechts neben der Aufgabenstellung; zieht das AB1 zu sich und liest die Aufgabenstellung vor)* welche gute Idee hat Valerie benutzt um alle Möglichkeiten zu finden´ .. *(schließt den Deckel des Stifts)* als Antwort´ *(öffnet den Deckel des Stifts)*
78	Sed	pantolon üstlerini[51] ve pantolonu boyadı. *(schaut Selma an)* sie hat über den Hosen und die Hose gemalt. *(schaut Selma an)*
79	Sel	evet *(berührt mit den linken Fingerspitzen die rechte Ecke des AB1 und dreht das AB1 zu sich)* mesela *(berührt mit den linken Fingerspitzen den Boden das AB1 und mit den rechten Fingerspitzen den Rand des AB1 rechts neben der Abbildung; dreht das AB1 zu Seda)* daha demin çok güzel tarif ettin sen Seda. *(schaut Seda an)* ja *(berührt mit den linken Fingerspitzen die rechte Ecke des AB1 und dreht das AB1 zu sich)* zum Beispiel *(berührt mit den linken Fingerspitzen den Boden das AB1 und mit den rechten Fingerspitzen den Rand des AB1 rechts neben der Abbildung; dreht*

[51] Mit dem Wort „üsterleri“ könnte hier auch Oberteile gemeint sein.

		das AB1 zu Seda) gerade eben hast du es sehr schön beschrieben Seda. *(schaut Seda an)*
80 (04:34)	Sed	*(legt die rechte Hand auf den Stift in Selmas Hand; schaut Selma an)* nasıl´ *(legt die rechte Hand auf den Stift in Selmas Hand; schaut Selma an)* wie´
81	Sel	*(legt den Stift auf die rechte untere Ecke das AB1)* ehm *(legt den rechten Zeigefinger von oben beginnend mehrmals auf die beiden Kombinationen in der ersten Spalte)*
82	Sed	*(nimmt den Stift in die rechte Hand)*
83	Su	*(bringt die rechte Hand in die Richtung des Stifts in Sedas Hand)*
84	Sed	*(bewegt den Stift nach rechts; schaut Selma an)* ha *(bewegt den Stift nach rechts; schaut Selma an)* ach so[52]
85	Sel	*(schaut Seda an)* tişörlerle bir sırada aynı dedin mesela. *(schaut Seda an)* es ist mit den T-Shirts in einer Reihe gleich meintest du zum Beispiel.
86	Sed	*(zieht das AB1 zu sich)*
87	Su	*(leise)* kann ich schreiben´ *(schaut auf das AB1; der rechte Unterarm und die rechte Hand liegen auf dem Tisch; stützt den linken Ellenbogen auf den Tisch und berührt mit der linken Hand ihre Stirn)*
88	Sed	*(beginnt die Antwort der zweiten Frage bei Aufgabe 1 auf Türkisch aufzuschreiben: „Tieşorteler“ [~Die T-Shirts]; 11 sec)*
89	Sel	*(schaut auf das AB1, verschränkt die Arme vor der Brust) (leise)* ikinizde yazabilirsiniz. *(schaut auf das AB1, verschränkt die Arme vor der Brust) (leise)* ihr beide könnt es schreiben.
90	Su	*(lacht; liest den von Seda nicht zielsprachlich korrekt geschriebenen Antwortsatz leise vor)*

[52] Hier verdeutlicht der Laut „ha“ vermutlich eine Zustimmung.

91	Sed	*(schreibt zu Ende; zu Suna)* neden güldün´ tişörtler *(legt die linke Hand auf den Tisch und drückt ihren Körper nach hinten; die rechte Hand liegt auf den Antwortzeilen; das AB1 bewegt sich mit ihrer Hand ebenfalls nach hinten)* hep aynı #sırada *(lehnt sich nach vorne)* ve aynı renk# *(schreibt zu Ende; zu Suna)* wieso hast du gelacht´ die T-Shirts *(legt die linke Hand auf den Tisch und drückt ihren Körper nach hinten; die rechte Hand liegt auf den Antwortzeilen; das AB1 bewegt sich mit ihrer Hand ebenfalls nach hinten)* sind immer in derselben #Reihe *(lehnt sich nach vorne)* und in derselben Farbe#
92	Su	#ama das *(legt den rechten Zeigefinger auf das erste Wort im Antwortsatz)* wird ohne e geschrieben.# *(legt den rechten Unterarm und die rechte Hand auf den Tisch; stützt den linken Ellenbogen Tisch und bringt die linke Hand vor ihren Mund)* #aber das *(legt den rechten Zeigefinger auf das erste Wort im Antwortsatz)* wird ohne e geschrieben.# *(legt den rechten Unterarm und die rechte Hand auf den Tisch; stützt den linken Ellenbogen Tisch und bringt die linke Hand vor ihren Mund)*
93	Sed	*(schreibt die Antwort weiterhin auf: „aeine“[53] [~ gleich]; 7 sec)*
94	Su	*(reibt mit der rechten Hand an ihrer Nase; spielt mit ihren Haaren und ihrem Haargummi)* was´ *(wirkt überrascht)*
95	Sed	*(schreibt zu Ende; schaut Suna an)*
96	Su	*(legt die linke Hand über die Aufgabenstellung auf AB1; schaut auf das AB1)*
97 (05:11)	Sel	aynı sırada mı´ demek istemiştin. *(Selma und Suna schauen sich gegenseitig an)*

[53] Seda versucht hier möglicherweise das türkische Wort „aynı“ [~gleich] zu schreiben, schreibt es jedoch lautsprachlich mit deutschen Phonemen auf: „aeine“.

		wolltest du in derselben Reihe sagen´ *(Selma und Suna schauen sich gegenseitig an)*
98	Sed	*(nickt)*
99	Sel	*(schüttelt den Kopf)* ne demek istemiştin´ *(schüttelt den Kopf)* was wolltest du sagen´
100	Su	*(legt die linke Hand auf die Aufgabenstellung auf AB1)* #soll ich schreiben´# *(nimmt mit der rechten Hand den Stift aus Sedas rechter Hand; legt die linke Hand auf die Aufgabenstellung und auf die Abbildung und dreht das AB1 zu sich)*
101	Sed	#aynı# sırada *(schaut auf das AB1)* ve aynı renk *(zu Selma)* #in derselben# Reihe *(schaut auf das AB1)* und in derselben Farbe *(zu Selma)*
102	Sel	*(leise)* yardım et sen- *(leise)* hilf du-
103	Su	*(die linke Hand liegt links auf der Aufgabenstellung und der Abbildung; hält den Stift in rechten Hand und streicht das zweite Wort des Antwortsatzes „aeine" durch)*
104	Sel	çiz onu aynen. *(kratzt mit der linken Hand ihren Hinterkopf)* streiche es durch genau. *(kratzt mit der linken Hand ihren Hinterkopf*
105	Su	*(schreibt die Antwort weiterhin auf; 4 sec)*
106	Sed	burda, *(legt ihren rechten Zeigefinger auf das zweite Wort des Antwortsatzes: „aynı" [~gleich])* hier, *(legt ihren rechten Zeigefinger auf das zweite Wort des Antwortsatzes: „aynı" [~gleich])*
107	Sel	*(schaut auf das AB1)*
108	Su	*(schaut auf das AB1; legt ihre rechte Hand auf den Tisch, stützt ihren linken Ellenbogen auf den Tisch und ihren Kopf auf ihre Hand; bringt den linken Kleinfingern in ihren Mund)*
109	Sed	*(nimmt den Stift in die rechte Hand; legt die linke Fingerspitzen auf die linke untere Ecke des AB1)* ah. *(setzt ein Breve über den Buchstaben „y", der in dem*

		Wort „aynı“ [~gleich] vorkommt; schaut Suna an; zieht mit den linken Fingerspitzen das AB1 zu sich)
110	Su	du- das ist *(bewegt ihre linke Hand in der Luft in die Richtung des Wortes „aynı“ [~gleich])* yumuşak g. *(schaut Seda an)* du- das ist *(bewegt ihre linke Hand in der Luft in die Richtung des Wortes „aynı“ [~gleich])* weiches g. *(schaut Seda an)*
111	Sel	mhm *(nickt)*
112	Su	*(schaut Selma an)* du Schlaumeier. *(bringt den linken Zeigefinger in ihren Mund)*
113	Sed	*(streicht das Breve über den Buchstaben „y“ durch)*[54]
114	Su	*(schaut auf das AB1)*
115	Sel	doğru öyle aynı evet. so ist es richtig gleich ja.
116	Sed	aynı … *(dreht mit den linken Fingerspitzen das AB1 nach rechts)* sırada ve renkte. *(legt den linken Daumen auf die linke obere Ecke des AB1; schreibt die Antwort weiterhin auf: Tieşorteler aynı sierada ve renkler.“ [~Die T-Shirts sind in derselben Reihe und Farbe.]; schließt den Deckel des Stifts; 19 sec)* in derselben … *(dreht mit den linken Fingerspitzen das AB1 nach rechts)* Reihe und Farbe. *(legt den linken Daumen auf die linke obere Ecke des AB1; schreibt die Antwort weiterhin auf: Tieşorteler aynı sierada ve renkler.“ [~Die T-Shirts sind in derselben Reihe und Farbe.]; schließt den Deckel des Stifts; 19 sec)*
117 (06:00)	Su	*(legt die linke Hand auf die Aufgabenstellung; dreht mit den linken Fingerspitzen das AB1 zu sich) (leise)* warte *(unverständlich)*
118	Sed	*(legt den Stift auf die Antwortzeilen des AB1; verschränkt ihre Arme vor der Brust; und schaut auf das AB1)*

[54] Im Türkischen gibt es den Buchstaben „ğ“, welcher mit einem Breve notiert wird. Der Buchstabe „y“ wird im Türkischen jedoch nicht mit einem Breve genutzt.

119	Su	*(nimmt den Stift in die rechte Hand; legt den linken Zeigefinger, Mittelfinger und Ringfinger linken Bereich der Aufgabenstellung und der Abbildung; liest den Antwortsatz leise vor und fährt dabei mit dem Stift in der Luft über den Antwortsatz)* tişörtler aynı sırada ve aynı renk *(öffnet den Stift)* *(nimmt den Stift in die rechte Hand; legt den linken Zeigefinger, Mittelfinger und Ringfinger linken Bereich der Aufgabenstellung und der Abbildung; liest den Antwortsatz leise vor und fährt dabei mit dem Stift in der Luft über den Antwortsatz)* die T-Shirts sind in derselben Reihe und sind in derselben Farbe *(öffnet den Stift)*
120	Sed	*(nimmt mit der rechten Hand den Stift auf Sunas Hand)* hepsi değil *(legt die linken Fingerspitzen auf die rechte untere Ecke des AB1; zieht das AB1 zu sich, legt die linken Fingerspitzen auf den linken Bereich der Antwortzeilen, legt die rechte Faust mit dem Stift in der Hand mitten auf die Antwortzeilen)* ama hepsi ama degil. *(nimmt mit der rechten Hand den Stift auf Sunas Hand)* nicht alle *(legt die linken Fingerspitzen auf die rechte untere Ecke des AB1; zieht das AB1 zu sich, legt die linken Fingerspitzen auf den linken Bereich der Antwortzeilen, legt die rechte Faust mit dem Stift in der Hand mitten auf die Antwortzeilen)* aber nicht aber alle.
121	Su	#ah# *(reibt den Deckel des Stifts an den rechten Daumen)*
122	Sel	#tam# ne demek istiyorsun´ *(zieht die Augenbrauen zusammen)* #was genau# willst du sagen´ *(zieht die Augenbrauen zusammen)*
123	Su	*(legt die rechte Hand und den rechten Unterarm auf den Tisch; streicht mit der linken Hand eine Strähne hinter das linke Ohr)*
124	Sed	*(schiebt mit der rechten Hand das AB1 zu Selma)* çünkü bunu- bu tişört. *(legt den linken Zeigefinger auf die erste Kombination in der ersten Reihe der Abbildung)*

		(schiebt mit der rechten Hand das AB1 zu Selma) weil das- das ist ein T-Shirt. *(legt den linken Zeigefinger auf die erste Kombination in der ersten Reihe der Abbildung)*
125	Sel	evet. ja.
126	Sed	bu da tişört, *(legt den linken Zeigefinger auf die erste Kombination in der zweiten Reihe der Abbildung)* aynı renk *(legt den linken Zeigefinger von oben beginnend auf die beiden Kombinationen in der ersten Spalte)* aynı model. *(zuckt mit den Schultern, schaut Selma an)* das ist auch ein T-Shirt, *(legt den linken Zeigefinger auf die erste Kombination in der zweiten Reihe der Abbildung)* dieselbe Farbe *(legt den linken Zeigefinger von oben beginnend auf die beiden Kombinationen in der ersten Spalte)* dieselbe Form. *(zuckt mit den Schultern, schaut Selma an)*
127	Sel	tamam. *(nickt)* in Ordnung. *(nickt)*
128	Su	eh
129	Sel	evet tişörtler aynı sırada *(fährt mit dem rechten Zeigefinger von oben beginnend mehrmals über die beiden Kombinationen in der ersten Spalte)* evet. ja die T-Shirts sind in derselben Reihe *(fährt mit dem rechten Zeigefinger von oben beginnend mehrmals über die beiden Kombinationen in der ersten Spalte)* ja.
130	Su	*(während sie sitzt stellt sie ihren rechten Fuß auf ihren Stuhl; zieht mit der rechten Hand das rechte Hosenbein hoch)*
131	Sed	evet mesela- *(legt den linken Zeigefinger und Mittelfinger links neben die Antwortzeilen und Abbildung, dreht das AB1 nach rechts; legt die rechte Faust mit dem Stift in der Hand über unter die Abbildung; hält den Stift in der Luft über die erste Kombination in der ersten Reihe)*

		ja <u>zum Beispiel</u>- *(legt den linken Zeigefinger und Mittelfinger links neben die Antwortzeilen und Abbildung, dreht das AB1 nach rechts; legt die rechte Faust mit dem Stift in der Hand über unter die Abbildung; hält den Stift in der Luft über die erste Kombination in der ersten Reihe)*
132	Su	*(zu Seda; legt beide Hände auf den Tisch)* kann ich mal kurz den #Stift´#
133	Sed	#bu# *(zeichnet links neben die Abbildung beginnend von der ersten Kombination in der ersten Reihe zur ersten Kombination in der zweiten Reihe einen Bogen; zeichnet an das untere Ende des Bogen einen nach unten zeigenden Pfeil)* ve bu *(zeichnet an das obere Ende des Bogen einen nach oben zeigenden Pfeil)* <u>aynı</u> model *(bewegt die rechte Faust mit dem Stift in der Hand in der Luft mehrmals nach oben und unten)* <u>aynı</u>- *(schaut Selma an, bewegt die rechte Faust mit dem Stift in der Hand in der Luft mehrmals nach oben und unten, hebt die linke Hand mit geöffneter Handfläche vom Tisch)* #das# *(zeichnet links neben die Abbildung beginnend von der ersten Kombination in der ersten Reihe zur ersten Kombination in der zweiten Reihe einen Bogen; zeichnet an das untere Ende des Bogen einen nach unten zeigenden Pfeil)* und das *(zeichnet an das obere Ende des Bogen einen nach oben zeigenden Pfeil)* haben <u>dieselbe</u> Form *(bewegt die rechte Faust mit dem Stift in der Hand in der Luft mehrmals nach oben und unten)* <u>gleich</u>- *(schaut Selma an, bewegt die rechte Faust mit dem Stift in der Hand in der Luft mehrmals nach oben und unten, hebt die linke Hand mit geöffneter Handfläche vom Tisch)*
134	Su	*(schaut Selma an)*
135 (06:33)	Sel	modellerle hiç alaka mo- m- *(schüttelt den Kopf; bewegt die rechte ausgestreckte Hand in der Luft vertikal hin und her)* mit der Form hat es nichts zu tun Fo- F- *(schüttelt den Kopf; bewegt die rechte ausgestreckte Hand in der Luft vertikal hin und her)*

136	Su	*(schaut auf das AB1)*
137	Sed	ve renkte. *(schaut Selma an; die linke Hand ist offen und der linke Handrücken liegt auf dem Tisch; der rechte Handrücken liegt auf den Antwortzeilen, hält den Stift mit der rechten Hand)* und auch die Farbe. *(schaut Selma an; die linke Hand ist offen und der linke Handrücken liegt auf dem Tisch; der rechte Handrücken liegt auf den Antwortzeilen, hält den Stift mit der rechten Hand)*
138	Sel	*(leise)* evet. *(nickt)* *(leise)* ja. *(nickt)*
139	Sed	renkte aynı. *(schaut auf das AB1)* die Farbe ich auch gleich. *(schaut auf das AB1)*
140	Sel	*(leise)* evet. *(nickt)* *(leise)* ja. *(nickt)*
141	Sed	bunda da *(hält den Stift in der Luft über die zweite Kombination in der ersten Reihe; legt die linke Hand auf den Tisch)* ayn- aynısı bunda da *(hält den Stift in der Luft über die dritte Kombination in der ersten Reihe)* bunda da *(hält den Stift in der Luft über die vierte Kombination in der ersten Reihe)* bunda da, *(hält den Stift in der Luft über die vierte in der zweiten Reihe)* ama pantolonlar aynı renk değil. *(schaut Selma an; hält weiterhin den Stift in der rechten Hand und bewegt dabei die rechte Hand mehrmals horizontal hin und her)* bei dem *(hält den Stift in der Luft über die zweite Kombination in der ersten Reihe; legt die linke Hand auf den Tisch)* ist es auch glei- gleich bei dem auch *(hält den Stift in der Luft über die dritte Kombination in der ersten Reihe)* bei dem auch *(hält den Stift in der Luft über die vierte Kombination in der ersten Reihe)* bei dem auch, *(hält den Stift in der Luft über die vierte in der zweiten Reihe)* aber die Hosen sind nicht in derselben Farbe. *(schaut Selma an; hält weiterhin den Stift in der rechten Hand und bewegt dabei die rechte Hand mehrmals horizontal hin und her)*

142	Su	*(leise)* dur bir ver. *(legt die linke Hand auf den linken Bereich der Aufgabenstellung und zieht das AB1 zu sich)* *(leise)* Stopp gib mal. *(legt die linke Hand auf den linken Bereich der Aufgabenstellung und zieht das AB1 zu sich)*
143	Sed	bunlar aynı- aynı renk <u>değil ki</u>. *(gibt den Stift der Suna; schaut Selma an)* die haben <u>nicht</u> dieselbe- dieselbe Farbe. *(gibt den Stift der Suna; schaut Selma an)*
144	Su	*(nimmt mit der rechten Hand den Stift aus Sedas Hand)* dur. *(nimmt mit der rechten Hand den Stift aus Sedas Hand)* Stopp.
145	Sed	bu <u>siyah</u> *(bewegt beide Hände in der Luft nach links)* <u>o mavi</u>- *(bewegt beide Hände auf dem Tisch nach rechts)* das ist <u>schwarz</u> *(bewegt beide Hände in der Luft nach links)* <u>das ist blau</u>- *(bewegt beide Hände auf dem Tisch nach rechts)*
146	Su	*(bewegt ihre Lippen ohne Geräusche, fährt in der Luft mit dem Stift über die erste Antwortzeile)*
147	Sel	pantolonlarda fark ettiğiniz <u>şey</u>[55] neydi´ *(dreht ihren Stuhl erst nach links danach nach rechts)* was war die Sache die ihr bei den Hosen bemerkt habt´ *(dreht ihren Stuhl erst nach links danach nach rechts)*
148	Su	renkleri değişiyor, .. *(schaut Selma an; macht den Deckel des Stifts an den Stift dran)* siyaha ve mavi *(stützt ihren linken Ellenbogen auf den Tisch und ihren Kopf auf ihre Hand; liest den Antwortsatz vor*

[55] Das Wort „şey“ (wörtliche Übersetzung: Sache, Ding) wird im Türkischen als Lückenfüller für Wörter benutzt, die der Sprecher nicht kennt oder wenn der Begriff nicht direkt abrufbar ist. Im Deutschen gibt es keine direkte Entsprechung, weswegen dieses an dieser Stelle mit „Sache“ übersetzt werden soll.

		und fährt mit dem Stift in der Luft über den Antwortsatz) (leise) tişörtler aynı sırada ve renkte. die Farben verändern sich, .. *(schaut Selma an; macht den Deckel des Stifts an den Stift dran)* in schwarz und blau *(stützt ihren linken Ellenbogen auf den Tisch und ihren Kopf auf ihre Hand; liest den Antwortsatz vor und fährt mit dem Stift in der Luft über den Antwortsatz) (leise)* die T-Shirts sind in derselben Reihe und Farbe.
149 (07:02)	Sed	*(schaut Suna an)* mach hier ein Punkt *(legt die linke Hand auf die Antwortzeilen, nimmt mit der rechten Hand den Stift aus Sunas Hand)* und schreib was du möchtest, *(setzt einen Punkt hinter das letzte Wort des Antwortsatzes: „renkler“ [~Farben]) (leise)* hier. *(gibt den Stift der Suna)*
150	Su	*(nimmt den Stift mit der rechten Hand aus Sedas Hand)*
151	Sel	*(lehnt sich nach vorne)* bize de söyle ne yazmak istediğini. *(lehnt sich nach vorne)* sag auch uns was du schreiben möchtest.
152	Sed	*(schaut abwechselnd Suna und AB1 an)*
153	Su	ama ehm *(hält den Stift in der Luft über die erste Spalte in der Abbildung)* pantolonlar değişiyor *(lehnt sich nach hinten; hält sich mit beiden Händen an der Tischkante fest; schaut Selma an)* renkleri. aber ehm *(hält den Stift in der Luft über die erste Spalte in der Abbildung)* die Hosen verändern sich *(lehnt sich nach hinten; hält sich mit beiden Händen an der Tischkante fest; schaut Selma an)* ihre Farben.
154	Sel	okay. *(nickt)*
155	Su	*(legt die linken Fingerspitzen geknickt auf den linken Bereich der Antwortzeilen; schreibt die Antwort weiterhin auf; 10 sec)*
156	Sed	*(schaut auf das AB1; legt die linke Hand und den linken Unterarm auf den Tisch) (leise)* und groß, *(lehnt sich nach vorne; streicht mit der rechten Hand ihre Haare nach hinten; kratzt ihren Kopf; lehnt sich an Sunas Schulter und schaut weiterhin auf das AB1; legt die rechte Hand auf den Tisch; kommt zurück)*

		ama hast du vergessen. *(zieht die Augenbrauen zusammen; stützt den rechten Ellenbogen auf den Tisch und ihre Stirn auf ihre Hand; hält mit der linken Hand den rechten Unterarm)* *(schaut auf das AB1; legt die linke Hand und den linken Unterarm auf den Tisch) (leise)* und groß, *(lehnt sich nach vorne; streicht mit der rechten Hand ihre Haare nach hinten; kratzt ihren Kopf; lehnt sich an Sunas Schulter und schaut weiterhin auf das AB1; legt die rechte Hand auf den Tisch; kommt zurück)* aber hast du vergessen. *(zieht die Augenbrauen zusammen; stützt den rechten Ellenbogen auf den Tisch und ihre Stirn auf ihre Hand; hält mit der linken Hand den rechten Unterarm)*
157	Su	*(schreibt zu Ende; zuckt mit den Schultern; legt die linke Handfläche auf die Antwortzeilen; schreibt die Antwort der zweiten Frage bei Aufgabe 1 auf Türkisch zu Ende: „Tieşorteler aynı sierada ve renkler. Pantolonların rengıdeyşıyor.“ [~Die T-Shirts sind in derselben Reihe und Farbe. Die Farben der Hosen verändern sich.]; 25 sec)*
158	Sed	*(spielt mit der rechten Hand mit ihren Haaren und reibt an der Stirn)*
159	Su	*(lehnt sich nach hinten; schließt den Deckel des Stifts; pustet)*
160 (07:54)	Sel	peki bir şey #$_1$sorcam-#$_1$ *(berührt mit den Fingerspitzen der beiden Hände den oberen Rand rechts neben der Aufgabenstellung; zieht die Hände zurück)* nun ich #$_1$frage was-#$_1$ *(berührt mit den Fingerspitzen der beiden Hände den oberen Rand rechts neben der Aufgabenstellung; zieht die Hände zurück)*
161	Sed	*(verschränkt die Arme; beginnt den Antwortsatz vorzulesen)* #$_1$pantolonların#$_1$ eh- *(verschränkt die Arme; beginnt den Antwortsatz vorzulesen)* #$_1$bei den Hosen#$_1$ eh-
162	Su	*(beginnt den Antwortsatz vorzulesen)* ren- #$_2$rengi-#2

		(beginnt den Antwortsatz vorzulesen) die Far- #2die Farbe-#2
163	Sed	*(legt den rechten Unterarm auf den Tisch; stützt ihren linken Ellenbogen auf den Tisch; streicht mit der linken Hand eine Strähne hinter das linke Ohr)* #2rengi-#2 *(legt den rechten Unterarm auf den Tisch; stützt ihren linken Ellenbogen auf den Tisch; streicht mit der linken Hand eine Strähne hinter das linke Ohr)* #2die Farbe-#2
164	Su	#3rengi-#3 *(spielt mit der linken Hand mit ihren Haaren)* #3die Farbe-#3 *(spielt mit der linken Hand mit ihren Haaren)*
165	Sed	#3değişiyor-#3 *(fasst mit der linken Hand ihren rechten Ellenbogen an; legt den rechten Unterarm auf den Tisch)* #3verändert sich-#3 *(fasst mit der linken Hand ihren rechten Ellenbogen an; legt den rechten Unterarm auf den Tisch)*
166	Su	değişiyor- *(streicht mit der linken Hand eine Strähne hinter das linke Ohr)* verändert sich- *(streicht mit der linken Hand eine Strähne hinter das linke Ohr)*
167	Sed	*(legt die rechte Hand auf den Tisch und hebt den rechten Unterarm vom Tisch)* rengi değişiyor. *(nimmt mit der rechten Hand den Stift aus Sunas Hand)* *(legt die rechte Hand auf den Tisch und hebt den rechten Unterarm vom Tisch)* die Farbe verändert sich. *(nimmt mit der rechten Hand den Stift aus Sunas Hand)*
168	Sel	tamam bir sorum olcak, *(legt die linken Fingerspitzen an den Rand rechts neben die Abbildung; zieht das AB1 zu sich)* şimdi pantolon rengi değişiyor böyle bakınca *(legt den rechten Zeigefinger nacheinander immer oben beginnend*

		auf die Kombination in der ersten, zweiten, dritten und vierten Spalte) evet. in Ordnung ich habe eine Frage, *(legt die linken Fingerspitzen an den Rand rechts neben die Abbildung; zieht das AB1 zu sich)* jetzt die Farben der Hosen verändern sich wenn wir so schauen *(legt den rechten Zeigefinger nacheinander immer oben beginnend auf die Kombination in der ersten, zweiten, dritten und vierten Spalte)* ja.
169	Sed	*(legt den Stift nacheinander immer oben beginnend auf die Kombinationen in der ersten und zweiten Spalte)* evet değişiyor bunlar- *(legt den Stift nacheinander immer oben beginnend auf die Kombinationen in der ersten und zweiten Spalte)* ja die verändern sich-
170	Sel	peki *(hält den rechten Zeigefinger in der Luft nach oben)* bu *(fährt mit dem rechten Zeigefinger über die erste Reihe der Abbildung)* sıraya bakınca ne oluyor´ *(lehnt sich nach hinten; kratzt mit dem Daumen die Nase)* nun *(hält den rechten Zeigefinger in der Luft nach oben)* was passiert *(fährt mit dem rechten Zeigefinger über die erste Reihe der Abbildung)* wenn wir uns diese Reihe anschauen´ *(lehnt sich nach hinten; kratzt mit dem Daumen die Nase)*
171	Sed	*(öffnet den Deckel des Stifts; legt die rechte Hand auf den rechten Bereich der Aufgabenstellung) (leise)* ne oluyor´ *(öffnet den Deckel des Stifts; legt die rechte Hand auf den rechten Bereich der Aufgabenstellung) (leise)* was passiert´
172	Sel	*(stützt den rechten Ellenbogen auf den Tisch und ihren Kopf auf ihre Hand; fasst mit der linken Hand den rechten Ellenbogen an)* pantolonlarda, ne değiş- değişiyor mu´ bir şey *(stützt den rechten Ellenbogen auf den Tisch und ihren Kopf auf ihre Hand; fasst mit der linken Hand*

		den rechten Ellenbogen an) bei den Hosen, was veränd- verändert sich da was´
173	Sed	*(zieht das AB1 zu sich)* yo[56] *(schüttelt den Kopf)* *(zieht das AB1 zu sich)* nein *(schüttelt den Kopf)*
174	Sel	#soldan sağa doğru# #von links nach rechts#
175	Su	#yo *(legt die linke Hand auf den linken Bereich der Aufgabenstellung)* şurda# değişmiyor *(fährt mit dem rechten Zeigefinger mehrmals horizontal über die Kombinationen in der ersten Reihe)* ama .. *(fährt mit dem rechten Zeigefinger mehrmals horizontal über die Kombinationen in der zweiten Reihe)* şu *(legt den rechten Zeigefinger auf die erste Kombination in der ersten Reihe)* ve şuna *(legt den rechten Zeigefinger auf die erste Kombination in der zweiten Reihe)* bakarsak şu ikiside *(bedeckt mit dem rechten Handrücken die Kombinationen in der zweiten, dritten und vierten Spalte; tippt mit dem linken Zeigefinger mehrmals nacheinander von unten beginnend die Kombinationen in der ersten Spalte an)* renk- pantolonların rengi değişiyor *(legt den linken Zeigefinger von unten beginnend auf die Hosen in der ersten Spalte)* ama *(schaut Selma an; legt die rechte Hand und den rechten Unterarm auf den Tisch; stützt ihren rechten Ellenbogen auf den Tisch und ihren Kopf auf ihre Hand)* tişörterlin rengi değişmiyor. *(schaut auf das AB1)* #nein *(legt die linke Hand auf den linken Bereich der Aufgabenstellung)* dort# verändert sich nichts *(fährt mit dem rechten Zeigefinger mehrmals horizontal über die Kombinationen in der ersten Reihe)* aber .. *(fährt mit dem rechten Zeigefinger mehrmals horizontal über die Kombinationen in der zweiten Reihe)* bei der *(legt den rechten Zeigefinger auf die erste Kombination in der ersten Reihe)* und bei der

56 „yo“ steht in der Umgangssprache für „nein“ oder „nicht da/vorhanden“.

		(legt den rechten Zeigefinger auf die erste Kombination in der zweiten Reihe) wenn wir uns beide anschauen *(bedeckt mit dem rechten Handrücken die Kombinationen in der zweiten, dritten und vierten Spalte; tippt mit dem linken Zeigefinger mehrmals nacheinander von unten beginnend die Kombinationen in der ersten Spalte an)* die Farb- die Farben der Hosen verändern sich *(legt den linken Zeigefinger von unten beginnend auf die Hosen in der ersten Spalte)* aber *(schaut Selma an; legt die rechte Hand und den rechten Unterarm auf den Tisch; stützt ihren rechten Ellenbogen auf den Tisch und ihren Kopf auf ihre Hand)* die Farben der T-Shirts verändern sich nicht. *(schaut auf das AB1)*
176	Sel	mhm
177 (08:30)	Sed	ben bir şey fark ettim *(zieht die Augenbrauen zusammen)* ama ne olduğunu bilmiyorum. *(schüttelt den Kopf)* ich habe etwas bemerkt *(zieht die Augenbrauen zusammen)* aber ich weiß nicht was. *(schüttelt den Kopf)*
178	Sel	*(lehnt sich nach hinten) (leise)* mhm #nerde'# *(dreht sich mit dem Stuhl nach links)* *(lehnt sich nach hinten) (leise)* mhm #wo'# *(dreht sich mit dem Stuhl nach links)*
179	Sed	#mesela# Suna'nın dediği gibi, *(leise)* burdaki pantolon. *(zeichnet mit dem Stift eine vertikale Linie von unten nach oben zwischen der ersten und zweiten Spalte)* #zum Beispiel# wie Suna es gesagt hat, *(leise)* das hier ist Hose. *(zeichnet mit dem Stift eine vertikale Linie von unten nach oben zwischen der ersten und zweiten Spalte)*
180	Su	şurdan böyle *(fährt mit dem rechten Zeigefinger vertikal oben beginnend über die erste Spalte)* bakarsan pantolonların *(legt den rechten Mittel erst auf die erste Kombination in der ersten Reihe und dann auf die erste Kombination in der zweiten Reihe)* rengi değişiyor *(legt die linke Handfläche und die*

		rechte Faust auf den Tisch) ama *(hebt die linke Hand)* tişörler hep aynı kalıyor. *(bringt die linke Hand an ihren Mund)* wenn man sich das so *(fährt mit dem rechten Zeigefinger vertikal oben beginnend über die erste Spalte)* anschaut die Farbe der Hosen *(legt den rechten Mittel erst auf die erste Kombination in der ersten Reihe und dann auf die erste Kombination in der zweiten Reihe)* verändern sich *(legt die linke Handfläche und die rechte Faust auf den Tisch)* aber *(hebt die linke Hand)* die T-Shirts bleiben immer gleich. *(bringt die linke Hand an ihren Mund)*
181	Sed	evet *(hebt die rechte Hand und legt sie wieder auf die Aufgabenstellung)* aynı #kalıyor.# *(schüttelt den Kopf)* ja *(hebt die rechte Hand und legt sie wieder auf die Aufgabenstellung)* bleiben #gleich.# *(schüttelt den Kopf)*
182	Su	#burda da# *(legt den rechten Zeigefinger auf die zweite Kombination in der ersten Reihe)* burda da *(legt den rechten Zeigefinger auf die dritte Kombination in der ersten Reihe)* burda da. *(hält den rechten Zeigefinger in der Luft über die vierte Kombination in der ersten Reihe; dreht beide Handflächen nach oben und dreht sie zurück)* #hier auch# *(legt den rechten Zeigefinger auf die zweite Kombination in der ersten Reihe)* hier auch *(legt den rechten Zeigefinger auf die dritte Kombination in der ersten Reihe)* hier auch. *(hält den rechten Zeigefinger in der Luft über die vierte Kombination in der ersten Reihe; dreht beide Handflächen nach oben und dreht sie zurück)*
183	Sed	hepsi aynı bulamadım vallah *(schaut Selma an und lächelt; schüttelt den Kopf)* sen söyle. *(schiebt das AB1 zu Selma)* alle sind gleich ich habe es nicht gefunden bei Gott *(schaut Selma an und lächelt; schüttelt den Kopf)* sag du es. *(schiebt das AB1 zu Selma)*

184	Sel	*(lächelt)* tamam *(nickt)* hayır gayet iyi *(nickt)* buldunuz evet *(bringt die rechte Hand in die Richtung des AB1)* #tamam çok güzel.# *(dreht sich nach rechts)* *(lächelt)* in Ordnung *(nickt)* nein ganz gut *(nickt)* habt ihr es gemacht ja *(bringt die rechte Hand in die Richtung des AB1)* #in Ordnung sehr schön.# *(dreht sich nach rechts)*
185	Su	#bitti *(bewegt die linken Fingerspitzen in die Richtung von Selma)* bile bence.# *(lacht)* #wir sind fertig *(bewegt die linken Fingerspitzen in die Richtung von Selma)* glaube ich.# *(lacht)*
186	Sel	şimdi, *(legt AB2 auf den Tisch)* sorum var. *(schaut auf das AB1)* nun, *(legt AB2 auf den Tisch)* ich habe eine Frage. *(schaut auf das AB1)*
187	Sed	*(zeichnet mit dem Stift eine vertikale Linie von oben nach unten zwischen der zweiten und dritten Spalte in der Abbildung auf AB1)* ne $\#_1$sorusu´$\#_1$ ***(zeichnet mit dem Stift eine vertikale Linie von oben nach unten zwischen der zweiten und dritten Spalte in der Abbildung auf AB1)*** was für $\#_1$eine Frage´$\#_1$
188	Su	$\#_1$dur$\#_1$ lass mich das $\#_2$ver$\#_2$ *(leise) (nimmt mit der rechten Hand den Stift aus Sedas Hand; legt die linke Hand auf den linken Bereich der Aufgabenstellung; zieht das AB1 zu sich)* $\#_1$Stopp$\#_1$ lass mich das $\#_2$gib$\#_2$ ***(leise) (nimmt mit der rechten Hand den Stift aus Sedas Hand; legt die linke Hand auf den linken Bereich der Aufgabenstellung; zieht das AB1 zu sich)***
189	Sel	*(leise)* $\#_2$okay$\#_2$ onu da yap tamam *(leise)* $\#_2$okay$\#_2$ mach das auch in Ordnung

190	Su	*(zeichnet mit dem Stift eine vertikale Linie von oben nach unten zwischen der dritten und vierten Spalte und hinter der vierten Spalte; 4sec)*
191 (09:07)	Sel	*(legt die linken Fingerspitzen auf die rechte untere Ecke des AB2; schiebt es zu den Kindern)* Valeri´nin- *(legt die linken Fingerspitzen auf die rechte untere Ecke des AB2; schiebt es zu den Kindern)* Valeris-
192	Sed	*(legt die linken Fingerspitzen auf die rechte Ecke des AB1; zieht das AB1 zu sich; hält die rechte Hand in der Luft zu Suna)*
193	Su	*(leise)* (egal lass.?) *(hält den Stift nach links; reibt mit der linken Hand an dem Ende des Stifts, schaut sich den Stift an; dreht den Stift um)*
194	Sed	bende- *(nimmt den Stift mit der rechten Hand aus Sunas Hand; zeichnet eine horizontale Linie von links nach rechts zwischen der ersten und zweiten Reihe)* ich bin dran- *(nimmt den Stift mit der rechten Hand aus Sunas Hand; zeichnet eine horizontale Linie von links nach rechts zwischen der ersten und zweiten Reihe)*
195	Sel	onu niye yaptın´ *(schaut Seda an)* wieso hast du das gemacht´ *(schaut Seda an)*
196	Sed	*(zuckt mit Schultern; lächelt)*
197	Sel	niye yaptın *(schüttelt den Kopf; lächelt)* o çizgiyi´ wieso hast du *(schüttelt den Kopf; lächelt)* den Strich gemacht´
198	Sed	bunlar *(hält den linken Zeigefinger in der Luft nacheinander von oben beginnend über die Kombinationen in der ersten Spalte)* çünkü *(hält den linken Zeigefinger in der Luft nacheinander von oben beginnend über die Kombinationen in der zweiten Spalte)* mh *(hält den linken Zeigefinger in der Luft nacheinander von oben beginnend über die Kombinationen in der dritten Spalte)* başka. *(hält den linken Mittelfinger in der Luft über die erste Kombination in der ersten Reihe; schüttelt den Kopf; schaut Selma an; öffnet die linke Handfläche)* böyle *(der Stift fällt aus ihrer Hand auf den Tisch; nimmt*

		den Stift mit der rechten Hand; schaut Selma an) o o sırada *(fährt mit dem Stift vertikal von links nach rechts über die Kombinationen in der ersten Reihe)* oda o sırada *(fährt mit dem Stift vertikal von links nach rechts über die Hosen in der zweiten Reihe)* diye. die sind *(hält den linken Zeigefinger in der Luft nacheinander von oben beginnend über die Kombinationen in der ersten Spalte)* nämlich *(hält den linken Zeigefinger in der Luft nacheinander von oben beginnend über die Kombinationen in der zweiten Spalte)* mh *(hält den linken Zeigefinger in der Luft nacheinander von oben beginnend über die Kombinationen in der dritten Spalte)* anders. *(hält den linken Mittelfinger in der Luft über die erste Kombination in der ersten Reihe; schüttelt den Kopf; schaut Selma an; öffnet die linke Handfläche)* so *(der Stift fällt aus ihrer Hand auf den Tisch; nimmt den Stift mit der rechten Hand; schaut Selma an)* das ist in der Reihe *(fährt mit dem Stift vertikal von links nach rechts über die Kombinationen in der ersten Reihe)* und das ist in der Reihe *(fährt mit dem Stift vertikal von links nach rechts über die Hosen in der zweiten Reihe)* deswegen.
199	Sel	*(öffnet die Augen weit; zu Seda)* hangileri´ *(öffnet die Augen weit; zu Seda)* welche´
200	Su	uf *(bewegt die linke Hand in der Luft in die Richtung des AB1)* sanki *(schaut Selma an)* görmüyor. *(schaut Seda an; stützt ihren Kopf auf ihre Hand; schaut auf das AB1)* uf *(bewegt die linke Hand in der Luft in die Richtung des AB1)* als ob *(schaut Selma an)* sie das nicht sieht. *(schaut Seda an; stützt ihren Kopf auf ihre Hand; schaut auf das AB1)*
201	Sel	*(schaut Suna an)*
202	Sed	hangileri´ *(dreht beide Handflächen nach oben und dreht sie zurück)* bunlar. *(legt den linken Daumen, Zeigefinger und Mittelfinger links auf die Antwortzeilen; fährt mit dem Stift vertikal erst über*

		die Kombinationen in der ersten Reihe dann über die Kombinationen in der zweiten Reihe) welche´ *(dreht beide Handflächen nach oben und dreht sie zurück)* die hier. *(legt den linken Daumen, Zeigefinger und Mittelfinger links auf die Antwortzeilen; fährt mit dem Stift vertikal erst über die Kombinationen in der ersten Reihe dann über die Kombinationen in der zweiten Reihe)*
203	Sel	*(lehnt sich nach rechts)* pantolonları mı´ *(lehnt sich nach rechts)* die Hosen´
204	Sed	*(fährt mit dem Stift vertikal über die Kombinationen in der ersten Reihe)*
205	Sel	diyorsun *(leise)* yoksa´ meinst *(leise)* etwa´
206	Sed	ntz *(dreht das AB1 nach links; stellt den Kopf schräg)* ikisinide *(legt den Stift nacheinander von links beginnend auf die Kombinationen in der ersten Reihe)* bu aynı *(legt den Stift auf die erste Kombination in der ersten Reihe)* bu *(legt den Stift auf die zweite Kombination in der ersten Reihe)* bu *(legt den Stift auf die dritte Kombination in der ersten Reihe)* bu *(legt den Stift auf die vierte Kombination in der ersten Reihe)* bu *(legt den Stift auf die erste Kombination in der zweiten Reihe)* bu *(legt den Stift auf die zweite Kombination in der zweiten Reihe)* bu *(legt den Stift auf die dritte Kombination in der zweiten Reihe)* bu- *(legt den Stift auf die vierte Kombination in der zweiten Reihe; lehnt sich nach rechts; schaut Selma an)* ntz *(dreht das AB1 nach links; stellt den Kopf schräg)* beides *(legt den Stift nacheinander von links beginnend auf die Kombinationen in der ersten Reihe)* das ist gleich *(legt den Stift auf die erste Kombination in der ersten Reihe)* das *(legt den Stift auf die zweite Kombination in der ersten Reihe)* das *(legt den Stift auf die dritte Kombination in der ersten Reihe)* das *(legt den Stift auf die vierte Kombination in der ersten Reihe)* das *(legt den Stift*

		auf die erste Kombination in der zweiten Reihe) das *(legt den Stift auf die zweite Kombination in der zweiten Reihe)* das *(legt den Stift auf die dritte Kombination in der zweiten Reihe)* das- *(legt den Stift auf die vierte Kombination in der zweiten Reihe; lehnt sich nach rechts; schaut Selma an)*
207 (09:46)	Su	yani demek istiyor ki, *(legt den linken Daumen links auf die Antwortzeilen; legt den linken Zeigefinger, Mittelfinger links neben die Abbildung; hält die rechte Hand in der Luft über die Antwortzeilen)* burda pantolonlar *(legt den rechten Zeigefinger auf die erste Kombination in der ersten Reihe)* <u>bu</u> sırada <u>aynı</u> *(fährt mit dem rechten Zeigefinger horizontal über die Kombinationen in der ersten Reihe hin und her)* ve de- tiş- *(tippt mit dem rechten Zeigefinger nacheinander die Kombinationen in der ersten Reihe an)* ya ama sadece <u>tişörtler</u> değişiyor *(tippt mit dem rechten Zeigefinger nacheinander die Kombinationen in der ersten Reihe an)* also sie will sagen, *(legt den linken Daumen links auf die Antwortzeilen; legt den linken Zeigefinger, Mittelfinger links neben die Abbildung; hält die rechte Hand in der Luft über die Antwortzeilen)* hier sind die Hosen *(legt den rechten Zeigefinger auf die erste Kombination in der ersten Reihe)* <u>in der</u> Reihe <u>gleich</u> *(fährt mit dem rechten Zeigefinger horizontal über die Kombinationen in der ersten Reihe hin und her)* und auch- T-Shi- *(tippt mit dem rechten Zeigefinger nacheinander die Kombinationen in der ersten Reihe an)* ja aber nur <u>die T-Shirts</u> verändern sich *(tippt mit dem rechten Zeigefinger nacheinander die Kombinationen in der ersten Reihe an)*
208	Sel	*(nickt; öffnet den Mund)*
209	Su	öyle *(dreht die rechte Handfläche nach oben; hält Daumen in Richtung von Seda mit dem rechten Daumen auf Seda)* #diyor.# das *(dreht die rechte Handfläche nach oben; hält Daumen in Richtung von Seda mit dem rechten Daumen auf Seda)* #sagt sie.#

210	Sed	#evet.# *(schaut erst Suna dann Selma an)* #ja.# *(schaut erst Suna dann Selma an)*
211	Sel	okay *(nickt)* sehr gut. *(legt den linken Daumen, Zeigefinger, Mittelfinger auf die linke untere Ecke des AB2)*
212	Su	*(leise)* (was für Stifte habe ich jetzt lass das?) *(nimmt mit der rechten Hand den Stift auf Sedas Hand; legt den Stift auf den Tisch)*
213	Sel	tamam *(legt den rechten Mittelfinger, Ringfinger, Kleinfinger auf den rechten Bereich der Antwortzeilen auf AB2)* o zaman *(schiebt mit der linken Hand das AB1 nach links; schiebt mit der rechten Hand das AB2 nach links neben AB1)* şimdi soru şu *(legt die linke Hand auf die Antwortzeilen des AB2; legt die rechten Fingerspitzen auf die rechte obere Ecke des AB2)* in Ordnung *(legt den rechten Mittelfinger, Ringfinger, Kleinfinger auf den rechten Bereich der Antwortzeilen auf AB2)* dann *(schiebt mit der linken Hand das AB1 nach links; schiebt mit der rechten Hand das AB2 nach links neben AB1)* das ist die Frage *(legt die linke Hand auf die Antwortzeilen des AB2; legt die rechten Fingerspitzen auf die rechte obere Ecke des AB2)*
214	Su	*(nimmt den Stift mit der linken Hand)*
215	Sel	(*beginnt die dritte Frage bei Aufgabe 1 vorzulesen*) Valerie´nin iyi fikriyle (*beginnt die dritte Frage bei Aufgabe 1 vorzulesen*) mit Valeries guter Idee
216	Su	*(legt die rechten Fingerspitzen auf die rechte untere Ecke des AB1; legt die linken Fingerspitzen auf die linke untere Ecke des AB1; schiebt das AB1 nach links; legt die rechten Fingerspitzen auf die linke untere Ecke des AB2; schiebt das AB2 nach links; schaut auf das AB2; legt den linken Unterarm auf den Tisch; lehnt sich nach rechts)*
217	Sel	o siz- *(bewegt den linken Zeigefinger in der Luft in die Richtung des AB1; schaut beide Kinder an)* tarif ettiniz ya şimdi o sıralarla falan, *(legt beide*

		Handflächen auf den Tisch) o iyi fikriyle *(hebt die rechte Hand und legt die rechten Fingerspitzen auf den linken Daumen)* tüm olanaklar bulunabiliyor, açıkla bu neden *(dreht beide Handflächen nach oben; legt beide Hände auf den Tisch)* öyle. *(schaut die Kinder an)* ihr- *(bewegt den linken Zeigefinger in der Luft in die Richtung des AB1; schaut beide Kinder an)* habt es ja jetzt beschrieben mit den Reihen und so, *(legt beide Handflächen auf den Tisch)* mit ihrer guten Idee *(hebt die rechte Hand und legt die rechten Fingerspitzen auf den linken Daumen)* kann man alle Möglichkeiten finden, erkläre warum ist das *(dreht beide Handflächen nach oben; legt beide Hände auf den Tisch)* so. *(schaut die Kinder an)*
218	Sed	*(schaut Selma an; schaut wieder auf das AB1)*
219	Su	*(leise)* ah uf *(steht auf; spielt mit dem Stift)* was ist das *(hebt den rechten Unterarm)* für eine Frage´ *(legt den rechten Unterarm wieder auf den Tisch; schaut Selma an; lächelt)*
220	Sed	*(schaut Selma an; lächelt)*
221	Sel	*(lächelt)* düşünün bir, *(schließt die Augen, wackelt mit dem Kopf)* also das *(bewegt den rechten Zeigefinger in der Luft kreisförmig über die Kombinationen in der Abbildung)* sind alle Möglichkeiten die Valerie- *(lächelt)* überlegt mal, *(schließt die Augen, wackelt mit dem Kopf)* also das *(bewegt den rechten Zeigefinger in der Luft kreisförmig über die Kombinationen in der Abbildung)* sind alle Möglichkeiten die Valerie-
222	Su	*(setzt sich auf den Stuhl; legt den linken Unterarm auf den Tisch)*
223	Sel	mit- mit diesem Trick *(tippt mit dem rechten Zeigefinger die freie Fläche rechts neben der Abbildung an; schaut Seda an)* gefunden hat, *(hält die linke Hand gestreckt in der Luft; legt die rechte Faust auf den Tisch)* tamam mı´ *(schaut Suna)* mit- mit diesem Trick *(tippt mit dem rechten Zeigefinger die freie Fläche rechts neben der*

		Abbildung an; schaut Seda an) gefunden hat, *(hält die linke Hand gestreckt in der Luft; legt die rechte Faust auf den Tisch)* in Ordnung´ *(schaut Suna)*
224	Sed	*(nimmt mit der rechten Hand den Stift aus Sunas Hand)*
225 (10:19)	Su	#ich frage mich auch wie die Sachen sind#
226	Sel	#ve neden´ böyle *(dreht beide Handflächen nach oben)* oluyor yani# neden´ hepsini bulabiliyorsun bu Trickle. *(reibt mit der linken Hand an ihrer Nase)* #und wieso´ ist es *(dreht beide Handflächen nach oben)* so# wieso´ kann man mit diesem Trick alles finden. *(reibt mit der linken Hand an ihrer Nase)*
227	Sed	*(öffnet den Deckel des Stifts und legt den Deckel auf den Tisch; nimmt mit der linken Hand AB1; zieht das AB2 zu sich; legt den rechten Rand des AB1 auf den linken Rand des AB2 und hält den linken Rand des AB1 weiterhin in der linken Hand; schaut auf das AB1)*
228	Su	*(wackelt mit dem Stuhl hin und her) (leise)* ich wünsche das wäre in Mathe Dings *(lacht)* für Mathe Dings. #*(unverständlich)*#
229	Sed	*(legt den Stift auf das erste Wort auf AB2; wischt mit der rechten Hand über das erste Wort auf AB2)* #Almanca# *(legt die rechte Hand auf den rechten unteren Bereich des AB2; schiebt das AB2 zu Selma; schaut Selma an)* alabilir miyiz´ ben bundan hiçbir *(legt den rechten Unterarm auf den Tisch; hebt den linken Unterarm und legt ihn wieder auf den Tisch)* şey anlamıyorum bunun *(tippt mit dem Stift den mittleren unteren Bereich des AB2 an; legt die rechten Fingerspitzen auf den mittleren unteren Bereich des AB2)* Almancasını. *(legt den Stift auf das erste Wort auf AB2; wischt mit der rechten Hand über das erste Wort auf AB2)* #können wir das# *(legt die rechte Hand auf den rechten unteren Bereich des AB2; schiebt das AB2 zu Selma; schaut Selma an)* auf Deutsch haben´ von dem *(legt den rechten Unterarm auf den Tisch; hebt den linken Unterarm und legt ihn wieder auf den Tisch)* verstehe ich nichts das hier *(tippt mit dem Stift*

		den mittleren unteren Bereich des AB2 an; legt die rechten Fingerspitzen auf den mittleren unteren Bereich des AB2) auf Deutsch.
230	Sel	*(dreht sich nach rechts)* mhm
231	Sed	*(schiebt mit der rechten Hand das AB2 auf den Interviewleitfaden)*
232	Su	ich les das aber, *(lehnt sich nach rechts; legt beide Hände auf den Tisch) (leise)* ihr lest das immer.
233	Sel	*(dreht sich wieder zu den Kindern; gibt den Kindern das AB3)*
234	Su	*(steht auf; nimmt mit der rechten Hand AB3 in der Luft; legt den rechten Unterarm auf den Tisch; stützt den linken Ellenbogen auf den Tisch)*
235	Sed	zaten okucaktık. *(schaut auf das AB3)* wir wollten das sowieso lesen. *(schaut auf das AB3)*
236	Su	*(hält mit der linken Hand den linken oberen Bereich und mit der rechten Hand die rechte untere Ecke des AB3 in der Luft; beginnt die dritte Frage bei Aufgabe 1 vorzulesen)* mit Valeries guter Idee *(lässt mit der linken Hand das AB3 los)* kann man *(steht auf und steht gerade; legt die linke Hand auf den Tisch)* alle Möglichkeiten finden-
237	Sed	*(bringt die rechte Hand vor ihren Mund und ihre Nase; nießt)*
238	Su	*(liest weiterhin die Frage vor)* erkläre warum ist das so. *(hebt die linke Hand vom Tisch; lässt das AB3 fallen und die rechte obere Ecke des AB3 berührt den Tisch; schaut Selma an)*
239	Sed	*(die rechte Hand ist weiterhin vor ihrem Mund und ihrer Nase; nießt; zieht die Nase ein)*
240	Su	aynı soru. *(hebt den linken Fuß von hinten hoch; fasst mit der linken Hand den linken Fuß an; bringt mit der linken Hand den linken Fuß an die Stuhllehne)* dieselbe Frage. *(hebt den linken Fuß von hinten hoch; fasst mit der linken Hand den linken Fuß an; bringt mit der linken Hand den linken Fuß an die Stuhllehne)*

241	Sed	*(leise)* yani[57]. *(dreht den Kopf nach links; nimmt mit der rechten Hand AB3 aus Sunas Hand; legt das AB3 auf den Tisch und hält gleichzeitig das AB3 mit der rechten Hand fest; dreht den Kopf wieder zurück; legt das AB1 auf den Tisch; reibt mit der linken Hand erst an ihrem Mund dann an ihrer Nase und streicht ihre Haare nach hinten; nimmt mit der linken Hand AB1)* *(leise)* ja. *(dreht den Kopf nach links; nimmt mit der rechten Hand AB3 aus Sunas Hand; legt das AB3 auf den Tisch und hält gleichzeitig das AB3 mit der rechten Hand fest; dreht den Kopf wieder zurück; legt das AB1 auf den Tisch; reibt mit der linken Hand erst an ihrem Mund dann an ihrer Nase und streicht ihre Haare nach hinten; nimmt mit der linken Hand AB1)*
242	Su	*(setzt sich auf den Stuhl; legt den linken Unterarm auf den Tisch)* ich hätte *(hebt die rechte Hand nach oben)* das Türkische gemacht yoksa karışır hem. *(schaut auf das AB3; stützt den linken Ellenbogen auf den Tisch; mit der linken Hand spielt sie mit ihrem Mund)* *(setzt sich auf den Stuhl; legt den linken Unterarm auf den Tisch)* ich hätte *(hebt die rechte Hand nach oben)* das Türkische gemacht sonst ist es durcheinander. *(schaut auf das AB3; stützt den linken Ellenbogen auf den Tisch; mit der linken Hand spielt sie mit ihrem Mund)*
243 (11:01)	Sed	*(schaut auf das AB3; beginnt die dritte Frage bei Aufgabe 1 vorzulesen)* mit Valeries guter I- Idee kann man alle Möglichkei-
244	Su	*(wackelt mit dem Stuhl hin und her; stellt den Kopf schräg)* ten-
245	Sed	*(liest weiterhin die dritte Frage bei Aufgabe 1 vor)* ten finden erkläre *(lehnt sich nach hinten)* warum ist das so. *(legt AB3 auf den Tisch; legt die rechte Hand auf den rechten mittleren Rand des AB3; schaut auf*

[57] Die wörtliche Übersetzung von „yani" lautet „nämlich/und zwar".

		das AB1) çünkü buluyorsun. *(dreht beide Handflächen nach oben und dreht sie zurück; schaut Selma an)* *(liest weiterhin die dritte Frage bei Aufgabe 1 vor)* ten finden erkläre *(lehnt sich nach hinten)* warum ist das so. *(legt AB3 auf den Tisch; legt die rechte Hand auf den rechten mittleren Rand des AB3; schaut auf das AB1)* weil man es findet. *(dreht beide Handflächen nach oben und dreht sie zurück; schaut Selma an)*
246	Su	*(streicht mit der linken Hand eine Strähne hinter das Ohr; streichelt mit der linken Hand an ihrer Wange)*
247	Sel	yani´ also´
248	Sed	*(setzt einen Punkt hinter das letzte Wort in dem Antwortsatz auf AB1 und hält AB1 noch in der Hand; schaut Selma an; zieht die Augenbrauen zusammen)* niye´ *(setzt einen Punkt hinter das letzte Wort in dem Antwortsatz auf AB1 und hält AB1 noch in der Hand; schaut Selma an; zieht die Augenbrauen zusammen)* wieso´
249	Sel	*(nickt)*
250	Sed	*(leise)* ben vallah hiçbir şey anlamadım. *(bewegt das AB1 in der Luft nach links und dann wieder zurück; schaut auf das AB1)* *(leise)* ehrlich gesagt habe ich nichts verstanden. *(bewegt das AB1 in der Luft nach links und dann wieder zurück; schaut auf das AB1)*
251	Sel	böyle boyuyarak *(bewegt den rechten Zeigefinger kreisförmig über den linken oberen Bereich des AB1)* bu sıralara falan dikkat ederek indem man so malt *(bewegt den rechten Zeigefinger kreisförmig über den linken oberen Bereich des AB1)* dabei diese Reihen beachtet
252	Su	*(nimmt mit der rechten Hand den Stift aus Sedas Hand)* gib mal *(schließt den Deckel des Stifts)*

253	Sed	*(legt die rechte Hand auf das AB3; nimmt mit der rechten Hand AB3 und legt AB3 auf AB1; hält die obere Hälfte von AB1 und AB3 in der Luft)*
254	Su	*(stützt beide Ellenbogen auf den Tisch und ihren Kopf auf ihre Hände)*
255	Sel	bütün olanaklar bulunabiliyor. kann man alle Möglichkeiten finden.
256	Su	*(leise)* bir ver *(nimmt mit der linken Hand AB1 und AB3 aus Sedas Hand)* ganz kurz. *(legt AB3 und AB1 übereinander und schaut sich AB3 an)* *(leise)* gib mal *(nimmt mit der linken Hand AB1 und AB3 aus Sedas Hand)* ganz kurz. *(legt AB3 und AB1 übereinander und schaut sich AB3 an)*
257	Sel	ve bu neden *(zuckt mit den Schultern)* öyle′ und warum ist das *(zuckt mit den Schultern)* so′
258 (11:40)	Su	*(legt AB3 und AB1 übereinander auf den Tisch dabei liegt AB3 oben; legt den linken Daumen, Zeigefinger und Mittelfinger auf den linken oberen Bereich der Antwortzeilen auf AB3; wischt mit dem rechten kleinen Finger über die Aufgabestellung auf AB3)* so kann man das *(schiebt mit den linken Fingern AB3 nach rechts)* besser sehen *(legt die rechten Fingerspitzen auf die rechte untere Ecke des AB3 und schiebt das AB3 wieder zurück nach links; legt den linken Daumen auf den rechten oberen Bereich der Antwortzeilen; legt den linken Zeigefinger, Mittelfinger und Ringfinger auf die linke obere Ecke des AB3; wischt mit dem rechten Kleinfinger über den linken oberen Bereich der Antwortzeilen; legt die rechte Faust auf den rechten unteren Bereich der Antwortzeilen)* ich wünschte das müsste sowie jetzt alles auf- eh *(bewegt den Stift in der Luft zickzackförmig erst über die Aufgabenstellung dann über die Antwortzeilen auf AB3)* so *(legt die linken Fingerspitzen auf den linken mittleren Rand des AB3; bewegt den Stift über den linken mittleren Bereich der Antwortzeilen vertikal von oben nach unten)* malen
259	Sed	*(nimmt mit der rechten Hand den Stift aus Sunas Hand)*

260	Su	*(stützt den linken Ellenbogen auf den Tisch und ihre Stirn auf ihre Hand; legt die rechte Hand gestreckt auf der rechten unteren Bereich der Antwortzeilen)* wär viel einfacher.
261	Sed	*(schaut Selma an)*
262	Sel	tamam o zaman problem değil *(schüttelt den Kopf)* öbür soruya geçelim *(legt die rechte Hand auf den rechten mittleren Bereich des AB2; fasst die rechte obere Ecke des AB3 an; nimmt AB3 und AB1 in beide Hände; trennt AB3 und AB1 voneinander; legt AB3 auf AB2; legt AB1 auf AB3) (leise)* problem değil so kein Problem. in Ordnung dann es ist kein Problem *(schüttelt den Kopf)* wir gehen zur nächsten Frage über *(legt die rechte Hand auf den rechten mittleren Bereich des AB2; fasst die rechte obere Ecke des AB3 an; nimmt AB3 und AB1 in beide Hände; trennt AB3 und AB1 voneinander; legt AB3 auf AB2; legt AB1 auf AB3) (leise)* kein Problem so kein Problem.
263	Sed	eh
264	Sel	*(nimmt den Stapel der ABs mit beiden Händen; schlägt den rechten Rand der ABs auf den Tisch) (leise)* buraya koyalım bunu *(legt die ABs auf den Tisch)* Almanca mı´ Türkçe mi´ alalım. *(nimmt den Stapel der ABs mit beiden Händen; schlägt den rechten Rand der ABs auf den Tisch) (leise)* das tun wir hierhin *(legt die ABs auf den Tisch)* sollen wir Deutsch oder Türkisch nehmen´
265	Su	*(legt die linke Hand auf die rechte untere Ecke des AB1; schiebt den Stapel der ABs weiter nach links)*
266	Sel	*(legt die linke Hand auf den Tisch; dreht sich nach rechts)* Almanca mı´ Türkçe mi´ alalım. *(legt die linke Hand auf den Tisch; dreht sich nach rechts)* sollen wir Deutsch oder Türkisch nehmen´
267 (12:04)	Sed	Almanca bu sefer. *(schlägt mehrmals mit dem Stift auf die linke Handfläche)* dieses Mal Deutsch. *(schlägt mehrmals mit dem Stift auf die linke Handfläche)*

268	Sel	tamam. in Ordnung.
269	Su	*(legt die linke Hand auf den Tisch; wackelt mit dem Stuhl hin und her)* Türkçe desem yalan olur. *(legt die linke Hand auf den Tisch; wackelt mit dem Stuhl hin und her)* wenn ich Türkisch sage ist es gelogen.
270	Sel	*(legt AB4 auf den Tisch)* tamam. *(schiebt das AB4 zu den Kindern; legt die rechten Fingerspitzen auf die rechte obere Ecke des AB4; legt die linken Fingerspitzen auf den rechten mittleren Rand des AB4)* *(legt AB4 auf den Tisch)* in Ordnung. *(schiebt das AB4 zu den Kindern; legt die rechten Fingerspitzen auf die rechte obere Ecke des AB4; legt die linken Fingerspitzen auf den rechten mittleren Rand des AB4)*
271	Su	*(legt den linken Zeigefinger auf den linken mittleren Rand des AB4; beginnt die Aufgabenstellung bei Aufgabe 2 vorzulesen)* jetzt hast du auch sechs Anziehsachen *(nimmt das AB4 mit beiden Händen in die Hand und hält AB4 in der Luft; liest weiterhin die Aufgabenstellung vor)* zur Auswahl n- nä- nämlich drei Hosen *(lässt mit den linken Hand AB4 los)* schwarz blau *(lehnt sich nach hinten)* orange *(hält nochmal AB4 mit beiden Händen)* #und-#
272	Sed	#braun-# *(spielt mit dem Stift)*
273	Su	*(liest weiterhin die Aufgabenstellung vor)* braun halt und drei Oberteile orange blau und rot wie viele Möglichkeiten.
274	Sed	*(bringt beide Hände zum AB4)*
275	Su	*(zieht das AB4 nach links)* warte mal *(liest weiterhin die Aufgabenstellung vor)* hast du dich verschieden-
276	Sed	*(winkt in die Kamera)*
277	Su	*(liest weiterhin die Aufgabenstellung vor)* anzuziehen´ *(hält das AB4 vor Sedas Gesicht und zieht es dann zurück)*
278	Sed	verschieden anzuziehen.

(12:45)		
279	Su	verschieden anzuziehen, *(zu Seda) (leise)* yaziyor. verschieden anzuziehen, *(zu Seda) (leise)* steht da.
280	Sel	tamam devam oku. in Ordnung ließ weiter.
281	Sed	*(fasst den rechten mittleren Bereich des AB4 an)* bir- *(fasst den rechten mittleren Bereich des AB4 an)* ein-
282	Su	warte lass mal. *(zieht das AB4 nach rechts)*
283	Sed	*(zu Suna)* bakabilir miyim´ *(legt den rechten Unterarm auf den Tisch; dreht die rechte Handfläche nach oben; schaut auf das AB4)* *(zu Suna)* kann ich schauen´ *(legt den rechten Unterarm auf den Tisch; dreht die rechte Handfläche nach oben; schaut auf das AB4)*
284	Su	*(zu Seda)* hier *(hält das AB4 mit der linken Hand in der Luft; legt den rechten Zeigefinger auf den rechten oberen Bereich auf AB4)* steht das Mann. *(dreht das AB4 zu sich)*
285	Sed	nein. *(zieht beide Ärmel hoch; schaut Selma an)*
286	Sel	(schaut Seda an)
287	Su	*(liest weiterhin die Aufgabenstellung vor)* nutz dabei die gute Idee von Valerie um *(legt beide Hände auf den Tisch und hält dabei AB4 in den Händen)* alle Möglichkeiten zu finden hier kannst du die Möglichkeit hinschreiben oder hinmalen. *(legt AB4 auf den Tisch)*
288 (13:09)	Sed	*(zieht die Augenbrauen zusammen)* biz #bilmiyoruz-# *(spielt mit dem Stift)* *(zieht die Augenbrauen zusammen)* wir #wissen nicht-# *(spielt mit dem Stift)*
289	Su	*(liest weiterhin die Aufgabenstellung vor)* #beschreibe# welches Vor- *(legt die rechte Hand auf den Tisch; streicht mit der linken Hand eine Strähne hinter das Ohr und spielt dann mit den Haaren)*

290	Sed	*(zieht die Augenbrauen zusammen)* bilmiyor- biz bilmiyoruz ki. *(spielt mit dem Stift; schaut Suna an)* *(zieht die Augenbrauen zusammen)* wissen ni- wir wissen doch nicht. *(spielt mit dem Stift; schaut Suna an)*
291	Sel	*(legt die linke Hand auf den Tisch; lehnt sich nach vorne)* soruyu #1anladınız mı´#1 *(legt die rechte Hand auf den Tisch)* *(legt die linke Hand auf den Tisch; lehnt sich nach vorne)* habt ihr die Frage #1verstanden´#1 *(legt die rechte Hand auf den Tisch)*
292	Su	#1ich kann#1
293	Sed	#2an-#2 *(zieht die Augenbrauen hoch)*
294	Su	#2Möglichkeiten#2 *(hält den rechten Zeigefinger in der Luft auf AB4)* machen. *(legt die rechte Hand auf den Tisch rechts neben AB4; spielt mit der linken Hand mit ihren Haaren; schaut Selma an)*
295	Sed	biliyorum. ich weiß.
296	Sel	soruyu *(nickt; zieht die Augenbrauen hoch)* anladınız mı´ habt ihr die Frage *(nickt; zieht die Augenbrauen hoch)* verstanden´
297	Su	#1anladık#1 *(stützt den linken Ellenbogen auf den Tisch; schaut auf das AB4; spielt mit der linken Hand mit ihren Haaren)* #1wir haben es verstanden#1 *(stützt den linken Ellenbogen auf den Tisch; schaut auf das AB4; spielt mit der linken Hand mit ihren Haaren)*
298	Sed	*(zu Selma; nickt)* #1evet anladık#1 ama Valevie´rin[58] eh #2Trick-#2

[58] Sie spricht den Namen falsch aus.

		(zu Selma; nickt) #1ja wir haben es verstanden#1 aber Valevies eh #2Trick-#2
299	Su	#2Vale-rie.# 2 *(hebt die rechte Hand und legt sie wieder auf den Tisch)*
300	Sel	*(legt die rechten Fingerspitzen auf den rechten mittleren Rand des AB1; zieht es zu sich; hebt mit der rechten Hand das Tonaufnahmegerät; legt die linken Fingerspitzen auf die rechte untere Ecke des AB1 und zieht es weiter zu sich)*
301	Sed	Valerie'nin *(nickt)* Tricki ne olduğunu bilmiyoruz ki Trickı. *(schaut Selma an)* *(nickt)* wir wissen nicht was Valeries Trick ist den Trick. *(schaut Selma an)*
302	Sel	*(legt den rechten Zeigefinger rechts neben die Abbildung auf AB1; schaut Seda an)*
303	Su	burda *(tippt mit dem rechten Zeigefinger mehrmals die freie Fläche unter der Abbildung auf AB1 an)* yazıyor ya. hier *(tippt mit dem rechten Zeigefinger mehrmals die freie Fläche unter der Abbildung auf AB1 an)* steht es ja.
304	Sel	daha demin tarif ettiniz ya. *(schaut Seda an)* ihr habt es ja gerade beschrieben. *(schaut Seda an)*
305	Su	*(legt die rechten Fingerspitzen auf die linke untere Ecke des AB1)*
306	Sed	ben onu buraya *(tippt mit dem Stift die linke freie Fläche unter der Aufgabenstellung auf AB4 an)* boyuyabilir miyim' *(schaut Selma an) (leise)* ordaki. *(bewegt den Stift kreisförmig über die Kombinationen in der Abbildung)* darf ich das hierhin *(tippt mit dem Stift die linke freie Fläche unter der Aufgabenstellung auf AB4 an)* malen' *(schaut Selma an) (leise)* das da. *(bewegt den Stift kreisförmig über die Kombinationen in der Abbildung)*

307 (13:35)	Sel	bunun *(bewegt den rechten Zeigefinger kreisförmig über die Kombinationen in der Abbildung)* aynısını değil çünkü Valerie´nin kıyafetleri *(fährt mit dem rechten Zeigefinger über die T-Shirts und Hosen in der Aufgabenstellung auf AB1)* farklı *(zieht die Augenbrauen hoch)* sizinkiler burda *(legt den rechten Zeigefinger auf die Hosen in der Aufgabenstellung auf AB4)* gösteriliyor zaten. nicht *(bewegt den rechten Zeigefinger kreisförmig über die Kombinationen in der Abbildung)* das Gleiche denn Valeries Klamotten *(fährt mit dem rechten Zeigefinger über die T-Shirts und Hosen in der Aufgabenstellung auf AB1)* sind andere *(zieht die Augenbrauen hoch)* eure sind hier *(legt den rechten Zeigefinger auf die Hosen in der Aufgabenstellung auf AB4)* es wird sowieso gezeigt.
308	Sed	ah *(nimmt mit der linken Hand AB4)* #1onları *(schaut sich AB4 in der Luft an; schaut Selma an; zieht die Augenbrauen zusammen)* boyuyabilir miyim´#1 *(legt AB4 auf den Tisch)* ah *(nimmt mit der linken Hand AB4)* #1darf ich die *(schaut sich AB4 in der Luft an; schaut Selma an; zieht die Augenbrauen zusammen)* malen´#1 *(legt AB4 auf den Tisch)*
309	Sel	#1ama *(bringt den rechten Zeigefinger an ihre Schläfe)* o iyi#1 fikri kullancaksınız *(legt die rechte Hand auf den Tisch)* tamam mı´ #1aber *(bringt den rechten Zeigefinger an ihre Schläfe)* die gute#1 Idee müsst ihr benutzen *(legt die rechte Hand auf den Tisch)* in Ordnung´
310	Sed	*(leise)* tamam *(schüttelt den Kopf)* #2hadi.#2 *(leise)* in Ordnung *(schüttelt den Kopf)* #2los.#2
311	Su	*(steht auf)* #2du#2 malst drei ich male drei.
312	Sel	*(legt die Buntstifte auf den Tisch)* siyah, *(holt aus der Verpackung den schwarzen Buntstift raus und legt ihn auf den Tisch)*

		(legt die Buntstifte auf den Tisch) schwarz, *(holt aus der Verpackung den schwarzen Buntstift raus und legt ihn auf den Tisch)*
313	Sed	*(legt die rechte Hand auf den schwarzen Stift)*
314	Sel	#$_1$mavi.#$_1$ *(holt aus der Verpackung den blauen Stift raus und legt ihn auf den Tisch)* #$_1$blau.#$_1$ *(holt aus der Verpackung den blauen Stift raus und legt ihn auf den Tisch)*
315	Sed	*(legt die rechte Hand auf den blauen Stift; schiebt ihn neben den schwarzen Stift)*
316	Su	*(legt ihren rechten Fuß auf den Stuhl)* #$_1$kahverengi#$_1$ mavi *(dreht die Stuhllehne)* kahverengi- *(legt ihren rechten Fuß auf den Stuhl)* #$_1$braun#$_1$ blau *(dreht die Stuhllehne)* braun-
317	Sel	#$_2$kahverengi.#$_2$ *(holt aus der Verpackung den braunen Stift raus und legt ihn auf den Tisch)* #$_2$braun.#$_2$ *(holt aus der Verpackung den braunen Stift raus und legt ihn auf den Tisch)*
318	Sed	*(legt die rechte Hand auf den braunen Stift; schiebt ihn neben den blauen Stift)*
319	Su	#$_2$turuncu#$_2$ kırmızı ve *(lehnt sich an den Tisch)* mavi. #$_2$orange#$_2$ rot und *(lehnt sich an den Tisch)* blau.
320	Sed	*(legt die linken Fingerspitzen auf den unteren Rand des AB1; schiebt das AB1 nach links)* dafür darfst du *(zieht die Augenbrauen zusammen; dreht beide Handflächen nach oben)* gleich schreiben.
321	Sel	*(holt aus der Verpackung den orangefarbenen Stift raus und legt ihn auf den Tisch)*
322	Sed	*(legt die rechte Hand auf den orangefarbenen Stift)*
323	Sel	kırmızı, *(holt aus der Verpackung den roten Stift raus und legt ihn auf den Tisch)* açık mavi mi´ rot, *(holt aus der Verpackung den roten Stift raus und legt ihn auf den Tisch)* ist es hellblau´

324	Sed	*(legt die rechte Hand auf den roten Stift; schiebt ihn neben den orangefarbenen Stift)* #evet.# *(legt die rechte Hand auf den roten Stift; schiebt ihn neben den orangefarbenen Stift)* #ja.#
325	Su	*(legt die linke Hand auf den Tisch; ist mit beiden Beinen auf dem Stuhl)* #evet# *(legt die linke Hand auf den Tisch; ist mit beiden Beinen auf dem Stuhl)* #ja#
326 (14:06)	Sel	yeşil mi´ alsak onun yerine. *(holt aus der Verpackung den hellblauen Stift raus und legt ihn auf den Tisch)* sollen wir stattdessen grün nehmen´ *(holt aus der Verpackung den hellblauen Stift raus und legt ihn auf den Tisch)*
327	Sed	*(legt die rechte Hand auf den hellblauen Stift; schaut auf das AB4)* yeşil gibi *(schüttelt den Kopf)* gözüküyor ama. *(schiebt den hellblauen Stift zu Selma)* *(legt die rechte Hand auf den hellblauen Stift; schaut auf das AB4)* wie grün *(schüttelt den Kopf)* sieht es aber aus. *(schiebt den hellblauen Stift zu Selma)*
328	Su	*(steht auf dem Stuhl auf dem rechten Fuß und dem linken Knie; legt den linken Unterarm auf den Tisch)* aber hellgrün *(richtet den rechten Zeigefinger in der Luft auf die Buntstifte; legt die rechte Hand auf den Tisch) (leise)* hellgrün.
329	Sel	*(legt den hellblauen Stift in die Verpackung; holt den grünen Stift raus und legt ihn auf den Tisch neben den roten Stift) (leise)* okay. *(legt die Verpackung der Buntstifte weg)*
330	Sed	*(legt die rechte Hand auf den grünen, orangefarbenen und roten Stift)* ben boyucam *(leise)* her şeyi. *(nimmt mit der rechten Hand den schwarzen Stift)* *(legt die rechte Hand auf den grünen, orangefarbenen und roten Stift)* ich male *(leise)* alles aus. *(nimmt mit der rechten Hand den schwarzen Stift)*

331	Su	du bist *(leise)* voll unfair. *(bewegt ihre Beine auf dem Stuhl)*
332	Sed	*(legt den schwarzen Stift auf den mittleren Bereich des AB4)* bunla *(nimmt mit der rechten Hand den Kugelschreiber in die Hand)* üstünden bir geçim. *(öffnet den Deckel des Stifts)* *(legt den schwarzen Stift auf den mittleren Bereich des AB4)* lass mich damit *(nimmt mit der rechten Hand den Kugelschreiber in die Hand)* mal drüber gehen. *(öffnet den Deckel des Stifts)*
333	Sel	*(zu Seda)* onla boyamıyoruz ama. *(zu Seda)* aber damit malen wir nicht.
334	Sed	*(beginnt die Umrisse der ersten Kombination mit dem Kugelschreiber zu zeichnen)* biliyom, sadece böyle zeichnen ediyom[59]. *(beginnt die Umrisse der ersten Kombination mit dem Kugelschreiber zu zeichnen)* ich weiß, ich zeichne nur so.
335	Su	*(legt den rechten Unterarm auf den Tisch; stützt den linken Ellenbogen auf den Tisch und ihren Kopf auf ihre Hand; zu Seda)* kann ich wenigstens zeichnen´
336	Sel	ach so ihr *(zieht die Augenbrauen zusammen)* müsst die gar nicht ausmalen *(bringt beide Hände auf den Tisch und legt sie übereinander)* es reicht *(schüttelt den Kopf)* auch wenn ihr mir die Umrisse zeichnet. *(schaut auf das AB4)*
337	Sed	#₁*(unverständlich)*#₁ *(zeichnet weiterhin die Umrisse der ersten Kombination)*
338	Su	#₁die (*hält linke Faust in Richtung von Seda*) will das aber#₁ ausmalen *(verschränkt die Arme vor der Brust)*
339	Sed	#₂ja#₂ *(zeichnet weiterhin die Umrisse der ersten Kombination)*
340	Su	*(schaut Selma an)*

[59] Die wörtliche Übersetzung von „zeichnen ediyom" ist „zeichnen machen".

		#$_2$lass#$_2$ die *(hebt die rechte Hand in die Luft)* einfach ausmalen. *(legt die rechte Hand auf den Tisch; schaut auf das AB4) (5sec)*
341	Sed	*(zeichnet zu Ende)*
342 (14:43)	Su	kannst gut zeichnen, aber hier muss nur noch ein Strich *(legt den linken Zeigefinger auf die von Seda gezeichnete Kombination)* weil die *(hält linken Zeigefinger in Richtung der Aufgabenstellung auf AB4)* haben das auch so gemacht. *(stützt den linken Ellenbogen auf den Tisch und ihren Kopf auf ihre Hand)*
343	Sed	wo *(hält den Kugelschreiber über die erste von ihr gezeichnete Kombination)*
344	Su	#hier.# *(hält den linken Zeigefinger oberhalb der ersten von Seda gezeichneten Kombination)*
345	Sed	#he[60]# … *(zeichnet mit dem Kugelschreiber einen Strich bei der ersten Kombination; schließt den Deckel des Stifts und legt ihn auf den Tisch; nimmt mit der rechten Hand den schwarzen Buntstift)* jetzt male ich mal aus.
346	Su	*(stützt den linken Ellenbogen auf den Tisch und ihren Kopf auf ihre Hand)* kann ich das Andere malen´
347	Sed	*(beginnt mit dem schwarzen Buntstift die schwarze Hose der ersten Kombination auszumalen)* ntz Suna dafür darfst du gleich *(dreht AB4 nach links und malt weiterhin)* auch malen wir #$_1$malen noch.#$_1$ *(dreht das AB4 nach rechts und malt weiterhin)* *(beginnt mit dem schwarzen Buntstift die schwarze Hose der ersten Kombination auszumalen)* ntz Suna dafür darfst du gleich *(dreht AB4 nach links und malt weiterhin)* auch malen wir #$_1$malen noch.#$_1$ *(dreht das AB4 nach rechts und malt weiterhin)*
348	Su	#$_1$vielleicht#$_1$ gibt sie *(bewegt die linke Hand vom Kinn nach außen und dann wieder zum Kinn)* gleich *(schüttelt den Kopf; lehnt sich nach hinten)* keine Ausmaldingse #$_2$vielleicht-#$_2$ *(bringt den linken Zeigefinger an ihren Mund)*

[60] Hier verdeutlicht der Laut „he“ vermutlich eine Zustimmung.

349	Sed	#$_2$nein#$_2$ Suna *(legt den schwarzen Buntstift auf den Tisch; zieht die Augenbrauen zusammen)* bebek değilsin ya konuşucan. *(nimmt mit der rechten Hand den orangefarbenen Buntstift; beginnt mit dem orangefarbenen Buntstift das orangefarbene T-Shirt der ersten Kombination auszumalen)* #$_2$nein#$_2$ Suna *(legt den schwarzen Buntstift auf den Tisch; zieht die Augenbrauen zusammen)* du bist ja kein Baby du redest. *(nimmt mit der rechten Hand den orangefarbenen Buntstift; beginnt mit dem orangefarbenen Buntstift das orangefarbene T-Shirt der ersten Kombination auszumalen)*
350	Su	*(stellt den rechten Fuß auf ihren Stuhl; richtet die linke Hand auf Seda; nimmt den rechten Fuß runter vom Stuhl; nähert sich Seda; schaut auf das AB4)* uf *(leise)* gıcık .. *(legt die linke Hand auf den Tisch)* kann ich dann wenigstens zeichnen´ *(schüttelt den Kopf; bringt den linken Kleinfinger in den Mund)* *(stellt den rechten Fuß auf ihren Stuhl; richtet die linke Hand auf Seda; nimmt den rechten Fuß runter vom Stuhl; nähert sich Seda; schaut auf das AB4)* uf *(leise)* Nervensäge .. *(legt die linke Hand auf den Tisch)* kann ich dann wenigstens zeichnen´ *(schüttelt den Kopf; bringt den linken Kleinfinger in den Mund)*
351 (15:20)	Sel	ihr müsst nicht zeichnen *(zieht die Augenbrauen zusammen; nimmt mit der rechten Hand den Kugelschreiber aus Sedas Hand)* o çok vaktimizi alcak einfach bu- o *(nickt)* renkle boyayın *(legt den Kugelschreiber auf den Tisch)* tamam mı´ ihr müsst nicht zeichnen *(zieht die Augenbrauen zusammen; nimmt mit der rechten Hand den Kugelschreiber aus Sedas Hand)* das nimmt uns zu viel Zeit weg malt einfach mit- mit *(nickt)* dieser Farbe *(legt den Kugelschreiber auf den Tisch)* in Ordnung´
352	Sed	*(malt das orangefarbene T-Shirt zu Ende; legt den orangefarbenen Buntstift auf den Tisch; schiebt ihn weg von den anderen Buntstiften)* tamam, ... *(nimmt mit der rechten Hand den blauen Buntstift; beginnt*

		die blaue Hose der zweiten Kombination rechts neben die erste Kombination zu zeichnen) (leise) mavi pantolon. *(5sec)* *(malt das orangefarbene T-Shirt zu Ende; legt den orangefarbenen Buntstift auf den Tisch; schiebt ihn weg von den anderen Buntstiften)* in Ordnung, ... *(nimmt mit der rechten Hand den blauen Buntstift; beginnt die blaue Hose der zweiten Kombination rechts neben die erste Kombination zu zeichnen) (leise)* blaue Hose. *(5sec)*
353	Sel	*(leise)* aynen öyle boyayın işte. *(streicht mit der linken Hand erst eine Strähne hinter das linke Ohr und dann hinter das rechte Ohr)* *(leise)* genau malt so. *(streicht mit der linken Hand erst eine Strähne hinter das linke Ohr und dann hinter das rechte Ohr)*
354	Sed	*(malt die blaue Hose aus; legt den blauen Buntstift auf den Tisch; nimmt mit der rechten Hand roten Buntstift; beginnt ein rotes T-Shirt der zweiten Kombination zu zeichnen; malt das rote T-Shirt aus; legt den roten Buntstift auf den Tisch; 20sec)* şimdi braun *(nimmt mit der rechten Hand den braunen Buntstift)* und das. *(nimmt mit der rechten Hand den grünen Buntstift; legt mit der linken Hand den schwarzen, blauen, roten und orangefarbenen Buntstift zusammen; nimmt den grünen Buntstift in die linke Hand; hält den braunen Buntstift rechts neben die zweite Kombination; nimmt den braunen Buntstift in die linke Hand)* pantolon şey. *(nimmt mit der rechten Hand den blauen Buntstift, schaut nach rechts; malt mit dem blauen Buntstift nochmal die Hose der zweiten Kombination an)* *(malt die blaue Hose aus; legt den blauen Buntstift auf den Tisch; nimmt mit der rechten Hand roten Buntstift; beginnt ein rotes T-Shirt der zweiten Kombination zu zeichnen; malt das rote T-Shirt aus; legt den roten Buntstift auf den Tisch; 20sec)* jetzt braun *(nimmt mit der rechten Hand den braunen Buntstift)* und das. *(nimmt mit der rechten Hand den grünen Buntstift; legt mit der linken Hand den*

		schwarzen, blauen, roten und orangefarbenen Buntstift zusammen; nimmt den grünen Buntstift in die linke Hand; hält den braunen Buntstift rechts neben die zweite Kombination; nimmt den braunen Buntstift in die linke Hand) die Hose Dings. *(nimmt mit der rechten Hand den blauen Buntstift, schaut nach rechts; malt mit dem blauen Buntstift nochmal die Hose der zweiten Kombination an)*
355	Sel	*(dreht sich und redet mit einer Lehrerin; 22sec)*
356	Sed	*(schaut nach rechts; malt weiterhin die blaue Hose an, legt den blauen Buntstift auf den Tisch; nimmt mit der rechten Hand roten Buntstift; dreht das AB4 nach rechts; malt mit dem roten Buntstift nochmal das rote T-Shirt der zweiten Kombination an)*
357 (16:34)	Su	*(zu Selma)* kaç saat yani´ *(streichelt mit der rechten Hand die linke Schulter)* bir saat mi´ *(zu Selma)* also wie viele Stunden´ *(streichelt mit der rechten Hand die linke Schulter)* eine Stunde´
358	Sel	hmhm *(zieht die Augenbrauen hoch) (leise)* iki saat falan. hmhm[61] *(zieht die Augenbrauen hoch) (leise)* zwei Stunden oder so.
359	Su	iki saat´ *(wirkt verwundert)* zwei Stunden´ *(wirkt verwundert)*
360	Sel	*(nickt)*
361	Su	burdayız´ *(lehnt sich nach hinten; hebt beide Arme hoch und hält dabei die Hände in der Höhe von den Schultern)* sind wir hier´ *(lehnt sich nach hinten; hebt beide Arme hoch und hält dabei die Hände in der Höhe von den Schultern)*
362	Sel	yok *(zieht die Augenbrauen hoch)* siz değil *(leise)* başka çocuklar.

[61] „hmhm“ wird hier als verneinender Laut gedeutet.

		nein *(zieht die Augenbrauen hoch)* nicht ihr *(leise)* andere Kinder.
363	Su	ha *(lehnt sich an den Tisch; legt den rechten Unterarm auf den Tisch; stützt den linken Ellenbogen auf den Tisch und ihren Kopf auf ihre Hand; schaut auf das AB4; legt die linke Hand an den Hals) (leise)* ich dachte schon.
364	Sed	*(malt das rote T-Shirt zu Ende; legt den roten Buntstift auf den Tisch)* ama iyi olurdu aslında ben burda *(nimmt den braunen Buntstift in die rechte Hand)* uzun *(bewegt den linken Arm mehrmals nach oben und unten)* kalabilirim. *(beginnt mit dem braunen Buntstift die Hose der dritten Kombination rechts neben die zweite Kombination zu zeichnen)* *(malt das rote T-Shirt zu Ende; legt den roten Buntstift auf den Tisch)* aber eigenlich wäre es gut ich kann hier *(nimmt den braunen Buntstift in die rechte Hand)* lange *(bewegt den linken Arm mehrmals nach oben und unten)* bleiben. *(beginnt mit dem braunen Buntstift die Hose der dritten Kombination rechts neben die zweite Kombination zu zeichnen)*
365	Su	ntz uf ntz uf
366	Sel	*(dreht sich mit dem Stuhl nach links; zu Seda)* Seda Suna´ya da anlat ne yaptığını. *(dreht sich mit dem Stuhl nach links; zu Seda)* Seda erkläre auch Suna was du gemacht hast.
367	Sed	boyuyorum *(malt die braune Hose aus)* ich male *(malt die braune Hose aus)*
368	Sel	evet *(nickt)* ama #nasıl boyuyorsun´ yani neye göre boyuyorsun´ ja *(nickt)* aber #wie malst du´ also wonach malst du´
369	Su	#wow# görüyoruz ta- boyadığını. *(wackelt mit dem Stuhl hin und her)* #wow# wir sehen dass du malst. *(wackelt mit dem Stuhl hin und her)*

370	Sed	*(malt weiterhin die braune Hose aus)* yani ben böyle tişört *(malt die braune Hose zu Ende, legt den braunen Buntstift auf den Tisch)* ve pantolon boyuyom- *(nimmt den grünen Buntstift in die rechte Hand)* *(malt weiterhin die braune Hose aus)* also ich male so T-Shirt *(malt die braune Hose zu Ende, legt den braunen Buntstift auf den Tisch)* und Hose- *(nimmt den grünen Buntstift in die rechte Hand)*
371	Su	*(leise)* #onu da görüyoz.# *(leise)* #das sehen wir auch.#
372	Sed	#Valevie'nin *(fährt horizontal mit dem grünen Buntstift über die Aufgabenstellung auf AB4)* dediği gibi.# #so wie Valevie[62] *(fährt horizontal mit dem grünen Buntstift über die Aufgabenstellung auf AB4)* es sagt.#
373 (17:08)	Su	Valerie *(bewegt die linke Faust in der Luft)* Valevie değil. Valerie *(bewegt die linke Faust in der Luft)* nicht Valevie.
374	Sed	*(beginnt mit dem grünen Buntstift das grüne T-Shirt der dritten Kombination zu zeichnen)* ama ben onu diyemiyorum ki. *(beginnt mit dem grünen Buntstift das grüne T-Shirt der dritten Kombination zu zeichnen)* aber ich kann das nicht sagen.
375	Su	Valerie *(hebt die linke Hand vom Tisch und legt die linke Hand wieder auf den Tisch)* Valevie değil. Valerie *(hebt die linke Hand vom Tisch und legt die linke Hand wieder auf den Tisch)* nicht Valevie.

[62] Sie spricht den Namen falsch aus.

376	Sed	*(malt das grüne T-Shirt aus)* haç gibi oldu vallah. *(dreht das AB4 nach rechts und malt weiterhin das grüne T-Shirt)* *(malt das grüne T-Shirt aus)* ehrlich gesagt ist es wie ein Kreuz geworden. *(dreht das AB4 nach rechts und malt weiterhin das grüne T-Shirt)*
377	Su	es gibt's auch (*stellt den Kopf schräg; legt beide Hände übereinander auf den Tisch*) andere Möglichkeiten. *(bringt den linken Zeigefinder in den Mund)*
378	Sed	heh *(malt das grüne T-Shirt zu Ende; dreht das AB4 nach links)* andere Möglichkeiten da dedin. *(reibt mit dem linken Ringfinger an dem linken Auge)* heh *(malt das grüne T-Shirt zu Ende; dreht das AB4 nach links)* du hast auch andere Möglichkeiten gesagt. *(reibt mit dem linken Ringfinger an dem linken Auge)*
379	Su	var- *(schüttelt den Kopf)* gibt es- *(schüttelt den Kopf)*
380 (17:38)	Sed	yani könnte ich auch .. *(legt linken Zeigefinger unter die Hosen in der Aufgabenstellung auf AB4; nimmt mit beiden Händen alle auf dem Tisch liegenden Buntstifte in die Hand)* bu renklerle könnte ich auch andere malen mesela .. *(nimmt alle Buntstifte in die linke Hand und bringt sie an ihre Stirn)* braun *(legt den rechten Zeigefinger auf die braune Hose in der Aufgabenstellung auf AB4)* unter blau. *(legt den rechten Zeigefinger auf das grüne T-Shirt in der Aufgabenstellung auf AB4; schaut Selma an)* also könnte ich auch .. *(legt linken Zeigefinger unter die Hosen in der Aufgabenstellung auf AB4; nimmt mit beiden Händen alle auf dem Tisch liegenden Buntstifte in die Hand)* mit diesen Farben könnte ich auch andere malen zum Beispiel .. *(nimmt alle Buntstifte in die linke Hand und bringt sie an ihre Stirn)* braun *(legt den rechten Zeigefinger auf die braune Hose in der Aufgabenstellung auf AB4)* unter blau. *(legt den rechten Zeigefinger auf das grüne T-*

		Shirt in der Aufgabenstellung auf AB4; schaut Selma an)
381	Sel	*(nickt)*
382	Sed	*(zu Selma)* soll ich machen´ *(nickt)* kann man´
383	Sel	*(wackelt mit dem Kopf; zuckt mit den Schultern)*
384	Sed	es gibt ja auch andere Möglichkeiten dedi ya. *(nimmt mit der rechten Hand den braunen Buntstift aus der linken Hand)* es gibt ja auch andere Möglichkeiten meinte sie ja. *(nimmt mit der rechten Hand den braunen Buntstift aus der linken Hand)*
385	Sel	*(nickt)* ihr sollt ja alle Möglichkeiten finden *(stellt den Kopf schräg)* und dabei auch Valeries *(lehnt sich nach vorne)* gute Idee benutzen diesen Trick.
386	Sed	(*beginnt die braune Hose der vierten Kombination rechts neben die dritte Kombination zu zeichnen*)
387 (18:06)	Su	*(wackelt auf dem Stuhl hin und her)* du nimmst zu viel Platz sage ich dir, hepsi sığmaz. *(wackelt auf dem Stuhl hin und her)* du nimmst zu viel Platz sage ich dir, das alles passt nicht.
388	Sed	*(malt die braune Hose aus)* altına da yapabilirim Suna, *(nimmt den braunen Buntstift in die linke Hand)* *(malt die braune Hose aus)* ich kann es auch darunter machen Suna, *(nimmt den braunen Buntstift in die linke Hand)*
389	Sel	*(steht auf und geht weg)*
390	Sed	*(hält mit beiden Händen alle Buntstifte)* jetzt orangeın altına mı yapim´ kırmızının mı´ … *(zu Suna)* sen ne diyon´ kırmızı mı *(nimmt den roten Buntstift in die rechte Hand)* yapim´ *(schaut Suna an)* *(hält mit beiden Händen alle Buntstifte)* jetzt soll ich es unter orange machen´ oder unter rot´ … *(zu Suna)* was meinst du´ soll ich es rot *(nimmt den roten Buntstift in die rechte Hand)* machen´ *(schaut Suna an)*

391	Su	*(nuckelt an ihrem linken Daumen; zieht die Augenbrauen hoch)*
392	Sed	*(nimmt den roten Buntstift in die linke Hand)* orange. *(sortiert die Buntstifte in ihrer Hand)*
393	Su	ntz *(zieht die Augenbrauen hoch)* ntz *(zieht die Augenbrauen hoch)* ntz *(zieht die Augenbrauen hoch)* ntz *(zieht die Augenbrauen hoch)* ntz *(zieht die Augenbrauen hoch)* ntz *(zieht die Augenbrauen hoch)*
394	Sed	*(zu Selma)* #(kann ich auch´)#
395	Su	#yeşil yap# ha yok yeşil yapmışsın *(lächelt)* o zaman turuncu yap. *(spielt mit der linken Hand mit ihrem Mund)* #mach grün# ha nein grün hast du gemacht *(lächelt)* dann mach orange. *(spielt mit der linken Hand mit ihrem Mund)*
396	Sed	*(nimmt den orangefarbenen Stift in die rechte Hand)* ondan sonra da kırmızı. *(legt die linke Hand auf den linken Bereich der Aufgabenstellung auf AB4)* *(nimmt den orangefarbenen Stift in die rechte Hand)* und danach rot. *(legt die linke Hand auf den linken Bereich der Aufgabenstellung auf AB4)*
397	Su	*(zu Seda; lehnt sich nach vorne)* #kann ich nur ein einziges T-Shirt malen´ bitte#
398	Sed	*(beginnt mit dem orange-farbenen Stift das orangefarbene T-Shirt der vierten Kombination zu zeichnen)* #ha ben- bir tane Trick# buldum *(schüttelt den Kopf; malt das orangefarbene T-Shirt aus)* ben bir tane Trick buldum vallaha buldum onu da kimseye- sonra söylicem bunu yapim hepsini sonra sana Trickimi[63] söylicem.

[63] Bei der Endung von „Trickimi“ wird ein Besitz ausgedrückt, daher lautet die Übersetzung „meinen Trick“.

		(beginnt mit dem orangefarbenen Stift das orangefarbene T-Shirt der vierten Kombination zu zeichnen) #ha ich- habe einen Trick# gefunden *(schüttelt den Kopf; malt das orangefarbene T-Shirt aus)* ich habe einen Trick gefunden ich schwöre ich habe es gefunden das werde ich niemandem- später sage ich es ich mache erst das alles danach sage ich dir meinen Trick.
399 (18:55)	Sel	şimdi anlatır mısın´ onu Seda kannst du das jetzt sagen Seda´
400	Sed	dur. *(nimmt den orangefarbenen Buntstift in die linke Hand; nimmt den braunen Buntstift in die rechte Hand)* Stopp. *(nimmt den orangefarbenen Buntstift in die linke Hand; nimmt den braunen Buntstift in die rechte Hand)*
401	Su	*(legt die linke Hand an die Stuhllehne und legt ihren Kopf auf ihre Hand)* uf *(wackelt mit dem Stuhl hin und her)* gıcık oluyom bazen sana Seda ha. *(legt die linke Hand an die Stuhllehne und legt ihren Kopf auf ihre Hand)* uf *(wackelt mit dem Stuhl hin und her)* manchmal bin ich wegen dir genervt Seda ha.
402	Sed	*(legt den linken Handrücken auf den linken oberen Bereich des AB4; beginnt mit dem braunen Buntstift die braune Hose der fünften Kombination rechts neben die vierte Kombination zu zeichnen)* ol. *(malt die braune Hose aus; dreht das AB4 nach rechts; legt den linken Handrücken auf den rechten oberen Bereich des AB4; malt weiterhin die braune Hose aus)* *(legt den linken Handrücken auf den linken oberen Bereich des AB4; beginnt mit dem braunen Buntstift die braune Hose der fünften Kombination rechts neben die vierte Kombination zu zeichnen)* sei doch. *(malt die braune Hose aus; dreht das AB4 nach rechts; legt den linken Handrücken auf den rechten oberen Bereich des AB4; malt weiterhin die braune Hose aus)*

403	Sel	*(kommt zurück und setzt sich auf den Stuhl)*
404	Sed	*(dreht das AB4 nach links; malt weiterhin die braune Hose aus)*
405	Su	*(sitzt gerade; stützt den linken Ellenbogen auf den Tisch; bringt die linke Hand an ihr Kinn)* maşallah .. Valerie küçücük *(hält beide Handflächen in der Luft zueinander)* koymuş *(lacht)* guck mal was für eine Hose die trägt .. so eine lange .. so eine breite. *(legt den rechten Unterarm auf den Tisch)* *(sitzt gerade; stützt den linken Ellenbogen auf den Tisch; bringt die linke Hand an ihr Kinn)* wow .. Valerie hat es klein *(hält beide Handflächen in der Luft zueinander)* gemacht *(lacht)* guck mal was für eine Hose die trägt .. so eine lange .. so eine breite. *(legt den rechten Unterarm auf den Tisch)*
406	Sed	*(malt die braune Hose zu Ende; nimmt den braunen Buntstift in die rechte Hand) (leise)* so ne olur benim işime karışma sen, .. *(nimmt den roten Stift in die rechte Hand; legt den linken Handrücken auf die rechte obere Ecke des AB4; beginnt mit dem roten Buntstift das rote T-Shirt der fünften Kombination zu zeichnen)* ben şimdi, yaptım bak´ *(malt das rote T-Shirt aus)* *(malt die braune Hose zu Ende; nimmt den braunen Buntstift in die rechte Hand) (leise)* so mische dich bitte nicht in meine Sachen ein, .. *(nimmt den roten Stift in die rechte Hand; legt den linken Handrücken auf die rechte obere Ecke des AB4; beginnt mit dem roten Buntstift das rote T-Shirt der fünften Kombination zu zeichnen)* ich habe es jetzt, gemacht schau´ *(malt das rote T-Shirt aus)*
407 (19:32)	Su	ha bütün Möglichkeitları[64] yapmadın bak´ *(schüttelt den Kopf und bewegt dabei ihren Kopf nach vorne)* ha du hast nicht alle Möglichkeiten gemacht schau´ *(schüttelt den Kopf und bewegt dabei ihren Kopf nach vorne)*

64 „ları“ steht für die Pluralendung.

408	Sed	iyi biliyom *(dreht das AB4 nach rechts; malt das rote T-Shirt weiterhin aus)* öbürlerini de daha yapıcam iki dakika bir müsade ver *(dreht das AB4 nochmal nach rechts)* ya. *(malt das rote T-Shirt weiterhin aus)* gut ich weiß *(dreht das AB4 nach rechts; malt das rote T-Shirt weiterhin aus)* die Anderen werde ich noch machen erlaube mir zwei Minuten *(dreht das AB4 nochmal nach rechts)* ja. *(malt das rote T-Shirt weiterhin aus)*
409	Su	*(dreht sich nach links)* tamam #dur# *(hält den linken Zeigefinger in der Luft)* *(dreht sich nach links)* in Ordnung #stopp# *(hält den linken Zeigefinger in der Luft)*
410	Sed	#bak-# *(dreht das AB4 nach links)* #schau-# *(dreht das AB4 nach links)*
411	Su	tam iki dakika. *(dreht sich nach rechts)* genau zwei Minuten. *(dreht sich nach rechts)*
412	Sed	bunları *(fährt mit dem rechten Zeigefinger horizontal über die dritte, vierte und fünfte Kombination hin und her)* yaptım ya, die *(fährt mit dem rechten Zeigefinger horizontal über die dritte, vierte und fünfte Kombination hin und her)* habe ich ya gemacht,
413	Sel	*(nickt)*
414		şimdi bu *(hält den roten Buntstift in der Luft über die braune Hose der dritten Kombination)* braunun bütün *(bewegt den roten Buntstift in der Luft schnell von links nach rechts)* Möglichkeiten ve braun *(legt den roten Buntstift auf die braune Hose der dritten Kombination)* mit grün hier *(legt den roten Buntstift auf das grüne T-Shirt in der Aufgabenstellung auf AB4)* braun *(legt den roten Buntstift auf die braune Hose der vierten Kombination)* mit orange da (*legt den roten Buntstift auf das orangefarbene T-Shirt in der Aufgabenstellung auf AB4)* braun *(legt den roten*

		Buntstift auf die braune Hose der fünften Kombination) mit rot *(legt den roten Buntstift auf das rote T-Shirt in der Aufgabenstellung auf AB4)* alle Möglichkeiten *(schaut Selma an; öffnet beide Handflächen)* #soll bei hier-# *(fährt mit dem roten Buntstift einmal horizontal über die dritte, vierte und fünfte Kombination)* jetzt *(hält den roten Buntstift in der Luft über die braune Hose der dritten Kombination)* alle *(bewegt den roten Buntstift in der Luft schnell von links nach rechts)* Möglichkeiten von diesem Braun und braun *(legt den roten Buntstift auf die braune Hose der dritten Kombination)* mit grün hier *(legt den roten Buntstift auf das grüne T-Shirt in der Aufgabenstellung auf AB4)* braun *(legt den roten Buntstift auf die braune Hose der vierten Kombination)* mit orange da *(legt den roten Buntstift auf das orangefarbene T-Shirt in der Aufgabenstellung auf AB4)* braun *(legt den roten Buntstift auf die braune Hose der fünften Kombination)* mit rot *(legt den roten Buntstift auf das rote T-Shirt in der Aufgabenstellung auf AB4)* alle Möglichkeiten *(schaut Selma an; öffnet beide Handflächen)* #soll bei hier-# *(fährt mit dem roten Buntstift einmal horizontal über die dritte, vierte und fünfte Kombination)*
415	Su	#gib mal kurz rot# gib mal kurz rot *(nimmt mit der rechten Hand den roten Buntstift aus Sedas Hand; legt die linke Hand auf den linken oberen Bereich des AB4; zieht das AB4 zu sich; malt das rote T-Shirt der fünften Kombination nochmal an; 6 sec)* dann mal wenigstens schön aus oder lass mich *(wirft den roten Buntstift auf das AB4)* dann direkt ausmalen.
416	Sed	*(legt die linken Fingerspitzen auf den rechten unteren Bereich des AB4; dreht das AB4 zu sich)*
417	Su	*(nimmt mit der rechten Hand den roten Buntstift)*
418 (20:12)	Sed	mavinin *(legt den rechten Zeigefinger auf die blaue Hose der zweiten Kombination)* altına da yapim, *(nimmt den blauen Buntstift in die rechte Hand; legt den linken Kleinfinger über die erste Kombination; beginnt mit dem blauen Buntstift die blaue Hose der*

		sechsten Kombination unter die zweite Kombination zu zeichnen) mavi kırmızılı yaptım *(malt die blaue Hose aus)* şimdi maviyi- *(dreht das AB4 nach links)* unter blau *(legt den rechten Zeigefinger auf die blaue Hose der zweiten Kombination)* mache ich es auch, *(nimmt den blauen Buntstift in die rechte Hand; legt den linken Kleinfinger über die erste Kombination; beginnt mit dem blauen Buntstift die blaue Hose der sechsten Kombination unter die zweite Kombination zu zeichnen)* blau mit rot habe ich gemacht *(malt die blaue Hose aus)* jetzt blau- *(dreht das AB4 nach links)*
419	Su	turuncu. orange.
420	Sed	turuncu ve yeşille *(dreht das AB4 nach rechts; malt weiterhin)* yapıyorum. *(malt die blaue Hose zu Ende; nimmt den blauen Buntstift in die linke Hand)* mit orange und grün *(dreht das AB4 nach rechts; malt weiterhin)* mache ich es. *(malt die blaue Hose zu Ende; nimmt den blauen Buntstift in die linke Hand)*
421	Su	buraya *(legt den linken Zeigefinger auf die sechste Kombination)* yeşille yap şuraya *(tippt mit dem linken Zeigefinger die sechste Kombination an)* altaya[65] burayada *(legt den linken Zeigefinger auf die freie Fläche links neben die sechste Kombination)* turuncu mach hierhin *(legt den linken Zeigefinger auf die sechste Kombination)* mit grün hierhin *(tippt mit dem linken Zeigefinger die sechste Kombination an)* unten und hierhin *(legt den linken Zeigefinger auf die freie Fläche links neben die sechste Kombination)* orange

[65] Das Wort „altaya" existiert nicht; das richtige Wort wäre „alta", was „nach unten" bedeutet.

422	Sed	*(nimmt den grünen Buntstift in die rechte Hand; beginnt mit dem grünen Buntstift das grüne T-Shirt der sechsten Kombination zu zeichnen)*
423	Su	*(unverständlich) (bewegt sich hin und her)* uf *(lächelt; stützt den linken Ellenbogen auf den Tisch und ihren Kopf auf ihre Hand; schaut auf das AB4) (leise)* was ist das für eine Gezeichnung
424 (20:43)	Sed	*(malt das grüne T-Shirt aus; 5sec)* acelemiz *(nimmt den grünen Buntstift in die linke Hand)* varya *(zieht die Augenbrauen zusammen)* birazcık daha Mathe öğrenelim diye *(hält mit beiden Händen alle Buntstifte fest)* belki *(hält den rechten Zeigefinger in die Richtung der Kamera; schaut Suna an)* de bakabiliriz geçenki *(hält die rechte Hand hoch)* sefer. *(malt das grüne T-Shirt aus; 5sec)* wir haben es ja *(nimmt den grünen Buntstift in die linke Hand)* eilig *(zieht die Augenbrauen zusammen)* damit wir etwas mehr Mathe lernen *(hält mit beiden Händen alle Buntstifte fest)* vielleicht *(hält den rechten Zeigefinger in die Richtung der Kamera; schaut Suna an)* können wir schauen beim letzten *(hält die rechte Hand hoch)* Mal.
425	Sel	*(nickt) (leise)* bu sefer gösterebilirim evet. *(nickt) (leise)* dieses Mal kann ich es zeigen ja.
426	Sed	*(nimmt einen Buntstift in die rechte Hand; nimmt ihn wieder in die linke Hand)*
427	Su	*(schaut Selma an)* echt jetzt′ *(legt die rechte Hand auf den Tisch)*
428	Sed	*(nimmt den blauen Buntstift in die rechte Hand; beginnt mit dem blauen Buntstift die blaue Hose der siebten Kombination links neben die sechste Kombination zu zeichnen)*
429	Sel	*(leise)* biliyorum şimdi na- ney bulmam gerektiğini size gösterebilmek için. *(schaut auf das AB4)* *(leise)* ich weiß jetzt wi- was ich finden muss damit ich es euch zeigen kann. *(schaut auf das AB4)*
430	Sed	*(malt die blaue Hose aus; 6sec; nimmt den blauen Buntstift in die linke Hand) (leise)* so, şimdi nur noch orange. *(nimmt den orangefarbenen Buntstift in die*

		rechte Hand; legt die linke Hand auf den linken oberen Bereich des AB4; beginnt mit dem orangefarbenen Buntstift das orangefarbene T-Shirt der siebten Kombination zu zeichnen) *(malt die blaue Hose aus; 6sec; nimmt den blauen Buntstift in die linke Hand) (leise)* so, jetzt nur noch orange. *(nimmt den orangefarbenen Buntstift in die rechte Hand; legt die linke Hand auf den linken oberen Bereich des AB4; beginnt mit dem orangefarbenen Buntstift das orangefarbene T-Shirt der siebten Kombination zu zeichnen)*
431	Su	kannst da unten T-Shirt malen.
432 (21:14)	Sed	Danke. *(malt das orangefarbene T-Shirt aus)*
433	Su	und Hose es geht.
434	Sel	*(lacht; lehnt sich nach vorne; stützt den rechten Ellenbogen auf den Tisch und ihren Kopf auf ihre Hand)*
435	Sed	acelemiz varya *(dreht das AB4 nach links; malt weiterhin)* Suna böyle yavaş ve güzel boyarsam *(malt das orangefarbene T-Shirt zu Ende; dreht das AB4 nach rechts)* #şimdi-# *(nimmt den orangefarbenen Buntstift in die linke Hand)* wir haben es ja eilig *(dreht das AB4 nach links; malt weiterhin)* Suna wenn ich so langsam und schön male *(malt das orangefarbene T-Shirt zu Ende; dreht das AB4 nach rechts)* #jetzt-# *(nimmt den orangefarbenen Buntstift in die linke Hand)*
436	Su	*(zu Selma)* #haben Sie noch# andere Blätter´
437	Sel	*(nickt; legt beide Hände übereinander auf den Tisch; nickt nochmal; zieht die Augenbrauen hoch)*
438	Sed	zamanımız- *(sortiert die Buntstifte in ihrer Hand; nimmt den schwarzen Buntstift in die rechte Hand)* unsere Zeit- *(sortiert die Buntstifte in ihrer Hand; nimmt den schwarzen Buntstift in die rechte Hand)*
439	Su	*(zu Selma)* zaman- kaç saatimiz- kaç dakkamız *(stellt den Kopf schräg)* daha var bizim´

		(zu Selma) Zeit- wie viele Stunden- wie viele Minuten *(stellt den Kopf schräg)* haben wir noch´
440	Sel	*(bringt die linke Hand an ihr Kinn; nickt)* daha var biraz. *(bringt die linke Hand an ihr Kinn; nickt)* wir haben noch etwas.
441	Sed	*(legt die rechte Hand auf den rechten unteren Bereich des AB4; schiebt das AB4 nach rechts; legt die linke Hand auf die linke obere Ecke des AB4; beginnt mit dem schwarzen Buntstift die schwarze Hose der achten Kombination über die erste Kombination zu zeichnen)*
442	Sel	Suna sen anladın mı´ Seda´nın ne yaptığını. Suna hast du verstanden was Seda gemacht hat´
443	Sed	*(malt die schwarze Hose aus)*
444	Su	*(schüttelt die linke Hand in der Luft; schaut auf das AB4)*
445	Sed	#dinlemedi-# *(malt weiterhin)* #sie hat nicht zu gehört-# *(malt weiterhin)*
446	Su	#anlamadım# ki. *(schaut Selma an; bewegt die linke Hand in die Richtung von Seda)* #ich habe es doch nicht verstanden.# *(schaut Selma an; bewegt die linke Hand in die Richtung von Seda)*
447 (21:39)	Sel	Seda bir daha anlatmaya çalışır mısın´ Seda kannst du versuchen das nochmal zu erklären´
448	Sed	*(beginnt mit dem schwarzen Buntstift die schwarze Hose der neunten Kombination rechts neben die achte Kombination zu zeichnen)* tamam boyuyım. *(beginnt mit dem schwarzen Buntstift die schwarze Hose der neunten Kombination rechts neben die achte Kombination zu zeichnen)* in Ordnung ich male mal.
449	Sel	*(leise)* tamam *(leise)* in Ordnung
450	Sed	*(malt die schwarze Hose aus)*

451	Sel	aynen öyle çabuk çabuk. *(lehnt sich nach hinten)* genau so schnell schnell. *(lehnt sich nach hinten)*
452	Sed	*(malt die schwarze Hose zu Ende; legt den schwarzen Buntstift auf den Tisch)*
453	Su	ben olsaydım einfach *(nimmt mit beiden Händen den roten Buntstift; nimmt den roten Buntstift in die rechte Hand; legt den linken Unterarm auf den Tisch)* oraya Strich yapardım *(bewegt den roten Buntstift auf dem Tisch von links nach rechts)* üstünede *(bewegt den roten Buntstift auf dem Tisch nochmal von links nach rechts und macht dabei einen Bogen)* tişört şeyi. *(lehnt sich nach hinten; dreht sich mit dem Stuhl nach rechts)* ich hätte einfach *(nimmt mit beiden Händen den roten Buntstift; nimmt den roten Buntstift in die rechte Hand; legt den linken Unterarm auf den Tisch)* dahin einen Strich gemacht *(bewegt den roten Buntstift auf dem Tisch von links nach rechts)* darüber *(bewegt den roten Buntstift auf dem Tisch nochmal von links nach rechts und macht dabei einen Bogen)* T-Shirt Dings. *(lehnt sich nach hinten; dreht sich mit dem Stuhl nach rechts)*
454	Sed	*(schaut abwechselnd auf die von ihr gemalten Kombinationen und auf die Buntstifte)*
455	Sel	*(lächelt)* onu da *(zieht die Augenbrauen hoch; nickt)* yapabilirdin doğru $\#_1$(öyle de anlaşılırdı?).$\#_1$ *(lächelt)* das hättest du auch *(zieht die Augenbrauen hoch; nickt)* machen können stimmt $\#_1$(so wäre es auch verständlich).$\#_1$
456	Su	$\#_1$einfach Strich$\#_1$ *(nähert sich Seda; hält den Stift über dem Tisch und zieht ihn zum eigenen Körper)* und dann da *(hält den Stift über dem Tisch und zieht ihn nochmal zum eigenen Körper)* $\#_2$nochmal Strich.$\#_2$
457	Sed	$\#_2$kırmızıyı-$\#_2$ *(nimmt den roten Buntstift aus Sunas Hand)* $\#_2$rot-$\#_2$ *(nimmt den roten Buntstift aus Sunas Hand)*

458	Su	*(stützt den linken Ellenbogen auf den Tisch; bringt die linken Fingernägel in ihren Mund; schaut auf das AB4; legt die rechte Hand auf den Tisch)*
459	Sed	*(legt die linken Fingerspitzen auf die erste Kombination; beginnt mit dem roten Buntstift das rote T-Shirt der neunten Kombination zu zeichnen)*
460	Su	*(lehnt sich nach vorne) (leise)* dur bir, *(bewegt mit der linken Hand den Buntstift in Sedas Hand zur Seite; legt die linke Hand auf den Tisch)* turuncu yapmışsın *(steht auf und steht links neben ihrem Stuhl)* *(lehnt sich nach vorne) (leise)* Stopp, *(bewegt mit der linken Hand den Buntstift in Sedas Hand zur Seite; legt die linke Hand auf den Tisch)* orange hast du gemacht *(steht auf und steht links neben ihrem Stuhl)*
461	Sed	*(malt das rote T-Shirt aus)*
462	Su	bir de yeşil lazım. *(stützt den linken Ellenbogen auf den Tisch; bringt die linken Fingernägel in ihren Mund)* außerdem brauchen wir grün. *(stützt den linken Ellenbogen auf den Tisch; bringt die linken Fingernägel in ihren Mund)*
463	Sel	içini de boyaman gerekmiyor aslında ama- das Innere musst du eigentlich nicht ausmalen aber-
464	Sed	*(dreht das AB4 nach rechts; malt weiterhin aus)*
465	Su	nur zeichnen *(schaut Selma an)* o renklen *(legt die linke Hand auf den Tisch)* yeter. *(schüttelt den Kopf; bringt die linke Hand an ihr Kinn)* nur zeichnen *(schaut Selma an)* mit der Farbe *(legt die linke Hand auf den Tisch)* das reicht. *(schüttelt den Kopf; bringt die linke Hand an ihr Kinn)*
466	Sel	*(nickt) (leise)* ganz genau,
467	Sed	*(malt das rote T-Shirt zu Ende; dreht das AB4 zurück)*
468	Sel	dediğin gibi çizgi bile olabilir.

		wie du meintest es kann sogar ein Strich sein.
469	Sed	*(nimmt den roten Buntstift in die linke Hand)* kırmızı. *(nimmt den roten Buntstift in die linke Hand)* rot.
470 (22:16)	Su	*(leise)* ha[66] Kreis bile *(schüttelt den Kopf; schaut Selma an)* olur. *(leise)* ja es geht sogar ein Kreis. *(schüttelt den Kopf; schaut Selma an)*
471	Sed	ehm #yeşil# *(nimmt den grünen Buntstift in die rechte Hand)* ehm #grün# *(nimmt den grünen Buntstift in die rechte Hand)*
472	Su	#yeşil-# #grün-#
473	Sed	*(legt die linken Fingerspitzen auf den linken oberen Bereich des AB4)* kaldı *(beginnt mit dem grünen Buntstift das grüne T-Shirt der achten Kombination zu zeichnen)* senin dediğin gibi *(leise)* yapcam ben. *(legt die linken Fingerspitzen auf den linken oberen Bereich des AB4)* bleibt übrig *(beginnt mit dem grünen Buntstift das grüne T-Shirt der achten Kombination zu zeichnen)* sowie du es gesagt hast *(leise)* mache ich das.
474	Su	*(zu Seda)* bunu normal *(hält die linke Hand über dem Tisch)* boya öyle Strich *(schaut Selma an)* demiyoz *(schaut auf das AB4)* akıllı. *(bringt die linke Hand an ihren Mund)* *(zu Seda)* mal das normal *(hält die linke Hand über dem Tisch)* so einen Strich *(schaut Selma an)* meinen wir nicht *(schaut auf das AB4)* du Schlaumeier. *(bringt die linke Hand an ihren Mund)*

[66] Hier wird der Laut „ha“ als eine Zustimmung gedeutet.

475	Sed	*(malt das grüne T-Shirt aus; malt das grüne T-Shirt zu Ende)* bittim. *(nimmt den grünen Buntstift in die linke Hand; legt alle Buntstifte auf den Tisch)* ***(malt das grüne T-Shirt aus; malt das grüne T-Shirt zu Ende)*** **ich bin fertig.** ***(nimmt den grünen Buntstift in die linke Hand; legt alle Buntstifte auf den Tisch)***
476	Sel	perfekt şimdi *(legt die rechte Hand auf die freie Fläche rechts neben die Kombinationen; schiebt das AB4 zu Seda)* Suna´ya anlat lütfen. **perfekt jetzt** ***(legt die rechte Hand auf die freie Fläche rechts neben die Kombinationen; schiebt das AB4 zu Seda)*** **erkläre es bitte Suna.**
477	Sed	*(legt die rechte Hand auf die rechte untere Ecke des AB4)* Suna *(legt die linke Hand auf den linken unteren Bereich des AB4)* bak şimdi, *(legt den rechten Zeigefinger auf die dritte Kombination; legt die linke Hand unter die Kombinationen; fährt mit dem rechten Zeigefinger mehrmals horizontal über die dritten, vierten und fünften Kombinationen hin und her)* braunle[67] Hose varya. *(legt den linken und rechten Zeigefinger unter die dritte Kombination; schaut Suna an; schaut auf das AB4)* ***(legt die rechte Hand auf die rechte untere Ecke des AB4)*** **Suna** ***(legt die linke Hand auf den linken unteren Bereich des AB4)*** **schau jetzt,** ***(legt den rechten Zeigefinger auf die dritte Kombination; legt die linke Hand unter die Kombinationen; fährt mit dem rechten Zeigefinger mehrmals horizontal über die dritten, vierten und fünften Kombinationen hin und her)*** **da ist ja die Hose mit braun.** ***(legt den linken und rechten Zeigefinger unter die dritte Kombination; schaut Suna an; schaut auf das AB4)***
478	Su	ja.

[67] Durch die Endung wird „braunle“ mit einer Präposition übersetzt; dabei lautet die Übersetzung „mit braun“.

479	Sed	mh burda da *(fährt mit dem rechten Zeigefinger über die T-Shirts in der Aufgabenstellung)* üç tane tişört #$_1$var.#$_1$ mh hier sind *(fährt mit dem rechten Zeigefinger über die T-Shirts in der Aufgabenstellung)* drei #$_1$T-Shirt.#$_1$
480	Su	#$_1$ja#$_1$
481	Sed	yeşilini *(legt den rechten Zeigefinger auf das grüne T-Shirt der dritten Kombination)* yaptım #$_2$orangelusunu-#$_2$ *(legt den rechten Zeigefinger auf das orangefarbene T-Shirt der vierten Kombination)* das Grüne *(legt den rechten Zeigefinger auf das grüne T-Shirt der dritten Kombination)* habe ich gemacht #$_2$das Orangefarbene-#$_2$ *(legt den rechten Zeigefinger auf das orangefarbene T-Shirt der vierten Kombination)*
482	Su	#$_2$ja#$_2$
483	Sed	yaptım kırmızısını *(legt den rechten Zeigefinger auf das rote T-Shirt der fünften Kombination)* yaptım. habe ich gemacht das Rote *(legt den rechten Zeigefinger auf das rote T-Shirt der fünften Kombination)* habe ich gemacht.
484	Su	evet ja
485	Sed	*(legt den rechten Zeigefinger über die dritte Kombination und den rechten Mittelfinger unter die dritte Kombination; fährt mit dem Zeigefinger und Mittelfinger horizontal nach rechts über bzw. unter den vierten und fünften Kombinationen)* alle Möglichkeiten sind jetzt voll, *(zieht die Augenbrauen hoch und schaut Suna an)* das war *(dreht beide Handflächen nach oben und dreht sie zurück)* der Trick.
486 (22:54)	Su	aha *(lacht)*
487	Sel	*(lächelt)*

488	Sed	*(lächelt; schaut Selma an; zuckt mit den Schultern; dreht beide Handflächen nach oben; schüttelt den Kopf)* ben öyle yaptım. *(nimmt mit beiden Händen AB4)* *(lächelt; schaut Selma an; zuckt mit den Schultern; dreht beide Handflächen nach oben; schüttelt den Kopf)* so habe ich das gemacht. *(nimmt mit beiden Händen AB4)*
489	Sel	wie sieht es bei den Anderen aus´ bei den anderen Hosen´
490	Su	hier *(fährt mit der linken Hand über die neunte und achte Kombination)* auch. *(streicht mit der linken Hand durch ihre Haare)*
491	Sed	das ist das alles *(dreht die rechte Handfläche nach oben und bewegt die rechte Hand mehrmals nach oben und unten)* selbe, *(bringt die Hände vor der Brust zusammen und bewegt die rechte Hand nach rechts und die linke Hand nach links)*
492	Sel	*(nickt)*
493	Sed	hepsine aynı Tricki *(dreht beide Handflächen nach oben und bewegt sie mehrmals nach oben und unten)* mesela *(richtet den rechten Zeigefinger auf Selma)* şimdi diyelim ki, *(legt die Hand auf den orangefarbenen Buntstift)* ehm *(legt die linke Hand auf den roten Buntstift)* unter *(nimmt mit der linken Hand den roten Buntstift; nimmt mit der rechten Hand den schwarzen Buntstift)* schwarze Hose bunu *(legt den schwarzen Buntstift auf die schwarze Hose der ersten Kombination)* yap- kırmızıyı *(hält den schwarzen Buntstift über das rote T-Shirt der achten Kombination)* yaptım bile ama yeşil *(legt den linken Mittelfinger auf das grüne T-Shirt der achten Kombination)* yerine yine kırmızı yapıyom *(schaut Selma an)* bei allen den gleichen Trick *(dreht beide Handflächen nach oben und bewegt sie mehrmals nach oben und unten)* zum Beispiel *(richtet den rechten Zeigefinger auf Selma)* jetzt nehmen wir mal an, *(legt die Hand auf den orangefarbenen Buntstift)* ehm *(legt die linke Hand auf den roten Buntstift)* unter *(nimmt mit der linken Hand den roten*

		Buntstift; nimmt mit der rechten Hand den schwarzen Buntstift) schwarze Hose das *(legt den schwarzen Buntstift auf die schwarze Hose der ersten Kombination)* mach- rot *(hält schwarzen Buntstift über das rote T-Shirt der achten Kombination)* habe ich schon gemacht aber statt grün *(legt den linken Mittelfinger auf das grüne T-Shirt der achten Kombination)* mache ich nochmal rot. *(schaut Selma an)*
494	Su	*(spielt mit ihren Haaren; steht auf; schaut auf das AB4)*
495	Sed	bir tane *(hält den rechten Zeigefinger hoch)* Möglichkeit noch eine *(hält den rechten Zeigefinger hoch)* Möglichkeit
496	Sel	*(schüttelt den Kopf; nickt)*
497	Sed	daha var ama o *(legt den rechten Zeigefinger auf die neunte Kombination)* Möglichkeitı yaptım bir tane yeşil *(legt den rechten Zeigefinger auf das grüne T-Shirt in der Aufgabenstellung auf AB4)* daha var *(nimmt den schwarzen Buntstift in die linke Hand)* onu da buraya *(legt den rechten Zeigefinger auf das grüne T-Shirt der achten Kombination)* yaptım, #yani-# *(legt den roten und schwarzen Buntstift auf den Tisch)* gibt es aber die *(legt den rechten Zeigefinger auf die neunte Kombination)* Möglichkeit habe ich gemacht noch ein Grün *(legt den rechten Zeigefinger auf das grüne T-Shirt in der Aufgabenstellung auf AB4)* gibt es *(nimmt den schwarzen Buntstift in die linke Hand)* das habe ich hierhin *(legt den rechten Zeigefinger auf das grüne T-Shirt der achten Kombination)* gemacht, #also-# *(legt den roten und schwarzen Buntstift auf den Tisch)*
498	Su	*(geht nach hinten)*
499 (23:26)	Sel	#Suna.#
500	Su	*(dreht sich nach vorne)*
501	Sed	*(nimmt mit der linken Hand alle Buntstifte)* doğrumuymuş´ *(nimmt mit der rechten Hand den*

		roten Buntstift; schaut Selma an) bu mu´ *(zieht die Augenbrauen hoch und richtet ihr Blick auf das AB4)* Valevie´rin[68] *(schaut Selma an)* fikri. *(nimmt mit der linken Hand alle Buntstifte)* war es richtig´ *(nimmt mit der rechten Hand den roten Buntstift; schaut Selma an)* ist das´ *(zieht die Augenbrauen hoch und richtet ihr Blick auf das AB4)* Valevies *(schaut Selma an)* Idee.
502	Su	*(legt die rechte Hand auf den Tisch; setzt sich auf den Stuhl)*
503	Sel	*(nickt und lächelt)*
504	Sed	*(hält die Buntstifte mit beiden Händen auf dem Tisch vor ihrer Brust; zu Selma) (leise)* ben biliyordum. *(hält die Buntstifte mit beiden Händen auf dem Tisch vor ihrer Brust; zu Selma) (leise)* ich wusste es.
505	Sel	*(legt die rechten Fingerspitzen auf den rechten mittleren Rand des AB1; schiebt das AB1 zu sich)* mhm şimdi- *(legt die rechten Fingerspitzen auf den rechten oberen Rand des AB4 und schiebt das AB4 zu den Kindern)* *(legt die rechten Fingerspitzen auf den rechten mittleren Rand des AB1; schiebt das AB1 zu sich)* mhm jetzt- *(legt die rechten Fingerspitzen auf den rechten oberen Rand des AB4 und schiebt das AB4 zu den Kindern)*
506	Su	guck da *(hält den linken Zeigefinger in die Richtung von Selma)* gibt es noch ein
507	Sel	*(dreht sich nach rechts)*
508	Su	Auswahlbög- eh Dings. *(legt den rechten Unterarm auf den Tisch; stützt den linken Ellenbogen auf den Tisch; bringt die linke Hand in ihren Mund)*
509	Sel	*(dreht sich zurück; legt die rechten Fingerspitzen auf den rechten mittlerem Rand des AB4 und schiebt es zu den Kindern)* şimdi çok *(legt den rechten Zeigefinger auf den rechten unteren Bereich des AB4)* güzel #tarif ettin Seda,#

[68] Sie spricht den Namen falsch aus.

		(dreht sich zurück; legt die rechten Fingerspitzen auf den rechten mittlerem Rand des AB4 und schiebt es zu den Kindern) jetzt du *(legt den rechten Zeigefinger auf den rechten unteren Bereich des AB4)* hast es sehr schön #beschrieben Seda,#
510	Su	*(leise)* #dann mache ich *(zieht die Augenbrauen hoch; hält linken Zeigefinger zu sich selbst)* das ich mache das#
511	Sed	*(nickt)*
512	Sel	*(schiebt das AB4 zu Suna)* Suna sen anladın mı´ *(schiebt das AB4 zu Suna)* Suna hast du es verstanden´
513	Su	*(nickt)*
514	Sel	tamam, o zaman şimdi *(legt den rechten Zeigefinger rechts neben die zweite Frage bei Aufgabe 2; beginnt die zweite Frage bei Aufgabe 2 vorzulesen)* welches Vorgehen hast du *(legt die rechte Hand auf den Tisch)* benutzt onu bir cevaplayalım. *(nimmt mit der rechten Hand den Kugelschreiber; nimmt mit der linken Hand die Buntstifte aus Sedas Hand)* in Ordnung, dann jetzt *(legt den rechten Zeigefinger rechts neben die zweite Frage bei Aufgabe 2; beginnt die zweite Frage bei Aufgabe 2 vorzulesen)* welches Vorgehen hast du *(legt die rechte Hand auf den Tisch)* benutzt lasst uns das mal beantworten. *(nimmt mit der rechten Hand den Kugelschreiber; nimmt mit der linken Hand die Buntstifte aus Sedas Hand)*
515	Su	*(streckt die rechte Hand zu Selma)*
516	Sed	ben ben yazcam. *(legt die linke Hand auf den linken unteren Rand des AB4; hält mit der rechten Hand den Kugelschreiber in Selmas Hand fest)* ich ich schreibe. *(legt die linke Hand auf den linken unteren Rand des AB4; hält mit der rechten Hand den Kugelschreiber in Selmas Hand fest)*
517	Su	du hast *(zieht die Augenbrauen zusammen)* gesagt ich *(hält en rechten Zeigefinger über das AB4)* darf *(legt beide Hände auf den Tisch vor der Brust)* das #$_1$machen.#$_1$ *(schaut Seda an)*

518	Sel	#₁sen o zaman#₁ sen cevap- *(gibt den Kugelschreiber der Suna)* #₂sen yaz- *(hält rechten Zeigefinger in Richtung von Suna)* sen *(hält rechten Zeigefinger in Richtung von Seda)* birlikte konuşun#₂ *(zieht die Augenbrauen hoch und nickt)* #₁du dann#₁ du antwort- *(gibt den Kugelschreiber der Suna)* #₂schreib du- *(hält rechten Zeigefinger in Richtung von Suna)* du *(hält rechten Zeigefinger in Richtung von Seda)* sprecht miteinander#₂ *(zieht die Augenbrauen hoch und nickt)*
519	Su	*(nimmt mit der rechten Hand den Kugelschreiber aus Selmas Hand; schaut Seda an)*
520	Sed	#₂ben *(bewegt die linke Hand über dem AB4 hin und her)* yaptım ya onu#₂ *(zieht mit der rechten Hand den linken Arm von ihrem Pullover hoch)* o yüzden ben biliyorum. *(zieht mit der linken Hand den rechten Ärmel von ihrem Pullover hoch)* #₂ich *(bewegt die linke Hand über dem AB4 hin und her)* habe es ja gemacht#₂ *(zieht mit der rechten Hand den linken Ärmel von ihrem Pullover hoch)* deswegen wegen weiß ich. *(zieht mit der linken Hand den rechten Arm von ihrem Pullover hoch)*
521	Sel	birlikte konuşun ama. sprecht aber miteinander.
522 (23:53)	Sed	*(zu Suna)* sen *(hält rechten Zeigefinger in Richtung von Suna)* yaz *(hält rechten Zeigefinger in Richtung von AB4)* ama ben *(hält rechten Zeigefinger auf sich selber)* söylim *(zieht die Augenbrauen hoch)* *(zu Suna)* schreib *(hält rechten Zeigefinger in Richtung von Suna)* du *(hält rechten Zeigefinger in Richtung von AB4)* aber ich *(hält rechten Zeigefinger auf sich selber)* sage *(zieht die Augenbrauen hoch)*
523	Su	*(legt die rechten Fingerspitzen auf den rechten unteren Bereich des AB4; zieht das AB4 zu sich; legt die linken Fingerspitzen auf die linke untere Ecke des AB4)* #eh#

524	Sed	#ich habe-# *(hält rechten Zeigefinger über den von ihr gezeichneten Abbildungen auf AB4; legt den rechten Zeigefinger auf die erste Antwortzeile auf AB4)* ich- habe- *(schaut Suna an)*
525	Sel	*(dreht sich nach rechts und lächelt)*
526	Su	*(beginnt die Antwort der zweiten Frage bei Aufgabe 2 auf Deutsch aufzuschreiben: „Ich habe“; 6sec)*
527	Sed	*(schaut auf das AB4; steht auf und lehnt sich an den Tisch; stützt den rechten Ellenbogen auf den Tisch; streicht mit der rechten Hand eine Strähne nach hinten)*
528	Su	*(hört auf zu schreiben)*
529	Sed	eh- *(hält ausgestreckten Zeigefinger über die gezeichnete Abbildung auf AB4)*
530	Su	*(zieht das AB4 zu sich; schaut nach oben)* bakmasan *(hebt die rechte Hand)* olmazdı. *(stützt den linken Ellenbogen auf den Tisch und ihren Kopf auf ihre Hand)* *(zieht das AB4 zu sich; schaut nach oben)* wenn du nicht schauen würdest *(hebt die rechte Hand)* ginge es nicht. *(stützt den linken Ellenbogen auf den Tisch und ihren Kopf auf ihre Hand)*
531	Sed	Valevie- *(legt den rechten Zeigefinger auf die dritte Kombination)* Valeries *(nickt; legt die rechte Hand auf den Tisch)* #sch-#
532	Su	#Valeries.# *(legt die linke Hand auf die erste und siebte Kombination; schreibt die Antwort weiterhin auf: „Ich habe Valeris“)*
533	Sed	*(legt den rechten Arm auf den Tisch; legt den Kopf auf ihren rechten Arm)* ries Trick.
534	Su	*(hört auf zu schreiben; bewegt die rechte Hand nach oben und schreibt dann weiterhin die Antwort auf)* #egal.#
535	Sed	#Trick-#
536	Su	sen *(dreht die rechte Handfläche nach oben)* devam söyle. *(schreibt die Antwort weiterhin auf: „Ich habe Valeris tricks“)* sag *(dreht die rechte Handfläche nach oben)* du weiter. *(schreibt die Antwort weiterhin auf: „Ich habe Valeris tricks“)*

537 (24:22)	Sed	Trick- *(richtet sich auf)* erfunden, *(stützt den rechten Ellenbogen auf den Tisch; reibt mit der rechten Hand an der Stirn)* ich habe es also *(bewegt die rechte Hand hin und her)* gefunden *(stützt ihren Kopf auf ihre rechte Hand)* und ich habe es-
538	Su	*(streicht den letzten Buchstaben des Wortes „tricks“ durch; schreibt ein „e“ und streicht es dann wieder durch; hört auf zu schreiben; hebt die rechte Hand)* warte erfunden. *(schaut Seda an)*
539	Sed	#nein.#
540	Su	#gefunden.# *(schreibt die Antwort weiterhin auf: „Ich habe Valeris tricks e gefang“)*
541	Sed	gefunden, .. *(spielt mit der rechten Hand mit ihren Haaren)* und habe es hingezeichnet.
542	Su	uf *(streicht das fünfte Wort des Antwortsatzes durch)* was schreibe ich da′ *(schreibt die Antwort weiterhin auf: „Ich habe Valeris tricks e gefang gefunden“)*
543	Sed	*(richtet sich auf; tanzt und schaut in die Kamera; lehnt sich an den Tisch)* und habe es, gefunden.
544	Su	*(schreibt weiterhin den Antwortsatz auf: „Ich habe Valeris tricks e gefang gefunden und“; hört auf zu schreiben)* geht da *(dreht beide Handflächen nach oben)* ich habe es gefunden. *(fährt mit dem rechten Kleinfinger unter dem Antwortsatz und bewegt die linke Hand nach oben und unten)*
545	Sed	#und ich habe es- *(stützt den rechten Ellenbogen auf den Tisch; spielt mit der rechten Hand mit ihren Haaren)* und-#
546	Su	#ich habe Valeries# Trick *(legt die rechte und die linke Faust auf den Tisch)* gefunden und- *(bewegt die rechte und die linke Faust nach vorne)*
547	Sed	und habe es hingezeichnet,
548	Su	*(schreibt die Antwort weiterhin auf: „Ich habe Valeris tricks e gefang gefunden und habs hin“)*
549	Sed	in- indem ich- *(spielt mit der rechten Hand mit ihren Haaren)*
550 (25:15)	Su	*(hört auf zu schreiben; legt den Kugelschreiber auf das AB4)* ay sen yaz uf *(wirft den Deckel des Stifts auf das AB4; stützt den linken Ellenbogen auf den Tisch)*

		(hört auf zu schreiben; legt den Kugelschreiber auf das AB4) ay schreib du uf *(wirft den Deckel des Stifts auf das AB4; stützt den linken Ellenbogen auf den Tisch)*
551	Sed	*(nimmt mit der rechten Hand den Kugelschreiber; legt die linken Fingerspitzen auf den mittleren unteren Rand; zieht das AB4 zu sich)*
552	Su	*(bringt die linke Hand an ihr Kinn)* bir diyon başka bir şey diyon. *(bringt die linke Hand an ihr Kinn)* du sagst was dann sagst du was anderes.
553	Sed	*(schaut auf das AB4; legt die rechte Hand auf die Antwortzeilen; streicht mit der linken Hand eine Strähne hinter das linke Ohr; kratzt sich mit der linken Hand an ihrer Nase) (schreibt die Antwort weiterhin auf: „Ich habe Valeris trick~~s~~ ~~e~~ ~~gefang~~ gefunden und habs hin indem ich“; 6 sec)* ich. *(hört auf zu schreiben; nimmt mit der linken Hand den Deckel des Stifts; legt die linke Hand auf den linken Bereich der Aufgabenstellung auf AB4, schreibt die Antwort weiterhin auf: „Ich habe Valeris trick~~s~~ ~~e~~ ~~gefang~~ gefunden und habs hin indem ich Braun“)*
554	Su	*(legt den linken Unterarm auf den Tisch)* warte warte warte warte, ich hab Valeries *(stellt den Kopf schräg)* Trick gefunden und *(legt die linke Hand auf den Tisch)* habe es hin indem-
555 (25:47)	Sed	(leise) Beispiel (*schreibt die Antwort weiterhin auf: „Ich habe Valeris trick~~s~~ ~~e~~ ~~gefang~~ gefunden und habs hin indem ich Braun zum Bayspiel“*)
556	Su	*(stellt den Kopf schräg; steht auf)*
557	Sed	Beispiel Beispiel *(hört auf zu schreiben; lehnt sich nach hinten)* Beispiel. *(dreht das AB4 nach links und schiebt es dann nach rechts)*
558	Su	*(stützt sich mit beiden Händen auf dem Tisch auf)* Beispiel
559	Sed	*(schreibt die Antwort weiterhin auf)*
560	Su	*(leise)* wird nicht so geschrieben. *(schaut Selma an)*
561	Sed	br- br- *(schreibt die Antwort weiterhin auf: „Ich habe Valeris trick~~s~~ ~~e~~ ~~gefang~~ gefunden und habs hin indem ich Braun zum Bayspiel Braun“)*

562	Su	Beispiel. *(schaut Selma an; stellt sich auf den Stuhl auf die Knie)*
563	Sed	*(schreibt die Antwort weiterhin auf: „Ich habe Valeris tricks e gefang gefunden und habs hin indem ich Braun zum Bayspiel Braun mit“)* braun #1mit.#1
564	Su	#1oh *(schaut Selma an)* mein Gott#1 üçüncü sınıfta braun yazmayı mı´ bilmiyor *(lacht; zu Seda)* braun *(legt den rechten Unterarm auf den Tisch; stützt den linken Ellenbogen auf den Tisch und ihren Kopf auf ihre Hand)* öyle #2yazılmıyor-#2 #1oh *(schaut Selma an)* mein Gott#1 weiß sie in der dritten Klasse nicht wie man braun schreibt´ *(lacht; zu Seda)* braun *(legt den rechten Unterarm auf den Tisch; stützt den linken Ellenbogen auf den Tisch und ihren Kopf auf ihre Hand)* wird nicht so #2geschrieben-#2
565	Sel	#2öyle deme#2 *(richtet sich auf)* Suna lütfen. #2sag sowas nicht#2 *(richtet sich auf)* Suna bitte.
566 (26:18)	Sed	*(hört auf zu schreiben)* braun *(hält den Stift über das Wort „Braun“ in dem Antwortsatz)* burda da braun mit *(hebt die rechte Hand)* rot *(legt die linke Faust auf den linken unteren Bereich des AB4; schreibt die Antwort weiterhin auf)* rot es g- gibt drei Möglichkeiten drei #3Möglichkeiten.#3 *(schreibt die Antwort weiterhin auf: „Ich habe Valeris tricks e gefang gefunden und habs hin indem ich Braun zum Bayspiel Braun mit rot. Es giebte 3 möglich Keiten.“)* *(hört auf zu schreiben)* braun *(hält den Stift über das Wort „Braun“ in dem Antwortsatz)* hier auch braun mit *(hebt die rechte Hand)* rot *(legt die linke Faust auf den linken unteren Bereich des AB4; schreibt die Antwort weiterhin auf)* rot es g- gibt drei Möglichkeiten drei #3Möglichkeiten.#3 *(schreibt die Antwort weiterhin auf: „Ich habe Valeris tricks e gefang gefunden und habs hin indem ich Braun zum Bayspiel Braun mit rot es giebte 3 möglich Keiten.“)*

567	Su	#3ich finde#3 *(hält den rechten Zeigefinger über das Wort „Keiten“ in dem Antwortsatz)* k- keiten wird klein geschrieben und *(legt den rechten Mittelfinger auf das Wort „möglich“ in dem Antwortsatz)* daneben direkt*(stützt den rechten Ellenbogen auf den Tisch und ihren Kopf auf ihre Hand)*
568	Sed	*(schreibt die Antwort der zweiten Frage bei Aufgabe 2 auf Deutsch zu Ende: „Ich habe Valeris trick gefunden und habs hin indem ich Braun zum Bayspiel Braun mit rot es giebte 3 möglich Keiten.“)*
569	Su	direkt, warte mal *(schlägt mit der linken Hand auf die Kombinationen; zieht das AB4 zu sich)* ich will lesen.
570 (26:53)	Sel	okay.
571	Su	*(beginnt den Antwortsatz der zweiten Frage bei Aufgabe 2 vorzulesen)* ich habe Valeries *(legt die rechte Hand auf die rechte untere Ecke des AB4 und nimmt es in die Hand; legt die linke Hand auf den Tisch)* Trick gefunden *(dreht sich mit dem Stuhl hin und her)* und habe es hin in- *(legt das AB4 auf den Tisch; legt die linke Hand auf den linken Bereich der Antwortzeilen)* hin muss weg, *(nimmt mit der rechten Hand den Stift; öffnet den Deckel des Stifts; streicht das Wort „hin“ durch)* hin in eh- ich *(schließt den Deckel des Stifts; legt den linken Unterarm auf den Tisch)* habe Valeries Trick *(bewegt den Stift über die Antwortzeilen)* gefunden und habe es *(legt den Stift auf den Tisch rechts neben das AB4)* indem *(nimmt mit der linken Hand AB4)* ich braun zum Beispiel braun mit ro- warte indem ich braun zum Beispiel- zum Beispiel braun- ich braun warte mal ich
572	Sed	*(steht auf)*
573	Su	eh-
574 (27:30)	Sed	gib mal her, *(nimmt mit der rechten Hand AB4 aus Sunas Hand; liest den Antwortsatz vor)* ich habe *(legt die linke Hand auf den Tisch)* Valeries *(stützt sich mit beiden Armen auf dem Tisch auf)* Trick gefunden #und habe es indem#
575	Su	#und habe es indem#

576	Sed	*(nickt)* ich braun zum Beispiel braun mit rot es gibt drei Möglichkeiten
577	Su	*(fasst mit der linken Hand den linken mittleren Rand des AB4 an)*
578	Sed	gib mal *(nimmt mit der rechten Hand den Stift aus Sunas Hand; öffnet den Deckel des Stifts)* hier ein Punkt. *(setzt einen Punkt im Antwortsatz zwischen den Wörtern „rot“ und „Es“, so dass schließlich folgende Antwort notiert ist: „Ich habe Valeris ~~tricks~~ ~~e~~ ~~gefang~~ gefunden und habs ~~hin~~ indem ich Braun zum Bayspiel Braun mit rot. Es giebte 3 möglich Keiten.“)*
579	Sel	okay, *(legt die linken Fingerspitzen auf die linke untere Ecke des AB5)* tamam *(nimmt mit der rechten Hand AB4)* çok güzel *(legt die linke Hand auf die rechte untere Ecke des AB1; zieht AB1 zu sich)* şimdi *(legt AB4 links neben AB1; beginnt die dritte Frage bei Aufgabe 2 vorzulesen)* warum gibt es keine weiteren Mög- *(nimmt AB5 mit beiden Händen)* Möglichkeiten´ erkläre neden´ bunlar *(hält die rechte Hand über die Kombinationen)* hepsi. okay, *(legt die linken Fingerspitzen auf die linke untere Ecke des* AB5) in Ordnung *(nimmt mit der rechten Hand AB4)* sehr schön *(legt die linke Hand auf die rechte untere Ecke des AB1; zieht AB1 zu sich)* jetzt *(legt AB4 links neben AB1; beginnt die dritte Frage bei Aufgabe 2 vorzulesen)* warum gibt es keine weiteren Mög- *(nimmt AB5 mit beiden Händen)* Möglichkeiten´ erkläre wieso´ ist das *(hält die rechte Hand über die Kombinationen)* alles.
580 (28:01)	Su	*(legt die linken Fingerspitzen auf den unteren Rand des AB4)* weil- *(zieht AB4 zu sich)*
581	Sed	*(streicht mit der rechten Hand eine Strähne hinter das rechte Ohr; legt die linke Hand auf den linken Bereich der Antwortzeilen auf AB4)* weil- *(zieht das AB4 zu sich)*
582	Su	ntz *(lehnt sich nach hinten)* uf. *(hebt die linke Hand)*
583	Sed	*(schaut Suna an) (leise)* ne yapim´ *(schaut Suna an) (leise)* was soll ich machen´

584	Su	sen *(hebt die rechte Hand)* anlat uf. erkläre *(hebt die rechte Hand)* du uf.
585	Sel	birlikte $\#_1$yapın lütfen.$\#_1$ macht es $\#_1$bitte zusammen.$\#_1$
586	Su	$\#_1$ich will sagen$\#_1$ $\#_2$die *(bewegt die linke Hand in die Richtung von Seda)*sagt das $\#_2$
587	Sed	$\#_2$weil *(legt die linke Hand auf die Antwortzeilen; hält den Stift über die dritte Kombination)* ehm$\#_2$ biz *(schaut Suna an)* ikimiz *(hält Stift erst auf Suna und dann auf sich selber)* bulduk *(bewegt den Stift in der Luft hin und her)* Valevie´nin[69] Trickini böyle *(bewegt den Stift in der Luft hin und her)* bulduk indem *(legt den linken Zeigefinger unter die braune Hose in der Aufgabenstellung auf AB4)* wir zum Beispiel braun mit orange *(legt den Stift auf das orangefarbene T-Shirt der vierten Kombination)* gemacht danach mit braun *(legt den Stift auf die braune Hose der dritten Kombination)* mit grün *(legt den Stift auf das grüne T-Shirt der dritten Kombination)* braun *(legt den Stift auf die braune Hose der fünften Kombination)* mit rot *(legt den Stift auf das rote T-Shirt der fünften Kombination)* haben *(bewegt den Stift kreisförmig über den rechten Bereich der Aufgabenstellung auf AB4)* wir noch- wenn ich noch ein *(dreht beide Handflächen nach oben; schaut Selma an)* T-Shirt hätte *(legt den Stift rechts neben das rote T-Shirt in der Aufgabenstellung auf AB4)* $\#_2$weil *(legt die linke Hand auf die Antwortzeilen; hält den Stift über die dritte Kombination)* ehm$\#_2$ wir *(schaut Suna an)* beide *(hält Stift erst auf Suna und dann auf sich selber)* haben *(bewegt den Stift in der Luft hin und her)* Valevies Trick gefunden so *(bewegt den Stift in der Luft hin und her)* haben wir es gefunden indem *(legt den linken Zeigefinger unter die braune Hose in der Aufgabenstellung auf AB4)*

69 Sie spricht den Namen falsch aus.

		wir zum Beispiel braun mit orange *(legt den Stift auf das orangefarbene T-Shirt der vierten Kombination)* gemacht danach mit braun *(legt den Stift auf die braune Hose der dritten Kombination)* mit grün *(legt den Stift auf das grüne T-Shirt der dritten Kombination)* braun *(legt den Stift auf die braune Hose der fünften Kombination)* mit rot *(legt den Stift auf das rote T-Shirt der fünften Kombination)* haben *(bewegt den Stift kreisförmig über den rechten Bereich der Aufgabenstellung auf AB4)* wir noch- wenn ich noch ein *(dreht beide Handflächen nach oben; schaut Selma an)* T-Shirt hätte *(legt den Stift rechts neben das rote T-Shirt in der Aufgabenstellung auf AB4)*
588	Sel	*(nickt)*
589	Sed	*(schaut auf das AB4)* mit einer anderen Farbe wären das vier *(schaut Selma an)* Möglichkeiten *(bewegt den Stift kreisförmig über die T-Shirts in der Aufgabenstellung auf AB4)* aber ich habe gerade mal nur drei T-Shirts
590	Sel	*(nickt)*
591	Sed	also kann ich auch nur drei *(schaut Selma an)* Möglichkeiten machen.
592	Sel	*(nickt)*
593 (28:35)	Su	*(leise)* mit den T-Shirts aha.
594	Sed	*(leise)* ja, und auch andere *(legt den linken Handrücken auf die siebte, sechste, erste, zweite und achte Kombinationen)* Möglichkeiten gibt es *(stützt den linken Ellenbogen auf den Tisch; bewegt die Faust in der Luft hin und her)* zum Beispiel *(bringt die linke Hand an ihr Kinn)* wenn ich *(legt die linke Hand auf den Tisch)* ehm pink hab- *(dreht beide Handflächen nach oben)* wenn ich *(hebt beide Arme vom Tisch)* zum Beispiel pink habe hier *(legt den rechten Zeigefinger unter die T-Shirts in der Aufgabenstellung auf AB4)* oben dann kann ich zum Beispiel mit schwarz *(schlägt mit der rechten Hand auf die neunte Kombination)* mit pink *(schlägt mit der rechten Hand auf die Fläche rechts neben die neunte Kombinationen; stützt den rechten Ellenbogen auf den Tisch; hält den rechten Daumen,*

		den rechten Zeigefinger und den rechten Mittelfinger hoch; schaut Selma an) machen,
595	Sel	*(nickt)*
596	Sed	dann sind es vier *(hält dann den rechten Daumen, den rechten Zeigefinger, den rechten Mittelfinger und den rechten Ringfinger hoch)* Möglichkeiten *(zieht die Augenbrauen hoch)*
597	Sel	*(nickt)*
598	Sed	aber hier *(fährt mit dem rechten Zeigefinger von links nach rechts über die T-Shirts in der Aufgabenstellung auf AB4)* sind nur drei dann *(dreht beide Handflächen nach oben und legt sie auf die Kombinationen)* kann ich auch nur drei Sachen *(hebt beide Hände)* machen
599	Su	*(nimmt mit der linken Hand AB4 und schaut auf das AB4)*
600	Sed	*(lehnt sich nach hinten; hält den Stift in die Richtung des AB4)* #*(unverständlich)*.#
601	Sel	#das *(streicht mit der linken Hand ihre Haare nach hinten)* für die eine# Hose-
602	Su	*(lässt AB4 auf den Tisch fallen)* bitti *(lässt AB4 auf den Tisch fallen)* fertig
603	Sel	meinst du ne´
604	Sed	ja. *(nickt)*
605	Sel	okay. *(nickt)*
606	Su	*(nimmt mit der rechten Hand AB4)*
607 (29:03)	Sed	*(leise)* eine Hose.
608	Su	*(schwingt AB4 in der Luft)*
609	Sel	ja.
610	Su	*(wirft AB4 auf den Tisch)* können wir was #anderes *(legt die rechte Hand auf den Tisch; nimmt mit der linken Hand ihre Jacke)* machen´#
611	Sel	#alles klar# cevap *(legt die linke Hand auf die rechte obere Ecke des AB4)* olarak ne yazalım´ *(legt AB4 auf AB1)* #alles klar# was schreiben wir *(legt die linke Hand auf die rechte obere Ecke des AB4)* als Antwort auf´ *(legt AB4 auf AB1)*

612	Sed	*(leise)* yazdık ya. *(zieht die Augenbrauen hoch; schaut Selma an)* *(leise)* wir haben ja geschrieben. *(zieht die Augenbrauen hoch; schaut Selma an)*
613	Sel	*(leise)* warum *(tippt mit dem rechten Zeigefinger die letzte Antwortzeile auf AB5 an)* gibt es keine
614	Su	*(legt die rechte Hand auf den linken oberen Rand des AB5)*
615	Sel	weiteren Möglichkeiten´
616	Su	*(zieht das AB5 zu sich)*
617	Sed	*(legt mit der linken Hand den Stift vor Suna)*
618	Su	*(nimmt mit der linken Hand den Stift und schiebt ihre Jacke nach links)*
619	Sed	weil da keine T-Shirts *(spielt mit ihren Haaren)* mehr sind,
620	Su	*(beginnt die Antwort der dritten Frage bei Aufgabe 2 auf Deutsch aufzuschreiben: „Weil“)*
621	Sed	*(spielt weiterhin mit ihren Haaren)* schreib weil da keine T-Shirts mehr sind und keine Hosen, *(6 sec)* es gibt keine weiteren-
622 (29:30)	Su	*(hört auf zu schreiben)* uf *(hebt die linke Hand; schaut Seda an)* kannst du mal leise sein´ uf *(streicht das zweite aufgeschriebene Wort durch, welches nicht lesbar ist)*
(2. Videodatei)		
623	Sed	*(nähert sich Suna und schaut auf das AB5)*
624	Su	*(schreibt die Antwort weiterhin auf)*
625 (00:03)	Sed	*(legt die rechte Hand auf Selmas Hand, schaut Selma an; bringt die rechte Hand an ihr Kinn)* oje mi *(legt den linken Zeigefinger auf Selmas Daumen)* yaptın´ *(schaut Selma an)* *(legt die rechte Hand auf Selmas Hand, schaut Selma an; bringt die rechte Hand an ihr Kinn)* hast du *(legt den linken Zeigefinger auf Selmas Daumen)* Nagellack drauf´ *(schaut Selma an)*
626	Sel	hmhm *(schüttelt den Kopf; beide schauen sich gegenseitig an; lächelt)*

627	Su	*(schreibt die Antwort der dritten Frage bei Aufgabe 2 auf Deutsch zu Ende: „Weil da keine möglichkeiten mehr gibt."; lehnt sich zurück; liest die von ihr notierte Antwort laut vor)* weil da keine
628	Sed	*(schaut auf AB5)*
629	Su	Möglichkeiten mehr gibt.
630 (00:16)	Sel	okay *(dreht sich nach rechts)* şimdi Almanca mı´ Türkçe mi´ okay *(dreht sich nach rechts)* jetzt Deutsch oder Türkisch´
Daraufhin bearbeiten die Kinder Aufgabe 3 und 4. Bei beiden Aufgaben wählen sie das türkischsprachige AB.		

Printed by Printforce, the Netherlands